HANDBUCH DES GEOGRAPHIEUNTERRICHTS

HANDBUCH DES GEOGRAPHIEUNTERRICHTS

Gründungsherausgeber:
Helmuth Köck, Landau

Koordinierende Herausgeber:
Dieter Böhn, Würzburg; *Dieter Börsch*, Urbar; *Helmuth Köck*, Landau

Die Herausgeber der einzelnen Bände:
Dieter Böhn, Würzburg; *Dieter Börsch*, Urbar; *Wolf Gaebe*, Königswinter;
Helmuth Köck, Landau; *Hartmut Leser*, Basel; *Heinz Nolzen*, Stegen; *Eberhard Rothfuß*, Passau;
Eike W. Schamp, Frankfurt/M.; *Diether Stonjek*, Georgsmarienhütte; *Wolfgang Taubmann*, Bremen

Wissensch. Redakteur:
Diether Stonjek, Georgsmarienhütte

Mitarbeiter:
Janine Ackermann, Basel; *Christel Adick*, Bochum; *Klaus Aerni*, Bern; *Mariam Akhtar-Schuster*, Hamburg;
Volker Albrecht, Dietzenbach; *Thomas Ammerl*, München; *Ulrich Ante*, Würzburg; *Martina Backes*, Freiburg;
Gerhard Bahrenberg, Bremen; *Jürgen Bähr*, Kiel; *Heiner Barsch*, Potsdam; *Timo Bartholl*, Eschborn;
Gerd Bauriegel, Passau; *Ulrich Bichsel*, Zimmerwald; *Konrad Billwitz*, Greifswald; *Josef Birkenhauer*, Seefeld;
Hans-Heinrich Blotevogel, Bochum; *Hans Böhm*, St. Augustin; *Dieter Böhn*, Würzburg; *Dieter Börsch*, Urbar;
Michael Boßmann, Bonn; *Toni Breuer*, Regensburg; *Ekkehard Buchhofer*, Marburg; *Hans Joachim Büchner*, Ingelheim;
Jochen Bürkner, Göttingen; *Martin Coy*, Innsbruck; *Holger Damm*, Osnabrück; *Veronika Deffner*, Passau;
Louis Degen, Basel; *Christoph Dittrich*, Freiburg; *Axel Drescher*, Freiburg; *Florian Dünckmann*, Kiel; *Eckart Ehlers*, Bonn;
Edgar Enzel, Mülheim-Kärlich; *Gerd Feller*, Bremen; *Gerd Förch*, Siegen; *Klaus Frantz*, Innsbruck;
Wolf Gaebe, Königswinter; *Folkwin Geiger*, Merzhausen; *Jörg Gertel*, Leipzig; *Klaus Gießner*, Eichstätt;
Hermann Goßmann, St. Peter; *Hans-Dieter Haas*, München; *Günter Haase*, Leipzig; *Friedhelm Hädrich*, Kirchzarten;
Berta Hamann, Würzburg; *Roswita Hantschel*, Langen; *Josef Härle*, Wangen; *Martin Hasler*, Bern;
Jürgen Hasse, Bunderhee; *Günter Heinritz*, München; *Wilfried Heller*, Göttingen; *Felicitas Hillmann*, Bremen;
Lutz Holzner, Milwaukee; *Manfred Hommel*, Bochum; *Karin Horn*, Düsseldorf; *Jürg Hosang*, Basel;
Armin Hüttermann, Marbach; *Dieter Jesgarz*, Meckenheim; *Volker Kaminske*, Pfinztal; *Franz-Josef Kemper*, Bonn;
Hans Kienholz, Bern; *Gerhard Kirchlinne*, Bonn; *Werner Klohn*, Vechta; *Peter Knoth*, Bonn; *Helmuth Köck*, Landau;
Frauke Kraas, Köln; *Thomas Krings*, Freiburg; *Fred Krüger*, Erlangen; *Brigitte Kugler*, Halle; *Wolfgang Kuls*, Bonn;
Rudlof Kunz, Luzern; *Heinrich Lamping*, Frankfurt/M.; *Wolfgang Latz*, Linz; *Hans Dieter Laux*, Meckenheim;
Hartmut Leser, Basel; *Harald Leisch*, Bonn; *Christoph Leusmann*, Bonn; *E. Lipinsky*, Bonn; *Ulrich Lipperheide*, Bonn;
Beate Lohnert, Bayreuth; *Jörg Maier*, Bayreuth; *Verena Meier*, Basel; *Rolf Meincke*, Greifswald; *Bernhard Metz*, Teningen;
Werner Mikus, Heidelberg; *Holger Möller*, Dresden; *Ingo Mose*, Vechta; *Detlef Müller-Mahn*, Bayreuth;
Jürgen Newig, Flintbek; *Heinz Nolzen*, Stegen; *Wilfried Nübler*, Gundelfingen; *Reinhard Paesler*, Gröbenzell;
Eberhard Parlow, Basel; *Astrid Pennekamp-Berg*, Neumünster; *Gerd Ratz*, Weingarten; *Theo Rauch*, Bonn;
Johannes Rehner, München; *Wolfgang Reimann*, Niederkassel-Rheidt; *Sybille Reinfried*, Zürich;
Armin Rempfler, Wangen b. Olten; *Jochen Renger*, Eschborn; *Wolfgang Riedel*, Eckernförde;
Hans-Gottfried von Rohr, Hamburg; *Ursula Rom*, Aachen; *Eberhard Rothfuß*, Passau; *Hans-Jörg Sander*, Königswinter;
Eike Wilhelm Schamp, Frankfurt/M.; *Ludwig Schätzl*, Hannover; *Daniel Schaub*, Basel; *Jörg Scheffer*, Passau;
Irmgard Schickhoff, Frankfurt/M.; *Konrad Schliephake*, Würzburg; *Karl-Ludwig Schmidt*, Frankenthal;
Wulf-Dieter Schmidt-Wulffen, Hannover; *Fritz Schmithüsen*, Baden-Baden; *Rita Schneider-Sliwa*, Basel;
Fred Scholz, Berlin; *Ulrich Scholz*, Gießen; *Kai Schrader*, Basel; *Hermann Schrand*, Münster; *Jürgen Schultz*, Aachen;
Heinz Schürmann, Hahnheim; *Brigitta Schütt*, Berlin; *Astrid Seckelmann*, Bochum; *René Sollberger*, Basel;
Dietrich Soyez, Köln; *Jörg Stadelbauer*, Freiburg; *Diether Stonjek*, Georgsmarienhütte; *Monika Suter*, Muttenz;
Wolfgang Taubmann, Bremen; *Dietbert Thannheiser*, Hamburg; *Elke Tharun*, Frankfurt/M.; *Ulrich Theißen*, Dortmund;
Günter Thieme, Königswinter; *Eckhard Thomale*, Karlsruhe; *Dieter Uthoff*, Stromberg; *Helmer Vogel*, Würzburg;
Karl Vorlaufer, Düsseldorf; *Stefan Waluga*, Bochum; *Jürgen Weber*, Bayreuth; *Hans-Joachim Wenzel*, Osnabrück;
Herbert Wetzler, Staufen; *Hans-Wilhelm Windhorst*, Vechta; *Klaus Windolph*, Hannover;
Wilfried Wittenberg, Karlsruhe; *Christoph Wüthrich*, Basel

AULIS VERLAG DEUBNER · KÖLN

HANDBUCH DES GEOGRAPHIE-UNTERRICHTS

BAND 8/II
ENTWICKLUNGSLÄNDER II

Herausgegeben von:
Dieter Böhn und *Eberhard Rothfuß*

Verfasst von:
Thomas Ammerl, Gerd Bauriegel, Ulrich Bichsel, Dieter Böhn, Martin Coy,
Christoph Dittrich, Eckart Ehlers, Berta Hamann, Karin Horn,
Hans-Dieter Haas, Rudolf Kunz, Werner Mikus, Detlef Müller-Mahn,
Johannes Rehner, Eberhard Rothfuß, Konrad Schliephake, Ulrich Scholz,
Wulf-Dieter Schmidt-Wulffen, Jörg Stadelbauer

AULIS VERLAG DEUBNER · KÖLN

Bibliografische Information Der Deutschen Bibliothek

Die Deutsche Bibliothek verzeichnet diese Publikation
in der Deutschen Nationalbibliografie;
detaillierte bibliografische Daten sind im Internet
unter *http://dnb.ddb.de* abrufbar.

Zu den Autoren

Adick, Christel, Prof. Dr.
Universität Bochum

Akhtar-Schuster, Mariam, Dr.
Universität Hamburg

Ammerl, Thomas, Dr.
Bayerische Forschungsallianz GmbH, München

Backes, Martina, Dr.
Freiburg

Bähr, Jürgen, Prof. Dr.
Universität Kiel

Bartholl, Timo
Deutsche Gesellschaft für Technische Zusammenarbeit (GTZ) GmbH, Eschborn

Bauriegel, Gerd, Dr.
Universität Passau

Bichsel, Ulrich, Dr.
Zimmerwald

Böhn, Dieter, Prof. Dr.
Universität Würzburg

Coy, Martin, Univ. Prof. Dr.
Universität Innsbruck

Deffner, Veronika, Dipl.-Geogr.
Universität Passau

Dittrich, Christoph, PD Dr.
Universität Freiburg

Drescher, Axel, Prof. Dr.
Universität Freiburg

Dünckmann, Florian, PD Dr.
Universität Kiel

Ehlers, Eckart, Prof. Dr.
Universität Bonn

Förch, Gerd, Prof. Dr.
Universität Siegen

Gertel, Jörg, Prof. Dr.
Universität Leipzig

Hamann, Berta, Dr.
Universität Würzburg

Haas, Hans-Dieter, Prof. Dr.
Universität München

Hillmann, Felicitas, Prof. Dr.
Universität Bremen

Horn, Karin
Düsseldorf

Kraas, Frauke, Prof. Dr.
Universität Köln

Krings, Thomas, Prof. Dr.
Universität Freiburg

Krüger, Fred, Prof. Dr.
Universität Erlangen-Nürnberg

Kunz, Rudolf
Luzern

Leisch, Harald, Dr.
Deutsche Forschungsgemeinschaft (DFG), Bonn

Lohnert, Beate, Prof. Dr.
Universität Bayreuth

Mikus, Werner, Prof. Dr.
Universität Heidelberg

Müller-Mahn, Detlef, Prof. Dr.
Universität Bayreuth

Rauch, Theo, Prof. Dr.
Deutsche Gesellschaft für Technische Zusammenarbeit (GTZ) GmbH, Eschborn

Rehner, Johannes, Dr.
Universität München

Renger, Jochen (M.A.),
Deutsche Gesellschaft für Technische Zusammenarbeit (GTZ) GmbH, Eschborn

Rothfuß, Eberhard, Dr.
Universität Passau

Scheffer, Jörg, Dr.
Universität Passau

Seckelmann, Astrid, Dr.
Universität Bochum

Schliephake, Konrad, Dr.
Universität Würzburg

Schmidt-Wulffen, Wulf-Dieter, Prof. Dr.
Universität Hannover

Scholz, Fred, Prof. Dr.
Freie Universität Berlin

Scholz, Ulrich, Prof. Dr.
Universität Gießen

Schütt, Brigitta, Prof. Dr.
Freie Universität Berlin

Stadelbauer, Jörg, Prof. Dr.
Universität Freiburg

Das vorliegende Werk wurde sorgfältig erarbeitet. Dennoch übernehmen Autoren, Herausgeber und Verlag für die Richtigkeit von Angaben, Hinweisen und Ratschlägen sowie für eventuelle Druckfehler keine Haftung.

Best.-Nr. 8108/II
© AULIS VERLAG DEUBNER · KÖLN · 2007
Einbandgestaltung: Atelier Warminski, Büdingen
Satz: Verlag
Zeichnungen: Römer.Grafik, Ihringen
Druck und Weiterverarbeitung: Hans Kock Buch- und Offsetdruck GmbH, Bielefeld
ISBN: 978-3-7614-2636-4

Inhaltsverzeichnis

Band II

3	Regionalgeographischer Teil	1
3.1	Raumbeispiele aus Lateinamerika	1
3.1.1	Brasilien – Ländliche und städtische Entwicklung zwischen Fragmentierung und Nachhaltigkeit (*Martin Coy*)	1
3.1.2	Chile – Eine wirtschaftssektorale Analyse (*Werner Mikus*)	15
3.1.3	Mexiko – Ökonomische Aspekte des NAFTA-Beitritts und seine Auswirkungen auf die Bevölkerungs- und Arbeitsmarktentwicklung (*Hans-Dieter Haas, Johannes Rehner*)	27
3.1.4	Kuba – Transformation des Wirtschafts- und Gesellschaftssystems (*Thomas Ammerl*)	42
3.2	Raumbeispiele aus Asien	52
3.2.1	China – Ein Entwicklungsland wächst zur Wirtschaftsmacht (*Dieter Böhn*)	52
3.2.2	Indien – Auswirkungen des Bevölkerungswachstums auf Gesellschaft, Wirtschaft und Umwelt (*Ulrich Bichsel, Rudolf Kunz*)	68
3.2.3	Die südindische Hightech-Metropole Bangalore im Zeichen wirtschaftlicher Globalisierung (*Christoph Dittrich*)	87
3.2.4	Indonesien – Ländliche Entwicklung, Nahrungssicherung und Regenwaldzerstörung (*Ulrich Scholz*)	95
3.2.5	Kirgisistan und Usbekistan – Entwicklungsländer in Zentralasien (*Jörg Stadelbauer*)	105
3.3	Raumbeispiele aus Afrika	115
3.3.1	Ägypten und die Megastadt Kairo – Lokale Entwicklungen im Kontext globaler Einflüsse (*Detlef Müller-Mahn*)	115
3.3.2	Mali – Sahelstaat zwischen Dürre, Hunger und Ernährungssicherung (*Wulf-Dieter Schmidt-Wulffen*)	137
3.4	Raumbeispiele aus dem islamischen Orient	151
3.4.1	Islamischer Orient – Einheit und Vielfalten (*Eckart Ehlers*)	151
3.4.2	Saudi-Arabien – Ressourcenorientierte Entwicklung in einem Wüstenstaat (*Konrad Schliephake*)	165
4	Unterrichtspraktischer Teil	174
4.0	Einführung (*Dieter Böhn, Eberhard Rothfuß*)	174
4.1	Exportorientierter Anbau von Tafeltrauben am Beispiel Chiles (*Gerd Bauriegel*)	176
4.2	Mali – Ein Land zwischen Dürre und Hunger (*Wulf-Dieter Schmidt-Wulffen*)	182
4.3	Der nomadische Blick – Himba und Tourismus im nordwestlichen Namibia (*Eberhard Rothfuß*)	188

4.4	Bedeutung des Kastensystems in der Entwicklung Indiens (*Ulrich Bichsel, Rudolf Kunz*)	201
4.5	Usbekistan – Früher Sowjetrepublik, heute Entwicklungsland (*Karin Horn*)	218
4.6	China – Ein Entwicklungsland auf dem Weg zur globalen Wirtschaftsmacht (*Dieter Böhn*)	226
4.7	Kinder in Entwicklungsländern (*Berta Hamann*)	237

Literatur 248

Glossar 261

Register 269

Band I

1	**Einführender Teil**	1
1.0	Einführung (*Dieter Böhn, Eberhard Rothfuß*)	1
1.1	Begriffsfeld „Entwicklungsländer"	3
1.1.1	Begriff und indikatorgebundene Abgrenzung (*Dieter Böhn*)	3
1.1.2	Kultur als großräumige Regionalisierungs- und Analysekategorie (*Jörg Scheffer*)	12
1.2	Entwicklungsländer als Forschungsobjekt der Geographie (*Eberhard Rothfuß*)	22
1.3	Zur Behandlung der Entwicklungsländer im Geographieunterricht	33
1.3.1	Didaktische Grundlegung (*Dieter Böhn*)	33
1.3.2	Konzepte schülerzentrierten und handlungsorientierten Vorgehens auf der Grundlage von Schlüsselproblemen (*Wulf-Dieter Schmidt-Wulffen*)	43
2	**Allgemeingeographischer Teil**	52
2.1	Theorien über Entwicklung und Unterentwicklung	52
2.1.1	Geschichte, Struktur und fachwissenschaftliche Leitlinien der Entwicklungstheorien (*Jörg Gertel*)	52
2.1.2	Erklärungsansätze und Analysemodelle „mittlerer Reichweite" (*Fred Krüger*)	73
2.1.3	Analysekonzept Politische Ökologie (*Thomas Krings*)	79
2.1.4	Externe und interne Einflüsse auf Entwicklung und ihr Zusammenwirken mit den Prozessen der Globalisierung (*Theo Rauch*)	87
2.1.5	Theorie der fragmentierenden Entwicklung (*Fred Scholz*)	102
2.2	Entwicklungspolitik zwischen Handel und Hilfe (*Astrid Seckelmann*)	107
2.3	Bevölkerungsdynamik im gesellschaftlichen Kontext (*Jürgen Bähr, Florian Dünckmann*)	116
2.4	Migration – Erklärungsansätze, Ursachen und Auswirkungen (*Beate Lohnert*)	129
2.5	Hunger, Mangelernährung und Ernährungssicherung im Kontext globaler Entwicklungen (*Axel Drescher*)	138
2.6	Gesundheit, Krankheit und die AIDS-Pandemie (*Harald Leisch*)	150
2.7	Weltweite Urbanisierungsprozesse und aktuelle Entwicklungsdynamik in den Städten, Metropolen und Megastädten der Entwicklungsländer (*Frauke Kraas*)	155
2.8	Bildungsentwicklungen zwischen internationalen Einflüssen und nationalen Bedingungen (*Christel Adick*)	163
2.9	Gender – Geschlechtsspezifische Fragestellungen im Kontext von Entwicklung und Globalisierung (*Felicitas Hillmann*)	174
2.10	Wirtschaftssektorale Entwicklungen auf der Makroebene (*Werner Mikus*)	182
2.11	Informeller urbaner Sektor – Ungesicherte Ökonomie der Mehrheit in Lateinamerika, Afrika und Asien (*Eberhard Rothfuß, Veronika Deffner*)	210
2.12	Tourismus – Brisante Form der Landnutzung in peripheren Räumen? (*Martina Backes*)	219
2.13	Natürliche Ressourcen	230
2.13.1	Wasser – Eine Ressource wird knapp (*Jochen Renger, Timo Bartholl*)	230
2.13.2	Watershed-Management – Ein entwicklungspraktisches Instrument zur nachhaltigen Wassernutzung (*Brigitta Schütt, Gerd Förch*)	244
2.13.3	Desertifikation – Die schleichende Zerstörung produktiver Gebiete in Trockenregionen (*Mariam Akhtar-Schuster*)	254
	Literatur	264
	Glossar	288
	Register	301

Gliederung des Gesamtwerkes

HANDBUCH DES GEOGRAPHIEUNTERRICHTS

Band 1: Grundlagen des Geographieunterrichts
Herausgeber Helmut Köck

Band 2: Bevölkerung und Raum
Herausgeber Dieter Börsch

Band 3: Industrie und Raum
Herausgeber Wolf Gaebe

Band 4: Städte und Städtesysteme
Herausgeber Helmut Köck

Band 5: Agrarwirtschaftliche und ländliche Räume
Herausgeber Wolfgang Taubmann

Band 6: Freizeit und Erholungsräume
Herausgeber Dieter Uthoff

Band 7: Politische Räume – Staaten, Grenzen, Blöcke
Herausgeber Jörg Stadelbauer

Band 8: Entwicklungsländer (Teilbände I und II)
Herausgeber Dieter Böhn und Eberhard Rothfuß

Band 9: Globale Verflechtungen
Herausgeber Eike W. Schamp

Band 10: Physische Geofaktoren (Teilbände I und II)
Herausgeber Heinz Nolzen

Band 11: Umwelt: Geoökosysteme und Umweltschutz
Herausgeber Helmut Leser

Band 12: Geozonen (Teilbände I und II)
Herausgeber Heinz Nolzen

3 Regionalgeographischer Teil

3.1 Raumbeispiele aus Lateinamerika

3.1.1 Brasilien – Ländliche und städtische Entwicklung zwischen Fragmentierung und Nachhaltigkeit *(Martin Coy)*

3.1.1.1 Gesellschaftliche und räumliche Disparitäten unter dem Einfluss der Globalisierung

Brasilien ist seit jeher durch gravierende Disparitäten gekennzeichnet. So gehört es bis heute beispielsweise zu den Ländern der Erde mit der extremsten Ungleichverteilung von Einkommen. Auch in den Raumstrukturen Brasiliens spiegeln sich diese extremen Ungleichgewichte wider. Sie lassen sich schematisch folgendermaßen beschreiben (siehe ausführlicher *Kohlhepp* 1994, 2003) (vgl. Abb. 3.1.1/1): Bis in unsere Tage ist das Land durch zwei großräumige Grundmuster regionaler Disparitäten geprägt. Dies ist zum einen der Gegensatz zwischen Küstensaum, wo sich bereits seit der portugiesischen Kolonialzeit der Großteil der Bevölkerung, die wichtigsten städtischen Agglomerationen sowie die wirtschaftlichen Schwerpunkträume befinden, und dem weit siedlungsärmeren Hinterland, dem interior. Das zweite Grundmuster ist ein Nord-Süd-Gegensatz, der sich insbesondere in Unterschieden der regionalen Entwicklungsdynamik niederschlägt. So liegen im Südosten die wichtigsten Aktivräume des Landes mit den Metropolen São Paulo und Rio de Janeiro sowie einem Gürtel dynamischer urban-industrieller Zentren. Gleichzeitig ist der Südosten eine der wichtigsten Agrarregionen, ursprünglich auf der Basis des Kaffeeanbaus, heute zusätzlich gekennzeichnet durch die weltmarktorientierte Produktion von Zitrusfrüchten sowie den großbetrieblichen Anbau von Zuckerrohr. Im stark urbanisierten Südosten konzentrieren sich 43 % der brasilianischen Be-

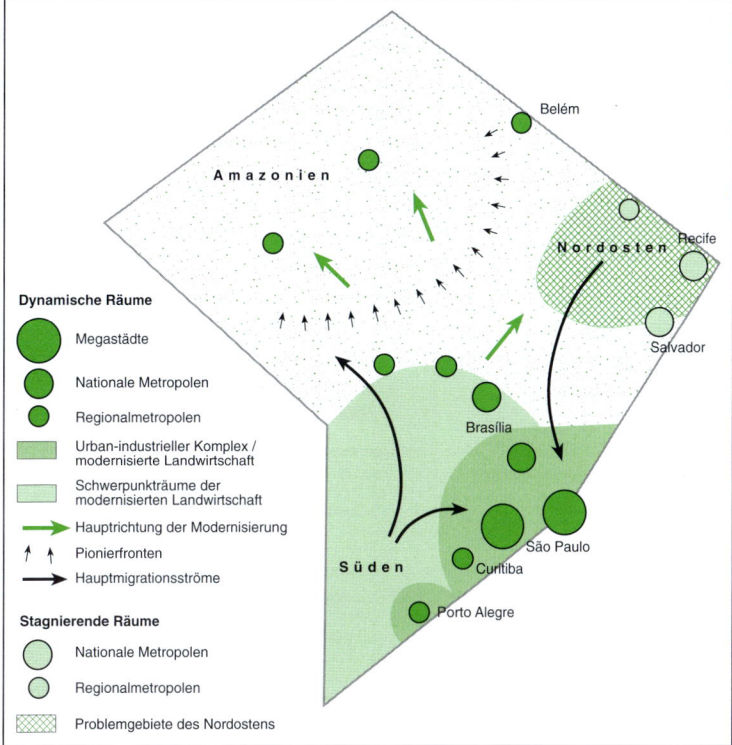

Abb. 3.1.1/1: Raumstruktur Brasiliens (Entwurf: *Coy* 1999)

völkerung, und hier werden 58 % des Bruttosozialproduktes des Landes erwirtschaftet (Werte für 1996). Südbrasilien entwickelte sich auf der Basis einer ursprünglich klein- und mittelbäuerlichen Landwirtschaft zur lange Zeit wichtigsten landwirtschaftlichen Modernisierungsregion des Landes. Des Weiteren entstanden – unter anderem in Verbindung mit der modernisierten Landwirtschaft – in den Regionalmetropolen Porto Alegre und Curitiba sowie in kleineren Städten des Südens wichtige Zentren der verarbeitenden Industrie.

Den dynamischen Räumen Südost- und Südbrasiliens stehen die heute weitgehend stagnierenden Krisenregionen des semi-ariden Nordostens gegenüber. Diese Region und aufgrund der Verdrängungswirkung des mechanisierten Ackerbaus auch der Süden sind seit mehreren Jahrzehnten die wichtigsten Abwanderungsregionen Brasiliens. Ein Teil der Migranten wandert in die vormals peripheren Gebiete des Mittelwestens und Amazoniens ab, wo sich seit den 70er Jahren ausgesprochen dynamische Pionierfronten herausgebildet haben (vgl. *Coy* 1988; *Coy/Lücker* 1993). Wanderungsziel eines Großteils der Migranten sind jedoch seit jeher die großen Metropolen und in den letzten Jahren zunehmend die rasch wachsenden Mittelstädte des Südostens. Hier sehen viele der vom Lande Verdrängten die einzige Überlebensalternative.

Als typisches Kennzeichen Brasiliens lassen sich also insgesamt extreme sozioökonomische und regionale Disparitäten herausstellen. Dieses enorme Gefälle dokumentiert sich in den großen regionalen Unterschieden des Indexes für menschliche Entwicklung (vgl. Abb. 3.1.1/2). So erreichen beispielsweise am unteren Ende der Rangskala die Bundesstaaten des brasilianischen Nordostens lediglich Werte, die denen afrikanischer Länder entsprechen, während sich die Werte der dynamischen Regionen des Südostens denen mancher Länder des Nordens annähern. Im Ländervergleich lag im Übrigen das Schwellenland Brasilien, das sich gerne als „tropische Großmacht der Zukunft" sieht, im Jahr 2000 erst auf dem 73. Platz hinsichtlich der menschlichen Entwicklung.

Auch wenn die brasilianischen Regierungen in den letzten 30 Jahren wiederholt durch groß angelegte Regionalentwicklungsprogramme Anstrengungen zum Abbau dieser Unterschiede unternommen haben, sind die politisch-ökonomischen Rahmenbedingungen für eine Lösung der beschriebenen Probleme keineswegs einfacher geworden. Denn zunehmend werden politische Entscheidungen, wirtschaftlich-gesellschaftlicher

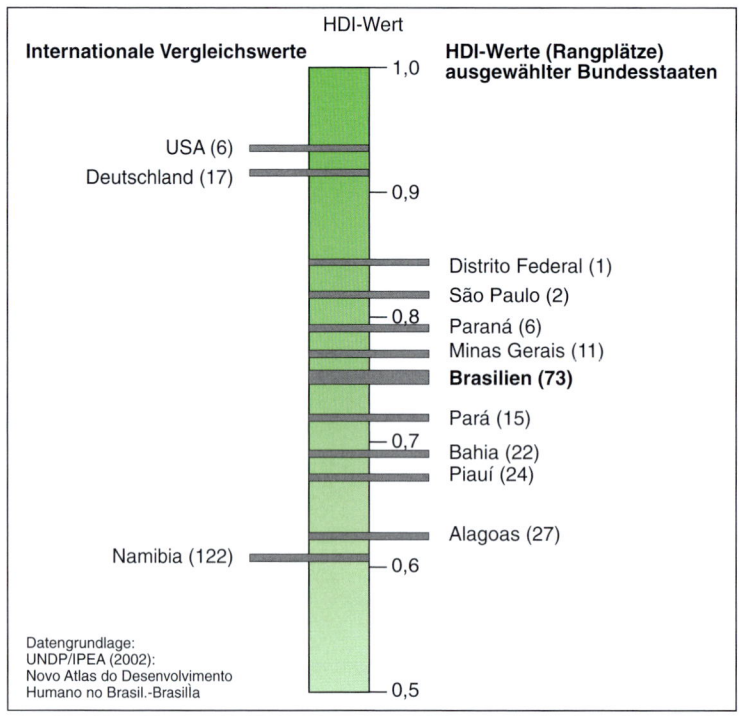

Abb. 3.1.1/2: HDI für Brasilien (Entwurf: *Coy* 2003)

Wandel und räumliche Prozesse durch die Einbeziehung des Landes in Globalisierungsprozesse beeinflusst. Hierfür ist die Veränderung der politischen Rahmenbedingungen in den 90er Jahren zu großen Teilen mitverantwortlich. Nachdem in den 80er Jahren das Land immer mehr in die so genannte Verschuldungsfalle geraten war und exorbitante Inflationsraten die ökonomische Basis und die Lebensbedingungen über Jahre hinweg grundlegend erschüttert hatten, resultierte der Gang zum Internationalen Währungsfonds ähnlich wie in anderen Drittweltregionen auch in Brasilien in weitreichenden Strukturanpassungsmaßnahmen nach neoliberalen Prinzipien. Entsprechend waren Abbau des staatlichen Haushaltsdefizits und Abbau von Protektionismus auf der einen Seite sowie Deregulierung und Privatisierung auf der anderen Seite während der letzten Jahre die Schlagworte des offiziellen brasilianischen Politikdiskurses. Zwar ist wirtschaftliches Wachstum seit jeher in Brasilien von Konzentration und nicht von Verteilung begleitet, jedoch hat die sukzessive Rücknahme staatlicher Sozial- und Regionalpolitik zu einer zusätzlichen Verschärfung der sozioökonomischen Disparitäten und zur Verstärkung sozialräumlicher Fragmentierung geführt.

3.1.1.2 Der ländliche Raum: Auswirkungen der Modernisierung und Interessenkonflikte

Betrachtet man Bevölkerungsentwicklung und -verteilung Brasiliens, so wird offensichtlich, dass der ländliche Raum gegenüber dem städtischen immer mehr an Bedeutung verliert. Während im Jahr 1960 55 % der Brasilianer auf dem Land lebten, waren es 2000 nur noch knapp 18 % der ca. 170 Mio. Einwohner des Landes. Seit den 70er Jahren nimmt die ländliche Bevölkerung sogar absolut ab. Allein zwischen 1991 und 2000 ging sie um rund 4 Mio. Menschen zurück. Diese Zahlen weisen auf das Ausmaß der Landflucht in Brasilien während der letzten Jahrzehnte hin, die als Folge der von jeher unausgewogenen Agrarsozialstrukturen in Verbindung mit einer sozial unausgewogenen Modernisierungspolitik anzusehen ist (vgl. ausführlicher *Coy/Neuburger* 2002a).

Seit den 60er Jahren unterlag der brasilianische Agrarsektor einer durch den Staat explizit geförderten Modernisierung, die mit erheblichen sozialen Folgen für die ländlichen Räume verbunden war (vgl. *Coy/Lücker* 1993). Dabei stand das Vorbild der „Grünen Revolution" Pate. Grundlage war ein agrar- und regionalpolitisches Instrumentarium, das im Wesentlichen auf vier Säulen basierte:
– Einführung von Mindestpreisen und einer hochsubventionierten Kreditpolitik,
– Einrichtung staatlicher Agrarforschung und Agrarberatung mit dem Ziel, agrartechnologische Innovationen zu entwickeln und zu verbreiten,
– Sektoralen Programmen zur Förderung einzelner Produktionsrichtungen (z. B. Biotreibstoff-Produktion auf der Basis von Zuckerrohr),
– Regionalen Programmen zur Inkorporation peripherer Regionen (z. B. Agrarkolonisation in Amazonien).

Wirtschaftliches Ergebnis der Modernisierung waren Produktivitätszuwächse sowie die Markt- und vor allem die zunehmende Exportorientierung der Landwirtschaft. Besonderen Stellenwert hatten dabei die Einführung neuer exportfähiger Produkte sowie technologische Innovationen. In Zusammenhang damit entstanden insbesondere in Südbrasilien agroindustrielle Komplexe, in denen die Produktion von Vorleistungsgütern (z. B. Landmaschinen, Agrochemikalien) sowie die Vermarktung und Verarbeitung der Agrarprodukte vereint wurden. Insofern hängen Agrarmodernisierung und Industrialisierung eng miteinander zusammen.

Demgegenüber wurde der traditionelle kleinbäuerliche Sektor, der nach wie vor für einen Großteil der Nahrungsmittelproduktion verantwortlich ist, vernachlässigt. Die sozialen Folgen der Agrarmodernisierung schlugen sich vor allem in der Verschärfung sozialer Disparitäten im ländlichen Raum nieder. Dem entstehenden Konkurrenzdruck konnten viele kleinbäuerliche Familienbetriebe nicht standhalten. Die traditionell schon starke Eigentumskonzentration verschärfte sich noch weiter. Durch den mechanisierten Anbau wurden viele Arbeitskräfte verdrängt.

Insgesamt entsprechen die wirtschaftlichen Folgen der Modernisierung einer verstärkten Durchsetzung der kapitalistischen Produktionsweise in der Landwirtschaft. Dabei zeigt sich inzwischen, dass die seit jeher bestehenden agrarstrukturellen und regionalen Disparitäten keineswegs abgebaut, sondern im Gegenteil erheblich vertieft wurden. Eine Agrarreform zur Beseitigung dieser Missstände wurde niemals ernsthaft in Angriff genommen. Stattdessen propagierte der Staat als vermeintliche Alternative die Agrarkolonisation, das heißt die Neulanderschließung in den Pionierregionen Amazoniens und des Mittelwestens (vgl. nachfolgendes Kap.).

Die zunehmende Integration des Agrarsektors in globale Wirtschaftskreisläufe ist ein weiteres wichtiges Ergebnis der landwirtschaftlichen Modernisierung Brasiliens. Dabei war der Motor der immer stärkeren Einbindung in globale Prozesse vor allem der Sojaboom der letzten Jahre. So haben nach Angaben des brasilianischen Statistischen Bundesamtes IBGE Sojaprodukte inzwischen vor Kaffee die führende Position bei den Agrarexporten eingenommen und standen im Jahr 2000 mit 8 % des Gesamtwertes an dritter Stelle in der brasilianischen Exportstatistik.

Der Sojaboom setzte in den 60er und 70er Jahren in Südbrasilien ein. In den letzten 30 Jahren hat er sukzessive vom Mittelwesten Besitz ergriffen (vgl. Abb. 3.1.1/3). In nur wenigen Jahren sind diese vormals peripheren Binnenräume, insbesondere der Staat Mato Grosso (vgl. *Blumenschein* 2001), in die Spitzengruppe der Sojaproduktionsregionen aufgestiegen. Die Betriebsgrößenstrukturen in diesen besonders dynamischen Regionen unterscheiden sich durch die Vorherrschaft von hoch mechanisierten Großbetrieben deutlich von den Produktionsgebieten des Südens. Entsprechend gering ist die Absorption von Arbeitskräften, die beispielsweise im Falle Mato Grossos bei gerade einmal 2 % der in der Landwirtschaft Erwerbstätigen liegt, obwohl fast 80 % der ackerbaulichen Nutzfläche des Bundesstaates vom Sojaanbau bestimmt wird. Hierin zeigt sich die agrarsoziale Problematik dieses außerordentlichen Entwicklungsbooms. Neben den sozialen Kosten sind auch die ökologischen Belastungen durch den monokulturartigen Sojaanbau (Ausräumung der Landschaft, Erosion, Belastung der Gewässer etc.) enorm.

In jüngster Zeit weitet sich der Sojaanbau immer weiter nach Nordwesten in die Randbereiche Amazoniens sowie nach Nordosten aus (vgl. Abb. 3.1.1/3). Diese zyklenartig ablaufende Expansion des Sojaanbaus hängt mit folgenden Faktoren zusammen:

– Verfügbarkeit großer Landreserven in den Baumsavannengebieten des Mittelwestens,
– günstige Ausgangsbedingungen für Rodung und Mechanisierung auf den Hochebenen des zentralbrasilianischen Massivs,

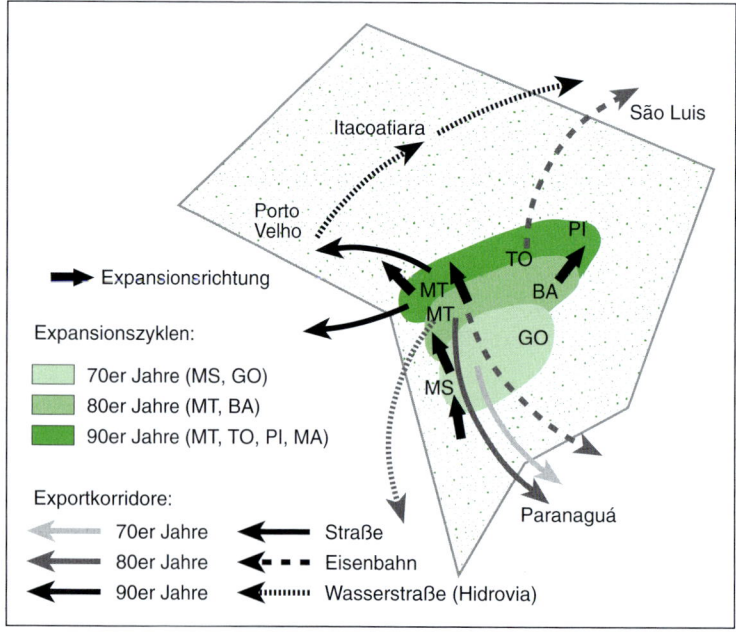

Abb. 3.1.1/3: Die Globalisierung der Peripherie (Entwurf: *Coy* 1998)

– Züchtung neuer, an die klimatischen Gegebenheiten angepasster Sorten,
– im Vergleich zu Südbrasilien sehr viel geringere Bodenpreise,
– Zuwanderung südbrasilianischer Farmer, die mit dem Verkauf ihrer Ländereien ein Vielfaches an Land in den neuen Anbauregionen erwerben konnten.

Die allerjüngsten Entwicklungen in den ländlichen Modernisierungsenklaven des Mittelwestens zeigen, wie periphere Regionen unter den Rahmenbedingungen der Deregulierung auf den Globalisierungsprozess ausgerichtet werden. Denn nach anfänglich starkem Engagement des Staates beispielsweise bei der Schaffung von Infrastrukturen übernimmt inzwischen privates Kapital nationaler und internationaler Herkunft die Initiative. Multinationale Konzerne aus dem Agrobereich engagieren sich in der Saatgutherstellung und in der Biotechnologie, und ausländische Geldgeber finanzieren für die Erschließung wichtige Entwicklungsprogramme.

Jedoch existiert in den derzeitigen Expansionsgebieten der Sojawirtschaft eine Reihe von Standortnachteilen, deren Lösung sich die Privatinitiative zum Ziel setzt. So war beispielsweise von Anfang an die große Entfernung zu den Agroindustrien und Exporthäfen des Südens problematisch. Deshalb wird seit langer Zeit die Schaffung neuer Exportkorridore – und damit die unmittelbarere funktionale Ausrichtung auf die überseeischen Absatzgebiete – von den regionalen pressure groups gefordert, um im nationalen und globalen Wettbewerb bestehen zu können (vgl. Abb. 3.1.1/3). Nachdem zunächst der Transport zu den Exporthäfen ausschließlich über die Straßen erfolgte, trat in den späten 80er Jahren das – ökologisch bedenkliche – Projekt des Ausbaus des Rio Paraguai zur internationalen Wasserstraße in den Mittelpunkt des Interesses (vgl. *Friedrich* 1995). Als weiteres Großprojekt wurde zu Beginn der 90er Jahre der Bau einer Ost-West-Eisenbahnverbindung in Angriff genommen. Parallel hierzu entstand ein neuer Exportkorridor per Straße und Flusstransport aus den nordwestmatogrossensischen Produktionsregionen nach Norden. Neu ist bei beiden Projekten, dass sie weitgehend aus privaten Kapitalmitteln der bedeutendsten Sojaproduzenten finanziert werden. Privatinitiative übernimmt also zusehends die frühere Lenkungsfunktion des Staates und betreibt die Ausrichtung der Peripherie auf die globalen Märkte.

Auf die dargestellten Entwicklungstendenzen im ländlichen Raum, die kleinbäuerliche Familien und Landlose immer mehr ins wirtschaftliche, soziale und politische Abseits drängen, reagieren gerade die am stärksten von Marginalisierung betroffenen Gruppen – vor allem die Landlosen – in den letzten Jahren mit neuen Organisationsformen und Aktionen, um ihre Interessen wenn nötig auch gegen den Staat und die wirtschaftlichen Eliten durchzusetzen. Als bislang größte Organisation ist die 1984 gegründete Landlosenbewegung MST (Movimento dos Trabalhadores Rurais Sem Terra) zu nennen, die auf eine lange Tradition des politischen Widerstandes im ländlichen Raum zurückgeht (vgl. *Fatheuer* 1997). Mit zahlreichen Landbesetzungen soll der Staat dazu gezwungen werden, unproduktiven Großgrundbesitz zu enteignen, zu parzellieren und an die Landlosen zu verteilen. In den meist blutigen Auseinandersetzungen zwischen MST, Großgrundbesitzern und Staatsmacht starben in den Jahren 1984 bis 1990 knapp 900 Landlose. Die Forderungen des MST wurden dennoch bei Weitem nicht erfüllt. Der politische Druck auf die Regierung wird seit Anfang der 90er Jahre einerseits mit spektakulären Aktionen wie Protest- und Sternmärschen, Besetzungen von Behördenzentralen u.ä. erhöht. Andererseits führt die Landlosenbewegung eine steigende Zahl von Landbesetzungen durch, an denen sich immer mehr Familien beteiligen. Während 1990 noch ca. 10.000 Familien in Landbesetzungen involviert waren, nahmen im Jahr 2000 ca. 70.000 Familien an Besetzungen in unterschiedlichen Regionen des Landes teil (vgl. ausführlicher *Coy/Neuburger* 2002a).

Obwohl das MST inzwischen eine der größten außerparlamentarischen Oppositionen in Brasilien ist, bleibt die Politik nach wie vor mit der tatsächlichen Ansiedlung von landlosen Familien weit hinter den Notwendigkeiten zurück. Gleichwohl sind die sichtbaren Erfolge der Landlosenbewegung vielleicht die erstaunlichste Entwicklungstendenz im ländlichen Raum während der letzten Jahre. Durch ihre Aktionen wurde die Agrarreform in Brasilien wieder auf die politische Agenda gesetzt, und ihren Aktionen ist es zweifellos zu danken, dass sich verantwortliche Politiker, Planer und zivilgesellschaftliche Organisationen in letzter Zeit wieder stärker den Bedürfnissen der Kleinbauern zuwenden. Die Lösung des eigentlichen Problems durch die Förderung und Konsolidierung der kleinbäuerlichen Landwirtschaft steht jedoch noch aus.

3.1.1.3 Pionierfrontentwicklung in Amazonien: Eine politisch-ökologische Analyse

Seit den 70er Jahren des 20. Jahrhunderts erlebt das brasilianische Amazonien als eine der letzten Siedlungsgrenzregionen Südamerikas einen Entwicklungsboom ungekannten Ausmaßes, für den neben dem Bau großer Fernstraßen, kleinbäuerlicher Agrarkolonisation und riesigen Rinderfarmen auch die Ausbeutung der Rohstoffe (Eisenerz, Gold, Erdöl, Erdgas) sowie der Bau großer Wasserkraftwerke kennzeichnend ist. Folgen sind zahlreiche Interessen- und Landkonflikte, eine extreme Verstädterung, die weitere Verdrängung der indianischen Bevölkerung sowie insbesondere die zunehmende Zerstörung der Regenwälder. Somit ist die Pionierfrontentwicklung im größten Regenwaldgebiet der Erde in ihren Hintergründen, Einflussfaktoren, Folgen und Tendenzen ein Beispiel für die sozioökonomische und politische Komplexität konkreter Umweltprobleme. Aus politisch-ökologischer Perspektive sind solche Umweltveränderungen Ausdruck einer „politisierten Umwelt", die den Austragungsort konfligierender Interessen unterschiedlichster Akteure darstellt, wobei sich im Sinne einer akteursorientierten Mehrebenenanalyse sogenannte place-based-actors, das heißt solche, die auf der lokalen Ebene verankert sind, und non-place-based-actors, die über einen sehr viel weiteren Aktionsradius verfügen, gegenüberstehen (vgl. *Coy/Krings* 2000).

Die Pionierfrontentwicklung in Amazonien kann in unterschiedliche Phasen eingeteilt werden, in denen deutliche Gewichtsverschiebungen zwischen den Hauptakteuren und ihren Interessen zu beobachten sind (vgl. auch *Coy/Neuburger* 2002b). Bis in die 60er Jahre befand sich Amazonien noch weitgehend im Windschatten der brasilianischen Gesamtentwicklung. Mitte der 60er Jahre setzte ein dauerhafter regionaler Umbruch ein, der sowohl mit dem grundlegenden Wandel der regionalen Akteursstrukturen als auch mit schwerwiegenden Umweltveränderungen einherging. Hauptakteur bei der Erschließung Amazoniens war nun der Nationalstaat, seine wichtigsten Instrumente waren der Bau von Fernstraßen und die Einrichtung kleinbäuerlicher Siedlungsprojekte. Damit folgte das staatliche Handeln vor allem dem politischen Ziel, durch Landvergabe ein soziales Ventil für agrarsoziale Spannungen in anderen Landesteilen zu schaffen. Entsprechend waren Verdrängungsmigranten aus Süd- und Nordostbrasilien die neuen place-based-actors der sich herausbildenden Pionierfronten, die somit die Funktion eines Reproduktionsraums für die Ohnmächtigen erfüllten. Die nun einsetzende Regenwaldzerstörung ist vor diesem Hintergrund als überlebensorientiert zu bezeichnen. Opfer der Pionierfrontentwicklung waren an vielen Orten die traditionellen Waldvölker, die keine Möglichkeiten hatten, ihre Verfügungsrechte einzufordern.

Ab Mitte der 70er Jahre änderten sich die Prioritäten. Nun stand das politische Ziel einer unternehmerischen wirtschaftlichen Inwertsetzung im Vordergrund. Hiervon profitierten vor allem Großgrundbesitzer, Bergbaukonzerne und Energieunternehmen. Zwar setzte sich parallel die überlebensorientierte Pionierfrontentwicklung fort, jedoch führte das Auftreten der neuen Akteure zu klaren Verschiebungen in den regionalen Machtverhältnissen, zur Verstärkung von Interessenkonflikten und zur oftmaligen Verdrängung der weniger Mächtigen. Regenwaldzerstörung findet nun verstärkt aus Gewinn- oder Spekulationsinteresse statt.

Die 90er Jahre sind noch stärker als zuvor durch widersprüchliche Entwicklungstendenzen gekennzeichnet. Die Dynamik der Pionierfrontentwicklung früherer Phasen schwächt sich ab, ohne dass sich dadurch die Konflikte verringern. Gleichzeitig sind bei den regionalen Entwicklungszielen neue Ambivalenzen nicht zu übersehen. Nachhaltigkeitsziele bestimmen inzwischen den regionalpolitischen Diskurs. Hierfür ist wichtig, dass die Umweltveränderungen in Amazonien zunehmend auf der internationalen Arena als globales Problem thematisiert werden. Dies ruft neue Akteure auf den Plan – im politisch-ökologischen Sinne als non-place-based zu bezeichnen: Vor allem internationale NGOs und die multilateralen Entwicklungsagenturen. Sie betonen den Schutz indigener Gruppen sowie die Erhaltung der Umwelt und propagieren angepasste Nutzungsformen. Damit tun sich neue Chancen für die traditionell ohnmächtigen place-based-actors, die Waldvölker, Kleinbauern und Landlosen, auf. Gleichzeitig zieht sich der Zentralstaat im Zuge von Deregulierung und Flexibilisierung aus vielen Handlungsbereichen auf der regionalen Arena zurück und überlässt privatem Kapital und verschiedenen global players als neuen Akteuren das Feld. Für sie stellt der Weltmarkt den entscheidenden Orientierungsrahmen dar, was mit neuen Risiken verbunden ist.

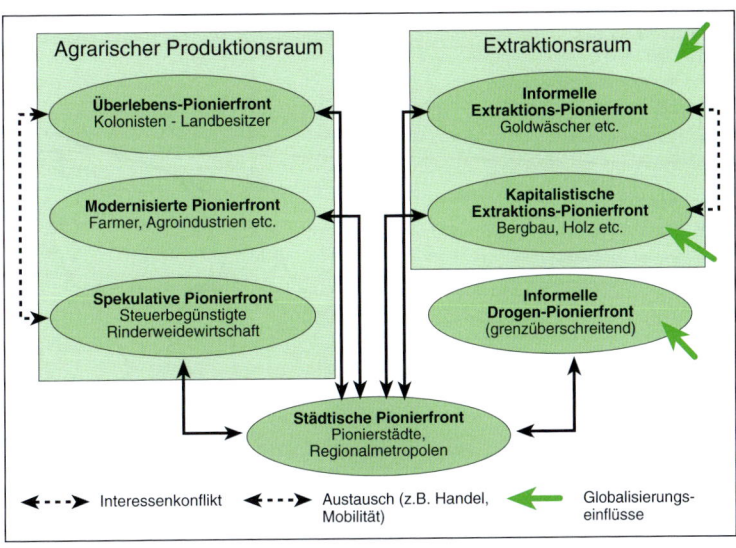

Abb. 3.1.1/4: Pionierfronttypen in Amazonien
(aus: *Coy/Neuburger* 2002b, S. 16)

Die beschriebenen Entwicklungsphasen haben jeweils spezifische Handlungsspielräume für die unterschiedlichsten Akteursgruppen geschaffen, bis hin zu dem in den letzten Jahren immer breiteren Raum einnehmenden informellen Drogenhandel. Diese Akteursgruppen verfolgen divergierende wirtschaftliche Interessen, sie nehmen regionale Ressourcen in unterschiedlicher Weise wahr, und ihr Handeln richtet sich oft an gegensätzlichen Logiken aus (z. B. Überlebenssicherung versus Gewinnorientierung oder Rohstoffextraktion versus Agrarproduktion etc.). Auf diese Weise bilden sich unterschiedliche Pionierfronttypen, die die sozioökonomischen Differenzierungsprozesse der letzten Jahre in Amazonien repräsentieren (vgl. Abb. 3.1.1/4). Dabei können in den Teilregionen einzelne Pionierfronttypen – zumindest zeitweise – dominant sein. Ebenso können sich verschiedene Pionierfronttypen gleichzeitig im selben Raum überlagern. Auch kann es im Zuge von Verdrängungsprozessen zu einer Sukzession unterschiedlich strukturierter Pionierfronttypen kommen. Für alle Pionierfronten Amazoniens ist ein rascher Wandel der sozialen und wirtschaftlichen Strukturen charakteristisch. Dieser geht mit Interessenkonflikten zwischen den unterschiedlichen Akteuren einher, die sich in einer ungleichen Konkurrenz um Nutzung und Kontrolle des Raumes ausdrücken. In der Realität der Machtverhältnisse in Amazonien bedeutet dies meistens die Durchsetzung der Kapitalkräftigen und die erneute Verdrängung der sozial Schwächeren.

Die Raumstrukturen zu Beginn des 21. Jahrhunderts und die aktuellen Prozesse in Amazonien sind also Ergebnis des Zusammenspiels von staatlicher Regionalentwicklungsplanung und Pionierfrontentwicklung. Dabei sind die Regionen der gravierendsten Umweltveränderungen, die vereinfacht als ein „Halbmond der Entwaldung" gekennzeichnet werden können, die Hauptverbreitungsgebiete der unterschiedlichen Pionierfronttypen (vgl. Abb. 3.1.1/5). Aufgrund deren Überlagerung, Sukzession und Flächennutzungskonkurrenz sind diese Regionen sowohl durch sozioökonomische Veränderungen als auch durch räumliche Instabilität gekennzeichnet. So nimmt durch Verdrängungsprozesse im ländlichen Raum die intraregionale Wanderung v. a. in die Regionalmetropolen und neuen Pionierstädte zu und führt dort zu „Verelendungswachstum" und Fragmentierungsprozessen. Gleichzeitig erweitern sich in vielen ländlichen Gebieten unter den Rahmenbedingungen einer „günstigen Konjunktur" die Flächenansprüche der weltmarktorientierten und durch „durchsetzungsfähige" Akteure bestimmten Pionierfronttypen, v. a. der Sojawirtschaft. Die Zahl der Landkonflikte erhöht sich insbesondere dort, wo unterschiedliche Pionierfronttypen – und damit mächtige und ohnmächtige, place-based- und non-place-based-actors – aufeinander stoßen. So werden beispielsweise viele Indianergebiete in Amazonien immer stärker durch die Nutzungsansprüche der verschiedenen Akteursgruppen „umzingelt". Anders als in früheren Jahren wird das „Überrollen" der indigenen Territorien durch die unterschiedlichen Pionierfronten heute aber durch ein stärkeres Selbstbewusstsein der Indigenen, die sich

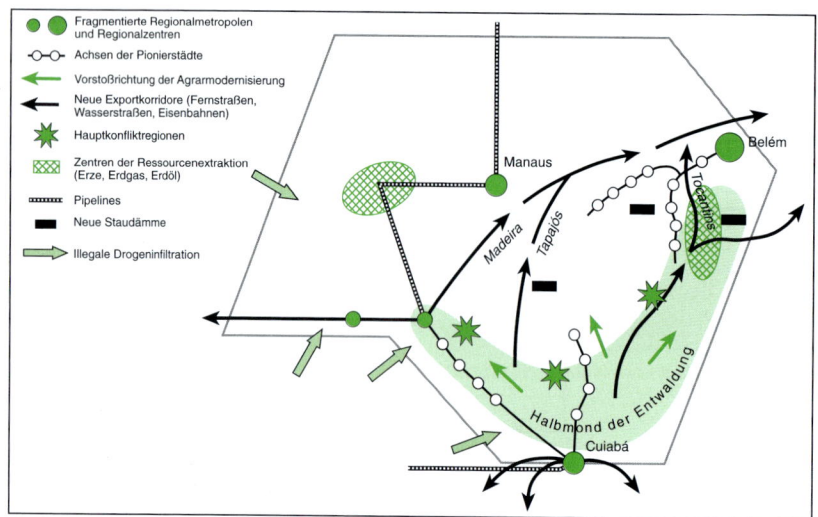

Abb. 3.1.1/5: Schemakarte Amazonien (aus: *Coy/Neuburger* 2002b, S. 15)

zunehmend organisieren, sowie durch Interessenallianzen mit NGOs und durch staatliches Reagieren unter dem Druck der internationalen Öffentlichkeit zumindest erschwert (vgl. *Pasca* 2002).
Trotz Deregulierung hat der Staat nach wie vor großen Einfluss auf die regionale Entwicklung in Amazonien. Allerdings steht heute Regionalpolitik für Amazonien mehr denn je im Widerstreit zwischen der Fortsetzung von Erschließung und Inkorporation mit der möglichen Folge weiterer ökologischer Gefährdungen einerseits und Nachhaltigkeitszielen andererseits. Bei genauerer Analyse aktueller Investitionsprogramme drängt sich angesichts der Fortsetzung klassischer Modernisierungspolitik jedoch der Verdacht auf, dass der politische Diskurs der Nachhaltigkeit (vgl. hierzu Kap. 3.1.1.5) immer noch wenig praktische Relevanz hat, denn die derzeit wichtigsten Handlungsfelder zentralstaatlicher Investitionen in Amazonien sind (vgl. auch Abb. 3.1.1/5):

– Ausbau neuer Exportkorridore (Wasserstraßen und Fernstraßenverbindungen), mit deren Hilfe insbesondere die internationale Konkurrenzfähigkeit des modernen agrobusiness (v. a. der Sojawirtschaft) verbessert werden soll,
– Ausbau der Energiewirtschaft (neben neuen Staudämmen insbesondere die Erschließung der Erdgasvorkommen im westlichen Amazonien sowie der Bau großer Gaspipelines) und der Telekommunikation,
– Förderung des Biotechnologiesektors (u. a. durch Inwertsetzung des Genpotenzials der tropischen Regenwälder).
– Die Förderung der ländlichen Entwicklung durch Landvergabe.

Maßnahmen, die in Richtung auf eine verstärkte Inkorporation peripherer Gebiete zielen und die bisherigen Erfahrungen entsprechend mit einer Zunahme sozioökonomischer und ökologischer Konflikte einhergehen können, haben also ein deutliches Übergewicht.
Wenn man vor dem Hintergrund der geschilderten Differenzierungsprozesse und Entwicklungstendenzen die zentrale Umweltfrage, nämlich die Konflikte um Schutz oder weitere Erschließung der Wälder, aus politisch-ökologischer Perspektive betrachtet, ergibt sich ein komplexes Geflecht von Akteursgruppen mit unterschiedlichem Durchsetzungsvermögen, die einerseits für eine Fortsetzung der Walderschließung plädieren beziehungsweise andererseits deren Schutz auf ihre Fahnen geschrieben haben (vgl. Abb. 3.1.1/6). Dabei sind die jeweiligen Interessen bei der Verfolgung ähnlicher Ziele oftmals gegensätzlich. Der Schutzgedanke wird großenteils von außen in die Region hereingetragen. Entsprechend verfolgen dieses Ziel eher die nicht lokal verankerten Akteure. Bei den lokal verankerten Akteursgruppen überwiegt dagegen – in vereinfachter Sicht – das Interesse einer weiteren Walderschließung, die in der Regel mit „Entwicklung" gleichgesetzt wird. Hierin schlagen sich die für Pionierfronten typischen Handlungslegitimationen nieder. Sie sind Ausdruck einer „Pionierfront-Mentalität", in der sich kurzfristige Interessen (Überlebenssicherung

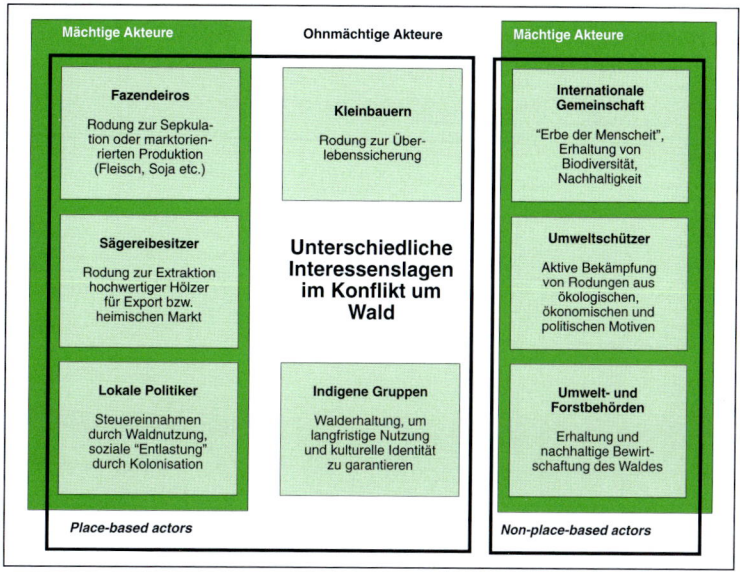

Abb. 3.1.1/6: Interessenlagen im Konflikt um Wald (Entwurf: *Coy* 2001)

oder Gewinnorientierung) mit der Wahrnehmung einer unbegrenzten Verfügbarkeit der Umweltgüter kombinieren.

Amazonien als „politisierte Umwelt" wird also durch den Widerspruch zwischen Pionierfrontentwicklung auf der einen Seite und Bemühungen um eine nachhaltige Entwicklung auf der anderen Seite, bei der Regenwaldschutz und die Rechte der Waldbewohner im Vordergrund stehen, gekennzeichnet. Dieser Widerspruch bildet den Hintergrund für Konfliktarenen auf verschiedenen Maßstabsebenen, denen die unterschiedlichen Akteursgruppen zuzuordnen sind, von der Einbindung in lokalisierte Landkonflikte bis hin zur politischen Auseinandersetzung auf übergeordneten Ebenen. Dabei unterscheiden sich die Akteure hinsichtlich ihrer Verankerung nach dem Prinzip des place-based- und non-place-based-Ansatzes. Damit verbunden sind unterschiedliche Betroffenheitsgrade (oder Verwundbarkeiten) sowie in Abhängigkeit von ihrer jeweiligen Machtstellung unterschiedliche Handlungsstrategien und Durchsetzungsmöglichkeiten, wobei die Akteursgruppen zur Erreichung ihrer Ziele untereinander Interessenkoalitionen eingehen, die je nachdem, um welchen Zusammenhang es sich handelt, durchaus wechseln können.

3.1.1.4 Der städtische Raum im Zeichen sozioökonomischer und räumlicher Fragmentierung

In nur wenigen Jahrzehnten hat sich Brasilien von einem ruralen in ein weitgehend verstädtertes Land mit einem Verstädterungsgrad von heute über 80 % verwandelt. 1940 lebten erst 13 Millionen Menschen in den Städten, 1996 waren es bereits über 120 Millionen. Allein in den 80er Jahren, der Phase des stärksten Stadtwachstums, sind die brasilianischen Städte um über 30 Millionen Menschen gewachsen. Der Südosten absorbiert mit ca. 48 % im Jahr 2000 nach wie vor das Gros der Stadtbewohner. Die ehemals peripheren Gebiete holen jedoch aufgrund ihrer besonders hohen Verstädterungsraten auf (vgl. Abb. 3.1.1/7). Der Verstädterungsprozess Brasiliens ist Bestandteil eines tief greifenden gesellschaftlichen Umbaus, der vor allem in der zweiten Hälfte des 20. Jahrhunderts auch die räumlichen Strukturen des Landes von Grund auf veränderte. Infolge des unkontrollierten Wachstumsprozesses verschärfen sich insbesondere die Fragmentierung der städtischen Gesellschaft sowie die innerstädtische sozialräumliche Segregation (vgl. zu den räumlichen Prozessen in lateinamerikanischen Großstädten insgesamt *Bähr, Mertins* 1995). So sind die Städte einerseits die Orte, in denen sich die Reichen und Erfolgreichen mit Hochhausquartieren, abgeschlossenen Wohnsiedlungen und Shopping Centers oftmals auf Kosten der Innenstädte ihre eigenen Ak-

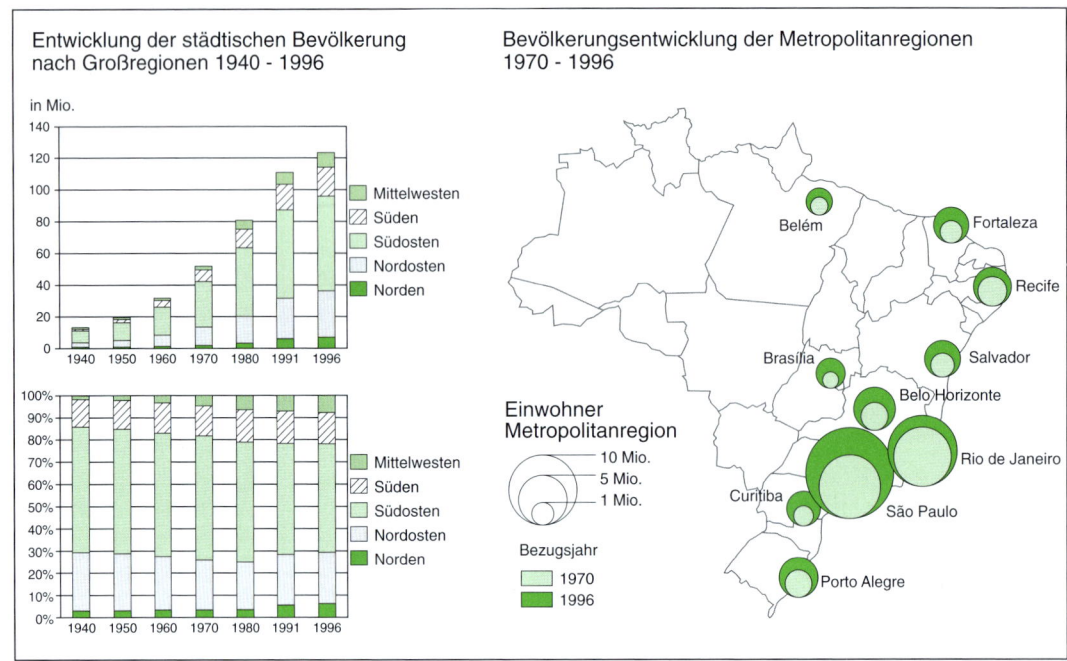

Abb. 3.1.1/7: Entwicklung der Städtischen Bevölkerung in Brasilien
(Entwurf: *Coy* 2000)

tions- und Repräsentationsräume schaffen. Auf der anderen Seite werden immer größere Bereiche an den Stadträndern oder auf marginalen Flächen zu Überlebensräumen der Armen. So lebt heute ein Großteil der städtischen Bevölkerung Brasiliens in Marginalvierteln, in denen es allenfalls höchst prekäre Infrastrukturen gibt. Arbeit und ein geringes Einkommen bietet häufig nur der informelle Sektor.

Begünstigt durch eine Modernisierungspolitik, die den „urban bias" in der Entwicklung des Landes förderte, verstärkte sich in Brasilien der Metropolisierungsprozess in den ersten Jahrzehnten des 20. Jahrhunderts erheblich. Ganz wesentlich wurde das Metropolenwachstum durch das Ausbleiben von Strukturreformen in den ländlichen Regionen beschleunigt. Hauptursache des Metropolenwachstums war deshalb zunächst die Land-Stadt-Wanderung. Allerdings ist inzwischen insbesondere in den großen Metropolen die natürliche Bevölkerungszunahme zum wesentlichsten Motor des Stadtwachstums geworden.

Nachdem sich das Metropolenwachstum in den letzten Jahren insgesamt relativ verlangsamt hat, wachsen heute kleinere und mittlere Städte – sowohl in der Nähe der Metropolen als auch in peripheren Regionen – besonders rasch an. Die aus den Metropolen bekannten Probleme, wie unkontrollierte Stadterweiterung, fehlender Wohnraum, städtische Armut, Marginalisierung, Expansion des informellen Sektors, Kriminalität und städtische Umweltprobleme reproduzieren sich in den letzten Jahren verstärkt auch in diesen kleineren und mittleren Städten. Stadtverwaltungen und Planungsinstitutionen werden von dieser explosionsartigen Entwicklung meist völlig überrollt, zumal ihre Handlungsspielräume in Zeiten neoliberaler Politik zunehmend beschränkt sind (vgl. als Beispiel *Coy* 1999).

Nach wie vor stellen jedoch die Metropolitanregionen von São Paulo und Rio de Janeiro mit weitem Abstand die größten urbanen Agglomerationen des Landes dar und zählen gleichzeitig zu den größten Megastädten der Erde (vgl. Abb. 3.1.1/7). Besonders beeindruckend ist dabei das Wachstum von São Paulo, der größten Stadt des Landes und inzwischen auch der größten südamerikanischen Megalopolis. Erst in den 1930er Jahren überschritt die Stadt die Schwelle zur Millionenstadt. Inzwischen leben im Metropolitanraum über 18 Millionen Menschen, davon 10 Millionen in der Kernstadt. Jährlich kommen derzeit ca. 350.000 Einwohner hinzu. Die dynamische Wirtschaftsentwicklung im Großraum São Paulo ist der entscheidende Grund für die große Attraktivität, die die Metropole auf Zuwanderer aus allen Landesteilen, insbesondere aus dem brasilianischen Nordosten, seit Mitte des 20. Jahrhunderts ausübt. Zwischen 1960 und 2000 hat sich die Bevölkerung der Metropolitanregion von knapp 5 Millionen auf fast 18 Millionen mehr als verdreifacht. Dabei fand das rascheste Wachstum in den 60er und 70er Jahren statt, um sich dann ab den 80er Jahren wieder zu verlangsamen.

Die innerstädtischen Entwicklungstrends São Paulos sind in höchstem Maße widersprüchlich. In den Randgebieten dehnen sich vor allem durch zumeist illegale Besetzung von öffentlichem und privatem Land entstandene Marginalviertel – in Brasilien als Favelas bezeichnet – aus. Je nach Quelle schwanken die Angaben zum in Favelas lebenden Bevölkerungsanteil von São Paulo erheblich. Als gesichert gilt, dass die in Favelas lebende Bevölkerung seit 1970 im Verhältnis zur Gesamtbevölkerung der Stadt überproportional angewachsen ist. Jüngere wissenschaftliche Untersuchungen haben ergeben, dass Mitte der 1990er Jahre fast 20 % der Bevölkerung São Paulos (das entsprach damals mehr als 1,5 Millionen) in Favelas lebten. Auch wenn die Zahl der randstädtischen Marginalviertel in den letzten Jahren besonders stark zugenommen hat, existieren auch in der Innenstadt Wohnquartiere der Armen, die sogenannten Cortiços, die sich oftmals nach dem Wegzug der ursprünglichen Bewohner in degradierten Wohngebieten der Bessergestellten bilden. Mitte der 90er Jahre sollen über 600.000 Menschen in den Cortiços von São Paulo gelebt haben, die gegenüber den randstädtischen Favelas ihren zumeist im informellen Sektor tätigen Bewohnern den Vorteil der Nähe zum Zentrum als „Arbeitsplatz" bieten. So ist beispielsweise im Stadtzentrum die zunehmende Besetzung des öffentlichen Raumes durch informelle Tätigkeiten, insbesondere durch den informellen Straßenhandel (die so genannten camelôs) zu beobachten. Insgesamt hat sich zwischen 1982 und 1992 in São Paulo der Anteil der informell Tätigen an der Erwerbsbevölkerung der Stadt ungefähr vervierfacht.

Gleichzeitig lassen sich schon seit einigen Jahren verschiedene Abwanderungstendenzen aus dem Zentrum der Stadt konstatieren. So sind zunehmende Baudichte, Konzentration von Einzelhandels- und Bürofunktion sowie damit einhergehende extreme Verkehrsbelastung beispielsweise mit der Verdrängung der Wohnfunktion verbunden. Wohnraum wird in Büroraum verwandelt oder durch diesen ersetzt, und diejenigen, die es sich leisten können, ziehen in zentrumsfernere Gebiete mit höherer Wohnumfeldqualität. Auch hochrangige Dienstleistungsfunktionen wandern immer mehr aus dem Stadtzentrum in Gebiete ab, wo mit allen modernen Kommunikationsinfrastrukturen ausgestattete Bürohochhäuser im Stil globalisierter Business Parks aus dem Boden sprießen. Hier werden heute die höchsten Renditen des paulistaner Immobilienmarktes erzielt.

Mit der Verlagerung der bessergestellten Wohngebiete und hochrangigen Dienstleistungsfunktionen entstehen neue Konsumgewohnheiten und Konsumorte. São Paulo nahm seit Mitte der 60er Jahre als erste brasilianische und lateinamerikanische Metropole das nordamerikanische Vorbild der Shopping Centers auf. Zu Ende der 90er Jahre existierten allein im Munizip São Paulo 50 Shopping Center. Neben der reinen Geschäftsfunktion erfüllen die Shopping Center heutzutage zunehmend Kommunikations- und Freizeitfunktionen, die früher eher im Stadtzentrum lokalisiert waren (z. B. Kinos, Restaurants). Privatkapitalistisch produzierte und kontrollierte Räume übernehmen somit Funktionen, die ehemals mit dem öffentlichen Raum verbunden waren. Dadurch vertieft sich die soziale Fragmentierung von städtischer Gesellschaft und städtischem Raum.

Insgesamt zeigen die angesprochenen Probleme und Prozesse, dass sich das Stadtzentrum als sozialer Raum während der letzten Jahrzehnte grundlegend gewandelt hat. Die Bessergestellten haben sich weitgehend in die neuen „Wohlstandsenklaven" außerhalb des Stadtzentrums zurückgezogen. Zurück bleiben die sozial Schwächeren und Armen, für die das Stadtzentrum ein nach wie vor wichtiger Aktions- und Überlebensraum ist.

Spätestens seit Mitte der 1970er Jahre sind insbesondere bei den Angehörigen der städtischen Ober- und oberen Mittelschicht in allen brasilianischen Metropolen, inzwischen selbst in Städten mittlerer Größenordnung, neue Präferenzen für Wohnformen und Wohnstandorte zu beobachten (vgl. ausführlicher *Coy/Pöhler* 2002a, 2002b). Immer mehr ganzheitlich geplante und mit aufwendigen Sicherheitsvorkehrungen versehene geschlossene Wohnviertel entstehen als Reaktion auf die Verschlechterung der Wohnumfeldbedingungen, die Zunahme sozialer Spannungen und die damit verbundenen Gefahrenpotenziale in den Städten. Diese in Brasilien als condomínios fechados bezeichneten neuen Privilegierten-Viertel orientieren sich eindeutig an nordamerikanischen Vorbildern und entsprechen den dortigen gated communities, ja übertreffen sie hinsichtlich des Abschottungsgrades wohl in vielen Fällen.

Ungefähr 25 km von der Kernstadt entfernt ist seit 1975 mit der Siedlung Alphaville eine der größten gated communities Lateinamerikas entstanden (vgl. ausführlicher *Coy/Pöhler* 2002a). In den insgesamt 15 abgeschlossenen Wohngebieten des Projektes, in denen sowohl große luxuriös ausgestattete Appartmenthaus-Komplexe als auch Villenviertel hohen Standards angelegt wurden, wohnten im Jahr 2000 ca. 32.000 Menschen. Die Tagbevölkerung in Alphaville soll sich jedoch bereits auf ca. 130.000 belaufen, da sich in dem Projekt zusätzlich zu den Wohngebieten inzwischen über 1.400 Firmen hauptsächlich aus dem Dienstleistungssektor (Firmenverwaltungen, Unternehmen der Computerbranche etc.) angesiedelt haben. Alphaville verfügt über mehrere Shopping Centers, zahlreiche Privatschulen, eine Privat-Universität, vielfältige Freizeiteinrichtungen (mehrere Kino-Centers, Sportanlagen etc.), über das erste auf ein privates Siedlungsprojekt beschränkte Kabel-TV Brasiliens sowie über verschiedene eigene Zeitungen, die über das Internet verbreitet werden. Das unter den Angehörigen der Mittel- und Oberschicht in den brasilianischen Städten grassierende „Angstsyndrom" ist auch bei Alphaville das wichtigste Motiv für den Umzug in das abgeschottete Projekt. Entsprechend soll ein hoher Sicherheitsstandard durch ausgeklügelte Überwachungssysteme mittels strenger Eingangskontrollen in jedem separat ummauerten Viertel des Projektes, durch Kameraüberwachung und private Wachdienste gewährleistet werden. Für Mitte der 90er Jahre wird angegeben, dass pro 25 Einwohner ein Wachmann in Alphaville tätig war. Allerdings ist trotz aller aufwändiger Schutzmaßnahmen auch in Alphaville das Sicherheitsrisiko mit einer steigenden Zahl von Überfällen und Einbrüchen inzwischen zu einem ernsthaften Problem geworden und lässt die Bewohner erkennen, dass sie auch in ihren Enklaven nicht vor Gewalt und Kriminalität geschützt sind.

Der Erfolg der abgeschotteten Privilegiertenviertel ist der eklatanteste Beweis für die zunehmende Tendenz der sozioökonomischen und kleinräumigen Fragmentierung in den brasilianischen Städten. Die gruppenspezifischen alltäglichen Aktionsräume der Privilegierten konzentrieren sich vorrangig auf die neuen zugangskontrollierten Enklaven (Wohn-Ghettos, Shopping Centers, Business Parks). Insofern entsprechen gated communities neuen „exterritorialen Räumen" innerhalb der Städte und ihres Umlandes, die sich weitgehend der öffentlichen Steuerung und Kontrolle entziehen. Der Aufstieg der enklavenartigen Stadtfragmente geht ganz wesentlich zu Lasten der Stadtzentren. Da die Trennlinien zwischen öffentlichem und privatem Raum zunehmend unüberbrückbar werden, bezieht sich Stadtqualität immer weniger auf die öffentlichen Räume, sondern allenfalls auf einzelne Fragmente und ist deshalb auch nur noch für diejenigen erlebbar, die zu ihnen Zugang haben. Die brasilianische Stadt entspricht deshalb heute mehr denn je dem Bild von den „Inseln der Reichen in Ozeanen der Armen" (vgl. *Scholz* 2002a).

3.1.1.5 Ansätze einer nachhaltigen Entwicklung

Spätestens seit der Weltumweltkonferenz in Rio de Janeiro 1992 und dem dort beschlossenen Weltaktionsplan Agenda 21 gilt nachhaltige Entwicklung für Politiker und Planer auch in Brasilien als Leitbild für einen zukunftsfähigen Ausgleich zwischen Ökonomie, sozialen Bedürfnissen und ökologischen Notwendigkeiten (vgl. zum Konzept der nachhaltigen Entwicklung aus geographischer Perspektive *Coy* 1998). So lassen ein zumindest in Teilen der brasilianischen Öffentlichkeit allmählich eintretender Bewusstseinswandel und konkrete positive Beispiele einer alternativen Entwicklung hoffen, dass nicht nur im politischen Diskurs, sondern auch in der Entwicklungspraxis allmähliche Veränderungen einsetzen. Dabei kann der Anstoß zu einem alternativen Entwicklungsstil durch den Druck der zivilgesellschaftlichen Basis oder auch von außen kommen.

Beispielsweise spielt seit Anfang der 90er Jahre die internationale Entwicklungszusammenarbeit eine zentrale Rolle bei der Implementierung von Ansätzen einer nachhaltigen Entwicklung in Amazonien. So werden heute bei der Konzeption neuer regionaler Entwicklungsprogramme Belange des Naturschutzes, des Indianerschutzes und einer angepassten Landnutzung eindeutig in den Vordergrund gerückt (vgl. ausführlicher *Coy/Neuburger* 2002b). Insbesondere das 1992 eingerichtete Pilotprogramm zum Schutz der tropischen Regenwälder Brasiliens gilt als die umfassendste Initiative für Umwelt- und Ressourcenschutz und eine an Nachhaltigkeit orientierte Entwicklung Amazoniens (vgl. *Kohlhepp* 1998). Viele Konzepte des Pilotprogramms sind innovativ: So zum Beispiel die Förderung von NGO-Aktivitäten im Rahmen so genannter lokaler Demonstrationsprojekte, von denen man sich Multiplikatoreffekte verspricht und durch die lokale Akteure langfristig gestärkt werden sollen, die Einrichtung großer „ökologischer Korridore", die bereits unter Schutz stehende Areale verbinden sollen und in denen die Nutzungsmöglichkeiten starken Restriktionen unterworfen werden, oder ökologische und sozioökonomische Zonierungen, die die raumordnerische Basis für eine angepasste Regionalentwicklung auf den unterschiedlichsten Maßstabsebenen schaffen sollen.

Daneben dürfen die einzelnen Bundesstaaten als Akteure im Interesse nachhaltiger Entwicklung in Amazonien nicht unterschätzt werden. So haben zwei kleinere Bundesstaaten, nämlich Acre und Amapá, in den letzten Jahren gezeigt, dass eine politische Orientierung an Nachhaltigkeitszielen auf der regionalen Ebene durchaus möglich ist. In beiden Bundesstaaten war die Voraussetzung, dass engagierte Politiker mit Rückhalt in der Bevölkerung und unterstützt durch NGOs einen neuen Politikstil verfolgen. Hauptanliegen sind in beiden Staaten die Partizipation aller regionalen Akteure, insbesondere der bisher eher am Rande stehenden traditionellen Waldvölker, an Planung und Umsetzung alternativer Maßnahmen, der Ausgleich regionaler Interessenkonflikte zwischen weiterer Erschließung und Naturschutzzielen, die Förderung ökologisch angepasster Produktion, wobei die Unterstützung kleinbäuerlicher Agroforstwirtschaft und der traditionellen Sammelwirtschaft besondere Schwerpunkte bilden.

Im städtischen Bereich gilt insbesondere die südbrasilianische Metropole Curitiba als Beispiel einer gelungenen Umsetzung von Nachhaltigkeitsprinzipien in der Stadtentwicklung (vgl. ausführlicher *Coy/Zirkl* 2001). Die Hauptstadt des Bundesstaates Paraná, deren Agglomerationsraum heute über zwei Millionen Einwohner zählt, gehörte in den letzten Jahrzehnten zu den brasilianischen Metropolen mit den höchsten Bevölkerungswachstumsraten. Trotzdem konnten hier seit Ende der 60er Jahre durch eine konsistente und kontinuierliche Stadtentwicklungsplanung beachtliche Fortschritte in der öffentlichen Lenkung der Stadtentwicklung, im Öffentlichen Personennahverkehr, im Grünflächenmanagement und im Hochwasserschutz, im Wohnungsbau, in der kommunalen Abfallwirtschaft sowie im Bereich der revitalisierenden Stadterneuerung und in der Verbesserung sozialer Infrastrukturen erzielt werden.

So hatte in Curitiba während der letzten Jahrzehnte beispielsweise eine vorausschauende Verkehrsplanung in Verbindung mit der übergeordneten Stadtentwicklungsplanung besonderen Vorrang. Dabei hatte von Anfang an der Öffentliche Personennahverkehr Priorität mit einem ausgeklügelten System von weiträumigen Schnellbus- und stadtteilbezogenen Buslinien, eigenen Busspuren und speziell entwickelten Umsteigestationen sowie einem benutzerfreundlichen Tarifsystem.

Viel Beachtung hat darüber hinaus die kommunale Abfallwirtschaft Curitibas gefunden. Sie beruht auf Maßnahmen zur Abfallvermeidung, auf alternativen Formen der Abfallsammlung sowie vor allem auf dem Recycling von Wertstoffen. Dabei wurde besonders für die städtischen Marginalviertel unter dem Motto lixo que não é lixo (Müll, der kein Müll ist) ein kommunales Tauschsystem entwickelt, bei dem wiederverwendbare Wertstoffe gegen Busgutscheine, Nahrungsmittel und andere Güter getauscht werden können.

Curitiba hat inzwischen Vorbildcharakter für Planer in Brasilien und anderen Ländern erhalten. Großen Anteil am ungewöhnlichen Bekanntheitsgrad und der überwiegend positiven Beurteilung hat ein geschicktes „Stadt-Marketing", das es verstanden hat, die durchweg „publikumswirksamen" Maßnahmen der Stadtverwaltung ins Licht der nationalen und internationalen Öffentlichkeit zu stellen und geradezu einen „Curitiba-Mythos" zu schaffen. Kritisch ist jedoch anzumerken, dass der Stadtumbau in Curitiba weitgehend als Maßnahme „von oben" auf der Grundlage eines effizienten kommunalen Planungsapparates konzipiert und durchgeführt wurde. Die Partizipation der Betroffenen an Entscheidungen und Umsetzung war dagegen nur von nachgeordneter Bedeutung.

Einen anderen Weg als Curitiba hat Porto Alegre, die Hauptstadt des südlichsten Bundesstaates Rio Grande do Sul, bei der Reformierung städtischer Planungs- und Entwicklungsprozesse beschritten (vgl. ausführlicher *Coy/Zirkl* 2001). Im Gegensatz zu Curitiba steht in Porto Alegre der Versuch, Partizipation als wesentlichen Bestandteil und wesentliche Voraussetzung einer innovativen nachhaltigen Stadtentwicklung umzusetzen, an erster Stelle. Kern des Projektes einer effektiveren Bürgerbeteiligung ist der 1989 eingeführte Partizipative Haushalt (Orçamento Participativo), dessen grundlegende Ziele in der Realisierung von Prinzipien direkter Demokratie und damit verbunden dem verstärkten empowerment insbesondere der ärmeren Stadtbewohner liegen. Konkret geht es um die unmittelbare Mitbestimmung der Bürger über die jährlichen Investitionen der Stadtverwaltung. Im Laufe der Jahre hat sich das Projekt Partizipativer Haushalt zu einem in unterschiedlichen Etappen verlaufenden und in unterschiedlichen Gremien stattfindenden ausgeklügelten Prozess der Mitbestimmung entwickelt. Nach dem Prinzip der Dezentralisierung werden in den nach räumlichen, sozioökonomischen und infrastrukturellen Gesichtspunkten gebildeten innerstädtischen Regionen, die die Basisebene des Partizipativen Haushalts darstellen, in einer alljährlich wiederkehrenden Routine verschiedener Aushandlungsrunden die jeweiligen Probleme diskutiert und Handlungsprioritäten erstellt. Auf gesamtstädtischer Ebene wird sodann auf der Grundlage dieser Prioritätenlisten mit den Vertretern der Stadtverwaltung über die Verwendung und regionale Aufteilung der jährlichen Investitionsmittel beraten und entschieden.

Trotz anfänglicher Skepsis wird der Versuch, direkte Demokratie auf der lokalen Ebene zu realisieren und damit den Stadtbewohnern mehr Verantwortung für die Gestaltung ihrer alltäglichen Lebensumwelt zu übertragen, in Porto Alegre inzwischen von einer großen Mehrheit der Bevölkerung getragen. Ebenso haben andere brasilianische Städte (unter anderem die Megastadt São Paulo) das Prinzip der Partizipativen Haushaltsplanung auf der kommunalen Ebene eingeführt.

Die vorgestellten Beispiele belegen, dass nachhaltige Entwicklung in den letzten Jahren nicht nur auf der politischen Diskursebene, sondern auch als Leitbild der regional- und stadtplanerischen Praxis durchaus einen wichtigen Stellenwert erhalten hat. Realistischerweise ist jedoch zu sagen, dass dies – abgesehen von den zweifellos existierenden positiven Ansätzen – bisher nicht zu einem grundlegenden Wandel der Strukturmuster Brasiliens oder zu einer generellen Richtungsänderung der herkömmlichen Entwicklungspfade geführt hat. So haben weder die Interessenkonflikte, die die brasilianische Gesellschaft kennzeichnen, an Brisanz verloren, noch ist eine substanzielle Verminderung der sozioökonomischen und räumlichen Fragmentierungsprozesse in Stadt und Land eingetreten.

Nachhaltige Entwicklung hat eine Reihe von politisch-institutionellen Voraussetzungen, beispielsweise die Bereitschaft zu Dezentralisierung und Partizipation, die Stärkung regionaler und lokaler Politik- und Planungsstrukturen sowie ein verstärktes Bewusstsein für die soziale und ökologische Dimension von Entwicklung. Im Falle Brasiliens existieren entsprechende Chancen bereits seit der Redemokratisierung des Landes Mitte der 1980er Jahre. Derzeit könnten sie sich unter den allerjüngsten politischen Konstellationen einer Regierung verstärken, die sich nicht zuletzt auf die zivilgesellschaftlichen Basisgruppen in den Städten und ländlichen Regionen stützt, würden sie nicht durch die übergeordneten Rahmenbedingungen konterkariert. So scheitert bisher vieles an der katastrophalen finanziellen Situation der öffentlichen Haushalte oder auch an nach wie vor bestehenden klientelistischen Politikstrukturen. Gleichwohl haben immer mehr Planer und Lokalpolitiker Begriffe wie Nachhaltigkeit und Partizipation als festen Bestandteil zumindest in ihren Diskurs übernommen. Es ist zu hoffen, dass aufbauend auf den bereits bestehenden positiven Beispielen lokal/regionaler Entwicklungsansätze nunmehr substanzielle Schritte zur dauerhaften Verbesserung der Lebensbedingungen aller Brasilianer, der indigenen Völker, der Menschen im ländlichen Raum, der Stadtbewohner, im Sinne einer wirtschaftlich tragfähigen, sozial ausgewogenen und ökologisch verträglichen Entwicklung getan werden.

3.1.2 Chile – Eine wirtschaftssektorale Analyse *(Werner Mikus)*

3.1.2.1 Ökonomische Transformationen in Lateinamerika

Zu Beginn werden mit Hilfe weniger Parameter einige Unterschiede im Überblick zwischen Makroregionen und Ländern Lateinamerikas dargestellt und anschließend in einer Fallstudie die besonderen Entwicklungsbedingungen eines Landes – Chile – und damit die Individualität regionaler Dynamik hervorgehoben.

a) Veränderung des Bruttoinlandsprodukts
Die Entwicklung des Bruttoinlandsprodukts pro Einwohner in Lateinamerika zeigt in einem Vergleich der Daten von 1980 und 1997 zunächst den beträchtlichen Abstand zwischen den einzelnen Ländern, von Haiti als ärmstem Land (1980: 258,6 bis 1997: 393,2 US$), bis zu Argentinien (1980: 7.363,2 bis 1997: 9.034,3 US$, nach Angaben der CEPAL 1999). Jedoch fand kein kontinuierlicher Anstieg statt, sondern es gab immense Schwankungen in diesem Zeitraum mit großen Problemen vor allem in den 80er Jahren, der sogenannten verlorenen Dekade. In der Einstufung der Länder mit niedrigem Einkommen folgen Haiti 1997 Nicaragua, Honduras, Bolivien und Guayana mit weniger als 1.000 US$. An der Spitze liegen nach Argentinien: Barbados, Uruguay und Chile mit über 5.000 US$ bei einem Mittelwert von 3.851 US$ für ganz Lateinamerika und die Karibik. 1980 gehörten die erstgenannten Länder – sowie die Dominikanische Republik – zu denen mit weniger als 1.000 US$ Bruttoinlandsprodukt pro Einwohner, auf der anderen Seite Barbados, Trinidad und Tobago sowie Argentinien zu den Ländern mit mehr als 5.000 US$. Diese Daten beweisen, dass in der Rangfolge keine allzu großen Veränderungen, sondern eine langsame Entwicklung – teilweise mit abweichenden Tendenzen – stattgefunden hat. Chile lag 1980 mit 2.023 US$ noch weit unterhalb des Mittelwerts von 2.766 US$ und gehört mit 5.063 US$ (1997) zu den „Aufsteigern".

Daraus ergibt sich die Frage nach Determinanten der Entwicklung dieses Landes, auf die im Folgenden noch näher eingegangen wird. Gravierender als diese Mittelwerte sind die großen Unterschiede innerhalb der meisten Länder zwischen Arm und Reich, denn beträchtliche Teile der Bevölkerung leben unterhalb der Armutsgrenze.

Abbildung 3.1.2/1 zeigt die Wandlungen anhand der Veränderungen der Wirtschaftssektoren bei der Verteilung des Bruttoinlandsprodukts innerhalb der letzten Jahrzehnte. Am deutlichsten ist die weltweite Zunahme des tertiären Sektors (des Handels und insbesondere der Dienstleistungen) erkennbar, der bereits mehr als 50 %, teilweise über 60 % erreicht hat (vgl. UN 2001, S. 228ff.).

An zweiter Stelle folgt die verbreitete Reduzierung des Industriesektors mit unterschiedlicher Dynamik in einzelnen Ländergruppen. Dagegen weicht die Entwicklung der Agrarwirtschaft auf bereits niedrigem Ni-

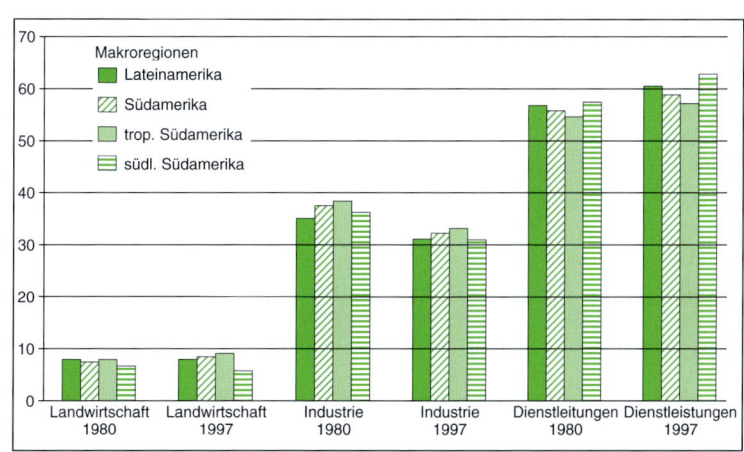

Abb. 3.1.2/1: Entwicklung des Bruttoinlandsprodukts 1980/1997 nach Wirtschaftssektoren Lateinamerikas (in %) Daten aus: CEPAL 1999, S. 202-209; Eigenen Berechnungen 2000

veau voneinander ab. Die Daten sind jedoch sehr stark zu relativieren, da Angaben zu Ländern insgesamt oder auch Daten über die Betriebsverhältnisse nicht die Differenzierungen erkennen lassen, die zwischen den Minifundien, die sich vorwiegend auf die Selbstversorgung orientieren, und dem Großgrundbesitz mit dominanter Marktorientierung bestehen. Darauf wird noch in der folgenden Fallstudie eingegangen.

b) Wandlungen auf den Arbeitsmärkten

Ein weiterer beachtenswerter Indikator für die wirtschaftlichen und sozialen Verhältnisse ist die Arbeitsmarktgliederung, aufgeteilt nach den drei wichtigsten Wirtschaftssektoren (*Mikus* 1994, S. 58f.). Von gravierender Bedeutung sind die Abweichungen bei den Anteilen am Bruttoinlandsprodukt: Die Landwirtschaft ist mit ihren erheblich niedrigeren Werten weniger an der volkswirtschaftlichen Wertschöpfung beteiligt, als ihr wesentlich größeres Arbeitsmarktsegment erwarten lässt.

ba) Verluste im Agrarsektor

Die Beschäftigtenentwicklung beweist einen deutlichen Strukturwandel, insbesondere die starke Abnahme im primären Sektor. Dieser verfügt immer noch über ein großes Beschäftigungspotenzial, das durch eine im ländlichen Raum meist stärker ansteigende Bevölkerungszahl vergrößert wird und einen latenten Druck auf den Arbeitsmarkt – insbesondere wegen tiefgreifender Strukturwandlungen – ausübt, allerdings mit großen Abweichungen bei einem Vergleich einzelner Länder. Hinzu kommt ein weiteres für die Agrarwirtschaft charakteristisches Problem: starke saisonale Schwankungen, die vor allem im ländlichen Raum die Unterbeschäftigung mit verursachen.

Die Wandlungen werden durch andauernde Tendenzen zur Modernisierung, insbesondere der Mechanisierung der Landwirtschaft, v.a. durch Einsatz neuer Techniken, beeinflusst. Auch in dieser Hinsicht bestehen deutliche Abweichungen zwischen den cash-crop-orientierten großen, teilweise mittleren Betrieben im Unterschied zu den Kleinbetrieben, die sich die Mechanisierung nicht leisten können. In den letzteren stagniert daher die Arbeitsproduktivität, während die Großbetriebe durch die Rationalisierung und die genannte Modernisierung versuchen, die Produktivität zu erhöhen. Die Folge ist eine zunehmende Freisetzung von Beschäftigten, die auf die Arbeitsmärkte in den Städten drängen. Daraus resultiert eine seit Jahrzehnten andauernde Migration vom Land in die Stadtregionen mit vielfältigen Konsequenzen in den Verdichtungsräumen, v.a. mit einer Zunahme des informellen Sektors.

1950 lag in Lateinamerika die Agrarquote noch über 53,4 %. Die wirtschaftliche Entwicklung führte zu großen Verlusten, so dass die Quote 1990 nur noch 23,4 % betrug, d.h. eine Verminderung um 30 % stattgefunden hat. Am stärksten erfolgte die Reduzierung in den tropischen Ländern Brasilien, Ecuador, Peru, Bolivien usw., am geringsten in den Ländern an der Südspitze Südamerikas.

Dieser Ländervergleich in Bezug auf die aktuellen Entwicklungstendenzen zeigt weitere Disparitäten: So spielt der Agrarsektor in Zentralamerika eine relativ wichtigere Rolle als in den Kleinstaaten der Karibik, wo die Orientierung auf den Dienstleistungssektor zu berücksichtigen ist.

Zusammenfassend lassen sich bei den Wandlungen deutliche Phasenverschiebungen in der Dynamik der wirtschaftlichen Entwicklung erkennen. Sie betreffen Unterschiede beim Einsatz und bei der Intensität des Rückgangs der Agrarquote. Dabei wirken sich verschiedene Faktoren aus, wie die erwähnten Wandlungen in der Agrarwirtschaft selbst:
– Traditionelle Orientierungen auf die Subsistenzwirtschaft
– Abweichungen in der Exportorientierung der Agrarwirtschaft
– Einflüsse der Agrarpolitik im Rahmen der Wirtschaftspolitik
– Schwächen bei Ansätzen zur Industrialisierung
– Unterschiedliche Tendenzen in der Orientierung auf die Dienstleistungen, vor allem auf den Fremdenverkehr usw.

bb) Veränderungen in der Industriewirtschaft

In der Entwicklung der Industriewirtschaft haben in einigen Ländern erfolgreiche Maßnahmen zur Expansion dieses Wirtschaftssektors stattgefunden. Sie gehen bis ins 19. Jahrhundert zurück und wurden im 20. Jahrhundert vor allem während der beiden Weltkriege verstärkt (vgl. *Esser* et al. 1984, *Gwynne* 1990). In Bezug auf die einzelnen Branchen lassen sich sehr deutliche Abweichungen zwischen den Ländern nachweisen, z. B. Tendenzen zur Substitution der Importprodukte, auf der anderen Seite jedoch eine Exportorientierung der Industrialisierung.

Gwynne (1990, S. 196ff.) unterscheidet in dieser Hinsicht die Tendenzen zur „inward" und „outward orientation". Politische Maßnahmen zur Importsubstitution waren langfristig oft nicht förderlich, z. B. durch
– zu starke Regulierungen bei Privatinvestitionen,
– Importrestriktionen mit negativen Konsequenzen für den Handel,
– Protektion einheimischer Industriefirmen mit folgenden Preiserhöhungen,
– zu geringe Nutzung der Produktionskapazitäten aufgrund reduzierten Wettbewerbs,
– steigende Abhängigkeit von importierter Technologie,
– begrenzte Inlandsnachfrage.

Nach den ungünstigen Erfahrungen wurden diese Tendenzen mehr und mehr aufgegeben und eine liberale Wirtschaftspolitik mit einer Öffnung zum Weltmarkt bevorzugt. Insgesamt hatten die Veränderungen in der Industrie allerdings nicht so starke Konsequenzen für die Arbeitsmärkte, da der Arbeitskräftebedarf sektoral und regional relativ beschränkt blieb. Auswirkungen konzentrierten sich vor allem in den Schwerpunkten der Industrialisierung, insbesondere in den Großstädten, wo sich mehrere Standortvorteile wie ein qualifizierter Arbeitsmarkt, günstige Absatzmöglichkeiten, eine differenzierte Infrastruktur usw. boten. Außerdem sind gezielte lokale Industrialisierungsmaßnahmen z. B. auf der Basis eigener Ressourcen wie Bergbau-, Agrarprodukte etc. hervorzuheben. Konsequente Spezialisierungstendenzen an Einzelstandorten haben sich ebenfalls ausgewirkt, so dass vielfältige internationale, nationale, aber auch regionale Besonderheiten entstanden. Dazu gehören Maßnahmen zur Weiterverarbeitung von Rohstoffen zu Halbfertig- und Endprodukten. Mit entscheidend waren Auslandsinvestitionen, die Einführung von Technologien aus Industrieländern, Lizenzen, Fachkräften usw., brachten aber nicht die erhofften großen Impulse auf den Arbeitsmärkten.

Gerade die großen Länder wie Mexiko und Brasilien haben Strategien zur Expansion an vielen Standorten in der Industriewirtschaft durchgesetzt. Beispielsweise wurde dabei die Anlage von industriellen Entwicklungspolen in Form von Industrieparks wie in anderen Ländern angewandt. Erwähnenswert sind einige spezielle Maßnahmen zur Förderung von Industriestandorten mit einseitiger Exportorientierung, wo besondere Import- bzw. Exportkonditionen vorhanden sind, wie beispielsweise im Grenzraum von USA und Mexiko.

Seit der Mitte des 20. Jahrhunderts sind zahlreiche Freihandelszonen, sogenannte Industrie-Freihandels-Parks, mit starker marktorientierter Industrialisierung geschaffen worden (*Mikus* 1984, 1994, S. 191f.).

bc) Wachstum des tertiären Sektors

Der Wirtschaftssektor mit der stärksten Dynamik ist in Lateinamerika ebenfalls im Zusammenhang mit den beiden bereits genannten Wirtschaftsbereichen zu sehen. Dieser wurde durch den Prozess der Urbanisierung gefördert, die im Vergleich zu Asien und Afrika viel früher einsetzte. Vor allem haben Entwicklungsprobleme insbesondere im ländlichen Raum zur Landflucht und Suche nach Arbeitsmöglichkeiten außerhalb der Landwirtschaft geführt und somit zu einem deutlichen Anstieg der zahlreichen Aktivitäten im tertiären Sektor beigetragen. Dazu gehört eine Reihe von Push-Faktoren:
– Starkes Bevölkerungswachstum im ländlichen Raum
– Mängel in der Infrastruktur
– Geringe Aufstiegsmöglichkeiten
– Mindere Lebensqualität
– Soziale und ökonomische Konflikte
– Mangel an Reformen
– Ökologische Probleme u. a.

Im Verhältnis dazu wurde die Bevorzugung der Städte durch Pull-Faktoren beeinflusst, die sich oft nicht verwirklichen ließen:
– Vielschichtige berufliche Aussichten mit der Hoffnung auf Aufstiegsmöglichkeiten
– Größere und vielfältigere Bildungschancen
– Höhere Qualität des Gesundheitswesens
– Zahlreiche Annehmlichkeiten des städtischen Lebens mit der Faszination der Konsumvielfalt etc.

Diese Erwartungen wurden meist nicht direkt und sofort erfüllt, denn viele der oben genannten Leistungen des Dienstleistungssektors sind nur in beschränktem Maße für die Bevölkerung erschwinglich. Daher waren die Dienstleistungen auf den städtischen Arbeitsmärkten, vor allem im informellen Sektor, oft die einzige Alternative (vgl. Kap. 2.11). Ein erheblicher Teil der marginalisierten Bevölkerung wurde von der informellen Ökonomie aufgenommen. Ein Ländervergleich beweist allerdings die bereits erwähnten markanten makroregionalen Unterschiede im Anteil des tertiären Sektors. Die Folge war, dass es in Lateinamerika bereits Mitte des 20. Jahrhunderts Länder gab, die eine dominante Orientierung auf diesen Sektor besaßen, wie z. B. die südlichen Staaten Argentinien, Chile und Uruguay. Auf der anderen Seite hat eine Sonderentwicklung, z. B. durch den Tourismus in der Karibik, einen überragenden Einfluss auf die Zunahme der Dienstleistungen in diesem Raum, wo sich einseitige Spezialisierungstendenzen durchgesetzt haben (vgl. *Voppel* 1999, S. 188ff.).

Die starke Orientierung auf den Tourismus in vielen Teilen der Karibik geht auf mehrere Gründe zurück. Dazu gehören die außerordentlich günstigen natürlichen Ressourcen, die Lage an der Peripherie der USA, des stärksten benachbarten Industrielandes und spezifische Entfaltungsmöglichkeiten für verschiedene Tourismusaktivitäten. Darüber hinaus gibt es Einzelstandorte innerhalb der großen Länder wie Mexiko, Brasilien und Argentinien, aber auch in anderen Staaten, in denen der Tourismus inzwischen eine raumprägende Bedeutung gewonnen hat und einen Beitrag zur Tertiärisierung leistet.

Allerdings hat der Fremdenverkehr auch vielfältige Probleme verursacht, wie etwa starke internationale Fluktuationen, große Abhängigkeit von der Wechselkursentwicklung oder empfindliche saisonale Schwankungen bei der Nachfrage nach Arbeitskräften.

Zur Bewertung des tertiären Sektors als Arbeitsmarktfaktor muss jedoch eine genaue Gliederung in einzelne Segmente erfolgen, die recht unterschiedliche Auswirkungen erkennen lässt. Daher hat eine ökonomische Bewertung der Tertiärisierung die Unterschiedlichkeit der Aufnahmekapazitäten und wirtschaftlichen Entwicklungstendenzen zu berücksichtigen. Wandlungen auf den Arbeitsmärkten sind darüber hinaus mit Hilfe weiterer Parameter und Indikatoren von Angebots- und Nachfragetendenzen einzelner Segmente erkennbar; sie beziehen sich auf Bildungsgrad, Lohnverhältnisse, Arbeitslosigkeit u.a.m. in städtischen und ländlichen Räumen. Die wechselseitigen Abhängigkeiten auf den Entwicklungspfaden hat *Grabowski* (1999) für einzelne Bereiche wie Landwirtschaft oder Industrie für Entwicklungsländer dargestellt und die Bedeutung von Akteuren hervorgehoben. Die Unterschiede in der Dynamik hängen von vielen Einzelfaktoren ab, deren Einflüsse von der lokalen Ebene bis hin zur globalen Vernetzung reichen, wie das folgende Beispiel zeigt.

3.1.2.2 Regionale Fallstudie: Chiles Aufstieg zum Schwellenland

a) Modernisierungs- und Diversifikationsprozesse in der Wirtschaft

Seit mehr als zwei Jahrzehnten findet in Chile ein neoliberaler Entwicklungsstil Anwendung, der sich in die neuen Formen internationaler Arbeits- und Produktionsaufteilung mit Tendenzen zu marktwirtschaftlicher Orientierung und flexibler Dynamik einordnet (vgl. *Sánchez M.* 1999). Chile ist zu einem Modellbeispiel für die stärksten Volkswirtschaften Lateinamerikas mit relativ großen Wachstumsraten bis 1998 geworden, eine Entwicklung, die erst 1999 durch einen Einbruch von minus 1,1 % unterbrochen wurde. Im Einzelnen waren einige Innovationen technischer, aber auch organisatorischer Art, die den Prozess der Modernisierung bestimmt haben, entscheidend.

Ebenso hat sich die Einführung neuer Produkte zur Nutzung der komparativen Vorteile in der Agrarwirtschaft, vor allem im Obst- und Gartenbau sowie in der Fischerei, im Vergleich zu anderen Makroregionen, ausgewirkt; denn wie in anderen Entwicklungsländern haben physische Faktoren oft eine mitbestimmende Bedeutung für den Ablauf der Modernisierung und deren räumliche Verbreitungsmuster. Das Theorem der komparativen Kostenvorteile geht davon aus, dass Arbeitsteilung mehrerer Länder von Vorteil ist, wenn Unterschiede bei den Herstellungskosten für bestimmte Produkte existieren; jedes Land kann sich auf die Produktion der Güter spezialisieren, für die es über die relativ günstigsten Herstellungsbedingungen verfügt. Die Transformationsprozesse hatten Konsequenzen in vielen Bereichen des wirtschaftlichen, sozialen und kulturellen Lebens des Landes, wobei sich die natürlichen Ressourcen wegen der unterschiedlichen Verteilung und Verfügbarkeit als Entwicklungsdeterminanten äußerten.

In Chile entstanden gerade in der Land- und Forstwirtschaft sowie in der Fischerei in den letzten Jahrzehnten weitgehend hochentwickelte, mit moderner Technologie ausgestattete und auf dem Weltmarkt konkurrenzfähige Betriebe, die allerdings im krassen Gegensatz zu den traditionellen kleinbäuerlichen Familienbetrieben (über 80 %) stehen. Tabelle 1 zeigt die Entwicklung der Zahl und Größe der landwirtschaftlichen Betriebe.

Tab. 3.1.2/1: Entwicklung der land- und forstwirtschaftlichen Betriebe und Flächen 1955–1997
Daten aus: INE 1998, S. 19, Eigene Berechnung.

Landwirtschaft/ Forstwirtschaft	III Censo 1955		IV Censo 1965		V Censo 1976		VI Censo 1997	
	Betr. 1.000	Fl. Mio.ha	Betr. 1.000	Fl. Mio.ha	Betr. 1.000	Fl. Mio.ha	Betr. 1.000	Fl. Mio.ha
Landwirtschaft	x	x	258,6	30,6	311,3	28,8	316,0	27,1
Forstwirtschaft	x	x	3,8	0,9	2,9	8,4	13,7	19,9
Insgesamt	151,1	27,7	262,4	31,5	314,2	37,2	329,7	47,0

x: ohne Trennung von Land- und Forstwirtschaft;
Betr. = Betriebe; Fl. = Fläche

Ihre Zahl steht im Widerspruch zu vielen wissenschaftlichen, teilweise ideologisch beeinflussten Voraussagen, denn sie ist von 1976 mit 314.249 auf 329.684 im Jahre 1997 (vgl. INE 1998) angestiegen. Auch die von Kleinbauern bewirtschaftete Fläche erhöhte sich in diesem Zeitraum. Weitere agrargeographische Entwicklungstendenzen lassen sich anhand der Bodennutzungsentwicklung der letzten Jahrzehnte gemäß dem Agrarzensus von 1997 nachweisen (siehe Tab. 3.1.2/1).
Der beachtenswerte Wandel war mit einer Abnahme der Nutzflächen für den Getreideanbau und in noch größerem Maße mit einer Reduzierung der Weide- bzw. Futterflächen verbunden. Forstflächen sowie Areale, die für den Obstanbau inklusive Tafeltrauben- und Gemüseanbau genutzt werden, wurden besonders stark ausgedehnt. Unterschiedlich ist die Dynamik in Bezug auf die Flächen des Weinbaus mit einer weiteren Expansion gegen Ende der 1990er Jahre sowie der sogenannten Industriekulturen (d. h. Anbau von Raps, Zuckerrüben, Tabak usw.). Dagegen zeigen die Flächen für Gartenbau, z. B. Blumenanbau, nur eine relativ schwache Zunahme. Im Weinbau sind nur wenige technische Neuerungen wichtig, wie beispielsweise die Bewässerungsmethoden mit Einführung der Tröpfchenbewässerung in bestimmten Anbaugebieten. Neuerungen betreffen auch die Einführung moderner Lager- und Transporttechniken, Verarbeitungs- sowie Vermarktungsmethoden.
In die Modernisierung der chilenischen Landwirtschaft sind nur einige Regionen einbezogen worden, insbesondere die Gebiete, die komparative Vorteile im Rahmen der Weltmarktorientierung bieten; denn dieses Land hat eine Reihe von lagespezifischen Gunstfaktoren vorzuweisen, die nur in wenigen Ländern der Südhalbkugel vorhanden sind, d. h., physisch-geographische, vor allem agroklimatische Standortvorteile für die Produktion von einigen Erzeugnissen wie Frischobst und Gemüse, die insbesondere in den Industrieländern auf der Nordhalbkugel abgesetzt werden können. Dabei ist zu berücksichtigen, dass Chile we-

gen seiner großen N-S-Erstreckung Anteil an mehreren Klimazonen hat: von den randtropisch-, subtropisch-ariden bzw. semiariden Gebieten bis hin zu den mediterran geprägten Agrarregionen, den südlich anschließenden gemäßigten Breiten usw.

Darüber hinaus kann das Land durch die Gliederung in verschiedene Höhenstufen vom Pazifik zu den Anden in mehrere Anbaugebiete eingeteilt werden. Bei einer entsprechend angepassten Steuerung der agrarwirtschaftlichen Produktion bieten diese Standortvorteile vielfache Möglichkeiten für den Anbau hochwertiger Spezialkulturen.

In Nordchile gehen stellenweise die Methoden der Bewässerungswirtschaft auch auf vorkoloniale Landnutzungsformen zurück, wo bereits damals schon teilweise ein Kanalnetz bestand. Seit der Kolonialzeit haben vor allem die Spanier mehr und mehr Kulturpflanzen eingeführt, sie aber über lange Zeit nur partiell für die Exportwirtschaft angebaut. Zusätzlich werden traditionelle Erfahrungen für den Anbau eingesetzt, insbesondere die Bewässerungswirtschaft, die in den Flussoasen notwendig ist. In historischer Zeit wies die chilenische Landwirtschaft eine Marktorientierung mit agrarischer Spezialisierung auf, die bereits im 19. Jahrhundert beim Anbau von Weizen, unter anderem mit Exporten nach Peru, Argentinien, Australien und Kalifornien, durchgeführt wurde. Im eigenen Lande mussten vom Süden aus die meist entfernt gelegenen Bergbaustandorte versorgt werden. So entstand eine interregionale Produktionsdifferenzierung, die durch den Pazifischen Krieg Ende des 19. Jahrhunderts noch verstärkt wurde. Denn seit der dadurch erfolgten territorialen Ausdehnung ist ein starker Aufschwung des Bergbaus mit der weltwirtschaftlich wichtigen Salpeterproduktion bis zum Ersten Weltkrieg hervorzuheben; später folgte vor allem der Kupferbergbau. Darauf gehen infrastrukturelle Voraussetzungen zurück, wie beispielsweise die Anlage von Eisenbahnen und Straßen mit einer Ausdehnung von mehreren Tausend km in nordsüdlicher Richtung.

Die Marktorientierung der Agrarproduktion ist durch den Prozess der Urbanisierung verstärkt worden, vor allem durch das Wachstum der Metropole im Großraum von Santiago, der ebenfalls aus dem ganzen Land versorgt wird.

Der eigentliche Modernisierungsprozess der Landwirtschaft erfolgte erst in der zweiten Hälfte des 20. Jahrhunderts, insbesondere seit 1974, d.h. nach dem politischen Umsturz durch einen gewaltsamen Militärputsch und der neuen politischen Orientierung auf den Neoliberalismus. Die Entwicklung des sogenannten „Chilenischen Modells" ist – ohne auf alle Einzelfaktoren einzugehen – vor dem Hintergrund der tiefgreifenden Reformen zwischen 1970 und 1973 zu sehen; denn die zahlreichen Verstaatlichungen der Großunternehmen, vor allem des Kupferbergbaus und der Banken, sowie die umfangreichen Agrarreformen bei 4401 Latifundien mit ca. 6,4 Mio. ha waren erfolglos und führten in eine wirtschaftliche und politische Krise. Der wirtschaftspolitische Kurswechsel (nach: Angaben des Landwirtschaftsministeriums 2000) war wiederum mit neuen politischen Entscheidungen verbunden, insbesondere mit folgenden Maßnahmen:

– Privatisierung des Agrarsektors, vor allem agroindustrieller Unternehmen, und der Forstwirtschaft nach der Sozialisierung durch Aufhebung der Agrarreform nach 1974;
– Liberalisierung des Außenhandels in Verbindung mit einer neuen Zoll- und Wechselkurspolitik;
– Deregulierung des Binnenhandels, auch des Kapitalverkehrs, des Landverkaufs, der Wassermärkte etc.;
– Förderung privater Initiativen für Forschung und Entwicklung (z. B. zur Einführung neuer Produkte und Technologien);
– Gründung neuer Institutionen zur Rationalisierung der Produktion usw. in Anknüpfung an die erfolgreiche wirtschaftliche Entwicklung, die allerdings 1982 wegen ökonomischer Probleme durch die damalige Rezession einen beachtlichen Rückschlag erfahren hatte.

Ab 1990 folgte eine neue Periode demokratisch ausgerichteter Wirtschaftspolitik, in der auch der Umweltschutz eine zunehmende Beachtung gewann, beispielsweise durch:

– Verbesserung der Bewässerungswirtschaft,
– Rückgewinnung degradierter Flächen zur land- und forstwirtschaftlichen Bodennutzung,
– Beachtung von Gesundheitsstandards zur Erhöhung der Qualität der Produkte,
– Verbesserung des Beratungswesens, vor allem zur Verbreitung technologischer Innovationen,

– Unterstützung der Kleinbauern und der wachsenden Zahl ihrer Organisationen,
– Versuche zur Reduzierung der Armut im ländlichen Raum, auch bei der alteingesessenen indianischen Bevölkerung,
– Förderung der Dezentralisierung von vorhandenen und Gründung von neuen Institutionen.

Die Entwicklung einiger Agrar- und Forstbereiche förderte weitere Gunstfaktoren wie die relative Währungsstabilität mit einer vergrößerten Bereitschaft zu Investitionen, aber auch zu Innovationen in der Land- und Forstwirtschaft, Fischerei usw., zum Beispiel mit der Einführung neuer Früchte im Obstbau, neuer Arten in den Aquakulturen oder der Anwendung der Tröpfchenbewässerung, vor allem im ariden und semiariden Norden mit erheblichem Wassermangel, dem Bau von Stauseen zur Vergrößerung der Wasserkapazität über einen längeren Zeitraum usw. Dazu wurde eine weitere Konsequenz gezogen: die Eigenproduktion von Wasserschläuchen, außerdem die zunehmende Verwendung von Traktoren, der größere Einsatz von Kunstdünger und weiteren Verfahren zur Steigerung der Produktion. Damit folgte man auch in Chile Konzepten der „Grünen Revolution" mit einer verstärkten Chemisierung der Landwirtschaft (vgl. *Mikus* 1994, S. 140f.).

In Verbindung mit der Betriebsentwicklung setzten sich Tendenzen zur Spezialisierung durch, vor allem die Vereinfachung der landwirtschaftlichen Betriebe, so dass die Modernisierung auch die Betriebsstrukturen veränderte. Betriebe wurden durch Ankauf von Flächen zu größeren Produktionseinheiten zusammengefasst und damit gleichzeitig die Wasserrechte übernommen. So sind die durch vorausgehende Agrarreformen bereits veränderten Betriebsstrukturen durch den Konzentrationsprozess in der Landwirtschaft teilweise wieder modifiziert worden.

Von Bedeutung waren in diesem Zusammenhang ebenfalls Auslandsinvestitionen, die die Produktion, aber auch die Vermarktung mit ihren vielfältigen Verflechtungen beeinflussten, die noch im Folgenden erklärt werden. Allerdings gibt es heute eine große Zahl von Kleinbetrieben ohne starke Marktorientierung neben den modernen Betrieben, die eine Weltmarktverflechtung eingegangen sind. Dieser typische Dualismus der Agrarwirtschaft mit vielfältigen wechselseitigen Beeinflussungen und erheblichen regionalen Unterschieden hatte aber auch negative Konsequenzen für die Entwicklung der chilenischen Landwirtschaft, was die Entwicklungstendenzen bei mehreren Kulturen im Getreideanbau sowie in der Viehwirtschaft in einigen Regionen beweisen.

Die erwähnten neuen politischen Tendenzen sind Beweise für Probleme, die durch die liberale Wirtschaftspolitik nicht oder nur partiell gelöst wurden. Denn am Erfolg der wirtschaftlichen Entwicklung mit großen Wachstumsraten im Vergleich zu anderen Ländern Lateinamerikas hatte nur ein geringer Teil der Bevölkerung im ländlichen Raum Anteil. So sind folgende Probleme geblieben:
– Arbeitslosigkeit: Die Arbeitslosenrate stieg 1999 zeitweise auf über 10 %,
– Unterbeschäftigung: Die strukturelle und saisonal auftretende Unterbeschäftigung ist nicht nur im ländlichen Raum ein Dauerproblem der chilenischen Wirtschaft,
– Extreme Einkommensdisparitäten: Noch heute lebt mehr als ein Viertel der Bevölkerung insgesamt unterhalb der Armutsgrenze,
– Große Abweichungen bei der Grundbedürfnisbefriedigung in Bezug auf Gesundheit, Bildung usw.

Die Entwicklung der Exporte war lange Zeit einseitig auf Bergbauprodukte ausgerichtet, und zwar nach dem Salpeterboom bis zum Ersten Weltkrieg mit einer Dominanz des Kupfers. Dazu sind in den letzten Jahren auch weitere Produkte, insbesondere Edelmetalle wie Gold und Silber sowie Molybdän, hinzugekommen, d.h. im Bergbau hat ebenfalls eine Diversifizierung stattgefunden. Allerdings blieb Chile in den 90er Jahren immer noch der weltgrößte Bergbaustandort und Exporteur von Kupfer (vgl. *Nolte* 1998, S. 638). Dabei waren staatliche Betriebe wesentlich beteiligt und haben ihre Produktion noch ausgedehnt (an der Spitze CODELCO mit etwa 1/4 aller Bergwerke Chiles, das ca. 3/4 des Kupfers produziert). Der Anteil des Kupfers am Export ist allerdings auf gut 40 % zurückgegangen. Dagegen haben die Exportwerte der Land- und Forstwirtschaft und der Fischerei die 10 %-Marke inzwischen überschritten. Tabelle 3.1.2/2 zeigt die starke Dynamik und Differenzierung bzw. Diversifizierung der chilenischen Exporte von 1975 bis 1999.

Tab. 3.1.2/2: Entwicklung der Exporte 1975-1999 in %
Daten aus: Banco Central, Santiago 1990 und 2000, Eigene Berechnung.

Branchen	1975	1980	1985	1990	1995	1999[a]
Landwirtschaft, Obstbau			10,8	8,8	8,2	1,2
}	4,9	6,3				
Holz, Zellulose, Papier			9,0	8,6	15,3	12,9
Bergbau	70,4	58,5	61,9	47,0	48,6	42,3
Verarb. Industrie	24,4	34,8	17,9	35,3	27,4	32,8
Sonstige[b]	0,3	0,4	0,4	0,3	0,5	0,8

a: Januar – Oktober
b: ohne Dienstleistungen etc.

Spielte die Land- und Forstwirtschaft noch Anfang der 70er Jahre keine nennenswerte Rolle für die chilenischen Exporte, so gewann sie in der Zwischenzeit eine beachtenswerte Bedeutung. Dazu gehören der Obstanbau, die Weinproduktion und die Forstwirtschaft sowie in der Agroindustrie die Herstellung von Konserven, Obstsäften, Konzentraten und Gefrier- bzw. Trockenprodukten. Insgesamt haben die Obstexporte (Trauben, Äpfel, Birnen, Pflaumen usw.) zwischen 1995 und 1999 den Wert von 1,2 bis 1,4 Mrd. US$ erreicht und über mehrere Jahre halten können. Hervorzuheben sind besonders die Exporte von Tafeltrauben mit über 600 Mio. US$ im Jahr 1998 (vgl. Kap. 4.1). Ende der 1990er Jahre hat der Weinexport einen bedeutenden Umfang mit ca. 500 Mio. US$ im Jahre 1998 erreicht und 1999 diesen Wert noch steigern können.

Ein weiterer exportorientierter Bereich ist die Fischereiwirtschaft inkl. der Aquakulturen. Durch die zunehmenden Aktivitäten ist Chile eine der größten Fischereinationen der Welt geworden und steht an dritter bzw. vierter Stelle in der Hochseefischerei neben China, Peru und Japan. Bei den Aquakulturen hat eine Expansion durch die Anlage von immer mehr Produktionszentren und somit eine Beteiligung an der „Blauen Revolution" stattgefunden. Dieser Begriff wird in Anlehnung an die „Grüne Revolution" angewandt und bezeichnet einen boomartigen Anstieg der Züchtung von Fischen, Mollusken und anderen Meeresfrüchten.

An der Spitze der Aquakulturen steht die Produktion von Lachs. Dazu bieten sich in den Fjorden Südchiles außerordentlich günstige Standortvorteile, so dass dieses Land inzwischen zu einem der weltweit größten Erzeuger geworden ist. In allen erwähnten Bereichen lassen sich durch die starke Nutzung natürlicher Ressourcen erhebliche Umweltbelastungen nachweisen. Durch das Einleiten der Abwässer in die Flüsse sind beim Bergbau stellenweise große Schäden bei Flora und Fauna in einzelnen Flussgebieten aufgetreten. Eine weitere Umweltverschmutzung erfolgte durch Emissionen, die lange Zeit ungereinigt abgelassen wurden und vor allem durch Staub, Schwefeldioxid und Arsen ernste Probleme für Arbeiter und Anwohner in der Nähe der Hüttenwerke bereitet haben. Darüber hinaus sind weite Flächen durch Abfälle belastet oder durch Aufschütten großer Halden für andere Zwecke nicht mehr nutzbar, abgesehen von den Kratern des umfangreichen Tagebaus, so dass viele Beweise für irreversible Folgen und somit den „ökologischen Rucksack" entstanden sind.

In der Landwirtschaft hat die Verwendung von Kunstdünger wie auch der Einsatz von Pestiziden, Insektiziden und Fungiziden, zu einer Bodenbelastung geführt. Diese für die „Grüne Revolution" typischen Praktiken sind mit weiteren Umweltbelastungen verbunden, insbesondere in Gebieten, die lange Zeit mit künstlicher Bewässerung genutzt wurden.

Die Umweltprobleme sind allerdings in den einzelnen Klimaregionen aufgrund der unterschiedlichen Bodennutzung durch die zahlreichen Kulturpflanzen verschieden. Neben Problemen der Kontamination des Bodens hat die Abholzung die Bodenerosion insbesondere bei Starkregen verstärkt. Im Norden Chiles sind Gebiete durch die Folgen der weltweit verbreiteten Desertifikation betroffen. Eine notwendige Konsequenz ist eine angepasste Bodennutzung. Positive Effekte ergaben sich dadurch, dass landwirtschaftlich genutzte, früher teilweise degradierte Flächen wieder aufgeforstet wurden.

b) Das Beispiel der Holzwirtschaft

Durch die Expansion der Forstwirtschaft nach 1974 hat auch dieser Produktionsbereich eine große Bedeutung gewonnen. Die Verarbeitung von Holz zu Holzchips, Zellulose, Papier, Kartonagen und der Export von Rundholz stellen einen wichtigen Faktor der chilenischen Wirtschaft dar. Das Wachstum dieses Sektors ist überdurchschnittlich und hat 1995 mit 14,8% der Gesamtexporte Chiles seinen bisherigen Höchststand erreicht. Dies beweist die Entwicklung der Anteile am Gesamtexport Chiles in %, 1990: 10, 1991: 10,1, 1992: 11,1, 1993: 12,8, 1994: 13,4, 1995: 14,8, 1996: 11,8%. Die Tatsache, dass 1996 ein Rückgang dieses Wertes stattfand, ist auf den stark reduzierten Weltmarktpreis für Zellulose in dem Jahr zurückzuführen (vgl. DICELPA 1997). Dieser Dynamik scheinen in absehbarer Zeit keine Grenzen gesetzt, da die Holzreserven im Süden des Landes gewaltige Ausmaße erreicht haben. Dabei gelten 7,6 Mio. ha natürlichen Waldes als wirtschaftlich nutzbar (SFF 1997, S. 35). Gleichzeitig existierten 1997 schon 1,6 Mio. ha an aufgeforsteten Flächen, und weitere Aufforstungen werden durchgeführt. Diese belaufen sich auf jährlich etwa doppelt so viele Bäume wie geschlagen werden. Weil der Holzreichtum also auch auf längere Sicht gewährleistet ist, wird in Chile schnell und intensiv investiert, wobei die Eroberung neuer Märkte höchste Priorität genießt. Dabei ist es notwendig, nicht allein auf Kostenvorteile der Vergangenheit wie billige Arbeitskräfte und verhältnismäßig geringe Distanz zwischen Wäldern und Häfen (vgl. *Messner* 1991, S. 30f.) zu vertrauen, sondern ebenfalls die besonderen Bedingungen in den Importländern wie Qualitäts- und Umweltstandards zu berücksichtigen.

Die wichtigsten Exportmärkte für Produkte der Holzindustrie sind nach DICELPA (1997) Japan: 19%, EU: 18,2%, Südamerika: 14,2%, USA: 12,9%, Südkorea: 12,6% und sonstige Länder mit 23,1%. Obwohl die Holzindustrie einen wichtigen Beitrag zur Wertschöpfung leistet, rangiert Chile auf dem Weltmarkt nicht unter den führenden holzverarbeitenden Ländern. Der Anteil chilenischer Produkte der Holz- und Papierindustrie am Weltmarkt weist jedoch eine stark zunehmende Tendenz auf. Chile ist mit Abstand das Land mit dem größten prozentualen Wachstum in diesem Bereich. Im Zeitraum zwischen 1990 und 1994 konnte der Weltmarktanteil um 55,6% gesteigert werden. Somit zeichnet sich eine Umorientierung der Welthandelsströme hin zu einem größeren Gewicht Chiles in diesem Bereich ab. Als Konsequenzen der Orientierung auf den Weltmarkt befindet sich Chiles holzverarbeitende Industrie auf dem Weg von einer kostengünstigen zu einer qualitativ hochwertigen Produktionsweise. Wichtigste Produkte der chilenischen holzverarbeitenden Industrie auf dem Weltmarkt 1995 waren neben der eindeutig dominierenden Zellulose mit 55% die Produktion von Holzchips (10%), Sägemehl (9%) und Papier/Kartonagen (7%). Produkte der Weiterverarbeitung wie Fenster, Möbel und Spanplatten (7%) machen auf den Exportmärkten zusammen den gleichen Wert aus wie die Papierindustrie (DICELPA 1997). Die überragende Stellung der Zelluloseproduktion wird sich voraussichtlich wenig ändern. Die bis zum Jahr 2015 geplanten Neuinvestitionen deuten eher einen Trend zu einer noch stärkeren Gewichtung der Zelluloseproduktion an. Demnach soll allein in den größten Investitionsvorhaben eine Ausweitung der jährlichen Produktion ermöglicht werden.

ba) Umweltprobleme der chilenischen Holzwirtschaft

Chiles Ressourcen an Wald belaufen sich auf ca. 12 Mio. ha, von denen etwa 15% künstliche Anpflanzungen sind. Der Naturwald befindet sich fast ausschließlich zwischen der fünften und zwölften Region, wobei die größten Bestände im äußersten Süden des Landes vorhanden sind: in der elften Region 41,6%, in der zehnten Region 28,6% und in der zwölften Region 10,5%. Davon stehen heute 1,9 Mio. ha (ca. 19%) unter Naturschutz, der Rest ist zum allergrößten Teil in Privatbesitz und darf geschlagen werden (DICELPA 1997). Abholzungen führten in der Vergangenheit zu einem Verlust von über 5 Mio. ha Naturwald. Heute findet der Holzeinschlag zu 90% in Plantagenwäldern und zu 10% im Naturwald statt (*Scholz* 1995, S. 117), welcher allerdings als besonders schützenswert anzusehen ist, weil es sich um den letzten Regenwald der gemäßigten südlichen Breiten handelt. Die Tatsache, dass dieses Naturholz bisher aber nicht zu einer besonderen Verarbeitung, sondern genauso wie das Holz der Plantagen ebenfalls zur Produktion von Chips und Zellulose verwendet wurde, wirft die Frage nach der wirtschaftlichen Notwendigkeit dieser Umweltzerstörung auf (*Messner* 1991, S. 40). Nicht nur die kommerzielle Nutzung der Naturwälder, sondern auch die Unterhaltung von Aufforstungsflächen in Monokulturen schafft ökologische Probleme. Obwohl teilweise Maßnahmen ergriffen wurden, um diesen entgegenzuwirken, bleibt die bisherige Art der Bewirtschaftung von Wäldern alles andere als ökologisch (vgl. *Richter/Bähr* 1998, S. 645ff.). Probleme bereiten vor allem die einseitige Nutzung von Bodennährstoffen, die Verringerung der Bodenfruchtbarkeit, die hohe Anfälligkeit für Schädlinge und Krankheiten sowie Gefahren des Pestizideinsatzes und Belastungen des Wasserhaushalts (*Scholz* 1995, S. 117).

Der Bestand an aufgeforsteten Flächen nach Baumarten in Chile zeigt eine Dominanz der Kiefernwälder. Diese wird sich auch in Zukunft erhalten, obwohl in jüngerer Zeit verstärkt Eukalyptuspflanzungen entstehen. Beide Baumarten zeichnen sich durch ein äußerst rasches Wachstum aus, das, hervorgerufen durch die besonderen klimatischen Bedingungen, z. T. das Achtfache umfasst wie in den Ursprungsländern dieser Bäume. Der Kiefernbestand befindet sich zwischen der fünften und zehnten Region, wobei 47% auf die achte Region fallen. Dabei sind 80% der Bäume jünger als 15 Jahre alt. Eukalyptus wird erst seit 1989 großflächig angepflanzt, und die Wachstumsgeschwindigkeit übertrifft alle Erwartungen. Die Pflanzungen befinden sich überwiegend zwischen der fünften und zehnten Region und mit über 35% hauptsächlich in der achten Region. Das Alter der Bäume liegt fast ausschließlich unter zehn Jahren, wobei etwa 70% noch nicht 5 Jahre alt sind. Der Umfang der Abholzungen hat sich von 11 Mio. m^3 (1990) auf 19 Mio. m^3 (1996) erhöht. Um den noch weiter ansteigenden Bedarf decken zu können, müssen in Zukunft jährlich mindestens 60.000 ha neu aufgeforstet werden.

Obwohl seit Ende der achtziger Jahre u. a. mit Hilfe öffentlicher Unterstützung (70% der Kosten werden vom Staat subventioniert) eine massive Aufforstung stattgefunden hat, existiert immer noch eine 2,5 mal so große, ehemals abgeholzte und heute kahle Fläche, die in den nächsten Jahrzehnten aufgeforstet werden soll. Dies ist auch vor dem Hintergrund einer massiv auftretenden Bodenerosion in diesen Gebieten notwendig. Bis zum Jahr 2030 soll bei den Aufforstungen eine gewisse Diversifizierung der Arten vollzogen werden, wobei mit 33.000 ha allerdings dann nur gut 1% der aufgeforsteten Flächen auf einheimische Baumarten entfällt.

bb) Industrielle Verarbeitung

Kiefern- und in noch schwerwiegenderem Maße Eukalyptuspflanzungen werden die Bodenfruchtbarkeit mittelfristig verringern. Umweltprobleme anderer Art ergeben sich aus der Form der industriellen Verarbeitung. Auffallend sind vor allem Schaumbildungen auf Flüssen sowie Belastungen von Böden und Grundwasser. Ursache ist ein Defizit an betriebseigenen Anlagen zur Entsorgung toxischer Substanzen sowie häufig eine unsachgemäße Dosierung von Chemikalien und Wartung der Maschinen. Untersuchungen ergaben, dass im Verarbeitungsprozess noch bis in die jüngste Zeit umweltbelastende Produkte wie Pentachlorphenol (PCP) zur Imprägnierung gegen Holzbläue und formaldehydhaltiger Klebstoff eingesetzt wurden, wie Messner dies für Anfang der 90er Jahre beschrieben hat (*Messner* 1991, S. 130f.). Sie sind teilweise in hohen Konzentrationen in der Nahrungskette nachweisbar, wie Analysen an Fischen und Vögeln am Fluss Bío-Bío zeigen. Diese Produkte werden wegen gesundheitlicher und ökologischer Risiken beispielsweise in der EU nicht mehr verwendet. Daher müssen Exporte in die EU diesen Qualitätsstandard erfüllen, so dass Anpassungen in der Produktqualität erfolgten. Bei der Papier- und Zellstoffproduktion treten Umweltbelastungen durch Effekte der Chlorbleichung und gefährlicher Schwefelkomponenten auf, deren Bekämpfung von den meisten Betrieben vernachlässigt wird. Zu beachten ist außerdem der besonders hohe Wasserverbrauch bei der Papier- und Zellstoffindustrie und auch das Problem der Behandlung fester Abfallstoffe wie Baumrinde, Sägespäne etc., wenn sie nicht zur Verarbeitung zu Spanplatten verwandt werden. Deren Volumen erreichte allein in der achten Region bis 1994 schon 5 Mio. m^3 und entwickelte sich zu einer nicht zu unterschätzenden Belastung der Umwelt (*Faranda* et al. 1994, S. 166).

bc) Aktuelle Maßnahmen zum Umweltschutz

Die Überbeanspruchung der Böden und die Reduzierung der Naturwälder sind nicht mit dem Prinzip der Nachhaltigkeit vereinbar. Seitdem in den siebziger Jahren erste Schritte zur Kontrolle der Abwässer unternommen wurden, sind weitere Ansätze zu Umweltschutzleistungen nachweisbar. Auch die beginnenden Aufforstungsprojekte entlasteten die Umwelt, indem sie der Bodenerosion entgegenwirken und gleichzeitig eine zukünftige Alternative zur Abholzung der Naturwälder bieten. In den achtziger Jahren entstand ein Bewusstsein für die zunehmende Luftverschmutzung. Erst in den neunziger Jahren wurde jedoch damit begonnen, umfassende Umweltschutzleistungen durchzuführen, die alle Umweltbereiche mit einbeziehen (DICELPA 1997). Bemerkenswert ist dabei, dass nicht der chilenische Gesetzgeber, sondern exportorientierte Unternehmen Schrittmacher einer ökologischen Produktion geworden sind. Seitdem die chilenische Holzwirtschaft mit den Umweltbestimmungen ihrer Absatzmärkte konfrontiert worden ist, hat sich deren Produktionsweise den Wünschen und Bedingungen der Kunden angepasst. *Scholz* (1995, S.120) bezeichnet beispielsweise die Unternehmen der exportorientierten Zellstoffbranche als „ökologische Effizienzinseln". Mit ihren guten internationalen Kontakten können sie neue Markttendenzen abschätzen und spielen so die Rolle eines Vorreiters, dessen Beispiel von anderen Firmen aufgegriffen wird. Eigene Befragungen machten sehr deutlich, dass die unterschiedlichen Umweltschutzbedingungen in Japan und Europa eine genau abgestimmte Produktionsweise zur Folge haben können. So wird für das Europageschäft auf die Verwendung von Chlor als Bleichmittel verzichtet, während dies für Exporte nach Japan nicht notwendig ist. Technische Lösungen zur Anpassung an internationale Umweltschutzvorschriften sind in Chiles holzverarbeitender Industrie demnach möglich, finden aber keine konsequente Verbreitung (vgl. *Scholz* 1995, S. 118). Zum einen liegt dies an einer staatlichen Umweltgesetzgebung, die weit hinter dem betriebsinternen Umweltschutz einiger Unternehmen zurückliegt, zum anderen an einer mangelhaften Kooperation zwischen allen beteiligten Akteuren.

Befragungen von Unternehmen der Papier- und Zellstoffindustrie ergaben unterschiedliche Investitionsvolumen in den verschiedenen Umweltbereichen. Die größten Investitionen fanden beim Gewässerschutz statt, gefolgt von der Luftreinhaltung. Zwei Faktoren veranlassten diese Entscheidungen: Einerseits sind die Umweltprobleme im Bereich der Gewässerverschmutzung besonders hoch, andererseits sind häufig Kooperationen mit öffentlichen Einrichtungen auf diesem Gebiet zu finden. Die sonst wenig zur Zusammenarbeit neigenden Unternehmen der Holz- und Zelluloseindustrie sind in diesem Bereich besonders kooperativ. Ein Vergleich mit den Ergebnissen der Befragung zeigt, dass die Holz- und Zelluloseindustrie häufig eine Zusammenarbeit mit öffentlichen Einrichtungen oder anderen Firmen eingeht. Allein im Gewässerschutz gab die Hälfte der Firmen an, mit einer öffentlichen Einrichtung zu kooperieren. Dabei handelte es sich stets um das seit 1990 bestehende, sehr renommierte EULA-Zentrum, welches aus einer Zusammenarbeit der Universität Concepción mit italienischen Wissenschaftlern entstand und somit ein Beispiel für die Internationalisierung der Umweltforschung ist (Faranda et al.1994).

Die Unternehmen der chilenischen Holzindustrie haben im Exportgeschäft deutlich gemacht, dass sie auf ökologische Herausforderungen reagieren können. Defizite im Umweltschutz dieser Branche gründen sich u.a. auf fehlende Initiativen des Staates, Strukturen zu schaffen, welche die Unternehmen in die Pflicht nehmen und außerdem das teilweise vorhandene Wissen verbreiten.

Mit den forstwirtschaftlichen Maßnahmen waren allerdings weitere Probleme verbunden – beispielsweise Eingriffe in die natürlichen Ressourcen der indianischen Bevölkerung -, so dass es bis in die Gegenwart immer wieder zu Konflikten gekommen ist.

c) Zunahme transnationaler Verflechtungen durch Auslandsinvestitionen

Die heutige Realität der chilenischen Wirtschaft ist auch ein Ergebnis der bereits genannten internationalen Verflechtung durch Auslandsinvestitionen (*Mikus* 1990), die Beweise für die hohe Attraktivität und die Gewinnerwartungen in diesem Land sind. Die von 1974 bis 1999 verwirklichten Investitionen zeigen im Vergleich zu der Branchengliederung der Exporte ein teilweise anderes Verteilungsmuster. Zwar liegt der Bergbau seit Jahrzehnten an der Spitze, jedoch sind die Bereiche nach ihrem prozentualen Anteil des Zeitraums 1974–1989 und der Gesamtsumme bis 1999 diversifiziert und vor allem vervielfältigt worden.

In der Rangfolge der Länder stehen die USA traditionell an der Spitze, gefolgt von Kanada. Jedoch hat 1999 Spanien durch spektakuläre Übernahmen bzw. Mehrheitsbeteiligungen wie in einigen anderen Ländern

Tab. 3.1.2/3: Realisierte Auslandsinvestitionen nach Branchen 1974–1999 (in Mio. US$)
Daten aus: Angaben des Wirtschaftsministerium 2000, Eigene Berechnung.

Branchen	1974–1989	%	1990–1999	%	Total	%
Landwirtschaft	80	1,6	146	0,4	226	0,5
Baugewerbe	123	2,4	807	2,3	930	2,3
Elektr., Gas, Wasser	0	0	6.905	19,4	6.905	17,0
Industrie	1.146	22,4	4.417	12,4	5.563	13,7
Bergbau	2.400	46,9	12.323	34,7	14.723	36,2
Fischerei, Aquakultur	18	0,3	154	0,4	172	0,4
Dienstleistungen	1.029	20,1	8.729	24,5	9.758	24,0
Forstwirtschaft	11	0,2	227	0,6	238	0,6
Transport, Kommunik.	304	5,9	1.841	5,2	2.145	5,2
Total	**5.111**	**100,0**	**35.549**	**100,0**	**40.660**	**100,0**

Südamerikas inzwischen den zweiten Platz erreicht. Spanien sucht also seine Führungsrolle in den Beziehungen zu Lateinamerika, z. T. im Namen der EU-Staaten, zu verwirklichen und knüpft an historische, kulturelle, soziale und ökonomische Beziehungen an. Deutschland hat jedoch im Gegensatz zu seiner wichtigen Rolle im Außenhandel durch Mangel an Engagement, Risikobereitschaft und Präferenzen gegenüber anderen Ländern etc. nur eine untergeordnete Bedeutung (Eigene Berechnung nach Angaben des Wirtschaftsministeriums 2000). In dieser Hinsicht besteht ein Nachholbedarf bzw. ein deutliches Defizit.
Die internationalen Verflechtungen Chiles stehen aber auch im Zusammenhang mit den transpazifischen Kooperationen, die in der APEC einen institutionellen Rahmen erhalten haben. Abschließend ist in diesem Zusammenhang ebenfalls auf beachtenswerte Auslandsinvestitionen hinzuweisen, die von Chile ausgehen, beispielsweise in benachbarte Länder Südamerikas.

d) Fazit: Wachstum, Modernisierung und internationale Vernetzung
  I. Die allgemeinen Zielsetzungen der liberalen Wirtschaftspolitik haben Chile in den letzten Jahrzehnten geprägt und sind auch nach Wiedereinführung der Demokratie (1990) weiterverfolgt worden. Hauptziele wie Wachstum und Modernisierung wurden beibehalten, gleichzeitig eine Diversifizierung im Export unterstützt. Sie förderte ebenfalls Auslandsinvestitionen und führte zu einer globalen Vernetzung der Wirtschaft.
 II. Das Modell „Chile" kann jedoch nicht weltweit erfolgreich eingesetzt werden, denn es gilt hauptsächlich für Länder mit natürlichen Ressourcen, die in vielerlei Hinsicht ausgebeutet werden.
III. Der Einbruch des wirtschaftlichen Wachstums 1999 beweist die Labilität der Entwicklung, bei der sich ohne Zweifel mehrere Faktoren ausgewirkt haben, wie z. B. die Preisschwankungen von Exportprodukten, teilweise als Folge der Asienkrise. Aber auch natürliche Faktoren, wie die Niño-Katastrophe 1998 und die folgende Dürre (Niña), hatten negative Einflüsse. In einzelnen Branchen traten konjunkturelle Probleme auf, wie zum Beispiel Schwächen in der Bauindustrie.
IV. In den 90er Jahren erfolgte zwar eine größere Beachtung des Umweltschutzes, aber meist ohne ausreichende Berücksichtigung der langfristigen Folgen bei der Ausbeutung nichtregenerierbarer Ressourcen wie im Bergbau, so dass nur partiell das Konzept der Nachhaltigkeit verwirklicht wird. Zu den Umweltbelastungen des Bergbaus, vor allem der Großbetriebe, gehören der Flächenverbrauch mit stellenweise großräumigen Abfalldeponien sowie die Wasser- und Luftverschmutzung. Wegen der extremen geographischen Variabilität des Klimas, der Hydrologie, der Vegetation, der Böden, der Landwirtschaft usw. im Profil von Norden nach Süden und vom Pazifik zu den Anden bieten sich zwar vielfältige Vorteile, aber auch Risiken und Probleme bei der Nutzung der unterschiedlichen Ressourcen, die eine angepasste Wirtschaft mit Umweltschutz erfordern. Eine darauf zielende Umweltschutzgesetzgebung bleibt eine aktuelle Herausforderung. Problematisch ist dabei die pauschale Übernahme ausländischer Umweltstandards. Ihre zunehmende Beachtung ist jedoch ein weiteres Beispiel für die internationale Vernetzung.

V. Die Modernisierung der Wirtschaft hat vielfältige Nutzungskonflikte verursacht. Dieses gilt für die Gegensätze zwischen Klein- und Großbetrieben im Bergbau, in der Fischerei und Landwirtschaft; denn Kleinbetriebe waren oft nicht in der Lage, mit ihren Techniken und Vermarktungsverfahren konkurrenzfähig zu bleiben. Kooperationsversuche stießen immer wieder auf Schwierigkeiten.

VI. Seit den 90er Jahren ist durch die Assoziierungspolitik in Richtung MERCOSUR – und bislang ergebnislos zur NAFTA – ein neues Problemfeld entstanden, das mehrere Wirtschaftssektoren betrifft: Gemäß einem Abkommen, in dem die Handelserleichterungen, die Förderung von Kooperationen in Wissenschaft und Technologie usw. festgelegt sind (siehe Banco Central 1997), ist Chile ab Oktober 1996 als assoziiertes Mitglied dem MERCOSUR beigetreten. Wie neuere Untersuchungen ergeben haben, müssen vielschichtige Konsequenzen auf den Arbeitsmärkten, bei der Wertschöpfung in den Betrieben usw. erwartet werden. Schon heute sind durch umfangreiche Nahrungsmittelimporte die Folgen der internationalen Konkurrenz in der chilenischen Landwirtschaft zu spüren. Hachette/Morales (1996) weisen auf die regionalen Effekte für Ackerbau, Viehwirtschaft, Obstbau, Forstwirtschaft usw. hin, die durch einen Beitritt Chiles zu den o.g. internationalen Wirtschaftsgemeinschaften entstehen. So muss mit Konsequenzen für das Bruttoinlandsprodukt, Veränderungen der Bodennutzung und des Arbeitskräftebedarfs in der Landwirtschaft beim Beitritt zum MERCOSUR gerechnet werden. Davon sind insbesondere die Gebiete des Kleinen Nordens und Südens betroffen, in denen die Landwirtschaft noch eine wichtige Rolle spielt.

VII. Für die weitere Entwicklung Chiles bestehen verschiedene natürliche, branchenspezifische Risiken, aber auch Probleme in der Entwicklung einzelner Regionen. Zu den natürlichen Risiken gehören ständige Gefahren durch Erdbeben oder auch die immer wiederkehrenden Niño-Katastrophen. Zu den politischen Risiken gehört die Gefährdung durch innere politische Auseinandersetzungen zwischen sozialen Gruppen sowie wirtschaftliche Interessengegensätze. Regional problematisch ist die Metropolisierung durch die starke Konzentration der Wirtschaft auf den Großraum Santiago und die sich daraus ergebende Aufgabe der Dezentralisierung. Ökonomische Probleme werden verstärkt durch die Schwerpunktbildung der Wirtschaft in einigen Sektoren mit der Abhängigkeit von der Marktentwicklung, d.h. von den Risiken der Monostruktur bzw. Monokultur in einigen Regionen, von der Preisentwicklung und den Nachfragezyklen auf den verschiedenen Märkten, wie dem nationalen Markt, dem genannten MERCOSUR, dem Pazifischen Raum mit wachsender Bedeutung oder dem Weltmarkt.

VIII. Eine wichtige Aufgabe der regionalen Entwicklung bleibt die Unterstützung der bislang vernachlässigten Regionen und der Branchen, die weniger an der wirtschaftlichen Dynamik partizipieren, wie insbesondere die Klein- und Mittelbetriebe der Landwirtschaft, des Handwerks und des informellen Sektors. Nur durch eine konsequente Raumplanung in Verbindung mit der Wirtschaftsförderung können hier Fortschritte erzielt werden, um die bislang noch großen regionalen Disparitäten zu vermindern. Nur so kann sich dieses Schwellenland auch zu einem starken „Puma" Südamerikas entwickeln.

3.1.3 Mexiko – Ökonomische Aspekte des NAFTA-Beitritts und seine Auswirkungen auf die Bevölkerungs- und Arbeitsmarktentwicklung *(Hans-Dieter Haas* und *Johannes Rehner)*

Mexiko gehört mit rund 100 Millionen Einwohnern und einem BIP von 768 Milliarden US-$ (2005) heute zu den bedeutendsten Volkswirtschaften Lateinamerikas. Das Land hat nach Brasilien die zweitgrößte Einwohnerzahl und mit ca. 7.300 US-$ das höchste Pro-Kopf-Einkommen in Lateinamerika (vgl. World Bank 2007). Zudem verläuft das mexikanische Wirtschaftwachstum seit der Peso-Krise 1994/95 deutlich positiver und konstanter als in den anderen wichtigen lateinamerikanischen Ländern, von denen die meisten in der jüngsten Zeit von Währungs- und Wirtschaftskrisen oder von politischen Unruhen heimgesucht wurden.

Nachdem von den 1930er Jahren bis zur Schuldenkrise 1982 die mexikanische Wirtschaftspolitik von einer systematischen Binnenmarktorientierung charakterisiert war, die neben protektionistischen Maßnahmen, einer Importsubstitutionspolitik auch die Verstaatlichung zahlreicher Unternehmen mit sich brachte, führte die Krise von 1982 zu einem grundsätzlichen Wandel der politischen Orientierung. Das Land öffnete sich dem Weltmarkt, nahm eine schrittweise Wirtschaftsliberalisierung vor und verfolgte die neoliberale Politik des IWF bzw. der WTO. Die zunehmend außenorientierte Wirtschaftspolitik Mexikos fand ihren Niederschlag in der Befürwortung der NAFTA (North American Free Trade Agreement), durch welche sich Mexiko den Anschluss an die erste Welt erhoffte. Inhalte und Ziele der NAFTA sowie die Folgen für Mexikos wirtschaftliche und soziale Entwicklung werden im ersten Teil des Beitrages diskutiert.

Durch das mit der Mitgliedschaft zu erwartende Wirtschaftswachstum sollte die NAFTA auch dazu beitragen, die Emigration in die USA zu vermindern, die bisher zum Verlust von Humankapital in Mexiko führte. Aber auch die Migrationsströme innerhalb des Landes verursachen schwerwiegende Probleme, vor allem die Überlastung der urbanen Systeme. Strukturen, Ursachen und Wirkungen der Wanderungsprozesse werden daher im zweiten Teil diskutiert. Ein international beachtetes Beispiel für die Schwierigkeiten einer Megastadt und deren täglichen Kampf gegen den Kollaps stellt die Hauptstadt Ciudad de México dar. An diesem Beispiel sollen Entwicklungswege von Megastädten in Schwellenländern diskutiert und deren Problematik zwischen sozialer Fragmentierung, wirtschaftlicher Entwicklung und globaler Bedeutung beleuchtet werden.

3.1.3.1 Entwicklung durch Blockbildung? Auswirkungen der NAFTA auf die wirtschaftliche Entwicklung Mexikos

Im Oktober 1992 unterzeichneten die USA, Kanada und Mexiko das North American Free Trade Agreement (NAFTA); damit wurde ein Wirtschaftsblock gegründet, der hochentwickelte Industrienationen mit einem sog. Schwellenland in einer Freihandelszone zusammenführte. Die NAFTA kann folglich als geeignetes Beispiel für die Untersuchung ökonomischer Nord-Süd-Beziehungen im Spannungsfeld zwischen Globalisierung und regionaler Blockbildung herangezogen werden. Dabei ist insbesondere der Frage nachzugehen, welche Chancen und Risiken die ökonomische Integration aus der Sicht des weniger entwickelten Partners bietet.

a) Inhalt und Umsetzung des North American Free Trade Agreement
Seit Inkrafttreten des Abkommens am 1. Januar 1994 wurden sukzessive die folgenden Vertragsinhalte umgesetzt (vgl. *Revilla Diez* 1997, S. 689; *Lauth* 1993; *Arroyo Picard* 2003):
Abbau von Handelshemmnissen. Der Abbau tarifärer (z. B. Zölle) und nichttarifärer Handelshemmnisse (z. B. durch die Harmonisierung technischer Normen) stellt das Hauptziel der NAFTA-Gründung dar. Die neoliberale Wirtschaftspolitik erwartet von der weltweiten Umsetzung des Freihandels langfristig eine verbesserte Ressourcenallokation sowie die Anregung von Modernisierungs- und Spezialisierungsprozessen, wodurch es letztlich zur Wohlfahrtssteigerung für alle Beteiligten kommt. Es gab in Mexiko jedoch auch kritische Stimmen, da als kurzfristige Folge Arbeitsplatzverluste in bestimmten Regionen (z. B. in peripheren Bundesstaaten im Süden) und Sektoren (insbes. in der Landwirtschaft) erwartet wurden (vgl. Alianza Social Continental 2003). Die Öffnung vormals geschützter Märkte setzte inländische Produzenten dem internationalen Wettbewerb aus, dem sie teilweise nicht gewachsen waren. Um untragbare sozioökonomische Folgen zu vermeiden, wurde ein Zollabbau in Stufen vereinbart, der Mexiko längere Übergangsfristen zugestand. Dadurch wurde versucht, Anpassungskosten und sozioökonomischen Folgen zu reduzieren.
Local content (Ursprungsregelung). Da die Beseitigung von Zollschranken für inländische Produkte, nicht aber für die aus Drittländern importierten Waren gelten soll, wurden Ursprungsbestimmungen eingeführt. Diese verhindern, dass z. B. europäische oder asiatische Unternehmen eine Vertretung in Mexiko gründen, über

welche zollfrei in die USA exportiert wird, ohne jedoch eine lokale Produktion aufzubauen. Um beim Export in die anderen NAFTA-Länder in den Genuss der Zollbefreiung zu kommen, ist ein bestimmter Mindestanteil der Wertschöpfung – bei vielen Produkten 50 % – in einem der drei Mitgliedsstaaten zu erbringen.
Direktinvestitionen aus den Partnerländern. Zur Förderung amerikanischer und kanadischer Investitionen wurden in Mexiko erhebliche Investitionshürden beseitigt. Zum Beispiel ist es im vormals geschlossenen Versicherungsmarkt den Unternehmen aus USA und Kanada erlaubt, Joint-Ventures mit mexikanischen Partnern zu gründen und später auf 100% Besitzanteil aufzustocken. Vor allem der Interessensschutz der Investoren wurde erheblich verbessert, so dass sich Mexiko nun in den Ratings internationaler Agenturen einer positiven Einschätzung der Investitionsbedingungen erfreuen kann.
Einhaltung von Umwelt- und Sozialstandards. Auf den Druck von gewerkschaftlicher Seite und von Umweltschutzorganisationen aus den USA wurde ein Zusatzabkommen über Sozial- und Umweltstandards in das Vertragswerk aufgenommen. Es soll vermeiden, dass Unternehmen die strengeren Auflagen in den USA durch eine Produktion in Mexiko unterlaufen. Das Zusatzabkommen wird kontrovers diskutiert, da es der einen Seite nicht weit genug geht, während die andere Seite es aus prinzipiellen Gründen, vor allem wegen der Schaffung neuer nicht-tarifärer Handelshemmnisse, ablehnt.
Schlichtung von Handelsstreitigkeiten. Der geregelte Umgang mit Handelsstreitigkeiten und die gleichberechtigte Behandlung waren v. a. aus der Sicht Mexikos von entscheidender Bedeutung. Neben der symbolischen Bedeutung als Zeichen für den gleichberechtigten Status kann so das Verhängen von Strafzöllen auf mexikanische Exporte vermieden werden.

b) Auswirkungen der NAFTA auf die mexikanische Volkswirtschaft
Mexikos Erwartungen an die NAFTA hatten vor allem ökonomische, aber auch regionalpolitische und soziale Komponenten (vgl. *Revilla Diez* 1997, *Lauth* 1993, *Arroyo Picard* 2003). Die mexikanische Regierung befürwortete die NAFTA-Gründung nachdrücklich, da erwartet wurde, dass eine Nord-Süd-Integration grundsätzlich dem weniger entwickelten Partner mehr ökonomische Vorteile bringt. Durch den steigenden Zufluss von Investitionen sollte die Technologieübertragung durch Lerneffekte (spill-over) angeregt werden, um günstige Voraussetzungen für eine ökonomische Modernisierung des Landes zu schaffen. Zudem wurde das Abkommen als ein notwendiger Schritt angesehen, um bereits de facto bestehende Verflechtungen mit den USA zu institutionalisieren.
So unterschiedlich die Wirtschaftskraft der beteiligten Länder auch ist, die funktionale Verflechtung zwischen den Mitgliedsstaaten hatte schon vor Vertragsabschluss ein hohes Niveau erreicht und wurde durch die NAFTA noch zusätzlich intensiviert. Die USA sind der mit Abstand wichtigste Handelspartner für die beiden anderen Mitgliedsländer – bereits 1993 gingen 70 % der mexikanischen Exporte in die USA, heute sind über 85 % (vgl. Tab. 3.1.3/1).
Seit Bestehen der NAFTA konnte Mexiko trotz der Peso-Krise 1994/95 und der kleineren Rezession 2001/02 ein erhebliches Wirtschaftswachstum erzielen. Das BIP lag im Jahr 2002 um 33 % höher als 1993, und das Pro-Kopf-Einkommen stieg in diesem Zeitraum um durchschnittlich 1 % pro Jahr (vgl. INEGI 2003; *Arroyo* 2003, S. 16). Seit der Peso-Krise ist es vor allem die Außenwirtschaft, die als Motor wirtschaftlichen Wachstums wirkte. Das mexikanische Exportvolumen hat sich in den Jahren seit Bestehen der NAFTA mehr als verdreifacht (vgl. Tab. 3.1.3/2). Die Ursache liegt aber nicht allein im Regelwerk der

Tab. 3.1.3/1: Basisdaten der NAFTA-Partner im Jahr 2005
Quelle: Worldbank 2007; Baratta 2006

	Einwohner	BIP (Mrd. US-$)	BIP/Einwohner (in US-$)	Exporte (in Mrd. US-$)	Intrablockexporte (in % der Exporte)
USA	296,5 Mio.	12.455,1	43.740	904	37 %
Kanada	32,3 Mio.	1.115,2	32.600	338	86 %
Mexiko	103,1 Mio.	768,4	7.310	214	88 %

NAFTA, sondern der Anstieg der Ausfuhren ist auch auf den Einfluss der Peso-Krise zurückzuführen. Durch die massive Abwertung des mexikanischen Peso im Verhältnis zum US-$ (innerhalb eines Jahres fiel der Kurs von 3,5 auf 7,7 Pesos/US-$) kam es für US-amerikanische Konsumenten zur Verbilligung mexikanischer Waren, die eine rasche Steigerung der mexikanischen Exporte in die USA bewirkte (vgl. *Revilla Diez* 1997, S. 693). Die Dynamik der mexikanischen Ökonomie ist heute in hohem Maße den Nachfrageschwankungen der USA unterworfen, was von Kritikern der NAFTA vielfach herausgestellt wird (vgl. *Parnreiter* 2000, S. 20). Die Entwicklung im Jahr 2001 demonstrierte diese Anfälligkeit der mexikanischen Wirtschaft für Konjunkturkrisen im Nachbarland: Die Nachfrageschwäche in den USA führte unmittelbar zum Rückgang der Exporte und zu einer Rezession in Mexiko.

Tab. 3.1.3/2: Außenwirtschaftliche Verflechtung Mexikos seit der NAFTA-Gründung (in Mio. US-$, laufende Preise)
Daten aus: INEGI 2006

	1990	1994	1996	1998	2000	2001	2002	2003	2004	2005
Importe	31.272	80.179	88.165	125.373	174.458	168.397	168.679	170.546	197.246	221.820
Exporte	26.838	61.976	95.454	117.460	166.455	158.443	160.763	164.922	189.130	241.233
Handelsbilanz	–4.434	–18.202	7.289	–7.914	–8.003	–9.954	–7.916	–5.623	–8.117	–7.587
Direktinvestitionen (Zuflüsse)	3.722	10.636	7.698	7.890	17.773	27.142	19.044	15.256	18.941	15.993

Dem massiv erhöhten Devisenzufluss stehen gesteigerte Ausgaben für Einfuhren entgegen. Auch die Importe sind seit Beginn der 90er Jahre massiv angestiegen, so dass die Problematik der Außenhandelsdefizite virulent bleibt und seit 1998 ein erhebliches Defizit in Höhe von jährlich rund 6 bis 10 Mrd. US-$ ausgeglichen werden muss (vgl. Tab. 3.1.3/2). Solchermaßen verursachte Nettokapitalabflüsse wirken sich negativ auf die mexikanische Volkswirtschaft aus, da sie dem Land mittelfristig einen Teil des Produktionsfaktors Kapital entziehen. Die Ursachen für das *Handelsbilanzdefizit* liegen in strukturellen Defiziten der mexikanischen Wirtschaft, die dazu führen, dass vermehrt Investitionsgüter und Vorprodukte eingeführt werden. Zudem hat Mexiko trotz der bedeutenden Landwirtschaft ein erhebliches und steigendes Defizit auch im Handel mit Nahrungsmitteln zu verzeichnen (vgl. *Gómez Cruz/Schwentesius Rindermann* 2003). Die Liberalisierungspolitik wird ebenfalls für das weiterhin steigende Defizit verantwortlich gemacht (vgl. *Moreno-Brid* et al 2005).

Bereits im Zusammenhang mit der Liberalisierung ab 1985 und der späteren Gründung der NAFTA sind jedoch tiefgreifende strukturelle Veränderungen der mexikanischen Außenwirtschaft zu konstatieren, die sich in der *Diversifizierung* der Exportstruktur zeigen. Während noch 1985 die Erdölausfuhr für 61% der

Tab. 3.1.3/3: Produktstruktur der mexikanischen Exporte 2005
Daten aus: CEPAL 2005

	2005
Landwirtschaftliche Erzeugnisse	2,8%
Erdöl	14,8%
mineralische Rohstoffe	0,6%
Nahrungs- und Genussmittel	2,7%
Textilien und Bekleidung	4,8%
Maschinen und Anlagen	59,8%
Automobile	15,4%
Datenverarbeitungs- und Büromaschinen	5,4%
Elektronik	11,2%
Sonstige Industrieerzeugnisse	14,4%

Exporterlöse verantwortlich war, sank der Anteil bereits bis 1991 auf 17%, da gleichzeitig die Ausfuhr verarbeiteter Produkte massiv an Bedeutung gewonnen und sich das Exportvolumen vervierfacht hat. Wie zu erwarten war, verbesserte sich die internationale Wettbewerbsfähigkeit Mexikos bei Lohnveredelungsprodukten (z. B. Bekleidung). Eine generelle Spezialisierung auf die Produktion und die Ausfuhr arbeitsintensiver Waren sowie von Rohstoffen ist jedoch nicht zu konstatieren. Heute machen Maschinen und Anlagen, hierzu zählen auch die vielfach in Mexiko montierten PKWs und Elektrogeräte, knapp zwei Drittel der mexikanischen Exporte aus (vgl. Tab. 3.1.3/3). Somit zeigt sich eine Verschiebung hin zur intra-industriellen Arbeitsteilung, die vom unternehmensinternen Handel und der Bedeutung der *Maquiladora-Industrie* getragen wird. Die Durchführung einzelner Fertigungsschritte, meist arbeitsintensiver Montage, in Mexiko bedeutet aber keine allgemeine Dominanz unqualifizierter Produktionsschritte, da Mexiko heute auch bei anspruchsvolleren Erzeugnissen aus dem Maschinenbau und der Automobilindustrie über einen relativen Wettbewerbsvorteil gegenüber den USA verfügt. Dies ist direkt an die durch die NAFTA geschaffenen Möglichkeiten gekoppelt (vgl. *Meyer Murguía* 2003).

Vom NAFTA-Beitritt wurde eine Steigerung der *Attraktivität des Wirtschaftsstandortes* Mexiko erwartet. Nach Ende des kalten Krieges drohte das Ausbleiben europäischer und japanischer Investoren, da sich diese nun neuen Regionen zuwenden könnten. Mit dem zollfreien Zugang zum US-amerikanischen Markt vermochte Mexiko seine Attraktivität für Investitionen aus Drittländern erheblich zu verbessern. Die USA stellt aber dennoch den mit Abstand größten Investor im Lande dar: Zwischen 1994 und 2003 kamen ca. 65% der Direktinvestitionen in Mexiko aus dem nördlichen Nachbarstaat. Wenn auch keine deutliche Diversifizierung der Herkunft der Investoren festzustellen ist, so hat sich doch die Erwartung an eine Steigerung der Direktinvestitionen erfüllt. Abgesehen von den naturgemäß starken Schwankungen stiegen die Direktinvestitionszuflüsse bereits 1994 deutlich an und liegen durchgängig auf einem sehr hohen Niveau (z. Z. mehr als 15 Mrd. US-$ pro Jahr). Somit übertreffen sie in den letzten Jahren die Außenhandelsdefizite deutlich (vgl. Tabelle 3.1.3/2). Entgegen dem Direktinvestitionstrend sind Portfolioinvestitionen, die oft kurzfristigen und spekulativen Charakter haben, deutlich zurückgegangen (vgl. *Arroyo Picard* 2003, S. 12f.). Durch diese Verschiebung der Kapitalzuflüsse hin zu langfristigeren Formen hat sich die Anfälligkeit der mexikanischen Volkswirtschaft für Kapitalflucht merklich reduziert. Im Zuge der Pesokrise wurden noch innerhalb eines einzigen Jahres 17 Mrd. US-$ aus dem Land abgezogen. Eine Kapitalflucht in dieser Größenordnung ist heute nicht mehr zu beobachten, wenn auch, je nach Lage auf dem Aktienmarkt, Phasen mit negativen Portfolioinvestitionen verzeichnet werden.

Ein weiteres Ziel der mexikanischen Regierung war regionalpolitischer Natur: Durch die NAFTA-induzierten Wachstumseffekte sollte indirekt der *Abbau der regionalen Disparitäten* vorangetrieben werden. Es galt, insbesondere die räumliche Konzentration des modernen industriellen Sektors abzubauen. Diese Dezentralisierung wurde bereits in den 1980er Jahren durch die Gründung zahlreicher lohnkostenorientierter Betriebe in den nördlichen Staaten Mexikos umgesetzt, wodurch ein Gegenpol zur Dominanz der Hauptstadtregion entstand. Von der NAFTA erhoffte sich die Wirtschaftspolitik einen weiteren Entwicklungsschub für eben diese grenznahen Bundesstaaten, da sie nun als Produktionsstandort für den US-Markt besonders attraktiv wurden. Die Intensivierung der außenwirtschaftlichen Verflechtung Mexikos mit den USA hat tatsächlich zu einer räumlichen Streuung der industriellen Wertschöpfungsaktivitäten geführt, wobei v.a. die Maquiladora-Standorte zu den Regionen mit besonders günstigen Entwicklungen zählen. Aber auch ältere, außerhalb der klassischen Maquiladora-Standorte liegende Industriezentren (Puebla, Querétaro und Aguascalientes) haben überdurchschnittlich von der NAFTA-induzierten Entwicklung profitiert. Hingegen weisen die Küstenstaaten im Südwesten (Guerrero, Chiapas und Oaxaca) einen relativen Bedeutungsverlust auf, was zu einer Steigerung der wirtschaftlichen Disparitäten führt. Zudem sind die erwarteten *trickle-down*-Effekte, die zu einem Abbau regionaler Disparitäten führen sollten, ausgeblieben (vgl. *Gratius* 2002, S. 157).

Die *Beschäftigungseffekte* können nicht isoliert von der allgemeinen Wirtschaftsentwicklung betrachtet werden. Daher ist eine eindeutige Zuordnung zu den Wirkungen der NAFTA nicht möglich. Die Problematik des mexikanischen Arbeitsmarktes liegt im hohen Bevölkerungswachstum und der rechnerisch daraus resultierenden Notwendigkeit, jährlich ca. 1,4 Mio. neue Arbeitsplätze zu schaffen. Von 1993 bis 2006 stieg die Zahl der formell Beschäftigten von 32,8 Mio. auf 42,6 Mio., wobei zahlreiche neue Arbeitsplätze in der Industrie entstanden (2,3 Mio.), vor allem aber in verschiedenen Dienstleistungsbereichen (vgl. INEGI 2005c). Hingegen ist in der Landwirtschaft ein massiver Rückgang der Beschäftigung (von 8,8 Mio. auf 7,1 Mio.) zu verzeichnen. Die mexikanische Agrarwirtschaft gilt im Vergleich zu der US-amerikanischen als wenig wettbewerbsfähig: Eine sehr niedrige Arbeitsproduktivität ist für die traditionelle mexikanische Landwirtschaft ebenso kennzeichnend, wie vergleichsweise niedrige Flächenerträge. Das führt zu hohen Preisen mexikanischer Erzeugnisse und zu Absatzproblemen auf den liberalisierten Märkten, so dass ein weiterer Rückgang der Beschäftigten zu befürchten ist. In der Rezession 2001/02 stieg angesichts umfangreicher Entlassungen die Arbeitslosigkeit auf das Doppelte an, und eine Zunahme der informellen Arbeit war zu konstatieren. Die formelle Wirtschaft wächst z. Z. nicht schnell genug, um mit dem Bevölkerungswachstum Schritt zu halten, und eine weitere Zunahme der Armut wird sichtbar. Von der NAFTA ausgehende Wachstumsimpulse allein reichen zur Lösung dieser Probleme nicht aus. Zudem gehen durch die direkte Anbindung an die USA kurzfristig auch starke rezessive Einflüsse auf den mexikanischen Arbeitsmarkt aus.

Nach zwölf Jahren des Bestehens der NAFTA kann dennoch eine insgesamt positive Bilanz gezogen werden. Das Bündnis ist in Bezug auf seine zentralen Zielsetzungen – Freihandel und Intensivierung der Verflechtungen zwischen den Partnern – zweifelsfrei ein Erfolgsmodell. Auch aus der Perspektive der mexikanischen Volkswirtschaft hat sich die Integrationsstrategie und die bereits seit 1985 verfolgte schrittweise Liberalisierung als zielführend und der gesamtwirtschaftlichen Entwicklung zuträglich erwiesen. Insbesondere sind folgende Wirkungen herauszustellen:
– Steigerung der Exporte,
– Diversifizierung der Exportstruktur,
– Zuverlässige Wirtschaftspolitik,
– Verbesserung der Direktinvestitionszuflüsse,
– Steigerung der Produktivität der mexikanischen Industrie.

Einige Elemente der grundsätzlichen Kritik an der neoliberalen Politik und dem NAFTA-Beitritt sowie deren Auswirkungen auf die wirtschaftliche und soziale Entwicklung Mexikos werden trotzdem weiterhin aufrechterhalten (vgl. *Parnreiter* 2000, S. 20; Alianza Social Continental 2003). Dazu zählt das hohe Außenhandelsdefizit sowie dass der zu einseitige Aufbau exportorientierter Wirtschaftszweige zur Entstehung einzelner Enklaven führt, auf die sich das Wachstum konzentriert und die zudem vollständig vom Ausland abhängig sind. Daher wird im Folgenden die Entwicklung dieser Wirtschaftszweige am Beispiel der sog. Maquiladora separat diskutiert.

c) Maquiladora

Die bereits in den 1960 etablierte, sich ab 1980 rasch entwickelnde Maquiladora-Industrie ist die mexikanische Variante der in zahlreichen Schwellenländern eingerichteten Exportproduktionszonen. Sie sollen exportorientierte Direktinvestitionen anziehen, um durch die Ausfuhrerlöse die Devisenbilanz zu verbessern und neue Arbeitsplätze zu schaffen. Von Maquiladora-Betrieben können Maschinen, Anlagen sowie Vorprodukte zollfrei importiert werden, um das bearbeitete Produkt danach wieder auszuführen. Nur der vor Ort erbrachte Wertschöpfungsanteil wird in Mexiko versteuert und bei Wiederausfuhr verzollt. Durch Einführung der NAFTA sind diese Sonderregelungen heute teilweise aufgehoben (vgl. *Fuchs* 2001). Aus der Sicht der Investoren bieten sie heute vor allem attraktive Möglichkeiten zur Nutzung von Lohnkostenvorteilen. Bereits kurz nach Beginn des wirtschaftsliberalen Kurses zeigte die Maquiladora-Industrie eine Dynamik, die weit über dem Durchschnitt der mexikanischen Industrie liegt, so dass sich die Maquiladoras zum entscheidenden Motor des Außenhandels entwickelten. Über 45 % der mexikanischen Exporte und ca. 35 % der Importe werden heute von Maquiladora-Betrieben abgewickelt. Insgesamt weist die Maquiladora eine positive Außenhandelsbilanz auf und erwirtschaftete 2005 einen Exportüberschuss von 21 Mrd. US-$ (vgl. INEGI 2005).

Tab. 3.1.3/4: Beschäftigung und Löhne in der Maquiladora-Industrie
Daten aus: INEGI 2005 (Angaben jeweils zur Jahresmitte)

	1990	1992	1994	1996	1998	2000	2002	2003	2004	2005
Beschäftigte	451.375	510.162	582.111	747.137	1.005.778	1.301.947	1.074.476	1.057.765	1.128.324	1.166.250
Davon Arbeiter	365.679	410.755	476.515	610.468	816.764	1.055.950	856.202	833.795	899.263	920.233
Davon Frauen	223.379	247.948	280.649	356.306	461.680	579.930	465.865	451.600	484.913	496.838
Monatslohn nominal Gesamt (in Peso)	969	1.337	1.722	2.664	3.900	5.487	7.010	7.288	7.596	8.171
Monatslohn real Gesamt in Peso (deflationiert, Basis 2002)	5.876	5.684	6.238	5.315	5.607	6.141	7.016	6.995	6.986	7.155
Exportwert (in Mio. US-$)		18.680	26.269	36.920	53.083	79.468	78.098	77.467	87.831	97.401
Anteil an Exporten		40,4%	43,2%	38,5%	45,2%	47,7%	48,6%	47,0%	46,4%	45,5%

Die Anzahl der Arbeitsplätze in der Maquiladora verdreifachte sich in sieben Jahren von 151.000 (1983) auf über 450.000 (1990) und überschritt im Jahr 1998 die Millionengrenze (vgl. INEGI 2005). Im Verlaufe der 1990er Jahre wurden neue Industriearbeitsplätze zu fast 90% in der Maquiladora geschaffen. Im Jahr 2000 erreichte die Beschäftigung hier mit ca. 1,3 Millionen Arbeitnehmern ihren vorläufigen Höhepunkt und stellte damit fast jeden dritten Arbeitsplatz in der mexikanischen Industrie. Somit geht ein erheblicher quantitativer Beschäftigungseffekt von der Maquiladora-Industrie aus: Sie hat in den ersten sechs Jahren nach Etablierung der NAFTA 700.000 neue Arbeitsplätze geschaffen, in den Rezessions- bzw. Stagnationsjahren 2001 und 2002 allerdings auch 200.000 Arbeitsplätze wieder abgebaut. Die Jahre 2004 und 2005 zeigten unter verbesserten konjunkturellen Einflüssen wieder einen Anstieg der Beschäftigung (vgl. Tab. 3.1.3/4).
Befürchtet wurde eine zu starke Tendenz der Einrichtung von „verlängerten Werkbänken", indem ausländische Unternehmen arbeitsintensive Fertigungsschritte hierher auslagern, den Großteil der Wertschöpfung aber an ihren Heimatstandorten belassen. Als Beleg für diese Strategie kann der niedrige Wertschöpfungsanteil vor Ort (ca. 15%) und der hohe Anteil der importierten Vorleistungen (ca. 75%) angeführt werden. Als Folge davon entsteht eine sogenannte Enklavenwirtschaft, da einzelne ausländische Investoren Produktionsstandorte errichten, ohne einen direkten Bezug zu den lokalen Strukturen und zum sozialen Gefüge ihres Standortes herzustellen. Solche Standorte werden als Enklaven oder „Archipele" bezeichnet, da sie sich als Inseln globaler Wirtschaftssysteme darstellen (vgl. *Fuchs* 2003, S. 21f.). Dieser Enklavencharakter führt dazu, dass von ihnen nur schwache Multiplikatoreffekte ausgehen, die technologischen Lerneffekte ausbleiben und sich die Unternehmen funktionell und konjunkturell vom mexikanischen Binnenmarkt abkoppeln. Die entstehende konjunkturelle Abhängigkeit vom US-Markt zeigte sich in der Rezession 2001/02, als die nachfrageinduzierten Produktionseinbrüche zu einem sofortigen Rückgang der Beschäftigung führten. Gerade durch den Freihandel und die erleichterte Nutzung komparativer Kostenvorteile kann es im Falle einer Enklavenwirtschaft zur Verfestigung der Entwicklungsunterschiede kommen. Aus sozialer Sicht hat eine solche Dualität der wirtschaftlichen Strukturen zudem eine Destabilisierung traditioneller Gefüge zur Folge.
Als Belege werden von Kritikern das niedrige Lohnniveau und die schlechten Arbeitsbedingungen in den Maquiladora-Betrieben angeführt. In den ersten Jahren des Booms dominierten Niedriglohnjobs die Maquiladora, und es wurden überwiegend weibliche Arbeitnehmer beschäftigt. Der Anteil der Frauen an den Arbeitern ist danach von 61% (1990) auf 54% (2004) leicht gesunken und in der Lohnentwicklung zeigt sich ein deutlicher Wandel: Im Laufe der 90er Jahre sind die Löhne massiv angestiegen, was sich nach der Währungskrise auch in Reallohnsteigerungen widerspiegelt. Im Jahre 2005 betrug der durchschnittliche Monatslohn knapp 8.200 Pesos (ca. 600 €) (vgl. Tab. 3.1.3/4). Der durchschnittliche Arbeiterlohn liegt jedoch bei nur 45% des Durchschnittslohnes insgesamt. Im Vergleich zum Lohnniveau der mexikanischen Industrie insgesamt ist das Einkommen in der Maquiladora jedoch überdurchschnittlich. Dies spiegelt den strukturellen Wandel der Maquiladora wieder: heute sind Maquiladora-Unternehmen überwiegend den Bereichen der Automobilzulieferindustrie oder der Elektronikindustrie zuzuordnen. Da sie teilweise hier auch hoch-

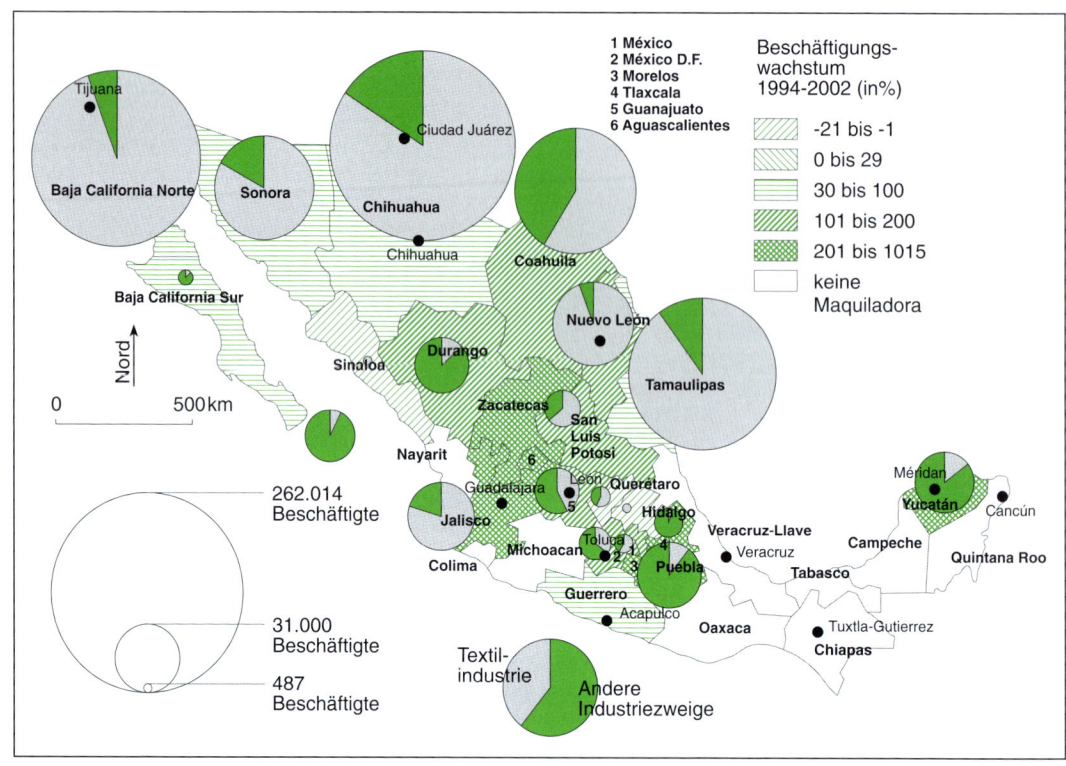

Abb. 3.1.3/1:
Standorte der Maquiladora-Industrie in Mexiko 2002
Daten aus: INEGI 2003, Eigener Entwurf

wertige Funktionen ansiedeln, fragen sie zunehmend qualifizierte Arbeitskräfte nach (vgl. Fuchs 2001). Durch diesen Wandel zeigen sich Tendenzen einer Auflösung des kritisierten Enklaven-Charakters. Andererseits sind die Maquiladora-Standorte Knoten in zunehmend global organisierten Produktionsnetzwerken und in steigendem Verdrängungswettbewerb mit asiatischen Standorten (vgl. *Berndt* 2007, S. 21f).

In räumlicher Hinsicht ist eine Konzentration der Maquiladora-Betriebe im Norden des Landes zu konstatieren, was zwar die Dominanz des zentralen Hochlandes (Mexiko-Stadt) reduziert, aber gleichzeitig zur Schaffung neuer regionaler Disparitäten beiträgt. Über 80% der Maquiladora-Beschäftigten sind in der Region Norte, insbesondere in den Grenzstaaten Chihuahua, Baja California und Tamaulipas tätig (vgl. Abb. 3.1.3/1). Da sich dieser Wert jedoch seit 1990 (noch 94%) deutlich verringert hat, ist in der NAFTA-Zeit eine zunehmende regionale Streuung der Maquiladora-Standorte erkennbar. Diese Dezentralisierungstendenz wurde von einem überproportionalen Wachstum der Maquiladora-Industrie zum Ende der 1990er Jahre in den Staaten des zentralen Hochlandes (Zacatecas, Aguascalientes und Puebla) und des Südens (v. a. Yucatán) getragen.

Zusammenfassend sind die folgenden positiven Effekte der Maquiladora zu konstatieren:
– Kapitalzufluss durch Direktinvestitionen,
– Devisenerlöse über die kontinuierlich hohen Exporte und
– ein bemerkenswerter positiver Beschäftigungseffekt.

Dem gegenüber stehen Argumente, die sich aus der nur schwachen Einbindung der Maquiladora-Betriebe in die mexikanische Wirtschaft ergeben:
– Wenig lokale Wertschöpfung, kaum lokale Zulieferer,
– geringe Sekundäreffekte (Technologietransfer und Beschäftigung bei Zulieferern) und
– konjunkturelle Abhängigkeit von den USA.

Insgesamt war die Wirtschaftspolitik trotz unbestrittener Erfolge bisher nicht in der Lage, die Armutsprobleme zu beseitigen. Durch die Dualität der Wirtschaftsstrukturen werden in Mexiko regionale und soziale Disparitäten teilweise verstärkt. Kritiker der Liberalisierung bringen daher das mexikanische Migrationsproblem in engen Zusammenhang mit der Integration Mexikos in die internationale Arbeitsteilung (vgl. *Parnreiter* 1999 und 2000). Da die Wanderungsbewegungen zweifelsfrei ein dominantes Merkmal der modernen mexikanischen Gesellschaft darstellen, sollen sie im Folgenden in Zusammenhang mit Wirtschaftsstrukturen und -prozessen analysiert werden.

3.1.3.2 Migration – Ventil für den Arbeitsmarkt oder Ausdruck zunehmender Disparitäten?

Die klassischen Push-and-Pull-Modelle der Migrationsforschung lassen Wanderungsströme aus der Peripherie ins Zentrum erwarten (vgl. Kap. 2.4). Im Falle Mexikos laufen solche Wanderungsprozesse zeitgleich auf zwei Maßstabsebenen ab: Zum einen lässt sich eine Wanderung aus den ärmeren Bundesstaaten im Süden des Landes in die Hauptstadtregion und in die nördlichen Staaten erkennen. Zum anderen ist der Migrantenstrom in die USA weiterhin ungebrochen. Dass diese Wanderungsbewegungen in Mexiko keine jungen Phänomene sind, zeigen die vorangeschrittene Verstädterung (75 %) und die Tatsache, dass heute etwa jeder zehnte Mexikaner in den USA lebt. Damit sind die beiden dominanten Wanderungstrends der letzten Jahrzehnte bereits benannt. Innerhalb dieses Wanderungsmusters sind jedoch massive Umbrüche aufgetreten, die es zu diskutieren gilt.

a) Abwanderung in die USA

Auf einer Länge von ca. 3.300 km grenzen die USA an Mexiko und damit der „Norden" an den „Süden". Trotz der positiven Wirtschaftsentwicklung Mexikos stellen der Río Bravo del Norte sowie der Grenzzaun für viele Mexikaner die Trennlinie, aber gleichzeitig auch die Verbindung zum „gelobten Land" dar. Das Wohlstandsgefälle ist unverkennbar, und massive Armutsprobleme in einigen mexikanischen Regionen sind die dominante Motivation für die Arbeitsmigration in die USA. Offiziell lebten zum Jahrtausendwechsel 9,3 Mio. Mexikaner in den USA (vgl. *Nuhn* 2007, S. 41); sie sind damit die wichtigste Gruppe unter den sogenannten *hispanics*. Dabei ist zwischen *residents* und *indocumentados*, den illegalen Einwanderern, zu unterscheiden. Aufgrund der zahlreichen indocumentados wird die Zahl der in den USA lebenden Mexikaner auf über 20 Mio. geschätzt (vgl. *Parnreiter* 2004, S. 36).

In Relation zur gesamten Einwohnerzahl Mexikos (103 Mio.) wird die enorme arbeitsmarktpolitische Bedeutung des Abwanderungsstroms offensichtlich. Jährlich wandern offiziell knapp 300.000 Personen in die USA; hinzu kommt eine vergleichbare Anzahl illegaler Migranten. Auch wenn die mexikanische Regierung sicherlich keine Auswanderung wünscht, so handelt es sich bei der Nettoabwanderung von Erwerbstätigen doch um ein Entlastungsventil für den mexikanischen Arbeitsmarkt. Ohne Migration wäre mit deutlich erhöhten Arbeitslosenzahlen in Mexiko zu rechnen. Hinzu kommt der positive Devisenzufluss durch Überweisungen von in den USA arbeitstätigen Mexikanern. Sie wurden 2000 auf 6,2 Mrd. US-$ geschätzt, das entspricht ca. einem Drittel des Direktinvestitionszuflusses und etwa einem Prozent des BIP (vgl. *Pries* 1999, S. 384). Obwohl auf US-amerikanischer Seite mit dem Zuwanderungsproblem erhebliche Ängste verbunden sind, kommt den Migranten für einige Bundesstaaten der USA als billige saisonale Landarbeiter oder auch als Haushaltshilfen enorme Bedeutung zu. 17% der männlichen Mexikaner in den USA arbeiten in der Landwirtschaft, während die restlichen zu etwa gleichen Teilen im sekundären (41%) und tertiären (42%) Sektor tätig sind (vgl. INEGI 2003). Die Mexikanerinnen in den USA hingegen arbeiten zu 68% im Dienstleistungssektor. Unter den Emigranten der letzten Jahre dominieren zahlenmäßig nach wie vor die männlichen Auswanderer deutlich, sie machen mehr als drei Viertel aus. Die Arbeitsmarktrelevanz der Auswanderungsprozesse zeigt sich auch in der Altersstruktur der Migranten: Fast 70% der in den USA lebenden Mexikaner sind zwischen 15 und 44 Jahren alt; unter den aktuellen Migranten haben die jungen Erwerbstätigen ein noch stärkeres Übergewicht (vgl. INEGI 2003).

Weder durch rigorose Maßnahmen der Grenzüberwachung seitens der USA, noch mit Hilfe strengerer Gesetze konnte der Strom illegaler Einwanderer gestoppt werden (vgl. *Sommerhoff/Weber* 1999, S. 172ff.). Auch die Hoffnung auf eine Reduzierung der Migrationsströme durch Wohlstandssteigerung in Folge des NAFTA-Abkommens hat sich bisher nicht erfüllt (vgl. *Berndt* 2007, S. 22f). Vielmehr ist die Abwanderungstendenz ungebremst, und die Einkommensunterschiede gelten weiterhin als dominante Ursachen. Einfache Push-and-Pull-Modelle, die alleine auf das Einkommensgefälle zurückgreifen, haben jedoch einen nur unzureichenden Erklärungsgehalt. Dies wird dadurch deutlich, dass die wichtigsten Herkunftsgebiete der mexikanischen Emigranten in die USA nicht die ärmsten Bundesstaaten Mexikos sind, sondern die im Zentrum gelegenen, relativ wohlhabenden Bundesstaaten Jalisco, Guanajuato, Michoacán und México, die gemeinsam mit einem Drittel aller Auswanderer deutlich mehr Emigranten stellen als ihre Einwohnerzahl erwarten lässt. Der Grund hierfür liegt in der Bedeutung von Familiennetzwerken für die Migrationsprozesse.

Die Migrationsnetzwerke zwischen den Auswanderern und ihren in Mexiko lebenden Angehörigen bzw. Freunden sind inzwischen so eng, dass selbst bei einem langfristigen Disparitätenabbau nicht mit einem Abreißen der Wanderungsströme gerechnet werden darf (vgl. Kap. 2.4). Im Kontext der mexikanischen Emigration in die USA kann zudem vom neuen Wanderungstyp, den „Transmigranten" gesprochen werden, der von der klassischen Unterscheidung zwischen Emigranten und den Rückkehrern (Remigranten) abweicht (vgl. *Pries* 1999, S. 385). Vielfach ist ein wiederholter, mittel- bis langfristiger Wechsel zwischen Arbeits- und Wohnorten in Mexiko und den USA zu beobachten. Dabei erfolgt typischerweise der Wechsel in ein Beschäftigungsverhältnis in den USA aus ökonomischen Motiven unter Rückgriff auf Netzwerke, während die Ursachen für die Rückkehr neben dem Ende einer Arbeitserlaubnis bzw. der Ausweisung meist in familiären Bindungen, aber auch die Unzufriedenheit mit dem Arbeitsplatz in den USA liegen (vgl. *Pries* 1999, S. 386).

b) Binnenmigration

Neben der Emigration in die USA lässt sich für Mexiko in der Binnenwanderung ein weiteres dominantes Element der sozialen Entwicklung des Landes erkennen. In absoluten wie in relativen Zahlen erlebt die Binnenmigration in den 90er Jahren einen sprunghaften Anstieg. Hierbei haben die Wanderungsströme eine räumliche Verschiebung vollzogen, allerdings ohne an Brisanz und Aktualität zu verlieren. Die Hauptstadt Ciudad de México hat ihre Stellung als dominantes Migrationsziel abgegeben, und neue Wanderungsmuster werden erkennbar. Die Regionen mit vorherrschender Zuwanderung waren in den letzten Jahren der Norden, sei es wegen der Maquiladora-Industrie oder häufiger nur als Durchgangsstation in Richtung USA (vgl. *Berndt* 2007, S. 24) sowie die Zentren des internationalen Tourismus, insbesondere die Halbinsel Yucatán (vgl. Abb. 3.1.3/2). Die oben beschriebene Einbindung in globale Wirtschaftsverflechtungen ist zweifelsfrei ein wesentlicher Einflussfaktor auf die Migration.

Als dominanter Grund für die Abwanderung aus den peripheren, überwiegend agrarisch geprägten Regionen des Südens ist gemäß den klassischen Modellen die zunehmende Verarmung der Landbevölkerung anzunehmen. Der ländliche Raum gilt nach wie vor als das Armenhaus Mexikos, mit weit unter dem Landesdurchschnitt liegenden Einkommen sowie hohen, unter der Armutsgrenze lebenden Bevölkerungsanteilen (vgl. *Sommerhoff/Weber* 1999, S. 220 ff.). Hinzu kommen strukturelle Schwierigkeiten des Agrarsektors im internationalen Kontext, weswegen landwirtschaftliche Regionen seit Bestehen der NAFTA unter erheblichem Anpassungsdruck litten (vgl. *Parnreiter* 1999, S. 138ff.). Somit ist der ökonomische Pull-Faktor in peripheren Agrarregionen Mexikos massiv und führte, ergänzt durch den Rückzug des Staates aus der aktiv fördernden Agrarpolitik, zum deutlichen Anstieg der Binnenmigration. Landwirtschaftlich geprägte Regionen wie die südliche Pazifikküste, der zentrale Norden und Teile der Golfküste sind die wichtigsten Abwanderungsgebiete (vgl. Abb. 3.1.3/2). Hier ist allerdings bereits seit den 30er Jahren Abwanderung festzustellen – weswegen eine Rückführung allein auf die NAFTA sicher zu kurz greift.

Die Zunahme der Binnenmigration ist nicht alleine mit der Verarmung und fehlenden Perspektiven der ländlichen Bevölkerung zu erklären. Ein Prozess sozialer Entwurzelung traditioneller Gemeinschaften stellt – im Zusammenwirken mit den auf persönlichen Netzwerken beruhenden Brücken zwischen Herkunfts-

Abb. 3.1.3/2:
Wanderungsbilanz der mexikanischen Bundesstaaten (1995–2000)
Daten aus: INEGI 2002, Eigener Entwurf

und Zielgebiet – einen wichtigen Träger der beschleunigten Entwicklung dar (vgl. *Pries* 1999; *Parnreiter* 1999, S. 132ff.).
Ein zweiter markanter Trend der jüngeren Migration in Mexiko ist die negative Wanderungsbilanz der Hauptstadt - die über Jahrzehnte hinweg der Hauptmagnet der inländischen Bevölkerungsbewegungen war. Heute zählt der Distrito Federal, in dem sich das engere Stadtgebiet von Ciudad de México befindet, zu den wichtigsten Abwanderungsräumen des Landes, während die Agglomeration ZMCM insgesamt weiter wächst.

3.1.3.3   *Ciudad de México – Megacity vor dem Kollaps?*

Das Wachstum der Stadt Mexiko verlief fast explosionsartig. Von 1,8 Millionen Einwohnern im Jahr 1940 wuchs die Agglomeration bis 2000 auf rund 18 Millionen an (vgl. Abb. 3.1.3/3). Seit 1980 stagniert die Bevölkerungszahl der Kernstadt (D.F.), das Wachstum der Megastadt hat sich aus der Kernzone zunehmend an die Ränder der Stadt verlagert. Die *Zona Metropolitana Ciudad de México* (ZMCM), vergrößert sich aber hinsichtlich Bevölkerungszahl und Flächenverbrauch weiterhin, nur hat sich das Wachstum nun in den benachbarten Bundesstaat *Estado México* verlagert. Die im Hochbecken von Mexiko auf ca. 2200 m gelegene Hauptstadtregion ZMCM umfasst inzwischen 1300 km² bebaute Fläche – damit bedeckt die Siedlungsfläche der Stadt Mexiko einen dem Rhein-Main-Gebiet vergleichbaren Raum (vgl. *Gormsen* 1997, S. 23).
Die Metropolregion zählt zu den viel zitierten Beispielen für Megastädte, die sich vor dem Kollaps befindet. Das metropolitane Verkehrssystem ist ebenso wie die städtische Ver- und Entsorgungsinfrastruktur hoffnungslos überlastet, und die Armut manifestiert sich ebenso im Straßenbild in den weit außerhalb der Kernstadt weiterhin wachsenden Marginalsiedlungen. Seit den Auswirkungen der Peso-Krise leben knapp 40% der Bevölkerung in der Region in extremer Armut (vgl. *Parnreiter* 2002). Die Umweltbelastung in Mexiko-Stadt gehört schon seit Jahren zu den weltweit beachteten Negativbeispielen für ökologische Fol-

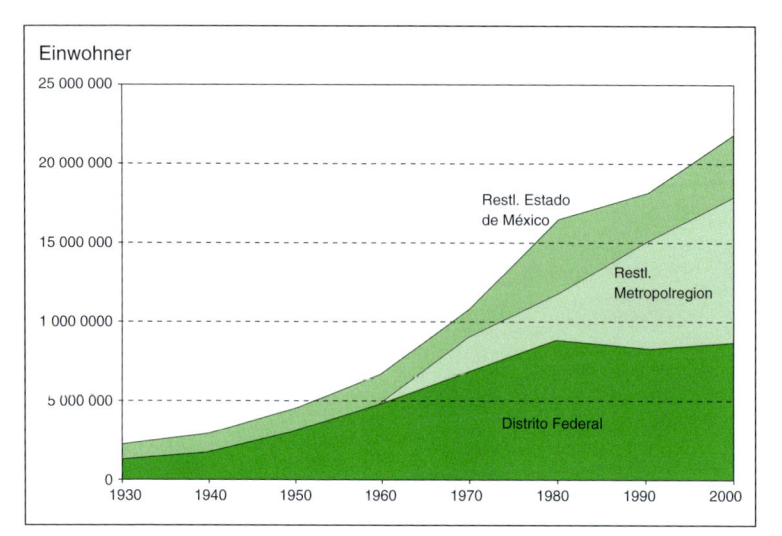

Abb. 3.1.3/3:
Bevölkerungswachstum in der Metropolregion
Daten aus: INEGI 2003

gen der Hyperurbanisierung (vgl. *Gormsen* 1995, S. 102ff., *Sander* 1990). Wegen dieser Prozesse werden Megastädte vielfach als Brennpunkte von Armuts- und Umweltproblemen, Ausdruck verfehlter Entwicklungspolitik und disparitärer Raum- und Gesellschaftsstrukturen angesehen.
Aus praxisorientierter Perspektive stellt sich jedoch die Frage, inwiefern großstädtische Systeme „nachhaltig" entwickelt werden können. Im Rahmen der „Habitat Agenda" wurden Zielvorgaben für eine zukunftsgerechte Entwicklung von Metropolen formuliert, zu denen unter anderem nachhaltige Flächennutzung, soziale Entwicklung und die Verbesserung der städtischen Wirtschaftsstrukturen zählen (vgl. *Kirsch* 2002, S. 60ff.). Im Folgenden werden zwei der dominanten Themen einer lateinamerikanischen Megastadt beispielhaft diskutiert: die soziale Fragmentierung sowie die wirtschaftliche Entwicklung einer Metropole im Kontext von Liberalisierung und Globalisierung.

a) Ciudad de México: soziale Brennpunkte in einer „fragmentierten Stadt"
Die klassischen Modelle der lateinamerikanischen Stadt stellen die soziale Segregation in räumlicher Hinsicht deutlich dar (vgl. *Bähr/Mertins* 1995, S. 84). Für Mexiko-Stadt lässt sich eine grobe Schematisierung in ein Nord-Süd-Gefälle und gleichzeitig West-Ost-Gefälle vornehmen (vgl. Abb. 3.1.3/4). Im Norden finden sich die wichtigsten Industriegebiete (z. B. in Tlalnepantla) sowie Wohnviertel der Unterschicht. Im Osten nehmen formalisierte ehemalige „Spontansiedlungen" (z. B. Nezahualcóyotl) die größten Flächen ein. Im Süden hingegen dominieren traditionelle Mittelschichtviertel (z. B. Coyoacán), während die besten Wohnlagen im Westen der Stadt an den Abhängen der Berge liegen (z. B. Las Lomas).
Eine solche einfache Schematisierung wird der differenzierten Stadtstruktur heutiger Metropolen jedoch nicht mehr gerecht. Die reale Situation in Mexiko-Stadt zeigt auf der Ebene der Stadtviertel eine rückläufige räumliche Segregation sozialer Gruppen. Innerhalb desselben Viertels leben in unmittelbarer Nachbarschaft verschiedenste soziale Schichten - was sich insbesondere im Westen der Stadt zeigen lässt (vgl. *Parnreiter* 2002, S. 104f.). Dies ist jedoch nicht als Homogenisierungsprozess zu interpretieren, sondern ist Ausdruck einer Fragmentierung der Stadtstruktur, welche die soziale Segregation auf eine niedrigere Maßstabsebene verlagert, sowie der parallel dazu verlaufenden Prozesse der Sukzession (Austausch von Wohnbevölkerung) und der Substitution (Nutzungsänderung) (vgl. *Mertins* 2003). In aktuellen Stadtmodellen wird nach der Polarisierungsphase der 1970er Jahre eine für die Jahrtausendwende typische Stadtstruktur beschrieben und als „fragmentierte Stadt" bezeichnet (vgl. *Borsdorf/Bähr/Janoschka* 2002).
Hierbei treten vielfältige unterschiedlichste Wohnformen auf, die zum Teil Marginalviertel darstellen und nach rechtlichem Status, Nutzung und dominanten Wohnformen wie folgt zu unterscheiden sind (vgl. *Ribbeck* 2002 S. 54ff.): *Gated communities (barrios cerrados)* stellen im Westen gelegene Wohnviertel der

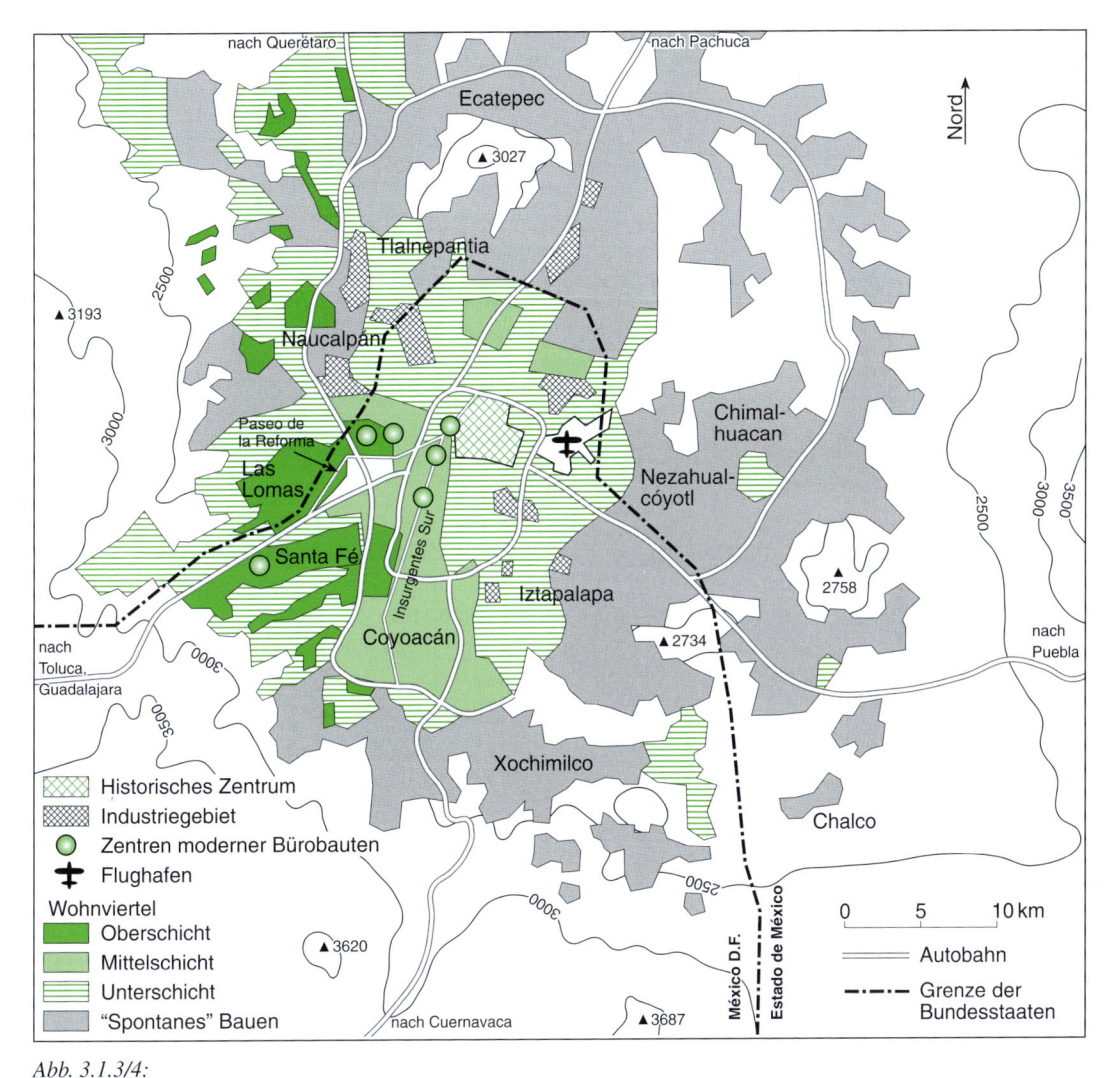

Abb. 3.1.3/4:
Mexiko Stadt
Quelle: Diercke Weltatlas, überarbeitet

Oberschicht dar, die durch Sicherheitsdienste geschützt und vom Rest der Stadt abgegrenzt sind. *Conjuntos Habitacionales* wurden im Rahmen des öffentlichen Wohnungsbaus mit kostengünstiger Baufinanzierung errichtet. Eine besondere Bedeutung haben in Mexiko-Stadt Maßnahmen des sozialen Wohnungsbaus: im Laufe der 1980er und 1990er Jahre wurden großflächig Sozialwohnungssiedlungen gebaut, zum Teil im Rahmen der Einrichtungen von Trabantenstädten im suburbanen Raum. Demgegenüber ist die Bedeutung der *Vecindades* (Nachbarschaften) in innerstädtischen historischen Vierteln, mit schlechter Bausubstanz kennzeichnend für diese Unterschichtviertel, deutlich zurückgegangen: Nur noch etwa 1% der Bevölkerung von Mexiko-Stadt lebt in solchen Nachbarschaften. Dennoch stellen sie im Hinblick auf die soziale Entwicklung bei gleichzeitiger Wahrung des historischen Erbes eine Herausforderung dar, da eine baudenkmalgerechte Sanierung zurzeit nicht finanzierbar ist.

Als bedeutendste Form städtischen Bauens in der ZMCM gelten in den letzten Jahrzehnten die *Colónias Populares*. In diesen zunächst illegal, ohne den Eingriff einer Planungsinstanz entstandenen spontanen Siedlungsgebieten im Osten der Stadt (vgl. Abb. 3.1.3/4: Nezahualcóyotl, Chimalhuacán) dominieren selbst errichtete Wohngebäuden. Sie stellen aber keineswegs einen jungen Typus dar, vielmehr stammen die ältesten bereits aus den 30er und 40er Jahren und sind schon lange in den Stadtkern integriert. Zurzeit findet das Wachstum solcher *Colonias Populares* u. a. im Südosten entlang der Autobahn nach Puebla statt (z. B. Chalco). Die lokalpolitischen Akteure werden meist erst nach der erfolgten Besiedelung tätig, um den geschaffenen Fakten Rechnung zu tragen, indem sie die entstandenen Viertel legalisieren und formalisieren. Dabei sind in Mexiko verschiedene Generationen des „Spontanen Bauens" (bzw. „*autoconstrucción*") zu unterscheiden (vgl. *Ribbeck* 2002, S. 66ff.; *Gormsen* 1997, S. 24). Zunächst findet eine Landnahme meist auf öffentlichen oder zur Bebauung kaum geeigneten Flächen statt. Die erste Bebauung ist dabei sehr provisorisch, da zunächst die Reaktion der Verwaltung abgewartet wird. Außerdem kommen die Zuwanderer meist aus extremer Armut und verfügen nicht über die Mittel, um eine feste Bebauung zu errichten. Solche Siedlungen sind in der ZMCM kaum noch zu finden, da es nur noch wenig ungenutzte städtische Flächen gibt und die bewaldeten Hänge sowie die agrarischen Flächen im Sinne eines nachhaltigen Flächenmanagements zunehmend geschützt werden.

Die zweite Generation von *colónias populares* wurde in geplanter Form auf agrarischen Flächen im Umland errichtet. Der auf diese Weise entstehende, spekulative und meist illegale Bodenmarkt bietet aber für alle am Handel beteiligten Akteure durchaus Vorteile: Den Zuwanderern verschafft er Zugang zu finanzierbarem Bauland, den Spekulanten ebenso wie den Eigentümern der Flächen generiert er erhebliche Gewinne, und schließlich erspart er dem Staat die Finanzierung und Abwicklung aufwändiger Wohnungsbauprogramme. Aufbauend auf diese „win-win-Situation" hat sich in Mexiko-Stadt eine Kooperationsphase eingestellt, die durch Zusammenarbeit von Zuwanderern, Händlern und lokaler Politik gekennzeichnet war, dabei aber die ökologischen Belange vernachlässigte.

Ein Beispiel für die Entwicklung einer *colónia populara* von der Marginalsiedlung zu einem formal strukturierten Stadtviertel stellt Nezahualcóyotl dar. Die Landnahmen begannen in den 60er Jahren auf einem Gebiet, das durch die teilweise Trockenlegung des Texcoco entstanden war und wo innerhalb von 10 Jahren 180.000 Grundstücke auf den Markt gebracht wurden (vgl. *Ribbeck* 2002, S. 78). Nezahualcóyotl galt als das wichtigste Auffanggebiet für die damals massive Zuwanderung in die Metropole und war durch extreme Armut gekennzeichnet. Heute ist Nezahualcóyotl eine relativ konsolidierte „Großstadt", deren Einwohnerzahl auf ca. 1,7 bis 2,0 Mio. geschätzt wird (vgl. *Gaebe* 2004, S. 259). Die Versorgung mit Dienstleistungen weist einen zunehmenden Formalisierungsgrad auf: Das Kerngebiet ist heute infrastrukturell vollständig erschlossen, Straßen, Wasser- und Stromversorgungssysteme wurden ebenso wie Entsorgungssysteme eingerichtet. Neben den traditionellen Straßenmärkten und informellem Kleingewerbe haben inzwischen auch Supermarktketten Filialen in Nezahualcóyotl eröffnet. Öffentliche Dienstleistungen wurden zwar eingerichtet, entsprechen in ihrer Dichte aber keineswegs dem Bedarf. Da sich Nezahualcóyotl weiter verdichtet, sind die geschaffenen Systeme überfordert. Zudem kommt es aufgrund der ungünstigen Lage und des unsicheren Untergrundes zu häufigen Überschwemmungen. Insbesondere im Bereich Bildung und Freizeiteinrichtungen sind für die nach wie vor sehr junge Bevölkerung der Stadt erhebliche Defizite zu konstatieren.

b) Urbane Ökonomie: Mexiko-Stadt als Knotenpunkt der Globalisierung

In den großen Metropolen sind zwar die markantesten sozialen Fragmentierungen und die höchste Umweltbelastung konzentriert, gleichzeitig stellen Megastädte aber die produktivsten Regionen eines Landes und Motoren der wirtschaftlichen Entwicklung sowie nationale Knoten in globalen Netzen dar (vgl. Kap. 2.7). In Mexiko-Stadt erbringt „nur" ein Fünftel der gesamten mexikanische Bevölkerung jeweils über ein Drittel des BIP, der industriellen Wertschöpfung und der gesamten nationalen Dienstleistungen. Mexiko-Stadt ist zwar Primatstadt, ihre Dominanz gilt aber im Vergleich mit anderen Metropolen Lateinamerikas als vergleichsweise gering (vgl. *Roberts* 2003, S. 46). Das liegt nicht nur an der Bedeutung anderer traditioneller Städte (v. a. Guadalajara), sondern auch an der Entwicklung neuer Zentren im Zusammenhang der *Maquiladora* (z. B. Monterrey, Tijuana und Ciudad Juárez vgl. Abbildung 3.1.3/1) sowie am hohen Wachstum mittelgroßer Städte in Mexiko. Trotz dieser Dezentralisierungstendenzen blieb die Hauptstadt in ihrer wirtschaftlichen Bedeutung dominant, da sie im Kontext der Globalisierung neue Funktion auf sich konzentrieren konnte.

Die ZMCM ist zwar auch heute noch die größte industrielle Agglomeration in Mexiko mit wichtigen Industriegebieten in Naucalpán, Tlalnepantla (beide liegen im Estado México) sowie Iztapalapa und Cuauhtemoc, der Standort hat aber deutlich an Bedeutung verloren. Bis zum Beginn der 1980er Jahre galt die Region als das eindeutig führende Industriezentrum, hier waren 45% aller Beschäftigten des Verarbeitenden Gewerbes in Mexiko tätig. Seit Aufkommen der Maquiladora-Industrie setzte eine massive Deindustrialisierung in México D. F. ein, während die äußeren, im Estado de México liegenden Bezirke noch industrielles Wachstum aufwiesen. Diese unterschiedlichen Entwicklungen innerhalb der ZMCM sind durch Flächenengpässe im D.F. und günstige Flächenangebote im Umland erklärbar. Insgesamt beschäftigt die Region zum Ende des Jahrtausends nur noch 20% aller Industriebeschäftigten Mexikos. Durch eine verstärkte Tertiärisierung und die hohe Konzentration wirtschaftlicher und politischer Entscheidungsmacht ist es der Stadt jedoch gelungen, den Verlust an industriellen Arbeitsplätzen nicht nur zu kompensieren, sondern die führende wirtschaftliche Position innerhalb des Landes zu behaupten. Für diesen Strukturwandel sind hochwertige Dienstleistungen ebenso maßgeblich wie der Zufluss ausländischer Direktinvestitionen.

Durch neue Funktionen reicht die Bedeutung von Mexiko-Stadt heute über den nationalen Kontext hinaus, die Stadt nimmt hinsichtlich unternehmensorientierter Dienste sogar im globalen Kontext eine bedeutende Position ein und zeichnet sich durch ein hohes Maß an globaler Vernetzung aus. Ihr wird heute der Status einer *Global City* zugeschrieben und neben São Paolo gilt sie als die bedeutendste lateinamerikanische Metropole (vgl. *Wehrhahn* 2004, S. 42). Mexiko-Stadt hat sich nach der Phase einer autozentrierten Entwicklungspolitik im Zuge der Liberalisierung zu einem Knoten im globalen Netz entwickelt und stellt als solcher die wichtige Verbindung zwischen der nationalen Ökonomie und den weltweiten Austauschprozessen her. Zahlreiche Global Player haben hier ihre Zentralen für Mexiko und oft für ganz Lateinamerika. Diese Knotenfunktion äußert sich auch in der herausragenden Dichte wissensintensiver, unternehmensorientierter Dienste und auch durch die zunehmende Konzentration der Macht an diesem Standort. Ein steigender Anteil der „Top 500"-Unternehmen des Landes hat ihren Hauptsitz in der ZMCM (ca. 50%), die Steuerungsfunktion im Finanzsektor ist vollständig auf die Hauptstadt konzentriert. Zudem fließt mit 60% ein außerordentlich hoher Anteil der Direktinvestition in diesen Raum (vgl. *Parnreiter* 2002, S. 97). Dies ist umso bemerkenswerter, als die Produktionsstätten ausländischer Unternehmen vielfach an den klassischen Maquiladora-Standorten angesiedelt sind (vgl. Abb. 3.1.3/1), die Staaten Nuevo Leon, California Baja und Chihuahua folgen jedoch mit deutlichem Abstand zu Mexiko-Stadt (jeweils 5–10%). Diese Bedeutung findet ihren Niederschlag in der Entstehung typischer Geschäftsviertel, in denen sich diese Unternehmen verdichten, sei es aus bestehenden CBD-Funktionen heraus (Paseo de Reforma), oder als neu geplante Viertel wie Santa Fé, wo sich modernste Business Parks ebenso wie gated communities und das größte Shopping Center Mexikos finden (vgl. *Parnreiter* 2002, S. 108; *Wehrhahn* 2004, S. 41f.).

Die Bedeutung als Global City bezieht sich auf die Hauptstadtregion als ganzes (ZMCM), da sich die Attraktivität von Standorten nicht an administrativen Grenzen orientiert. Eine Betrachtung der Verortung globaler Funktionen innerhalb der Region zeigt aber eine deutliche Fragmentierung und Konzentration auf die drei zentral gelegenen Stadtviertel (vgl. *Parnreiter* 2002):

– Miguel Hidalgo (mit den Oberschicht-Wohngebieten Lomas de Chapultepec, Bosques de las Lomas sowie dem Geschäftsviertel Polanco),
– Benito Juárez (Insurgentes Sur),
– Cuauhtémoc (umfasst den CBD am Paseo de la Reforma und das historische Zentrum).

Vergleichbare Bedeutung haben weitere Zentren in Álvaro Obregon (Santa Fe) und Coyoacán. Diese Konzentration der modernen Segmente ergibt sich einerseits aus den Standortanforderungen der Global Players, hinsichtlich der weltweiten Vernetzung solcher Dienste: neben Humankapital benötigen sie hochwertige Telekommunikations- und Verkehrsinfrastruktur. Hinzu kommt der Bedarf nach ergänzenden Diensten (z. B. Versorgung und Gastronomie), aufwendigen Sicherheitsvorkehrungen sowie eben auch eine be-

sondere Gebäudeinfrastruktur, die sich vielfach in modernen Bürohochhäusern manifestiert und auch einen gewissen symbolischen bzw. repräsentativen Wert hat (vgl. *Wehrhahn* 2004, S. 41).
In Mexiko-Stadt konzentrieren sich somit insbesondere die Zentralen größerer und global verflochtener Unternehmen. Neben der Tertiärisierung und Globalisierung ist für die Wirtschaft in Mexiko-Stadt jedoch ebenso eine für Schwellenländer typische Bedeutung der informellen Wirtschaft kennzeichnend (vgl. Kap. 2.7). Auch in Mexiko sind Tendenzen zur Fragmentierung und Polarisierung des Arbeitsmarktes erkennbar: Hochbezahlte und hochqualifizierte Jobs nehmen in gleicher Weise überproportional zu, wie die unqualifizierten privaten Dienstleistungen, die vielfach im informellen Bereich erbracht werden (vgl. *Parnreiter* 1999, S. 75, 109).
Abschließend kann festgehalten werden, dass bemerkenswerte wirtschaftliche Erfolge der NAFTA für die mexikanische Volkswirtschaft zu verzeichnen sind. Es zeigen sich aber auch eine erhöhte Krisenanfälligkeit und verschärfte regionale Disparitäten. Im Bereich sozialen Wandels ist zu konstatieren, dass mit dem wirtschaftlichen Erfolg des Landes eine Mobilisierung der Bevölkerung und Fragmentierung städtischer Strukturen einhergehen. Mexiko-Stadt weist zunehmende internationale Bedeutung auf und ist ein Zentrum moderner mexikanischer Wirtschaftsunternehmen sowie ein bedeutender Knoten in globalen Netzen. Gleichzeitig sind als Kennzeichen der Fragmentierung steigende Bedeutung informeller Arbeit und zunehmende Armut zu konstatieren. Der Vorstellung einer Dualisierung der Stadt, in einen modernen, global vernetzten und wohlhabenden Bereich einerseits und das ausgebeutete, verarmte Segment andererseits folgen die Autoren angesichts ausdifferenzierter Sozial- und Wirtschaftsstrukturen jedoch nicht.

3.1.4 Kuba – Transformation des Wirtschafts- und Gesellschaftssystems *(Thomas Ammerl)*

Aufgrund der wirtschaftspolitischen Veränderungen in Osteuropa und der Auflösung des COMECON war das sozialistische Kuba seit Anfang der 1990er Jahre in seiner bis dahin schwersten ökonomischen Krise gezwungen, ökonomische Reformen einzuleiten, welche das Land grundlegend verändert haben. Eine wesentliche Charakteristik des unter strikter staatlicher Kontrolle ablaufenden Transformationsprozesses liegt in dem Entstehen eines gesellschaftsökonomischen Dualismus, der bisher unumstrittene Systemkoordinaten in Frage stellt. Für ein Verständnis der aktuellen Situation Kubas sind historische Entwicklungen nachzuzeichnen, welche die Strukturen des Wirtschafts- und Gesellschaftssystems nachhaltig veränderten, bis heute fortwirken und auch für die zukünftige Entwicklung des Landes von entscheidender Bedeutung sein werden.

3.1.4.1 Die historische Entwicklung Kubas bis 1959

Nachdem Kolumbus im Jahre 1492 auf der Insel gelandet und diese anschließend in das spanische Kolonialsystem (1511) eingegliedert worden war, wurde in Kuba ein erstes Abhängigkeitsgefüge festgelegt, welches von Sklavenhandel, Latifundienwirtschaft und Plantagenproduktion geprägt war (*Scarpaci* 2002). Als „Schlüssel zur Neuen Welt" entwickelte Kuba eine geostrategisch bedeutende Lage und verteidigte diese Position über Jahrhunderte hinweg. Noch heute sind die Prinzipien dieser kolonialen Abhängigkeit in der Architektur, der Raumordnung und Flächennutzung des Landes nachzuzeichnen. Unmittelbar nach der Unabhängigkeit im Jahre 1898 bestimmten mehrfache US-amerikanische Besatzungen (1898–1902, 1906–1909) sowie US-militärische Interventionen (1912, 1917, 1933) die Geschichte Kubas. Durch den zunehmenden US-amerikanischen Einfluss auf der Insel waren bald alle Bereiche der kubanischen Gesellschaft von US-Kapital durchdrungen (*Segre* 2002). Als Gegenreaktion auf den Militärputsch von Fulgencio Batista (1952) und dessen blutige wie korrupte Diktatur formierte sich eine revolutionäre Bewegung, die in einem dreijährigen Guerillakrieg Batista stürzte und 1959 die Macht übernahm.

3.1.4.2 Die sozialistische Revolution im Jahre 1959

Die neue Regierung machte es sich zur Aufgabe, eine auf sozialen Ausgleich bzw. Egalisierung der Gesellschaft gerichtete Wirtschafts- und Sozialpolitik zu verfolgen. Neben der Nivellierung von Eigentumsdisparitäten sowie der Verbesserung des Bildungs- und Gesundheitswesens wollte man generell eine gesellschaftliche Chancengleichheit verwirklichen (*Stahl* 1995). Das Ziel war ein radikaler Bruch mit der Vergangenheit durch eine vollständige Reorganisierung der Wirtschafts- und Sozialstruktur, verbunden mit der Reduzierung der Außenabhängigkeit des Landes.

Zwischen 1959 und 1961 wurde begonnen, den Markt aus der ökonomischen Gesellschaftssphäre Kubas zu eliminieren. Im Rahmen der ersten Agrarreform im Mai 1959 wurden privates Bodeneigentum auf eine Größe von 402 ha begrenzt und gleichzeitig mächtige in- und ausländische Latifundienbesitzer enteignet. Generell sollte damit die Exportproduktion gesenkt und die Lebensmittelproduktion für den nationalen Verbrauch gesteigert werden. Konsequenz der massiven Verstaatlichungen von Privatbesitz waren erste Konflikte mit den USA, welche in der bis heute gültigen US-amerikanischen Handelsblockade von 1960 gipfelten (*Pita* 1995). Gleichzeitig erhöhte sich die seit 1959 ansteigende Emigration meist wohlhabender Kubaner in die USA. Mit der US-amerikanischen „Invasion in der Schweinebucht" wurde die kubanische Revolution von Fidel Castro erst im Jahre 1961 zur „sozialistischen Revolution" erklärt.

Gleichzeitig wurde eine Stadt- und Regionalplanung institutionalisiert, deren Intention die Verminderung regionaler Disparitäten sowie eine umfassende ökonomische Dezentralisierung war. Durch die systematische Steuerung von Investitionsmitteln (Landwirtschaft, Industrie, Siedlungs- und Infrastrukturausbau) strebte die Regierung eine Angleichung der Lebensverhältnisse des ländlichen Raums und der Provinzen gegenüber der Hauptstadt an. Havanna besaß zu diesem Zeitpunkt die typischen Charakteristika einer lateinamerikanischen Metropole. Aufgrund der Unterentwicklung in weiten Teilen des Hinterlandes kam es zu massiver Landflucht und infolge dessen zu einer Verschlechterung der Wohn- und Lebensverhältnisse in Havanna. Die gesellschaftlichen Ungleichgewichte wurden zusätzlich verschärft, weil Havanna aufgrund der Jahrhunderte langer Priorisierung auch eine sehr moderne Stadt mit hohen industriellen wie architektonischen Standards war (*Coyula* 2002).

Nach einer verstärkten Zentralisierung der Ökonomie ab 1961 sowie der zweiten Agrarreform (1963), in welcher man private Besitzgrößen weiter drastisch reduzierte, ging man zwischen 1965 und 1970 dazu über, die Wirtschaftspolitik zu „entökonomisieren". Das Individuum sollte über den ideologischen Bezug auf Che Guevara zu einem kollektiv handelnden Subjekt erzogen werden. Erst zu diesem Zeitpunkt konstituierte sich die Kommunistische Partei Kubas (PCC: Partido Comunista de Cuba) als zentrale politische Kraft des Landes. Der Beitritt zum COMECON (Council for Mutual Economic Assistance) eröffnete Kuba ab 1972 im Rahmen der Arbeitsteilung des Rates für Gegenseitige Wirtschaftshilfe (RGW) eine langfristige Planungssicherheit, da der Sonderstatus eines „unterentwickelten Mitgliedstaates" sehr gute Konditionen für Handels- und Kreditvergünstigungen bedeutete (*The Statesman´s Yearbook* 1982). Für die UdSSR als einzigem Land mit dem ökonomischen und militärischen Potenzial, die Entwicklungsziele Kubas zu unterstützen, hatte Kuba im lateinamerikanischen Raum über Jahrzehnte hinweg eine hohe Vorbild- und Modellfunktion inne. Man nutzte die Chance, ein sozialistisches „Gegengewicht" auf dem amerikanischen Kontinent zu etablieren. Infolge der ökonomischen Festlegung Kubas auf Agrarproduktion sowie den konzentrierten Anbau von Zuckerrohr wurde jedoch gleichzeitig schon früh eine breitere Diversifikation bzw. Importsubstitution verhindert.

Während man sich politisch zu dieser Zeit am demokratischen Zentralismus orientierte, war die wichtigste ökonomische Konsequenz des Ersten Parteitages der Kommunistischen Partei Kubas im Jahre 1975 die Einführung des „Systems der Wirtschaftsleitung und -planung" (Sistema de Dirección y Planificación de la Economía, SDPE). Mit dem Vorbild der sowjetischen Wirtschaftsordnung richtete man die gesamte kubanische Ökonomie auf „Fünf-Jahres-Pläne" aus, wobei die Betriebe eine operative Selbständigkeit bzw. wirtschaftliche Rechnungsführung behielten (*Jeffries* 1990). Im Agrarbereich schloss man das Land ehemaliger Privatbauern in der Kooperativierung von 1977 zu den Kooperativen der Agrarproduktion (Cooperativas de Producción Agropecuaria, CPA) zusammen. Im Jahr 1980 legalisierte die Regierung dann freie Bauernmärkte, auf denen Staatsbetriebe und Privatbauern ihre Produkte anboten. Diese Märkte wurden jedoch im Zuge der sog. rectificación (= Berichtigung, Verbesserung) 1986 bereits wieder verboten, weil die PCC jegliche „neukapitalistischen" Marktmechanismen aus der Gesellschaft entfernen wollte. Das Planungssystem SDPE wurde aus den gleichen Gründen 1985 wieder abgeschafft (*Henkel* 1996).

3.1.4.3 Zusammenfassung der Phase von 1959 bis 1989

Als Ziele der revolutionären Politik galten soziale Gleichheit bzw. egalitäre Versorgung sowie ein bescheidener materieller Wohlstand für die Bevölkerung. Das probate Mittel waren eine zentralistische staatliche Herrschaftsform sowie der unanfechtbare Führungsanspruch der PCC. Weil jahrzehntelange Abhängigkeiten gegenüber den USA gegen ein Dependenzverhältnis zum COMECON (speziell zur Sowjetunion) eingetauscht wurden, versäumte es Kuba, einen autonomen sozialistischen Entwicklungsweg zu gehen.

3.1.4.4 Der Zusammenbruch des COMECON und der Zwang zur wirtschaftlichen Öffnung

Infolge des Zusammenbruchs der sozialistischen Systeme in Osteuropa veränderte sich für Kuba die wirtschaftspolitische Situation dramatisch. Mit dem Kollaps der UdSSR im Dezember 1991 entfiel der bis dahin wichtigste Wirtschaftspartner, über den bis 1989 mehr als 80% des Handels zu äußerst günstigen Konditionen abgewickelt wurden, wodurch der externe Ressourcenzufluss zum Erliegen kam (*Figueroa* 1995). Durch die Verknappung von Rohöleinfuhren, das Ausbleiben von Lieferungen von Maschinen, Ersatzteilen oder agrarischem Dünger war die PCC Anfang der 90er Jahre gezwungen, Reformen einzuleiten, die das Land nachhaltig verändern sollten (*Zimbalist* 1993, vgl. Tab. 3.1.4/1).

Das Zentralkomitee der Kommunistischen Partei rief bereits im Sommer 1990 die Período especial en tiempos de la paz (= Spezielle Periode in Friedenszeiten) aus. Bei diesem bis heute gültigen Notstandsprogramm handelt es sich ähnlich einer Kriegswirtschaft um eine zentral gesteuerte Ressourcenlenkung und -verteilung, basierend auf einer strikten Sparpolitik des Staates. Unmittelbares wirtschaftspolitisches Ziel war der Ausgleich entstandener Importdefizite. Um die sozialen Errungenschaften, die nationale Unabhängigkeit sowie die politische Stabilität zu erhalten, plante man dafür Maßnahmen einer gezielte Spar- und Importsubstitution sowie die völlige Rationierung von Gütern und Leistungen. Merkliche Konsequenz für die Bevölkerung waren häufige Stromrationierungen und gravierende Engpässe im Transportwesen, verbunden mit einer deutlich eingeschränkten Mobilität sowie einem Mangel an Gütern des täglichen Bedarfs (*Pérez-Lopez* 1991).

Um die kritische Ernährungssituation der Bevölkerung zu sichern, beschloss die Regierung parallel im gleichen Jahr einen Ernährungsplan (Plan Alimentario). Neben der Importsubstitution von Lebensmitteln sowie dem Export von Agrarprodukten (Zucker, Tabak, Zitrusfrüchten), wurde die Bewässerungslandwirtschaft ausgeweitet und die agrarische Infrastruktur (Düngemittel, Herbizide, Pestizide) verbessert. Außerdem versuchte die Regierung, die Bevölkerung über einen Selbstversorgungsplan (Plan Autoconsumo) zu mobilisieren. Mit offiziellen Programmen einer urbanen Landwirtschaft wurde in den Städten und Ballungszentren begonnen, bisher brachliegende Flächen in Form einer Art Subsistenzwirtschaft zu bestellen. Gleichzeitig begann die Bevölkerung mit einer privaten Nutztierhaltung (Geflügel, Schweine) auf Balkonen, in privaten Innenhöfen bzw. an jeglichen verfügbaren Freiflächen, an denen keine klar definierte Flächennutzung bestand. Obwohl die Ernährungssituation Havannas sich durch diese Programme und kreativen Maßnahmen der Bevölkerung merklich entspannte, wurden grundlegende ökologische Aspekte des Anbaus häufig nicht berücksichtigt. Weder die potentielle Bodenqualität der Produktionsstandorte noch die Qualität des nötigen Bewässerungswassers über nahe gelegene Bäche und Rinnsale wurden dabei ausreichend kontrolliert. So befanden sich in Havanna Anbauflächen häufig in unmittelbarer Nähe zu stark frequentierten Verkehrsachsen, in der Nähe veralteter Industrieanlagen, auf ehemaligen Mülldeponien oder im

Überschwemmungsbereich hoch kontaminierter Flüsse, sodass es zu einer zusätzlichen Kontamination dieser neu ausgewiesenen urbanen Landwirtschaftsflächen kam (*Ammerl* 2006; *Baume/Ammerl/Hasdenteufel* 2005). Teil dieser Mobilisierung im Agrarbereich waren über das ganze Land verteilte spezielle Arbeitscamps (Campamientos Especiales), in denen Angehörige aller Berufsgruppen „freiwillige Arbeitseinsätze" in Form unbezahlter Zusatzarbeit leisteten. Gleichzeitig kam es in dieser Phase im Agrarsektor zu einem verstärkten Einsatz militärischer Streitkräfte (Ejército Juvenil del Trabajo, EJT). Neben deren eigener Selbstversorgung stand auch ihr Beitrag zum Nahrungsmittelplan im Vordergrund, indem sie Agrarflächen bewirtschafteten und die Produkte auf eigenen Bauernmärkten absetzten (*Ammerl* 1997). Nach einer ersten Einschränkung des Ernährungsplans im April 1992 wurde dieser jedoch im Dezember 1993 aus Effizienzgründen vollständig aufgegeben. Mit dem Plan alimentario scheiterte nach *Mesa-Lago* (1994) der Grundpfeiler der staatlichen Wirtschaftsstrategie im Bereich der Binnenökonomie.

Bereits 1990 hatte die kubanische Regierung zuvor den Außenhandelssektor für ausländisches Kapital geöffnet, um eine langfristige weltwirtschaftliche Integration anzustreben. Dabei wurde der Handel mit traditionellen Exportgütern (Zucker, Nickel) sowie eine verstärkte Exportdiversifizierung im Tourismus, der Biotechnologie bzw. Pharmazie gefördert (*Castro Ruz* 1991). Als im Jahre 1992 die empresas mixtas (joint ventures) per Gesetz legalisiert wurden, wollte man damit eine Säule der wirtschaftlichen Erholung festigen. Sie sollten dem Land zur Bereitstellung von Devisen, Technologie, Know-how bzw. modernen Managementmethoden dienen. Eine ausländische Kapitalbeteiligung von zunächst maximal 49% sowie ein insgesamt sehr günstiges Investitionsklima zielten auf die Steigerung von Investitionen sowie die erneute Mobilisierung bisher brachliegender Kapazitäten. Der Tourismus, die Erdölexploration und -förderung, der Bergbau bzw. die Landwirtschaft wurden dabei priorisiert. Militär, Bildungs- und Gesundheitssystem sowie die Biotechnologie blieben als strategisch bedeutende „Errungenschaften und Schlüsselbereiche der Revolution" von Auslandsinvestitionen ausgespart (*Henkel* 1996). Als weitere Maßnahme stand hinter der Förderung und dem Ausbau des biotechnologischen Sektors die Überlegung, den einheimischen Markt mit pharmazeutischen Produkten zu bedienen und gleichzeitig in transnationale Märkte eindringen zu können (*Carranza Valdés* et al. 1995). Parallel zum Aufbau der zentralen Koordinationsstelle Frente Bioagrícola (Biolandwirtschaftliche Front) im Jahre 1992 wurden bis zu diesem Zeitpunkt rund 200 Zentren zur biologischen Schädlingsbekämpfung eingerichtet. Im Vordergrund stand dabei eine bedarfsorientierte Anwendung biotechnologischer Erkenntnisse im Agrarsektor, zur Produktion von Viehfutter- und Düngemittel, zur Bekämpfung von Schädlingen sowie zur Vermehrung bzw. qualitativen Verbesserung von Saatgut (*Burchhardt* 1996).

Resultierend aus der permanenten Devisennot der Staatskasse, entschied sich die Regierung 1993 dazu, den Besitz des US-Dollars zu legalisieren (*Marquetti Nodarse* 1997). Mittels einer Abschöpfung von Devisen in Diplomaten- bzw. Devisengeschäften (Diplotiendas), welche vor allem aus Transfers verwandter bzw. befreundeter Exilkubaner aus Miami/USA stammten und den blühenden Schwarzmarkt dieser Zeit dominierten, sollten Einnahmedefizite ausgeglichen sowie Importe finanziert werden. Konsequenz der Parallele aus nationaler Währung (Peso Cubano) und dem US-Dollar als heimlicher Leitwährung ist ein sich mehr und mehr abzeichnender Dualismus, eine Spaltung der Gesellschaft. Für Kubaner ist dadurch die Quantität des legalen Besitzes von Devisen entscheidend, in welcher Form sie am gesellschaftlichen Leben Kubas Anteil nehmen können. Die Legalisierung des Devisenbesitzes stellt jedoch nicht den Beginn, sondern lediglich eine weitere wichtige Marke im Verlauf der gesellschaftlichen Spaltung dar, da bereits der Ausrichtung der Ökonomie auf den Exportsektor dieser Dualismus inhärent war.

Aufgrund des Scheiterns der bisherigen Umstrukturierungen und der dadurch sich verschlechternden Allgemeinsituation, setzte die Regierung ab diesem Zeitpunkt auf eine zusätzliche Reform der Binnenökonomie. Mit der Legalisierung der „Berufe auf eigene Rechnung" (Trabajo por cuenta propia) im Jahre 1993 sollte gleichzeitig der blühende informelle Sektor in den legalen Wirtschaftskreislauf integriert werden. Durch die Vergabe staatlicher Lizenzen an Privatpersonen, konnten diese Dienstleistungen anbieten, wobei sich die Preise in nationaler Währung nach Angebot und Nachfrage richteten. Bereits kurz nach der Legalisierung prägten bspw. private Taxen, Fahrradreparaturwerkstätten, Stände mit verarbeiteten Nahrungsmitteln oder die privaten Familienrestaurants (Paladares) das neue Straßenbild Kubas. Der gesamten Auswirkungen auf gesellschaftliche Werte und Normen war man sich durch die Zulassung „des Privaten" in der sozialistischen Gesellschaft zu diesem Zeitpunkt nicht bewusst (*Núñez Moreno* 1997).

Aufgrund der weiter chronisch ineffizienten Landwirtschaft kündigte das Politbüro der Kommunistischen Partei im September 1993 die dritte Agrarreform nach 1959 und 1963 an (*Carriazo Moreno* 1994). Ziel dieser Dezentralisierung war eine Neuorganisation der agrarischen Nutzungsrechte und Landbesitzstrukturen. Die Arbeiter der überdimensionierten landwirtschaftlichen Staatsbetriebe (Empresas estatales) sollten sich im Hinblick auf eine höhere Partizipation an Entscheidungsprozessen bzw. am wirtschaftlichen Erfolg in kleineren dezentralen Einheiten zusammenschließen, den selbst verwalteten Kooperativen UBPC (Unidades Básicas de Producción Cooperativa). Das Grundeigentum blieb staatlich, die Koordination der Besitz- und Nutzungsrechte wurde jedoch an die Kooperativen übertragen. Indem die Ministerien für Landwirtschaft und Zucker die Kooperativen in Form einer monopolisierten Preispolitik weiterhin kontrollieren, sind die UBPC-Kooperativen bis heute einer staatlichen Intervention unterworfen.

3.1.4.5 Die wirtschaftliche Öffnung ab 1990

Da die politische Führung Kubas Anfang der 1990er Jahre davon ausging, dass konjunkturelle statt strukturelle Faktoren für die Krise verantwortlich waren, wurden Reformen eingeleitet, die vor allem auf Importe und quantitatives Wachstum ohne Effizienzsteigerung abzielten. Zentralverwaltung, extensive Produktionsformen und ein genereller Strukturkonservatismus führten lediglich zu einer quantitativen Systemerweiterung (*Burchhardt* 1996). Wirtschaftspolitisches Ergebnis war eine strukturelle Kombination des planwirtschaftlich organisierten staatlichen Sektors, des privatwirtschaftlichen Devisensektors und der nationalen „Peso-Ökonomie", die sich durch erste Liberalisierungen bei gleichzeitiger strikter staatlicher Kontrolle auszeichnete. Synchron wurde die Gesellschaft zusehends von einer Spaltung durchzogen. Sie ist das Ergebnis der Integration marktwirtschaftlicher Kriterien in eine bisher fast durchwegs planwirtschaftlich organisierte Ökonomie und basiert auf den unterschiedlichen Möglichkeiten für ihre Gesellschaftsmitglieder, an den Reformen teilzuhaben bzw. von ihnen zu profitieren.

1994 war die ökonomische und gesellschaftliche Krise des Landes an einem vorläufigen Höhepunkt angelangt, unter anderem durch sehr hohe Staatshaushalts- und Außenhandelsdefizite sowie einen massiven Liquiditätsüberhang gekennzeichnet. Strikte Rationierungen, in quasi alle Bereiche des privaten wie öffentlichen Lebens ausgeweitet, trugen zu Lebensmittelknappheit und verstärkter Perspektivlosigkeit in weiten Teilen der Bevölkerung bei. Neben ersten politischen Unruhen sowie der versuchten Plünderung eines Devisenladens, nutzten allein 1994 etwa 37.000 Kubaner (Balseros) die Gelegenheit, die Insel illegal auf Flößen in Richtung USA zu verlassen. Die Emigration erreichte eine Größenordnung, wie man sie in der bisherigen Geschichte des sozialistischen Kubas nicht kannte (*Ackermann* 1996).

Nach der Eindämmung der Flucht mittels eines Visaabkommens mit den USA, in welchem die jährliche legale Ausreise von 20.000 kubanischen Staatsangehörigen in die USA geregelt wurde, erhöhte die kubanische Regierung die Intensität der ökonomischen Reformen. Erste Maßnahme war die erneute Legalisierung von Bauernmärkten (Mercados agropecuarios), um die Ernährung der Bevölkerung zu sichern, staatliche Subventionen zu minimieren und den damals blühenden Schwarzmarkt (Bolsa negra) auszutrocknen. Indem der Staat sein Binnenhandelmonopol aus der Hand gab, wurde Marktkonkurrenz zwischen Privatbauern, Kooperativen und dem Staat zugelassen (*Torrez/Pérez* 1994). Da vor allem die Versorgung der Städte mit Agrarprodukten ein Problem darstellte, wurde ein abgestuftes Steuersystem eingeführt, um Anbieter auf die Bauernmärkte in den Städten zu locken. Aus der Produktpalette bleiben bis heute Tabak, Kaffee, Rindfleisch und Frischmilch ausgeschlossen, auf die der Staat wegen knapper Ressourcen weiterhin das Monopol behält. Die Preise in nationaler Währung richten sich nach Angebot und Nachfrage, waren aber gerade zu Beginn der Einführung sehr hoch. Insgesamt hatten die Bauernmärkte eine sehr innovative Wirkung, sie dienten angesichts der äußerst kritischen Gesamtsituation Kubas außerdem als politisches

Ventil. Infolge ihrer Zulassung ergab sich eine Koexistenz vier verschiedener bis heute gültiger Markttypen. Neben dem staatlichen Rationierungssystem sind dies die (semi-)privaten Initiativen (Bauernmärkte bzw. Berufe auf eigene Rechnung), die staatlichen Devisenläden sowie der private informelle Sektor. Als weitere Maßnahmen der wirtschaftliche Reorganisation dieser Phase zählen bspw. Maßnahmen zur Inflationsbekämpfung, die Steigerung der Arbeitsproduktivität, eine Währungsreform zur Budgetkonsolidierung, die Reform des Steuer- und Kreditsystems, die Neugestaltung der Subventions- und Preispolitik sowie arbeitsrechtliche Neuerungen und Veränderungen der Betriebsstrukturen (vgl. Tab. 3.1.4/1). Während sich im Laufe des Jahres 1995 die ökonomische Situation etwas erholte, verabschiedete die Regierung ein neues liberaleres Investitionsgesetz, eröffnete die ersten Wechselstuben (Casas de cambios = Cadecas) und führte eine Bankenreform durch. Ab 1996 konzentrierten sich die Anstrengungen im Wesentlichen auf den Devisensektor und die Weltmarktintegration, vor allem in den karibischen bzw. lateinamerikanischen Markt. In Havanna wurden dazu mehrere Freihandelszonen eröffnet, in denen zu international günstigen Konditionen vor allem Elektrogeräte weiterverarbeitet werden. Gleichzeitig wollte die Regierung mit der Erhebung einer progressiven Gewinnsteuer Anfang 1996 den Privatsektor zügeln, um so die Ausweitung einer „kapitalistischen Konsumgesellschaft" zu bremsen. Die Kommunistische Partei ging davon aus, dass die schrittweise Einführung marktwirtschaftlicher Elemente lediglich unter strikter staatlicher Kontrolle erfolgen kann, um dadurch sozialistische Werte und Normen nicht auszuhöhlen. Angesichts eines zunehmenden ökonomischen und gesellschaftlichen Dualismus versuchte die Partei, die materielle Basis egalitärer Prinzipien („soziale Errungenschaften der Revolution") zu sichern und gleichzeitig eine makroökonomische Erholung in Gang zu bringen. Oberste Priorität genoss dabei die Gewährleistung der politischen Stabilität. Somit ist der gesamte Transformationsprozess Kubas von politischen Maßnahmen und Eingriffen flankiert, wird von diesen häufig gebremst und bleibt damit mit diesen untrennbar verknüpft (*Ammerl* 1997).

3.1.4.6 Sozialräumliche Disparitäten und politische Legitimation

Im Zuge der ökonomischen Öffnung hing eine gleichberechtigte Teilnahme am gesellschaftlichen Leben mehr und mehr davon ab, an Devisen zu gelangen. Dies wurde bspw. durch Geldtransfers von im Ausland lebenden Familienmitgliedern nach Kuba ermöglicht oder durch eine Einbindung in ökonomische Sektoren, in denen mit Devisen gewirtschaftet wurde. Staatsbedienstete, Landarbeiter oder Rentner gehörten dabei bereits früh zu den Verlierern der wirtschaftlichen Öffnung. Um sich den ökonomisch wichtigen Devisenzugang zu ermöglichen, wanderte deshalb staatlich angestelltes Personal in geringer qualifizierte, jedoch weitaus lukrativere Berufstätigkeiten (Dienstleistungen im Devisensektor, Berufe auf eigene Rechnung etc.) bzw. den informellen Sektor (Schwarzmarkt, Prostitution etc.) ab. Darüber hinaus kam es weiterhin zu endgültiger Emigration meist junger, gut qualifizierter Fachkräfte ins Ausland. Dieser bis heute andauernde „brain drain" stellt eines der schwierigsten arbeits- und bildungspolitischen Probleme Kubas dar, da es dadurch zu einem langfristig wirksamen Verlust gut ausgebildeter Kräfte kommt, welche dem kubanischen Gesellschafts- und Wirtschaftssystems für die weitere Entwicklung fehlen werden. Deutlichster sozialräumlicher Ausdruck dieser sozioökonomischen Ungleichheit sind die Konsequenzen der schon immer präsenten, jedoch seit Beginn der Krise zunehmenden Landflucht nach Havanna. Diese ist motiviert durch gestiegene Einkommensdifferenzen zwischen Stadt und Land bzw. größere Fühlungsvorteile in Hauptstadtnähe. Die Neuankömmlinge lassen sich dabei meist bei Familienangehörigen oder entfernten Verwandten in überbelegten Wohnungen nieder oder errichten eine illegale Behausung in den sog. „barrios insalubres", bei denen es sich um Viertel handelt, welche meist jegliche Basisinfrastruktur vermissen lassen und von sehr schlechten Wohnumfeldbedingungen gekennzeichnet sind (*Coyula* 2002). Die Regierung reagierte mit einem Migrationsgesetz für Havanna, welches den Zuzug in die Hauptstadt kontrollieren sollte, da im Jahr 1996 bereits mehr als 35% der hauptstädtischen Bevölkerung nicht in Havanna geboren war (Facts and Statistics 1996a). Auf der anderen Seite kamen in der Altstadt Havannas neue

Tab. 3.1.4/1: Wichtige Reformen des kubanischen Sozialismus seit 1990
Eigene Zusammenstellung nach unterschiedlichen Quellen

Datum	Reform
1990	Kuba wird in den UN-Sicherheitsrat gewählt
1990	*Plan Alimentario* (= Ernährungsplan), mit dem Ziel des Exportes von Agrarprodukten und der Importsubstitution von Lebensmitteln
1990	*Período especial en tiempos de la paz* (= Spezielle Periode in Friedenszeiten): Totale Rationierung, außerdem gezielte Spar- und Importsubstitutionsmaßnahmen, mit dem Ziel der weltwirtschaftlichen Integration sowie der Aufrechterhaltung von nationaler Unabhängigkeit, sozialen Errungenschaften und politischer Stabilität
1992	Verwaltungsreform: u. a. Einführung des Prinzips der Deviseneigenfinanzierung (*Autofinancimiento*) für staatliche Betriebe, um Produktion internationalen Standards anzupassen. Einrichtung von juristischen, ökonomischen und technischen Beratungsstellen. Kuba wird Mitglied der UN-Datenbank „DEVNETTIPS" zum Ausbau einer Süd-Süd-Kooperation
12.07.1992	Verfassungsreform, u.a. Direktwahl der Mitglieder der *Asamblea Nacional del Poder Popular*
13.08.1993	*Decreto Ley No. 140:* Legalisierung des Besitzes des US-amerikanischen Dollars
08.09.1993	*Decreto Ley No. 141: Trabajo por cuenta propia* (= Legalisierung der „Arbeit auf eigene Rechnung")
15.09.1993	Dritte Agrarreform: Gründung der *Unidades Básicas de Producción Cooperativa, UBPC* (= Basiseinheiten der kooperativen Produktion), um Staatsbetriebe in eigenständig organisierte Genossenschaften zu transformieren
1993	Kooperationsvertrag mit der Gemeinschaft der karibischen Staaten CARICOM
Januar 1994	Einrichtung von Arbeiterparlamenten in den Betrieben zur Integration der Bevölkerung in den parlamentarischen Entscheidungsprozess
April 1994	Verwaltungsreform zur Schaffung von Finanz- und Wirtschaftsministerium
Mai 1994	Reduzierung des Geldumlaufs wird angestrebt: Einführung eines Steuersystems, Steigerung der Sparanreize, selektive Preiserhöhungen, Währungsreform, Kürzung staatlicher Subventionen
24.07.1994	Kuba wird Mitglied in der *Association of Caribbean States* (ACS)
04.08.1994	*Ley de Sistema Tributario* (= Steuergesetz) zur Besteuerung von Immobilien und persönlichem Einkommen
17.09.1994	*Decreto Ley No.191:* Legalisierung der *Mercados agropecuarios* (Bauernmärkte)
01.12.1994	Eröffnung von Märkten für Industriegüter und handgefertigte Produkte
1994	Aufnahme in *Organisation of American States* (OAS); MERCOSUR-Kooperation
03.01.1995	Einführung des konvertierbaren *Peso* (Verhältnis zum US-Dollar = 1:1)
März 1995	Gründung der *Oficina Nacional de Administración Tributaria* (= Staatliche Steuerbehörde)
01.07.1995	Eröffnung der ersten Finanzämter
Juli 1995	Eröffnung von fünf Wechselstuben in Havanna
05.09.1995	Neues Investitionsgesetz zur Liberalisierung von Auslandsinvestitionen: Möglichkeit einer 100%igen ausländischen Direktinvestition in Unternehmen; Legalisierung von Investitionen in Immobilien; möglicher Transfer von Nettogewinnen und Dividenden in konvertierbaren Devisen ins Ausland
23.10.1995	Eröffnung der Wechselstubenkette CADECA (*Casa de cambio*)
Ende 1995	Bankreform mit der Eröffnung erster ausländischer Banken
Febr. 1996	Erhebung einer progressiven Einkommenssteuer
Nov. 1996	Gesetz zur Legalisierung von Industrieparks und Freihandelszonen
April 1997	Migrationsgesetz zur Kontrolle der Landflucht in Richtung Havanna
Mai 1997	Umsetzung der Bankreform: Eröffnung der staatlichen Zentralbank *Banco Central de Cuba*, diverser Geschäftsbanken (*Banco Popular de Ahorro, Banco Nacional de Cuba*), drei weiterer Staatsbanken sowie acht ausländischer Bankfilialen; Eröffnung der beiden ersten Freihandelszonen in Havanna und Cienfuegos mit zollfreiem Import und Export, unbegrenzter Kapitalausfuhr, Steuerfreiheit auf Einkünfte, Verzicht auf Sozialausgaben
Juli 1997	Legalisierung der Vermietung von Privatzimmern an Touristen (per Lizenz)
Okt. 1997	*Cuentapropistas* dürfen lohnabhängige Mitarbeiter beschäftigen
Febr. 1998	Verschärfung des Arbeitsrechtes
2002	Landesweite Schließung von unproduktiven *Centrales azucareros*
Juni 2003	Beschluss Nr. 65 der kubanischen Zentralbank zur Einführung des konvertierbaren Peso als einzigem Zahlungsmittel bei Transaktionen kubanischer Unternehmer
2004	Erhebliche Reduzierung der Anzahl von Betrieben, welche mit Devisen wirtschaften; Preisbildung in nationaler Währung für eine Reihe von Produkten, die bis dahin in Devisen bezahlt wurden; Einschränkungen der Berechtigungen für den Abschluss dezentraler Verträge und Kredite auf Devisengrundlage; Restrukturierung und Neuordnung des Tourismussektors
November 2004	Abschaffung des US-amerikanischen Dollars als offiziellem Zahlungsmittel und gleichzeitiger Ersatz durch den kubanischen Peso convertible (CUC); Abschluss von 16 bilateralen Wirtschaftsabkommen zwischen Kuba und der Volksrepublik China; weiterer Ausbau der Handelsbeziehungen mit Venezuela
2005	Verkauf von Gesundheits- und Ausbildungsleistungen an Venezuela; Lohnsteigerungen zur Ankurbelung des privaten Konsums
Januar 2006	Investitionsprogramme für den Energiesektor (Sanierung der Stromversorgung, Verteilungsnetze, Stromaggregate, Anhebung der Stromtarife)
Mitte 2006	Assoziierung Kubas mit dem Mercado Común del Sur; Steigerung der Transportpreise

innovative Sanierungsmodelle zur Anwendung, mit denen das Büro des Stadthistorikers Eusebio Leal die Möglichkeit erhielt, weitreichende internationale Kooperationen einzugehen, um das Weltkulturerbe Habana vieja vor dem weiteren Verfall zu bewahren (*Widderich* 1997, *Harms* 2001). Aufgrund der unterschiedlichen Zugänglichkeit zu Investitionsmitteln für Instandsetzungs- und Sanierungsmaßnahmen haben sich dadurch in Havanna Räume und Stadtviertel entwickelt, welche aufgrund ihres Ausstattungsstandards sozialräumlich wie ökonomisch sehr unterschiedlich kategorisiert bzw. bewertet werden können (*Ammerl/Hasdenteufel/Mateo/Del Risco* 2004).

Trotz einschneidender Defizite im Gesundheits- und Bildungssystem verfügte das Land jedoch auch zu Hochzeiten der ökonomischen Krise über Sozialindikatoren, die dem Vergleich mit führenden Industrienationen jederzeit standhielten (Human Development Report 2000, ONE 1998). Der kostenlose Zugang zu den Sozialeinrichtungen blieb eine der entscheidenden Garantien, welche von der ökonomischen Transformation unangetastet blieb. Als sozialpolitischer Stabilitätsfaktor sicherte dies gleichzeitig die Loyalität und Unterstützung der kubanischen Bevölkerung gegenüber dem sozialistischen System. Parallel zur ökonomischen Weltmarktintegration bemühte sich die kubanische Regierung gleichzeitig auch um eine politische Legitimation im internationalen Rahmen. Aus Staatsvisiten sowie durch die Organisation wichtiger politischer und wirtschaftlicher Treffen erhielt das System politische Reputation und Rückendeckung (z.B. Besuch von Papst Johannes Paul II zu Beginn des Jahres 1998; Iberoamerikanischer Gipfel und Besuch des spanischen Königspaares im November 1999; Besuch des ehemaligen US-amerikanischen Präsidenten Jimmy Carter im Mai 2002; Besuch des Präsidenten Chinas Hu Jintao im November 2004). Obwohl zu diesen Anlässen meist regelmäßig politische Freiheiten bzw. die Lage der Menschenrechte auf Kuba thematisiert werden, kommt es dabei auch regelmäßig zu einer Verurteilung der US-amerikanischen Blockade. Das sozialistische Kuba versucht über diese internationalen Besuche seine weltpolitische Isolation zu durchbrechen, in welche man nach dem Wegfall des Ostblocks geraten war und die bis heute bestand hat.

3.1.4.7 Bewertung des bisherigen Transformationsprozesses und Ausblick

Während man den ökonomischen Wandel Kubas allgemein mit den beiden Phasen der Öffnung des Außenhandelssektors (1990–1993) sowie der Reform des Binnensektors ab 1993 charakterisieren kann, sollen im Folgenden die entscheidenden konkreten Veränderungen im sozialen bzw. gesellschaftspolitischen Bereich kurz bewertet werden.

Für die joint-ventures als zentralem Element der wirtschaftlichen Öffnung steht der Transfer von Technologie und Devisen im Vordergrund. Ein großes Dilemma für ausländische Investitionen liegt in einer von der kubanischen Regierung beabsichtigten Konzentration auf Großprojekte. Für die politische Führung leichter zu kontrollieren, haben sie den Nachteil, dass aufgrund des gleichzeitigen bewussten Ausschlusses kleinerer Mischunternehmen gerade diejenigen ökonomischen Felder frei von ausländischer Initiative bleiben, zu welcher die Bevölkerung direkten Zugang hätte. Generell sind die joint-ventures gegenüber den rein staatlichen Unternehmen wesentlich effektiver, sie bieten außerdem bessere Verdienstmöglichkeiten, weil meist ein Teil des Lohnes in Devisen ausbezahlt wird. Wie in der gesamten Karibik, so werden jedoch auch in Kuba die Beschäftigungsmöglichkeiten in den joint-ventures als eher gering eingeschätzt (*Rieger* 1994). Eine weitere Schwierigkeit stellt die bisher kaum verwirklichte Importsubstitution dar, d. h. noch immer muss Kuba zu viele Waren und Güter einführen, um internationale Standards, etwa im Tourismus gewährleisten zu können. Rückkoppelungseffekte auf die nationale Wirtschaft bleiben bisher marginal. Weil Kuba mit seiner sozialen und politischen Stabilität jedoch wichtige Standortfaktoren bietet, werden Auslandsinvestitionen bei der ökonomischen Konsolidierung auch in Zukunft eine zentrale Rolle spielen.

Da der internationale Tourismus zum „Motor der Volkswirtschaft" avancierte, strebt man beim bisher dominierenden Pauschaltourismus eine stärkere Diversifizierung an, indem andere Formen wie Gesundheits-, Öko- oder Abenteuertourismus angeboten werden. Die wirtschaftliche Erholung in Verbindung mit gesetzlichen Erleichterungen (z. B. Legalisierung der Vermietung an Individualtouristen, vgl. Tab. 3.1.4/1) wirkt sich in diesem Prozess bisher sehr positiv aus. Dass der einheimischen Bevölkerung der Zutritt zu internationalen Hotels fast vollständig verwehrt bleibt, ist angesichts der historischen Duplizität fatal. Während vor 1959 Hautfarbe und Nationalität als Ausschlusskriterium galten, entscheidet heute der ausreichende Besitz von US-Dollars über eine Zugangsmöglichkeit zu diesen Institutionen (*Hoffmann* 1996).

Die biotechnologischen Innovationen besitzen neben dem Devisenerwerb den wesentlichen Vorteil einer Integration in den Binnenmarkt. Trotz Problemen bei der Patentierung kubanischer Pharmaprodukte auf dem Weltmarkt wird dieser Sektor in der zukünftigen ökonomischen Entwicklung des Landes eine zentrale Rolle spielen (*Henkel* 2001).

Mit der Legalisierung der Berufe auf eigene Rechnung gelang es der Regierung, die Kreativität und privatwirtschaftliche Partizipation der Bevölkerung anzuregen. Trotz diverser Anfangsschwierigkeiten, bürokratischer Engpässe und Restriktionen gegenüber den cuentapropistas (Ausführende von Berufen auf eigene Rechnung), sind die „Privaten" aus dem heutigen Alltag Kubas nicht mehr wegzudenken. Gleichzeitig ist ihre administrative Anerkennung auch kennzeichnend für die gängige kubanische Praxis, gesetzliche Rahmenbedingungen im Nachhinein dem veränderten Status Quo anzupassen, welcher sich über semi-, bzw. illegale ökonomische Aktivitäten der Bevölkerung einstellte.

Trotzdem die landwirtschaftliche Kooperativierung vielversprechend anlief und als eine der umfangreichsten binnenwirtschaftlichen Strukturreformen gilt, werden durch zu starke staatliche Kontrolle und Bevormundung die Erwartungen bzgl. einer weitreichenden Partizipation nicht erfüllt (*Carranza Valdés/Urdaneta Gutierrez/Monreal González* 1995). Obwohl es der Staat versäumt hat, entscheidende Rahmenbedingungen ebenfalls zu reformieren, stellt die dritte Agrarreform einen weiteren Schritt hin zu qualitativen Reformen dar, indem die Zentralverwaltung gelockert und die landwirtschaftlichen Organisationsformen diversifiziert wurden. Ergebnis dieser Agrarpolitik ist heute eine „gemischte Agrarwirtschaft", charakterisiert durch die Existenz einer Vielzahl unterschiedlicher landwirtschaftlicher Organisationsmodelle und Akteure: Staatliche Betriebe (Empresas estatales), Kooperativen (UBPC, CPA, CCS), Militärs (EJTs), Privatbauern (Campesinos privados), neue Produzenten für den Subsistenzbereich, neue Organisationsformen im Bereich der städtischen Landwirtschaft etc. (*Ammerl/Delgado/Valdivia* 2003). Weil die Zuckerproduktion als agrarer Leitsektor nach wie vor zu viele Arbeitskräfte bzw. zu große Anbauflächen bindet und außerdem über einen zu hohen Energieverbrauch verfügt, müssen auch in Zukunft die Transformationsansätze in diesem Bereich weiterverfolgt werden. Die Nutzungsumwidmung sowie die Reduzierung der Flächengrößen bzw. die gleichzeitige Neuorganisierung der verantwortlichen Strukturen geben in Verbindung mit der generellen Diversifizierung eine Erfolg versprechende Richtung vor. Insgesamt wird die Landwirtschaft auch in Zukunft als Schlüsselbereich der Transformation eine wichtige Basis für die Wirtschaftsentwicklung Kubas darstellen.

Eine weitere wichtige Rolle für den ökonomischen Transformationsprozess spielen die kubanischen Militärstreitkräfte (Fuerzas Armadas Revolucionarias, FAR = Bewaffnete Revolutionsstreitkräfte). Nachdem sie zu Beginn der 1990er Jahre von einer Offensiv- in eine Defensivarmee umgewandelt worden waren, wurden die Militärs schrittweise in den Agrarbereich (EJT-Betriebe) als auch den Tourismus (Unternehmen Gaviota als drittgrößter Touristikveranstalter) integriert. Ebenfalls erweisen sich die Streitkräfte im Dienstleistungsbereich (Militärkrankenhäuser) als politisch zuverlässige und ökonomisch innovative Kraft. Da sie seit mehr als vier Jahrzehnten die nationale Unabhängigkeit des Landes garantieren, genießen die Streitkräfte bei der Bevölkerung außerdem hohes politisches Ansehen.

Funktioniert ökonomische Transformation ohne gesellschaftspolitische Öffnung?
Der gesamte ökonomische Wandel Kubas verlief bisher unter strikter staatlicher Kontrolle mit einer weitgehenden politischen Stabilität, wobei die politischen Reformen weit hinter den Wirtschaftsreformen zurückblieben. Mit Fidel Castro Ruz als charismatisch-integrativem Staatspräsidenten verstand es die politische Führung bisher, auch unpopuläre Maßnahmen zu vermitteln. In allen Phasen des sozialistischen Kubas spielte Castro die fundamentale Rolle und nimmt seit 1997 die zentrale Position der drei wichtigsten Entscheidungsorgane (Politbüro der Kommunistischen Partei, Staats- und Ministerrat) ein. Zusätzlich

ist er Vorsitzender des Verteidigungsrates. Obwohl die Kommunistische Partei mit Castro gleichsam als gesellschaftliche Klammer wirkt, sind Fragen nach mehr Partizipation der Bevölkerung bisher unbeantwortet geblieben.

Infolge einer schweren Erkrankung gab Staatspräsident Castro im Sommer 2006 die Macht an seinen jüngeren Bruder Raúl Castro ab. Es bleibt abzuwarten, wie lange Fidel Castro der Macht fernbleibt und sich die veränderten personellen Rollenverteilungen auf die politische wie ökonomische Entwicklung des Landes auswirken werden.

Vor dem Hintergrund von Prozessen anderer neoliberaler, lateinamerikanischer bzw. osteuropäischer Transformationsländer, sorgte die Kommunistische Partei Kubas für einen geradezu geordneten behutsamen Wandel. Abgesehen von den Ereignissen im Sommer 1994 kam es lediglich im Frühsommer 2003 zu einer weiteren gesellschaftspolitischen Anspannung. Infolge einer offiziellen landesweiten Anti-Drogenkampagne wurden parallel auch ökonomisch informelle Tätigkeiten der Bevölkerung eingeschränkt. Nach mehreren Monaten dieser Politik kam es zu zwei bewaffneten Entführungen kubanischer Verkehrsflugzeuge von der Isla de la Juventud nach Miami/USA bzw. zu einer gescheiterten Entführung eines Fährbootes aus der Hafenbucht Havannas ebenfalls in die USA. Nachdem die Bootsentführer festgenommen worden waren, wurden sie nach einem juristischen Schnellverfahren hingerichtet. Gleichzeitig wurde eine Gruppe von 75 politischen Dissidenten zu langjährigen Gefängnisstrafen verurteilt, was wiederum einen Abbruch der diplomatischen Beziehungen mit Kuba seitens der Europäischen Gemeinschaft nach sich zog. Die politische Führung Kubas reagierte ebenfalls mit einem Abbruch der diplomatischen Beziehungen zu den europäischen Ländern. Ergebnis davon war eine strenge „Eiszeit" zwischen Kuba und Europa sowie eine Verschlechterung der ökonomischen Entwicklung Kubas. Erst zu Beginn des Jahres 2005 kam es hier erneut zu einer verhaltenen Annäherung.

Die zu Beginn der Revolution gegründeten Massenorganisation (Comités de Defensa de la Revolución = Komitees zur Verteidigung der Revolution; Federación de Mujeres Cubanas = Föderation der kubanischen Frauen; Fedaración Estudiantil Universitaria = Verband der Universitätsstudenten etc.) besitzen heute einen Charakter von Mobilisierung bzw. Sozialisation in Fragen der politischen Kultur. Lediglich in den Städten gibt es seit Beginn der 1990er Jahre die Möglichkeit, dass die Bevölkerung im Rahmen von nachbarschaftlich organisierten Werkstätten (Talleres de Transformación Integral del Barrio, TTIB) selbst aktiv an der Umgestaltung bzw. der Lösung konkreter Probleme des eigenen Stadtviertels partizipiert (*Ammerl/Hasdenteufel/Mateo/Del Risco* 2004, *Coyula* 1997).

Angesichts drängender gesellschaftspolitischer Fragen fehlt jedoch weiterhin die Möglichkeit, sich in Opposition zum bisherigen Entwicklungsweg zu stellen. Sämtliche Massenmedien des Landes stehen bspw. unter strenger staatlicher Kontrolle (*Schumann* 2001). Gerade vor dem Hintergrund des schwierigen politischen Verhältnisses zum Nachbarn USA wird die Problematik politischer Reformen in Kuba deutlich. Jegliche kubanische Opposition bleibt immer der Gefahr einer Instrumentalisierung durch das kubanische Exil in Miami/USA ausgesetzt. Obwohl dort vereinzelt gemäßigte Gruppen Bereitschaft zum Dialog mit der sozialistischen Regierung signalisieren, prägen doch meist extreme Inhalte die Politik des Exils, welche überwiegend im Cuban American National Foundation (CANF) organisiert sind. Jeder Anlass wird von diesen Gruppen genutzt, auf eine Verschärfung der US-amerikanischen Kuba-Politik hinzuwirken und dadurch den politisch-ökonomischen Druck gegenüber Kuba und kooperierenden Drittstaaten zu erhöhen. Als Ziel gilt die weitere Isolation der sozialistischen Regierung in Havanna. Der Fall des kleinen kubanischen Flüchtlingsjungen Elián González war im Jahr 1999/2000 der vorläufig letzte medienwirksame Höhepunkt dieser Politik. Dort hatten amerikanisch-kubanische Verwandte den Jungen festgehalten, nachdem er eine Bootsflucht seiner Mutter von Kuba in die USA als Einziger überlebt hatte. Erst nach Monaten des juristischen Tauziehens zwischen Kuba und den USA konnte Elián zu seinem Vater nach Kuba zurückkehren. Der Fall steht exemplarisch für die sehr komplexen Beziehungen zwischen den USA und dem sozialistischen Kuba (*Hoffmann* 2001). Nach dem Wegfall der Beziehungen zum COMECON erhöhten die USA ihre Aggression gegenüber Kuba durch diverse Gesetzesverschärfungen (Cuban-Democracy-Act, Torricelli-Act bzw. Helms-Burton-Bill). Infolge der Anschläge auf das World Trade Center in New York im September 2001 wurde Kuba von der US-amerikanischen Regierung immer wieder als weltpolitischer Aggressor genannt, der zu der „Achse des Bösen" zu rechnen sei. Heute lässt sich das seit mehr als vier Jahrzehnten gültige US-amerikanische Handelsembargo gegenüber Kuba als politisches Relikt aus Zeiten des Kalten Krieges analysieren, das Kuba aufgrund seiner geographischen Lage zum Brennpunkt und geopolitischen Aktionsfeld beider Blöcke werden ließ (*Henkel* 1996). Trotz höherer Anpassungskosten für Außenhandel und Technologietransfer bzw. Zugangsbeschränkungen zu internationalen Krediten nützt die kubanische Regierung die Blockade von außen aber auch dazu, ihre eigene Politik nach innen zu legitimieren. Häufig bindet die Kommunistische Partei schwer zu vermittelnde Verlautbarungen in eine Argumentationskette ein, dass die US-amerikanische Blockade die nationale Unabhängigkeit Kubas gefährde und zur Bewahrung des Sozialismus folglich auch unpopuläre Maßnahmen notwendig seien. Der kubanische Patriotismus bildet dabei die ideologisch-emotionale Klammer. Somit kommt der Blockade auch ein stabilisierender Effekt für das sozialistische System zu.

Kuba wird auch in Zukunft vor der schwierigen Aufgabe stehen, sein Gesellschaftssystem den internationalen Koordinaten einer veränderten weltpolitischen Konstellation anzupassen, die sich nach dem Fall der Berliner Mauer entwickelte. Im lateinamerikanischen Kontext ist die kubanische Regierung weiter um politische wie ökonomische Integration bemüht. Venezuela spielt dabei im Energiesektor eine bedeutende Rolle, mit Brasilien wurde die Beziehungen in jüngster Zeit intensiviert. Ende 2004 konnte ebenfalls mit der Volksrepublik China eine weitere bedeutende Kooperationsvereinbarung zur Nickelförderung abgeschlossen werden. Die gesamte Umstrukturierung wird neben einer Analyse makroökonomischer Daten vor allem aber daran zu messen sein, inwieweit es gelingt, den internen sozioökonomischen Dualismus zu verringern bzw. politische Partizipationsmöglichkeiten für die kubanische Bevölkerung zu erhöhen.

3.2 Raumbeispiele aus Asien

3.2.1 China – Ein Entwicklungsland wächst zur Wirtschaftsmacht *(Dieter Böhn)*

Die Entwicklung in China ist durch eine doppelte Polarität geprägt: Die Wertvorstellungen der Regierung und die des Volkes zum einen sowie die Abschließung bzw. Öffnung gegenüber dem Ausland zum anderen. In einer knappen Darstellung werden die jeweils unterschiedlichen Perspektiven aus der Sicht der Herrschenden und der der Betroffenen aufgezeigt. Geographisch erkennbar sind die jeweiligen Wertvorstellungen durch die regionale Erschließung und die bauliche Gestaltung des Raumes. Darüber hinaus werden aber auch die räumlich unterschiedlichen Entwicklungen in Stadt und Land sowie im Inland und gegenüber dem Ausland verdeutlicht.

3.2.1.1 Realisierung von Wertvorstellungen in der nationalen Raumordnung

a) Zeitraum 1950–1980: Umfassende Raumerschließung bei außenpolitischer Isolation
Die Wertvorstellungen der herrschenden Kommunistischen Partei bzw. der bestimmenden Persönlichkeit Mao Zedong (Mao Tse-tung) waren sozial die Errichtung einer kommunistischen Gesellschaft und wirtschaftlich der Aufbau einer Industrie. Bis 1960 geschah dies mit Unterstützung durch die Sowjetunion, meist jedoch aus eigener Kraft. Die Entwicklung wurde zentral durch die Regierung über 5-Jahrespläne gesteuert. Die Raumplanung umfasste zwar das gesamte Staatsgebiet, doch konzentrierte sich die direkte staatliche Einflussnahme auf „Schlüsselprojekte", vor allem im Binnenland. Die soziale und ökonomische Formung Chinas geschah ausschließlich durch die Herrschenden (Partei bzw. Mao). „Das Volk", „die Massen" waren Objekt von Kampagnen, die von den Herrschenden initiiert wurden. Dabei achtete man darauf, dass die Beherrschten den Maßnahmen formal zustimmten.

aa) Die Phase von 1950 bis 1957

Das Land war nach über drei Jahrzehnten Bürgerkrieg und Krieg gegen Japan sozial und wirtschaftlich völlig zerrüttet. Die Erträge der Landwirtschaft waren niedrig, die verbliebene, wenig leistungsfähige Industrie konzentrierte sich neben einigen Städten entlang des Jangtsekiang vorwiegend im Nordosten (Mandschurei) (vgl. *Wei* 2000, S. 15). Zwei Ziele standen am Anfang: die Landwirtschaft sollte dezentral die Bevölkerung versorgen und die Industrie sollte vor allem im Bereich der Schwerindustrie rasch entwickelt werden. Weil im östlichen Teil Chinas fast 90% der Bevölkerung leben und im Westen Chinas naturgeographische Hindernisse einer umfassenden Erschließung entgegenstehen, erfolgte die wirtschaftliche Entwicklung vor allem in der Osthälfte Chinas. Raumplanung war vor allem Erschließungsplanung (*Beier* 1991, S. 25).

Die Landwirtschaft, in der um 1950 über 80% der rund 200 Millionen Erwerbstätigen beschäftigt waren, sollte die Versorgung der nahe gelegenen Städte mit billigen Lebensmitteln sichern. Dies wurde nach sowjetischem Vorbild durch hohe Abgabeverpflichtungen der Bauern (zu niedrigen Ankauf-Preisen) erzwungen. Die kleinräumigen Stadt-Umland-Beziehungen setzten die historisch seit langem bestehenden Verflechtungen zwischen dem Marktort und den umliegenden Dörfern fort. Eine staatlich geförderte großräumige Entwicklung erfolgte lediglich im Nordosten (Mandschurei) im Bereich Industrie und im Nordwesten (Sinkiang/Xinjiang) im Bereich Landwirtschaft. Mit sowjetischer Hilfe entstanden über 700 Großprojekte vor allem der Schwerindustrie und des Transportwesens (*Hoffmann* 2000, S. 64). Die regionale Dezentralisierung auch im Bereich der Industrie zeigt sich unter anderem darin, dass in fast allen Provinzhauptstädten Stahlwerke errichtet wurden. Die politische Stabilisierung und die zentrale Lenkung durch Pläne waren wirtschaftlich erfolgreich. Die Produktion wuchs sowohl in der Landwirtschaft wie der Industrie.

ab) Der „Große Sprung nach vorn" (1958–1960)

Die von Mao initiierte Kampagne verfolgte vor allem zwei Ziele:
– sozial sollte durch eine radikale Kollektivierung im ländlichen Raum, in dem 85% der Bevölkerung lebten, die Schaffung einer kommunistischen Gesellschaft rasch und umfassend verwirklicht werden,
– wirtschaftlich sollte – anders als beim Verbündeten Sowjetunion – die Industrialisierung auch den ländlichen Raum umfassen. Die Umsetzung der Wertvorstellungen Maos erfolgte wiederum dezentral. Die bereits bisher weitgehend autarken Landkreise wurden nun auch offiziell Basis des sozialen und wirtschaftlichen Lebens des größten Teils der chinesischen Bevölkerung. Alle rund 50.000 Kreise wurden als „Volkskommunen" konzipiert, die Dörfer zu „Produktionsbrigaden", in denen „Produktionsgruppen" die Arbeit im Kollektiv verrichteten. Jeder Ebene wurden bestimmte Aufgaben und Einrichtungen zugewiesen. Dabei nutzte man, dass bereits in den 1950er Jahren etwa ein Drittel der ländlichen Arbeitskräfte als unterbeschäftigt galt (vgl. *Schüller* 2000b, S. 136), die man einsetzte, um eine Infrastruktur aufzubauen. Dies geschah in verschiedenen Bereichen. Die Landwirtschaft wurde durch den Bau von Bewässerungsanlagen gefördert, die soziale Situation durch den Bau von Schulen und Krankenhäusern und einfachen Einrichtungen einer medizinischen Grundversorgung sehr verbessert. Verbindungsstraßen verknüpften zunächst die zentralen Orte, später diese mit den Dörfern.

Gleichzeitig sollte in den Dörfern auch eine industrielle Basis geschaffen werden. Angeblich wurden mehr als 1 Million „Hochöfen" errichtet, in denen Stahl produziert wurde. Vorgabe war, bereits im ersten Jahr der Kampagne (1958) die Stahlproduktion auf 10,7 Millionen Tonnen zu verdoppeln und am Ende des 2. Fünfjahrplanes (1962) die Produktion der USA zu erreichen (*Wang* 1997, S. 84). Die unter hohem Aufwand erzeugten Eisen- und Stahlprodukte waren meist unbrauchbar. Die Hochofen-Kampagne entzog der Landwirtschaft besonders zu den Saat- und Erntezeiten zu viele Arbeitskräfte. Im Zusammenwirken mit einer Dürre kam es zur wahrscheinlich größten Hungerkatastrophe der menschlichen Geschichte, in nur drei Jahren verhungerten zwischen 15 und 46 Millionen Menschen (*Teiwes* 2003, S. 274). Noch 1965 war die Pro-Kopf-Produktion an Nahrungsmitteln niedriger als 1957 (*Wei* 2000, S. 18).

Während sich die wirtschaftliche Situation der einzelnen Bauernfamilien wegen der staatlichen Lieferverpflichtungen der Produktion zu niedrigen Preisen kaum verbesserte, kam es durch die Schaffung sozialer Einrichtungen zu einem Anwachsen des „kollektiven Wohlstands" der Dörfer und Kreise.

ac) Der Ausbau einer „Dritten Front" (1964–1971)
Die Politik einer möglichst gleichmäßigen räumlichen Erschließung wurde abgewandelt, als man nach dem Bruch mit der Sowjetunion und der bestehenden Gegnerschaft zu den USA einen konzentrierten Angriff von der Küste her („1. Front") und aus dem Norden („2. Front") befürchtete. Man verlegte zahlreiche Betriebe in die zentralen Provinzen, um dort eine „3. Front" aufzubauen. Dabei gab es wegen des Vorrangs der militärischen Sicherung teilweise Vorgaben („Auf die Berge, unter die Erde"), welche die Produktionskosten stark erhöhten. Weil man zudem die Infrastruktur nicht ebenso rasch ausbaute, war auch dieses Vorhaben ein Misserfolg. Noch heute zählen zahlreiche dieser damals verlagerten und neu errichteten Industrieanlagen zu den Problemfällen (vgl. *Taubmann* 2003 b, S. 864).

ad) Die „Große Proletarische Kulturrevolution" (1966–1976)
Die Kulturrevolution hatte primär mit der Raumplanung nichts zu tun, raumwirksam wurde sie dennoch. Millionen Jugendlicher verließen während der politischen Kampagnen ihre Dörfer und Städte und lernten andere Teile des Landes kennen; über 16 Millionen Jugendliche wurden aus den Städten auf das Land geschickt (*Schoenhals* 2003, S. 412), um „von den Bauern zu lernen". Räumlich wirkte sich auch die Zerstörung einer Vielzahl von Kulturdenkmälern in Dörfern und Städten aus, ein Vorgang, der in seiner kulturellen Dimension noch kaum bewertet wurde. Sozial führten „revolutionäre Aktionen" zum Tod von Millionen Menschen, wirtschaftlich verarmten vor allem die Bauern.

Zusammenfassend kann man konstatieren, dass es in den ersten 30 Jahren des Bestehens der Volksrepublik China der Zentralgewalt gelang, ihre Macht in allen Teilen des Territoriums durchzusetzen. Die einzelnen Kampagnen der Kommunistischen Partei Chinas wurden landesweit durchgeführt; die Bevölkerung hatte ihnen zuzustimmen. Eine eigenständige Beteiligung der Menschen war auch nach dem ideologischen Selbstverständnis der Partei nicht vorgesehen. Die zentrale Raumplanung erstrebte eine Erschließung des gesamten Staatsraums, vor allem im Binnenland. Die Ergebnisse der staatlichen Raumplanung waren ernüchternd. Die sozioökonomischen Verhältnisse wurden zwar völlig umgewandelt, die beiden wichtigsten Ziele, der Aufbau einer kommunistischen Gesellschaft und eine erhebliche Verbesserung der ökonomischen Bedingungen der Menschen in Stadt und Land blieben jedoch trotz ungeheurer Belastungen der Menschen im Ansatz stecken. Allerdings entstand in Wirtschaft und Gesellschaft eine Struktur, die weiter entwickelt werden konnte.

b) Der Zeitraum 1980 bis zur Gegenwart (2005): Wirtschaftsreformen, Bevorzugung der Küste und Öffnung gegenüber dem Ausland

ba) Wirtschaftsreformen
1978 beschloss die Kommunistische Partei Chinas eine völlige Umkehr der Wirtschaftspolitik. Bereits ab 1980 wurden Ackerland, Weiden und Wald den Bauern zur privaten Bewirtschaftung überlassen und damit die Kollektivierung faktisch rückgängig gemacht. In der Industrie erfolgt seit Mitte der 1980er Jahre eine Reform der bisher allein in Gemeineigentum befindlichen Betriebe (Besitz des Staates, von Provinzen, Gemeinden, Kollektiven). Bereits 1994 hatten Kollektivbetriebe, vielfach auf dem Lande neu gegründet, im Produktionswert die Staatsbetriebe übertroffen, hinzu kamen in steigendem Maße Privatbetriebe. Staatsbetriebe werden zum Teil in Aktiengesellschaften umgewandelt, unproduktive sogar geschlossen. Im Zuge der Öffnung des Landes konnten sich auch Ausländer an Betrieben beteiligen oder welche gründen. Den umfassendsten Wandel erlebte der tertiäre Sektor. Aus ideologischen Gründen war er bis um 1980 vernachlässigt worden, danach entstanden gerade hier zahlreiche Arbeitsplätze. Um 2000 waren hier rund 200 Millionen Arbeitskräfte beschäftigt, fast viermal so viel wie 1980 (*Schüller* 2003, S. 163). Die „sozialistische Marktwirtschaft chinesischer Art" ist in der Praxis eine kaum eingeschränkte Marktwirtschaft, der Planwirtschaft kommt nur noch untergeordnete Bedeutung zu.

bb) Bevorzugung der Küstenregion

Die staatliche Raumplanung vollzog nicht nur in der Wirtschaftspolitik einen radikalen Wechsel, sondern auch bei der regionalen Schwerpunktsetzung. Die Ziele sowohl der vorrangigen Erschließung des Binnenlandes als auch der Konzentration auf Räume in abgelegenen Gebieten im Landesinnern wurden aufgegeben. Die Raumordnung ging nun von den bestehenden Verhältnissen aus, die sich seit Gründung der Volksrepublik trotz aller staatlichen Bemühungen nicht sehr geändert hatten: die Gebiete an der Küste waren von der Infrastruktur her besser erschlossen, hier war noch immer die Industrie konzentriert. Außerdem konnte in Ostchina die Öffnungspolitik mit der räumlichen Erschließung kombiniert werden. Die ausländischen Investitionen erfolgten nämlich vorwiegend im Küstenraum mit den Schwerpunkten im Perlflussdelta um Kanton (Guangzhou) und im Mündungsraum des Jangtsekiang um Shanghai.

Im 7. Fünfjahresplan, der 1986 in Kraft trat, wurde das Land in drei Wirtschaftsregionen eingeteilt (vgl. Abb. 3.2.1/1). Jede Region sollte bestimmte Aufgaben lösen. Die *östliche Wirtschaftsregion* umfasste die bestehenden wirtschaftlichen Zentren, vor allem die Agglomerationen Peking (Beijing) – Tianjin, Nanking (Nanjing) – Shanghai – Hangzhou und Kanton (Guangzhou) – Shenzhen. In der östlichen Wirtschaftsregion lagen auch alle Sonderwirtschaftszonen und fast alle „geöffneten Städte" und sonstigen Gebiete mit Sonderkonditionen für ausländische Investoren. Die bereits vorhandene Vorrangstellung vergrößerte sich dadurch noch. Betriebe wurden technologisch und im Management modernisiert, in der östlichen Wirtschaftsregion entstanden auch die meisten neuen Industrieanlagen, oft in eigenen Industrieparks. Die *zentrale Wirtschaftsregion* sollte im Bereich der Energieerzeugung ausgebaut werden, hier befinden sich die größten Kohle- und Erdölvorkommen. Diese Region wurde damit Zulieferer für die östliche Wirtschaftsregion. Nach der staatlichen Raumplanung sollte die *westliche Wirtschaftsregion* ebenfalls Lieferant für

Abb. 3.2.1/1:
Drei Wirtschaftsregionen
Quelle: *Böhn* 1987, S. 108.

Energie und Rohstoffe in die östliche Wirtschaftsregion werden, zudem war ein Ausbau der Landwirtschaft geplant.
Offiziell wurden die Wirtschaftsregionen bereits mit dem 8. Fünfjahresplan nicht mehr Grundlage der staatlichen Raumplanung, formal wurde zu Beginn des 21. Jahrhunderts eine neue Raumplanung verkündet, faktisch besteht die Dreiteilung weiter.

Tab. 3.2.1/1: Die drei Wirtschaftsregionen nach Fläche, Bevölkerung und BIP
Quelle: *Taubmann*, 2003, in: Das Große China-Lexikon, S. 604

	Ost	Mitte	West
Fläche	13 %	30 %	57 %
Bev.	42 %	35 %	23 %
BIP	60 %	27 %	13 %

Die Prozentwerte verdeutlichen die überragende Stellung des östlichen Wirtschaftsgebietes. Aus der Statistik wird aber auch deutlich, dass über die Hälfte der Bevölkerung, und das waren 2000 rund 700 Millionen Menschen, nicht im Gunstraum leben.

bc) Die Erschließung des Westens (seit 2001)
Zu Beginn des neuen Jahrhunderts wurde eine neue Zielsetzung der staatlichen Raumplanung verkündet. Sie erfolgt unter dem Schlagwort „Erschließung Westchinas" und soll im Zeitraum 2001 bis 2010 die Investitionen in die rückständigen Gebiete lenken. Westchina umfasst im Wesentlichen die bisherige westliche Wirtschaftsregion, denn zu den 10 Verwaltungseinheiten des früheren „westlichen Gebietes" kommt lediglich die Autonome Region Guangxi hinzu. Westchina nimmt damit rund 60% des Staatsgebietes ein; doch leben dort nur ein Viertel der chinesischen Bevölkerung.
Folgende Maßnahmen sind geplant (vgl. *China aktuell*, H. 5/2002, S. 499), sie werden hier kritisch kommentiert:
– Ausbau der Infrastruktur. Dies wird mit Ausnahme der zentralen Teile von Sichuan und Chongqing, in denen um 2000 rund 120 Millionen der 340 Millionen leben, wegen der dünnen Besiedlung sehr kostspielig.
– Umweltschutz und Sicherung der nachhaltigen Entwicklung. Hier sind konkrete Maßnahmen schwer zu erfassen, zudem führen Erschließungsmaßnahmen oft zu einer Belastung der Umwelt.
– Ausbau des Bildungswesens. Dies wird zu Recht als wesentlicher Schlüssel für den Erfolg angesehen, doch sind die westlichen Gebiete noch weit vom Bildungsstandard der Küstenregionen entfernt.
– Anwerbung ausländischer Direktinvestitionen. Auch dieses Vorhaben ist schwer zu verwirklichen, da sich die ausländischen Unternehmen lieber in den bereits erschlossenen Gebieten ansiedeln. Diese Auffassung wird auch dadurch gestützt, dass in der Praxis schon bisher für ausländische Investitionen im chinesischen Binnenland durch Verhandlungen mit den regionalen und lokalen Behörden erhebliche Vergünstigungen erzielt werden konnten und dennoch die meisten ausländischen Unternehmen im Küstengebiet investierten.

bd) Öffnung gegenüber dem Ausland
Chinas Führung hatte erkannt, dass es ohne die Hilfe des Auslands, genauer der westlichen Industrieländer, nicht möglich war, den Entwicklungsrückstand in absehbarer Zeit aufzuholen. Die Öffnung erfolgte in einzelnen Phasen, wobei man darauf achtete, die staatliche Kontrolle über die Entwicklung zu behalten. Zunächst (1980) wurden vier kleine „Sonderwirtschaftszonen" geöffnet, von denen besonders die an Hongkong grenzende Zone Shenzhen erfolgreich war. 1984 „öffnete" man 14 Küstenstädte, kurze Zeit später 33 wirtschaftliche und technische Entwicklungszonen (vgl. *Taubmann* 2003 b, S. 866). Mit der Insel Hainan wurde 1988 erstmals eine ganze Provinz vollständig für ausländische Investitionen geöffnet. Der offiziellen restriktiven Öffnungspolitik zum Trotz war es schon zu Beginn der 1990er Jahre ausländischen Investoren möglich, auch im Landesinnern von den dortigen Verwaltungen Vorzugskonditionen zu erhalten.

Die Bedeutung der Öffnung für den Aufschwung Chinas kann gar nicht überschätzt werden. Der Erfolg beruht darauf, dass beide Seiten davon profitierten. China bekam modernste Technologie, sehr große Mengen Kapital und die dringend notwendigen Managementqualifikationen. Die ausländischen Unternehmen investierten hunderte Milliarden US-$ in China, weil sie dort mit qualifizierten Arbeitskräften zu günstigen Bedingungen produzieren konnten, vor allem aber, weil sie den chinesischen Markt als langfristig äußerst aufnahmefähig ansahen. Die ausländischen Firmen brachten nicht nur Kapital und Wissen, sie sind auch bedeutsame Steuerzahler und tragen in erheblichem Maße zum Erfolg Chinas auf dem Weltmarkt bei. Der Außenhandel Chinas wuchs sprunghaft an, seit etwa 1990 erzielte China einen wachsenden Handelsüberschuss. Er wird in verstärktem Maße auch dazu genutzt, Firmen im Ausland aufzukaufen, Chinas Firmen drängen außerdem zunehmend auf den Weltmarkt. Aus dem Objekt globaler Investitionstätigkeit wird zunehmend ein aktiver „global player".

Alle diese Erfolge sind nur möglich, weil sich vor allem die westlichen Industriestaaten dem globalen Handel öffneten und z. B. hinnahmen, dass bei ihnen Millionen von Arbeitsplätzen verloren gingen, weil die Produktion unter anderem nach China verlagert wurde. Andererseits profitierte nicht nur China von der Verflechtung mit der Weltwirtschaft: Über 800 Millionen Menschen in den westlichen Industrieländern, dazu wahrscheinlich nochmals die gleiche Zahl in anderen Teilen der Welt können sich teilweise sehr hochwertige Waren leisten, weil die Erzeugnisse aus China preisgünstig sind.

Tab. 3.2.1/2: Entwicklung des Außenhandels
Quelle: China Statistical Yearbook 1999, Der Fischer Weltalmanach 2005, 2007

Jahr	Importe (Mrd. US-$)	Exporte (Mrd. US-$)
1980	20	18
1990	53	62
2000	225	266
2004	560	593

Die Zahlen verdeutlichen den sprunghaften Anstieg und sind unbedingt mit den jeweils neuesten verfügbaren Daten zu vergleichen um zu erkennen, wie stark China in kürzester Zeit zum aktiven Mitglied der größten Handelsmächte geworden ist. Stand die VR China bei den Exporten 1990 noch auf Rang 15, so nahm sie nur 10 Jahre später Rang 7 ein, und das bei einem starken absoluten Anstieg des Welthandelsvolumens (Der Fischer Weltalmanach, verschiedene Jahrgänge).

3.2.1.2 Raumstrukturen als Auswirkungen politischer und privater Wertvorstellungen

a) Der ländliche Raum
Wie in vielen Ländern der Welt sind auch die Dörfer in China regional sehr unterschiedlich (vgl. *Böhn* 1987, S. 259; *Müller* 1997, S. 327), so bestimmen z. B. vorhandenes Material (Holz, Lehm, weniger die örtlich vorhandenen Gesteine) sowie regional unterschiedliche Traditionen die Bauformen. Im Zusammenhang mit dem Entwicklungsthema werden hier vor allem die Veränderungen behandelt, welche die überkommene Dorfstruktur sowohl formal wie auch ökonomisch und sozial teilweise völlig umgestalteten. Wie die sozio-ökonomische Entwicklung, so vollzogen sich auch die räumlichen Veränderungen als Folge der politischen Wertvorstellungen in zwei Phasen: vor der Reform um 1980 und danach.
Die einschneidendste Maßnahme der ersten Phase war die 1956 durchgeführte Kollektivierung. Sie wirkte sich vor allem in der Flur aus, weniger in den dörflichen Siedlungen. Vielfach erweiterte man in Gemeinschaftsarbeit die landwirtschaftliche Nutzfläche, indem man Hänge terrassierte, Sumpfgebiete drainierte und Wälder rodete. Ebenfalls in Gemeinschaftsarbeit errichtete man umfangreiche Bewässerungsanlagen (Kanäle, Aquädukte, Pumpstationen). Die Dorfstruktur blieb baulich weitgehend unverändert, denn die Bauern waren zu arm, um sich neue Häuser zu errichten. Nur in größeren Dörfern entstanden für Bauernfami-

lien neue Häuser, die sich zeilenförmig am Rand der bisherigen Siedlung hinzogen (vgl. *Böhn* 1987, S. 257). Diese Bauten, aber auch die neuen Gemeinschaftsbauten wie Schulen, Sanitätsstationen bzw. kleine Krankenhäuser sowie kleinere Reparaturanlagen und Fabrikationsbetriebe, wurden nicht mehr aus luftgetrockneten Ziegeln errichtet, sondern stabil aus gebrannten Ziegeln, oftmals mit Betonelementen.

Seit der Wirtschaftsreform, d.h. seit den 1980er Jahren, haben sich die Dörfer in China in weiten Teilen stärker verändert als in vielen Jahrhunderten vorher (vgl. *Böhn/Müller* 1998, S. 39-41). Die nun möglichen ökonomischen Gestaltungsmöglichkeiten für den Einzelnen führten zu einer formalen, funktionalen und sozialen Differenzierung im ländlichen Raum (vgl. *Heberer/Taubmann* 1998). Diese wird wiederum großräumig durch die Lage zu Wirtschaftszentren vorgegeben:

aa. Die größte Dynamik entwickelte sich im Umland von Großstädten im Osten Chinas. Ein städtischer Markt mit hoher Kaufkraft ermöglichte den raschen Absatz hochwertiger landwirtschaftlicher Produkte wie Geflügel, Obst und Blumen.
   Die stadtnahen ländlichen Dörfer waren bevorzugtes Ziel für Investoren aus den städtischen Räumen. Daher entstanden hier zahlreiche Industrieanlagen, weil sie kostengünstiger als in den Städten angelegt und betrieben werden können. Das führte teilweise dazu, dass sich die Bewohner dieser Dörfer auf Verwaltungs- und Führungspositionen zurückziehen, die harte Arbeit wird durch Wanderarbeiter erledigt. In diesen Dörfern finden wir daher nicht nur die größte formale Dynamik (Neubauten, Siedlungserweiterungen) und die umfassendsten funktionalen Veränderungen (Spezialisierung der Landwirtschaft auf hochwertige Produkte, Industrialisierung), sondern auch die tiefgreifendsten sozialen Umbrüche: hier konnten arme Bauern in einer einzigen Generation zu Wohlstand aufsteigen (vgl. *Horn* 2005).

ab. Eine mittlere Dynamik erfolgt in den Dörfern, die vor allem im dichtbesiedelten Osten Chinas über immer besser ausgebaute Straßen in relativ kurzer Zeit einen städtischen Raum beliefern können. Da die Infrastruktur ständig ausgebaut wird, haben immer mehr Dörfer die Möglichkeit, einen kaufkräftigen Markt zu beliefern. Der dadurch zunehmende Konkurrenzdruck führt wiederum dazu, dass das Angebot in der Stadt sowohl an Quantität wie an Qualität wächst, die Preise für landwirtschaftliche Erzeugnisse aber verhältnismäßig niedrig bleiben.

ac. Dörfer, die im Westen Chinas liegen oder im Osten schlecht zu erreichen sind, stagnieren. Denn sie können den Markt nur mit wenig verderblicher Massenware wie Getreide (Reis, Weizen, Hirse) oder Industriepflanzen (Baumwolle, Raps) beliefern, wobei sich nur geringe Gewinne erzielen lassen. Solche Dörfer fallen schon äußerlich dadurch auf, dass sich die traditionelle Bausubstanz kaum verändert hat. Wo sich Neubauten finden, wurden sie oft durch Wanderarbeiter finanziert.

Besonders in den Dörfern in Stadtnähe und hier wiederum in den Küstengebieten kam es zu einem weitgehenden Abriss der alten Bausubstanz und zu umfassendem Neubau. Dabei wurden die traditionellen, regional unterschiedlichen Haus- und Hofformen völlig verändert.

War das traditionelle Wohnhaus auf dem Land eingeschossig und bestand aus drei Räumen, so sind die neuen Bauernhäuser mehrgeschossig und haben pro Geschoss mehrere Räume. Vielfach wurden zweigeschossige (also einstöckige) Neubauten aus gebrannten Ziegeln mit Stahlbetonstrukturen errichtet, man findet aber auch drei, ja sogar viergeschossige Bauernhäuser. Dabei kommen die privaten Wertvorstellungen voll zur Geltung. Modetrends wie Balkone oder kleine Türmchen auf dem Hausdach verdeutlichen den Wohlstand, ebenso die Verkleidung der Außenfront durch Kacheln. Die Siedlungsfläche wächst, denn trotz Verbot gehen Ackerflächen durch Neubauten verloren – die private Wertvorstellung des eigenen Hauses ist stärker.

Besonders im Osten Chinas entstanden am Rande vieler Dörfer Gewerbegebiete. Denn das Ziel der Regierung ist, die aus der Landwirtschaft ausscheidenden Arbeitskräfte im ländlichen Raum, etwa im Kreis, zu halten. „Den Acker verlassen, in der Heimat bleiben", lautete eine der Parolen. Der Aufbau einer Industrie im ländlichen Raum war teilweise sehr erfolgreich. Ende des 20. Jahrhunderts waren in rund 20 Millionen Industriebetrieben im ländlichen Raum (englische Bezeichnung: township factories) über 125 Mil-

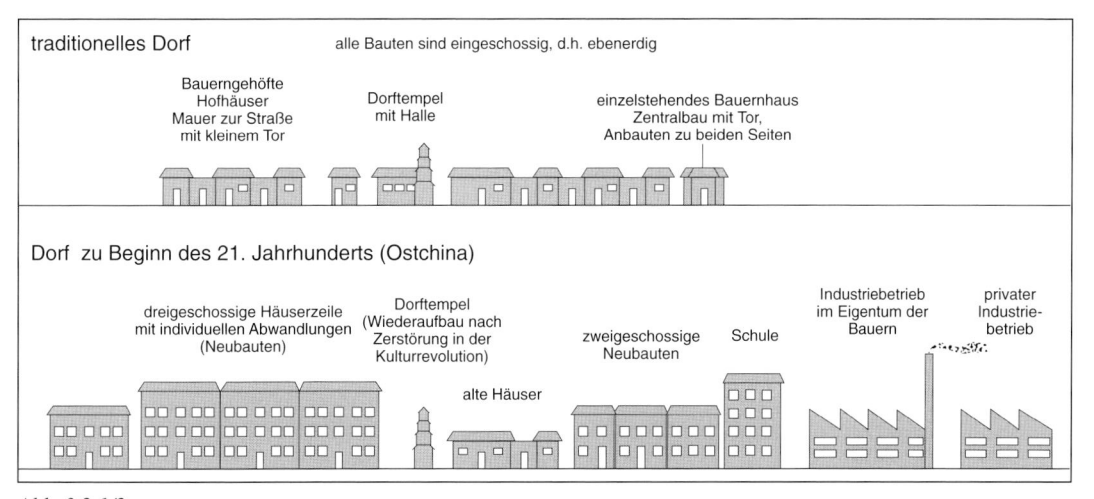

Abb. 3.2.1/2:
Schemazeichnungen der Umwandlung des chinesischen Dorfes (Aufriss). Oben: traditionelles Dorf, unten: Dorf zu Beginn des 21. Jahrhunderts im Osten Chinas
Eigener Entwurf

lionen Arbeitskräfte beschäftigt, sie trugen bereits damals über ein Viertel zum BIP bei (vgl. *Weigelin-Schwiedrzik* 2003).

b) Der städtische Raum

Im Gegensatz zu den regional unterschiedlichen Dorfformen ist die Anlage der chinesischen Stadt viel gleichförmiger. Die Konzeption entstand bereits in der Zhou-Dynastie (etwa 1000 v.Chr.). Die Stadt ist regelhaft angelegt, die Straßen kreuzen sich rechtwinklig. Im Zentrum der traditionellen chinesischen Stadt befand sich der Sitz der Verwaltung, entweder der lokalen bzw. regionalen Behörde oder der Kaiserpalast wie z. B. bei Peking, Xian und Hangzhou. Hier lagen weitere zentrale Gebäude: der Glockenturm und der Trommelturm für Zeitansage und Alarm sowie der Tempel des Stadtgottes und der Konfuziustempel.
Ein wichtiges Kennzeichen der traditionellen chinesischen Stadt waren Mauern. Eine hohe Mauer umgab nicht nur die ganze Stadt, auch die einzelnen Viertel waren ummauert. Noch heute sind fast alle Wohnblocks, Fabriken und Behörden von einer Mauer umgeben. Vom Aufriss her waren, anders als in Europa, die Gebäude in China fast alle eingeschossig. Lediglich die Häuser der Kaufleute hatten zwei Geschosse: im Erdgeschoss befand sich der Laden, im ersten Stock das Lager. Selbst die repräsentativen Bauten im Kaiserpalast sind nur eingeschossig, die imposante Höhe wird nicht durch zusätzliche Stockwerke erreicht sondern dadurch, dass statt eines Zimmers eine Halle errichtet wurde. Anders als in Europa, wo seit der Romanik immer wieder neue Bauformen und Stile entstanden, blieb die chinesische Stadt in Grund- und Aufriss bis in die 2. Hälfte des 20. Jahrhunderts fast unverändert.
Die traditionelle chinesische Stadt wurde in nur 40 Jahren in zwei Phasen fast vollständig umgewandelt. Die erste radikale Veränderung erfolgte in den 1950er und 1960er Jahren. In den meisten Städten wurden die Stadtmauern abgerissen, an ihrer Stelle entstanden Ringstraßen – es erfolgte die gleiche Entwicklung wie in Europa. Im Zentrum wurden nach sowjetischem Vorbild großflächige Aufmarschplätze angelegt (z. B. in Peking der „Platz des himmlischen Friedens"), repräsentative Bauten überragten die bisher fast ausschließlich eingeschossigen Häuser. Zum neoklassizistischen „Zuckerbäckerstil" aus der Zeit Stalins kamen als chinesische Attribute traditionelle geschwungene Dächer.
Ebenso wie in Europa wuchsen die Städte durch den Aufbau der Industrie, wobei das Wachstum sowohl der Bevölkerungszahl wie der Fläche geradezu sprunghaft war. Nach den Wertvorstellungen der Partei gehörte der Werktätige nicht nur während der Arbeitszeit zu seiner Betriebseinheit (chin. Danwei), diese

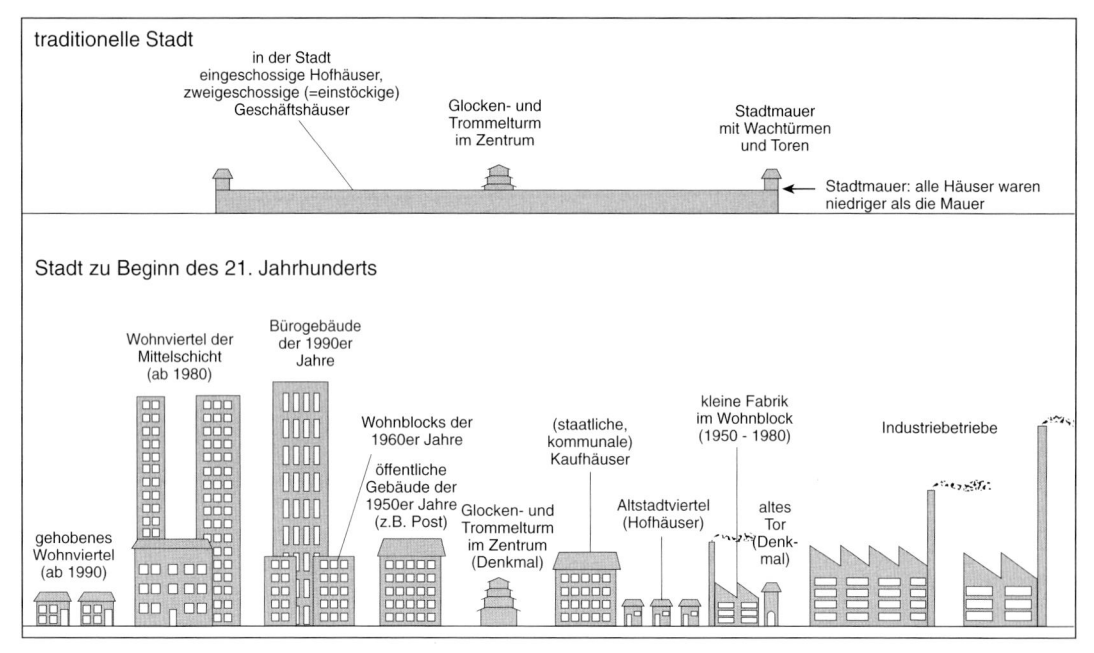

Abb. 3.2.1/3:
Schemazeichnung der Umwandlung der chinesischen Stadt (Aufriss). Oben: traditionelle chinesische Stadt, unten: chinesische Stadt zu Beginn des 21. Jahrhunderts
Eigener Entwurf

sorgte auch sonst für ihn. Daher wurden die großzügig angelegten Fabrikationsanlagen von weitläufigen Wohnbereichen umgeben, in denen wiederum zahlreiche soziale Einrichtungen (Kindergarten, Schule, Krankenhaus, Kino) geschaffen wurden. Besonders die größeren Industriekomplexe bilden mit den Einrichtungen für die Beschäftigten ganze Stadtteile.

Die zweite radikale Veränderung erfolgt seit der Wirtschaftsreform zu Beginn der 1980er Jahre und hat ihren Abschluss noch lange nicht erreicht. Die Innenstädte wurden durch architektonisch abwechslungsreiche Bauten modernisiert, vor allem Kaufhäuser und Bürogebäude prägen mit glitzernden Fassaden die Zentren. Häufig setzen im Zentrum moderne Hochbauten vertikale Akzente, wie wir sie in den Städten der USA und Japans finden. Die Neubauten verdrängen die überkommen Bausubstanz. Hochhäuser – auch für Wohnzwecke – nutzen den Raum wesentlich ökonomischer als die ursprünglichen eingeschossigen Bauten, denen es außerdem an der nötigen sanitären Infrastruktur mangelt. Der großflächige Abriss der traditionellen Bauten erinnert wieder an die Dynamik in Europa in der 2. Hälfte des 19. Jahrhunderts: wie in Europa werden nur wenige Gebäude als schützenswert beachtet, der Denkmalschutz nimmt allerdings in historischen Zentren an Bedeutung zu und führt zum Erhalt, ja teilweise (Peking, Xian) sogar zur Wiedererrichtung historischer Bauten. In den Randzonen der Innenstädte, besonders aber in den Außenbezirken entstanden ganze Hochhaus-Komplexe. Sie bilden heute gleichsam eine neue Mauer um die Städte, Zeugen der radikalen Wandlung.

Die bebaute Fläche chinesischer Städte dehnt sich seit den 1980er Jahren stetig aus. Die Dynamik kann man oft daran erkennen, dass bereits wieder eine neue autobahnähnliche Ringstraße angelegt wird, welche die gerade im Bau befindlichen Areale umschließt. Die neuen Viertel sind physiognomisch wie sozial sehr heterogen. Bestanden die Wohnviertel bis zu Beginn der 1980er Jahre vorwiegend aus gleichförmigen vier- bis sechsgeschossigen langgestreckten Blocks, so sind heute große formale Unterschiede zu erkennen, die wiederum auf sozialer Differenzierung beruhen. Neben vielgeschossigen Bauten für mittlere und höhere soziale Schichten finden sich besonders in Großstädten Wohnanlagen für gehobene Kreise. Sie bestehen aus lediglich zwei- bis viergeschossigen Einzelhäusern, die als gated communities in einer ummauerten parkähnlichen gestalteten Landschaft liegen.

Die ursprünglich klare Grenze zwischen Stadt und Umland verschwimmt immer mehr, seitdem Unternehmen ihre Anlagen gerne in großzügig konzipierten Gewerbeparks vor der geschlossen bebauten Stadtfläche errichten.

Die Zahl der Menschen, die in Städten leben, nahm von 50 auf rund 500 Millionen zu (Stand 2005). Zur städtischen Bevölkerung kommen noch über 100 bis 200 Millionen Arbeitskräfte vom Land, die nur temporär in der Stadt geduldet werden (vgl. Kap. 5.3).

3.2.1.3 Ökonomische Auswirkungen der Wertvorstellungen auf die Entwicklung Chinas

Für die Bewertung einer Entwicklungsstrategie sind vor allem die wirtschaftlichen Erfolge bedeutsam, die hier auf der nationalen Ebene erfasst werden.

a) Landwirtschaft

Bis zur Wirtschaftsreform um 1980 waren die landwirtschaftlichen Erträge, über größere Zeiträume gemessen, langsam gestiegen. Weil die Bevölkerung gleichzeitig anwuchs, wurde der Ertragszuwachs pro Kopf kaum wirksam. Die Regierung hatte das Ziel, eine Grundversorgung an Getreide zu sichern, dies wurde unter anderem durch eine rigorose Konzentration auf den Getreideanbau (Reis, Weizen Mais, Hirse) erreicht.

Tab. 3.2.1/3: Die Entwicklung der landwirtschaftlichen Produktion seit der Wirtschaftsreform
Quellen: China Statistical Yearbook, verschiedene Ausgaben; Webseite der Botschaft der VR China
htttp://www.china-botschaft.de

	Reis	Weizen	Fleisch	Milch	Obst
1980	140 Mio t	55 Mio t	8,5 Mio t	?	6,7 Mio t
1990	190 Mio t	98 Mio t	29,7 Mio t	4,4 Mio t	18,7 Mio t
2000	190 Mio t	99 Mio t	64,4 Mio t	7,8 Mio t	62,2 Mio t
2003	166 Mio t	86 Mio t	71,0 Mio t	21,8 Mio t	

Die Wirtschaftsreform führte zu einem sprunghaften Anstieg der Produktion. Chinas Erzeugung von Getreide, Baumwolle, Rapssamen, Tabak, Fleischwaren, Eiern, Wasserprodukten und Gemüse nahm bereits 2000 jeweils den ersten Platz der Welt ein. Da Agrarprodukte kaum exportiert werden, kam der Anstieg der eigenen Bevölkerung zugute. Neben der quantitativen Zunahme kam es zu einer statistisch nicht erfassbaren gewaltigen Steigerung der Qualität, auch dies für die Bevölkerung ein Gewinn. Schließlich lässt sich der wachsende gesellschaftliche Wohlstand auch in der Verschiebung der Ernährungsgewohnheiten erfassen: der Verzehr der Grundnahrungsmittel nahm pro Kopf der Bevölkerung ab (erkennbar an der stagnierenden Produktion bei wachsender Bevölkerung, vgl. Tab. 3.2.1/3), dagegen ist der Genuss von Fleisch, Obst und seit neuem Milch stark angestiegen. Statistisch hier nicht erfasst ist das wachsende Angebot an Blumen in den Städten, wiederum ein Beleg dafür, dass man über die Sicherung der Grundversorgung hinaus über Angebote und Mittel für eine höhere Lebensqualität verfügt.

b) Industrie

Die Industrie entwickelte sich seit der Wirtschaftsreform auch auf der Grundlage der umfassenden Nutzung reicher Rohstoffvorkommen (vgl. *Böhn* 2003b, S. 534 f.; dazu auch *Zhao* 1994). Wie bei der Landwirtschaft kam es sowohl zu einer Produktionssteigerung wie auch zu einer Verbesserung der Qualität. Hinzu kommt, und das ist für ein Entwicklungsland entscheidend, eine Vervielfachung der Produktionspalette, der Trend geht zu immer hochwertigeren technischen Produkten. Durch die umfassende Übernahme westlicher Technologien konnte die chinesische Industrie nicht nur im Bereich der Schwerindustrie, sondern bald auch im Bereich der Konsumgüterindustrie einen hohen Rang erreichen. Seit 1996 nehmen die Produktionsvolumen von Stahl, Kohle, Zement, Kunstdünger und Fernsehapparaten jeweils den ersten Rang in der Welt ein. Wie rasch China neue Technologien übernimmt, sei am Beispiel des Handy aufgezeigt: Wurden im Jahr 2000 52 Millionen Mobiltelefone hergestellt, so waren es im Jahre 2002 bereits 121 Millionen (www.china-botschaft.de), China wurde in kurzer Zeit das Land mit den meisten Mobiltelefonen der Welt (2004: China 270 Mio, USA 160 Mio; Der Fischer Weltalmanach 2007, S. 707).

Seit der Wirtschaftsreform bestehen in der Industrie unterschiedliche Eigentumsformen nebeneinander. Gab es vor 1980 nur staatliche und kollektive Unternehmen (78% bzw. 22% aller Unternehmen), so überwiegen heute die nichtstaatlichen Unternehmen. Berücksichtigt man nur größere Firmen (ab 5 Mill. Yuan Jahresumsatz), so waren um 2003 etwa die Hälfte aller Industrieunternehmen staatlich (53%), 9% gehören Kollektiven (u.a. auf dem Land) und nur 36% privat, hierzu gehörten auch die Unternehmen von Ausländern oder mit ausländischer Beteiligung (www.china-botschaft.de).

Die größten Probleme in der Industrie bestehen darin, dass der Strukturwandel sehr schwierig durchzuführen ist (vgl. *Böhn* 2001, S. 90–91). Vor allem die staatlichen Konzerne sind teilweise völlig überschuldet, außerdem entlassen sie Millionen Arbeitnehmer, die bisher durch die politischen Wertvorstellungen sozial voll abgesichert waren. Dies führt immer wieder zu Unruhen.

Tab. 3.2.1/4: Chinas Industrieproduktion im Weltmaßstab (Stand 2000 bzw. 2001)
Quelle: Fischer Weltalmanach 2004; Anteile an der Weltproduktion: Der Spiegel, 42/2004, S. 114 f

Fernsehgeräte		Kühlschränke	
1. China	50 Mio	1. China	12,1 Mio
2. Korea	16	2. USA	11,7
3. Hongkong	13	3. Italien	6,5
Schuhe	50% der Weltproduktion		
Spielwaren	70%		
DVD-Player	80%		

Die hier aufgelisteten Daten werden durch die Entwicklung rasch überholt und dienen primär dem Aufzeigen einer dynamischen Zunahme, wenn man die neuesten verfügbaren Daten damit vergleicht.

Ein gravierendes Problem besteht in der Tatsache, dass chinesische Firmen technische Innovationen vielfach illegal kopieren und teilweise mit billigen Imitationen nicht nur den ausländischen Konkurrenten vom heimischen Markt verdrängen, sondern auch auf dem Weltmarkt mit dem Originalprodukt konkurrieren. Chinesische Unternehmen kaufen im Ausland nicht nur Technologien, ja ganze Betriebe auf, zunehmend werden sie selbst im Ausland tätig. Damit vollziehen sie den Schritt vom Entwicklungsland zum Industrieland auch in diesem Bereich.

c) Tertiärer Sektor

Dieser Wirtschaftssektor wurde bis zur Reform um 1980 aus ideologischen Gründen vernachlässigt. Genaue Zahlen sind hier kaum zu erhalten, da gerade in diesem Bereich die statistischen Zuordnungen wechseln und sich z. B. viele Kleinhändler einer Erfassung entziehen. Die offizielle Statistik ermöglicht jedoch, Entwicklungen zu erkennen.

Die Entwicklung der Wirtschaftssektoren verdeutlicht den Strukturwandel der chinesischen Wirtschaft, zeigt aber, dass China mit der Hälfte aller Beschäftigten in der Landwirtschaft noch immer ein Entwicklungsland ist.

Seit 1994 arbeiten mehr Kräfte im Dienstleistungssektor als in der Industrie (China Statistical Yearbook 1999, S. 134). Noch eindrucksvoller als die trockenen Zahlenangaben verdeutlicht ein Blick auf Straßen und in Geschäfte umfassende Vielfalt und steigende Qualität des Angebots, hinzu kommen immer differenziertere Dienstleistungen, wie etwa der Bereich Tourismus belegt.

Tab. 3.2.1/5: Die Entwicklung der Wirtschaftsektoren
Quellen: China Statistical Yearbook, versch. Ausgaben; Der Fischer Weltalmanach 2004/2007

	BIP (Mrd. Yuan)	Anteil Landwirtschaft (%)	Anteil Industrie und Baugewerbe	Anteil tertiärer Sektor
1980	452	30 %	49 %	21 %
1990	1855	27 %	42 %	31 %
2000	8932	16 %	51 %	33 %
2004	13658	27 %	44 %	29 %
Beschäftigte 2000	100%	53 %	20 %	27 %

3.2.1.4 Soziale Auswirkungen der Politik

Entscheidend für die Bewertung einer Entwicklungsstrategie sind letztlich die Auswirkungen für den Einzelnen, hier vor allem im wirtschaftlichen und sozialen Bereich. Bis zur Wirtschaftsreform wurden die sozialen Beziehungen vor allem durch die Wertvorstellungen der jeweiligen Politik bestimmt, denn die Kommunistische Partei beeinflusste sowohl im Betrieb wie auch im Wohnumfeld den Alltag der Menschen. Seit der Wirtschaftsreform bestimmt nicht die Ideologie, sondern der materielle Erfolg weitgehend den sozialen Stellenwert.

a. Die sozialen Verhältnisse haben sich wesentlich gebessert. Das gilt besonders für die Situation in der Stadt, aber auch – wenngleich sehr unterschiedlich – für die im ländlichen Raum. Statistiken belegen, dass die Ausstattung mit Gütern des täglichen und auch des gehobenen Bedarfs besonders in den 1990er Jahren sprunghaft anwuchs und teilweise den Ausstattungsgrad von Industriegesellschaften erreicht. Trotz einer hohen Sparquote kaufen Chinesen nicht nur qualitativ hochwertigere Lebensmittel, etwa mehr Fleisch, sie erwerben auch größere Wohnungen und statten diese mit langlebigen Konsumgütern aus (vgl. auch die positiven Prognosen der Weltbank: World Bank 1997). Die Verbesserung der sozialen Situation hat sehr viel zur politischen Stabilität beigetragen. Auch diejenigen, die noch wenig am sozialen Fortschritt teilhaben, erhoffen einen sozialen Aufstieg in der Zukunft.

Eine Statistik des Besitzes an langlebigen Konsumgütern (vgl. Tab. 3.2.1/6 und Kap. 4.6, M 14) belegt einen schon recht umfassenden Versorgungsgrad. Wenn die Statistik auch mit Vorsicht zu betrachten ist, so werden doch Entwicklungen erkennbar. Besonders in der Stadt ist auch bei teuren Produkten teilweise eine Marktsättigung erreicht. Die Situation auf dem Land hat sich wesentlich verbessert, doch besteht gegenüber der Stadt noch ein großer Nachholbedarf.

Tab. 3.2.1/6: Besitz an langlebigen Konsumgütern
Quelle: www.china.org.cn/german/ger.shuzi2003/rm/biao/10-25.htm

Posten Jahr	ländliche Haushalte 1985	2000	städt. Haushalte 1985	2000
Waschmaschine	2	30	48	93
Kühlschrank	0	15	7	82
Farbfernseher	1	60	17	126

b. Rechtliche Unsicherheit bedroht die politische Stabilität. Nach Meinung führender Persönlichkeiten der Kommunistischen Partei Chinas ist die Korruption die größte Bedrohung des sozialen Friedens, damit auch des Machtmonopols der Partei. Korruption ist auf allen Ebenen zu finden. Zwei Beispiele: Behördenvertreter bzw. Parteikader erheben vielfältige „Abgaben", die sie selbst behalten und sie leiten Finanzmittel der Zentrale nicht an ihre Empfänger weiter. International bekannt wurde dieser

Tatbestand etwa beim Bau des Drei-Schluchten-Dammes: Mittel der Zentralregierung zur Umsiedlung erreichten nur zu einem kleinen Teil die Betroffenen. Die Korruption und die damit verbundene Rechtsunsicherheit – man kann nicht einplanen, welche Abgaben zu leisten sind – können als entscheidendes Hindernis für die weitere wirtschaftliche und soziale Entwicklung angesehen werden. Denn durch die Fehlhandlungen der Behörden und Parteikader wächst die Erbitterung weiter Bevölkerungskreise. Sie macht sich, besonders auf dem Land, oftmals in spontanen gewaltsamen Protesten Luft.

c. Die sozialen Unterschiede nehmen ständig zu, auch dies ist eine Bedrohung des sozialen Friedens und damit der politischen Stabilität. Bis zur Wirtschaftsreform um 1980 verfolgte die Kommunistische Partei das Ziel, China in eine egalitäre Gesellschaft umzuformen. Besonders die Kulturrevolution sollte alle sozialen Unterschiede aufheben. Seit den Reformen zu Beginn der 1980er Jahre haben die Unterschiede zwischen arm und reich drastisch zugenommen. Die Einkommen der ländlichen Bevölkerung bleiben immer weiter hinter denen der städtischen zurück (vgl. *Böhn* 2003a, S. 52–56; *Böhn* 2005). China gilt zu Beginn des 21. Jahrhunderts als einer der Staaten mit den größten sozialen Disparitäten. Das Überangebot an Arbeitskräften hat dazu geführt, dass soziale Ausbeutung in einem ungeahnten Ausmaß verbreitet ist. Sozialleistungen werden vor allem an Wanderarbeiter kaum bezahlt, die Hygienestandards, die Sicherheits- und die Gesundheitsvorschriften werden in vielen Betrieben sträflich vernachlässigt. Das belegen u. a. die hohen Unfallziffern (vgl. *Chen/Wu* 2006).

Die sozialen Disparitäten werden hingenommen, solange Menschen glauben, dass sie durch harte Arbeit zu ihren Gunsten verändert werden können oder solange keine Aussicht auf Änderung besteht, weil die Machtverhältnisse eindeutig sind. Dies ist zu Beginn des 21. Jahrhunderts in China (noch) der Fall. Langsam entsteht ein Mittelstand. Das zeigt sich am Besitz von Konsumgütern, an Investitionen in Wohnungen und zunehmend an touristischen Auslandsreisen. Gelingt es, diesen Mittelstand auszubauen, die Korruption einzudämmen und die Rechtssicherheit zu gewährleisten, dürfte die soziale Stabilität gesichert sein.

3.2.1.5 Bevölkerungspolitik, Bevölkerungsentwicklung und Migration

Abschließend wird zur Bewertung der Entwicklung in China der Themenbereich Bevölkerung beleuchtet, gilt er doch nicht nur für die chinesische Regierung als ein entscheidender Faktor für die sozio-ökonomische Zukunft des Landes. Während die Kommunistische Partei Chinas ihre Politik auch im Hinsicht auf ein Bevölkerungswachstum mehrfach änderte, werden die Wertvorstellungen der Bevölkerung besonders im ländlichen Raum noch sehr von der Tradition bestimmt. Sie folgen denen der politischen Führung nur langsam.

Tab. 3.2.1/7: Bevölkerungsentwicklung 1950 bis 2005
Quellen: Bis 1990 Statistical Yearbook 1998, für 2000: Fischer Weltalmanach 2004. 1950 und 1960: Werte statistisch für 1952 und 1962 erfasst, eigene Rückrechnung. Lebenserwartung: Bis 1990 nach Scharping, 2003, S. 84, für 2000: Fischer Weltalmanach 2004, für 2005: Fischer Weltalmanach 2007 Fortschreibung. Werte gerundet.

Jahr	Geburtenrate (0/00)	Sterberate (0/00)	Geburtenüberschuss (0/00)	Bevölkerung (Mio Einw.)	Lebenserwartung (Jahre)
1950	37	17	20	550	33
1960	37	10	27	660	25
1970	33	7	26	830	61
1980	18	6	11	990	68
1990	21	7	14	1150	69
2000	15	7	8	1270	70
2005	11	6	5	1310	72

Deutlich wird, dass trotz einer Abnahme der Geburtenrate die Bevölkerung weiterhin relativ rasch wächst. Das liegt daran, dass die geburtenstarken Jahrgänge in das heiratsfähige Alter kommen. Auch wenn sie we-

niger Kinder haben als frühere Generationen, wächst zunächst die Bevölkerung. Aus der Tabelle ist wegen der Zeitphasen nicht erkennbar: Die Geburtenrate fiel von 1990 bis 2000 stetig.
Der rasche Anstieg der Lebenserwartung führt ebenfalls trotz einer Abnahme der Geburtenrate zu einem Bevölkerungswachstum. Bei einer sinkenden Geburtenrate droht eine Überalterung (vgl. Deutschland).

a) Die Bevölkerungspolitik

Als die Kommunisten 1950 das gesamte Festland erobert hatten, ging es zunächst darum, die durch Krieg und Bürgerkrieg zerrüttete Wirtschaft wieder aufzubauen und dann möglichst rasch zu entwickeln. Der Bevölkerungsentwicklung schenkte man keine große Aufmerksamkeit. Zum einen war die Zuwachsrate gering – einer hohen Geburtenzahl stand eine hohe Sterblichkeit gegenüber – zum anderen wurden Arbeitskräfte dringend gebraucht. Damals wurde argumentiert, jeder Mensch habe zwar einen Mund, aber zwei Hände. Mao vertrat die Ansicht, die Revolution löse durch eine Produktionssteigerung alle Probleme (*Scharping* 2003a, S. 87).

Nach der Katastrophe des „Großen Sprung nach vorn" wurde die Bevölkerungspolitik geändert und eine „2-Kind-Familie" propagiert. 1979 wurde die „1-Kind-Familie" als Ziel verkündet. Seit 1984 sind Ausnahmen besonders auf dem Lande zugelassen, seit 2004 in einigen Städten, z. B. in Shanghai. So ist auf dem Land ein zweites Kind erlaubt, vor allem, wenn das erste ein Mädchen ist – eine Konzession an die traditionellen Wertvorstellungen von der Höherwertigkeit des Sohnes. In Städten ist dann ein zweites Kind erlaubt, wenn beide Elternteile aus einer 1-Kind-Familie stammen.

Die staatliche Bevölkerungspolitik wurde auf zweierlei Weise umgesetzt

aa. Direkte Durchführung durch eine rigorose Überwachung der gebärfähigen Bevölkerung und ein System von Belohnungen und Sanktionen. So gab es auf den Dörfern und in den Wohnvierteln der Städte eigene Beauftragte für die Bevölkerungsentwicklung. Ein Geburtenplan der Arbeitseinheit legte ge-

Abb. 3.2.1/4:
Materielle Nachteile durch mehrere Kinder
Quelle: *Wang* 1997, S. 57

nau fest, wer wann ein Kind haben durfte – Verstöße wurden durch individuelle und kollektive Sanktionen geahndet. Nach Aussagen in- und ausländischer Beobachter wurden viele Frauen zur Abtreibung gezwungen, nach Darstellungen von Bevölkerungsbeauftragten geschah eine Beeinflussung vor allem der Frauen stärker durch psychologische Überredungen und die Androhung materieller Verluste als durch direkten Zwang.

ab. Indirekte Umsetzung durch hohe Kosten für Kinder, die so – wie in westlichen Industrieländern – zu einer finanziellen Belastung für die Eltern werden. Dazu dienen unter anderem beträchtliche Aufwendungen für Unterrichtsmittel und sehr hohe Gebühren bei einer weiterführenden Bildung, etwa einem Universitätsstudium.

Nicht mehr die Tradition, sondern die materielle Situation soll über die Kinderzahl entscheiden (vgl. Abb. 3.2.1/4).

Bereits in den 1980er Jahren appellierte die staatliche Bevölkerungspolitik weniger an das Verantwortungsbewusstsein der Familie gegenüber der Nation, sondern hob die materiellen Vorteile für die einzelne Familie heraus. Mit dem „1-Kind-Zertifikat" waren zahlreiche Vergünstigungen verbunden, etwa bei der Versorgung mit Bekleidung. Zu Beginn des 21. Jahrhunderts wurde betont, die 1-Kind-Familie diene u.a. auch der Erhaltung der Gesundheit der Mutter – eine Aufwertung der Stellung der Frau.

In der wissenschaftlichen wie auch vereinzelt in der politischen Diskussion werden bereits die negativen Folgen der staatlichen Bevölkerungspolitik diskutiert: Chinas Bevölkerung wird in wenigen Jahrzehnten überaltern. Welche Auswirkungen das auf ein soziales Sicherungssystem hat, das gerade erst im Aufbau befindlich ist, kann noch nicht abgeschätzt werden.

b) Das generative Verhalten der Bevölkerung

China war bis in die 1950er Jahre weitgehend eine Agrargesellschaft, in der traditionelle Wertvorstellungen weiter wirkten, auch wenn sie von der Kommunistischen Partei über Regierungsverordnungen und politische Kampagnen bekämpft wurden. Familie und Sippe kamen hohe Bedeutung zu, wobei die Verehrung der Ahnen nur durch Söhne erfolgen konnte. „Es galt als pietätlos gegenüber seinen Vorfahren, wenn man keinen Sohn hatte" (*Wang* 1997, S. 50). Die Bevölkerung im ländlichen Raum, die 1950 fast 90% der Gesamtbevölkerung Chinas betrug und auch 2000 mit rund 70% (und über 870 Millionen Menschen) noch immer den größten Teil ausmacht, ist (wie überall auf der Welt) konservativer als die städtische Bevölkerung. Die staatliche Bevölkerungspolitik konnte daher auf dem Land wesentlich weniger umfassend durchgesetzt werden.

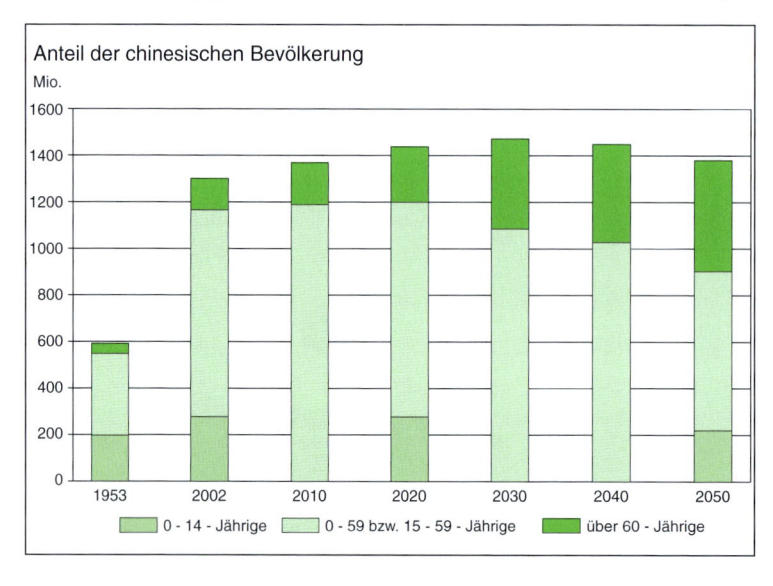

Abb. 3.2.1/5:
Das Problem der kommenden Überalterung der chinesischen Bevölkerung
Quelle: *Schucher* 2005, S. 25

Wie stark traditionelle Wertvorstellungen noch immer eine Rolle spielen, zeigt sich am Verhältnis der Geschlechter. Söhne haben einen höheren Wert. Aus diesem Grund und auch wegen der offiziell bekämpften Abtreibung von Mädchen herrscht in China ein beträchtlicher Überschuss an Männern, er betrug etwa 2000 120 männliche auf 100 weibliche Geburten, weltweit beträgt das Verhältnis 107:100 (*Schucher* 2005, S. 25). In der städtischen Bevölkerung trat ein Wertewandel ein. Die 1-Kind-Familie wird weitgehend akzeptiert. Das Einzelkind erleichtert der Frau die nach den Wertvorstellungen des Sozialismus gewünschte Berufstätigkeit (vgl. dagegen die Wertvorstellungen traditioneller islamischer Gesellschaften). Für dieses Kind wurde bereits 1993 etwa die Hälfte des Familieneinkommens ausgegeben (*Johansson* 2003, S. 392), in der Presse und in Gesprächen ist die Verwöhnung der Einzelkinder („Kleine Kaiser") ein beliebtes Thema.

c) Migration

Derzeit findet in China wohl die größte Bevölkerungswanderung der Geschichte statt. Die genaue Zahl ist unbekannt, Schätzungen reichen von 100 Millionen bis zu 200 Millionen Menschen, die ihre Dörfer verließen (Stand 2005). Über zwei Drittel überschritten bei ihrer Wanderung die Provinzgrenzen, die Hälfte wanderte aus dem Binnenland in die Küstenregionen. Im Zusammenhang mit der Thematik „Entwicklung" geht es weniger um die Wanderungsbewegung selbst (vgl. dazu *Giese* 2002), als um die Auswirkungen, die sie auf die sozio-ökonomische Entwicklung in China hat. Auch hier lassen sich wieder die beiden Polaritäten aufzeigen: die zwischen der politischen Führung und der Bevölkerung und die zwischen Abschließung und Öffnung gegenüber dem Ausland.

Nach einer ersten Phase der Land-Stadt-Wanderung in den 1950er Jahren, die durch die zugewanderten Arbeitskräfte den Aufbau einer Industrie erst ermöglichte, unterband die Regierung die Zuwanderung in die Stadt rigoros. Im Gegenteil, während der Kulturrevolution wurden Millionen Menschen aus der Stadt aufs Land verschickt. Die große von den Menschen selbst initiierte Migration begann erst mit dem Wirksamwerden der Wirtschaftsreform ab etwa 1980: die Regierung gab die Unterdrückung der Mobilität auf und überließ es den Menschen, in wirtschaftlich weiter entwickelte Gebiete zu wandern. Durch die Öffnung gegenüber dem Ausland und die wirtschaftliche Liberalisierung entwickelte sich die Wirtschaft besonders in den Küstengebieten so sehr, dass sie die Millionen zugewanderter Arbeitskräfte aufnehmen konnte.

Die ökonomischen Vorteile der Migration lassen sich wie folgt zusammenfassen:
– Die Menschen, die aus dem ländlichen Raum in die Ballungsräume ziehen, verdienen dort wesentlich mehr als in ihrer Heimat.
– Die Menschen aus dem ländlichen Raum verdienen in den Städten und Ballungsräumen erheblich weniger als dort Ansässige. Deswegen werden sie gerne eingestellt.
– Durch die Beschäftigung von Billiglohn-Arbeiterinnen und -Arbeitern erniedrigen sich die Kosten für die Betriebe, sie werden dadurch konkurrenzfähiger.
– Menschen aus dem ländlichen Raum übernehmen die Arbeiten, die von den Einheimischen nicht mehr gerne geleistet werden.
– Wanderarbeiter in den Städten ersparen sogar noch von ihren (im Verhältnis zu den Städtern niedrigeren) Löhnen und senden Gelder und Güter in ihre Heimat. Dadurch können dort Angehörige überleben, es ist sogar eine Anhebung des dortigen (niedrigen) Lebensstandards möglich.
– Wanderarbeiter erlernen in Städten und Ballungsräumen neue Technologien, außerdem ersparen sie Kapital. Wenn sie in ihre ländliche Heimat zurückkehren, können sie dort einen Innovationsprozess auslösen.

Diesen Vorteilen stehen erhebliche Nachteile gegenüber, von denen nur die wichtigsten genannt sein sollen:
– Die Migranten aus dem ländlichen Raum werden (im Verhältnis zu Arbeitskräften aus der Stadt) unterbezahlt, sie erhalten außerdem weniger Sozialleistungen.
– Migranten aus dem ländlichen Raum werden nur so lange beschäftigt, wie sie für ein Vorhaben benötigt werden. Zudem ist ihr Arbeitsplatz immer gefährdet, weil weitere Menschen vom Land in die Stadt drängen, die ihre Arbeitskraft noch billiger anbieten.

– Migranten aus dem ländlichen Raum haben an ihrem Arbeitsort kaum politischen Rechte, sie können meist einfach abgeschoben werden.
– Die soziale Situation der Migranten ist teilweise sehr schlecht. Sie müssen in überfüllten einfachen Quartieren leben, die Arbeitszeiten sind lange, der Arbeitsschutz wird teilweise vernachlässigt, soziale Kontakte sind beschränkt, die Verbindung zur Heimat ist für längere Zeit unterbrochen.

Insgesamt hat sich bis zu Beginn des 21. Jahrhunderts die Migration positiv auf die Entwicklung in China ausgelöst. Der wachsenden Beschäftigung im sekundären und tertiären Sektor stehen genug Arbeitskräfte zur Verfügung, die auch für einen geringeren Lohn arbeiten. Für die Migranten hat sich die finanzielle Situation (wenn auch nicht die soziale) verbessert. Vor allem aber hoffen sie, dass sich auch ihre soziale Lage zum Positiven ändert, ob sie nun in ihrem derzeitigen Umfeld auch sozial aufsteigen oder ob ihnen das nach ihrer Rückkehr gelingt. Diese Hoffnung ist ein wesentlicher Grund für die politische Stabilität trotz krasser sozialer Unterschiede.

3.2.2 Indien – Auswirkungen des Bevölkerungswachstums auf Gesellschaft, Wirtschaft und Umwelt *(Ulrich Bichsel und Rudolf Kunz)*

Das Schwellenland Indien ist eine der großen Industrienationen der Welt und wies im Jahre 2001 27 Millionenstädte auf. Andererseits leben immer noch mehr als 70% der Bevölkerung im ländlichen Raum, dessen Ökonomie weitgehend durch die Landwirtschaft bestimmt wird. Das prozentuale Bevölkerungswachstum nimmt zwar ab, trotzdem hat die Bevölkerung um die Jahrtausendwende die Milliardengrenze überschritten. Die dadurch beeinflussten Bereiche sollen dargestellt und im Hinblick auf zukünftige Prozesse beurteilt werden.

3.2.2.1 Die Bevölkerungsentwicklung (Ulrich Bichsel)

a) Die Bevölkerungsentwicklung in den letzten 100 Jahren
Im Subkontinent leben Anfang des 21. Jahrhunderts eine Milliarde Inder (vgl. Abb. 3.2.2/1). Die absolute Zunahme der Bevölkerung ist sehr groß und stellt Indiens gesamte sozioökonomische Entwicklung in Frage. Der jährliche Zuwachs betrug im vergangenen Jahrzehnt 18,1 Mio. und entspricht somit der Bevölkerung von Nordrhein-Westfalen (18 Mio.). Er ist deutlich höher als die gegenwärtige Bevölkerung von Österreich und der Schweiz zusammen (15,2 Mio.). Dieser Zuwachs bedingt, dass beispielsweise jährlich mindestens eine halbe Million Lehrer zusätzlich ausgebildet, sieben bis acht Millionen neue Arbeitsplätze oder drei bis vier Millionen Wohnungen gebaut werden müssten.
Bis 1921 stagnierte die Bevölkerung Indiens. Hungersnöte (1876/78 forderte eine Hungersnot 5 Mio. Opfer), Epidemien (1918 starben 18 Mio. Menschen nach einer Grippeepidemie) und tropische Krankheiten traten regelmäßig auf und bewirkten in einzelnen Zensusperioden sogar einen Rückgang der Bevölkerung. Die entscheidende Wende in der Bevölkerungsentwicklung Indiens zeichnete sich in den zwanziger Jahren ab. Bessere hygienische Verhältnisse, sauberes Trinkwasser, der gezielte Ausbau des Gesundheitswesens, verbunden mit einer Bekämpfung von vielen tropischen Krankheiten und die bessere Verteilung von Nahrungsmitteln im Falle von Hungersnöten führten zu weniger Erkrankungen und einem Rückgang der Säuglings- und Müttersterblichkeit. Dabei mögen zum Erfolg exogene und endogene Bemühungen beigetragen haben. Da sich die Geburtenrate erst später in viel bescheidenerem Masse reduzierte, wuchs die Bevölkerung Indiens seither unaufhaltsam. Mit großer Erleichterung stellen die indischen Politiker seit der Volkszählung 1981 fest, dass sich die Zuwachsrate vermindert hat und somit die seit der Unabhängigkeit bestehende staatliche Familienplanung gewisse Erfolge vorweisen kann.

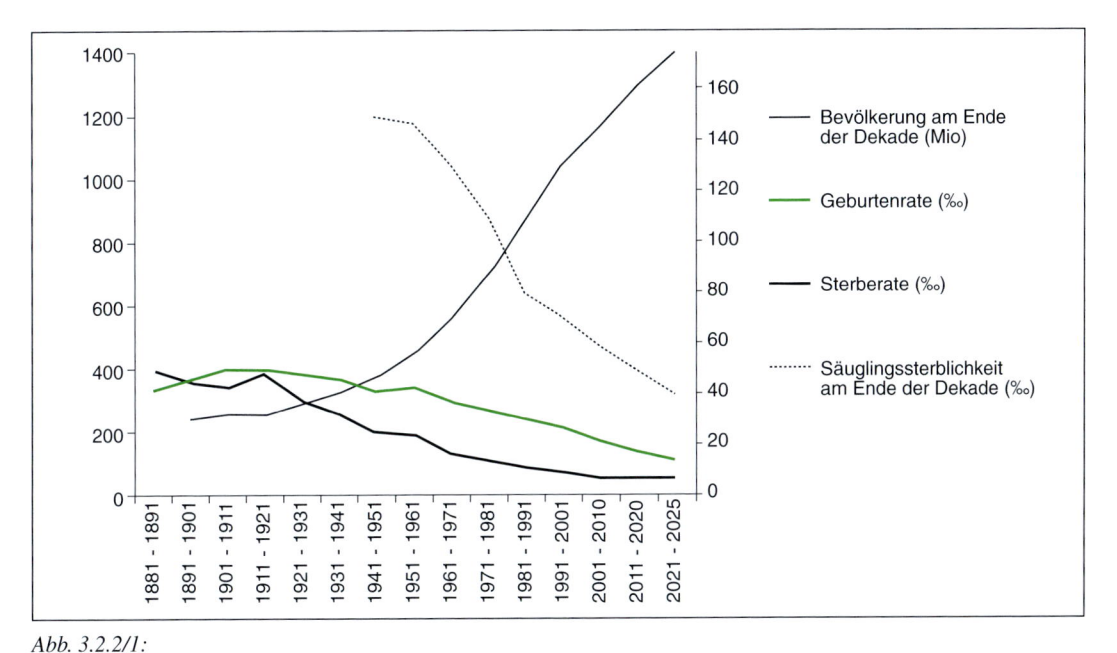

Abb. 3.2.2/1:
Die Bevölkerungsentwicklung
Daten aus: *Bichsel/Kunz* 1982, S. 62. Census of India 2001.5. India 2002, S. 220. Entwurf: *Bichsel*

Die nach wie vor hohe Kinderzahl einer Familie ist einerseits durch Tatsachen bedingt, welche nur auf Indien zutreffen, andererseits durch Phänomene bedingt, welche generell auf Entwicklungsländer zutreffen. Die typisch indischen Ursachen sind in der folgenden Zusammenstellung zuerst aufgeführt.
– Für viele rituelle Handlungen braucht man einen Sohn. So wird beispielsweise der Holzstoß bei der Kremation eines Hindu durch den ältesten Sohn angefacht und werden die sterblichen Reste nach einer Kremation durch den ältesten Sohn eingesammelt und in einen Fluss gestreut.
– Die Verheiratung einer Tochter ist eine äußerst kostspielige Angelegenheit. Das so genannte *dowry*, eine Art Mitgift für die Eltern des Bräutigams, erreicht oft die Größenordnung des Jahreseinkommens einer Familie. Die indische Durchschnittsfamilie gibt für Geschenke bei festlichen Anlässen mehr aus als für die Ausbildung der Kinder. Das *dowry* ist zwar gesetzlich verboten, wird aber in vielen Fällen noch bezahlt. Auf alle Fälle wünscht sich ein Ehepaar mit Töchtern noch weitere Kinder in der Hoffnung, endlich einen Sohn und damit ein *dowry* zu erhalten.
– Das durchschnittliche Heiratsalter der Frauen, welche zwischen 1986 und 1991 geheiratet haben, betrug 18,3 Jahre (Census of India 1991, Fertility Tables). Im Jahr 2001 waren 1,4 Mio. verheiratete Frauen jünger als 15 Jahre und 4,9 Mio. verheiratete Frauen jünger 18 Jahre (Census of India 2001.3, 2001.4). Die indische Gesetzgebung legte zwar bereits 1978 das minimale Heiratsalter der Frauen auf 18 Jahre und Männer auf 21 Jahre fest. Das tiefe Heiratsalter spielt natürlich nur indirekt wegen der damit verbundenen geringen Bildung und der fehlenden beruflichen Perspektiven der Frau eine Rolle für die hohe Kinderanzahl einer Familie.
– Die meisten Inder leben nach wie vor in einer Großfamilie. Die zusätzliche Belastung durch ein weiteres Kind ist in einer vielköpfigen Großfamilie viel weniger spürbar als bei Ehepaaren, welche in einer separaten Wohnung leben.
– Kinder tragen in vielen indischen Haushalten zu einem nicht zu vernachlässigenden Zusatzverdienst bei. Diese Kinderarbeit kann Mithilfe auf dem Feld, aber auch Arbeit in Gewerbebetrieben bedeuten. Kleine Kinder ab sechs Jahren tragen bereits zum Familieneinkommen bei. Schätzungen sprechen von 13 Millionen Kindern, welche regelmäßig einer Erwerbstätigkeit nachgehen müssen (*Bhattachariya* 2006).

– Viele Kinder sind für Landarbeiter, Bauern, Handwerker, Angestellte von Kleinbetrieben und den informellen Sektor die einzige Altersvorsorge, gewähren doch nur sie die Sicherheit, dass auch wirklich eines oder zwei in der Lage ist/sind, die Eltern im hohen Alter zu unterhalten. Da die Töchter bei der Verheiratung grundsätzlich zur Familie des Mannes ziehen, sind zur Altersvorsorge Söhne notwendig. Dies erhöht natürlich wieder die Kinderanzahl.
– Verhütungsmittel, auch wenn sie von einem Ehepaar bewusst verwendet werden wollen, sind teuer und nicht überall verfügbar. Der UNFPA (United Nations Population Fund) schätzt, dass in Entwicklungsländern vor allem aus diesen Gründen die Hälfte aller Schwangerschaften unerwünscht oder zu früh ist.

b) Altersstruktur und *sex ratio*

Der Altersaufbau einer Bevölkerung ist die direkte Folge der Geburten- und Sterberate und von internationalen Wanderungen. Außergewöhnliche Ereignisse aus früheren Zeiten wie Hungersnöte, Seuchen und Kriege sind im Altersaufbau als Einschnitte zu erkennen.

Der Altersaufbau von Indien ergibt eine so genannte Pyramide, die typische Form eines Landes mit einer überjüngten, rasch wachsenden Bevölkerung. Der Altersaufbau der Bundesrepublik Deutschland ergibt hingegen eine so genannte Glocke, Merkmal der stagnierenden Bevölkerung eines Industrielandes. Während bei der Pyramide die Aufmerksamkeit der Behörden auf die Folgen der Anteile der Jugendlichen gerichtet ist, stehen bei der Glocke die Folgen der immer größeren Belastung der Erwerbstätigen durch die Rentner im Vordergrund der politischen Diskussionen. Am Beispiel der Beschäftigungslage zeigt *Bronger* (1996, S. 298ff.) auf, welche Konsequenzen der verjüngte Altersaufbau für Indien hat: Da die Landwirtschaft vor allem unter der BJP Regierung vernachlässigt worden und der staatliche Dienstleistungssektor überbesetzt ist, müssten die neuen Arbeitsplätze in Industrie, Gewerbe und Handwerk geschaffen werden. In diesen Bereichen sind aber im Durchschnitt der Jahre 1980/81 bis 1990/91 jährlich lediglich 990.000 Arbeitsplätze neu entstanden. Seit der Öffnung Indiens sind im formellen Sektor jährlich 200.000 zusätzliche Arbeitsplätze geschaffen worden. Von den 402 Mio. Erwerbstätigen (127 Mio. Frauen, 275 Mio. Männer, Census of India 2001.2) arbeiten ungefähr 90% der Erwerbstätigen in der Landwirtschaft oder im informellen Sektor. Die IT-Industrie hat wohl das Bild Indiens grundlegend verändert, beschäftigt aber weniger als 1 Mio. Ingenieure (*Imhasly* 2006, S. 226).

Abb. 3.2.2/2:
Bevölkerungspyramide Indien 2001 und Deutschland 2000
Daten aus: Census of India 2001.1; Statistisches Bundesamt 2003.

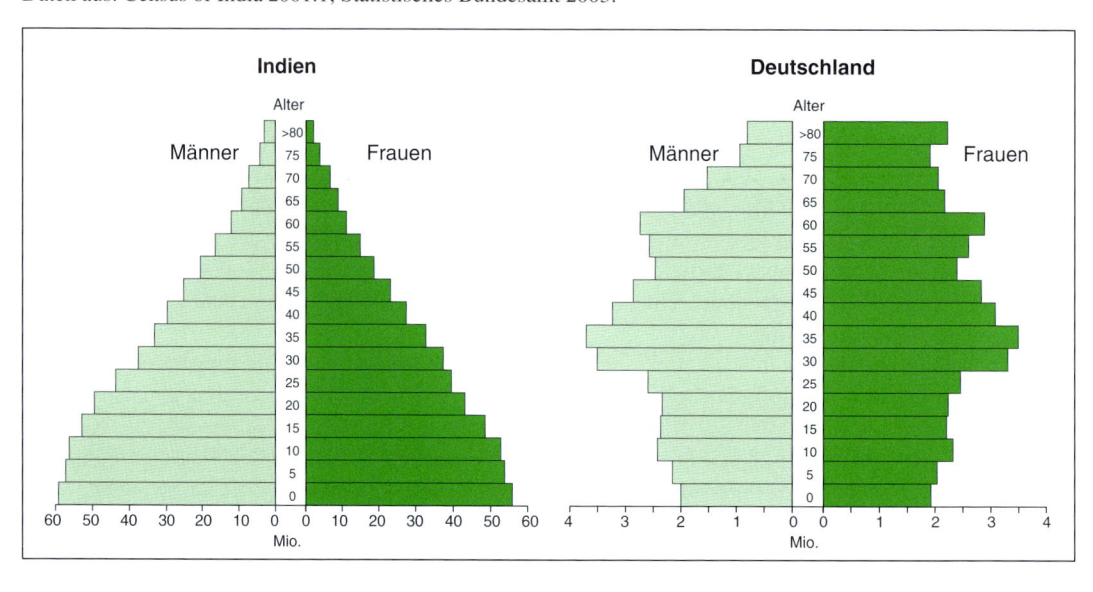

Die *sex ratio* bezeichnet in Indien die Anzahl der Frauen auf 1000 Männer. Im Jahr 2001 betrug sie 933 (*Premi* 2001, S. 1875). Der geringe Anteil ist eine Folge der oben erwähnten Diskriminierung der Frauen. Beängstigend ist das Verhältnis zwischen Mädchen und Knaben im Alter bis zu sechs Jahren in den beiden reichen Bundesstaaten Punjab (798 Mädchen auf 1000 Knaben) und Haryana (819 Mädchen auf 1000 Knaben). Es gibt klare Hinweise, dass in diesen Bundesstaaten trotz entsprechender Verbote viele weibliche Föten abgetrieben werden (*Premi* 2001, S. 1880). Der geringe Anteil von Frauen führt dazu, dass in diesen Bundesstaaten junge Männer aus ärmeren oder ländlichen Verhältnissen keine Braut mehr finden und Frauen aus Bihar, Madhya Pradesh und West Bengal heiraten müssen (*Sehgal* 2002, S. 1).

c) Regionale Differenzierung

Innerhalb von Indien bestehen beträchtliche Unterschiede in Bezug auf die Bevölkerungsentwicklung. Tab. 3.2.2/1 zeigt anhand der Geburten- und Sterberate die großen Unterschiede, welche zwischen den einzelnen Bundesstaaten und Unionsterritorien, aber auch zwischen Stadt und Land vorhanden sind.

Tab. 3.2.2/1: Geburten- und Sterberaten 2005 der größeren indischen Bundesstaaten und Unionsterritorien
Daten aus: Census of India 2006

Staat bzw. Unionsterritorium	Geburtenrate (‰)	Sterberate (‰)	Ländlicher Raum Geburtenrate (‰)	Ländlicher Raum Sterberate (‰)	Städtischer Raum Geburtenrate (‰)	Städtischer Raum Sterberate (‰)
Uttar Pradesh	30,4	8,7	31,3	9,1	26,5	6,8
Bihar	30,4	8,1	31,2	8,3	23,8	6,6
Madhya Pradesh	29,4	9,0	31,6	9,8	22,0	6,1
Rajasthan	28,6	7,0	30,2	7,2	23,8	6,2
Chhattisgarh	27,2	8,1	29,0	8,4	20,0	6,9
Jharkand	26,8	7,9	28,8	8,4	18,7	5,7
Assam	25,0	8,7	26,6	9,2	15,3	5,6
Haryana	24,3	6,7	25,7	7,0	21,0	5,8
INDIEN	23,8	7,6	25,6	8,1	19,1	6,0
Gujarat	23,7	7,1	25,5	8,0	21,0	5,8
Orissa	22,3	9,5	23,2	9,9	16,3	7,0
Karnataka	20,6	7,1	22,1	7,9	17,9	5,6
Andhra Pradesh	19,1	7,3	20,1	7,9	16,7	5,9
Maharashtra	19,0	6,7	19,6	7,4	18,2	5,7
Jammu & Kashmir	18,9	5,5	20,2	5,7	14,3	5,0
West Bengal	18,8	6,4	21,2	6,3	12,6	6,6
Delhi	18,6	4,6	19,0	5,5	18,5	4,5
Punjab	18,1	6,7	18,8	7,2	17,0	5,8
Tamil Nadu	16,5	7,4	16,9	8,2	16,0	6,2
Kerala	15,0	6,4	15,1	6,3	14,8	6,5

So ist in einigen Bundesstaaten die Geburtenrate bereits erheblich gesunken, in anderen Staaten hingegen noch immer auf einem hohen Niveau. Zur ersten Gruppe gehört z. B. Kerala, dessen Regierung der Bildung der Bevölkerung seit längerer Zeit ein großes Gewicht beigemessen hat (vgl. unten). Kerala weist den höchsten Human Development Index der indischen Bundesstaaten auf. Zur zweiten Gruppe gehören Madhya Pradesh, Rajasthan, Bihar und Uttar Pradesh, der bevölkerungsreichste Bundesstaat Indiens, welcher vor allem in seinem östlichen Teil viele Gebiete mit schlechten sozio-ökonomischen Indikatoren aufweist. Diese vier Bundesstaaten wiesen 2001 eine Analphabetenquote der Frauen von 50%, 56%, 66% und 57% auf (*Rajaram* 2001, S. 516f.). In Bihar beispielsweise müssen viele Pächter die Hälfte des Ertrages – mehr als doppelt so viel wie gesetzlich zugelassen – dem Landbesitzer abliefern. In einem von der Weltbank 2004 vorgelegten Bericht erreichen in Bihar die Nahrungsmittelzuschüsse nur 11% der Bedürftigen, ergattern sich aber 46% der Familien, die keine Zuschüsse in Anspruch nehmen könnten, subventionierte Nahrungsmittel. In Bihar spielen die Politiker die Kasten gegeneinander aus, um an der Macht zu bleiben.

Die Wahl vom November 2005 war die erste wirklich freie Wahl in Bihar (*Imhasly* 2006, S. 113f., 126). Beim Human Development Index belegen diese Bundesstaaten die hinteren Ränge. Die indische Regierung hat sich im Jahr 2001 entschieden, mit Mitteln der Zentralregierung u. a. in diesen vier Bundesstaaten das Familienwohlfahrtsprogramm, die Gleichberechtigung und Bildung der Frauen und Impfprogramme speziell zu unterstützen (India 2002, 2002, S. 221).

Eine Darstellung der regionalen Bevölkerungsentwicklung wäre unvollständig ohne Erwähnung der Bevölkerungsdichte. Dicht besiedelt ist vor allem die Tiefebene des Ganges und seiner Nebenflüsse. Trotz des großen natürlichen Potenzials, das diese Gebiete aufweisen, sind Uttar Pradesh, Bihar und Westbengal überbevölkert, weisen sie doch im Jahr 2001 Bevölkerungsdichten von 689 E/km^2, 880 E/km^2 und 904 E/km^2 auf. Bei allen Vorbehalten gegenüber einem Vergleich mit Europa sei aber doch erwähnt, dass Nordrhein-Westfalen eine Bevölkerungsdichte von 528 E/km^2 und die Niederlande 2003 eine solche von 478 E/km^2 aufweisen.

d) Bildung

Trotz sinkender Analphabetenrate hat die Zahl der Analphabeten in Indien bis ins Jahr 1991 zugenommen. Von 100 Kindern wurden 1994/95 nur 76 eingeschult, sechs davon beendeten die obligatorische Schulzeit nicht und besuchten die Schule etwas länger als ein Jahr (*Pradhan* et al. 2000, S. 2537). „Eine repräsentative Umfrage für das Jahr 2005 hat gezeigt, dass selbst in den Dörfern heute eine grosse Mehrheit der Kinder die Schule besucht und der vorzeitige Schulabgang gerade von Mädchen sich verringert hat. Er liegt aber immer noch bei 55%, und die Qualität des Unterrichts ist immer noch beängstigend niedrig" (*Imhasly* 2006, S. 193). Der Schulunterricht wäre allerdings von Gesetzes wegen bis zum 14. Lebensjahr vorgeschrieben und sollte für alle möglich sein.

In diesem Zusammenhang muss darauf hingewiesen werden, dass der Bildungsgrad einen entscheidenden Einfluss auf die Familiengröße hat. *Leisinger* (1993, S. 281f; 1999, S. 289f) weist auf diesbezügliche empirische Untersuchungen aus vielen Ländern hin. Diese belegen, dass zwischen der Qualität der Ausbildung (in Schuljahren) und der Senkung der Geburtenrate ein eindeutiger Zusammenhang besteht. Dabei ist der geburtensenkende Effekt eines höheren weiblichen Bildungsstandes bis zu dreimal größer als der einer besseren Ausbildung der Männer.

Weiter hat die Zahl von Analphabeten einschneidende Konsequenzen für die zukünftige sozioökonomische Entwicklung, hängt doch der Erfolg manchen Entwicklungsprojektes letzten Endes von der Bildung der betroffenen Bevölkerung ab. Ferner eröffnet der mangelhafte Schulbesuch der heutigen Jugend düstere Perspektiven. Die nachteiligen Folgen eines analphabetischen Elternhauses setzen schon in den Vorschuljahren ein. Des Lesens und Schreibens unkundige Eltern sind in der Regel auch nicht bereit, ihren Kindern den Schulbesuch unter allen Umständen zu ermöglichen. Es zeichnet sich hier ein Teufelskreis ab, dem nur mit wirkungsvollen Programmen der Erwachsenenbildung begegnet werden kann.

Das höhere Bildungswesen ist gut ausgebaut und kulminiert in sieben *Indian Institutes of Technology* in Kanpur und Roorkee (Uttar Pradesh), Kharagpur (West Bengal), Mumbai, Delhi, Chennai und Guwahati (Assam) und anderer, weltweit anerkannter Hochschulen. Es fehlt aber an gut ausgebildeten Facharbeitern und Handwerkern. Eine qualitativ gute Lehrlingsausbildung beschränkt sich auf Großbetriebe.

Tab. 3.2.2/2: Entwicklung der Analphabetenrate
Daten aus: India 2002, 2002, S. 12

	1951	1961	1971	1981	1991	2001
Bevölkerung (Mio)	361	439	547	684	846	1027
Analphabetenrate (%) *	81,7	71,7	65,5	56,4	47,8	34,6
Analphabeten (Mio)	295	315	358	386	404	355
Analphabetenrate der Frauen (%) *	91,1	84,6	78	70,2	60,7	45,8
Analphabetenrate der Männer (%) *	72,8	59,6	54	43,6	35,9	24,1

* Bis 1971 wurde die Analphabetenrate am Bevölkerungsanteil über 4 Jahren, seit 1981 über 6 Jahren bestimmt

Es bestehen beträchtliche regionale Unterschiede, da die Bildungspolitik vorwiegend Sache der Bundesstaaten ist. Besonders fortgeschritten ist der Süden mit Andhra Pradesh, Karnataka, Tamil Nadu und Kerala, so dass von einem eigentlichen Süd-Nord-Gefälle gesprochen werden kann. 1991 erklärte sich Kerala zum ersten vollständig alphabetisierten Bundesstaat Indiens. Fragen der Familie, der Gesundheit, der Gesellschaft und der Umwelt werden in Kerala als besonders wichtige Lerninhalte betrachtet. Er ist auch einer der Bundesstaaten mit der niedrigsten Geburtenrate (vgl. Tab. 3.2.2/1). Zur guten Bildungssituation von Kerala haben auch die zahlreichen Schulen der Kirche Wesentliches beigetragen. Weiter soll die Bildungsfreundlichkeit eines Maharadschas heute noch in der Bildungspolitik nachwirken.

e) Gesundheit

Eine geringe Säuglings- und Kindersterblichkeit sind eine wesentliche Voraussetzung zur Senkung der Geburtenrate. *Leisinger* (1993, S. 283) betrachtet die Säuglings- und Kindersterblichkeit als wichtigste Einflussgröße der Geburtenrate und zeigt, dass der weibliche Bildungsgrad seinerseits diese Größe maßgeblich beeinflussen kann.

Im Auftrag der Zentralregierung wird eine ganze Reihe von Gesundheitsprogrammen durchgeführt. Dabei handelt es sich um die Bekämpfung von Seuchen, die Verminderung von Mangelernährung und Gesundheitserziehung.

Seit Beginn der siebziger Jahre setzt sich die indische Regierung zum Ziel, die Unterschiede in der ärztlichen Versorgung zwischen Stadt und Land und zwischen den einzelnen Regionen Indiens abzubauen. Zu diesem Zwecke wurden im ganzen Land sogenannte *Community Health Centres, Primary Health Centres* und *Sub-Centres* gebaut. Diese sind soweit erstellt worden, dass nun im ländlichen Raum ein *Primary Health Centre* für 30.000 Einwohner zur Verfügung steht. Diese Infrastruktur ist mit großem Aufwand erstellt worden, wird aber schlecht unterhalten. Die Dienste, die hier angeboten werden sollten, existieren teilweise nur noch auf dem Papier.

Die gesunkene Säuglings – und Kindersterblichkeit wird von offizieller Seite als Erfolg vieler Programme dargestellt. Trotzdem sterben in Indien – und dies vor allem in gewissen ländlichen Distrikten – jedes Jahr 2.3 Mio. Kinder, die jünger als 5 Jahre alt sind. Die Hälfte dieser Todesfälle wird auf Mangelernährung zurückgeführt. Lokale NGO's stellen fest, dass die staatlichen Programme die hungernden Kinder nicht erreichen würden (*Abraham* 2006, S. 5).

Seit der Unabhängigkeit ist die Lebenserwartung der Frauen bzw. Männer von 36 bzw. 37 Jahren auf 65 bzw. 62 Jahre gestiegen.

Im Frühjahr 2005 proklamierte die von der Kongresspartei und Linksparteien dominierte neue Regierung die *National Rural Health Mission*. Diese richtet sich insbesondere an die ländliche weibliche Bevölkerung. In jedem Dorf wird eine für die gesundheitlichen Belange verantwortliche Kommission des Gemeinderates gebildet. Hygiene, Ernährung und sauberes Trinkwasser sollen integrativ angegangen werden. In jedem Block (einem Gebiet von etwa 100 Dörfern) soll das öffentliche Spital einen 24-Stundenbetrieb garantieren. (Times of India, 12. April 2005).

3.2.2.2 Landwirtschaft (Ulrich Bichsel)

a) Die Entwicklung der landwirtschaftlichen Produktion

Das Wachstum der Getreideproduktion ist bemerkenswert. Allerdings ist dieses sehr ungleich auf die einzelnen Bundesstaaten verteilt. Einem enormen Wachstum und einem hohen Hektarertrag im Punjab und in Haryana stehen stagnierende Erträge in anderen Bundesstaaten gegenüber. Etwa 45% der Versorgung des indischen Marktes beruhen auf der Produktion im Punjab. Die Tabelle zeigt weiter, dass es Indien gelungen ist, die Getreideversorgung seiner Bevölkerung zu verbessern. Diese ist selbst bei widrigsten Wetterbedingungen gewährleistet. So musste Indien beispielsweise 1987, nach der schlimmsten Dürre des letzten Jahrhunderts, nur einen Rückgang der Getreideproduktion von 2,1% hinnehmen (*Sud* 1993, S. 25). Bei Ölsaa-

Tab. 3.2.2/3: Landwirtschaftliche Produktion 1950/51 bis 2004/05
Daten aus: India 2002, 2002, S, 388–393, Economic Survey 2005–2006, S. 16–18 u. 50

	1950/51	1960/61	1970/71	1980/81	1990/91	1999/00	2000/01	2004/05
Weizen (Mio t)	6,5	11,0	23,8	36,3	55,1	75,6	69,7	72,0
Reis (Mio t)	20,6	34,6	42,2	53,6	74,3	89,5	85,0	85,3
Getreide total (Mio t)	42,5	69,3	96,6	119,0	162,1	195,0	185,8	191,2
Hülsenfrüchte (Mio t)	8,4	12,7	11,8	10,6	14,3	13,4	11,1	13,4
ha Ertrag von Weizen (kg/ha)	663	851	1307	1630	2281	2775	– –	2718
ha Ertrag von Reis (kg/ha)	668	1013	1123	1336	1740	1990	– –	2026
Pro Kopf Prod. v. Getreide (kg)	118	158	177	174	191	195	181	178
Milchprod. pro Kopf und Tag (g)			107			200	225	232

ten ist eine Einfuhr seit mehreren Jahren nicht mehr notwendig, bei Hülsenfrüchten, welche für die Proteinversorgung der ärmeren Bevölkerungsschichten notwendig sind, ist die Versorgungslage hingegen nach wie vor prekär. In den letzten Jahren ist der Anteil von Zucker, Ölsaaten, Gewürzen, Gemüse, Früchten usw. an der Anbaufläche und am Wert der landwirtschaftlichen Produktion gestiegen (*Kapila* 2001, S. 273f). Indien konnte die Pro-Kopf-Produktion von Getreide kontinuierlich steigern und seit Mitte der 1980er Jahre mit Hilfe von Weltbankkrediten seine Lagerkapazitäten erhöhen. Zeitweise verfügte Indien über Getreidereserven, die größer als der Import der ehemaligen Sowjetunion waren. Ein großer Teil der Bevölkerung ist wegen seiner äußerst geringen Kaufkraft kaum in der Lage, vom gesteigerten Angebot Gebrauch zu machen. Dies gilt vor allem auch für die Zeit nach einer Missernte, da dann die Preise innerhalb weniger Monate in die Höhe schnellen. *Taimni* (2001, S. 149) hält fest, dass 22% der Bevölkerung Indiens unterernährt seien. Fraglich ist auch, ob die arme ländliche Bevölkerung noch Zugang zu genügend Brennholz haben wird, um das Getreide auch zubereiten zu können. Der geschlossene Wald bedeckt nur noch 11% des indischen Territoriums. Besonders kritisch ist die Situation in den hügeligen Siedlungsgebieten der Adivasi.

b) Besitzverteilung

Nach *Kapila* (2001, S. 214) waren 1990/91 78% der Besitze kleiner als die für ein Existenzminimum notwendigen 2 ha. Auf diese Betriebe entfallen 33% der bewirtschafteten Fläche. Am anderen Ende der Skala sind die Betriebe, die größer als 10 ha sind und damit eine Fläche aufweisen, welche grundsätzlich unter die Landreformgesetzgebung fällt. Auf diese Kategorie entfallen 1,6% der Betriebe und 17% der bewirtschafteten Fläche. Daraus folgt, dass 50% des Bodens von Landwirten mit mittleren Betrieben (zwischen 2 und 10 ha) bewirtschaftet werden. Als Vergleich seien noch einige Zahlen aus den Jahren 1985/86 angeführt: 70% der Betriebe waren kleiner als 2 ha und 4% größer als 10 ha (*Rao* 1992, S. 51).

Der durch das Bevölkerungswachstum verursachte Druck auf das Landwirtschaftsland kann auch noch mit anderen Zahlen illustriert werden: 1921 standen pro Einwohner 0,44 ha Landwirtschaftsfläche zur Verfügung, 1961 waren es 0,30 ha und 2001 0,18 ha (*Kapila* 2001, S. 213f.). Die im gleichen Zeitraum vorgenommene Vergrößerung der Landwirtschaftsfläche konnte diese Abnahme nicht verhindern.

Ergänzend muss noch festgehalten werden, dass die Betriebe in Parzellen aufgesplittet sind. Dies rührt von der in Indien üblichen Realteilung her. Sie wird so durchgeführt, dass die Parzellen nach Bodenqualität gruppiert und jede dieser Kategorien unter die Erben aufgeteilt wird (*Bichsel/Kunz* 1982, S. 43). Diese auf den ersten Blick einer rationellen Bewirtschaftung zuwiderlaufende Erbteilung muss so durchgeführt werden, weil der größte Teil der indischen Farmer primär für die Selbstversorgung produziert und nichtlandwirtschaftliche Erwerbsmöglichkeiten auf dem Land sehr rar sind. Diese Art der Realteilung ist seit jeher in Indien üblich, zeigte aber früher aus mehreren Gründen weniger schlimme Folgen als heute. Einerseits waren nur die Söhne erbberechtigt und andererseits führte diese Teilung so lange nicht zu katastrophalen Ergebnissen, als die Bevölkerung stagnierte. Die beginnende Auflösung der Großfamilie akzentuiert die Besitzzersplitterung weiter.

Im Zusammenhang mit der Besitzverteilung stellt sich natürlich auch die Frage der Landreform. Dieses Problem wurde bereits im ersten Fünfjahresplan der indischen Regierung aufgegriffen und damals als

„wahrscheinlich entscheidende Frage für die wirtschaftliche Entwicklung Indiens" (*Singh* 1991, S. 11f.) charakterisiert. Die Brisanz ergab sich aus einer Entwicklung während der Kolonialzeit. Die Briten machten die früheren Steuereintreiber (*Zamindari*) zu Besitzern des betreffenden Landes und erhofften sich so stabile und einfach einzutreibende Erträge aus der Landwirtschaft. Die *Zamindare* verpachteten das Recht auf Steuereintreibung weiter. Das hatte zur Folge, dass nicht selten bis zu zehn Mittelsmänner zwischen dem britischen Kolonialherren und dem Bauern standen und diese ein Vielfaches des Pachtzinses, den die Briten verlangten, abzuliefern hatten (*Bronger* 1996, S. 353). Es ist leicht zu verstehen, dass die Abschaffung des Systems der *Zamindari* relativ rasch erfolgte. Es war aber schwierig, weiterreichende Forderungen durchzusetzen, da vor allem in den Reihen der regierenden Kongresspartei viele Landeigentümer waren, die alles daran setzten, den Vollzug der Landreformgesetze der Bundesstaaten zu hemmen. Einzig in Westbengalen und Kerala, welche lange Zeit von der Kommunistischen Partei (CPI/CPM) regiert wurden, ist die Landreform (vor allem die Abschaffung des Großgrundbesitzes und ein ausreichender Schutz der Pächter) befriedigend durchgeführt worden (*Brassel* 1994 S. 49).

Es ist klar, dass beim ganzen Fragenkomplex soziale und wirtschaftliche Gesichtspunkte eine Rolle spielen. Vom sozialen Standpunkt aus sind die Ergebnisse der Landreform völlig unbefriedigend, wurden doch nur 2 Mio. ha (dies entspricht 1% der Landwirtschaftsfläche) an 4,76 Mio. Begünstigte verteilt (*Kapila* 2001, S. 224). Vom wirtschaftlichen Standpunkt aus durfte man sich ohnehin nicht zu viel versprechen, da schon vor der Landreform 50% des Bodens durch Mittelbetriebe bewirtschaftet wurden.

c) Bewässerung und Wasserressourcen

Der ungleichen zeitlichen und räumlichen Niederschlagsverteilung sowie der hohen Niederschlagsvariabilität kann mit Bewässerung begegnet werden. Zusätzlich verfolgt Indien seit seiner Unabhängigkeit die Politik, Produktionssteigerungen durch eine Intensivierung und eine Vergrößerung der bewässerten Fläche zu erreichen. So ist die bewässerte Fläche von 1951 bis 2000 von 22,6 Mio. ha auf 84,7 Mio. ha gestiegen. Diese bedeutende Ausweitung ist mit großen (>10.000 ha bewässerte Fläche) und kleinen (< 2.000 ha bewässerte Fläche) Projekten erreicht worden. Auf kleine Projekte entfiel 1951 ein Anteil von 57%, 2000 ein Anteil von 70% der bewässerten Fläche (India 2002, 2002, S. 409f).

Heute werden 48% mit Grundwasser, 40% mit Kanalwasser und 12% mit Wasser aus traditionellen Tanks bewässert. Die stark gestiegene Bedeutung des Grundwassers für die Bewässerung kann mit der Zahl der installierten Pumpen veranschaulicht werden. Waren 1950 87.000 Pumpen vorhanden, stieg ihre Zahl bis zum Jahr 2004 auf 20 Mio. Die Erschließung des Grundwassers wird durch die National Bank for Agriculture and Rural Development subventioniert. Der Ausbau des Elektrizitätsnetzes erleichtert die Installation von Pumpen. Zudem wird die Energie für Pumpen verbilligt abgegeben. Etwa 20% der Produktion Indiens an elektrischer Energie wird heute für Pumpen eingesetzt. Die starke Subventionierung führt zu einem bedenkenlosen Umgang mit dem Grundwasser. Dieser wird durch die optimistischen Schätzungen der Behörden über die Grundwasservorkommen erleichtert. Danach sollen bis heute nur 37% der erneuerbaren Grundwasservorkommen genutzt werden (India 2002, 2002, S. 418). Die Gebühren, welche der Staat für Wasser aus Kanälen erhebt, sind abhängig von der bewässerten Fläche und den Kulturen und so gering, dass damit nicht einmal der Unterhalt der Anlagen bezahlt werden kann (*Landy* 2002, S. 128). Es ist kein Anreiz für die Verwendung wassersparender Bewässerungstechniken vorhanden. In vielen Küstenregionen dringt allerdings bereits Meerwasser in das Grundwasser ein. In der Indus-Ganges-Ebene – der Kornkammer Indiens – sind Zeichen der Versalzung und des Absinkens des Grundwasserspiegels festzustellen. Bereits 1988 zeigte eine Untersuchung, dass im Punjab in der Hälfte aller Distrikte der Grundwasserspiegel sank (*Singh* 1991, S. 147). Ärmere Landwirte, welche sich trotz Subventionen das Tieferlegen eines Brunnens nicht leisten können, verlieren den direkten Zugang zu Bewässerungswasser. Versuche von Bundesstaaten, auf gesetzlichem Weg die Nutzung des Grundwassers einzuschränken, haben wenig Chancen. Eine Reduktion der Bewässerung ist am ehesten durch niedrigere – grundsätzlich staatlich festgelegte – Getreidepreise zu erreichen. Ansätze dazu sind vorhanden. In den Kerngebieten der Grünen Revolution (Haryana und Punjab) hat dies dazu geführt, dass nun vermehrt rasch wachsende Bäume wie Pappeln oder

Obstbäume angepflanzt werden. Bei der chronischen Energieknappheit Indiens ist zudem eine gefährliche Auseinandersetzung zwischen den bevorzugten Landwirten einerseits und der Industrie und der kaufkräftigen Mittelschicht andererseits unausweichlich.

Die Nutzung des Grundwassers stand jahrelang im Schatten von großen Staudammprojekten. Seit der Unabhängigkeit wurden etwa zehn Großstaudämme gebaut. Mit dem zur Verfügung stehenden Wasser wurden hydrolektrische Energie erzeugt und umfangreiche Flächen neu bewässert. Bei jedem Projekt betrug die anvisierte bewässerte Fläche mehr als 0,4 Mio. ha. Insgesamt hätte die bewässerte Fläche mit diesen großen Projekten um 8,6 Mio. ha gesteigert werden sollen. Allerdings wurden in einzelnen Projekten 30 Jahre nach Baubeginn nur 60% der ursprünglich geplanten Fläche bewässert. Ernüchtert hielt eine Arbeitsgruppe der Planungskommission der Zentralregierung zudem fest, dass in den letzten 50 Jahren 171 große und mittlere Bewässerungsprojekte nicht fristgerecht fertig erstellt worden seien und im neuesten Fünfjahresplan mit siebenmal höheren Kosten, als ursprünglich budgetiert, vollendet werden müssten (Times of India, 19. April 2002).

Zur Illustration dieser Projekte diene Nagarjunasagar, das drittgrößte Staudammprojekt Indiens. Der Baubeginn erfolgte 1956. Ein 5 km langer Staudamm am Unterlauf des Krishna führte zu einem 300 km^2 großen Stausee. Die installierte Leistung beträgt 400 MW. Die neu erstellten Bewässerungskanäle erstrecken sich über ein Gebiet von 26.000 km^2. Es konnte eine Fläche von 9.000 km^2 neu bewässert werden. Mit dem zusätzlichen Ertrag von 3 bis 4 Mio. t Getreide, der dank der Bewässerung möglich ist, kann allerdings nur der durch das Bevölkerungswachstum eines Jahres verursachte Mehrbedarf gedeckt werden.

Seit vielen Jahren sind diese Projekte nicht nur in Indien heftig umstritten. So hat beispielsweise die Planung von 30 grossen und vielen kleineren Staudämmen an der Narmada und ihren Nebenflüssen und die anfängliche Finanzierung durch die Weltbank eine weltweite Diskussion ausgelöst und den indischen Behörden eine ganze Reihe von kritischen Stellungnahmen eingebracht. Obwohl das indische Umweltministerium (!) die Umwelttauglichkeitsbescheinigung verweigerte, wurde 1987 mit dem Bau begonnen. Im Juni 1992 legte eine von der Weltbank eingesetzte unabhängige Untersuchungskommission einen Bericht vor, welcher der Weltbank empfahl, sich von diesen Projekten zurückzuziehen. Im März 1993 verzichtete die indische Regierung auf weitere Weltbankkredite, um deren Kündigung zuvorzukommen. Folgende Befürchtungen führten zum Entscheid der Weltbank:

- Fruchtbares Land und Hunderte von Dörfern am Lauf der Narmada und ihrer Nebenflüsse werden ganz oder teilweise überschwemmt.
- Viele Menschen – vor allem *Adivasi* – verlieren ihre Lebensgrundlage. Eine sozial verträgliche Umsiedlung ist nicht geregelt oder wurde zu spät in Angriff genommen. Die betroffene Bevölkerung wurde erst nach heftigen Protesten in die Planung einbezogen.
- Am Unterlauf der Narmada verlieren Fischer ihre Existenz.
- Salzwasser kann im Mündungsgebiet der Narmada ins Land eindringen.
- Vom neuen Potenzial an Wasser und Energie scheinen Städte, Industrien und exportorientierte Landwirtschaftsbetriebe am meisten zu profitieren.
- Die Wasserführung der Narmada wurde zu optimistisch berechnet.
- Kaum ein Großprojekt hat die Planzahlen erfüllt, kein Großprojekt konnte zu den budgetierten Kosten gebaut werden.

Seit Mitte der 1980er Jahre kämpft die betroffene Bevölkerung auch mit internationaler Unterstützung und Hilfe prominenter Landsleute, unter anderem der bekannten Schriftstellerin Arundhati Roy, welche mit dem Pulitzer Preis ausgezeichnet worden ist, gegen das Gesamtprojekt. Die Arbeiten am Sardar Sarowar-Damm mussten über 10 Jahre eingestellt werden, weil die Umsiedlungsmassnahmen und die Entschädigungspraxis der Bauherren (die indische Zentralregierung und die Regierungen von Gujarat, Madhya Pradesh und Maharashtra) mangelhaft waren. Im Oktober 2000 erlaubte das Oberste Gericht Indiens den schrittweisen Weiterbau des Dammes (*Dittrich* 2004, S. 11) unter der Voraussetzung, dass vor jeder Überflutung die betroffene Bevölkerung am neuen Ort angesiedelt und 18 Wochen vorher benachrichtigt worden war (Hindustan Times, 16./17. April 2006). Vor dem Beginn der letzten Erhöhung des Dammes von 110 m auf 122 m kam es im März und April 2006 wegen Defiziten bei der Umsiedlung wieder zu Protesten der direkt betroffenen Bevölkerung, welche von Frau *Medha Patkar*, Gründerin der „Bewegung zur Rettung der Narmada" und *Aamir Khan*, einem der berühmtesten Schauspieler Indiens unterstützt wurden und zu einem temporären Baustopp führten (Hindustan Times, 16./17. April 2006).

Vor dem Hintergrund eines Berichtes der Weltbank zu Großstaudämmen wurde 1997 die Weltkommission für Staudämme gebildet. Ihr gehörten 12 Vertreterinnen und Vertreter aus Wirtschaft, Wissenschaft, Politik, von Nichtregierungsorganisationen und der direkt betroffenen Bevölkerung an. So war auch Frau *Medha Patkar* Mitglied dieser Kommission! Der umfassende Schlussbericht erschien bereits im November 2000 (World Commission on Dams, 2000). Er stellt einen Meilenstein in der Diskussion über die Vor- und Nachteile von Staudämmen dar und legt für die Beurteilung von großen Staudammprojekten die folgenden fünf Kriterien fest: Gerechtigkeit, Nachhaltigkeit, Effizienz, partizipative Entscheidfindung und Rechenschaftspflicht. Die Weltkommission für Staudämme wurde ein Jahr nach der Publikation des Schlussberichtes aufgelöst. Ihre Aufgaben nimmt seither im Rahmen des UNEP (United Nations Environment Programme) das DDP (Dams and Development Project) wahr.

Es ist nicht erstaunlich, dass in Indien der größte Wasserverbrauch auf die Landwirtschaft entfällt. 1990 betrug deren Anteil 84%. Im Jahr 2025 soll der landwirtschaftliche Wasserbedarf um 137% höher liegen (*Bohle* 1999, S. 111). 1999 betrugen Indiens wirtschaftlich nutzbare und erneuerbare Wasserreserven 1086 km^3. Unter Annahme einer geringen bzw. einer starken Steigerung des Wasserbedarfes wird im Jahr 2050 der Wasserbedarf bei 973 bzw. 1180 km^3 liegen (*Iyer* 2001, S. 1115).

d) Die Grüne Revolution

In Indien begann die Grüne Revolution 1965 unter dem so genannten HYVP (High Yielding Varieties Programme) der Zentralregierung. In einer ersten Phase verbesserte man Anbautechniken und Bewässerungsmöglichkeiten und stellte die Versorgung mit subventionierten Kunstdüngern und Pflanzenschutzmitteln sicher. Ertragreiche neue Getreidesorten, welche teilweise in Indien selbst gezüchtet wurden, kamen in einer zweiten Phase zur Anwendung.

Auf der Produktionsseite wurden eindrucksvolle Resultate erzielt. Allein von 1966 bis 1970 stieg die Getreideproduktion von 70 Mio. t auf 100 Mio. t. Vor allem die Produktionssteigerungen beim Weizen übertrafen die kühnsten Erwartungen. Im Punjab, der Kornkammer Indiens, waren die Erfolge besonders eindrücklich. Die Grüne Revolution brachte Indien die nationale Selbstversorgung mit Getreide. Nahrungsmittelimporte, welche die Handelsbilanz bisher belasteten, waren bis 2005 nicht mehr nötig.

Jahrelang wurde eine kontroverse Diskussion über die sozioökonomischen Konsequenzen der Grünen Revolution geführt, die letztlich in der Frage kulminierte, ob die Diskrepanz zwischen Arm und Reich noch vergrößert worden sei. *Stang* (2002, S. 168ff.) beurteilt, dass bezüglich der Bewässerung die kleineren Bauern benachteiligt waren, da sich diese teure Tiefbrunnen nicht leisten konnten und sie auch nicht in der Lage waren, sich den ihnen zustehenden Teil am Wasser von Kanälen zu sichern. Pachtverträge wurden gekündigt, da der marktorientierte Anbau mehr einbrachte als die Pachtzinsen. *Rao/Gulati* (1994, S. 168) stellen ergänzend fest, dass die nichtlandwirtschaftlichen Beschäftigungsmöglichkeiten und Löhne so stark gestiegen seien, dass die ländliche Armut gesunken und der Druck auf das Landwirtschaftsland gefallen sei. *Bronger* (1996b, S. 373 ff.) weist aber darauf hin, dass ausgeprägte Unterschiede in der Innovationsbereitschaft bestehen und untersucht werden müsse, inwiefern diese betriebsgrößenneutral seien. Weiter konstatiert er, dass es angesichts des enormen Bevölkerungswachstums kaum eine Alternative zur Grünen Revolution gegeben habe und stagnierende Erträge zu einer noch stärkeren Marginalisierung der armen städtischen Bevölkerung geführt hätten.

Bei einer Beurteilung der sozioökonomischen Auswirkungen der Grünen Revolution darf auch nicht vergessen werden, dass sich das entwicklungspolitische Umfeld seit Mitte der sechziger Jahre entscheidend verändert hat. Waren vor 30 oder 40 Jahren Erträge, Produktionszahlen und das Bruttosozialprodukt wichtige, erstrebenswerte Ziele der Entwicklungspolitik, so stehen heute nachhaltige Nutzung, Partizipation, Entwicklung von unten und damit auch der Kleinbauer im Zentrum der entwicklungspolitischen Bemühungen. Diesem veränderten entwicklungspolitischen Umfeld muss sich auch die Forschung anpassen. Wenn es gelingt, die Grüne Revolution als technologisches Phänomen in ein breit abgestütztes ländliches Entwicklungsprogramm einzubetten, sollte eine sozialverträgliche, nachhaltige Entwicklung möglich sein.

Zu Beginn der Grünen Revolution waren Pflanzenschutzmittel notwendig, da die ersten Neuzüchtungen ausschließlich auf höhere Erträge abzielten und anfällig für Pflanzenkrankheiten und Insekten waren. Seit vielen Jahren hat in der Forschung die Resistenz gegen Pflanzenkrankheiten und tierische Schädlinge Priorität. So ergab beispielsweise die traditionelle Reissorte Taichung Native ohne Insektizidbehandlung einen Ertrag von 550 kg/ha, die speziell auf Insektenresistenz gezüchtete Sorte E-597-3 des Internationalen Reisforschungsinstitutes ohne Behandlung mit Insektiziden einen Ertrag von 5200 kg/ha. Ein weiteres Forschungsziel besteht in der Entwicklung von Saatgut, das unempfindlicher ist gegenüber Trockenheit und unkontrollierter Bewässerung oder Defizite am Gehalt an Vitaminen oder Spurenelementen aufhebt. Bekanntestes Beispiel ist der Goldene Reis, der Betacarotin, die Vorstufe zum Vitamin A enthält. Damit kann Sehbeschwerden, die bei Reis als Hauptnahrungsmittel vorkommen, vorgebeugt werden.

Die Gentechnologie hat vor allem unter den Konsumenten der Industrieländer zu heftigen Auseinandersetzungen geführt, obwohl die neuesten Forschungstendenzen der Agrarkonzerne in der Gentechnologie (Terminator- und Traitor-Technologie, d.h. Getreide, das nicht mehr keimt bzw. nur auf Chemikalien des Saatgutlieferanten anspricht) und die damit verbundenen Folgen für die Landwirte noch kaum in das Bewusstsein der Öffentlichkeit gelangt sind.

e) Kann die Unterernährung überwunden werden?

Obwohl die Pro-Kopf Verfügbarkeit des wichtigsten Nahrungsmittels Getreide seit der Unabhängigkeit gestiegen ist, sind nach wie vor mehr als 200 Millionen Inder unterernährt. Indische Wissenschafter sind allerdings übereinstimmend der Meinung, dass in Indien der Bedarf an Getreide und Hülsenfrüchten für eine Bevölkerung von 1,3 Milliarden, welche wahrscheinlich um 2020 erreicht wird, produziert werden könne (*Taimni* 2001, S. 151f). Gelingt es, diese Nahrungsmittel auch für die ärmsten Bevölkerungsschichten erschwinglich zu machen? *Taimni* (2001 S. 154–174) schlägt vor, dass „a congregated action which ensures synergy between food, familycare, access to health and infrastructure service" den Ursachen der Unterernährung Einhalt gebieten könne. Dabei sollten subventionierte Nahrungsmittel über lokale Behörden und Verteilkanäle nur der wirklich armen Bevölkerung zur Verfügung gestellt werden. Damit jene auch gekauft werden können, sollte mindestens ein Familienmitglied eine gesicherte Anstellung für mindestens 150 Tage pro Jahr haben. Vom dafür notwendigen Wirtschaftswachstum müssen endlich alle Schichten der Bevölkerung profitieren können. Ein zweistelliges jährliches Wirtschaftswachstum in den nächsten fünf bis sieben Jahren, das 300 Millionen Indern eine reelle Chance geben würde, die Armutsgrenze zu überschreiten, wird von namhaften Ökonomen des In- und Auslandes für möglich gehalten (Times of India, 4. Oktober 2003)

Am 2. Februar 2006 trat ein Gesetz (*National Rural Employment Guarantee Act,* NREGA) in Kraft, das einem Mitglied einer armen ländlichen Familie eine Beschäftigung in einem öffentlichen Arbeitsprogramm während mindestens 100 Tagen pro Jahr zu einem Lohn von 60 Rupien pro Tag garantieren soll. Mit dem Programm soll in den 200 ärmsten von 593 Distrikten begonnen werden. Es handelt sich um das grösste Projekt, das die indische Zentralregierung je in Angriff genommen hat (*Aiyar* 2005, S. 46–48).

„Im Unterschied zu früheren Arbeitsbeschaffungsprogrammen hat jede ländliche Familie, die Arbeit verlangt, auch Anspruch auf eine bezahlte Beschäftigung. Der Arbeitsplatz darf höchstens 5 km vom Wohnort entfernt liegen. In Rajasthan wurden sechs Distrikte ausgewählt, die meistens von *Adivasi* bewohnt und durch eine starke jahreszeitliche Migration in die Zentren von Gujarat und Maharashtra gekennzeichnet sind. Die gegenwärtig ausgeführten Arbeiten konzentrieren sich auf die Förderung von wassersparenden Techniken (*water conservation*), das Sammeln von Regen in Zisternen und den Aufstau des oberflächlichen Abflusses (*water harvesting*), das Entschlammen von Wasserreservoiren, Erosionsschutz und Aufforstung usw. Die Umsetzung erfolgt in Absprache und mit aktiver Beteiligung der Zivilgesellschaft und der Gemeinderäte (*Gram Panchayat*). Am 31. Dezember 2006 waren von den 1,6 Mio. ländlichen Haushalten der sechs Distrikte 1.495.000 Mio. Haushalte im Beschäftigungsprogramm registriert. 970.000 Haushalte, die Arbeit verlangten, haben bereits eine Beschäftigung erhalten. 60% der Arbeitstage werden durch Frauen erbracht, da die Männer zur Arbeitssuche migrieren. Es ist noch nicht klar, ob das NREGA als zusätzliche Arbeitsgelegenheit oder als Ersatz für bisherige Arbeitsgelegenheiten benutzt wird. Nur wenn das NREGA zusätzliche Arbeit schafft, kann die Armut wirksam bekämpft werden. Die starke Beteiligung der Frauen führt zu einem höheren Einkommen der Frauen und vielleicht auch zu mehr Ansehen in der Familie. Verschiedene Studien haben gezeigt, dass es einen Zusammenhang gibt zwischen dem Einkommen der Frau und der Gesundheit und dem Wohlergehen der Familie. Diese positiven Aspekte müssten in einigen Jahren überprüft werden. Den beachtlichen Geldflüssen in die ländlichen Distrikte muss Beachtung geschenkt werden: Wird dadurch die Migration verringert, verändert sich das Konsumverhalten der armen Haushalte? Die Einführungsphase zeigt nur geringe Probleme, u. a. Verzug bei der Auszahlung der Löhne, mangelnde Aufsicht durch die Basisorganisationen wegen Personalmangels, schwierige Auswahl von sinnvollen und notwendigen Arbeiten. Ein durch NGO's durchgeführtes *Audit* zeigte ein hohes Maß an Verantwortungsbewusstsein und eine geringe Korruption." (Mitteilung von Frau Dr. *Malovika Pawar,* IAS, Jaipur vom 3. Januar 2007, übersetzt und leicht gekürzt durch U. Bichsel).

Es bleibt zu hoffen, dass dieses Programm die ländliche Armut signifikant reduziert und die erheblichen Mittel, welche die Zentralregierung aufbringt (Kosten im ersten Jahr: 3 Milliarden Euro), wirklich vollumfänglich der notleidenden Bevölkerung zukommen.

3.2.2.3 Verstädterung und urbane Strukturen in Indien (Rudolf Kunz)

a) Begriff und Ausmaß der Verstädterung

Unter Städten versteht die offizielle Statistik in Indien alle Orte mit einer Stadtverwaltung und alle Orte, die folgende Kriterien erfüllen: eine minimale Bevölkerung von 5000 Einwohnern, mindestens 75% der erwerbstätigen Männer sind im sekundären oder tertiären Sektor beschäftigt, eine Minimaldichte von 400 Einwohner pro Quadratkilometer. Die Städte werden je nach Bevölkerungszahl in sechs Kategorien eingeteilt. Diese Definition gilt seit dem Zensus von 1971. Es ergibt sich folgendes Bild der Verstädterung im Zeitraum zwischen 1951 und 2001 (vgl. Tab. 3.2.2/4):

Tab. 3.2.2/4: Stadt- und Landbevölkerung Indiens zwischen 1951 und 2001 (in Millionen), (in Klammer %)
Daten aus: India 2004, 2004, S. 15

	1951	1961	1971	1981	1991	2001
Land	299 (82,7)	360 (82,0)	439 (80,1)	524 (76,7)	629 (74,3)	742 (72,2)
Stadt	62 (17,3)	79 (18,0)	109 (19,9)	159 (23,3)	218 (25,7)	285 (27,8)

Die Bevölkerung Indiens nahm zwischen 1951 und 2001 um 666 Millionen Menschen zu; davon betroffen sind sowohl die städtischen als auch die ländlichen Regionen. Prozentual allerdings wuchs die städtische Bevölkerung rascher an. Werden die Einwohnerzahlen für unterschiedliche Stadtgrößen verglichen, kann festgestellt werden, dass der Zuwachs vor allem den größeren Städten zugute gekommen ist, während die kleineren eher stagnierten. Viele mittelgroße Städte sind zu Großstädten geworden, während relativ wenig dörfliche Siedlungen zu Städten avanciert sind. Die Verstädterung erfolgt also nicht gleichmäßig über das ganze Land, sondern konzentriert sich auf die Ballungsräume (*Bronger* 1995, S.48f).

b) Determinanten des Verstädterungsprozesses

Wie in anderen Entwicklungsländern ist auch in Indien eine im Vergleich zur allgemeinen Urbanisierung weit höhere Metropolisierung zu beobachten; das heißt, dass der überwiegende Teil der Landflucht direkt in den großen und größten Städten Indiens endet. Mumbai (Bombay) beispielsweise hat Zuwanderer aus dem ganzen Land, begünstigt durch den Umstand, dass hier schon viele Gemeinschaften von Tamilen und anderen Südindern, Menschen aus Uttar Paradesh oder Bihar wohnen, welche die Integration der Neuzuzügler in die jeweiligen Volksgruppen Mumbais wesentlich erleichtern. Allerdings ist im Vergleich mit anderen Entwicklungsländern die Verstädterung in Indien insgesamt nicht so dramatisch abgelaufen wie in Afrika oder Lateinamerika. Beachtet werden muss in diesem Zusammenhang besonders der regionale Aspekt innerhalb Indiens – ein Aspekt, der auch erklären hilft, warum sich die Urbanisierung vergleichsweise moderat abspielte.

Werden die regionalen Unterschiede in Indien betrachtet, kann man feststellen, dass in den entwickelteren Staaten (Punjab, Haryana, Gujarat, Kerala u. a.) die Pull-Faktoren der Migration überwiegen, während in den ärmeren Bundesstaaten (Orissa, Bihar, Madhya Pradesh, östliches Uttar Pradesh u.a.) die Push-Faktoren dominant sind. Die ärmeren Bundesstaaten haben deswegen auch eine höhere Zuwachsrate ihrer Städte als die weiter entwickelten Bundesstaaten zu verzeichnen. Städtisches Wachstum ist also nicht notwendigerweise ein Zeichen für eine gesunde allgemeine Wirtschaftsentwicklung. Eine zu starke Zunahme kann die Infrastruktur bis zu deren Zusammenbruch belasten. Man spricht in diesem Zusammenhang von Überverstädterung – ein Phänomen, das in den meisten Entwicklungsländern zu beobachten ist – und meint damit, dass die Infrastruktur der Städte für diesen Ansturm nicht gerüstet ist. Gründe für die etwas schwächere Verstädterungsrate in Indien sind: Die Beschäftigungsmöglichkeiten in der Stadt sind geringer und unsicherer, die Pendelwanderung aus Dörfern in eine nahe gelegene Stadt ist dank verbesserten Transportmöglichkeiten stärker geworden, die Präferenz, auf dem Lande zu wohnen, steigt auch wegen schlechter Wohn- und Umweltbedingungen in den Städten, schließlich kann man in den Dörfern günstiger wohnen. Diesen Umstand nutzen viele Migranten (*Kundu* 1993, S.31 ff, *Stang* 2002, S. 94ff).

Untersuchungen von *Bichsel* (1986, S. 158ff) in der Umgebung von Chandigarh zeigten, wie die Neuzuzügler die Dörfer in ihrer sozialen und ökonomischen Struktur stark verändert haben. Die Trennung zwischen den oberen Kasten und den Harijans (*Scheduled Castes*) wird zwar beibehalten; doch der ökonomische Unterschied wird oft verwischt, da die meisten der schon lange hier ortsansässigen Harijans in der Stadt beschäftigt sind und ein Einkommen erzielen, das ihnen einen besseren Lebensunterhalt ermöglicht. Die Mehrzahl der Migranten, die aus anderen Teilen Indiens, vor allem aus den Armutsgebieten des östlichen Uttar Pradesh stammen und die nun in den umgebenden Dörfern von Chandigarh leben, können dank eines z. T. gesicherten Einkommens zwar auch etwas besser leben als in ihrem Ursprungsgebiet und die nahe Infrastruktur der Stadt in Anspruch nehmen, müssen sich aber mit sehr beengten Wohnverhältnissen in den überfüllten Dörfern zufrieden geben. Für sie hat sich im Vergleich zu ihrer Herkunftsgemeinde zwar die Arbeits-, nicht aber die Wohnsituation gebessert.

c) Der Bevölkerungsdruck auf die Großstädte

Die Tatsache, dass die Großstädte schneller wachsen als die Klein- und Mittelstädte und die ländlichen Räume, hat für die Infrastruktur besonders der Millionenstädte fatale Folgen: Stromausfälle, Zusammenbruch der Versorgung mit Wasser, Verkehrschaos, Entstehung von Slums, dadurch auch Erhöhung des Risikos für Krankheiten und Seuchen sind Folgen dieser Entwicklung. In den 1970er und 80er Jahren versuchten die staatlichen Planungsbehörden, allen voran diejenigen von Maharashtra (Beispiel Umgebung von Aurangabad) und West Bengal (Beispiel Kalyani), das Land durch ein Netz hierarchisch aufgebauter zentraler Orte zu organisieren. Man hoffte mit der wirtschaftlichen Förderung von gut ausgewählten mittelgroßen Auffangstädten die Stadt-Land-Verbindungen verbessern und die ausgeprägte Lücke zwischen den Metropolen und den ländlichen Räumen schließen zu können; denn bis heute sind die Millionenstädte nichts anderes als Inseln in einem Meer ländlicher Zurückgebliebenheit. Sie ziehen mit ihrem vermeintlichen Glanz Hunderttausende vom Land und den kleineren Städten ab. Doch die Planungen blieben meist nur auf dem Papier, die notwendigen Implementierungen fehlten. Die gegenwärtige Deregulierungspolitik weist jetzt auch andere Wege, nämlich mehr private Initiative im Wohnungsbau und in allen anderen Bereichen der Ökonomie als staatliche Planung und Eingriffe in das Wirtschaftsgefüge der Einzelstaaten. In diese Richtung zielt der Aufbau von Vorstädten wie beispielsweise Gurgaon vor den Toren Delhis. Hier entstehen neben Büro- und Verwaltungskomplexen große Wohnzonen mit westlichem Komfort, die als Alternativen zu den überfüllten Großstadtbereichen gedacht sind, die jedoch auch von der Nähe zur Metropole profitieren können. Bei der Umsetzung werden Ideen der *Public Private Partnership* angewandt (www.gurgaon.nic.in). Neue Konzepte (seit 2005) der Stadtentwicklung werden auch in den *Special Economic Zones* (SEZ) erprobt, die Firmen aus dem In- und Ausland mit günstigen steuerlichen Konditionen anlocken sollen. Beispiele finden sich in Kandla in Gujarat oder Indore in Madhya Pradesh. Hier werden so genannte „Inseln der Exzellenz" geschaffen, die eine Infrastruktur und ein Wohnumfeld aufweisen, die westlichen Standards genügen (www.sezindia.nic.in).

Tab. 3.2.2/5: Bevölkerungsentwicklung in Mumbai (*Municipal Corporation*) und Delhi (*M. Corp.*) im Vergleich mit Greater London in Tausend
Daten aus: *Bronger* 1997, S. 62f., India 2004, 2004, S. 17

	1950	1960	1970	1980	1990	2000/01
Mumbai M.C.	2994	4152	5971	8243	9926	11914
Delhi M.C.	1437	2359	3647	5729	8375	9817
Greater London	8197	7992	7452	6713	6379	7375

Die beiden indischen Metropolen haben sich sehr unterschiedlich entwickelt (vgl. Tab. 3.2.2/5). Delhi hat – als Hauptstadt des Gesamtstaates – profitiert von einer initiativen Unternehmerschicht, von der räumlichen Nähe zur Zentralverwaltung, was besonders zur Zeit der regulierten Wirtschaft wichtig war, und einer vergleichsweise gut ausgebildeten Bevölkerung. Der enorme Zuzug in den Großraum Delhi hat jedoch zu einer Überlastung der Infrastruktur geführt, die sich nicht nur im hoffnungslos überlasteten Straßenverkehr, sondern auch in der dadurch entstandenen massiven Luftverschmutzung manifestiert. Die Lage in Delhi ist deshalb besonders schwierig, weil hier bis zur Jahreswende 2002/03, an der die erste Teilstrecke der U-Bahn eröffnet wurde, kein schienengebundenes Nahverkehrssystem wie in Mumbai oder Kolkata (Untergrundbahn) existierte. Ein besonderes Problem der Luftverschmutzung ist der hohe Anteil an Staubpartikeln in der Luft. Die von MINAS (Minimum National Standards) vorgeschriebenen Grenzwerte werden laufend überschritten. Die armen Bevölkerungsschichten haben ständig mit Rauch zu leben, da sie sich keine moderne Küche leisten können. Zwar existieren auch hier zahlreiche Maßnahmenpläne; einzelne *Environment Management* Programme haben durchaus zu Erfolgen geführt, doch die Verringerung der Luft- und Wasserverschmutzung und der Abfallberge ist zu gering, als dass von einem Durchbruch im Umweltschutz gesprochen werden könnte. Mumbai (Bombay) hat sich als führendes Industrie-, Handels- und Finanzzentrum etabliert und Kolkata (Calcutta) aus seiner dominierenden Position, die es in britischer Zeit innehatte, verdrängt. Die Hauptzuwanderungsgebiete im Raum Mumbai sind die Vorstädte Vasia, Virar, Thane, Kalyan und New Bombay im Osten. Doch das rasche Wachstum konnte auch hier nicht ohne Folgen auf die städtische Infrastruktur bleiben. Die Überlastung des öffentlichen Personennahverkehrs ist offensichtlich. Pro Tag fahren über 1000 Züge der Central Railway von Victoria Station in den nordöstlichen Korridor, um die 1000 Züge pro Tag lässt die Western Railway fahren. Täglich werden von beiden Linien über 6 Millionen Fahrgäste befördert. 1994 zwängten sich 650.000 Fahrzeuge in den Straßen der Stadt. Im Jahre 2000 dürfte die Millionengrenze überschritten worden sein (*Badrinath*, 1994, S. 33f., *Stang*, 2002, S. 278ff., www.mrvc.indianrail.gov.in). Neben den Umwelt- und Verkehrsproblemen existieren noch andere Hürden, die sich für eine nachhaltige Stadtentwicklung als nachteilig erweisen. Es sind die vielen illegalen Machenschaften beim Bau und Betrieb von Büros und Läden. In Delhi versuchen die Gerichte mit spektakulären Aktionen Abhilfe zu schaffen. Zehntausende Geschäfte und Büros wurden vom Obersten Gericht für illegal erklärt und mussten geschlossen werden. Die illegalen Bauten wurden zum Abriss frei gegeben (Neue Zürcher Zeitung, 17. November 2006).

d) Entstehung von Marginalvierteln in den Großstädten

Obwohl Slums meist nur einen kleinen Teil der städtischen Grundfläche belegen (Mumbai ca. 2% der Gesamtfläche, ca. 12% der Wohnfläche), ist der Anteil der Bevölkerung, der unter solchen Bedingungen lebt, in den Millionenstädten sehr hoch. Der Census 2001 rechnet in Mumbai mit 49 % der Bevölkerung, die in

Slums leben, in Delhi mit 19 % und in Bangalore mit 8%. Slums sind jedoch schwierig zu definieren. Es sind Substandard-Wohnungen ohne ausreichende Infrastruktur, in der Monsunzeit wegen Überschwemmungsgefahr und auch hinsichtlich mangelnder Hygiene bedroht. Ein wichtiges Merkmal ist die fehlende Rechtssicherheit für Bewohner der im Prinzip illegalen Hüttenslums. Die Bewohner der Slums müssen deshalb stets mit Räumungen rechnen, weil sie keine Rechtstitel auf den Boden besitzen. Einige Stadtverwaltungen beauftragen immer wieder Räumungskommandos, um illegale Siedlungen abzureißen (*Demolition Squads*). Oft ist die Ankündigung der Räumung sehr kurzfristig, sodass die Bewohner kaum Zeit haben, ihre Habe zusammenzupacken. 1990 gab es in Bombay etwa 1,5 Millionen fehlende Wohnungen; die Produktion von 20.000 Wohneinheiten im gleichen Jahr auf dem formellen Wohnungsmarkt konnte dieses Defizit nicht beheben. Zudem sind diese Wohnungen für die meisten Leute unerschwinglich, sodass der Zwang besteht, sich auf dem informellen Markt umzuschauen. Oft bleibt nichts anderes übrig, als selbst eine primitive Hütte in einem Slum zu bauen und dafür einem tatsächlichen oder sich als solchen ausgebenden Landbesitzer eine Art Pachtzins zu bezahlen.

Überall in der Stadt werden freie, noch nicht überbaute Flächen belegt. Diese illegalen Siedlungen haben in der Rechtsauffassung der städtischen Verwaltung keinen Anspruch auf städtische Infrastrukturleistungen wie Wasserversorgung, Kanalisation und Abfallentsorgung, Schulen, Krankenhäuser oder Verkehrsverbindungen. Auch wird durch den illegalen Siedlungsbau eine geordnete Planung erschwert. Die Behörden stecken in einer Zwickmühle. Einerseits sind die Slums eine Realität und in absehbarer Zeit nicht wegzudenken. Andererseits aber gefährden sie wegen der hier herrschenden hygienischen Bedingungen die öffentliche Gesundheit. Davor fürchtet sich auch die Mittel- und Oberschicht, die deshalb der Zuwanderung armer Bevölkerungsschichten in die Städte feindlich gegenüber steht. Auch kann der Rechtsbruch der illegalen Landnahme nicht einfach hingenommen werden.

e) Modelle der Slumsanierung in Mumbai

1976 wurden in Bombay 1700 Slums gezählt. Damals erhielt jeder Bewohner eine *Pitch Holder Card* mit Daten zur Person und zur Wohnsituation. Dabei stellte sich heraus, dass die durchschnittliche Bevölkerungsdichte in ebenerdigen Hütten 25.000 Einwohner, in Dharavi, dem größten Slum, sogar über 100.000 pro km^2 betrug. Im Durchschnitt wohnten sechs Personen in einer Hütte. Die Situation hat sich seither kaum verbessert. 1993 waren 90% ohne eigene Toilette, 80% ohne eigenen Wasseranschluss, 20% ohne Strom (*Warning*, 1994, S. 38). Nach dieser Zählaktion entstanden zwei Gruppen: Inhaber der *Pitch Holder Card* lebten von nun an in einem halblegalen Zustand, während die neuen Zuwanderer weiterhin illegal wohnten. Dies führte in der Folge zu regelmäßigen Vertreibungen der Letzteren. Zudem belasteten Korruptionsprobleme die verschiedenen Aktionen.

Heute haben alle, die fünf Jahre in der Stadt leben und dies nachweisen können, ein Anrecht auf eine *Pitch Holder Card*. Mit dem *Slum Improvement Programme* wurden zwischen 1972 und 1992 ca. 3,9 Mio. Menschen erreicht. Inzwischen hat auch die Weltbank zusammen mit der Stadtverwaltung Programme zur Slumsanierung ausgearbeitet. Das *Bombay Urban Development Programme* von 1985 hat dazu geführt, dass sich Wohngenossenschaften gebildet haben, die nun Anrecht auf das Land besitzen und damit kreditfähig sind, um die Infrastruktur in den Slums verbessern zu können.

In den *Site and Service Schemes* der Weltbank (ab 1990) werden einzelne Grundstücke vom Staat vorbereitet und dann an die Genossenschaft abgetreten, die ihrerseits für den Bau der Wohnungen verantwortlich ist. Der Erlös aus dem Geschäft reicht aus, um die Zinsen der Weltbank zu tilgen. Das wichtigste Problem ist momentan nicht die Finanzierung, sondern dasjenige der Verfügbarkeit von Land. Es wird deshalb Marschland aufgeschüttet, um die neuen Siedlungen auch während der Monsunzeit trocken halten zu können. Bedingung zum Kauf eines Ein-Zimmer-Hauses (mit Küche und Bad) ist, dass die Bewerberfamilien seit mindestens 15 Jahren in Mumbai ansässig sind. Zudem ist es während der ersten fünf Jahre verboten, das Haus zu verkaufen. Meistens sind es kleine Ladenbesitzer, die sich ein solches Häuschen leisten können. Obwohl eine Mischrechnung besteht und reicheren Familien das Häuschen teurer verkauft wird als ärmeren, können es sich Arme nicht leisten, hier zu wohnen. Sie müssen, falls das Gelände auf ei-

nem ehemaligen Slum steht, wegziehen und in Kauf nehmen, dass sie weiter von ihrem Arbeitsplatz entfernt wohnen und dass aus diesem Grund höhere Transportkosten entstehen.
Im *Slum Upgrading Scheme,* bei dem die Weltbank mithilft, geht es um Infrastrukturverbesserungen und Legalisierung von bereits bestehenden Slums. Das Land wird käuflich abgegeben. Dafür gibt es Kredite für Verbesserungen am Haus. Auch hier werden Kooperativen aufgebaut, die als Kontaktstelle zwischen Behörde und Slumbewohner dienen. 70 % der Einwohner eines Quartiers müssen einer Sanierung ihres Quartiers zustimmen. Dann werden die Landtitel abgegeben, und die Rechtssicherheit nimmt zu: Ein entscheidender Anreiz, selbst in sein Haus zu investieren, aber auch die einzige Möglichkeit, Kleinkredite für die Sanierung des Wohnumfelds zu bekommen. Der überwiegende Teil der Kosten für die Verbesserung der Infrastruktur im Quartier wird von der öffentlichen Hand übernommen. In letzter Zeit sind wieder mehr Bauprojekte mit kleinen Sozialwohnungen von 20 bis 25 m^2 geplant und bewilligt worden. Dabei werden mehrgeschossige Wohnblöcke auf dem Slumareal erstellt. Ein Teil der Fläche wird zur kommerziellen Nutzung freigegeben. Die Vorteile dieser Vorgehensweise liegen auf der Hand: Die Slumbewohner müssen den Wohnort nicht verlassen und nicht befürchten, dass sie noch längere Wege (verbunden mit höheren Transportkosten) zum Arbeitsort zurücklegen müssen. Da die Möglichkeit besteht, einen Teil der Fläche kommerziell zu nutzen, lassen sich auch private Investoren finden. Dank Quersubventionierung können die Kosten für die Wohnbauten tief gehalten werden. In Mumbai wird beispielsweise in einem Projekt mit 42.000 neuen Sozialwohnungen ein Zehntel der Fläche kommerziell genutzt. Privaten Investoren, welche Sozialwohnungen unentgeltlich errichten, kann eine mindestens so große Fläche im betreffenden Slumareal für die kommerzielle Nutzung überlassen werden (Times of India, 4. Dezember 2003).

f) Raumplanerische Maßnahmen zur Stadt- und Regionalentwicklung
Es gibt auf Bundesebene keine einheitlichen Richtlinien für Stadt- und Regionalplanungen. Immerhin existieren zwei Programme, die sich Stadtentwicklungsfragen annehmen: Einerseits das *Integrated Urban Development Programme* (IUDP) für Städte über 300.000 Einwohner, andererseits die *Integrated Development of Small and Medium Towns* (IDSMT). Dabei stellen sich je nach Stadttyp sehr verschiedene Aufgaben. Städte, die einen hohen Anteil an niedergehenden Industriezweigen mit Fabriken in den Innenstädten aufweisen wie Kolkata (Maschinen- und Juteindustrie), Mumbai, Ahmedabad und Kanpur (Textilindustrie), haben das Problem, dass viele Arbeitsplätze in der Innenstadt verloren gehen. Die geschlossenen Fabriken werden nicht an Ort und Stelle durch neue ersetzt, da sie aus Gründen der neuen Gesetzgebung außerhalb der Wohnbereiche aufgebaut werden müssen. Die Stadtplanung müsste hier dafür sorgen, dass nicht umweltbelastende Industrien ermöglicht werden. Die Stadtplanung sollte zu einem Stadtmanagement erweitert werden, das nicht nur für die Planung, sondern auch für die darauf folgende Implementierung zuständig ist. Es existieren zwar viele Pläne, aber bei der Durchführung entstehen meist große Schwierigkeiten (*Rakesh* 1992, S. 1913ff, India 2002, 2002). Heute besteht die Forderung nach einem Rückzug des Staates aus der Stadtentwicklungspolitik und nach Privatisierung der Bauprojekte. Der Staat soll nicht mehr selber bauen, sondern nur günstige Rahmenbedingungen schaffen. Dadurch soll eine Öffnung des Marktes für private Baufirmen sowie auch eine Freigabe der Preise und Steuererleichterungen für die Baufirmen erreicht werden. Kritiker glauben, dass damit die Tendenz zur Errichtung von Geschäfts- und Bürohäusern sowie luxuriösen Wohnungen steigen wird, der Bau von einfachen Wohnungen für die ärmeren Schichten aber unterbleibt (*Stukenberg* 1994).

g) Perspektiven
Im ländlichen Raum ist, bedingt durch das ausgeprägte Bevölkerungswachstum und die wirtschaftlichen Schwierigkeiten, ein riesiges Potenzial von Landflüchtigen herangewachsen. Die Motive der Wanderungsströme sind bekannt: Die, wenn auch nur geringe, Hoffnung auf einen Gelegenheitsjob auf dem vielfältigeren städtischen Arbeitsmarkt gegenüber der Aussichtslosigkeit und Verhärtung der ländlichen Lebenssituation begründet die anhaltenden Migrationsströme in die Städte, vornehmlich in deren Slumareale. Dort haben sich zwar auch konsolidierte Wohngebiete mit einzelnen Kasten-, Religions- oder Sprach-

gruppen herausgebildet; aber insgesamt muss festgestellt werden, dass die Slums in Indien nicht den Charakter von Aufsteigersiedlungen haben. Die Elendsviertel sind – von einigen Ausnahmen abgesehen – in der Regel nicht Durchgangsstationen zu städtischen Lebensformen, sondern permanente Lebensformen unterprivilegierter Gruppen, die zudem noch in Konkurrenzsituation zueinander stehen, wie das Beispiel der schwierigen Lage der Muslime in den Slums zeigt. Der ungelernte Arbeiter vom Land findet in den allerwenigsten Fällen eine gut bezahlte Arbeit in der Großstadt. Meistens ist er nur teilweise beschäftigt oder über längere Zeit arbeitslos. Die Aufstiegschancen sind gering, die berufliche Mobilität groß, und der Arbeiter passt sich dadurch an, dass er in der Nähe des jeweiligen Arbeitsplatzes wohnt, um Transportkosten zu sparen. Unter diesen Umständen wird es für Planer und Behörden schwierig sein, das Slumproblem in absehbarer Zeit zu lösen. Während auf der einen Seite Privatindustrie und Mittelstand von der wirtschaftlichen Entwicklung profitieren und die Metropolen eine moderne Skyline und eine auf die ökonomisch prosperierende Schichten ausgerichtete Infrastruktur auf- und ausbauen, wird der Abstand zu den armen Schichten nicht kleiner. Sie werden weiterhin in Substandard-Wohnungen leben müssen, vor allem auch dann, wenn der Bevölkerungsdruck auf dem Lande nicht abgebaut werden kann. Wachsende Kriminalität in den Großstädten und Verschmutzung mit Abfällen führen andererseits dazu, dass sich der Mittelstand vermehrt in *Gated Communities* zurückzieht, die bewacht werden, um unerwünschte Personen fernzuhalten. Beispiele finden sich in allen Großstädten, so z. B. in Rohini, einem Quartier in Delhi.

3.2.2.4 Bevölkerungspolitik (Ulrich Bichsel)

a) Die indische Familienplanung
Die indische Familienplanung wurde zum ersten Mal 1952 im Abschnitt „Gesundheitswesen" des ersten indischen Fünfjahresplanes formuliert. Es wurden noch keine quantitativen Ziele gesetzt, sondern die Untersuchung der verschiedenen Möglichkeiten der Familienplanung in den Vordergrund gestellt. Staatliche Maßnahmen zur Empfängnisverhütung waren nur in bescheidenem Umfang vorgesehen und wurden kaum durchgeführt. Familienplanung spielte in diesen fünf Jahren eine völlig nebensächliche Rolle.
Im zweiten Fünfjahresplan (1957–61) wurde die Forderung aufgestellt, zur Durchführung des Familienplanungsprogrammes eine separate Organisation aufzubauen, Familienplanungskliniken einzurichten und Ärzte und Krankenschwestern in Fragen der Empfängnisverhütung speziell auszubilden. Die überraschenden Ergebnisse der Volkszählung 1961 (439 Mio.; die indische Plankommission sagte noch 1956 eine Zahl von 408 Mio. voraus) zeigten mit aller nur wünschenswerten Deutlichkeit die Dringlichkeit des begonnenen Programms.
So stand denn im folgenden Fünfjahresplan (1961–66) die Stabilisierung der Bevölkerungsanzahl innerhalb eines vernünftigen Zeitraumes im Mittelpunkt der Forderungen. *Von Arnim* (1969, S. 172) führt die vorgesehenen Maßnahmen auf:
– Erziehung und Motivation zur Familienplanung
– Bereitstellung von Mitteln, welche der Familienplanung dienen
– Ausbildung von Fachkräften
– Produktion empfängnisverhütender Mittel
– Untersuchung von Problemen der Motivation und Verbreitung
– Untersuchung der Bevölkerungsentwicklung
– Medizinische Forschung.
Das medizinische Personal wurde immer mehr von der eigentlichen Beratung entlastet. Speziell ausgebildete Laien wie Lehrer und Gemeinderäte sollten die immense Aufgabe der Beratung und Verbreitung der Ideen der Familienplanung übernehmen. Rein quantitativ betrachtet sollte pro Block des Dorfentwicklungsprogrammes welcher ungefähr 100 Dörfer umfasst, ein Familienplanungszentrum mit acht Fachkräften vorhanden sein. Auf rund 1000 Personen sollte es einen dem Familienplanungsprogramm verpflichteten Laienhelfer geben.

Seit 1971 ist ein Schwangerschaftsabbruch legalisiert (*Medical Termination Act of Pregnancy*, India 1993, 1994 S. 216). Nach diesem Gesetz ist ein Schwangerschaftsabbruch legal, wenn die Lebensumstände (*existing circumstances*) der Mutter durch die Geburt beeinträchtigt werden, der Fötus Missbildungen aufweist oder es trotz des Gebrauchs von Verhütungsmitteln zu einer unerwünschten Schwangerschaft gekommen ist. Es werden jährlich etwa 600.000 Schwangerschaftsabbrüche registriert (India 2002, 2002, S. 224).
Ende 1975 wurden neue gesetzliche Grundlagen zur Beschränkung der Kinderzahl erarbeitet. Entsprechende Entwürfe sind in der Folge sowohl in Delhi als auch in den einzelnen Bundesstaaten behandelt worden. So sah beispielsweise ein Gesetz im Punjab vor, dass ein Ehepaar grundsätzlich bei der Geburt des dritten oder folgenden Kindes bestraft werden konnte. Ausnahmen wurden bezeichnenderweise gewährt, wenn das Ehepaar noch keinen Sohn hatte. Weiter wurde ins Auge gefasst, Familien mit höchstens zwei Kindern bei der Vergabe von Staatsstellen und Staatswohnungen bevorzugt zu behandeln. Andere Vorschläge bestanden darin, Beamten Gratifikationen oder verbilligte Kredite nicht zu gewähren, wenn sie mehr als zwei Kinder hatten. In der Zwischenzeit hat sich allerdings gezeigt, dass die bevorzugte Behandlung von Kleinfamilien bei der Vergabe von Staatsstellen und Staatswohnungen vor Gerichten erfolgreich angefochten werden kann (*Schöttli* 1987, S. 80).
In den Jahren 1975 bis 1977 ist es auch zu unentschuldbaren Maßnahmen (Zwangssterilisationen) in der Familienplanung gekommen. Der dadurch ausgelöste Schock in der Bevölkerung hat die Familienplanung um Jahre zurückgeworfen und erschwert noch heute eine unvoreingenommene Haltung dazu.

b) Das Familienwohlfahrtsprogramm

Im Frühjahr 1977 legte die bei den Wahlen nicht zuletzt wegen der vorangegangenen Auswüchse bei der Familienplanung erfolgreiche Opposition ihr Familienplanungsprogramm vor. Dieses wurde in „Familienwohlfahrtsprogramm" umbenannt, um zu zeigen, dass die Familienplanung nur ein Teil des Wohls der Familie sei, das Krankheitsvorsorge, Erste Hilfe, Hygiene, Ernährung, Betreuung von Mutter und Kind und Verbesserung der Stellung der Frau umfasse. Zum Glück erfolgte diese politisch bedingte Umorientierung der ursprünglichen Familienplanung. Unterdessen ist nämlich klar, dass nur eine Familienplanung, welche Teil einer Strategie zur Verbesserung der Bildung und der Gesundheitsverhältnisse ist, Erfolg haben kann. Das Programm sah vor, dass jedes Dorf auf 1000 Einwohner einen Vertreter wählen sollte, der gewillt war, für das betreffende Dorf die Beratung im Rahmen des Programms zu übernehmen. Diese wurde von den Gewählten nach einem dreimonatigen Einführungskurs nebenamtlich ausgeführt. Die Regierung wandte sich wieder gegen jeden Zwang in der Empfängnisverhütung, glaubte aber doch, die Geburtenrate bis 1985 auf 2,5% senken zu können.
Seit 1977 gibt es nur noch Familienwohlfahrtsprogramme. Und wie zu Beginn der indischen Bemühungen zur Familienplanung funktionieren diese ausschließlich auf freiwilliger Basis. Zur Durchsetzung der ehrgeizigen Ziele (Nettoreproduktionsrate im Jahre 2010 und stabile Bevölkerungsanzahl im Jahr 2045) setzt man auf ein Netz von bundesstaatlichen Gesundheitszentren, auf Nichtregierungsorganisationen, auf *opinion leaders* und einflussreiche Gruppen. Von 1985 bis 1990 wurden zu den bestehenden 84.400 staatlichen Zentren 45.169 zusätzliche Zentren in Betrieb genommen. Da es nach wie sehr schwierig ist, die männliche Bevölkerung zu einer Mitarbeit zu gewinnen, konzentrieren sich die konkreten Bemühungen vermehrt auf die Frauen.
Seit vielen Jahren besteht auch in Indien die Möglichkeit der Amniozentese. Seither macht der Slogan „Zahle lieber 500 Rupien heute als 500.000 Rupien in 20 Jahren" vor allem bei der Mittel- und Oberschicht Schlagzeilen. Mit der Abtreibung eines weiblichen Fötus spart man sich in 20 Jahren das so genannte *dowry,* die Mitgift, welche der Familie des Bräutigams – trotz gesetzlichem Verbot – oft gegeben werden muss (vgl. Kap. 4.4). Die indischen Behörden haben allerdings 1996 die Geschlechtsbestimmung des Fötus verboten. Trotzdem werden in Indien jährlich 2,5 Mio. weniger Mädchen geboren, als statistisch zu erwarten wäre (Neue Zürcher Zeitung, 15. Dezember 2006).
Auf der dritten Weltbevölkerungskonferenz in Kairo (ICPD '94, *International Conference on Population and Development*) wurde ein umfassendes Aktionsprogramm verabschiedet, das wegweisende Richtlini-

en für die internationale Bevölkerungspolitik enthielt. In diesem Programm kommt der reproduktiven Gesundheit eine zentrale Rolle zu. Reproduktive Gesundheit bedeutet, dass „Menschen ein befriedigendes und ungefährliches Sexualleben haben können und dass sie die Fähigkeit zur Fortpflanzung und die freie Entscheidung darüber haben, ob, wann und wie oft sie hiervon Gebrauch machen wollen. In diese letzte Bedingung eingeschlossen sind das Recht von Frauen und Männern, informiert zu werden und Zugang zu sicheren, wirksamen, erschwinglichen (...) Familienplanungsmethoden ihrer Wahl (...) zu haben, (...) und (…) Zugang zu angemessenen Gesundheitsdiensten, die es Frauen ermöglichen, eine Schwangerschaft und Entbindung sicher zu überstehen, und die für Paare die bestmöglichen Voraussetzungen schaffen, dass sie ein gesundes Kind bekommen" (Aktionsprogramm Kap. 7.2, übersetzt durch Deutsche Stiftung Weltbevölkerung).

Im vierten Kapitel dieses Programms wird weiter postuliert, dass die Frauen Zugang zu Bildung erhalten und in die Lage versetzt werden sollen, selbst über die Anzahl ihrer Kindes zu entscheiden.

In Kairo wurde damit klar gesagt, dass Familienplanung mehr sein muss als Aufklärung und Bereitstellung von Verhütungsmitteln. Familienplanung ist eingebettet in das Konzept der reproduktiven Gesundheit. Diesen Ansatz hat Indien teilweise bereits 1977 mit dem Familienwohlfahrtsprogramm gewählt.

„Auch die im Februar 2000 vorgelegte *National Population Policy* 2000 ist von vielen innovativen Ansätzen und sozialen Komponenten gekennzeichnet. Die Akzente liegen nunmehr auf der Reduzierung der Säuglingssterblichkeitsrate, der Erhöhung der Lebenserwartung für Neugeborene, der Alphabetisierung von Erwachsenen, der Versorgung von Grundbedürfnissen, auf Programmen für Kleinstkredite und zum Frauen-*Empowerment,* zum Aufbau der Infrastruktur für die medizinische Grundversorgung, zur integrierten Gesundheits-, Impfungs- und Ernährungsberatung, zur Einrichtung von *Awareness-* und *Family-Welfare-Camps* wie auch der Schaffung konkreter Anreize und Vergünstigungen." (*Domrös* 2004, S. 38).

c) Erfolgreiche Familienplanung?

Die indischen Behörden sind der Ansicht, dass heute 46% aller Ehepaare im Alter von 15 bis 44 Jahren die eine oder andere Methode zur Geburtenbeschränkung anwenden und dass durch die Aktivitäten der letzten 50 Jahre 257 Mio. Geburten verhindert werden konnten (India 2002, 2002, S. 223). Dieser beeindruckenden Zahl steht die Tatsache entgegen, dass die Wachstumsprognosen immer wieder nach oben korrigiert werden mussten. Solange es in vielen Bundesstaaten Indiens an den entscheidenden sozioökonomischen Voraussetzungen für eine kleine Familie fehlt, werden Behörden und Nichtregierungsorganisationen Mühe haben, die dort lebende Bevölkerung für die durch die Zentralregierung formulierten Ziele zu gewinnen. Die unterschiedlichen Wachstumsraten der Bevölkerung in den verschiedenen Bundesstaaten können auf die regionale Differenzierung beim Bildungswesen, der Ernährung und der medizinischen Versorgung der Mädchen und Frauen zurückgeführt werden.

Die Familienplanung muss sich auch mit kulturell bedingten Verhaltensweisen der indischen Bevölkerung auseinandersetzen. Die rituellen Handlungen des ältesten Sohnes beim Tode der Eltern, die Mitgift und die Tatsache, dass eine Tochter nach der Heirat praktisch in der Familie des Ehemannes lebt, mögen zu einer höheren Kinderanzahl beitragen, stellen aber keine kulturell bedingten Vorbehalte gegenüber einer Familienplanung dar.

Schöttli (1987, S. 78) weist noch auf die Tatsache hin, dass die Familienplanung von Politikern und religiösen Führern immer wieder als Instrument zur Veränderung der bestehenden Zusammensetzung der indischen Bevölkerung betrachtet wird und dementsprechend noch heute bedeutende politische Widerstände zu überwinden sind.

3.2.3 Die südindische Hightech-Metropole Bangalore im Zeichen wirtschaftlicher Globalisierung *(Christoph Dittrich)*

3.2.3.1 Einleitung

Der Aufstieg Bangalores zu einem weltweit bedeutenden Zentrum der Software-Entwicklung rückt eine weitgehend verdrängte Realität ins Bewusstsein: Indien produziert nicht nur Armut und Krisen, sondern zunehmend auch weltweit konkurrenzfähige Hochtechnologie und Expertenwissen. Für viele gilt die Stadt als Hoffnungsträger für den Aufbruch Indiens von einem der ärmsten Entwicklungsländer hin zu einer der weltweit größten Wirtschaftsmächte. In diesem Beitrag geht es darum, die Folgen wirtschaftlicher Globalisierungsprozesse auf die räumlichen und gesellschaftlichen Strukturen Bangalores darzustellen. Dabei stellt sich die Frage, inwieweit die Einbindung der Metropole in die globalisierte Weltwirtschaft positive Entwicklungsimpulse nach sich zieht und zur Verbesserung der Verteilungsgerechtigkeit und zum Abbau von Disparitäten beitragen kann. Zunächst werden die Auswirkungen wirtschaftlicher Globalisierung auf das indische Städtesystem skizziert.

3.2.3.2 Indiens Metropolen im Kontext wirtschaftlicher Globalisierung

Indien, mit über einer Milliarde Einwohnern nach der Volksrepublik China der bevölkerungsreichste Staat der Welt, zählt mit einem Urbanisierungsgrad von 28% zu den relativ wenig verstädterten Ländern der Welt. Die Volkszählung von 2001 wies etwas mehr als 4.000 Städte aus (im indischen Kontext Siedlungen mit mehr als 5.000 Einwohnern), in denen insgesamt mehr als 285 Millionen Menschen lebten. Die Mehrzahl der indischen Städte zählt weniger als 100.000 Einwohner. Jedoch leben ungefähr zwei Drittel der gesamten städtischen Bevölkerung Indiens in Großstädten, über 40% der großstädtischen Bevölkerung in 34 Millionenstädten, das entspricht etwa 108 Millionen Menschen (Census of India 2001) (Abb. 3.2.3/1).
Diese Angaben machen deutlich, dass der Prozess der Verstädterung in Indien durch den Typ der Metropolisierung gekennzeichnet ist. Das Bevölkerungswachstum der Millionenstädte liegt mit über 4% deutlich über jenem kleinerer Städte und des ländlichen Raumes. Allein die sechs Großmetropolen mit mehr als 5 Millionen Einwohnern (Mumbai, Kolkata, Delhi, Chennai, Bangalore, Hyderabad) beherbergen schon über 60 Millionen Menschen. Bei näherer Betrachtung der Millionenstädte fällt auf, dass einerseits die ärmeren Unionsstaaten, wie z. B. Madhya Pradesh, Rajastan und Uttar Pradesh, ein schnelles Metropolenwachstum zu verzeichnen haben. Hier kommen vor allem die Push-Faktoren der sich auf dem Land rapide verschlechternden Lebensbedingungen zum Tragen. Die Millionenstädte sind Endpunkte einer Landflucht marginalisierter ländlicher Bevölkerungsgruppen. Andererseits weisen auch die Großagglomerationen in wohlhabenderen Bundesstaaten, wie z. B. Gujarat, Karnataka, Maharashtra, Tamil Nadu und der Großraum Delhi, überdurchschnittlich hohe Wachstumsraten auf. Hier überwiegen die Sogwirkungen (Pull-Faktoren) neu entstandener Arbeitsplätze und Chancen infolge der marktwirtschaftlichen Öffnung des Landes zu Beginn der 1990er Jahre (Gödde 1994). Die Migranten hoffen, am Wirtschaftswachstum teilhaben zu können.
Von der außenwirtschaftlichen Öffnung Indiens zur Welt profitieren bisher vor allem die Großräume Mumbai-Thane-Pune, die Capital Region Delhi sowie die südindischen Verdichtungsräume Bangalore, Hyderabad und Chennai (*Nissel* 1999). Sie sind die Zentren der politisch-administrativen Macht, stellen die überragenden Knotenpunkte für Waren-, Kapital-, Verkehrs- und Informationsflüsse dar und bilden Schaltstellen für die Diffusion von Neuerungen aller Art. Für die prozentual schmale Schicht der meinungsbildenden Inder bedeuten sie das „Tor zur Welt" und insbesondere zu westlicher Technologie, Lebensstilen und Konsummustern. Dort haben sich auch die meisten multinationalen Unternehmen niedergelassen. Diese suchen die Nähe zu den Absatzmärkten, schätzen qualifizierte Arbeitskräfte und sind auf eine weitgehend reibungslos funktionierende Infrastruktur angewiesen. Dieser Trend lässt sich am Beispiel der deutschen

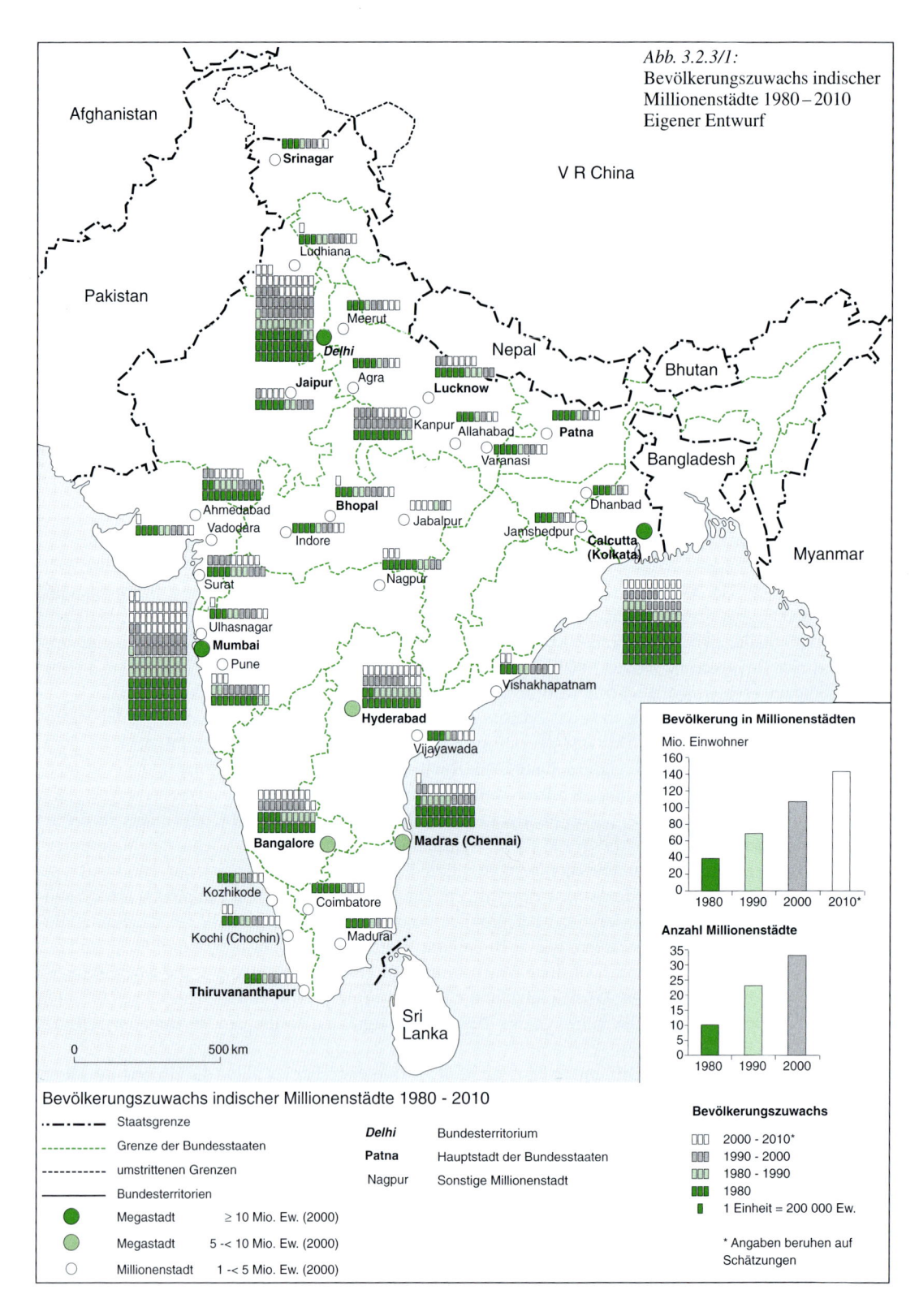

Abb. 3.2.3/1:
Bevölkerungszuwachs indischer
Millionenstädte 1980–2010
Eigener Entwurf

Bevölkerung in Millionenstädten
Mio. Einwohner

Anzahl Millionenstädte

Bevölkerungszuwachs indischer Millionenstädte 1980 - 2010

- ·—·—· Staatsgrenze
- ------- Grenze der Bundesstaaten
- --------- umstrittenen Grenzen
- ——— Bundesterritorien
- ● Megastadt ≥ 10 Mio. Ew. (2000)
- ● Megastadt 5 -< 10 Mio. Ew. (2000)
- ○ Millionenstadt 1 -< 5 Mio. Ew. (2000)

Delhi Bundesterritorium
Patna Hauptstadt der Bundesstaaten
Nagpur Sonstige Millionenstadt

Bevölkerungszuwachs
- ☐☐☐ 2000 - 2010*
- ☐☐☐ 1990 - 2000
- ☐☐☐ 1980 - 1990
- ■■■ 1980
- ■ 1 Einheit = 200 000 Ew.

* Angaben beruhen auf Schätzungen

Direktinvestitionen verdeutlichen: In den ersten Jahren der Wirtschaftsreformen gingen allein 42% aller Investitionen in den Großraum Mumbai, 27% nach Bangalore und 24% in den Großraum Delhi (DIHK 1996). Demgegenüber erweisen sich die alte Wirtschaftskapitale Kolkata sowie die übrigen urbanen Zentren als wenig attraktiv für neue Investoren und ausländisches Kapital.
Insgesamt haben die Liberalisierung der indischen Wirtschaft und der verstärkte Konkurrenzkampf der Regionen um Investitionen die „Kopflastigkeit" im indischen Städtesystem weiter verstärkt. Das Entwicklungsgefälle zu anderen Städten und zum ländlichen Raum hat sich verschärft. Das ehemals „große Quartett" hat sich zu einem „Sextett" entwickelt. Neben Mumbai, Kolkata, Delhi und Chennai weisen inzwischen auch Bangalore und Hyderabad nicht nur in demographischer, sondern auch in funktionaler Hinsicht eine eindeutige Primatstellung auf. Diese sechs Megastädte stehen zueinander zwar in Konkurrenz um Kapital und Investoren, sie üben aber gleichzeitig einen stetig wachsenden Einfluss auf die gesamte Entwicklung des Landes aus. Während ihre Bewohnerschaft nicht einmal 6% der Gesamtbevölkerung Indiens ausmacht, ist beispielsweise der Anteil der Studierenden, der Krankenhausbetten und des industriellen Produktionswertes um ein Vielfaches höher. In diesen städtischen Großagglomerationen konzentrieren sich auch die Firmensitze großer Unternehmen, die größten Börsen, Banken und Versicherungen, die Film-, Medien- und Werbebranche sowie die renommiertesten Bildungs- und Forschungseinrichtungen des Landes.

3.2.3.3 *Bangalore – von der* Garden City *zur* Electronics Capital of India

Die Hauptstadt des südindischen Bundesstaates Karnataka, auf dem südlichen Deccan-Plateau in etwa 900 m Höhe gelegen, zählt zu den am schnellsten wachsenden Großagglomerationen Indiens und gilt seit Beginn der 1990er Jahre als Beispiel für einen neuen industriellen Produktionsraum mit einem hohen Besatz an global integrierten Hochtechnologieunternehmen und unternehmensorientierten Dienstleistungen. Als bedeutendes Zentrum der Software-Entwicklung genießt die Metropole inzwischen Weltruf. Die Möglichkeiten der Stadt basieren zum Teil auf spezifischen Bedingungen.

a) Wirtschaftsentwicklung bis zum Ende der britischen Herrschaft
Bangalore präsentierte sich schon im 17. Jahrhundert als überregionaler Marktort. Große Bedeutung besaß die Herstellung hochwertiger Textilien und Seidenstoffe, die bis in den Vorderen Orient gehandelt wurden. Ende des 18. Jahrhunderts fiel die Stadt unter britische Herrschaft und wurde in den folgenden Jahrzehnten zur größten Militärgarnison Südindiens ausgebaut. Aus dieser Zeit stammt das die Kernstadt heute noch prägende Nebeneinander von kolonialen und autochthonen Stadtteilen. Im Bereich des britischen *Cantonment (Civil & Military Station)* entstanden neben Kasernen und Exerzierplätzen großzügige Villenviertel und Repräsentationsbauten, Einkaufsstraßen, Schulen, weitläufige Parkanlagen und Alleen. In diesem Bereich befinden sich heute alle wichtigen Regierungs- und Verwaltungsgebäude sowie das moderne Geschäftsviertel mit Einkaufszentren, Ladenpassagen, Schnellrestaurants und Nachtlokalen. Internationale Hotelketten, zahlreiche ausländische Unternehmen und Banken, haben sich ebenfalls dort niedergelassen. Die glitzernden Hochhausfassaden und gepflegten Parkanlagen stehen in hartem Kontrast zum engen Gassengewirr der dichtbevölkerten, von Lärm und Abgasen geplagten Altstadtviertel. Hier befinden sich die großen Stadtmärkte und Einkaufsviertel sowie viele kleine Betriebe, die dem informellen Sektor zuzurechnen sind.
Schon Ende des 19. Jahrhunderts wurden die Ausgangsbedingungen für die zukünftige Entwicklung zur global vernetzten Technologieregion geschaffen. Eine staatlich forcierte Industrialisierungspolitik, der frühe Anschluss an das Eisenbahnnetz (1859), der Ausbau der Stromversorgung (ab 1905) sowie die Gründung des auf industrienahe Forschung spezialisierten Institute of Science (1909) schufen die Grundlagen für eine breit gestreute Industriestruktur. Neue Arbeitsplätze in Textil-, Eisen- und Stahlfabriken entstanden und sorgten für eine starke Zuwanderung aus allen südlichen Landesteilen. Bis zu Unabhängigkeit Indiens 1947 vervierfachte sich die Bevölkerung der Stadt auf etwa 900.000 Einwohner.

b) Wirtschaftlicher Aufstieg zur global orientierten Technologieregion

Nach der Unabhängigkeit war der damalige Premierminister *J. Nehru* bestrebt, Bangalore zu „Indiens Stadt der Zukunft" zu machen. In den folgenden Jahrzehnten wurden weitere Forschungsinstitute eingerichtet, und staatliche Großunternehmen aus den Bereichen Maschinen- und Werkzeugbau, Luft- und Raumfahrt, Rüstungstechnik und Elektronik ließen sich außerhalb der Kernstadt nieder. Mit den dazu gehörenden Werkssiedlungen entstanden neue Stadtteile. Bis zum Ende der 1980er Jahre hatte sich das wegen seiner ehemals beschaulichen Atmosphäre als *Garden City* und *Pensioners Paradise* bezeichnete Bangalore nicht nur zu einem pulsierenden Wirtschaftsstandort, bedeutenden Militärstützpunkt und führenden Zentrum der indischen Hochtechnologie, Rüstung und Forschung, sondern mit etwa 2,9 Millionen Einwohnern auch zur sechstgrößten indischen Metropole entwickelt.

Zu Beginn der 1990er Jahre leitete die Zentralregierung in New Delhi unter dem Premierminister *N. Rao* eine grundlegende Umorientierung in der indischen Wirtschaftspolitik ein, weg von der weitgehend staatlich dirigierten Planwirtschaft, hin zu einer mehr an neoliberalen Grundsätzen orientierten Politik der Weltmarktintegration. Seitdem fungieren die Informations- und Kommunikationstechnologien – der so genannte IT-Sektor – als Motor der Wirtschaftsentwicklung. Die Hightech-Betriebe haben sich überwiegend in den Bürohochhäusern des modernen Geschäftszentrums, in einigen neuen wohlhabenden Stadtteilen sowie in zwei Technologiezentren vor den Toren der Stadt niedergelassen (vgl. Abb. 3.2.3/2) (*Dittrich* 2003). Dass sich gerade Bangalore zu einem weltweit bedeutenden Standort für Software-Entwicklung und computergestützte Dienstleistungen entwickeln konnte, basiert auf spezifischen Bedingungen: Die Metropole verfügt als Zentrum der indischen Hochtechnologie und Forschung und als einer der bedeutendsten Bildungsstandorte Asiens über ein nahezu unerschöpfliches Reservoir an naturwissenschaftlich ausgebildeten, englischsprachigen und relativ kostengünstigen Arbeitskräften. Weitere Standortvorteile sind die unternehmerfreundliche Politik des Staates Karnataka sowie im Vergleich zu Mumbai und Delhi niedrigere Immobilienpreise und Lebenshaltungskosten. Günstige klimatische Bedingungen in über 900 m Höhe und der liberale Lebensstil einer anglo-indischen Stadtelite sind weitere Pluspunkte.

Inzwischen gehen in Bangalore mehr als 1.300 Software-Schmieden und Hersteller von Elektronik-Komponenten ihren Geschäften nach. Diese beschäftigen mittlerweile über 150.000 Mitarbeiter, etwa ein Viertel davon sind Frauen. Die größten und umsatzstärksten Unternehmen rekrutieren sich aus den mehr als 400 Niederlassungen und *Joint Ventures* ausländischer Konzerne, darunter fast alle Giganten der IT-Branche. Dazu kommen einige indische Unternehmen, die sich inzwischen selbst zu *Global Players* entwickelt haben, wie beispielsweise Wipro und Infosys, die zu den ersten zehn der weltweit größten IT-Unternehmen zählen. Eine Vielzahl kleiner Betriebe hat sich auf die Herstellung von Nischenprodukten für den Binnenmarkt und auf die arbeitsintensive Datenerfassung für ausländische Auftraggeber spezialisiert (*Dittrich* 2003; 2005). Seit einigen Jahren boomt auch das Geschäft der *Medical Transcribers*, die im Auftrag US-amerikanischer Krankenhäuser Arztbefunde, die sie über *Voice-mail* auf Kopfhörer erhalten, tippen und via *E-mail* zurück in die USA schicken. Mittlerweile haben sich allein in diesem Segment etwa 50 Firmen etabliert, die schon über 3.000 junge College-Absolventen und -Absolventinnen beschäftigen.

Innerhalb weniger Jahre hat sich Bangalore zu einer wichtigen, global vernetzten Technologieregion, zur *Electronics Capital of India* entwickelt. In den 1990er Jahren wuchs die Computerbranche der Stadt jedes Jahr um fast 50%. Im Jahr 2004 wurden Exportumsätze von 5 Mrd. US-Dollar erwirtschaftet, was etwa einem Viertel der gesamtindischen Ausfuhren in diesem Bereich entsprach. Rund zwei Drittel der Umsätze werden durch den Export von Software-Produkten und anderen computergestützten Dienstleistungen in die USA und nach Westeuropa erzielt.

Zusammenfassend ist der Wirtschaftsstandort Bangalore wie folgt gekennzeichnet: Textilfabriken und staatliche Großunternehmen stellen nach wie vor das Rückgrat der formellen Wirtschaftssphäre dar. Sie beschäftigen mit einer Vielzahl Zulieferbetriebe noch etwa 300.000 Arbeitskräfte. Aufgrund der staatlich verordneten Deregulierungspolitik und strukturwandelbedingter Rationalisierung sind viele Staatsunternehmen von massivem Stellenabbau betroffen. Daneben bieten staatliche Behörden, öffentliche Verwaltungen und der private Dienstleistungssektor vielfältige Beschäftigungsmöglichkeiten auf unterschiedli-

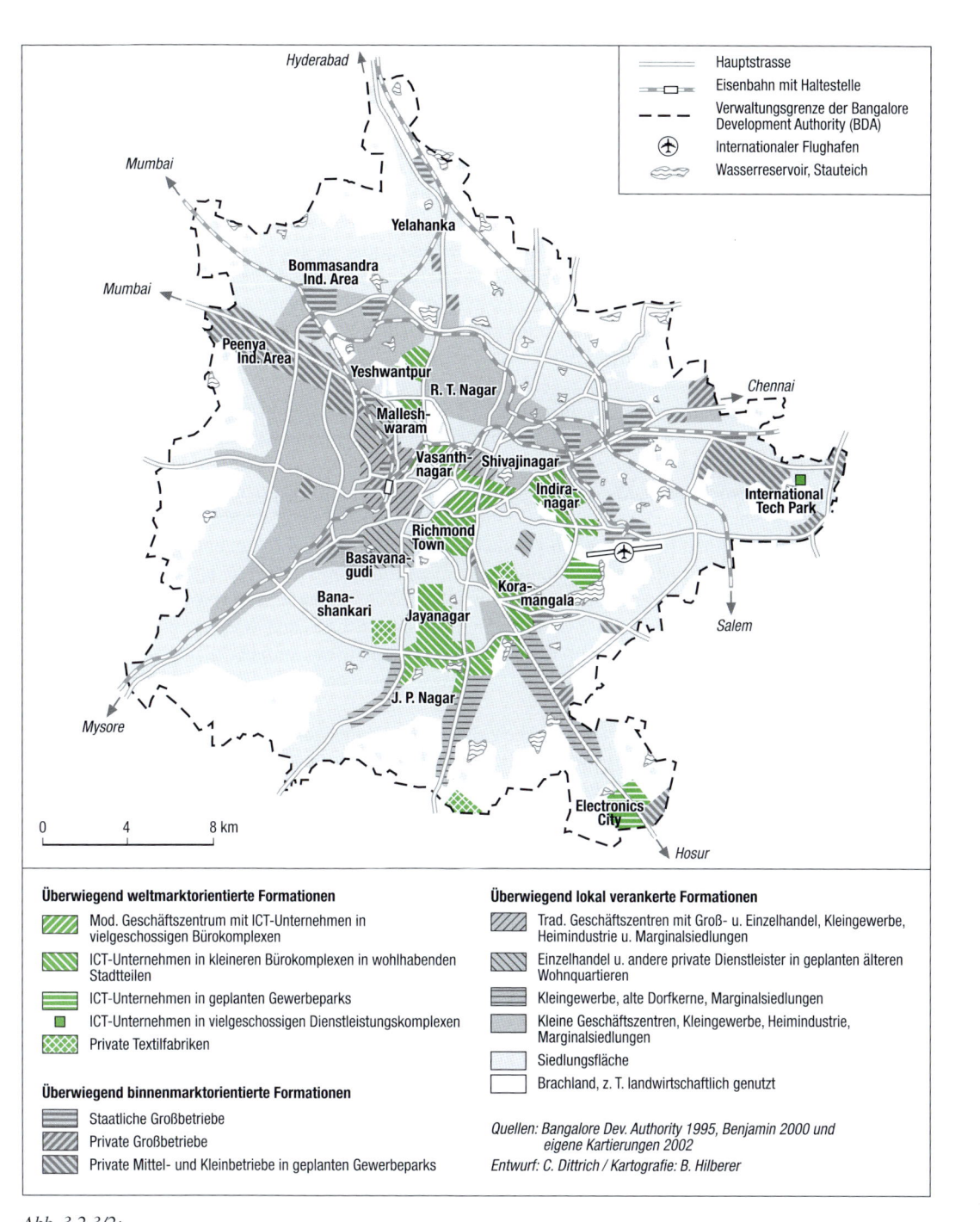

	Hauptstrasse
	Eisenbahn mit Haltestelle
---	Verwaltungsgrenze der Bangalore Development Authority (BDA)
✈	Internationaler Flughafen
	Wasserreservoir, Stauteich

Überwiegend weltmarktorientierte Formationen

- Mod. Geschäftszentrum mit ICT-Unternehmen in vielgeschossigen Bürokomplexen
- ICT-Unternehmen in kleineren Bürokomplexen in wohlhabenden Stadtteilen
- ICT-Unternehmen in geplanten Gewerbeparks
- ICT-Unternehmen in vielgeschossigen Dienstleistungskomplexen
- Private Textilfabriken

Überwiegend binnenmarktorientierte Formationen

- Staatliche Großbetriebe
- Private Großbetriebe
- Private Mittel- und Kleinbetriebe in geplanten Gewerbeparks

Überwiegend lokal verankerte Formationen

- Trad. Geschäftszentren mit Groß- u. Einzelhandel, Kleingewerbe, Heimindustrie u. Marginalsiedlungen
- Einzelhandel u. andere private Dienstleister in geplanten älteren Wohnquartieren
- Kleingewerbe, alte Dorfkerne, Marginalsiedlungen
- Kleine Geschäftszentren, Kleingewerbe, Heimindustrie, Marginalsiedlungen
- Siedlungsfläche
- Brachland, z. T. landwirtschaftlich genutzt

Quellen: Bangalore Dev. Authority 1995, Benjamin 2000 und eigene Kartierungen 2002
Entwurf: C. Dittrich / Kartografie: B. Hilberer

Abb. 3.2.3/2:
Bangalore: Räumliche Fragmentierung im Globalisierungskontext

chen Qualifikationsniveaus. Die kürzlich eingeleitete Verschlankung des Staatsapparates hat jedoch schon viele Arbeitsplätze gekostet. Die starke Expansion des privaten tertiären Sektors ist Ausdruck für den allgemeinen wirtschaftlichen Strukturwandel und weist auf die insgesamt gestiegene Kaufkraft, auf neue Konsumpräferenzen und Lebensstile im Zuge des Globalisierungsschubs hin. Hier muss an erster Stelle wiederum der global integrierte Computersektor genannt werden. Er profitiert wesentlich vom großen Angebot an qualifizierten, englischsprachigen Hochschulabsolventen. Bangalore zählt mit drei Universitäten, 14 Ingenieurschulen und einigen weltweit angesehenen Forschungsinstituten zu den bedeutendsten Bildungsstandorten Asiens.

Parallel zur dynamischen Entwicklung der formellen Dienstleistungsökonomie vollzieht sich eine enorme Ausweitung informeller Wirtschaftsaktivitäten. Dies geschieht auch deshalb, weil viele Großunternehmen einen wachsenden Teil ihrer Produktion in den informellen Sektor auslagern. Zum informellen Sektor zählen außerdem weite Teile der Bau- und Transportbranche, das Kleingewerbe, der Kleinhandel, die Heimarbeit sowie Hausangestellte. Hier dominieren ungeschützte, niedrig entlohnte und häufig saisonabhängige Erwerbsverhältnisse. Insgesamt sind in der informellen Stadtökonomie wesentlich mehr Personen beschäftigt als in allen anderen Wirtschaftsbereichen.

c) Interne Folgen des Globalisierungsbooms

Der wirtschaftliche Aufschwung Bangalores ging mit einem enormen Bevölkerungs- und Flächenwachstum einher. Die ehemals wegen ihrer beschaulichen Atmosphäre als *Garden City* bezeichnete Stadt zählt zu den am schnellsten wachsenden Metropolen Asiens. Von 1981 bis 2001 hat sich ihre Einwohnerzahl von 2,9 Mio. auf 5,7 Mio. nahezu verdoppelt. Für das Jahr 2010 gehen Schätzungen von etwa 8 Mio. Menschen aus. Der Verdichtungsraum nimmt heute schon eine Fläche von 25 km mal 25 km ein.

Der Ausbau der städtischen Infrastruktur konnte mit dem Bevölkerungswachstum und den Bedürfnissen der global orientierten Computerbranche nicht Schritt halten. Wohnraumnot, schwerwiegende Umweltbelastungen, schlechte Straßen sowie ein regelmäßiger Ausfall der Strom- und Wasserversorgung sind nur einige der Folgen. Ebenso bleibt die Abfall- und Abwasserentsorgung ein weitgehend ungelöstes Problem. Außerdem leidet die Stadtbevölkerung aufgrund des rasant gestiegenen Verkehrsaufkommens unter der zweithöchsten Luftverschmutzung Indiens.

Die Infrastrukturdefizite erweisen sich inzwischen als ernstzunehmendes Hemmnis für ausländische Investoren und haben schon zur Abwanderung einiger Computerunternehmen an andere, noch „unverbrauchte" indische Standorte geführt, wie beispielsweise nach Hyderabad und Pune.

Um das bedrohte Image Bangalores als bevorzugter Investitionsstandort zu verbessern, wurde unlängst eine hochrangige *Task Force* gegründet. Unter dem Slogan „*we will turn Bangalore into another Singapore*" konzentrieren sich die Investitionsvorhaben bisher vor allem auf eine Verbesserung der Verkehrs-, Versorgungs- und Kommunikationsinfrastruktur in einigen ohnehin begünstigten Stadtteilen. Die Bewohner der Armuts- und Problemquartiere bleiben nach wie vor sich selbst überlassen.

Auch hat der IT-Boom die Stadt für Kapitalanleger und Spekulanten interessant gemacht. Ein weitgehend spekulativer Bauboom im Bereich anspruchsvoller Büro- und Wohnkomplexe sowie eine spektakuläre Erhöhung der Immobilien- und Mietpreise sind die Folgen. Aufgrund der ungebrochen starken Nachfrage nach günstigem Mietwohnraum und des weitgehenden Rückzugs des Staates aus dem Mietwohnungsbau steigen auch die Preise in diesem Segment stark an.

Im Zuge dieser Entwicklungen wurden viele Marginalsiedlungen zerstört und ihre Bewohner in unerschlossene Randgebiete abgedrängt. Inzwischen können sich auch viele Angehörige der unteren Mittelschicht die teuren Mieten nicht mehr leisten und müssen in die mehr als 800 Marginalsiedlungen, in denen schon 1,5 Mio. Menschen leben, ausweichen. Die Anlage neuer Armutsviertel im Kernstadtbereich wird behördlicherseits stark behindert, so dass die Einwohnerdichte in den etablierten Slums mittlerweile auf etwa 70.000 Personen/km^2 angewachsen ist (eigene Erhebungen 2000).

Gleichzeitig entstehen sowohl in der Kernstadt als auch in einigen neuen Stadtteilen vielgeschossige und hypermoderne Dienstleistungszentren mit Büros, Supermärkten, Fitness-Studios und Fast-Food-Restaurants, in denen die konsumfreudigen städtischen Mittel- und Oberschichten ihre Lebens- und Arbeitswelt inszenieren, abgekoppelt vom Leben des indischen *Mainstream*. Die Lebensmitte dieser Eliten bilden neue, meist zentrumsnah gelegene, architektonisch aufwändig gestaltete und von der Außenwelt abgeschirmte

Wohnparks und Appartmentkomplexe mit eigener Strom- und Wasserversorgung, Unterhalts- und Sicherheitspersonal.

Die räumliche Fragmentierung geht Hand in Hand mit einer verstärkten gesellschaftlichen Polarisierung, die durch eine sich immer weiter öffnende Einkommensschere noch verschärft wird. Während die Gehälter im modernen Dienstleistungssektor stark gestiegen sind, – im Bereich des mittleren Managements liegt der Monatsverdienst bei 50.000–100.000 Rs. (880–1.750 Euro) –, stagnieren die Löhne im informellen Sektor. Ein Bauhilfsarbeiter kommt im Monat auf 1.500–2.000 Rs. (26–35 Euro), eine Hausangestellte verdient sogar nur zwischen 300–1.000 Rs (5–17 Euro). Das reicht nicht einmal zur Sicherung der elementaren Grundbedürfnisse. Dazu kommen steigende Lebenshaltungskosten.

Die Verschärfung ökonomischer Ungleichheit geht mit einem Verlust an Rechtssicherheit und einer wuchernden Korruption einher. Selbst für das Ausstellen eines Bezugsscheins, der zum Kauf subventionierter Lebensmittel berechtigt, oder für den Zugang zu höheren Schulen und die Vermittlung einer Arbeitsstelle werden hohe Schmiergeldzahlungen erwartet. Der städtischen Armutsbevölkerung, der ungefähr drei Viertel des Stadtbevölkerung angehören, bleiben damit die Möglichkeiten zur grundlegenden Verbesserung ihrer Lebenschancen meist verwehrt. Zur städtischen Unterschicht zählen die meisten *Dalit* (= Unberührbare), die unteren Schichten der Handwerker- und Bauernkaste sowie der überwiegende Teil der moslemischen Bevölkerungsschicht.

Zu den Globalisierungsverlierern zählt aber auch ein Teil der traditionellen „Arbeiteraristokratie", nämlich jener, der von Entlassungen in staatlichen Industrieunternehmen und Behörden betroffen ist. Dieser Personenkreis galt bislang als unkündbar, verfügte über ein relativ hohes Sozialprestige und hatte sich in den staatlich subventionierten Mietwohnungen einen bescheidenen Wohlstand erarbeitet. Der Verlust des Arbeitsplatzes und damit verbundener sozialer Vergünstigungen bedeuten nicht nur eine spürbare Verschlechterung des Lebensstandards, sondern auch neue Erfahrungen sozialer Ausgrenzung. Ein Fallbeispiel soll den Abstieg und die Existenznöte einer Familie illustrieren, die zu den Globalisierungsverlierern zählt. Kurzfristiges Krisenmanagement und der Versuch, soziales Ansehen zurückzugewinnen, dominieren den Alltag.

Kasten: Fallbeispiel

Für Familie Bandappa, die einer mittleren Kaste angehört, hat sich vieles zum Negativen verändert. Herr Bandappas Entlassung aus einem staatlichen Großbetrieb, in dem er als gut bezahlter Facharbeiter mit einem Monatsverdienst von 10.000 Rs beschäftigt war sowie der damit verbundene Auszug aus der billigen Werkswohnung bedeuten nicht nur eine deutliche Absenkung des Lebensstandards, sondern auch einen Verlust an Sozialprestige. Zwar konnte sich die Familie von der Abfindung eine einfache kleine Wohnung kaufen, doch wohl fühlen sie sich dort nicht. Der arbeitslose Hausherr nörgelt über die schlechte Strom- und Wasserversorgung und beklagt den Verlust des gewohnten sozialen Umfeldes. Das karge Familieneinkommen wird derzeit ausschließlich von den weiblichen Familienmitgliedern erwirtschaftet. Frau Bandappa arbeitet halbtags als Hausangestellte bei einer wohlhabenden Familie. Die älteste Tochter hat eine Beschäftigung in einer Textilfabrik angenommen.
Die akute Finanznot und gestiegene Lebenshaltungskosten machten Verschiebungen im Haushaltsbudget erforderlich. So mussten die Ausgaben für Gesundheit und Kinobesuche zugunsten von Nahrungserwerb und Schuldentilgung drastisch eingeschränkt werden. Auch ist der weitere Schulbesuch der jüngsten Tochter in Frage gestellt. Der einzige Sohn ist ebenfalls arbeitslos und verbringt die Tage mit einer Jugendbande. Wie sein Vater hat er den sozialen Abstieg bisher nicht verkraftet.
Jener besucht seit wenigen Wochen, die Treffen einer im Quartier dominierenden Partei und hofft, darüber eine neue Arbeitsstelle zu finden. Insgesamt wirken die Bandappas verbittert und blicken wenig zuversichtlich in die Zukunft. Vor allem Frau Bandappa sorgt sich um die Zukunft des Sohnes und die gesunkenen Heiratschancen der Töchter.

Gleichzeitig entsteht auch eine neue Mittelschicht, der ungefähr ein Sechstel der Einwohnerschaft zuzurechnen ist. Diese Aufsteiger profitieren vom neuen Bangalore, weil sie aufgrund ihrer Bildung und ihres Einkommens als private Gehaltsempfänger, Freiberufler und Selbstständige die Politik und öffentliche Meinungsbildung maßgeblich beeinflussen können. Diese neue Mittelschicht orientiert sich zunehmend an westlichen Lebensstilen und Konsummustern und hat in der Regel kein Interesse daran, dass auch die Armutsbevölkerung in die Lage versetzt wird, ihre Situation zu verbessern.

Eine sehr schmale Stadtelite dominiert in enger Interessenkoalition mit den ausländischen Investoren über die politisch-ökonomischen und institutionellen Bedingungen der Metropole. Diese Gruppe verfügt nicht nur über einflussreiche Familiennetzwerke, weitreichende Klientelverbindungen und mächtige Lobbyverbände, sondern besetzt auch nahezu alle wichtigen Positionen in Politik, Wirtschaft und Medien.

Die beschleunigte gesellschaftliche Polarisierung und die unerfüllten Erwartungen der Bevölkerungsmehrheit, vom Globalisierungsschub profitieren zu können, katalysieren auch eine Verschärfung des städtischen Konfliktpotenzials. Ein Ausdruck hierfür sind die steigende Gewaltverbrechensrate, ein wachsender Einfluss religiös-fundamentalistischer Gruppierungen sowie sehr häufig gewaltsam ausgetragene Auseinandersetzungen zwischen Gegnern und Anhängern des Globalisierungsprojekts.

3.2.3.4 Bangalore – kein Erfolgsmodell für die „Dritte Welt"

Die Metropole Bangalore hat sich in nur einem Jahrzehnt zu einem neuen und weltweit bedeutenden Produktionsstandort der Computerbranche entwickelt. Die Stadt reflektiert damit den Trend hin zu einer globalen Vernetzung wirtschaftlicher Aktivitäten. Allerdings induziert die selektive Einbindung Bangalores in den weltweiten Wettbewerb um Investitionen, Kompetenzen und Märkte tiefgreifende Umbauprozesse. Davon sind alle Bevölkerungsschichten, wenn auch in unterschiedlicher Art und Weise, betroffen. Für jene Bevölkerungskreise, die sich einen Zugang zum neuen Bangalore erschließen konnten, haben sich die Lebensbedingungen meist verbessert. Dennoch bleibt angesichts der hohen Krisenanfälligkeit des Computersektors die Gefahr bestehen, wieder in den ausgegrenzten indischen Mainstream abzusteigen.

Gleichzeitig hat die gesellschaftliche Polarisierung insgesamt zugenommen. Für die überwiegende Bevölkerungsmehrheit ist Globalisierung weniger mit neuen Chancen als vielmehr mit neuen Risiken verbunden. Krisenmanagement und die Sicherung der Grundbedürfnisse stehen mehr denn je im Vordergrund. Die zahlreichen Kanäle des Satellitenfernsehens, das inzwischen auch in vielen Hütten empfangen werden kann, sowie der gelegentliche Konsum einer Cola stehen dabei als Sinnbilder für die nur symbolische Teilhabe an einer virtuellen Welt des Wohlstands und Massenkonsums.

Die Fragmentierung der urbanen Gesellschaft in global orientierte Dienstleistungseliten, konsumtiv integrierte Mittelschichten und eine weitgehend abgekoppelte sozial schwache Bevölkerungsmehrheit manifestiert sich auch in einem polarisierten Arbeitsmarkt. Dieser ist auf der einen Seite durch ein Wachstum an qualifizierten und gut bezahlten Arbeitsplätzen, auf der anderen Seite durch die massive Ausweitung informeller Erwerbsverhältnisse gekennzeichnet. Dabei nährt der informelle Sektor die integrierten Formationen über niedrige Löhne und fehlende Arbeitsrechte und trägt so zum Erhalt seiner Konkurrenzfähigkeit auf dem Weltmarkt bei.

Die gesellschaftliche Zersplitterung zeigt sich auch in verstärkten wirtschafts- und sozialräumlichen Disparitäten. Das kolonialzeitlich zweigeteilte Raummodell (europäisches Cantonment versus indische Handelsstadt) wird zunehmend von einem kleinräumigen Nebeneinander unterschiedlicher funktionaler Raumeinheiten überlagert. Das neue Raummodell setzt sich zusammen aus einigen global integrierten Wachstums- und Wohlstandsenklaven, binnenmarktorientierten Raumeinheiten und großräumigen Problemballungsgebieten.

Bangalore eignet sich nicht als Erfolgsmodell für andere Regionen der „Dritten Welt". Dafür vollzog sich sein Aufstieg zur global integrierten Technologieregion unter sehr spezifischen historischen und politisch-ökonomischen Bedingungen. Dazu kommt, dass vom erzielten Fortschritt im Wesentlichen nur eine schmale Elite profitiert, die überwiegend aus Angehörigen höherer Kasten besteht. Das Fallbeispiel macht deutlich, dass wirtschaftspolitische Liberalisierung und Deregulierung ohne massive Investitionen in den Infrastrukturausbau, in Humanressourcen und die Förderung von Lebenschancen für alle keinen nachhaltigen gesellschaftlichen Entwicklungsschub nach sich zieht.

3.2.4 Indonesien – Ländliche Entwicklung, Nahrungssicherung und Regenwaldzerstörung
(Ulrich Scholz)

Mit 220 Millionen Einwohnern (2006) ist Indonesien nach der Bevölkerungszahl der viertgrösste Staat der Welt. Auf Eurasien projiziert, würde der aus über 13.000 Inseln bestehende weltgrösste Archipel von Schottland bis Afghanistan reichen. Indonesien gilt als der „Gigant" unter den Staaten Südostasiens. Bezüglich Größe und natürlicher Ressourcen trifft dies sicher zu. Wirtschaftlich und politisch ist dieser Gigant jedoch angeschlagen: Die 1997 ausgelöste asiatische Wirtschafts- und Finanzkrise hat Indonesien stärker getroffen als alle anderen Länder in der Region. Nach 350 Jahren holländischer Handels- und Kolonialherrschaft und nach 50 Jahren Diktatur tut sich die Gesellschaft heute schwer auf der Suche nach einer demokratischen Politikkultur.

Es wird jedoch leicht übersehen, dass das Land trotzdem beachtliche Fortschritte erzielen konnte, vor allem in den Bereichen Ernährungssicherung („Grüne Revolution"), Bildungswesen, Bevölkerungspolitik und Einkommensverbesserung auf breiter Basis. Von 1980 bis 1997 konnte die Wirtschaft mit jährlichen Zuwachsraten von sechs bis sieben Prozent aufwarten. Dass dieses Wachstum z. T. durch eine bedenkenlose Ausbeutung natürlicher Ressourcen, wie z. B. des Regenwaldes, erkauft wurde, darf dabei jedoch nicht vergessen werden.

In vieler Hinsicht verlief die Entwicklung Indonesiens ähnlich und mit den gleichen problematischen Begleiterscheinungen wie in anderen Ländern der Dritten Welt. Einige andere Entwicklungen sind dagegen typisch indonesisch, bzw. lassen sich am Beispiel von Indonesien besonders gut demonstrieren. Dazu gehören die Sicherung der Nahrungsgrundlage („Grüne Revolution"), die Entwicklung des ländlichen Raumes, die Erschließung peripherer Räume durch Umsiedlungsmaßnahmen („Transmigrasi") und der Prozess der Regenwaldzerstörung. Diese vier Aspekte bilden deshalb die Schwerpunkte der folgenden Darstellung. Am Anfang steht jedoch ein kurzer regionalgeographischer Überblick über den Inselstaat.

3.2.4.1 *Regionalgeographische Grundlagen*

a) Lage und Naturraum

Indonesien liegt beiderseits des Äquators zwischen 5° N und 11° S und somit vollständig in den Tropen. Der größte Teil des Archipels gehört zu den dauerfeuchten Tropen mit hohen Niederschlägen und mindestens zehn humiden Monaten im Jahr. Lediglich die südlichen Inseln, darunter ein Großteil Javas und die Kleinen Sunda-Inseln, reichen in die wechselfeuchten Tropen hinein und weisen neben einer Regenzeit auch eine ausgeprägte Trockenzeit von drei bis vier Monaten auf. Neben dem Klima spielen die Vulkane eine wichtige Rolle für die Besiedlung und wirtschaftliche Entwicklung Indonesiens. Allein auf Java reihen sich über 40 Vulkane, darunter 35 aktive, aneinander (Abb. 3.2.4/1).

Im Laufe der jüngeren Erdgeschichte ist es wiederholt zu verheerenden Katastrophen durch Vulkanausbrüche und durch Erd- bzw. Seebeben gekommen. Dazu gehört der Ausbruch des Krakatau-Vulkans im Jahre 1883 in der Sunda-Strasse, der über 40.000 Menschen das Leben kostete, ferner im Dezember 2004 die Tsunami-Katastrophe, deren Flutwelle die Nordspitze Sumatras heimsuchte und allein in der Provinz Aceh über 120.000 Opfer forderte und schließlich im Mai 2006 ein Erdbeben in der Region Jogyakarta (Zentral-Java) mit etwa 6.000 Todesopfern.

Vulkane sind jedoch nicht nur Katastrophenbringer. Im Gegenteil – die fruchtbaren Verwitterungsböden auf den vulkanischen Laven und Aschen bilden die Grundlage für eine intensive agrarische Nutzung und sind mit dafür verantwortlich, dass Java heute zu den am dichtesten besiedelten Agrarregionen der Welt gehört. Deshalb nennt man die Vulkane auch „die Wohltäter Indonesiens". Trotz latenter Katastrophengefahr wollen die Menschen auf diesen Gunststandort nicht verzichten.

Abb. 3.2.4/1:
Vulkanlandschaft auf Java.
Die fruchtbaren Böden lassen
intensive Anbauformen und
höchste Bevölkerungskonzentrationen
zu. Selbst steilste
Hanglagen werden landwirtschaftlich
genutzt.
Foto: *U. Scholz*

b) Bevölkerung
Indonesiens Bevölkerung gehört überwiegend zur Völkerfamilie der Malaien, die seit etwa 5.000 Jahren in mehreren Schüben aus dem südchinesischen Raum in den Archipel vordrangen. Nur im Osten leben noch Vertreter der melanesischen Urbevölkerung, z. B. die Papuas auf Neuguinea. Über die Jahrtausende erfolgte eine Ausdifferenzierung in über 200 Ethnien mit 25 verschiedenen Sprachen.
Die kulturelle Entwicklung Indonesiens wurde maßgeblich von Indien geprägt. Ab etwa 800 n. Chr. entstanden mehrere hinduistische und buddhistische Reiche, die großartige architektonische Zeugnisse hinterlassen haben, wie z. B. die Tempelanlagen von Borobudur und Prambanan in Zentral-Java. Ab dem 14./15. Jahrhundert breitete sich durch arabische Kaufleute der Islam aus, zu dem sich heute 88 Prozent der Bevölkerung bekennen (Statistik Indonesia 2006). Nicht erreicht wurden die östlichen Inseln sowie einige unzugängliche Gebiete im Innern von Sumatra, Borneo und Sulawesi. Die dort lebenden Völker bewahrten ihre Naturreligion oder wurden später christianisiert. Eine Sonderstellung nimmt Bali ein, dessen Bevölkerung ihre hinduistische Religion bis heute erhalten konnte, was der Insel ihr einzigartiges kulturelles Gepräge verleiht. Wie in anderen Ländern Südostasiens spielt auch in Indonesien die chinesische Minderheit eine wichtige Rolle, obwohl sie nur vier Prozent der Gesamtbevölkerung stellt. Die meisten Chinesen waren erst im 19. Jahrhundert von den holländischen Kolonialherren als billige Kulis aus Südchina in die Plantagen und Zinnminen geholt worden. Inzwischen konnten sie sich eine beachtliche wirtschaftliche Position aufbauen, haben aber bis heute unter politischer Diskriminierung zu leiden.

c) Die koloniale Vergangenheit und politische Gegenwart
Über fast 350 Jahre stand der Archipel unter niederländischem Einfluss: Zunächst im 17. und 18. Jahrhundert unter der Handelsherrschaft der „Vereenigde Nederlandsche Oost-Indische Compagnie" (VOC), einer Vereinigung Amsterdamer Kaufleute, deren Hauptziel es war, den lukrativen asiatischen Gewürzhandel unter Kontrolle zu bekommen; ab dem 19. Jahrhundert unter Kolonialherrschaft der niederländischen Regierung, der es gelang, aus „Niederländisch Indien" eine der reichsten europäischen Kolonien in Übersee aufzubauen.
Der Zweite Weltkrieg beendete die niederländische Kolonialherrschaft. Nach dreijähriger Besatzung durch die Japaner wurde am 17. August 1945 die unabhängige Republik Indonesien ausgerufen.
Sukarno, der erste Staatspräsident, verstand es, als führender Vertreter einer blockfreien „Dritten Welt" gegenüber den Industrienationen die Interessen der Entwicklungsländer zu artikulieren. Zu seinen großen Verdiensten zählt die Einführung und landesweite Durchsetzung einer einheitlichen Sprache („Bahasa Indo-

nesia") und damit ein wesentlicher Beitrag zur Schaffung einer nationalen Einheit und einer gesamtindonesischen Identität. Als Antikolonialist brach er andererseits die Beziehungen zur ehemaligen Kolonialmacht ab und näherte sich ideologisch dem kommunistischen Lager, besonders China, an. Er schottete das Land gegenüber den westlichen Märkten ab, ließ die niederländischen Betriebe, darunter die Plantagen, verstaatlichen und die Infrastruktur verfallen. Mitte der 60er Jahre stand das Land am Rande des wirtschaftlichen Ruins.

Nach Sukarno folgte die 30jährige Ära unter General *Suharto*. Sie war geprägt von einer Kehrtwendung zum Westen, freier Marktwirtschaft, politischem Ausgleich und wirtschaftlicher Kooperation mit den südostasiatischen Nachbarländern im neu gegründeten ASEAN-Verbund. Alles zusammen führte zu einem erstaunlichen wirtschaftlichen Aufschwung. Dem Entwicklungsland gelang der Aufstieg in den Kreis der Schwellenländer. Die Kehrseite der Medaille waren jedoch eine zunehmende Beschneidung politischer Freiheiten und demokratischer Grundrechte sowie Korruption und Vetternwirtschaft. Dazu kam 1975/76 die Einverleibung der ehemaligen portugiesischen Kolonie Ost-Timor mit Massakern unter der dortigen Bevölkerung. 1997 brach die asiatische Finanz- und Wirtschaftskrise über Indonesien herein. In Jakarta kam es zu gewalttätigen Unruhen mit Plünderung und Ermordung zahlreicher chinesischer Ladenbesitzer. Im Mai 1998 musste *Suharto* aufgeben. Die nachfolgenden Regierungen haben es, trotz unbestreitbarer Fortschritte in Richtung Demokratie, noch nicht geschafft, die wirtschaftlichen Probleme zu lösen.

Die z. Zt. größte Sorge ist der Erhalt der nationalen Einheit. An der Peripherie brodelt und bröckelt es. In mehreren Landesteilen haben sich Widerstandsgruppen organisiert: in Papua, Zentral-Sulawesi, Teilen von Kalimantan und in den Molukken. Am bedrohlichsten erschien lange Zeit die Situation in Aceh an der Nordspitze Sumatras mit seinen reichen Erdgasfeldern. Um wenigstens teilweise an deren Ausbeutung zu partizipieren, hat sich eine separatistische Bewegung gebildet, gegen die die indonesische Armee mit brutaler Härte vorging. Als Folge der Tsunami-Katatrophe (s. o.) hat sich dieser Konflikt inzwischen entschärft. Bei den Gouverneurswahlen 2006 geann der Vertreter der Unabhängigkeitsbewegung.

d) Wirtschaft

Die Wirtschaft Indonesiens hat in den vergangenen Jahrzehnten einen tiefgreifenden Strukturwandel vollzogen: Von einer aus der Kolonialzeit übernommenen rohstofferzeugenden und exportierenden Ökonomie hat sie sich mehr und mehr in eine Industrie- und Dienstleistungswirtschaft umgewandelt.

Der Agrarsektor, traditionell das Rückgrat der indonesischen Wirtschaft, hat beträchtliche Anteile am BIP eingebüßt: von 33 Prozent (1974) auf 17 Prozent (2000). Mit über 50 Prozent der Beschäftigten ist er aber nach wie vor der größte Arbeitgeber (Weltbank 2000).

Zum eigentlichen Wirtschaftsmotor wurde der verarbeitende Sektor. Insbesondere zahlreiche Konsumgüterindustrien wie Getränke- und Nahrungsmittelfabriken sowie Textil- und Bekleidungsfabriken wurden gegründet. Internationale Bekleidungskonzerne und Sportschuhhersteller lassen in Indonesien ihre Produkte fertigen. Ermöglicht wird dies durch die billigen Arbeitskräfte, deren Löhne zu den niedrigsten in Asien zählen. Im Jahr 2006 bezog ein Fabrikarbeiter einen Durchschnittslohn von rund 18.000 Rp. (= 1,50 €) pro Tag (Statistik Indonesia 2006).

Die Öffnung für den internationalen Markt löste einen erstaunlichen wirtschaftlichen Aufschwung aus. Zwischen 1980 und 1997 betrugen die jährlichen Wachstumsraten der Wirtschaft im Schnitt zwischen sechs und sieben Prozent (Weltbank, 2000). In der Rangliste der Weltbank war Indonesien in die Klasse der „Schwellenländer" aufgestiegen.

Die asiatische Wirtschafts- und Finanzkrise von 1997 beendete diesen Aufwärtstrend abrupt: Das Wirtschaftswachstum kippte auf minus 14 Prozent (1998) um. Das jährliche Pro-Kopf-Einkommen sackte statistisch von 1.100 US$ (1997) auf 450 US$ ab (Weltbank, 2000). Der Wert der indonesischen Rupiah gegenüber dem US-Dollar verfiel zeitweise auf 20 Prozent des noch ein Jahr zuvor gültigen Wertes. Dies traf besonders jene Branchen, die auf Importe aus dem Ausland angewiesen waren, die in US-Dollars bezahlt werden mussten. Hunderte von Firmen mussten schließen, Millionen von Arbeitern standen auf der Strasse (*Machetzki* 2002). Die meisten kamen offenbar im informellen Sektor unter. Viele wanderten aber auch aus, vornehmlich nach Malaysia und in die arabischen Ölstaaten. Vergleichsweise glimpflich kam die Landwirtschaft davon, die als einziger Sektor selbst im Katastrophenjahr 1998 noch ein leichtes Plus verzeichnete. Die von vielen erwartete Hungerkatastrophe blieb jedenfalls aus. Vielleicht ist dies die Erklärung dafür, dass die Wirtschaftskrise bislang noch nicht in einen unbeherrschbaren gesellschaftlichen Konflikt ausgeartet ist.

3.2.4.2 *Nahrungssicherung („Grüne Revolution")*

Die relativ stabile Situation im Agrarsektor lässt sich zweifellos auf die erfolgreichen Reisintensivierungsprogramme der 70er Jahre zurückführen, die als sog. „Grüne Revolution" berühmt wurden. Unter der Misswirtschaft von *Sukarno* in den 50er und 60er Jahren hatte auch die Reisproduktion zu leiden, die mit dem Bevölkerungswachstum nicht mehr Schritt halten konnte. Besonders brisant wurde die Situation auf der übervölkerten Insel Java. Die zunehmende Landverknappung beschwor eine Spirale der Verarmung und Verelendung herauf, die der amerikanische Anthropologe *C. Geertz* (1963) als „agricultural involution" bezeichnete, aus der es kein Entrinnen zu geben schien. In seinen Augen drohte ganz Java zu einem „rural slum" zu verkommen. In der Tat standen Teile Javas Mitte der 60er Jahre am Rande einer Hungerkatastrophe. Für die meisten Entwicklungsexperten jener Zeit galt die Insel als hoffnungsloser Fall.
Angesichts dieser bedrohlichen Situation kam das Konzept der „Grünen Revolution" gerade zur rechten Zeit. 1966 gelang am „International Rice Research Institute" (IRRI) bei Manila ein erster Durchbruch mit dem „Wunderreis" IR 8. Mit ihm ließ sich der Flächenertrag nahezu verdoppeln. Ein weiterer wichtiger züchterischer Erfolg bestand in der Entwicklung schnellwüchsiger Sorten mit verkürzter Wachstumsdauer von nur noch 100 Tagen gegenüber ca. 150 Tagen bei den traditionellen Varietäten. Dadurch konnte die Anzahl der Reisernten auf bis zu drei pro Jahr gesteigert werden (vgl. *Scholz* 1998).
Eine erfolgreiche Einführung der modernen Sorten setzte allerdings eine Reihe von Rahmenbedingungen voraus, die für viele Entwicklungsländer nicht einfach zu erfüllen waren. Dazu gehörten der Ausbau von Bewässerungsanlagen, der Einsatz von Mineraldünger und Pflanzenschutzmitteln sowie der Aufbau eines nationalen landwirtschaftlichen Beratungsdienstes. Vor allem war die Einrichtung eines ländlichen Kreditwesens mit einem flächendeckenden Netz von Dorfbanken notwendig, bei denen die verarmten Bauern zu erschwinglichen Konditionen das notwendige Bargeld für Dünger, Pflanzenschutz und Saatgut leihen konnten. Die gerade an die Macht gekommene Regierung unter *Suharto* hatte die Lösung der Nahrungskrise zum Nationalziel ersten Ranges erklärt und setzte die erforderlichen Maßnahmen mit allen ihr zur Verfügung stehenden Mitteln konsequent durch.

Selbstverständlich konnten bei einem derart umfangreichen, bis an die Wurzeln der Gesellschaft reichenden Programm Missbrauch und Fehlschläge nicht ausbleiben. Die Ergebnisse waren dennoch beachtlich: Der durchschnittliche Flächenertrag von Reis stieg seit den 60er Jahren pro Saison von 1,7 t/ha auf 5,4 t/ha und wegen der jährlichen Doppel- und Dreifachernten von ca. 2,5 t/ha auf ca. 13,5 t/ha pro Jahr an. Auch die jährliche Pro-Kopf-Produktion erhöhte sich trotz wachsender Bevölkerungszahl von 123 kg auf 245 kg pro Jahr (Statistik Indonesia 2006). Bereits 1981 war das große nationale Ziel der Selbstversorgung erreicht, das in den folgenden 20 Jahren etwa gehalten werden konnte.
Trotz solcher beeindruckender Zahlen ist die Kritik an der „Grünen Revolution" bis heute nicht verstummt. Diese bezieht sich vor allem auf die Folgen für die Umwelt. Neben dem weiterhin bestehenden Problem des Pestizideinsatzes ist auf die zunehmenden Emissionen des Spurengases Methan hinzuweisen, die im Schlamm der Reisfelder entstehen. Diese können den Treibhauseffekt verstärken und somit zu der gegenwärtigen Erwärmung der Erdatmosphäre beitragen. Eine weitere Gefahr verbirgt sich hinter dem Schlagwort „Gen-Erosion". Der moderne Reisbau beschränkt sich heute auf ganz wenige Arten. Wie bei allen Monokulturen erhöht dies die Anfälligkeit gegenüber Krankheiten und Schädlingen und führt zu Verarmung der Artenvielfalt und Biodiversität.

Wägt man die positiven und negativen Folgewirkungen der Grünen Revolution in Indonesien gegeneinander ab, gelangt man zu dem Schluss, dass trotz einiger Fehlentwicklungen letztlich die Erfolge überwiegen. Dies gilt insbesondere in ökonomischer, aber auch in sozialer Hinsicht. Die rasante wirtschaftliche Entwicklung Indonesiens wäre ohne die Sicherung der Nahrungsgrundlage nicht möglich gewesen.

3.2.4.3 Die Entwicklung des ländlichen Raumes

Die Sicherung der Nahrungsversorgung durch die „Grüne Revolution" schuf die Grundlage, auf der die weitere Entwicklung des ländlichen Raumes aufbauen konnte. Dazu gehörten die Verbesserung des ländlichen Bildungswesens, der Ausbau der dörflichen Infrastruktur durch gezielte Sonderprogramme und das ländliche Gesundheitswesen einschließlich der Familienplanung. Sogar im übervölkerten Java bahnte sich in den vergangenen Jahren eine kaum für möglich gehaltene Trendwende zum Positiven an. Am Beispiel des Reisbauerndorfes Sendangarum in Mitteljava (vgl. *Scholz* 2000) kann dies verdeutlicht werden.
Wie fast alle Dörfer Javas hatte sich auch Sendangarum an der „Grünen Revolution" beteiligt und es geschafft, den Reisertrag von 2,6 t/ha auf 6,2 t/ha zu steigern. Dadurch erzielen die Bewohner einen beträchtlichen Überschuss, der vermarktet wird. Aus einem Subsistenzprodukt ist ein Handelsprodukt geworden. Einige Arbeitsgänge wurden mechanisiert: Seit den 80er Jahren gibt es eine motorgetriebene Reismühle im Dorf, die das tägliche Stampfen mittels Handmörser, früher eine typische Frauentätigkeit, überflüssig machte. Die Arbeitseinsparung ermöglichte es den Mädchen, die Schule zu besuchen. Später kamen Handtraktoren auf, die den traditionellen Büffelpflug weitgehend abgelöst haben. Statt über hundert Büffel Anfang der 80er Jahre gab es 1998 nur noch fünf Büffel in Sendangarum. Nach Auskunft der Bauern ist es preisgünstiger und vor allem weit weniger arbeitsaufwendig, zwei- oder dreimal im Jahr einen Handtraktor zu mieten, als ganzjährig einen Büffel zu halten.
Die Bildungssituation hat sich entscheidend verbessert: Lag die Rate der Analphabeten im ländlichen Raum Indonesiens 1930 noch bei über 95 Prozent, so besuchen heute fast alle Kinder die Grundschule und immerhin 42 Prozent eine weiterführende Schule (Weltbank 2000). Dies trifft auch für Sendangarum zu. Die Eltern legen großen Wert auf eine solide Schulausbildung ihrer Kinder. Es scheint, als habe eine gute Ausbildung inzwischen einen höheren Prestigewert als der Besitz eines Reisfeldes. Der Schulbesuch ist jedoch nicht billig, die monatliche Schulgebühr entspricht etwa dem vierfachen Tagesgehalt eines Lohnarbeiters. Außerdem entfällt mit dem Schulbesuch eine billige Arbeitskraft für die Feldarbeit. Damit belastet ein Kind das Haushaltsbudget gleich doppelt. Ohne die Überschussproduktion an Reis durch die Grüne Revolution wäre dies nicht finanzierbar.
Die zunehmende Urbanisierung auf Java und das damit verbundene Wachstum des produzierenden Gewerbes und des Dienstleistungssektors haben zahlreiche Erwerbsmöglichkeiten außerhalb der Landwirtschaft geschaffen (vgl. Abb. 3.2.4/2).
Das dichte Straßennetz und der Besitz eines Motorrades als Familienfahrzeug haben die Entfernungen zur nächsten Großstadt schrumpfen lassen. Davon profitieren auch die Bewohner von Sendangarum. Das Dorf liegt nur noch eine halbe Motorradstunde von der Großstadt Yogyakarta entfernt. Da lohnt sich das tägliche Pendeln zur Arbeitsstelle in der Stadt. Inzwischen arbeiten im „Reisbauerndorf" Sendangarum nur noch 42 Prozent der Beschäftigten hauptberuflich in der Landwirtschaft.
Vergleicht man die Situation in den 60er Jahren mit der heutigen, lässt sich eindeutig feststellen, dass sich die Lebensqualität auf dem Lande merklich verbessert hat. Darauf weisen nicht nur statistische Daten, sondern auch eine Reihe von Wohlstandsindikatoren hin, wie z. B. der Zustand und die Innenausstattung der Wohnhäuser, die Versorgung mit Strom, der Besitz von Fahrrädern, Motorrädern und Fernsehgeräten usw. Ein Indikator ist besonders aufschlussreich: Während vor 1970 viele Familien in Sendangarum Maniok und Mais in ihren Speiseplan mit aufnehmen mussten, ist heute für alle die tägliche Reismahlzeit selbstverständlich.
Auch im Gesundheitswesen hat es erhebliche Verbesserungen gegeben, was sich in einer Reduzierung der Kindersterblichkeit von zwölf Prozent (1980) auf sechs Prozent (1996) und einer Erhöhung der Lebenser-

Abb. 3.2.4/2:
Zigarettenfabrik in Ost-Java. Neue Industrieanlagen haben zahlreiche Arbeitsplätze außerhalb der Landwirtschaft geschaffen, von denen auch die ländliche Bevölkerung profitiert. Die abgebildete Fabrik beschäftigt über 40.000 Personen, zumeist Frauen.
Foto: *U. Scholz*

wartung von 41 Jahren (1960) auf 65 Jahre (1996) deutlich niederschlägt (Weltbank 2000). Schließlich deutet sich in der Bevölkerungsentwicklung ein Trend zum Positiven an: Trotz der erhöhten Lebenserwartung ist der Bevölkerungszuwachs von 2,2 Prozent (Ø 1960–1970) auf 1,6 Prozent (Ø 1990–2000) abgesunken. Dieser Erfolg ist das Ergebnis einer konsequenten Familienplanungspolitik. Wie in den meisten Dörfern gibt es auch in Sendangarum eine Beratungsstelle für Familienplanung, die über die Ausgabe von Verhütungsmitteln exakt Buch führt und die Ergebnisse in der Dorfstatistik veröffentlicht.

Die Konsequenz der geschilderten Entwicklungstrends erscheint paradox: Galt noch in den 70er Jahren die Hauptsorge von Entwicklungsexperten der Frage, wie die ständig anschwellende Masse von Unterbeschäftigten in der Landwirtschaft Javas zu versorgen seien, stellt sich heute ein ganz anderes Problem, mit dem vor 30 Jahren ausgerechnet im übervölkerten Java mit seinen Kleinstparzellen kaum jemand gerechnet hätte: eine allmähliche Verknappung an landwirtschaftlichen Arbeitskräften! In Sendangarum macht sich unter den älteren Bewohnern zunehmend die Sorge breit, wer einmal die Reisfelder bestellen soll. Die meisten Jugendlichen sind dazu nicht mehr bereit.

Wie hat sich die Asienkrise 1997 auf den ländlichen Raum ausgewirkt? Die Reisbauern und damit ein Großteil der ländlichen Bevölkerung, haben keinen Grund zur Klage. Die Verdopplung des Reispreises während der Krise – für die Armen in den Städten eine Katastrophe – konnte ihnen nur recht sein, führte dies doch zu entsprechenden höheren Einnahmen. Aber auch zahlreiche Städter verfügen noch immer über einen Rest von Reisland im Heimatdorf, und so traf auch sie die Krise nicht allzu hart. Wie schon häufiger in der Geschichte des Landes, scheint sich auch in der gegenwärtigen Krise das Reisfeld als wirtschaftlicher Rückhalt und gesellschaftlicher Stabilisator zu bewähren. Fast noch mehr als die Reisbauern haben die weltmarktorientierten Agrarbetriebe – Kleinbauern gleichermaßen wie Plantagen – von der Krise profitiert. Da ihre Produkte, z. B. Kautschuk, Kaffee und Palmöl, in US-Dollar gehandelt werden, konnten sie durch die drastische Abwertung der indonesischen Rupiah beachtliche Gewinne einnehmen.

3.2.4.4 Die staatlichen Umsiedlungsprogramme („Transmigrasi")

Die Bevölkerungsverteilung Indonesiens ist extrem unausgewogen: 60 Prozent der Bewohner drängen sich auf dem übervölkerten Java mit nur sieben Prozent der Landesfläche. Mit einer durchschnittlichen Dichte von über 1.000 EW/km^2 zählt die Insel zu den am dichtesten besiedelten Agrarräumen der Welt. Ein wesentlicher Grund sind die sehr günstigen landwirtschaftlichen Produktionsbedingungen auf den fruchtbaren vulkanischen Böden. Demgegenüber stehen die dünn besiedelten Außeninseln mit durchschnittlich 60 EW/km^2 (Statistik Indonesia 2006). Große Teile der Inseln Borneo (Kalimantan), Sulawesi oder Neu-Guinea sind nahezu menschenleer.

Abb. 3.2.4/3:
Transmigrasi-Siedlung auf Sumatra.
Das indonesische Transmigrationsprogramm ist die größte staatliche Umsiedlungsaktion der Welt in Friedenszeiten. Die Neusiedler aus Java erwartet ein Haus und zwei Hektar Land. Wegen zahlreicher Proteste gegen die Regenwaldzerstörung, aber auch wegen der verbesserten Lebenssituation auf Java wird das Programm heute nicht mehr fortgeführt.

Folgerichtig hatte schon vor 100 Jahren die holländische Kolonialregierung damit begonnen, Landbewohner aus Java auf die Außeninseln, vor allem in das südliche Sumatra, umzusiedeln. Ab den 50er Jahren setzte die nunmehr unabhängige indonesische Regierung das Programm unter dem Begriff „Transmigrasi" fort. Ihren Höhepunkt erreichte die Bewegung in den 80er Jahren, als mit massiver internationaler Unterstützung ca. 60.000 Familien pro Jahr umgesiedelt wurden (Statistik Indonesia, versch. Jahrgänge). Insgesamt hatten bis Mitte der 90er Jahre über eine Mio. Familien aus Java (einschl. Madura und Bali), d. h. mehr als 5 Mio. Personen, eine neue Heimat auf den Außeninseln gefunden. „Transmigrasi" wurde somit zum größten staatlich organisierten Umsiedlungsprogramm der Welt in Friedenszeiten (*Scholz* 1992).
Bei ihrer Ankunft im Zielgebiet erwartete die Umsiedler ein einfaches Holzhaus, ein 2,0 Hektar großes frisch gerodetes Stück Land, eine Grundausstattung an landwirtschaftlichen Produktionsmitteln (Arbeitsgeräte, Saatgut, Dünger) und Nahrungsmittelrationen für das erste Jahr (vgl. Abb. 3.2.4/3).
Das Transmigrasi-Programm verfolgte mehrere Ziele: Hauptziel war anfangs die Reduzierung des Bevölkerungsdrucks auf Java. Schon bald erwies sich dieses Vorhaben jedoch als Illusion. Zu keiner Zeit konnten die Umsiedlungen den Bevölkerungszuwachs auf Java kompensieren. Als sich in den 60er Jahren die Nahrungskrise auf Java zu einer Hungerkatastrophe auszuweiten drohte, erhoffte man sich durch die Erschließung neuer landwirtschaftlicher Nutzflächen im Rahmen von „Transmigrasi" einen Beitrag zur Schließung der Nahrungslücke. Man erwartete, dass die Außeninseln eines Tages Java mit Reis versorgen könnten. Auch diese Rechnung ging nicht auf. Aufgrund ungünstiger natürlicher Standortfaktoren und mangelhafter Infrastruktur konnten die Transmigrasi-Gebiete bis auf wenige Ausnahmen bisher keine Reisüberschüsse erzielen. Im Gegenteil – die meisten mussten Reis importieren. Als neue Legitimation folgte in den 70er Jahren das Ziel der regionalen Entwicklung der Außeninseln. Durch Ausweisung und gezielte Förderung von Wachstumspolen in peripheren Regionen wurde versucht, die Außeninseln zu entwickeln und in den Wirtschaftskreislauf der Zentren zu integrieren. Als Nukleus für derartige Wachstumspole boten sich Transmigrasi-Projekte sehr gut an.
Eine weitere tragende Rolle sollte „Transmigrasi" im Zuge des sog. „nation building" spielen. Es ging darum, den Vielvölkerstaat zu einer einzigen indonesischen Nation zu verschmelzen, was aus Jakarta-zentrierter Sicht auf eine Ausbreitung der javanischen Kultur über den gesamten Archipel hinauslaufen sollte. Für diesen von Kritikern als „Javanisierung" bezeichneten Prozess konnten die Siedlungsprojekte als wirksames Instrument dienen.
Ähnlich wie die „Grüne Revolution" ist auch das Transmigrasi-Programm von vielen Seiten kritisiert worden (vgl. z. B. IMBAS; 1988). Einer der Hauptvorwürfe richtete sich gegen die Vernichtung von Regen-

wäldern. In der Tat sind viele Transmigrasi-Siedlungen in Regenwaldgebieten angelegt worden. Insgesamt dürften den Umsiedlungen etwa 10.000 km^2 Regenwald zum Opfer gefallen sein, d.h. nicht einmal ein Prozent des gesamten Regenwaldbestandes Indonesiens (*Scholz* 1992). Im Vergleich zu anderen Verursachern der Regenwaldzerstörung (vgl. Kap. 3.2.4.5) ist dies ein relativ kleiner Anteil.
Weitere Kritik bezog sich auf die Missachtung der traditionellen Landbesitzrechte der lokalen Bevölkerung. So musste es zu Spannungen zwischen den Neusiedlern und den indigenen Bewohnern kommen, die sich z. B. in Papua (dem früheren Irian Jaya) und in Zentral-Kalimantan in blutigen Konflikten entluden. Die zunehmende öffentliche Kritik bewog schließlich die internationalen Geldgeber, sich im Laufe der 90er Jahre aus dem Transmigrasi-Programm zurückzuziehen. Seitdem nimmt die Regierung keine neuen Siedlungsprojekte mehr in Angriff, sondern konzentriert sich auf die Konsolidierung der bereits bestehenden. Das Abebben der Umsiedlungen hat noch einen anderen Grund, mit dem früher niemand gerechnet hätte: die verbesserte Lebensqualität im ländlichen Java. Wie oben dargestellt, ist Java nicht mehr das „Armenhaus" Indonesiens wie in den 60er Jahren. Für junge javanische Familien ist es heute kaum noch attraktiv, als Pioniersiedler auf die Außeninseln auszuwandern.

3.2.4.5 Regenwaldzerstörung

Indonesien verfügt nach Brasilien über die größten Regenwaldbestände der Welt. Wie in anderen Tropenländern schreitet aber auch hier die Zerstörung des Regenwaldes mit unverminderter Geschwindigkeit voran. Nach Angaben der FAO (2005) verliert das Land Jahr für Jahr eine Waldfläche von über 13.000 km^2, d. h. fast der Größe Thüringens. Waren 1980 noch 74 Prozent der Landesfläche mit Wald bedeckt, sind es heute (2005) nur noch etwa 55 Prozent. Was sind die Ursachen, und wer sind die Akteure hinter dem Zerstörungsprozess?
Zuerst denkt man für gewöhnlich an die Holzwirtschaft und den Export von Tropenholz (vgl. Abb 3.2.4/4). Tatsächlich ist fast die Hälfte des gesamten indonesischen Regenwaldes sog. „Wirtschaftswald", der als Konzession an verschiedene Holzfirmen vergeben ist und von diesen holzwirtschaftlich ausgebeutet wird. Dies geschieht überwiegend in Form von „selective logging". Das heißt, es werden lediglich einzelne Stämme, im Schnitt drei bis fünf Exemplare pro Hektar, entnommen, da infolge der enormen Artenvielfalt des Regenwaldes stets nur wenige Baumexemplare für die Holzindustrie wirklich lohnend sind. Allerdings werden durch das Fällen eines bis zu 50 m mächtigen Baumriesen auch benachbarte Bäume in Mitleidenschaft gezogen. Weitere Schäden entstehen durch das Herausschleifen der Stämme mit Bulldozern zu den Sammelplätzen und den Bau von Forstwegen für den Abtransport. Zurück bleibt ein „verletzter" Wald, dessen Narben noch über Jahrzehnte sichtbar bleiben. Auf Satellitenphotos erscheinen solche Wirtschaftswälder dennoch als nahezu geschlossene Waldbestände. Schwerpunkt der holzwirtschaftlichen Ausbeutung ist Kalimantan, der indonesische Teil der Insel Borneo. Gemeinsam mit den malaysischen Teilen Sarawak und Sabah stammt über die Hälfte des weltweit gehandelten Tropenholzes allein von dieser Insel. Das weitaus wichtigste Abnehmerland ist Japan (Statistik Indonesia 2006).
Als weiterer Verursacher der Regenwaldzerstörung wird oft der traditionelle Wanderfeldbau mit Brandrodung (*shifting cultivation*) genannt. Für fast alle Bewohner tropischer Regenwaldgebiete diente diese extensive Form des Ackerbaus über Generationen als Lebensgrundlage und wichtigste Maßnahme zur Erzeugung von Nahrungsmitteln für den Eigenbedarf (*Subsistenz*). In den letzten Jahrzehnten hat der Wanderfeldbau durch alternative Wirtschaftsformen und Landverknappung beträchtlich an Bedeutung verloren (vgl. *Brauns/Scholz* 1997). Trotzdem gibt es ihn auf den dünn besiedelten Außeninseln Indonesiens immer noch. Die Brandrodung liefert Aschedünger und vernichtet Unkraut. Dieser Doppeleffekt ist jedoch nur für ein Jahr wirksam. Deswegen rodet der Bewirtschafter, sofern ausreichend Waldreserven zur Verfügung stehen, schon nach einem Anbaujahr ein neues Stück Wald, wiederholt diesen Vorgang Jahr für Jahr und kehrt erst nach 10 bis 15 Jahren auf die Ausgangsparzelle zurück, auf der inzwischen ein Sekundärwald nachgewachsen ist. Die so entstandene „Kulturlandschaft" ähnelt, von oben betrachtet, einem Flicken-

Verursacher und Auswirkung der Regenwaldzerstörung in Indonesien

Ökologische Aspekte
- Artensterben
- Klimaveränderung
- Bodenerosion
- Störung des Wasserhaushaltes
- Wasserverschmutzung

Ökonomische Aspekte
- Deviseneinnahmen
- Arbeitsplätze
- neue landwirtschaftliche Nutzfläche
- Ausbau der Infrastruktur
- illegales Abholzen

Soziale Aspekte
- Verdrängung indigener Gruppen
- soziale Konflikte
- Gesundheitsprobleme durch verschmutztes Trinkwasser

Degradation → **Regenwaldzerstörung** ← Vollständige **Entwaldung** (Kahlschlag)

- Stammholzentnahme ("selective logging") durch Holzwirtschaft
- Traditioneller Wanderfeldbau (shifting cultivation)
- Moderne Agrarkolonisation
- Sonstige Ursachen:
  - Erz- und Kohleabbau
  - Straßenbau
  - Zellulosefabriken

- Staatliche Umsiedlungsprojekte "Transmigrasi"
- Spontane Kolonisation durch kleinbäuerliche Pioniersiedler
- Plantagen (überwiegend Ölpalmen)

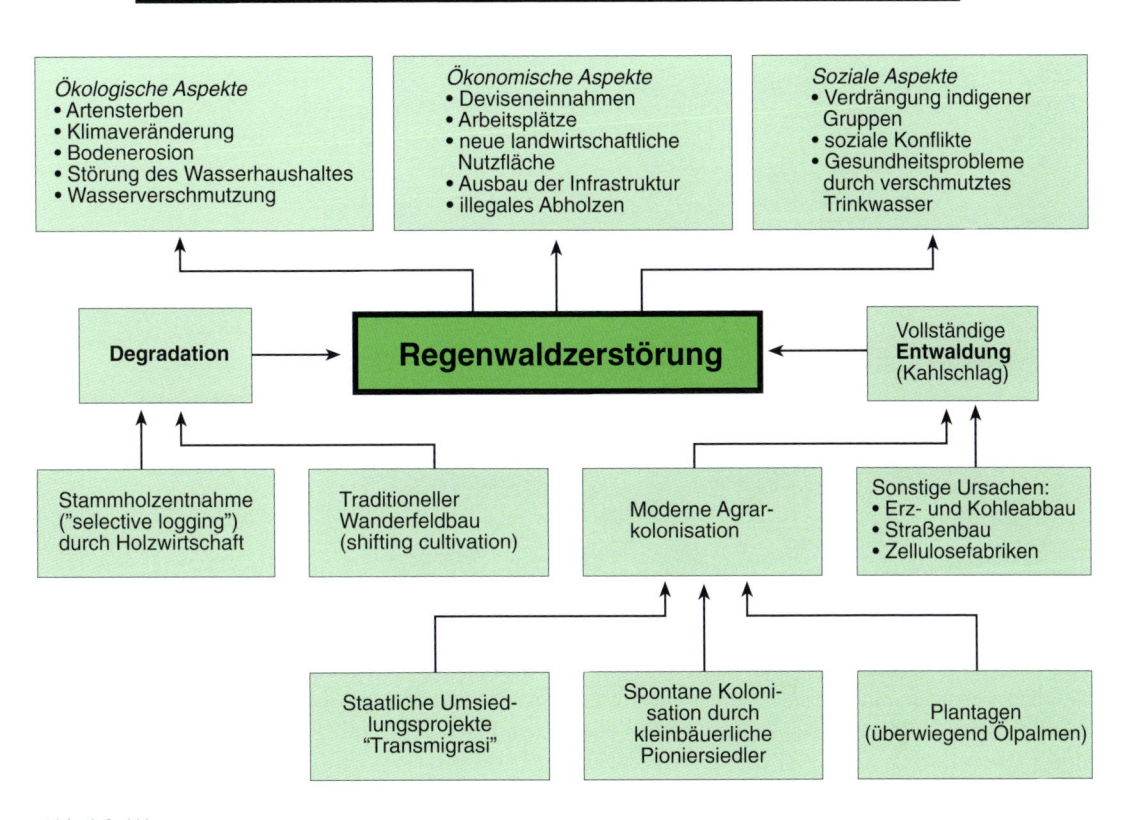

Abb. 3.2.4/4:
Verursacher und Auswirkungen der Regenwaldzerstörung in Indonesien
Quelle: *Scholz* 1998, S. 143

teppich, der aus einer Vielzahl von Busch- und Waldstücken unterschiedlicher Sukzessionsstadien zusammengesetzt ist, unterbrochen von einzelnen Flicken tatsächlich kultivierter Felder. Das Ergebnis ist ein inhomogener, mehr oder weniger stark degradierter Sekundärwald. In Indonesien gehören sieben Prozent des gesamten Waldbestandes in diese Kategorie.

Den zweifellos folgenschwersten Eingriff in den Regenwald leistet die Agrarkolonisation durch kleinbäuerliche Pioniersiedler. *Uhlig* (1988) vergleicht diesen Vorgang mit der hochmittelalterlichen Rodungskolonisation in Europa und der Kolonisation Nordamerikas. Nachdem der Prozess in einigen Ländern wie z. B. Thailand und den Philippinen mit der Beseitigung fast aller Regenwälder seinen Höhepunkt inzwischen überschritten hat, ist er in Indonesien noch in vollem Gange.

Man unterscheidet zwischen staatlich gelenkter und spontaner Kolonisation. Auf die staatlich geplanten Transmigrasi-Projekte wurde oben bereits eingegangen. Trotz der großen Zahl von über eine Million Umsiedlerfamilien aus Java ist deren Anteil an der Regenwaldzerstörung jedoch relativ gering. Viel gravierender sind hingegen die Auswirkungen der spontanen kleinbäuerlichen Rodungskolonisation (vgl. Abb. 3.2.4/5), deren Zahl die der staatlich organisierten Umsiedler um ein Mehrfaches übertreffen dürfte. Vor-

Abb. 3.2.4/5:
Pioniersiedler im Sumpfwald von Ost-Sumatra.
Die durch Bevölkerungsdruck auf Java ausgelöste spontane Rodungskolonisation hat maßgeblich zu der Zerstörung großer Regenwaldbestände auf den indonesischen Außeninseln beigetragen.
Foto: *U. Scholz*

wiegend sind es verarmte Landbewohner aus Java und Madura, die auf eigene Faust auf den Außeninseln ihr Glück versuchen. Ihre exakte Zahl ist schwierig zu erfassen, da sich die meisten zunächst als saisonale Lohnarbeiter bei einheimischen Kleinbauern oder in den Plantagen verdingen, ehe sie sich eines Tages für ein Dauerdasein auf den Außeninseln entscheiden.

In der Regel betreiben die Pioniersiedler permanenten Feldbau, sodass, anders als beim Wanderfeldbau, keine Chance für den Wiederaufwuchs eines Sekundärwaldes besteht. Der Regenwald ist hier unwiederbringlich verloren.

Als weiterer Akteur bei der Regenwaldzerstörung ist schließlich die Plantagenwirtschaft zu nennen. Als „Kind der holländischen Kolonialzeit" konzentrierte sie sich hauptsächlich auf das Küstentiefland von Nordost-Sumatra im Hinterland der Millionenstadt Medan. Seit 20 Jahren beginnt der Plantagensektor in andere Teile der Außengebiete vorzudringen. Betroffen sind vor allem Zentral- und Süd-Sumatra sowie Kalimantan. Hauptkultur ist die Ölpalme. Da pflanzliche Öle auf dem Weltmarkt in steigendem Masse nachgefragt werden und die Ölpalme von allen Ölpflanzen mit rund 5,0 t pro Hektar den weitaus höchsten Flächenertrag liefert, ist es kein Wunder, dass wir gegenwärtig einen regelrechten Palmölboom erleben. Indonesien ist daran mit rund einem Drittel der Weltproduktion maßgeblich beteiligt (*Scholz* 2004). Innerhalb weniger Jahre dehnte sich die Anbaufläche von 6.000 km^2 (1985) über 21.200 km^2 (2000) auf rund 40.000 km^2 (2006) aus (Statistik Indonesia 2006), zum großen Teil auf Kosten von Regenwäldern. Etwa zwei bis drei Prozent des gesamten indonesischen Regenwaldes ist davon betroffen.

Sonstige Ursachen wie der Abbau von Erzen und Kohle oder der Bau neuer Strassen richten zwar erhebliche Schäden an, sind aber räumlich eng begrenzt, fallen also flächenmäßig kaum ins Gewicht.

Der Hauptverursacher der Regenwaldzerstörung ist somit eindeutig die spontane Rodungskolonisation durch kleinbäuerliche Pioniersiedler mit beträchtlichem Abstand vor der Ausbreitung von Ölpalmplantagen und den staatlich organisierten Transmigrasi-Projekten. Dagegen hinterlässt der traditionelle Brandrodungswanderfeldbau keinen Kahlschlag, sondern lediglich einen stark degradierten Sekundärwald mit der Aussicht auf natürliche Wiederbewaldung. Auch die Holzwirtschaft hinterlässt bei Anwendung der selektiven Stammholzentnahme keinen Kahlschlag, sondern eine zwar geschädigte, aber doch weitgehend geschlossene Walddecke. Auf diesen Tatbestand weisen die Vertreter der Holzwirtschaft hin, wenn sie behaupten, dass nicht sie, sondern die rodenden Pioniersiedler die eigentlichen Zerstörer des Regenwaldes seien. Auch wenn sich dieser Rechtfertigungsversuch nicht ganz von der Hand weisen lässt, ist den Holzgesellschaften dennoch vorzuwerfen, dass sie es sind, die den Pioniersiedlern durch den Bau von Forststraßen überhaupt erst den Zugang in den Regenwald ermöglichen. Als „Wegbereiter" der spontanen Agrarkolonisation sind sie also sehr wohl für die Regenwaldzerstörung mit verantwortlich, zumal ihr „Revier" etwa die Hälfte des gesamten Regenwaldareals Indonesiens umfasst.

Hingegen spielt die extensive Weidewirtschaft mit Rinderhaltung in riesigen Ranchbetrieben, wie sie in den lateinamerikanischen Regenwäldern verbreitet sind, in Indonesien fast gar keine Rolle.

3.2.5 Kirgisistan und Usbekistan – Entwicklungsländer in Zentralasien *(Jörg Stadelbauer)*

3.2.5.1 Nachfolgestaaten der Sowjetunion als Entwicklungsländer?

Als die Sowjetunion noch bestand (bis 1991), wurde mehrfach die Frage aufgeworfen, ob man sie nicht selbst wegen ihrer unverkennbaren ökonomischen und sozialen Schwächen den Entwicklungsländern zurechnen müsse. In der Regel wurde die Frage negativ beantwortet oder eine gesonderte Kategorie, ein „Entwicklungsland sui generis", gefordert (*Karger* 1979, S. 56f.). Es war letztlich eher eine Bewertung und Raumkonstruktion im geopolitischen Diskurs als eine ernsthafte Analyse, die zu dieser Zuordnung führte. Denn der im Westen entstandene Begriff „Entwicklungsland" schloss Konnotationen wie kulturelle und sozioökonomische Rückständigkeit ebenso wie eine gewisse pejorative Bewertung ein. Daher fand die Debatte über den Entwicklungsstand oder gar eine Eingruppierung der gesamten Sowjetunion nur bedingt Eingang in den akademischen Bereich.
Anders verhielt es sich bei einigen Teilräumen der ehemaligen Sowjetunion. Insbesondere für Mittelasien wurde bereits in den 1960er/1970er Jahren diese Frage ernsthaft diskutiert (*Wilber* 1969) und dabei auch auf unverkennbare Leistungen verwiesen, die die Sowjetunion in der Region erbracht hatte und die beispielhaft für die Entwicklungspolitik zu sein schienen. Die sowjetische Zentralregierung ihrerseits betonte die umfangreichen Transferzahlungen, die von Moskau nach Mittelasien flossen. Kritiker sahen darin die wirtschaftliche Abhängigkeit der zentralasiatischen Unionsrepubliken vom Zentrum. Die Diskussion lebte in der Phase des wirtschaftlichen und politischen Niedergangs und schließlich des Zerfalls der Sowjetunion von neuem auf, jetzt auch für die neuen unabhängigen Staaten innerhalb der Großregion. Während die Gewinnung der politischen Unabhängigkeit als nachholende Entkolonialisierung gesehen wurde, führte die wirtschaftliche Unabhängigkeit zum Ende der Kapitaltransfers. Die Transformation brachte daher einen wirtschaftlichen Einbruch, der dazu führte, dass das Schlagwort von der „Tiersmondisierung" (Verdrittweltung) für die Nachfolgestaaten die Runde machte. *Nuscheler* (1997, S. 436ff.) führt sowohl Analogien als auch Abweichungen an und weist die Problematik einer derartigen Klassifizierung nach. Als Charakteristika, die in der GUS analog zu den Strukturproblemen der Entwicklungsländer bestehen, werden genannt:
– die marginale Stellung im Welthandel mit der Asymmetrie von Rohstoffexporten gegenüber Fertigwarenimporten,
– hohe Staatshaushaltsdefizite und wachsende Auslandverschuldung,
– rückläufige Investitionstätigkeit bei Überalterung des Kapitalstocks und sinkender Wettbewerbsfähigkeit,
– sinkende Pro-Kopf-Einkommen bei bedeutender Inflation,
– eine hohe Arbeitslosigkeit, Verarmung und Verelendung beträchtlicher Teile der Bevölkerung,
– Korruption und die Herausbildung mafioser Strukturen sowie
– die Verschärfung sozialer und ethnischer Disparitäten bis hin zu Konfliktsituationen.

Während einige dieser Merkmale nicht abzustreiten sind, verdienen andere eine eingehendere Analyse. Die Wirtschaftsentwicklung der postsowjetischen Staaten war zu ungleich, als dass heute alle Nachfolgestaaten der gleichen Kategorie zugeordnet werden könnten. Daher muss die Diskussion um den Entwicklungsstand von neuem aufgeworfen werden. Nach über anderthalb Jahrzehnten politischer Unabhängigkeit darf das sowjetische Erbe ebenso wie die regionale Eigenleistung mit größerer Distanz betrachtet werden als mitten im Auflösungsprozess. Die internationalen Organisationen wie Weltbank und Internationaler Währungsfonds betrachten die fünf zentralasiatischen Nachfolgestaaten als Entwicklungsländer und rechnen sie teils der Gruppe der *Low income economies* (Kirgisistan, Tadshikistan, Usbekistan) bzw. *Lower-middle income economies* (Kasachstan, Turkmenistan) zu. In internationalen Ratings nach dem Kreditrisiko (Hermes-Klassifikation) werden Kirgisistan, Tadshikistan, Turkmenistan und Usbekistan mit der Hermes-Klassifikation 7 zur Ländergruppe mit höchstem Kreditrisiko gerechnet, Kasachstan rangiert in der Gruppe 6. Beispielhaft seien im Folgenden Kirgisistan und Usbekistan herausgegriffen, doch werden für Vergleichszwecke bisweilen auch die drei anderen zentralasiatischen Nachfolgestaaten berücksichtigt.

3.2.5.2 Grundstrukturen

Usbekistan ist mit 447 400 km^2 Landesfläche etwa so groß wie Deutschland und Österreich zusammen, die Einwohnerzahl beträgt 25,3 Mio. Menschen (2004). Es bestehen außerordentlich große Unterschiede zwischen dicht besiedelten Oasengebieten und menschenleeren Wüsten- und Hochgebirgsräumen. Im Unterschied zu Kasachstan nimmt die Bevölkerung Usbekistans kontinuierlich zu. Die natürliche Bruttobevölkerungszunahme betrug im Jahr 2001: 15,1 je 1000. Die Abwanderung ist wesentlich geringer als in Kasachstan und lag in den 1990er Jahren insgesamt unter 100 000 Personen. Dies bedeutet, dass der Staat für eine ständig wachsende Bevölkerungszahl zu sorgen hat. Die Hauptstadt Taschkent ist mit über 2,5 Mill. Einwohnern (2000) die größte Stadt Zentralasiens.
Kirgisistan ist vor allem Gebirgsland. Auf 199 900 km^2 leben rd. 5,0 Mio. Menschen (2004). Wieder bestehen große Unterschiede in der Bevölkerungsdichte. Die hohen Gebirgsketten des Tien-Shan sind unbewohnt und weite Hochgebiete nur sehr dünn besiedelt, während sowohl die Hauptstadt Bischkek (620 000 Einw.) und die zweitgrößte Stadt Osch (220 000 Einw.) mit ihrem ländlichen Umland Zentren dicht besiedelter Räume sind. Die Bevölkerung wächst derzeit mit einem natürlichen Bruttosaldo von 13,2 je 1000 im Jahr. Die Migrationsverflechtungen mit dem Ausland sind gering, doch hält die Abwanderung aus den peripheren Regionen an, so dass der Bevölkerungsdruck im Tschuj-Tal im Norden (Umgebung von Bischkek) und insbesondere im Hinterland von Osch am Rand des Fergana-Beckens wächst. Die beiden Wachstumspole sind durch eine sich noch im Ausbau befindende Fernstraße verknüpft, über eine Eisenbahnverbindung wird diskutiert. Dagegen ist das nordwestliche Gebiet von Talas im Winter nur über kasachstanisches Territorium auf dem Landweg erreichbar.

3.2.5.3 Sowjetisches Erbe

Einige Raumstrukturen sind als Erbe aus der Sowjetzeit heute als Entwicklungshindernisse zu sehen, wie das folgende Beispiel zeigt: Kasachstan kann sein Erdöl und Erdgas nach wie vor nur über Russland exportieren, da sowohl die alten, auf den Südural, das mittlere Wolgagebiet und auf das Zentrum ausgerichteten Pipelines weiter genutzt werden als auch eine neue Pipeline, die im Zug der Erschließung des Tengis-Feld angelegt wurde, das nordkaukasische Noworossijsk zum Ziel hat. Da in Kasachstan eigene Raffineriekapazitäten für das schwefelreiche Erdöl fehlen, müssen derzeit Erdölprodukte sogar importiert werden. Die Industriestandorte Zentral- und Ostkasachstans werden aus Russland beliefert, da interne Pipelines fehlen (*Olcott* 1997, S. 558). Eine von Kasachstan gewünschte Pipeline durch Turkmenistan und Iran zum Golf ist wegen der geopolitischen Ächtung Irans durch die USA nicht zu realisieren. Eine Pipeline nach

China wurde angelegt – etwas reduziert gegenüber anfänglichen Plänen. Die durch das Kaspische Meer geplante Pipeline mit Anschluss an die südkaukasische Pipeline nach Ceyhan (Türkei) stößt auf technische und ökologische Schwierigkeiten. Damit ergibt sich für Kasachstans Erdölwirtschaft auch weiterhin ein hohes Maß an Abhängigkeit von Russland.

Usbekistan wurde in sowjetischer Zeit als Baumwolllieferant für den Binnenmarkt entwickelt – mit hohen Belastungen für die regionalen Wasserressourcen, für den von Auszehrung und Kontamination mit Agrochemikalien bedrohten Boden und mit einseitiger Spezialisierung auf die Monokultur (*Giese* 1997; *Giese/Bahro/Betke* 1998). Anfang der 1980er Jahre wurden erstmals massive Fälschungen der Produktionsstatistiken bekannt, in die ein großer Teil der politischen Elite verstrickt war. Dies führte wenigstens kurzfristig zu einer gewissen Abkehr von der Baumwollmonokultur, doch wurde eine dauerhafte Reduktion erst nach der Unabhängigkeit möglich. Dennoch ist Baumwolle nach wie vor das mit Abstand wichtigste Exportgut (Stand 2004). Abnehmer sind Russland, andere GUS-Staaten, aber auch der restliche Weltmarkt; hier ist bereits eine Diversifizierung der Absatzwege gelungen. In der Industriepolitik kann die (ökonomisch nicht in allen Fällen sinnvolle) Ansiedlung von Großunternehmen des Automobil- und Flugzeugbaus in die Nähe der sowjetischen Großprojekte gerückt werden. Usbekistan verstand es aber auch, Partner aus verschiedenen Hochtechnologiebranchen für eine Ansiedlung zu interessieren, und erlebte dadurch einen gewissen Innovations- und Modernisierungsschub in den neuen Industriebetrieben, der in krassem Gegensatz zu den wenig leistungsfähigen älteren Betrieben steht.

Kirgisistan ist bis heute ein schwach industrialisierter Staat. Nur 12 % des BIP werden vom produzierenden Gewerbe erwirtschaftet (Stand 2000), viele in sowjetischer Zeit errichtete Betriebe liegen brach oder produzieren nur in reduziertem Ausmaß, weil die Zulieferungen zu teuer geworden sind. Dazu gehört auch die Zuckerfabrik von Kant, einst die größte Zuckerfabrik Zentralasiens. Das wichtigste Unternehmen ist derzeit die Goldmine von Kumtor, die von einem kanadisch-kirgisischen Konsortium ausgebeutet wird. Allerdings ist anzunehmen, dass die Vorräte in wenigen Jahren erschöpft sind; weitere Goldvorkommen sind bekannt, jedoch noch kaum erschlossen. Der Aufbau einer Nahrungsgüterindustrie, die aufgrund der landwirtschaftlichen Ausrichtung des Landes möglich wäre, geht nur langsam vor sich, da nur bedingt an ältere Strukturen angeknüpft werden kann. Die unterbliebene Industrialisierung, die wenig leistungsfähige Verkehrsinfrastruktur und die Einseitigkeit der Ressourcennutzung sind heute die Haupthemmnisse Kirgisistans (*Stadelbauer* 1996, 1997).

3.2.5.4 Transformation

Die Transformationsprozesse, die nach der Auflösung der Sowjetunion und der Unabhängigkeit der zentralasiatischen Staaten in die Wege geleitet wurden, verliefen anders als im östlichen Mitteleuropa. In *Usbekistan* kam mit *I. Karimow* ein Präsident aus der ehemaligen kommunistischen Elite an die Staatsspitze. Auch auf den meisten anderen Posten war ein Austausch der Kader nur in geringem Maße möglich. In den kirgisischen Präsidenten *A. Akajew*, einen Physiker, der allerdings auch der KP angehört hatte, wurde große Hoffnung gesetzt, doch zeigt auch *Kirgisistan* zunehmend Phänomene autoritär regierter Staaten und erlebte 2005 einen Machtwechsel. Damit war von vornherein die personelle Basis der Transformation nur bedingt reformorientiert. Wenn man unter Transformation, bezogen auf ehemals sozialistisch bzw. kommunistisch regierte Länder, den Übergang von der Zentralverwaltungswirtschaft zu einer Marktwirtschaft, von einer autoritären Herrschaft zu einer demokratischen Struktur und von einer auf sowjet-sozialistische Ideale orientierten Gesellschaft zu einer pluralistischen Zivilgesellschaft verstehen will (*Stadelbauer* 2000), kann die Transformation auch Ende 2006 noch nicht als abgeschlossen betrachtet werden. Marktwirtschaftliche Elemente wurden mit der kleinen Privatisierung des Dienstleistungsbereichs, der Zulassung von Klein- und Mittelunternehmen, der Möglichkeit ausländischer Investitionen und der Zulassung privater Verfügung über Produktionsmittel zwar eingeführt, doch gibt es weder eine umfassende Privatisierung von Grund und Boden noch eine Entstaatlichung aller Schlüsselindustrien. Im landwirtschaftlichen Bereich wurden teilweise Pachtsysteme eingeführt, die nur mäßig attraktiv sind. Die landwirtschaftlichen Betriebe *Usbekistans* entsprachen früheren sowjetischen Kolchosen und Sowchosen, auch wenn sie sich als Agrarfirmen o. ä. bezeichneten und weitgehend privatwirtschaftlich organisierten. Inzwischen erfolgte eine weitgehende Aufteilung in Kleinbetriebe, die in der Baumwollwirtschaft jedoch über Lieferverträge von staatlichen Stellen abhängig sind. Aus sowjetischer Zeit geblieben ist vor allem die private Bewirtschaftung des Hoflands (private Nebenerwerbswirtschaft); sie hat bis in die Gegenwart die Doppelfunktion der Selbstversorgung der ländlichen Bevölkerung und der Marktbelieferung für die städtische Bevölkerung. Für die Bauernbetriebe (*Fermer-Wirtschaft*) und die Kleinbauernbetriebe (*Dechan-Betrieb*) bestehen ebenso wie für die Nebenerwerbsbetriebe Obergrenzen bei Fläche und Viehbesatz. Planwirtschaftliche Elemente sind noch heute in der Getreide- und Baumwollwirtschaft zu finden. In *Kirgisistan* wurde die Landwirtschaft weitgehend privatisiert, was jedoch in den dicht besiedelten Räumen insbesondere am Rand des Fergana-Beckens zu sehr kleinen durchschnittlichen Betriebsgrößen (z. T. unter 1 ha) führte. Im Dienstleistungsbereich zeitigte die Privatisierung die besten Erfolge, insbesondere im Einzelhandel, doch bestehen allenthalben Abhängigkeiten von Zulieferungen. Kirgisistan bemüht sich seit kurzem mit einigem Erfolg um den Aufbau einer touristischen Infrastruktur, aber die Kürze der Sommersaison schränkt die Möglichkeiten ein.

Die Privatisierung der (Groß-)Industrie setzte mit Verzögerung ein, wird aber seit 2001 auch in *Usbekistan* zunehmend betrieben. In Usbekistan dient eine Anleihe bei der Weltbank der institutionellen Unternehmensentwicklung. Ein Büro für die individuelle Privatisierung von Unternehmen soll zur Diagnose und Schätzung von Unternehmen bekannte ausländische Finanzberater international tätiger Großbanken heranziehen wie z. B. von der Commerzbank (Deutschland), der Raiffeisen Investment AG und der Kreditanstalt invest AG (Österreich), BNP Paribas (Frankreich), Maxwell Stamp (Großbritannien), Emerging Markets Financial Corporation (USA) u.a. Zu Beginn des 21. Jahrhunderts wurde zunächst die Privatisierung der verbliebenen staatlichen Betriebe im Dienstleistungsbereich abgeschlossen; die weitgehende Verstaatlichung der industriellen Staatsbetriebe soll folgen.

Mit den Strukturveränderungen in der Industrie war die Freisetzung von Arbeitskräften verbunden. Da geeignete Ersatzarbeitskräfte nicht verfügbar waren und die Massenverarmung die Erschließung zusätzlicher Familieneinkommen erforderte, wuchsen die Tätigkeit in der Landwirtschaft und der informelle Sektor, letzterer insbesondere in den großen Städten. Dort sind auch Kinder und Jugendliche wenigstens zeitweise im Einzelhandelsverkauf auf der Straße, im Fremdenverkehrssektor oder bei kleinen Dienstleistungen tätig. Dass die Schattenwirtschaft darüber hinaus durch einen kaum erfassbaren mafiosen Sektor und durch den Drogenhandel in den kriminellen Bereich führt, sei nur kurz erwähnt; verlässliche Angaben hierzu fehlen. Unterbeschäftigung und Armut gelten auch mittelfristig als Belastung; dabei ist die Arbeitslosigkeit derzeit meist eine verdeckte Nichtbeschäftigung in Staatsbetrieben und landwirtschaftlichen Kollektivbetrieben. Echte Reformen werden dort Arbeitskräfte in großem Umfang freisetzen; am ehesten könnten neue kleine und mittelgroße Betriebe im ländlichen Raum einen Teil der Arbeitskräfte auffangen. Dabei ist auch mit einer Zunahme der Mobilität, gegebenenfalls saisonaler Mobilität der Bevölkerung, zu rechnen.

Eigene Währungen wurden in den Nachfolgestaaten erforderlich, nachdem der sowjetische Rubel in Russland seinen Wert verloren hatte. Die Tatsache, dass große Mengen in Russland wertlos gewordener Geldscheine über die Grenze transportiert wurden, zwang zu schnellem Handeln. Im Mai 1993 wurde in Kirgisistan der Som, im November 1993 in Usbekistan der Sum als eigene Währung eingeführt. Der usbekische Sum unterliegt bis in die Gegenwart staatlicher Kontrolle und ist nicht vollständig konvertibel. Die Inflation wird durch staatliche Preiskontrollen und eine künstliche Überbewertung des Sum begrenzt. Beim kirgisischen Som ist eine weitgehende Konsolidierung mit deutlich niedrigerer Inflationsrate gelungen.

3.2.5.5   *Wirtschaftsentwicklung*

Usbekistan verzeichnete am Ende des 20. und zu Beginn des 21. Jahrhunderts über mehrere Jahre ein stabiles Wachstum, wenn auch schwächer als in den anderen zentralasiatischen Republiken (3,8 bis 4,5% in den Jahren 2000 bzw. 2001, jeweils abhängig von der Baumwollernte und dem Weltmarktpreis für Baumwolle). Wachstumsschwankungen sind vor allem durch Ertragsschwankungen in der Landwirtschaft bedingt, die wiederum in hohem Maß vom Witterungsgang abhängen (um 20% geringere Baumwoll- und um fast 40% niedrigere Getreideernte im Jahr 2000 gegenüber 1999). Das Land ist weltweit der fünftgrößte Baumwollproduzent. Das zweite wichtige Exportgut ist Gold. Die schwache Investitionsquote (11,1% des BIP) zeigt, dass das Bankensystem kaum Einlagen für inländische Investitionen und die Regierungspolitik darüber hinaus noch weniger ausländische Direktinvestitionen (nur 83 Mio. USD im Jahr 2000) mobilisieren konnte. Vor allem in der aussichtsreichen Nutzung von Goldvorkommen und Energieressourcen blieben bisher geplante Investitionen aus. Die Folge ist ein geringes industriewirtschaftliches Wachstum, das sich auf die Eisenmetallurgie, die Chemische Industrie und die Nahrungsgüterindustrie konzentriert. Eine verhaltene Zunahme an ausländischen Investitionen kann am ehesten im Bereich der Textilveredelung und Energiewirtschaft erwartet werden. Der Anteil des Produzierenden Gewerbes am BIP war zeitweise rükläufig und erreichte 2004 gerade 25%.

Das Wachstum des Dienstleistungssektors beruht auf Zunahmen im Einzelhandel und im Gastgewerbe. Dass das Haushaltsdefizit mit 0,5 bis 1% des BIP relativ moderat ist, liegt zum einen daran, dass die staatliche Subventionierung der Wirtschaft nicht über den Haushalt, sondern über staatlich gelenkte oder garantierte Kredite erfolgt, und zum anderen die Zwangsbewirtschaftung von Devisen und das staatliche Aufkaufsystem in der Landwirtschaft (Baumwolle) die Einnahmeseite des Haushalts beherrschen. Die Außenverschuldung (2001: 4,6 Mrd. USD) wird erst dann zum Problem werden, wenn bei Einführung der Konvertibilität die Landeswährung abgewertet wird. Obwohl auch das Kreditwesen verbessert wurde, befand sich die Finanzwirtschaft Usbekistans 2000 nach Einschätzung der Asian Development Bank auf einem niedrigen Entwicklungsniveau. Die Inflationsrate, die Anfang 2003 immer noch bei 21% lag, konnte gesenkt werden und lag 2006 bei 6%.

Eines der Entwicklungsziele Usbekistans ist die Restrukturierung des Bankensektors, der auch noch zu Beginn des 21. Jahrhunderts von wenigen Großbanken, insbesondere den fünf staatlichen Banken dominiert wird, die 90% der usbekischen Bankeneinlagen kontrollieren und im wesentlichen staatlichen Wirtschaftszielen folgen. Effiziente Kreditvergabe auch an kleine und mittelgroße Unternehmen wird als ein Hauptziel der künftigen Entwicklung anerkannt, während die aktuelle Verantwortlichkeit für die Steuereintreibung aus dem Bankensystem herausgelöst werden soll.

Als kurz- und mittelfristige Risiken der usbekischen Wirtschaft werden insbesondere gesehen:
– eine hochgradige Abhängigkeit vom nach wie vor zentralisierten Baumwollexport, die das Land in hohem Maß von Preisschwankungen auf dem Weltmarkt und von Witterungsbedingungen abhängig macht,
– der Produktionsrückgang in der Industrie, der auf das Ausbleiben von Nachfrage, auf verzögerte Zulieferung von Zwischenprodukten, eine ineffektive Nutzung der Kapazitäten und niedrige Verarbeitungsstiefe zurückzuführen ist,
– die wachsende Verwundbarkeit, die mit dem Anstieg des Schuldendienstes in jüngerer Zeit verbunden ist.

Kirgisistan ist wegen des hohen Anteils der Beschäftigten in der Landwirtschaft in seiner Entwicklung stark von Witterungsverhältnissen abhängig. Die Industrieproduktion wächst, im Jahr 2000 z. B. um 6%, wobei Stromerzeugung, Leichtindustrie und Chemische Industrie am erfolgreichsten waren. Exportiert werden auch fast ausschließlich elektrischer Strom und Industrieprodukte (Metalle, Maschinen, Chemikalien). Die weitere wirtschaftliche Aussicht wird von der absehbaren Erschöpfung der Kumtor-Goldmine in einigen Jahren überschattet. Bis dahin muss eine breite Diversifizierung der kirgisischen Wirtschaft erreicht sein. Fällige Rückzahlungen von Auslandsschulden belasteten den Stabilisierungsprozess.

Die nach wie vor niedrige (offizielle) Arbeitslosenrate darf nicht darüber hinwegtäuschen, dass sich die Qualität der Beschäftigung verschlechterte, da seit 1991 zahlreiche industrielle Arbeitsplätze entfielen und die Beschäftigung im schlecht entlohnten oder risikoreichen Agrarsektor zunahm. Die Folge war ein kontinuierlicher Rückgang der durchschnittlichen Löhne und damit eine Verstärkung der Armut. Geringe Kaufkraft und steigende Nahrungsmittelpreise vergrößern die Kluft zwischen den sozialen Schichten.

Die Privatisierung in der Landwirtschaft erfasst inzwischen etwa die Hälfte der Aussaatfläche; die Privatbetriebe sind wesentlich produktiver und erzeugen im Anbau vor allem cash crops, allerdings zum Teil auf sehr kleinen Flächen. Weitere Steigerungen könnten von einer Liberalisierung der bisher stark regulierten Agroindustrie, von einer gerechteren Besteuerung, technischen Verbesserungen und besseren Verkaufsstrategien erwartet werden. Im produzierenden Gewerbe wurden bisher 60% der Unternehmen privatisiert, doch sind massive Verbesserungen der Geschäftsbedingungen und eine staatliche Förderung erforderlich.

3.2.5.6 Indikatoren wirtschaftlicher und gesellschaftlicher Entwicklung

Nach dem Human Development Index (HDI) nahm Usbekistan 2004 nur den 113. Rang ein. Dabei ist – im Unterschied zu anderen Entwicklungsländern – zu berücksichtigen, dass die Alphabetisierungsquote mit 88,5% der über 15-Jährigen relativ hoch ist, während der GDP-Index mit 0,52 niedrig liegt. Die durchschnittliche Lebenserwartung bei Geburt liegt mit 66,6 Jahren zwar deutlich unter dem Niveau von hochentwickelten Staaten, hebt sich aber auch von zahlreichen Entwicklungsländern insbesondere Afrikas ab. Der Gesamtindex (HDI) lag 2004 mit 0,696 zwar nur geringfügig über dem Wert von 1990 (0,693), hatte aber den transformationsbedingten Rückgang Mitte der 1990er Jahre wieder überwunden. Seit 2000 zeigt sich eine leichte Verbesserung, da der Rückgang der durchschnittlichen Lebenserwartung überwunden werden konnte (vgl. Tab. 3.2.5/1).

Kirgisistan kann ebenfalls noch auf einen hohen Alphabetisierungsgrad (98%) verweisen, und auch die Lebenserwartung unterscheidet sich kaum von den Nachbarstaaten. Problematisch ist der niedrige GDP-Index von 0,54, der auf eine recht geringe wirtschaftliche Leistungsfähigkeit der kirgisischen Volkswirtschaft verweist. Damit nahm das Land im Jahr 2004 mit einem HDI von 0,712 nur den 110. Platz ein.

Tabelle 3.2.5/1: Human Development Index 2004
Daten aus: www.hdr.org/statistics/data/countries.cfm

Rang	Staat	HDI-Wert
1	Norwegen	0,965
6	Schweden	0,949
7	Japan	0,949
21	Deutschland	0,932
65	Russische Föderation	0,797
79	Kazachstan	0,774
105	Turkmenistan	0,724
110	Kirgisistan	0,705
113	Usbekistan	0,696
122	Tadshikistan	0,652

Die Einzelaspekte des HDI verdeutlichen eine bedeutsame Sonderstellung der zentralasiatischen Staaten: Die sowjetischen Investitionen im Bereich der sozialen Infrastruktur (Gesundheits- und Schulwesen) haben eine Grundversorgung gewährleistet, die mit dem individuellen Engagement der in beiden Bereichen Beschäftigten (großenteils Frauen) eine positive Abweichung gegenüber „normalen" Entwicklungsländern bewirken. Während einige Daten daher noch positiv erscheinen, verweist der Indikator BSP/Einw. (bezogen auf das Jahr 2001) auf erhebliche Entwicklungsrückstände, die im bisherigen Verlauf der Transformation nicht überwunden werden konnten. Durchweg nehmen die fünf zentralasiatischen Staaten nachgeordnete Rangplätze ein (Tab. 3.2.5/2). Dadurch wird die bisherige Transformation durch fehlende Reformbereitschaft in Frage gestellt.

Tab. 3.2.5/2: Bruttosozialprodukt pro Kopf 2004 (kaufkraftbereinigt in US-$)
Quelle: UNDP 2006, S. 283ff

Staat	BSP je Ew.	Rang unter 177 Ländern
Kasachstan	7440	79
Turkmenistan	4584	105
Kirgisistan	1935	110
Usbekistan	1869	113
Tadschikistan	1202	122
Zum Vergleich:		
Schweiz	33040	9
Deutschland	28303	21
Russland	9902	65

Der transformationsbedingte Rückgang des GDP drückt den gesamten HDI nach unten. In der künftigen Entwicklung ist derzeit zu erwarten, dass zwar das GDP einen allmählichen Anstieg erlebt, dass aber das Bildungsniveau der Bevölkerung nicht gehalten werden kann, der Schulbesuch rückläufig ist und damit der Analphabetenanteil steigt. Auch das Niveau des Gesundheitswesens bleibt im Moment nicht bestehen, so dass in der sozialen Infrastruktur wichtige Ansatzpunkte aktueller Entwicklungszusammenarbeit liegen. Negative Veränderungen im Ausbildungs- und Beschäftigungsbereich sind bereits in einer Zunahme des informellen Sektors zu verspüren

Ein Beispiel ist die Entwicklung informeller Finanzinstitutionen in Taschkent: Die Vereinigung von Geschäftsfrauen Usbekistans wurde mit dem Ziel geschaffen, den Status von Frauen im Land zu verbessern und um die Wirtschaftsmacht der ländlichen Bevölkerung zu stärken. Die mit der Transformation verbundene Arbeitslosigkeit betraf in weitaus höherem Maße Frauen als Männer. Bis 1996 konnte der Staat mit Sanktionen Ungleichgewichte ausgleichen; seit 1997 wurde die Liberalisierung gestoppt, Exporte und Importe werden staatlich kontrolliert und ein striktes Besteuerungssystem eingeführt. Eine Folge dieser makroökonomischen Maßnahmen war eine zunehmende Feminisierung der Armut, bei der Frauen 90% der Arbeitslosen ausmachen und zunehmende Schwierigkeiten beim Zugang zu Sozialdiensten, zum Arbeitsmarkt und zu Finanzressourcen haben. Als Gegenmaßnahme wurde von der Vereinigung ein „Integriertes Programm zur Verbesserung der Situation von Frauen in ländlichen Gebieten Usbekistans" ins Leben gerufen. Unter Berücksichtigung spezifischer Gegebenheiten (geringe Mobilität, Teilzeitbeschäftigung, Nähe des Arbeits- zum Wohnplatz und Tradierung von Gender-Stereotypen) umfasst das Programm Informationen zur Rechtslage, Berufsausbildung, spezifische Einführung in das Finanzwesen und die Einrichtung von Kreditvereinen. Damit sollen bestehende Abhängigkeiten der Frauen von ihren Ehemännern überwunden werden. In Zusammenarbeit mit anderen NGO's wurden bis 2003 folgende Ergebnisse erzielt:
– 12.000 Frauen wurden ausgebildet, und 2.500 Geschäftsfrauen erhielten Kredite,
– Schaffung von Arbeitsplätzen für Frauen,
– Positive Beeinflussung der Haltung der Regierung zu den Aktivitäten der NGO's.
Insgesamt zeigt eine erste Bilanz für dieses Beispiel, dass das Programm das Ziel der Gleichstellung durch unterschiedliche Dienstleistungen erreichte und dass sich das Leben der Frauen in Usbekistan verbesserte (http://bestpractices.org/bpbriefs/Urban_Economics.html; 31.3.2003).

3.2.5.7 Arbeitskräftepotenziale und Migrationsströme

Die offiziell niedrigen Arbeitslosenquoten (in Usbekistan 0,6%, Stand 2001; Kirgisistan 3,1%; Stand 1998) dürfen nicht darüber hinwegtäuschen, dass aufgrund eines an sowjetische Zeiten erinnernden Hortens von Arbeitskräften in Großbetrieben nach wie vor eine bedeutende verdeckte Arbeitslosigkeit besteht. Zusammen mit der niedrigen Entlohnung führt sie zum raschen Ansteigen des informellen Sektors.

Die für Entwicklungsländer typische Landflucht und das überproportionale Wachstum der (Groß-)Städte sind in Zentralasien nur reduziert zu beobachten. Einerseits verhindert eine traditionelle Bindung der Bevölkerung an den ländlichen Wohnraum eine höhere Mobilität, andererseits bestehen zumindest für die größeren Städte nach wie vor Zuzugsregulierungen. Dies hat zur Folge, dass zumindest manche Erscheinungsformen zu rascher Urbanisierung in Zentralasien nicht zu finden sind wie ausgedehnte Marginalsiedlungen oder eine überlastete Verkehrsinfrastruktur. Umweltflüchtlinge, die sich unter den Migranten befinden, sind eine schwer erfassbare Gruppe. Die katastrophalen Bedingungen am Aralsee und die atomare Verstrahlung bei Semipalatinsk (Kasachstan) haben vermutlich rd. 0,7 Mio. Menschen abwandern lassen.

Wo es Abwanderungen aus den zentralasiatischen Staaten heraus gab, waren sie meist entweder Ausgleichswanderungen zwischen den benachbarten Staaten, Abwanderungen nach Russland oder Übersiedlungen nach Deutschland (in Kasachstan ansässige Deutschstämmige). Anfang 1997 waren 1.147.400 Personen in Russland als Flüchtlinge oder Zwangsmigranten anerkannt, davon 87% aus den „nahen Ausland" (d. h. den ehemaligen Unionsrepubliken der UdSSR), die meisten aus Kasachstan, Tadschikistan und Usbekistan (*Ivanova* 1997: 16).

Die Änderung der Grenzqualität hatte weiterreichende Folgen, denn sie erschwert Pendlerwanderungen. Daher sind auch Migrationen in das Nachbarland, das bisher den Arbeitsplatz bot, nicht selten, wie es für den usbekisch-tadschikischen Grenzraum berichtet wird (*Olimova* 2000). In der Regel verbindet sich damit eine ethnische Entmischung. Andererseits gibt es beträchtliche Arbeitswanderungen; in Usbekistan ist von rund 600.000 Arbeitsmigranten die Rede, diezu 80 % in Russland tätig sind.

3.2.5.8 Die Bedeutung des Bildungssystems

Die Nachfolgestaaten erbten aus der sowjetischen Zeit ein vergleichsweise gut funktionierendes Bildungssystem. Allerdings war das sowjetische Bildungssystem in hohem Maße standardisiert, was die Unterrichtsinhalte in allen Schulstufen betraf, und die zentralasiatischen Staaten waren beim Zusammenbruch von Leistungen abhängig, die von außen gekommen waren: Zwei Generationen lang beruhte das universitäre Bildungswesen auf Austauschbeziehungen mit Moskau, St. Petersburg [Leningrad] und Kiew. Dadurch erhielt es eine deutliche russische Prägung. Die Schwächen und die Wirtschaftskrise führten in den 1990er Jahren zu einer Krise des gesamten Bildungssystems im postsowjetischen Zentralasien. Besonders deutlich wird die Krise im Bereich der Vorschul- und Grundschulbildung, in der Berufsbildung, wo erst allmählich neue Modelle eingeführt werden, und bei der Gleichbehandlung von Männern und Frauen. Die Abwanderung von Fachkräften schwächte die Ausbildung im Bereich der Informationstechnologie und im Fremdsprachenunterricht. Da der Bildungsbereich außerdem starken Korruptionsprozessen unterliegt, ist ausländische Hilfe beim Aufbau eines modernen Bildungswesens, insbesondere für die berufliche Bildung, besonders wichtig geworden. Die hohen Kosten für das Bildungswesen führten inzwischen bereits dazu, dass Usbekistan – und ebenso Turkmenistan – das sowjetische System nicht aufrecht erhalten können, sondern die Mindestschulzeit von zehn auf neun Jahre reduzierten, während in Kirgisistan innovative Konzepte initiiert wurden. Dazu gehören der Betrieb einer American University of Central Asia und einer Kirgisisch-Russischen Slawischen Universität.

2002 gewährte die Asian Development Bank Usbekistan ein Darlehen von 108 Mio. US-$ für das Bildungswesen. Im Einzelnen sollen Unterrichtsprogramme modernisiert, die Ausbildung der Lehrer verbessert, die Schulverwaltung effizienter gestaltet und spezielle Förderprogramme für besonders verwundbare Bevölkerungsgruppen entwickelt werden. Das nationale Bildungsprogramm sieht eine neunjährige Schulpflicht vor, bei der die letzten drei Klassen auch in Berufscolleges verbracht werden können. Dies entspricht dem Bestreben, der beruflichen Bildung ein höheres Gewicht einzuräumen.

Eine von der Botschaft der Republik Usbekistan in der Bundesrepublik Deutschland im Jahr 2002 verteilte Liste zählte insgesamt 42 Universitäten und (Fach-)Hochschulen auf, die ein breites Spektrum an Disziplinen abdecken. Insgesamt wird eine Zahl von 61 Hochschuleinrichtungen genannt. Seit 1997 sind rechtlich gesehen auch private Universitäten in Usbekistan möglich; doch wurde erst 2002 die Internationale Universität von Westminster in Taschkent eröffnet, die eine Bachelor- und Master-Ausbildung in Wirtschaftswissenschaften, Management, Informationswesen, Technologie und Recht anbietet. Eine beträchtliche Zahl von usbekischen Studierenden erhielt seit der Öffnung des Landes die Möglichkeit zum Studium in der Türkei, die sich – nicht zuletzt aus politischen Erwägungen – in besonderem Maße in Zentralasien mit seiner Turkbevölkerung engagierte.

3.2.5.9 Russische Präsenz und internationale Öffnung

Aus russischer Sicht gehören die zentralasiatischen Nachfolgestaaten der UdSSR zum „nahen Ausland"; damit wird ein gewisses Interesse an einer Sonderstellung Russlands dokumentiert. Mit *Kirgisistan* konnte Russland 2003 ein Abkommen über einen Militärstützpunkt schließen, der bei Kant, nur rd. 60 km von der US-amerikanischen Präsenz auf dem internationalen Flughafen Manas eingerichtet wird. Usbekistan ist als „doubly land-locked state" in besonderem Maße von gut nachbarschaftlichen Kontakten abhängig, bemüht sich aber in einem Maß um Eigenständigkeit, dass es sich von den Nachbarstaaten bewusst abgrenzt. Da die Staatsgrenzen in vielen Fällen strukturelle Wirtschaftsräume willkürlich durchschneiden, leidet der kleine Grenzverkehr unter dieser Staatsraison.

Die opportunistisch erscheinende Mehrfachorientierung Usbekistans wird am Engagement in zwei internationalen Organisationen sichtbar: 1998 schloss sich das Land der GUAM an, dem westlich orientierten Zusammenschlusse von Georgien, der Ukraine, Aserbaidschan und Moldawien zum Zweck der Erdölnutzung im Kaspischen Raum; 2000 orientierte es sich zur Shanghai-Organisation für Kooperation (Shanghai Cooperation Organisation [SCO]; China, Russland, Kasachstan, Kirgisistan, Tadschikistan), einem zunächst auf sicherheitspolitische Belange ausgelegten Kooperationsabkommen im eurasiatischen Kontinentinnern, und stellte die Zusammenarbeit in der inzwischen GUUAM genannten Kooperation ein. 2001 erklärte die SCO ihre Absicht, ihr Tätigkeitsfeld über die bisherigen sicherheitspolitischen Fragen auch auf eine wirtschaftliche Zusammenarbeit auszuweiten. 2005 verließ Usbekistan die GUUAM, die wieder zur GUAM wurde.

3.2.5.10 Ausländisches Kapitalengagement und internationale technische Zusammenarbeit

Der Weg in die politische Unabhängigkeit öffnete den zentralasiatischen Staaten prinzipiell zwar vielfältige Optionen für Außenhandelsbeziehungen, doch fehlte es an entsprechenden Verbindungen. Zu den ersten Initiatoren neuer Außenverflechtungen gehörte die Türkei, die allein 1992 rd. 10 Mio. US-$ in Hilfs- und Kooperationsprojekte für die Region investierte und in mehreren Bereichen (Bauwesen, Bankenwesen, Kommunikation) führender Partner der Region wurde (*Halbach* 1993, S. 48). Nach einer anfänglichen Phase der Unsicherheit aufgrund häufig sich ändernder rechtlicher Bestimmungen im Zoll- und Steuerrecht ist inzwischen eine bescheidene ausländische Investitionstätigkeit in Gang gekommen. Parallel dazu bemühen sich zahlreiche nationale und internationale Organisationen der technischen und finanziellen Zusammenarbeit (GTZ, USAID, Helvetas, WB, WMF u.a.) um den Aufbau einer marktwirtschaftlich ausgerichteten Wirtschaft.

Nach *Usbekistan* sind in den Jahren der Unabhängigkeit von 1992 bis 2003 Auslandsinvestitionen in Höhe von über 12 Mrd. US-$ in die Wirtschaft geflossen. Ein positiver Faktor ist die Steigerung der Direktinvestitionen. Große Bedeutung wird der Entwicklung der beruflichen Ausbildung zur Gewinnung qualifizierter Arbeitskräfte beigemessen.

Allein in 2001 wurden große Investitionsvorhaben wie der Bau des gaschemischen Komplexes Schurtan für die Produktion von Polyäthylen und verflüssigtem Gas (ca. 1 Mrd. US-$) oder die erste Baustufe des

Phosphoritkombinates in Kysylkum realisiert. Ein Unternehmen für die Reparatur von Reisezugwagen wurde in Betrieb genommen, in der Produktionsvereinigung „Asot" wurden die Anfahr- und Einrichtungsarbeiten für die Rekonstruktion der Produktion von Natriumchlorat und von Chlor-Magnesiumdefoliator abgeschlossen. Im Rahmen der Umsetzung des Programms für gemeinsame Produktionen mit ausländischen Partnern wurden 2001 in allen Regionen der Republik 90 Unternehmen mit ausländischem Kapital gegründet. Bereits 1996 ging ein Autowerk mit einer Kapazität von 200.000 Fahrzeugen in Betrieb, ferner wurden die Produktion von Kleinbussen und Lastkraftwagen mittlerer Nutzlast aufgenommen sowie sechs gemeinsame Unternehmen für die Herstellung von Autozubehör gegründet. Wichtige Grundlage ist die Zusammenarbeit mit dem koreanischen Automobilhersteller Daewoo.

Ein Beispiel der deutsch-usbekischen Zusammenarbeit im landwirtschaftlichen Bereich wird von *Stein* (1997) geschildert: Zur Förderung einer nachhaltigen Landnutzung bemüht sich Usbekistan um eine Abkehr von der Baumwollmonokultur zugunsten einer Agrarstruktur, die in der Lage ist, sowohl die Eigenversorgung der Bevölkerung zu gewährleisten als auch einen Beitrag zur Exportwirtschaft zu liefern. Mitte der 1990er Jahre wurde die Baumwollaussaatfläche reduziert und gleichzeitig die Aussaatfläche für Getreide ausgeweitet. Ein Parallelprogramm zur Saatgutentwicklung ermöglicht seit 1996 die interne Produktion einer ausreichenden Saatgutmenge, um das Land mit Brotgetreide zu versorgen. Auf den Baumwollanbau kann und soll nicht verzichtet werden, weil das Land als fünftwichtigster Baumwollproduzent eine wichtige Position auf dem Weltmarkt einnimmt. Zwischen 2000 und 2002 sank der Anteil der Baumwolle am Wert des Gesamtexports von 27,5% auf 22,4%. An die Stelle einer einseitigen Ausrichtung der Baumwollexporte auf Russland trat eine Exportstruktur, bei der Russland zwar noch der wichtigste Abnehmer ist, doch gehen weitere Exporte auch nach Großbritannien, Iran, Türkei und Korea. Ein hoher Anteil des für die Getreidewirtschaft erforderlichen Saatguts wird in einem staatlichen Saatgutforschungsinstitut produziert und von dort aus über staatlich beauftragte Handelsfirmen verteilt. Problematisch ist allerdings die Qualität des Saatguts (*Stein* 1997).

Ein Projekt der Asian Development Bank sieht die Gewährung eines 38 Mio. US-$-Kredits mit 25 Jahren Laufzeit vor, mit dem die Wasserversorgung des von Austrocknung im Aral-Becken betroffenen Westens Usbekistans verbessert werden soll. Dort haben im Zusammenhang mit der Aralkrise zahlreiche Familien im ländlichen Raum den Zugang zu frischem, unkontaminiertem Wasser verloren. Damit ist nicht nur die eigene Versorgung beeinträchtigt, sondern auch eine wesentliche Basis für die Landbewirtschaftung entzogen worden. Ziel des Projektes ist, in ausgewählten Teilregionen den unkontrollierten Wasserverlust um 30% zu reduzieren und gleichzeitig für 85% der ländlichen Bevölkerung die Wasserversorgung zu garantieren. In Analogie zu den Projektgebieten sollen die von der Aralkrise besonders betroffenen Regionen Karakalpakistans unterstützt werden. Verbesserungen bei der Abwasserentsorgung in Schulen und Krankenhäusern sollen die Gesundheitsgefährdung der Bevölkerung reduzieren helfen.

In *Kirgisistan* liegen Hauptakzente der technischen Zusammenarbeit im Bereich der beruflichen Bildung, der landwirtschaftlichen Beratung und des Tourismus. So sind aus einem Entwicklungsprojekt der schweizerischen Helvetas ein landesweit agierender Anbieter touristischer Dienstleistungen (Unterkünfte, Touren, Transporte) und ein Netz von Anlaufstellen für einen „community based tourism" hervorgegangen, der Unterkünfte in Privatquartieren vermittelt. Allerdings leidet der Tourismus in Kirgisistan unter der Kürze der Sommersaison, in der das gesamte Land relativ mühelos besucht werden kann.

Ein von Europa aus initiiertes, in Zentralasien aufgegriffenes Projekt zielt auf eine Wiederbelebung der Großen Seidenstraße ab. Mit diesem TRACECA-Projekt (Transport Corridor Europe – Caucasus – Asia) wird ein Vorhaben verfolgt, das sich auf die Tradition der „Seidenstraße" beruft und einen Verkehrs- und Handelskorridor zwischen Westeuropa und Ostasien aufbauen möchte, durch den der Handelsaustausch in der Region belebt werden könnte.

Abschließend muss die Frage aufgeworfen werden, inwieweit sich in Kirgisistan und Usbekistan bereits Globalisierungsphänomene bemerkbar machen. Es ist unverkennbar, dass in beiden Staaten die außenwirtschaftlichen Verflechtungen zugenommen haben, wie der Blick auf die geänderten Orientierungen zeigte. Das Engagement ausländischen Kapitals hält sich zwar in Grenzen, kommt aber aus einer größeren Zahl von Staaten. Im Einzelhandel werden zunehmend auch Waren des Weltmarkts angeboten, wenn auch zu Preisen, die ein großer Teil der Bevölkerung nicht bezahlen kann. Dafür überschwemmen billige Textilien aus China den Markt. In Kirgisistan sind die sichtbaren Globalisierungseffekte geringer als in Usbekistan; sie beschränken sich zudem weitgehend auf die Hauptstadt Bishkek, wo inzwischen einige international tätige Unternehmen präsent sind. Außer in der Goldmine von Kumtor, einem kanadisch-kirgisischem Gemeinschaftsunternehmen, sowie in einigen kleineren Betrieben im Tschuj-Tal fehlt jedoch ein bedeutendes ausländischen Engagement.

3.3 Raumbeispiele aus Afrika

3.3.1 Ägypten und die Megastadt Kairo – Lokale Entwicklungen im Kontext globaler Einflüsse
(Detlef Müller-Mahn)

3.3.1.1 *Einleitung*

Zu Beginn des 21. Jahrhunderts steht Ägypten vor einer ungewissen Zukunft – so wie viele andere Länder in Afrika, Asien und Lateinamerika auch. Einige der besonders schwerwiegenden Probleme haben strukturelle Ursachen und sind insofern typisch für die aktuelle Situation der Entwicklungsländer:
– Globalisierung und wirtschaftliche Liberalisierung verstärken sozioökonomische Disparitäten und damit einhergehende Spannungen in der Gesellschaft.
– Die Arbeitslosigkeit nimmt weiter zu, weil die Schaffung von Arbeitsplätzen hinter dem Bevölkerungswachstum zurückbleibt.
– Landflucht und Urbanisierung verschärfen die Probleme in den großen Städten und besonders Megacities wie Kairo.

Andere Entwicklungsprobleme Ägyptens stehen eher im Zusammenhang mit den spezifischen Bedingungen der Landesnatur und den soziokulturellen Besonderheiten:
– In keinem anderen Land der Welt sind die Menschen so unmittelbar vom Wasser eines einzigen großen Stromes abhängig, aber der Bedarf übersteigt inzwischen das nachhaltig gesicherte Dargebot.
– Bis vor wenigen Jahrzehnten war Ägypten ein reines Agrarland, aber wegen des Bevölkerungswachstums kann der Agrarsektor heute bei weitem nicht mehr die Selbstversorgung des Landes mit Nahrungsmitteln decken.
– Ägypten verfügte in den vergangenen Jahrzehnten über eine relative politische Stabilität, aber die sozialen Probleme und die Spannungen mit einer breiten religiös motivierten Opposition bilden eine latente Gefahr für das herrschende Regime.
– Die Nähe zu den geopolitischen Krisenherden Israel/Palästina und Golfregion sowie die enge Bindung der wirtschaftlichen Konjunktur an die Ölwirtschaft des Nahen Ostens machen Ägypten besonders anfällig gegenüber extern induzierte Störungen.

Damit sind die beiden perspektivischen Schwerpunkte dieser Darstellung skizziert: Im vorliegenden Kapitel sollen zum einen am Beispiel Ägyptens zentrale Strukturmerkmale und Probleme von Entwicklungsländern diskutiert werden, und zum anderen sind die geographisch relevanten Spezifika des Landes und die Besonderheiten seiner aktuellen Entwicklung anhand von Beispielen herauszuarbeiten. Dazu werden zunächst die Rahmenbedingungen der ökonomischen Entwicklung vorgestellt, die viele Parallelen zu anderen Drittweltländern aufweist. Die beiden anschließenden Abschnitte über die jüngere Entwicklung im ländlichen Raum und über die Megacity Kairo stellen exemplarisch die beiden für die nationale Entwicklung wichtigsten räumlichen Einheiten in den Mittelpunkt. Die Darstellung folgt einer entwicklungstheoretischen Auffassung, die die Ursachen von Unterentwicklung im spezifischen Zusammenspiel endogener Faktoren und exogener Impulse des regionalen politischen Umfeldes und der Weltwirtschaft sieht.

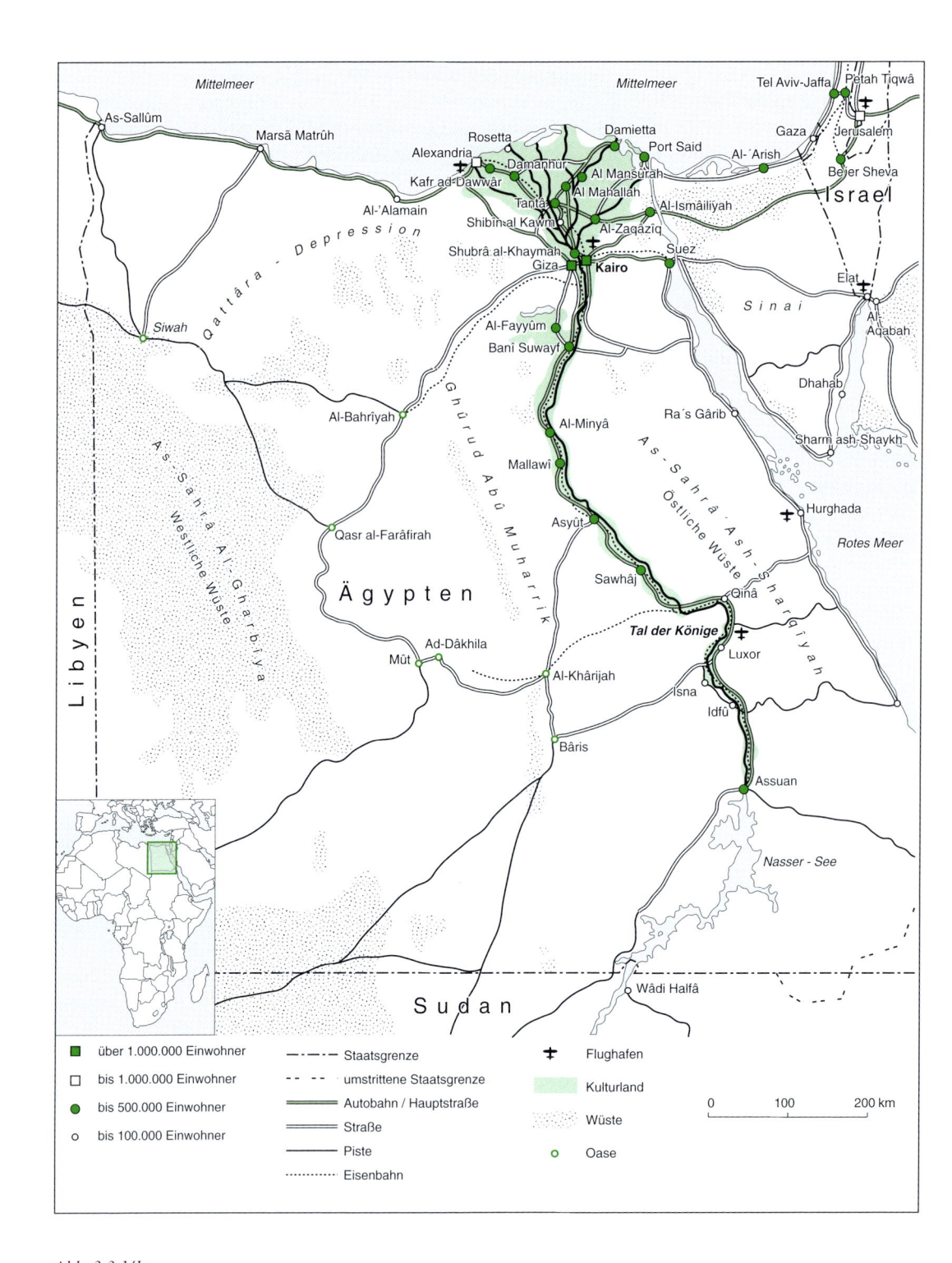

Abb. 3.3.1/1:
Übersichtskarte Ägypten
Eigener Entwurf

3.3.1.2 Blockierte Entwicklung, Strukturanpassung und zögerliche Reformen

Die wirtschaftliche Entwicklung Ägyptens wird durch interne Widersprüche und eine ausgeprägte strukturell bedingte Krisenanfälligkeit bestimmt. Die Ursachen dafür sind in der wechselvollen jüngeren Vergangenheit zu suchen. Schon im 19. Jahrhundert geriet die Wirtschaft Ägyptens, das damals noch nominell zum Osmanischen Reich gehörte, unter zunehmenden europäischen Einfluss, der sich unter anderem im Ausbau der Bewässerungswirtschaft, der Expansion des weltmarktorientierten Baumwollanbaus und einer Konzentration von Großgrundbesitz auswirkte. Bereits sehr früh, in der ersten Hälfte des 19. Jahrhunderts, bemühte sich der mächtige *Pascha Muhammad Ali* (1805–1848) um eine für damalige Zeiten ausgesprochen moderne, binnenorientierte und von Europa unabhängige Entwicklung. Nach Fertigstellung des Suezkanals 1869 verstärkten sich jedoch die geostrategischen Interessen der konkurrierenden europäischen Mächte, und Ägypten wurde 1882 schließlich von den Engländern besetzt. Unter britischer Verwaltung wurde die Bewässerungswirtschaft weiter intensiviert, unter anderem mit der Errichtung des ersten Assuan-Dammes im Jahre 1902, während sich eine einheimische Industrie nur in Ansätzen entwickeln konnte. Die Baumwoll-Monokultur und die damit einhergehende einseitige Einbindung in den Weltmarkt machten Ägypten hochgradig abhängig von konjunkturellen Preisentwicklungen und geopolitischen Krisen.

Erst nach dem Putsch der „Freien Offiziere" 1952 und der Machtübernahme durch *Gamal Abdel Nasser* (1952–1969) wurden alle Wirtschaftsbereiche einer tiefgreifenden Umgestaltung unterzogen, die das Land in eine zentrale Planwirtschaft führen sollten. Die stagnierende, noch völlig durch kolonialzeitliche Strukturen geprägte Agrarexportwirtschaft wurde in den fünfziger und sechziger Jahren durch Agrarreformen mit weit reichenden produktionstechnischen und sozialen Auswirkungen verändert. Der Großgrundbesitz wurde durch Verstaatlichung und Umverteilung von Agrarland zerschlagen, die Kleinbauern wurden zwangsweise in Agrargenossenschaften zusammengefasst, und für die Bodenbewirtschaftung wurden im Rahmen von Fünfjahresplänen genaue Richtlinien erlassen. Gleichzeitig wurde mit großem Aufwand die Industrialisierung des Landes vorangetrieben, wobei die Schlüsselindustrien wie das große Stahlwerk in Helwan südlich von Kairo eine besondere Bedeutung erhielten, um den Bedarf des Landes an Ausrüstungsgütern zu decken und dadurch die Auslandsabhängigkeit zu reduzieren. Flankiert wurde diese binnenorientierte Strategie der wirtschaftlichen Entwicklung durch Importrestriktionen und massive Subventionen zur Förderung der nationalen Produktion. Darüber hinaus unternahm das Regime große Anstrengungen zum Ausbau des Bildungswesens, zur Verbesserung der Gesundheitsversorgung und zur Schaffung von Arbeitsplätzen für junge Hochschulabsolventen im öffentlichen Dienst. Es ist daher nicht verwunderlich, dass in den fünfziger und frühen sechziger Jahren die breite Masse der ägyptischen Gesellschaft trotz unbestreitbarer Härten und Konflikte im Zusammenhang mit den einschneidenden besitzrechtlichen Veränderungen von einem Glauben an einen großen nationalen Aufbruch und der Hoffnung auf eine deutliche Verbesserung der Lebensbedingungen beseelt war. Doch der angestrebte große wirtschaftliche Fortschritt, vom Nasser-Regime propagandistisch immer wieder angekündigt, blieb aus.

Über den Fehlschlag des „Arabischen Sozialismus" ist viel spekuliert worden. Sicher haben die außenpolitischen Entwicklungen dabei eine Rolle gespielt; aber die für Ägypten vernichtende Niederlage in dem nur sechs Tage dauernden Krieg mit Israel im Juni 1967 kann nicht die Ursache für den Kollaps des nationalen Entwicklungsprogrammes gewesen sein, da die Krise bereits drei Jahre vorher einsetzte. Eines der Probleme der planwirtschaftlichen Entwicklung bestand darin, dass die Industrialisierung durch das Abschöpfen von Überschüssen aus dem Agrarsektor finanziert wurde, insbesondere bei der exportorientierten Baumwollproduktion und dass die Versorgung der rasch wachsenden städtischen Bevölkerung mit billigen Lebensmitteln auf der Kontrolle der Erzeugerpreise und der Vermarktung durch die Genossenschaften beruhte. Trotz aller Anstrengungen zur Förderung der Agrarentwicklung bedeutete dieses System, dass die nationale Entwicklung und der steigende Lebensstandard der städtischen Bevölkerung auf einem Ressourcentransfer vom Land in die Stadt und einer Subventionierung des städtisch-industriellen Sektors zu Lasten des Agrarsektors und der kleinbäuerlichen Bevölkerung beruhten.

Die Ära von Staatspräsident *Anwar as-Sadat* (1970–81) stand im Zeichen der wirtschaftlichen Öffnung („Infitah") zum Westen. Voraussetzung dafür waren der aus ägyptischer Sicht erfolgreiche Krieg 1973 und der nachfolgende Ausgleich mit Israel im Friedensvertrag von Camp David 1977. Das Jahrzehnt 1974 bis 1984 war durch ein florierendes wirtschaftliches Wachstum gekennzeichnet, mit einer durchschnittlichen Zunahme des Bruttosozialprodukts von 9 % pro Jahr und einer Verdoppelung des Pro-Kopf-Einkommens von 334 $ auf 700 $ innerhalb dieser 10 Jahre. Von dem Wachstum konnte ein großer Teil der ägyptischen Bevölkerung unmittelbar profitieren, da die Löhne stiegen und die Arbeitslosenzahlen zurückgingen. Das Wachstum stand jedoch auf tönernen Füßen, da es zu wenig auf eigenen Leistungen beruhte, sondern überwiegend an den Anstieg der jährlichen Deviseneinnahmen von 3 Milliarden auf 13 Milliarden $ in diesem Zeitraum gebunden war. Genau hier liegt ein zentrales Problem, das die ägyptische Wirtschaft bis heute belastet: Die Devisenquellen des Landes stammen seit den siebziger Jahren fast ausschließlich aus Ölexporten, Gastarbeiter-Rücküberweisungen, Suezkanal-Gebühren und Einnahmen aus dem Tourismus und sind damit allesamt direkt oder indirekt an die Entwicklung des Ölpreises gekoppelt. Durch diese enge Bindung manövriert die ägyptische Wirtschaft stets in übergroßer und damit latent gefährlicher Abhängigkeit vom Weltmarkt. Verschärft wurde die Instabilität der Konjunktur in den siebziger und achtziger Jahren noch dadurch, dass die Mitnahmegewinne aus den erhöhten Ölpreisen kaum im Agrarsektor oder im verarbeitenden Gewerbe produktiv investiert wurden, sondern vorwiegend in den Dienstleistungssektor und das Baugewerbe flossen, also letzten Endes nur den Konsum anheizten.

Wegen der Fehlallokation von Investitionen in nichtproduktiven Bereichen konnte das Wirtschaftswachstum nur unzureichend zur Schaffung von Beschäftigung innerhalb des Landes beitragen. Dies kam solange nicht als Problem zum Tragen, wie die Arbeitsmigration in die arabischen Ölförderstaaten ein Ventil für den allein schon durch das Bevölkerungswachstum bedingten Zuwachs an Arbeitskräften bot. Während des Boom-Jahrzehnts um 1980 lebten und arbeiteten über drei Millionen Ägypter im Ausland und schickten regelmäßig ihre Ersparnisse nach Hause. In besonders auffälliger Weise fand der zunehmende Wohlstand Ausdruck in einem beispiellosen Bauboom und sprunghaften Anwachsen der ländlichen und städtischen Siedlungen. Zugleich förderten die Verknappung von ländlichen Arbeitskräften und die steigenden Lohnkosten die Mechanisierung in der Landwirtschaft. Die Umstellung von menschlicher und tierischer Arbeitskraft auf den Einsatz von Maschinen hatte für die Bodenbearbeitung ähnlich einschneidende Folgen wie die Umstellung auf ganzjährige Kanalbewässerung im 19. Jahrhundert. Der Aufbau einer nationalen Industrie blieb jedoch trotz der Einrichtung von Freihandelszonen und entsprechender Begünstigungen für Investoren hinter der konsumorientierten Entwicklung zurück. *Anwar as-Sadat* bezahlte schließlich seine pro-westliche, auf Ausgleich mit Israel bedachte Politik mit dem Leben. Er wurde durch islamistische Attentäter ermordet.

Staatspräsident *Hosni Mubarak* (seit 1981) stellte sich den wachsenden Problemen der wirtschaftlichen Entwicklung zunächst nur zögerlich, da sich das Regime auf eine Stabilisierung seiner Macht konzentrierte, während die Führungsspitzen des Staatsapparates jeglichen Änderungen des Status quo mit hinhaltendem Widerstand begegneten. Unter diesen Bedingungen geriet das Land immer tiefer in eine schwere Entwicklungskrise, an deren Folgen es bis heute leidet. Mitte der achtziger Jahre löste der Verfall der Ölpreise eine Rezession aus, die durch den Rückgang der Arbeitsmigration noch verschärft wurde. Die massenhafte zwangsweise Rückführung von Arbeitsmigranten aus dem Irak in Folge des Krieges 1990/91, an dem sich Ägypten auf Seiten der amerikanisch-saudischen Allianz beteiligte, trieb die Krise schließlich auf die Spitze. Der wirtschaftliche Niedergang nahm in der zweiten Hälfte der achtziger Jahre unter anderem deshalb einen so katastrophalen Verlauf, weil das wirtschaftliche Scheinwachstum der vorhergehenden Jahre die negativen Folgen der Infitah-Politik und die gravierenden strukturellen Probleme des Landes nur kaschiert hatte, aber in keiner Weise eine solide, nachhaltige Entwicklung begründete. Ein entscheidender Grund für die nun unübersehbar werdende wirtschaftliche Misere lag in dem unbewältigten Erbe widersprüchlicher, sich gegenseitig blockierender Entwicklungsstrategien aus der Phase der binnenorientierten Entwicklung unter Nasser und der außenorientierten Infitah-Politik Sadats. In der Krise nahm die Auslandsverschuldung sprunghaft zu, bis das Land 1987 bei einer Verschuldung von 44 Milliarden US$ und entsprechend hohen Verbindlichkeiten de facto nicht mehr zahlungsfähig war und sich erstmals auf ein für solche Situationen vorgesehenes Programm der internationalen Finanzierungsorganisationen (Weltbank und Internationaler Währungsfonds) zur wirtschaftlichen Strukturanpassung einlassen musste. Trotzdem stieg die Verschuldung bis 1990 weiter auf 51 Mrd. $, was annähernd der Hälfte der Staatseinnahmen entsprach.

3.3.1.3 Strukturanpassung

Im Mai 1991 erreichte Ägypten nach langen, zähen Verhandlungen mit dem Internationalen Währungsfonds (IWF) und der Weltbank einen weitreichenden Schuldenerlass zu vergleichsweise günstigen Konditionen, mit dem nicht zuletzt die aktive Beteiligung am Golfkrieg auf Seiten der westlichen Allianz honoriert wurde, und akzeptierte als Gegenleistung die Auflagen eines von IWF und Weltbank verordneten Strukturanpassungsprogrammes (SAP). Wie in vielen anderen Entwicklungsländern auch, die sich aufgrund ihrer ausweglosen Verschuldung einem solchen SAP unterziehen mussten, waren die Folgen für große Teile der Bevölkerung außerordentlich einschneidend. Kernziel des SAP war die Hebung von Produktivität und Rentabilität auf gesamtwirtschaftlicher wie auch auf einzelbetrieblicher Ebene. Durch die schrittweise Beseitigung aller staatsinterventionistischen Relikte und Marktverzerrungen aus der Zeit der planwirtschaftlichen Entwicklung, durch die Freigabe der Wechselkurse und eine umfassende Deregulierung des Binnenmarktes sollte eine wirtschaftliche Liberalisierung herbeigeführt werden, die dem neoliberalen Glauben an die selbstregulierenden Kräfte des freien Marktes folgte. Zu dem umfangreichen Maßnahmenbündel gehörten die Reduzierung von Staatsausgaben und der Abbau von Subventionen einschließlich jener für Grundnahrungsmittel. Unmittelbare Folge davon war ein Anstieg der Verbraucherpreise, der die ärmeren Bevölkerungsschichten besonders hart traf. Schmerzlich waren die Subventionskürzungen aber auch für große Teile der unteren Mittelschicht in den Städten. Die Löhne in dem seit der Nasser-Ära grotesk aufgeblähten öffentlichen Sektor konnten mit den nun einsetzenden Preissteigerungen nicht Schritt halten, und wer nicht die Möglichkeit hatte, über Nebentätigkeiten ein Zusatzeinkommen zu verdienen, geriet rasch in existenzbedrohende Armut.

3.3.1.4 Gegen-Agrarreform und die Entlassung der Pächter

Besonders tief greifend verlief die Umsetzung der Strukturanpassung im ländlichen Raum, wo mit der Abschaffung von Anbaureglementierungen, Subventionen und genossenschaftlichen Dienstleistungen die Überbleibsel der sozialistischen Entwicklungsphase beseitigt wurden. Primäres Ziel dieser Maßnahmen waren die Steigerung von Rentabilität und Produktion im Agrarsektor, aber dabei wurden negative soziale Auswirkungen und eine Verschärfung der Armut auf dem Lande in Kauf genommen. De facto bedeutete das neoliberale Programm der Strukturanpassung für die ägyptische Landwirtschaft eine „Gegen-Agrarreform", die auch die sozialen Errungenschaften aus den fünfziger und sechziger Jahren wieder zurücknahm. Ablauf und Folgen dieser Maßnahmen, die einer rein wirtschaftlichen Logik folgten und für viele Menschen bittere Folgen hatten, seien hier am Beispiel der Änderung der Pachtgesetze dargestellt.
Um das Ausmaß der Auswirkungen zu verdeutlichen, sei zunächst ein Blick auf die beiden thematischen Karten (Abb. 3.3.1/2 und Abb. 3.3.1/3) geworfen, die die Agrarsozialstruktur Ägyptens in den achtziger Jahren differenziert nach Gouvernoraten darstellen.
Im Vergleich der Kreisdiagramme in Abb. 3.3.1/2 wird deutlich, dass vor allem in Oberägypten über drei Viertel der landwirtschaftlichen Betriebe zu den Kleinstbetrieben mit weniger als 0,42 Hektar (ein Feddan) gehören, also weniger als die Fläche eines Fußballfeldes besitzen. Je nach Intensität der Bewirtschaftung benötigt eine Fellachenfamilie mit sechs Personen mindestens zwei bis drei Feddan (ca. 1 Hektar) zur Sicherung ihres Unterhalts. Das bedeutet, dass nur ein Bruchteil von 10 bis höchstens 15 Prozent

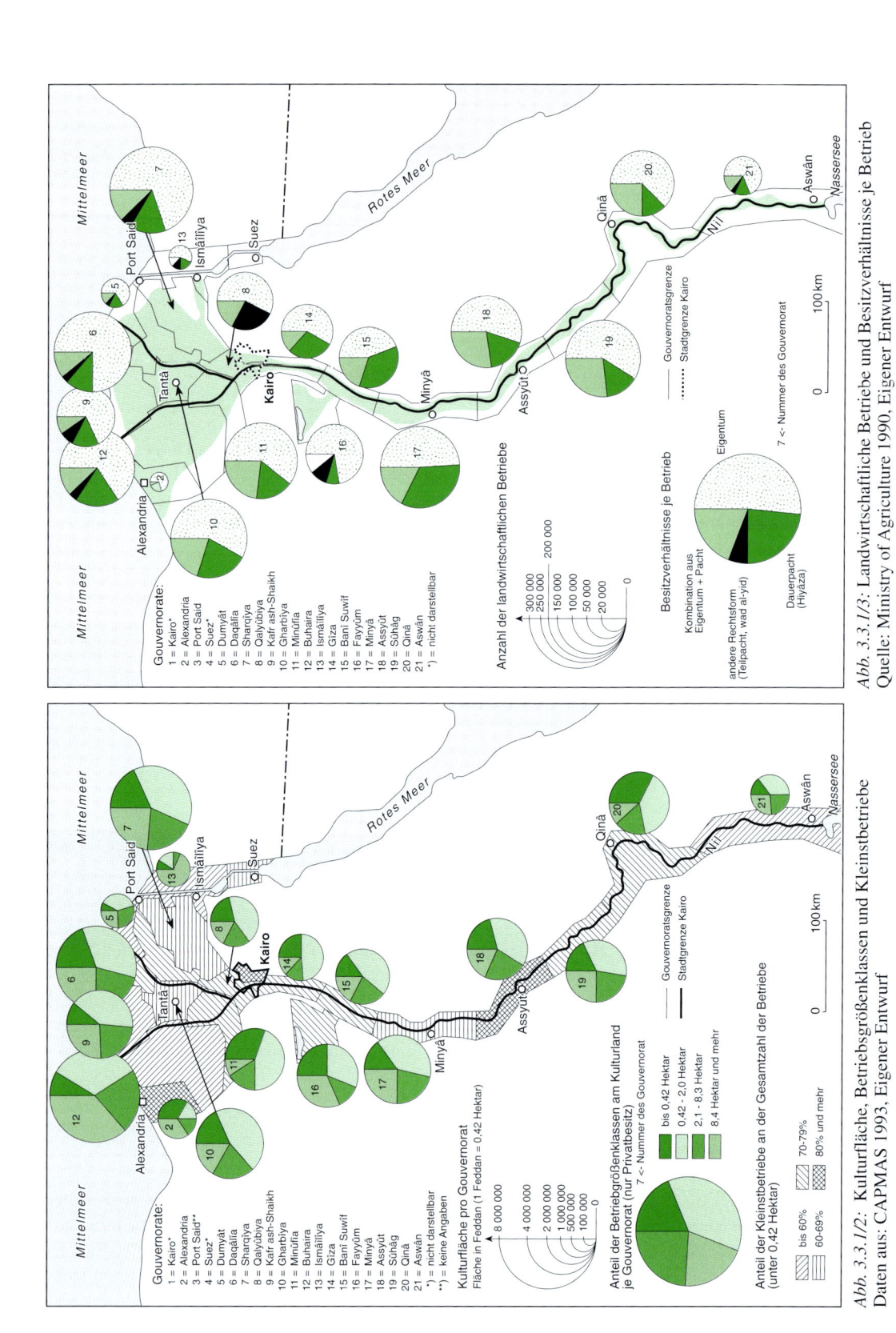

Abb. 3.3.1/2: Kulturfläche, Betriebsgrößenklassen und Kleinstbetriebe
Daten aus: CAPMAS 1993, Eigener Entwurf

Abb. 3.3.1/3: Landwirtschaftliche Betriebe und Besitzverhältnisse je Betrieb
Quelle: Ministry of Agriculture 1990, Eigener Entwurf

der ägyptischen Agrarbevölkerung tatsächlich von der Bewirtschaftung des eigenen Landes leben kann. Alle anderen sind auf Einkommen aus Lohnarbeit oder auf die Zupachtung von Ackerflächen angewiesen. Pacht und Lohnarbeit waren schon in der kolonialzeitlichen Agrarwirtschaft die Basis für die ungleichen Abhängigkeitsbeziehungen zwischen dem großen Heer der landlosen Kleinbauern und den zumeist in der Stadt wohnenden Großgrundbesitzern. Im Zuge der nasseristischen Agrarreformen wurden diese Abhängigkeitsverhältnisse teilweise durchbrochen, indem die Pächter durch die Festsetzung eines staatlich kontrollierten niedrigen Pachtzinses und durch die Umwandlung ihrer bisher unsicheren Pachtverhältnisse in eine zeitlich unbefristete Dauerpacht begünstigt wurden. Zudem erhielten sie einen vererbbaren Rechtstitel (Hiyâza) auf das Land, den sie als Sicherheit für preisgünstige Kredite der Genossenschaftsbank einsetzen konnten und der vor allem auch ihren sozialen Status innerhalb der Dorfgemeinschaften aufwertete. In welchem Verhältnis Pacht- und Eigentumsflächen Ende der achtziger Jahre standen, wird aus Abbildung 3 ersichtlich. Demnach lag in den mittelägyptischen Gouvernoraten der Anteil der Pachtbetriebe bei über 50 Prozent, aber auch in den übrigen Landesteilen war jeder dritte Fellache auf Pachtland angewiesen.

Im Rahmen der Strukturanpassung wurde das Gesetz zum Schutz der Pächter vierzig Jahre nach seiner Einführung wieder aufgehoben, um das Kulturland in die unbeschränkte Verfügung der kapitalkräftigen Grundbesitzer zurückzuführen und diesen damit die Möglichkeit zu einer Modernisierung und Intensivierung der Flächennutzung zu geben. Diese mit wirtschaftlichen Zielen begründete Maßnahme hatte schwerwiegende Auswirkungen auf die Strukturen der ägyptischen Agrargesellschaft. In einem Übergangszeitraum von 1992 bis 1997 wurde der Pachtzins schrittweise auf annähernd das Siebenfache des alten Satzes erhöht. Nach Ablauf dieser Frist verloren die ehemaligen Dauerpächter jegliche Ansprüche auf das Land. Betroffen waren von der Maßnahme fast 900.000 Pächter und ihre Familien, insgesamt also 5 bis 6 Millionen Menschen. Folge der „Vertreibung der Pächter" war nicht nur eine Wiederherstellung der alten Abhängigkeitsverhältnisse zwischen absentistischen Grundbesitzern und einer verarmten bäuerlichen Unterschicht, sondern eine tiefgreifende Erschütterung des sozialen Friedens in den ägyptischen Dörfern: Die Pächterfamilien hatten sich mehr als 40 Jahre lang als Quasi-Landbesitzer fühlen können und wurden nun wieder zu Landlosen degradiert. Eine Folge dieser Veränderungen ist die neuerliche Zunahme der Landflucht, die seit den siebziger Jahren fast zum Stillstand gekommen war.

Viele Fellachen sind heute noch dringender als vor der Gegen-Agrarreform auf ergänzende Einkommensquellen des informellen Sektors angewiesen, wie das folgende Fallbeispiel zeigt. Die Herstellung von Lehmziegeln ist zwar gesetzlich verboten; da das Rohmaterial aber von den Ackerflächen gewonnen wird, bietet sich vielen ehemaligen Pächtern eine Möglichkeit der Existenzsicherung. Abb. 3.3.1/4 verdeutlicht das Ausmaß dieses Gewerbes am Beispiel des oberägyptischen Dorfes Zuhra. Hier entstand in den letzten Jahren so etwas wie ein „wildes Industriegebiet" mit zahlreichen Arbeitshöfen, kleinen Ziegelmeilern und Lagerplätzen für Roh- und Brennziegel. All diese Tätigkeiten werden, so gut es geht, im Verborgenen ausgeübt, da sie mit schweren Strafen belegt werden können. Sichtbar sind ihre Folgen trotzdem: Bis heute wurde in großen Teilen der an das Dorf grenzenden Feldflur der Oberboden etwa einen Meter tief zur Ziegelherstellung abgetragen. Aufschlussreich sind die sozialen Hintergründe dieses illegalen Gewerbes, und hier wird noch einmal die gesellschaftlich destruktive Wirkung der Gegen-Agrarreform deutlich: Die Ziegelmacher sind überwiegend die Nachkommen von im 19. Jahrhundert zugewanderten Landarbeitern. Durch die Zuteilung von Dauerpachtland hatte sich ihr Status in der Dorfgemeinschaft erheblich gebessert, aber durch den Verlust dieses Landes sind sie heute wieder stärker auf andere Einkommensquellen angewiesen. Weil Arbeitsplätze knapp sind, bleiben zumeist nur Tätigkeiten im informellen Sektor, selbst wenn diese illegal sind. Diese Entwicklung führt unweigerlich in eine Sackgasse: Man kann sich ausrechnen, dass der Bodenabtrag nur begrenzt fortgeführt werden kann, weil dadurch die Bodenfruchtbarkeit zerstört wird. Dies spiegelt sich bereits in den in der Karte des Dorfes angegebenen Pachtpreisen für Ackerland und den Kaufpreisen für Bauland, die in dem vom Ziegeleigewerbe betroffenen Bereich am niedrigsten liegen.

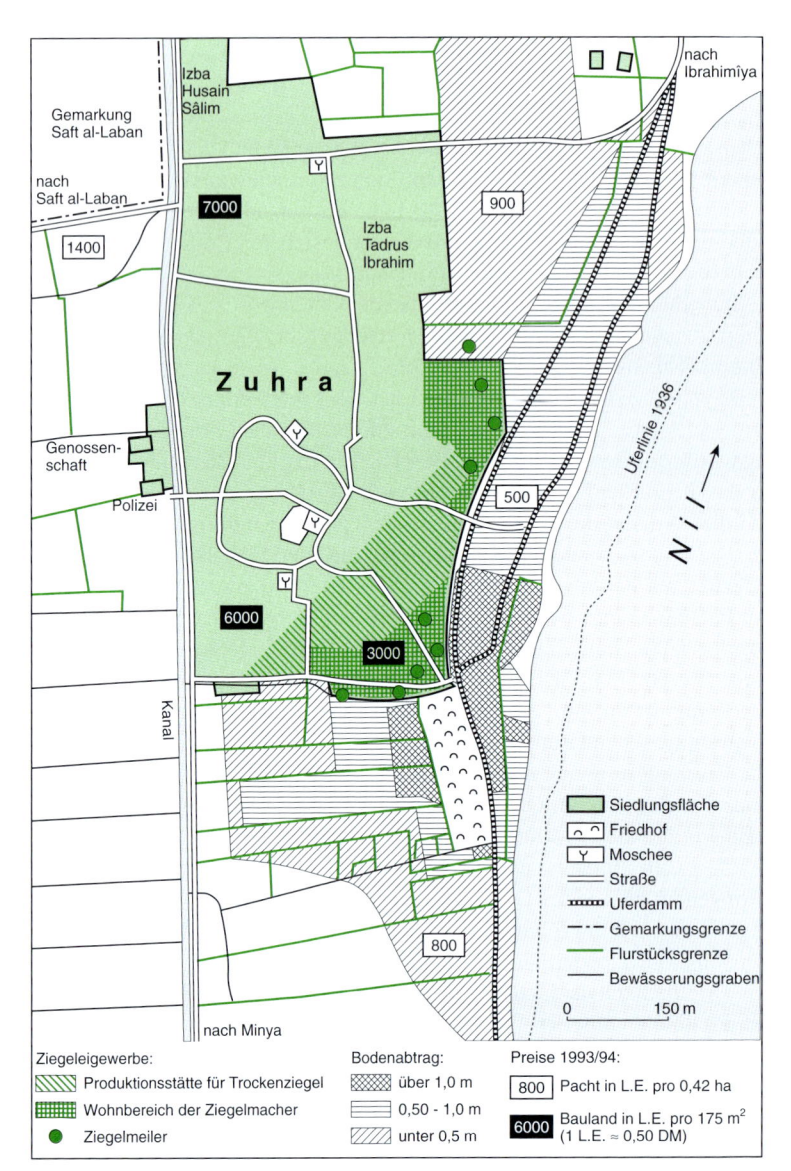

Abb. 3.3.1/4:
Das oberägyptische Dorf
Zuhra
Eigener Entwurf

3.3.1.5 Ägypten – Ein Agrarland ohne Land

a) Der Nil als Lebensader

Ägypten besteht zu 96 % seiner Landesfläche aus Wüste. Es ist, wie Herodot vor mehr als zwei Jahrtausenden schrieb, ein „Geschenk des Nils". Der Fremdlingsfluss versorgt einen schmalen Streifen Bewässerungsland, der sich von Assuan bis Kairo über eine Länge von 800 Kilometern erstreckt. Der scharfe Gegensatz zwischen fruchtbarem Kulturland und steriler Wüste, zwischen dem Lebensraum der Menschen und dem Reich der Toten (hier liegen die Pyramiden und auch die heutigen Friedhöfe!), hat Ägypten in seiner kulturgeschichtlichen Entwicklung bis heute geprägt. Das Bemühen um die Zähmung des Flusses führte bereits vor fünf Jahrtausenden zur Entstehung des ersten differenzierten Staatswesens der Welt. Auch heute noch bildet der Strom die Grundlage der Wasserversorgung, aber seine Bedeutung wird durch den abnehmenden volkswirtschaftlichen Beitrag der Landwirtschaft relativiert.

> **Kasten**
> Ein Hinweis zur Behandlung des Themas im Erdkundeunterricht:
> Die aktuellen Entwicklungen der Deagrarisierung und Urbanisierung werden in den Materialien zum Erdkundeunterricht bisher zumeist nur unzureichend berücksichtigt. In deutschen Schulbüchern wird der enge Zusammenhang zwischen den natürlichen Bedingungen des Niltals und den Formen und Problemen der Bewässerungswirtschaft gern als „klassisches" Beispiel für das geographische Mensch-Umwelt-Paradigma dargestellt, und der Assuan-Hochdamm mit seinen vielfältigen positiven und (in Schulbuchdarstellungen vorwiegend) negativen Folgen dient als anschauliche Fallstudie für die Eingriffe von technischen Großprojekten in komplexe ökologische Systeme. Diese für die Schule aufbereiteten Zusammenhänge von Ökologie und Landnutzung sind zwar im Prinzip durchaus zutreffend, aber eine Fokussierung auf den Themenkomplex Nil und Bewässerungswirtschaft sollte nicht die aktuelle Entwicklungsdynamik des Landes ausblenden: Die Lebensbedingungen der weitaus meisten Ägypter werden heute eben nicht mehr in erster Linie durch die Zwänge des Anbaukalenders bestimmt, sondern durch ökonomische Veränderungen. Zu warnen ist an dieser Stelle vor dem in manchen Schulbüchern noch verbreiteten Klischee von der archaischen Wirtschaftsweise der Fellachen: Es ist definitiv falsch!

b) Der Assuan-Hochdamm und seine Folgen

Das natürliche Abflussregime des Nils wird durch starke saisonale Schwankungen und eine hohe Variabilität geprägt. Die Regulierung des Flusses begann bereits in der Pharaonenzeit mit der Anlage großer Beckensysteme zum Rückhalt der abfließenden Wassermassen. Erst mit dem Bau der Delta-Barrage nördlich von Kairo in der Mitte des 19. Jahrhunderts und des ersten Assuan-Dammes Anfang des 20. Jahrhunderts wurde es jedoch möglich, größere Flächen ganzjährig zu bewässern. Dies war die Voraussetzung für den exportorientierten Anbau von Baumwolle und Zuckerrohr. Bis Anfang der 1960er Jahre konnte die ganzjährige Bewässerung auf 83,2 % der landwirtschaftlichen Nutzfläche im Niltal und im Delta ausgedehnt werden (*Ibrahim* 1996, S. 48 ff.)

Der Bau des Hochdammes („as-Sadd al-Ali") südlich von Assuan war das spektakulärste Großprojekt der Nasser-Ära. Es wurde in den sechziger Jahren mit massiver Hilfe aus der Sowjetunion durchgeführt. Der Hochdamm erlaubt eine Mehrjahresspeicherung, durch die die saisonalen und mehrjährigen Schwankungen des natürlichen Abflusses ausgeglichen und besser auf den Bedarf der Landwirtschaft abgestellt werden können. Dadurch lässt sich das Risiko von Trockenheiten und Überschwemmungen, zwei der berühmten „ägyptischen Plagen" des Alten Testaments, deutlich reduzieren. Der Hochdamm vergrößert außerdem den Anteil, den Ägypten gemäß eines Abkommens mit dem Sudan aus dem mittleren jährlichen Abflussvolumen des Nils bei Assuan entnehmen darf, von 48 auf 55,5 Mrd. Kubikmeter, während dem Sudan 18,5 Mrd. Kubikmeter verbleiben. Neben dem Zugewinn an nutzbarem Wasser hatte der Dammbau eine Reihe von weiteren Vorteilen: Die letzten Beckensysteme in Oberägypten konnten auf ganzjährige Bewässerung umgestellt werden, zusätzlich war die Gewinnung von knapp 400.000 Hektar Neuland am Rande des alten Kulturlandes möglich, und die von den Turbinen des Dammes erzeugte Energie deckt mit knapp 10 Mrd. Kilowattstunden etwa ein Fünftel des nationalen Bedarfs.

Auf der anderen Seite ist das Großprojekt auch mit negativen Folgewirkungen verbunden, die unter anderem darauf zurückzuführen sind, dass die zusammen mit den Bewässerungsanlagen geplanten Entwässerungsvorrichtungen nicht rechtzeitig bzw. nicht in hinreichender Qualität fertiggestellt wurden. In dem trocken-heißen Klima Ägyptens führt eine unzureichende Drainage rasch zu einer Versalzung der Böden. Die Intensivierung der Bewirtschaftung durch ganzjährigen Anbau macht vermehrten Kunstdüngereinsatz erforderlich. Das Ausbleiben der regelmäßigen jährlichen Ablagerung von Feinsedimenten wirkt sich weniger auf die Bodenfruchtbarkeit aus, wohl aber auf die laterale Erosionskraft des Flusses. Der Nil lagert heute das mitgeführte Feinmaterial aus seinen Quellgebieten bei der Einmündung in den Stausee ab und bildet dort inzwischen ein Binnendelta. Den Stausee verlässt der Fluss nahezu sedimentfrei und untergräbt daher Uferböschungen und Brückenfundamente. Kritisch zu bewerten sind schließlich auch die Ergebnisse der Neulandgewinnung, die oft weit hinter den ursprünglichen Zielen zurückblieben.

Bei einer Bewertung des Assuan-Hochdammes sollte man bedenken, dass Großprojekte wie dieses nicht per se zu verurteilen sind, dass hier aber sehr wohl die Beherrschbarkeit der vielfältigen Technikfolgen und des Eingriffes in komplexe ökologische Zusammenhänge zum Problem werden kann. Für eine Beurteilung des Großprojektes ist darüber hinaus seine politische Funktion bedeutsam, denn der Sadd al-Ali war stets auch ein Symbol für nationalen Fortschritt. Bei aller Kritik an dem Projekt ist nicht zu leugnen, dass sich der Damm in der Praxis durchaus bewährt hat. Die zum Teil mehrjährigen Dürreperioden in den Quellgebieten konnten in Ägypten keinen Schaden anrichten. Das Projekt des Hochstaudamms mag in der wissenschaftlichen Literatur und in Schulbüchern durchaus umstritten sein (vgl. *Ibrahim* 1990); aus heutiger Perspektive wird aus gutem Grund vor allem auf die Sicherheitsrisiken hingewiesen, in der Bevölkerung in Ägypten aber wird der Eingriff in das Abflussregime des Nils inzwischen als vollendete Tatsache akzeptiert. Der Damm war und ist für die Bewohner des Niltals nicht nur ein technisches Bauwerk, sondern er war von Anfang an auch so etwas wie „gebaute Ideologie". In politischer Hinsicht ist das Großprojekt eine konsequente Fortsetzung der Traditionen des zentralistischen „hydraulischen Staates" mit modernen Mitteln.

c) Bevölkerungswachstum und Expansion der Siedlungsfläche

Die Bevölkerung Ägyptens hat sich im Verlauf des 20. Jahrhunderts auf fast 70 Millionen versechsfacht (vgl. Abb. 3.3.1/5). Versuche, dieses Wachstum durch bevölkerungspolitische Maßnahmen zu bremsen, hatten nur teilweise Erfolg. Zwar ging in der zweiten Hälfte des 20. Jahrhunderts die Geburtenrate von jährlich 55 auf 30 Geburten pro 1000 Einwohner zurück; aber weil dank der Verbesserung der Gesundheits-

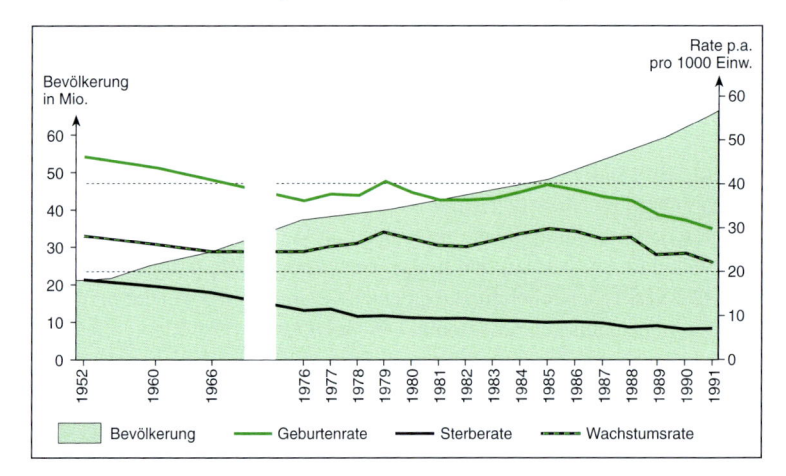

Abb. 3.3.1/5:
Bevölkerungsentwicklung, Geburten-, Sterbe-, Wachstumsrate 1952–1991
Daten aus: CAPMAS 1992, 1993

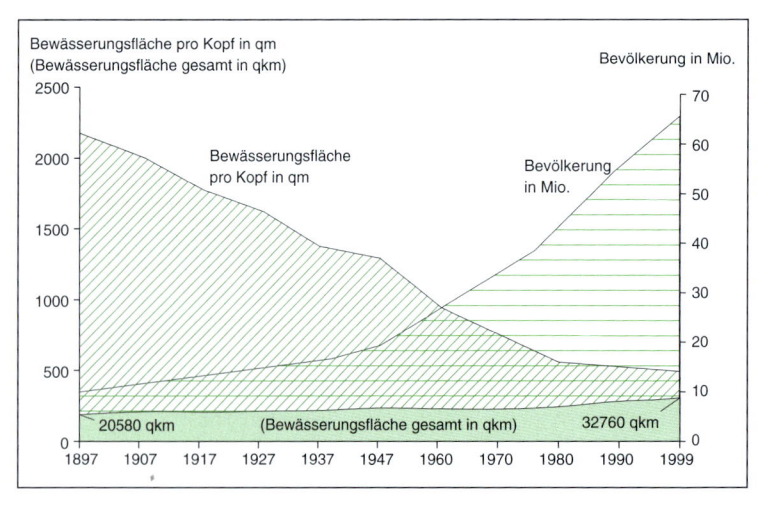

Abb. 3.3.1/6:
Bevölkerungsentwicklung und Bewässerungsfläche pro Kopf in qm 1897–1999
Daten aus: CAPMAS 1999

Abb. 3.3.1/7:
Gesamtbevölkerung und Anteil der Landbevölkerung in % 1882–1999
Daten aus: FAO 2000, CAPMAS 1999

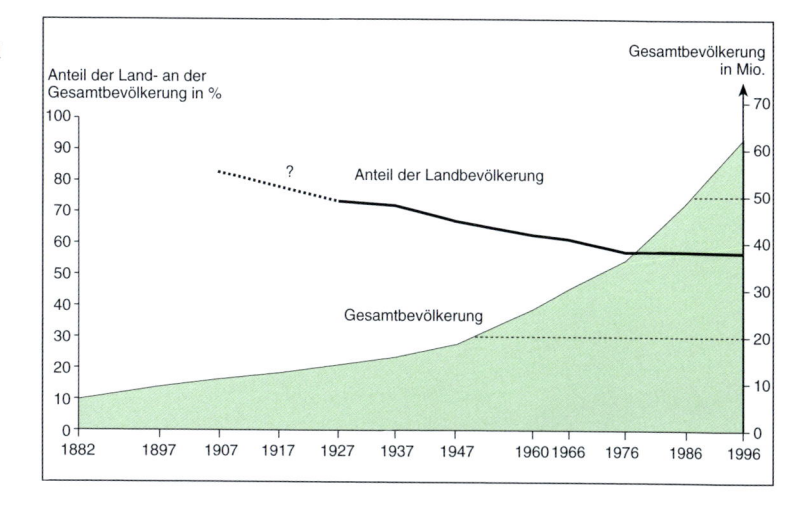

versorgung gleichzeitig die durchschnittliche Lebenserwartung zunahm und dementsprechend die Sterberate sank, blieb die Wachstumsrate der Bevölkerung stets deutlich über 2% pro Jahr (vgl. Abb. 3.3.1/5). Die Schere zwischen der exponentiell wachsenden Bevölkerung und der nur unter großem Aufwand auszuweitenden Bewässerungsfläche öffnete sich unter diesen Bedingungen immer weiter. Die pro Kopf der Bevölkerung verfügbare Bewässerungsfläche schrumpfte von 2200 qm zu Beginn des 20. Jahrhunderts auf heute nur noch 500 qm (vgl. Abb. 3.3.1/6). Unter diesen Bedingungen ist Ägypten schon seit langem nicht mehr in der Lage, die Versorgung der Bevölkerung mit Nahrungsmitteln aus eigener Produktion sicherzustellen. Über die Hälfte des Getreides muss eingeführt werden, und selbst die in den letzten Jahren erzielten beachtlichen Produktionssteigerungen konnten die Lücke nicht schließen. Auch wenn „Hunger am Nil" (*Ibrahim* 1992) bisher noch nicht zu einer Massenerscheinung geworden ist, muss damit gerechnet werden, dass es zu Defiziten der nationalen Ernährungssicherung kommt, wenn einmal die Importe bzw. Hilfslieferungen aus dem Ausland ausbleiben. De facto wird Ägypten dadurch in hohem Maße abhängig von seinen Weizenlieferanten, insbesondere von den USA, die bisher gut 90% des Importbedarfs deckten. Eine solche Abhängigkeit ist außenpolitisch gefährlich, weil die USA in der jüngeren Vergangenheit schon mehrfach ihre Weizenlieferungen mit politischen Forderungen („Weizen als Waffe") verknüpft haben. Abb. 3.3.1/6 zeigt überdies, dass das Großprojekt des Assuan-Hochdammes in den 1960er Jahren keine wirklich signifikanten Auswirkungen auf die Veränderung der Bewässerungsfläche hatte. Was in dieser Darstellung nicht zum Ausdruck kommt, ist die Tatsache, dass inzwischen die gesamte Bewässerungsfläche Ägyptens ganzjährig bewirtschaftet wird und somit im Jahr zwei Ernten erzielt werden können.

Seit Beginn des 20. Jahrhunderts wurde das rapide Wachstum der Bevölkerung in Ägypten von einer Verschiebung der Verteilung zwischen Stadt und Land begleitet (vgl. Abb. 3.3.1/7).

Die Landflucht führte zu einem Absinken des Anteils der Landbevölkerung von 82,8% im Jahre 1907 auf 57% beim letzten Zensus im Jahre 1996. Bemerkenswert ist dabei, dass die Urbanisierungsquote zwar bis in die 1970er Jahre kontinuierlich anstieg, dass sie aber seit dem Zensus von 1976 nahezu konstant geblieben ist und von 1986 bis 1996 sogar leicht um ein Prozent zurückging. Diese statistischen Angaben deuten darauf hin, dass die Landflucht im letzten Quartal des 20. Jahrhunderts abgenommen hat, wobei aber zu berücksichtigen ist, dass hier auch Prozesse der Suburbanisierung, also der Ausdehnung großer städtischer Agglomerationen in ihre ländliche Umgebung hinein, eine zunehmend wichtigere Rolle spielen (vgl. *Müller-Mahn* 2001).

Seit den 1970er Jahren kommt es zu einer überproportionalen Expansion der Siedlungsflächen sowohl im städtischen als auch im ländlichen Raum und demzufolge zu einem gravierenden Verlust von Kulturland. Ursache dafür sind nicht allein die wachsenden Bevölkerungszahlen, sondern auch die gestiegenen Wohnungsansprüche eines Teils der Bevölkerung und die Kapitalzuflüsse durch die temporäre Arbeitsmigrati-

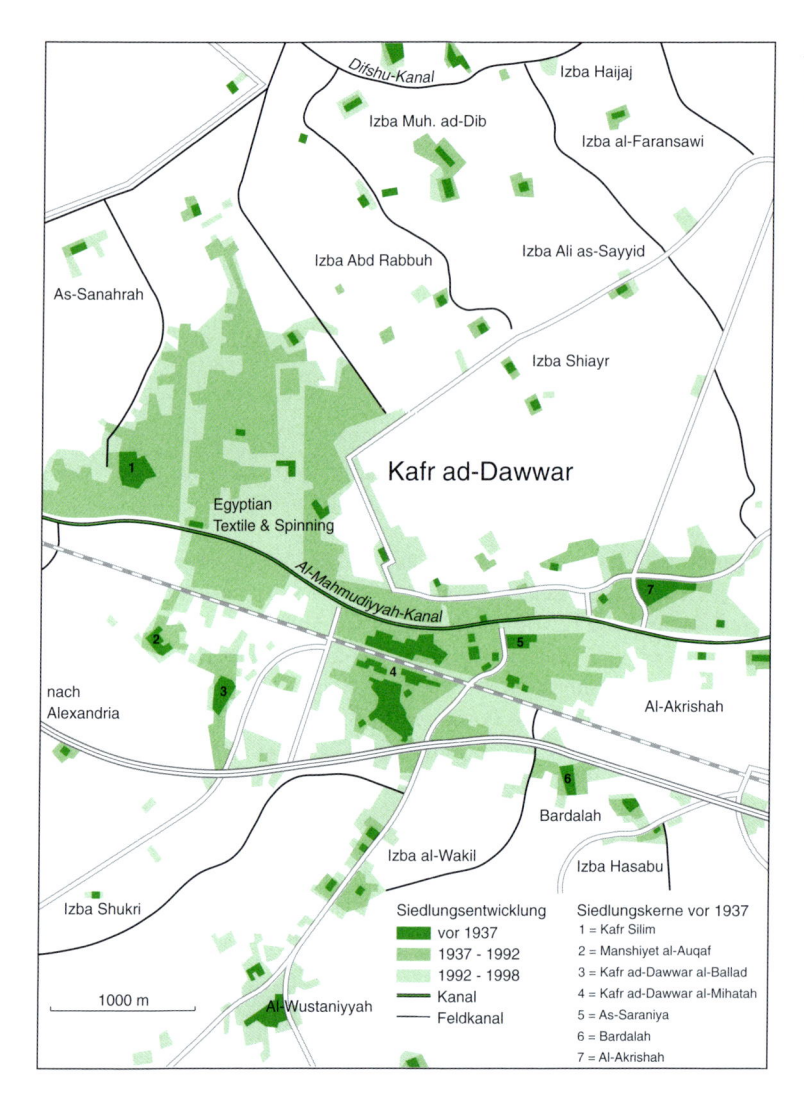

Abb. 3.3.1/8:
Siedlungsentwicklung der Stadt
Kafr ad-Dawwar
Quelle: *Elwan* 2002, verändert

on. Millionen von ägyptischen Arbeitsmigranten investierten ihr Erspartes in den Bau mehrstöckiger Wohnhäuser. Dabei wurden je nach Kapitalverfügbarkeit ganze Wohngebäude oder zumindest einzelne Stockwerke „auf Reserve" errichtet. Zudem erlaubt die Betonständerbauweise bei Bedarf noch weitere Aufstockungen.

Die Expansion von ländlichen Siedlungen lässt sich in ganz Ägypten beobachten, insbesondere aber in den stadtnahen Dörfern und in ländlichen Gebieten, die zu Industriestandorten wurden. Ein Beispiel für diese außerordentliche Wachstumsdynamik ist in der Karte der Stadt Kafr ad-Dawwar im nordwestlichen Nildelta (Abb. 3.3.1/8) dargestellt. Diese heutige Industriestadt entstand erst nach der Ansiedlung einer großen staatlichen Textilfabrik seit den fünfziger Jahren. Das Gebiet wurde zuvor rein landwirtschaftlich genutzt, was noch an dem für diesen Teil des Nildeltas charakteristischen Siedlungstyp des Landarbeiter-Weilers (arabisch Izba) erkennbar ist. Bis heute schloss die rasch expandierende Industriestadt zahlreiche ehemals eigenständige ländliche Siedlungen ein. Die Dörfer und kleinen Weiler wuchsen auf diese Weise schließlich zu einer Stadt zusammen.

Bereits seit den achtziger Jahren versucht die Regierung, die Siedlungsexpansion auf Kulturland zu kontrollieren. Wirkungsvolle Maßnahmen sind jedoch nur schwer durchzusetzen, solange der Bedarf an Wohnraum und die Nachfrage nach Bauland weiterhin stark wachsen. Mitte der 1990er Jahre wurde ein Gesetz erlassen, das Neubauten auf Ackerflächen streng untersagt. Zu seiner Durchsetzung wurden vor allem in den ersten Monaten nach seiner Verabschiedung in spektakulären Aktionen ganze Reihen illegal errichteter Neubauten entlang großer Ausfallstraßen oder an Ortsrändern niedergerissen und die Trümmerhaufen als Warnung liegen gelassen. In der Bevölkerung stießen diese obrigkeitlichen Zwangsmaßnahmen zumeist auf wenig Verständnis. Mittelfristig gesehen jedoch gibt es nur zwei Möglichkeiten, die Kulturlandzerstörung zu kontrollieren: Die Verdichtung innerhalb bestehender Siedlungen durch vertikale Expansion, d. h. Bauen in die Höhe, und Anlage neuer Siedlungen außerhalb des Kulturlandes.

3.3.1.6 Megastadt Kairo

a) Megapolisierung und funktionale Primacy

In der ägyptischen Umgangssprache wird die Hauptstadt Kairo mit demselben Wort bezeichnet wie das ganze Land: *„Masr"*. Diese begriffliche Gleichsetzung ist Ausdruck der herausragenden Bedeutung der Stadt, die ein ägyptisches Sprichwort als *„umm ad-dunya"*, als „Mutter der Welt" preist. Der amtliche Name *„al-Qâhira"* geht auf die fatimidische Stadtgründung (969 n. Chr.) zurück. In der geographischen Literatur wird mit Kairo zumeist das gesamte Stadtgebiet gemeint, das weit über die Grenzen des Gouvernorates al-Qâhira hinausreicht und Teile der benachbarten Gouvernorate Giza auf der Westseite des Nils und Qalyubiya im Norden einschließt. Kairo ist unbestritten der politische, wirtschaftliche und geistige Mittelpunkt Ägyptens. Die absolut herausragende Stellung der Stadt innerhalb des zentralörtlichen Systems des Landes ist in gewisser Weise typisch für die polarisierten Raumstrukturen vieler Entwicklungsländer, sie hat aber in Ägypten auch besondere historisch-geographische Hintergründe: Seit der Zeit der Pharaonen nimmt der Ort am Übergang zwischen dem schmalen Niltal und dem Delta eine zentrale Position in der Raumstruktur des Landes ein und bildet als Herrschaftssitz in idealer Weise eine Klammer zwischen Ober- und Unterägypten.

Die *Primacy* der Megastadt Kairo, d. h. die herausragende Zentralität und Bedeutung im Verhältnis zu den anderen Städten des Landes, wird durch drei Faktoren gekennzeichnet (vgl. *Bronger* 1996a): Erstens ist Kairo die mit Abstand bevölkerungsreichste Stadt Ägyptens und der gesamten arabisch-islamischen Welt. Im urbanen Ballungsraum von Groß-Kairo leben gegenwärtig etwa 14 bis 15 Millionen Menschen, ein Fünftel der ägyptischen Bevölkerung, viermal so viel wie in der zweitgrößten Stadt Alexandria. Zweitens äußert sich die Primacy im Einkommens- und Wohlstandsgefälle zwischen der in der Megastadt konzentrierten Oberschicht und den in Armut lebenden Bevölkerungsmassen im ländlichen Raum. Drittens schließlich verfügt die Megastadt über eine *funktionale Primacy*, d. h. eine übergroße Konzentration von Einrichtungen mit politisch-administrativen, wirtschaftlichen und kulturellen Funktionen von nationaler und teilweise internationaler Bedeutung. Kairo ist das unbestrittene Zentrum der Macht, des Wohlstands, der Bildung und des kulturellen Lebens in Ägypten. In ihrem Zusammenwirken verstärken sich die drei Faktoren und sorgen dafür, dass die Primacy und damit der Abstand gegenüber den anderen Städten im zentralörtlichen Gefüge des Landes unüberwindbar groß bleiben.

b) Die räumliche Entwicklung der Stadt

Die räumlichen Strukturen der Megastadt Kairo seien auf Grundlage eines Satellitenbildes (Abb. 3.3.1/9) und einer annähernd denselben Ausschnitt zeigenden Übersichtskarte (Abb. 3.3.1/10) erläutert. Das Bild basiert auf einer Szene von Landsat 7 ETM+ vom 19.03.2001. Wasserflächen erscheinen tief schwarz, die Vegetation hellgrau und die Siedlungsflächen je nach Bebauungsdichte dunkel- bis mittelgrau, z. T. in den neu errichteten Stadtvierteln in der Wüste auch hellerer Tönung. Straßen können durch ihre lineare Struktur identifiziert werden (vgl. *Meissner/Müller-Mahn* 2002). Deutlich erkennbar auf dem Satellitenbild ist die geographische Lage der Stadt im Übergangsbereich zwischen Niltal und Delta. Der urbane Ballungsraum erstreckt sich auf beiden Seiten des Nils zwischen den Pyramiden im Südwesten und dem interna-

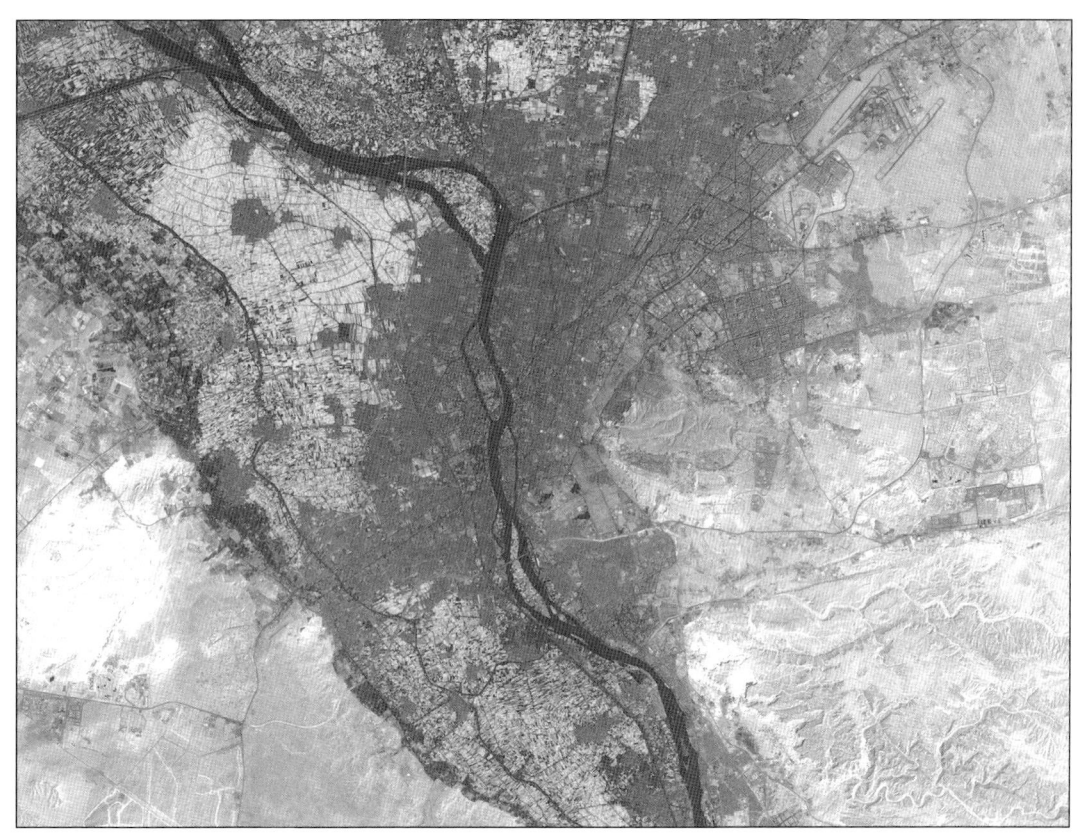

Abb. 3.3.1/9:
Megastadt Kairo im Satellitenbild
Landsat 7 ETM+ vom 19.03.2001

tionalen Flughafen im Nordosten über eine Distanz von etwa 30 Kilometern. Die Stadtfläche von Kairo ist kleiner als die von Berlin, bei einer vierfachen Einwohnerzahl. Das geschlossen bebaute Gebiet liegt überwiegend im Nil-Schwemmland, expandiert aber auf der Ostseite des Flusses auch in die Wüste hinein. Verwaltungsmäßig gehört es zu den drei Gouvernoraten Kairo auf dem Ostufer, Giza westlich des Nils und Qalyubiya im Norden. Die Pyramiden von Giza als Zeugen der altägyptischen Kultur sind in der Wüste unmittelbar westlich des Randes des Bewässerungslandes erkennbar. Die Schatten der Cheops- und der Chephren-Pyramide zeichnen sich deutlich auf dem hellen Steinplateau der Umgebung ab.

Die mittelalterlich-orientalische Altstadt (Abb. 3.3.1/12) von al-Qâhira mit ihrem charakteristischen Sackgassengrundriss entwickelte sich seit der islamischen Eroberung im Jahre 640 n. Chr. auf dem östlichen Flussufer in überschwemmungssicherer Lage am Fuß der im Satellitenbild deutlich erkennbaren Schichtstufe des Moqattam, eines Ausläufers der östlichen Wüste. Die wechselvolle Geschichte Ägyptens hinterließ ihre Spuren in einer Aneinanderreihung von mehreren benachbarten Stadtanlagen der mittelalterlichen Herrscherdynastien. Auf dem am weitesten nach Westen an den Rand der Altstadt heranreichenden Sporn des Moqattam wurde unter dem berühmten Sultan Salah ad-Din al-Ayubi („Saladin") im 12. Jahrhundert eine mächtige Zitadelle errichtet, die noch bis ins 19. Jahrhundert als Herrschaftssitz diente.

Voraussetzung für das flächenhafte Wachstum der Stadt in der Neuzeit waren die Regulierung des Nils und die Kontrolle der jährlichen Hochfluten. In der zweiten Hälfte des 19. Jahrhunderts expandierte Kairo nach Westen bis zum Nilufer, und es entstand eine durch breite, planmäßig angelegte Straßenzüge geprägte europäische Kolonialstadt, die bis heute das Geschäftszentrum der ägyptischen Hauptstadt bildet (Abb. 3.3.1/13).

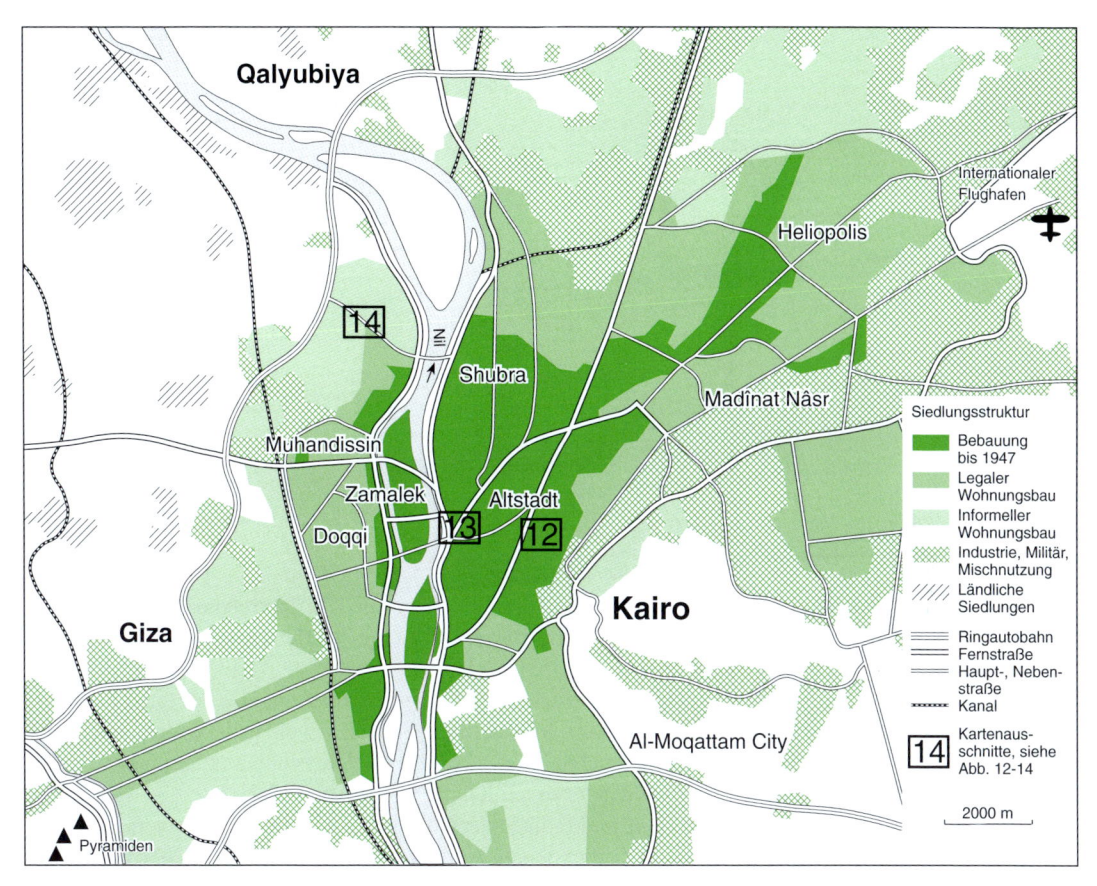

Abb. 3.3.1/10:
Siedlungsstruktur Kairo mit Kartenausschnitten von Abb. 12–14
Eigener Entwurf

Im Satellitenbild zeichnet sich dieser Stadtbereich durch das engmaschige Raster der schwarz erscheinenden Hauptstraßen ab. Die beiden großen Nilinseln Zamalek im Norden und Roda im Süden sind ebenfalls Teile der kolonialzeitlichen Stadterweiterung. Sie entwickelten sich seit der britischen Besetzung 1882 zu bevorzugten Wohngebieten der zahlreichen in Kairo lebenden Europäer. Vor allem Zamalek zeigt einen deutlich höheren Anteil an Grünflächen als die hochgradig verdichteten Viertel der Altstadt. In der Mitte der Insel ist das Oval des exklusiven „Gezîra Sporting Club" zu erkennen, die einzige größere Grünfläche im Herzen der Stadt, die aber nur den wohlhabenden Clubmitgliedern zugänglich ist.

Nach 1952 expandierte die Hauptstadt unter den Staatspräsidenten *Nasser* und *Sadat* mit neuer Dynamik vorwiegend nach Norden und Nordosten sowie Richtung Westen in das Kulturland auf der gegenüberliegenden Nilseite. In den sechziger und siebziger Jahren entstanden die beiden modernen Stadtviertel Madînat al-Muhandissîn („Stadt der Ingenieure") westlich des Nils gegenüber der Insel Zamalek und Madînat Nâsr im Randbereich der östlichen Wüste zwischen Altstadt und Flughafen, erkennbar im Satellitenbild durch das Muster der planmäßig angelegten mehrspurigen Hauptstraßen. Gleichzeitig wuchs aber die städtische Bevölkerung durch Zuwanderung und durch natürliche Zunahme so rasch, dass ein grosser Teil des Zuwachses in Quartiere des informellen Wohnungsbaus ausweichen musste. Diese extrem verdichteten, mehr oder weniger spontan und mit unzureichender infrastruktureller Ausstattung entstandenen Viertel sind im Satellitenbild als unstrukturierte Flächen vor allem im Norden und Westen des Stadtgebietes zu erkennen. Sie expandierten so stark, dass sie bald zahlreiche Dörfer der Umgebung einschlossen. Im letz-

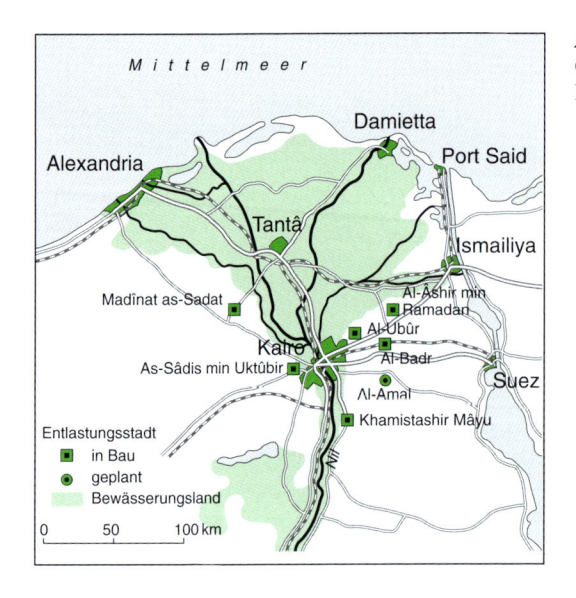

Abb. 3.3.1/11:
Großraum Kairo
Eigener Entwurf

ten Jahrzehnt des 20. Jahrhunderts wurden mit internationaler Unterstützung zahlreiche Projekte zur Sanierung dieser überwiegend illegal entstandenen Viertel durchgeführt, nicht zuletzt auch um ihr politisches Unruhepotenzial unter Kontrolle zu halten.

Die aktuelle Stadtentwicklung zielt auf eine Dekonzentration und eine Umleitung des enormen Bevölkerungsdruckes in neue Entlastungsstädte in der Wüste. Im Satellitenbild sind sowohl in der östlichen als auch in der westlichen Wüste die Spuren dieser Baumaßnahmen zu erkennen. Die neuen Städte rings um Kairo befinden sich noch in unterschiedlichen Stadien der Erschließung (siehe Abb. 3.3.1/11).

Gute Chancen für eine tragfähige Entwicklung haben die in der Nähe von Kairo gelegenen Städte, während die weiter entfernten Neugründungen nur mit erheblichem Aufwand und massiver staatlicher Förderung langsam mit Leben gefüllt werden. Im Satellitenbild lassen sich die Phasen der Siedlungsentwicklung an den Raumtexturen ablesen. Während die etwas älteren Neubaugebiete am Rande der Kernstadt bereits geschlossene Grünflächen zwischen den Gebäuden zeigen, liegt die am rechten Bildrand angeschnittene neue Stadt noch immer kahl und deshalb im Bild kaum zu erkennen südöstlich des Flughafens in der Wüste. Die Standorte der Industrie zeichnen sich als großflächige Areale vor allem am nördlichen und südlichen Rand des Stadtraumes ab. Auch die in der Interpretationskarte als „Mischnutzung" klassifizierten Flächen werden zum Teil industriell genutzt; teilweise handelt es sich aber auch um informelle Siedlungen und andere nicht eindeutig zu bestimmende Bebauungsformen. Die neueste Entwicklung sind die „Gated Communities" reicher Kairoer, die sich in diese streng bewachten Wohnsiedlungen außerhalb des Stadtgebietes zurückgezogen haben (*Meyer* 1999).

Wie alle Megastädte in Entwicklungsländern leidet Kairo unter einer extrem hohen Bevölkerungsdichte und den damit einhergehenden Infrastrukturproblemen (Meyer 1989). In einigen der älteren Stadtviertel leben mehr als 100.000 Einwohner pro Quadratkilometer, zumeist in völlig heruntergekommenen Altbauquartieren. Seit den 1980er Jahren werden im Rahmen der internationalen Entwicklungszusammenarbeit massive Anstrengungen zur Verbesserung der Infrastruktur in der Megastadt unternommen. Dazu gehört der Bau einer U-Bahn, einer leistungsfähigen zentralen Kanalisation und einer auch im Satellitenbild erkennbaren Umgehungsstraße, die einen Teil des Verkehrs und vor allem des nord-süd-gerichteten Durchgangsverkehrs aus der Innenstadt heraushalten soll. Der Nil, der die Metropolregion von Kairo durchschneidet, stellt ein zusätzliches Verkehrsproblem dar.

Auch die ländlichen Siedlungen unterliegen einem exzessiven Flächenwachstum, das mit einer Zerstörung von landwirtschaftlichem Kulturland einhergeht. Die durch Siedlungsexpansion verlorenen Agrarflächen können nicht ohne weiteres durch Neulandgewinnung ersetzt werden, da das Bewässerungsland am Nil wesentlich fruchtbarer als die sandigen Wüstenböden ist. Südlich der Pyramiden verläuft die Grenze zwischen Kulturland und Wüste als messerscharfe Linie, weil das an das Niltal angrenzende Gebiet als archäologische Schutzzone ausgewiesen wurde und nicht bebaut werden darf. Nördlich der Pyramiden dagegen beginnt eine bis zum Mittelmeer reichende Zone der rezenten Neulandgewinnung, die vom Westrand des Deltas in die Wüste hinein ausgreift und durch eine inselhaft-aufgelockerte Anordnung großer Bewässerungsfelder gekennzeichnet ist. In der Agrarlandschaft des Altsiedellandes sind kleinräumige Differenzierungen erkennbar, die auf unterschiedliche Anbauformen zurückzuführen sind. Bei den dunkel dargestellten Parzellen handelt es sich vorwiegend um Baumkulturen.

c) Stadt-Räume und Lebenswelten in der fragmentierten Stadt

Kennzeichnend für die soziale und räumliche Entwicklung von Megastädten des Südens unter dem Einfluss der Globalisierung sind Prozesse der Polarisierung und Verschärfung sozialräumlicher Gegensätze, die als „fragmentierende Entwicklung" bezeichnet werden (*Scholz* 2002a sowie Kap. 2.1.5). Dabei stehen die Fragmente der verschiedenen Stadt-Räume von Kairo trotz der Unterschiede ihrer Sozial- und Raumstrukturen in einem engen Zusammenhang, da die divergierenden Entwicklungsprozesse letztlich doch denselben politisch-ökonomischen Rahmenbedingungen unterliegen. Nachfolgend sollen die historisch bedingten raumstrukturellen Unterschiede und die Mechanismen der Fragmentierung exemplarisch anhand von drei Stadtteilen aus verschiedenen Phasen der Stadtentwicklung deutlich gemacht werden. Die Feinstrukturen der behandelten Stadtteile sind in Detailkarten (Abb. 3.3.1/12, Abb. 3.3.1/13 und Abb. 3.3.1/14) dargestellt, deren Lage aus der Übersichtskarte (Abb. 3.3.1/10) ersehen werden kann. Visuelle Eindrücke vom Straßenbild in den drei Stadtteilen sind den Fotos zu entnehmen, deren jeweiliger Blickwinkel in den Detailkarten angegeben ist.

Das erste hier vorzustellende Fragment ist die Altstadt, gewissermaßen die Urzelle der heutigen Megacity Kairo. Der in der Detailkarte abgebildete Ausschnitt (Abb. 3.3.1/12) geht auf die fatimidische Stadtgründung des späten 10. Jahrhunderts zurück. Bis Anfang des 19. Jahrhunderts konzentrierten sich in diesem verhältnismäßig kleinen Gebiet die wichtigsten zentralörtlichen Funktionen ganz Ägyptens: Die Moscheen al-Azhar und al-Hussain (Foto 1) als Zentren der islamischen Religionsausübung und Bildung, der Bazar als Markt- und Geschäftszentrum, und der Herrschersitz in der Zitadelle ca. 1 km südlich des abgebildeten Kartenausschnittes. Mit der Stadterweiterung im 19. Jahrhundert verlagerten sich die Schwerpunkte der ökonomischen und politischen Macht nach Westen in die neuen Viertel am Nil, und nur der Standort der großen islamischen Institutionen blieb erhalten. Trotzdem wird die Altstadt bis heute in ihrem Erscheinungsbild durch kulturgeographische Merkmale einer orientalischen Stadt geprägt, zu denen außer den bereits genannten räumlich-funktionalen Kriterien vor allem der Sackgassengrundriss gehört (*Wirth* 2000). Das Sackgassenmuster erlaubte früher die Bildung von Nachbarschaften in abgeschlossenen Vierteln und ist insofern ein räumlicher Ausdruck vor-neuzeitlicher gesellschaftlicher Organisation angesichts geringer staatlicher Sicherheit und Stabilität. Wie jede „klassische" orientalische Stadt hatte auch Kairo eine mächtige Mauer mit wenigen großen Toren. Im Kartenbild erkennt man das Bab az-Zuwaila und die südlich daran entlangführende Straße, die dem Verlauf der fatimidischen Stadtmauer folgt. Die vom Bab az-Zuwaila nach Norden verlaufende Hauptstrasse ist heute die zentrale Achse des Bazars (Foto 2) mit den größten Passantenströmen. Dementsprechend werden hier – in dem Straßenabschnitt nördlich der Sharia al-Azhar – auch die hochwertigsten Waren wie Goldschmuck und Parfum angeboten.

Von der großen Hussain-Moschee aus wird an jedem Freitag die Khutba, die Freitagspredigt, über Radio und Fernsehen in das ganze Land übertragen. Zum Fest des *Mulid al-Hussain* kommen jedes Jahr mehr als eine Million Anhänger verschiedener Sufi-Verbindungen aus ganz Ägypten in der Moschee und den umliegenden Plätzen und Gassen zusammen. Die unmittelbar gegenüberliegende al-Azhar mit der angeschlossenen gleichnamigen Universität ist als religiöse Ausbildungsstätte und Sitz des Mufti von zentraler Bedeutung für die gesamte islamische Welt. Hinzuweisen ist übrigens auch darauf, dass in diesem Teil der Altstadt neben den imposanten islamischen Baudenkmälern mehrere Kirchen und eine Synagoge liegen, ein Hinweis auf die religiöse Heterogenität der ägyptischen Gesellschaft.

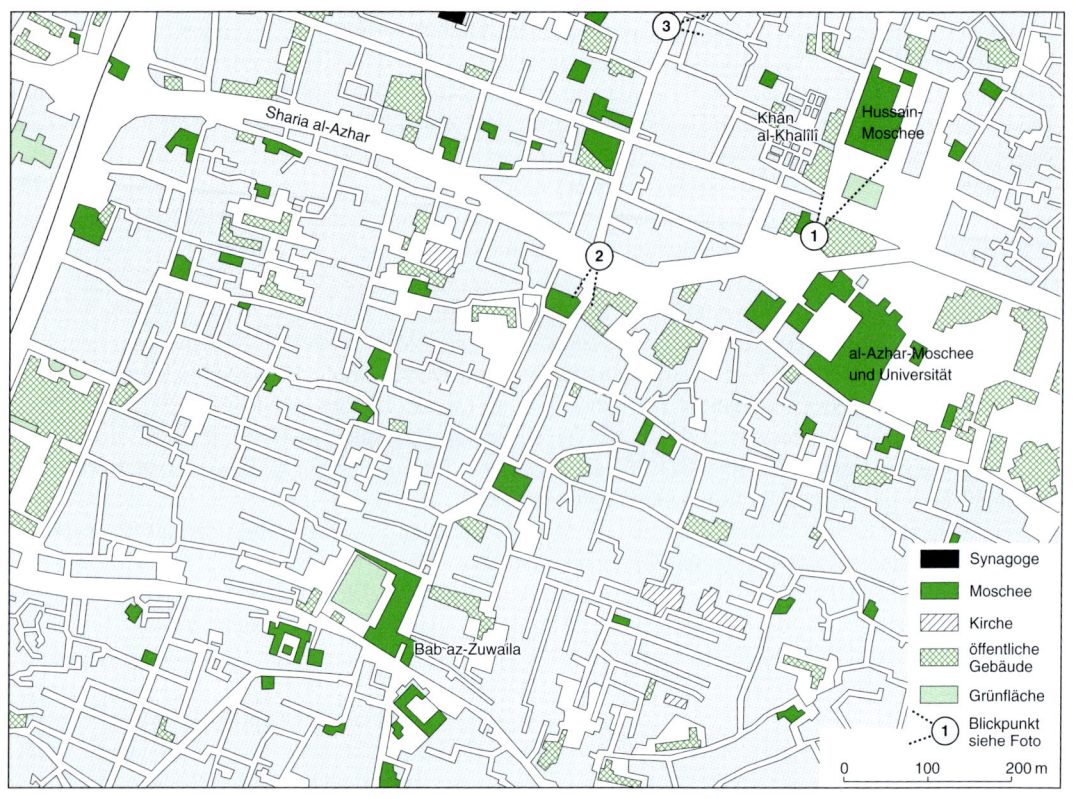

Abb. 3.3.1/12:
Die mittelalterlich-orientalische Altstadt von al-Qâhira. Eigener Entwurf

Foto 1

Foto 2
Foto 3

Abb. 3.3.1/13:
Geschäftszentrum von Kairo
Eigener Entwurf

Foto 4   Foto 5

Der Bazar von Kairo unterlag in den vergangenen Jahrzehnten einem tiefgreifenden räumlichen und funktionalen Wandel, der sich in den Teilbereichen der Altstadt jedoch unterschiedlich ausgewirkt hat. Der Bereich südlich der Sharia al-Azhar dient weiterhin primär der Versorgung der einheimischen Bevölkerung mit Textilien, Schuhen und Gewürzen. Im nördlichen Teil und vor allem in den engen Gassen des Khan al-Khalili hat sich dagegen ein Touristenbazar etabliert (Foto 3). Die Produktion der kunsthandwerklichen Waren für die ausländische Kundschaft wie auch eines Teils der Gebrauchsgüter für den einheimischen

Bedarf erfolgt in Handwerkerhöfen und Manufakturen in unmittelbarer räumlicher Verflechtung mit dem Bazar. In den achtziger und neunziger Jahren wurden für diese Produktion in den Nebengassen zahlreiche neue, mehrstöckige Gewerbegebäude errichtet (*Meyer* 1988).

Das heutige Stadtzentrum Kairos liegt nur 2 Kilometer westlich der Altstadt, zeigt aber ein völlig anderes Erscheinungsbild (Abb. 3.3.1/13). Das Panorama des Nilufers wird durch große internationale Hotels, Regierungsgebäude und das ägyptische Nationalmuseum bestimmt (Foto 4). Die „Downtown" entstand während der Kolonialzeit. Sie wird durch repräsentative Fassadengestaltung, breite geradlinige Straßenzüge und sternförmige Kreuzungen wie beispielsweise am Talaat Harb Platz (Foto 5) geprägt. Hier befinden sich die Büros internationaler Fluggesellschaften, die Niederlassungen zahlreicher ausländischer Unternehmen und Banken, das alteingesessene italienische Café Groppi (rechts im Bild, Foto 5) sowie eine Vielzahl von Läden für den gehobenen Bedarf. Der Tahrir („Befreiungs")-Platz und die Nilbrücken bilden notorische Engpässe für den ausufernden Verkehr der Metropole. Zur Entlastung der Innenstadt wurden in den achtziger Jahren eine U-Bahn mit einem Bahnhof unter dem Tahrir-Platz, neue Brücken und mehrspurige Hochstraßen wie an der 6. Oktober-Brücke gebaut. Das Straßenbild der Metropole hat in den neunziger Jahren in auffälliger Weise eine Verwestlichung, oder vielleicht genauer: Eine Amerikanisierung erfahren, die als Ausdruck der Öffnung des ägyptischen Marktes für ausländische Investoren und Waren gesehen werden kann. In der Innenstadt und den Oberschicht-Wohnvierteln Kairos wurden in den neunziger Jahren zahlreiche Fast-food Restaurants und Textilgeschäfte internationaler Ketten eröffnet, die Straßen sind voll von großflächigen Werbetafeln für Soft Drinks und andere international standardisierte Produkte, und im dichten Straßenverkehr sieht man Luxusautos aller großen Weltmarken. Gleichzeitig verschwanden in den letzten Jahren die vielen kleinen Kioske und fliegenden Händler im Zuge einer „Säuberung" der Stadt, die vor allem dem Zentrum und den von Touristen frequentierten Stadtteilen das Image von Sicherheit und Ordentlichkeit geben sollte (*Gertel* 2002).

Das dritte Beispiel (Abb. 3.3.1/14) schließlich zeigt ein Stadtrandgebiet, das nur etwa 6 km nordwestlich des Zentrums liegt. Das Dorf Waraq al-Arab wurde in den achtziger Jahren vom expandierenden informellen Wohnungsbau eingeschlossen und ist inzwischen vollkommen im metropolitanen Ballungsraum aufgegangen. Der charakteristische Grundriss des ehemaligen Dorfes mit zahlreichen kleinen Sackgassen lässt sich noch im linken Drittel der Karte erkennen. Die Karte zeigt den Bebauungsstand etwa im Jahre 1988, wobei deutlich zu beobachten ist, in welcher Weise sich die informelle Bebauung ausbreitet: Die langgezogenen Häuserzeilen folgen jeweils den ehemaligen Ackerparzellen und lassen unter maximaler Platzausnutzung nur schmale Durchgangsstreifen an den früheren Feldgrenzen frei. Dadurch wird das landwirtschaftliche Flurmuster in das ohne Planung oder staatliche Kontrolle entstehende Siedlungsmuster durchgepaust. Im alten Dorfkern finden sich noch Reste der alten Bebauung wie Grabmoscheen (Foto 6) oder ehemalige Bauernhäuser. Der Blick in eine der Zugangsstraßen (Foto 7) vermittelt einen Eindruck von der außerordentlich großen Bevölkerungsdichte und den damit einhergehenden Problemen. Die informellen Wohnviertel, in denen Millionen von Kairoern leben, sind nur unzureichend an die staatliche Infrastruktur angebunden, die Straßen sind zum größten Teil unbefestigt, und es bestehen zum Teil katastrophale Mängel bei der Versorgung mit Strom, Trinkwasser und medizinischer Hilfe.

3.3.1.7 Entwicklungsperspektiven

Die oben dargestellten Probleme der Entwicklung des ländlichen und des städtischen Raumes in Ägypten sind bis heute im Prinzip ungelöst, auch wenn in den letzten Jahren durchaus in einzelnen Bereichen oder Regionen Erfolge zu verzeichnen waren. Große Fortschritte wurden etwa beim landesweiten Ausbau der Verkehrsinfrastruktur gemacht, bei der Trinkwasserversorgung, der Telekommunikation und der städtischen Abwasserentsorgung. Die Entwicklungsperspektiven des Landes werden jedoch nicht durch solche Einzelerfolge, sondern durch die interne Gesamtlage und globale Einflüsse bestimmt.

Die ägyptische Gesellschaft ist bis heute sehr stark ländlich geprägt; aber sie ist keine Agrargesellschaft

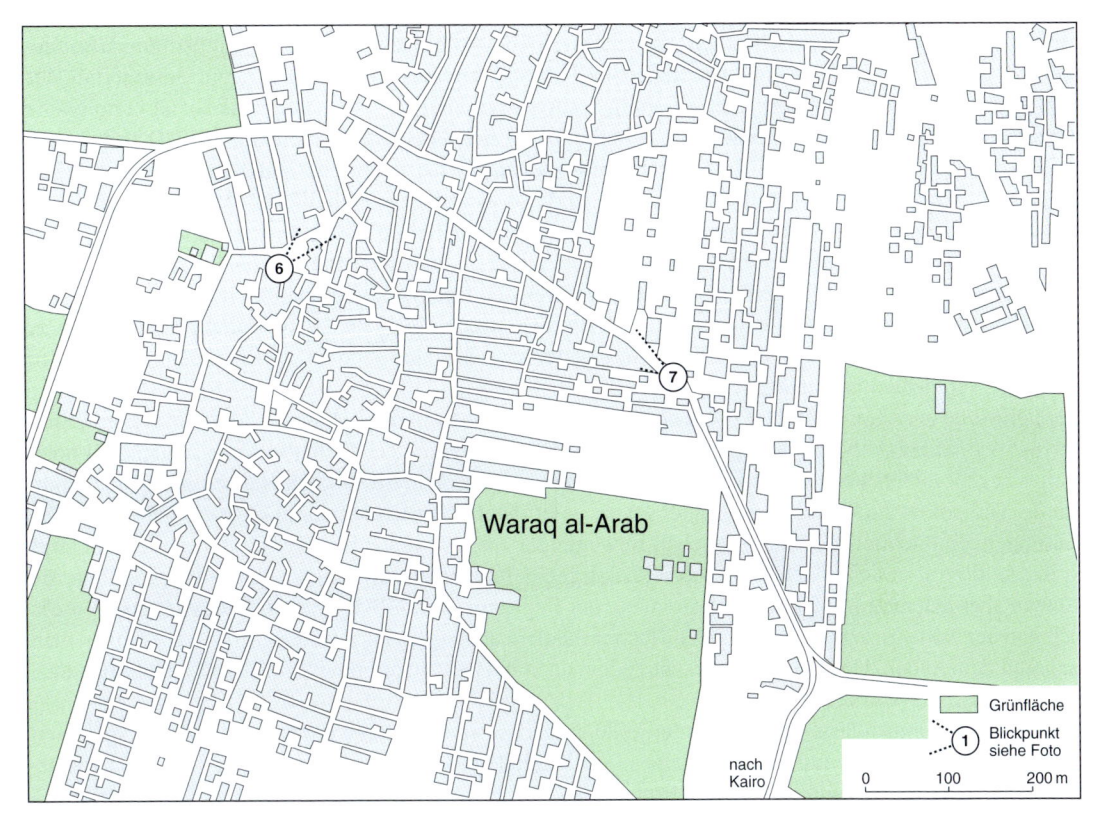

Abb. 3.3.1/14:
Waraq al-Arab
Eigener Entwurf

Foto 6

Foto 7

mehr, weil der Agrarsektor nicht genügend Beschäftigungsmöglichkeiten bietet. Der Übergang zu einer Industrie- und Dienstleistungsgesellschaft ist jedoch angesichts beschränkter Ressourcen, fehlender Arbeitsplätze und unzureichender Entwicklungsdynamik politisch schwer zu gestalten. Im ländlichen Raum schreitet der Prozess der sozial-ökonomischen Deagrarisierung weiter fort, während das Defizit der nationalen Selbstversorgung mit Nahrungsmitteln zunimmt. Daran können auch die neuen Großprojekte zur Gewinnung von Neuland im Sinai und bei Toshka westlich des Nasser-Sees nichts ändern. Inwieweit diese

Megaprojekte überhaupt wirtschaftlich sinnvoll und ökologisch nachhaltig sind, ist umstritten (*Ibrahim* 2003, S. 252ff.). Dabei gibt es in technologischer Hinsicht durchaus Potenziale für eine Optimierung der Bewässerungseffizienz und eine Intensivierung der Agrarproduktion. Nachhaltige und sozial verträgliche Lösungen für die drängenden Probleme des Landes lassen sich jedoch nicht allein durch die Durchsetzung technischer Maßnahmen finden, sondern sie bedürfen einer besseren Berücksichtigung der sozialen Bedingungen. Weitere Eingriffe in die Wirtschafts- und Sozialstruktur des ländlichen Ägyptens werden, so ist zu befürchten, auf den Widerstand der verarmten Landbevölkerung stoßen.

Die in den vergangenen Jahren erlassenen strikten Auflagen zur Unterbindung des horizontalen Stadtwachstums und der Kulturlandzerstörung wurden durch den Rückgang der Landflucht in den letzten beiden Jahrzehnten eher erleichtert. Die fortschreitende Verarmung der Landbevölkerung lässt jedoch eine neuerliche Zunahme der Land-Stadt-Wanderung befürchten, die dann auch für die Entwicklung von Kairo mit neuen Problemen verbunden sein wird.

Die politische und ökonomische Entwicklung Ägyptens ist eng mit den Nachbarländern im Nahen Osten verflochten. Diese Außenabhängigkeit hat unter den Bedingungen der Globalisierung tendenziell noch weiter zugenommen, auch wenn die temporäre Arbeitsmigration in die Ölförderstaaten stark beschränkt wurde. Die politische Stabilität des Landes wird unter diesen Umständen durch mehrere Unsicherheitsfaktoren beeinträchtigt: Die islamistischen Bewegungen und die gewaltbereiten Gruppierungen an ihrer Spitze sind zwar in den ersten Jahren des 21. Jahrhunderts einigermaßen unter Kontrolle geblieben, sie können aber jederzeit wieder neu erstarken und der Regierung gefährlich werden. Dies wird auch erheblich von der weiteren Entwicklung in den Nachbarländern abhängen, insbesondere in Saudi Arabien, dem Irak und dem Sudan. Unsicherheit herrscht zudem auch in Hinsicht auf die Nachfolge des alternden Präsidenten *Hosni Mubarak*.

Zusammengenommen lassen die genannten äußeren und inneren Faktoren die Entwicklungsperspektiven Ägyptens ausgesprochen unsicher erscheinen. Doch gerade in schwierigen Zeiten zeigt sich auch die erstaunliche Vitalität der ägyptischen Gesellschaft, die sich auf eine Jahrtausende alte Geschichte beruft.

3.3.2 Mali – Sahelstaat zwischen Dürre, Hunger und Ernährungssicherung
(Wulf-Dieter Schmidt-Wulffen)

Das Sahelland Mali steht in Unterricht und Schulbüchern exemplarisch für das Ringen um Ernährungssicherung in klimatisch labilen Räumen Afrikas. Die Diskussion um den Hunger im Sahel beherrschte die wissenschaftliche Diskussion der 70er und 80er Jahre des vergangenen Jahrhunderts. Die Fokussierung auf Mali innerhalb der Sahelstaaten ist wohl dem Umstand geschuldet, dass der Entwicklungstheoretiker D. Senghaas im Rahmen der damals noch jungen Dependenzdiskussion die besonders Geographen herausfordernde These vertrat, die Hungerkatastrophe im Sahel sei das Ergebnis der Verdrängung der Nahrungsmittelproduktion durch die bevorzugte Erzeugung von Baumwolle für den Export. Während die Nahrungsmittelerzeugung für den heimischen Konsum in den frühen siebziger Jahren gesunken sei, hätte das Exportgut Baumwolle neue Absatzrekorde erzielt (*Senghaas* 1977, S. 190 f.). Dieser These begegnet der in der damaligen Saheldiskussion federführende Geograph H. Mensching mit der Auffassung, die Ursache des Hungers liege in der Desertifikation – Folge menschlichen Fehlverhaltens und unangepasster Landnutzung (*Mensching* 1979, S. 350; vgl. auch *Ibrahim* 1982, S. 50). Daher soll die zentrale Fragestellung der Hungerverursachung und -bekämpfung im Sahel am Beispiel Malis diskutiert werden. Es wird sich erweisen, dass weder die Verdrängungs- noch die Desertifikationsthese das Geschehen angemessen erklären kann.

Bei den zu behandelnden Sahel-Hungerkatastrophen von 1969–1974 und 1981–1985 handelt es sich um ein *historisch-geographisches* Thema. Alle Fachleute sind sich einig, dass Hungerkatastrophen wie um 1970 und 1980 in zukünftigen Dürrejahren nicht wiederkehren werden. Die inzwischen aufgebauten Frühwarnsysteme würden den über die Medien verbreiteten *spektakulären* Hunger verhindern. Dadurch hat sich heute der Fokus der Hunger- und Ernährungsforschung auf die Klärung jener gesellschaftlichen Bedingungen verlagert, in die der langfristig entstehende *latente* Hunger eingebettet ist. Entsprechende Forschungsergebnisse, die vorwiegend über den Verwundbarkeitsansatz („vulnerability-approach") ermittelt wurden, werden im Anschluss an das „klassische" Hungerbeispiel kurz dargestellt, um die Lücke zwischen den geschichtlichen Beispielen und der aktuellen Situation zu schließen (Kap. 2.3). Die nachgezeichnete Diskussion hat aber die nach wie vor zentrale didaktische Perspektive des spektakulären Hungers im Blick. Sie steht daher hier im Vordergrund, um das historisch-geographische Unterrichtsbeispiel erschließen zu helfen (vgl. Kap. 4.2).

3.3.2.1 *Zu den Hintergründen der Hungerkatastrophen im ausgehenden 20. Jahrhundert*

a) Hunger und Naturpotenzial

Dürreperioden mit katastrophalem Hunger als Folge häufen sich im Mali des ausgehenden 20. Jahrhunderts: 1969–1974 und 1981–1985 wurden in der Presse als „Jahrhundertkatastrophen" apostrophiert. Solche Nachrichten lenkten unseren mediengesteuerten, auf Katastrophen fixierten Blick dann auf die Sahelzone. Niederschlagsarme Einzeljahre wie z. B. 1988 wurden in der deutschen Öffentlichkeit hingegen nicht einmal registriert, dabei unterschieden sich die Wirkungen für viele Betroffene kaum von denen eines Jahres während der genannten „Jahrhundertdürren": „Wo normalerweise 600 kg Hirse geerntet werden, waren es 1988 nur 30 kg, in manchen Dörfern betrugen die Ernteverluste 98%. Im regionalen Durchschnitt betrugen die Verluste 50%. Der Theorie nach würden zwar im Süden Malis genug Nahrungsmittel produziert, die Ausfälle im Norden auszugleichen; der ‚Haken' an der Sache ist jedoch, dass die Menschen in den betroffenen Defizitregionen sich diese Nahrungsmittel nicht leisten können!" (IAD 2/ 1988, S. 3). Diese Feststellungen machen deutlich:

– Erntedefizite sind nicht auf (mehrjährige) Dürreperioden begrenzt. Hunger tritt auch in Jahren unterdurchschnittlicher Niederschlagsmengen auf.
– Erntedefizite in Mali (und anderen Sahelländern) sind zwar das vorherrschende Problem in einem Land; offensichtlich betreffen ihre Entstehung und Verbreitung aber nur einzelne Regionen.

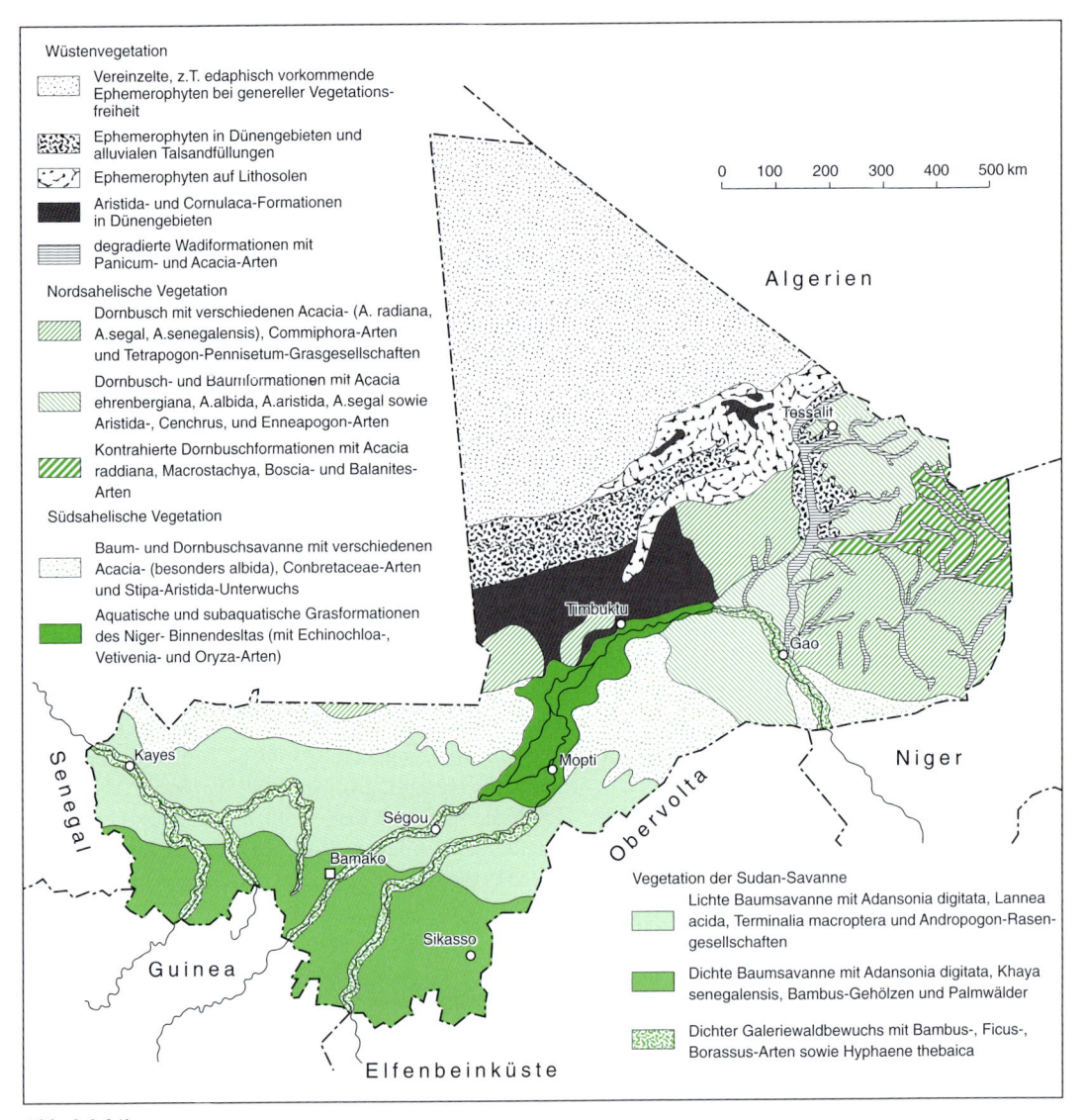

Abb. 3.3.2/1:
Vegetationszonen von Mali
Quelle: *Barth* 1986, S. 94

– Hunger erklärt sich nicht allein aus Anomalien im natürlichen Potenzial, etwa aus Niederschlagsdefiziten und dadurch bedingten regionalen Ernteeinbußen. Mehr und mehr hat sich die Einsicht durchgesetzt, dass Dürren nicht die eigentliche Ursache des Hungers darstellen, sondern nur Auslöser sind, dass der „forschende Blick" sich auf gesellschaftliche Strukturen und Konstellationen richten muss (*Bohle* 2001, S. 193). So hat Hunger sehr viel mit der Einkommensverteilung zu tun bzw. mit Armut und fehlenden Möglichkeiten, das Recht auf Ernährung durchzusetzen (*Dreze/Sen* 1989; vgl. auch *Bohle/Krüger* 1992; siehe auch die Ausführungen zum Verwundbarkeitsansatz in Kapitel 2.1.2).

Sind in diesem komplizierten Mensch-*Gesellschaft*-Natur-Zusammenhang die klimatischen Bedingungen nun ohne besondere Relevanz für die Ernährungssicherung? Sicherlich nicht, aber „die naturbedingten Prozesse führen erst dann zu menschlichen Katastrophen, wenn Dürrekrisen, die sich in fragilen Ökosyste-

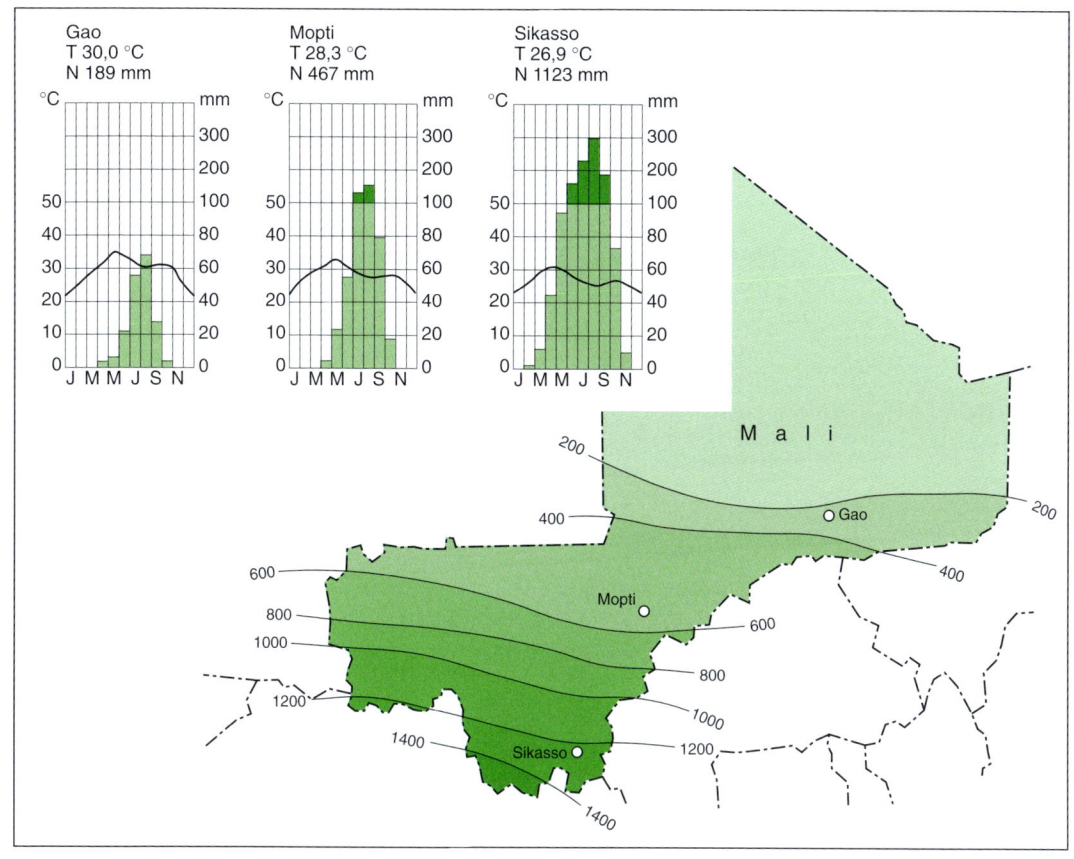

Abb. 3.3.2/2:
Jährliche Niederschlagsmenge und Temperaturen in Mali
Quelle: *Barth* 1986, S. 62

men ereignen, auf verwundbare Wirtschafts- und Gesellschaftssysteme mit geringer Dürreresistenz treffen. Die Analyse von Dürrekatastrophen muss sich daher auf den Zusammenhang zwischen katastrophenauslösendem Naturereignis und katastrophenverursachenden gesellschaftlichen Strukturen konzentrieren, auf die Schnittstellen zwischen fragilen Ökosystemen und verwundbaren Gesellschaftssystemen (*Bohle* 2001, S. 191f.).

Ein erster grober Zusammenhang zwischen Naturpotenzial und Dürre-/Hungerrisiko erschließt sich aus Abb. 3.3.2/1 und Abb. 3.3.2/2.

Diese beiden Abbildungen geben die „klassische" Nord-Süd-Einteilung Malis in die Klima- und Vegetationszonen Wüste/Dornbusch-/Trocken- und Feuchtsavanne wieder. Die Region nördlich der agronomischen Trockengrenze (ca. 300 mm Niederschlag in drei aufeinander folgenden Monaten) ist dem Hirtennomadismus vorbehalten. Südlich davon schließt sich die Ackerbauzone an. Die Nord-Süd-Abfolge der wesentlichen Kulturpflanzen spiegelt deren zunehmenden Feuchtigkeitsbedarf wider und weist die Niederschlagsverhältnisse als entscheidenden Faktor für die potenzielle Agrarproduktion aus. Dies bestätigt auch die Erntemengenstatistik für die wichtigsten Agrarprodukte – Hirse/Mais im Norden und im Süden sowie Baumwolle, die nur im Süden angebaut wird (siehe Tab. 3.3.2/1). Demgegenüber sind die Bodeneigenschaften bzw. -qualitäten von minderer Bedeutung. Die besten, d.h. mineralreichsten Böden liegen nämlich im Norden, während die Bodenqualität im Süden durch Mineralauswaschung und weit verbreitete Eisenkrusten (Laterite) gemindert wird.

Tab. 3.3.2/1: Erntemengen vor und nach Dürrejahren
Statistique de Base, Bamako 1990, www.statistik-bund.de, www.kfw.de

Getreide in t	Jahr	Baumwolle in t
875.000	1961/62	9.000
916.000	1967/68	39.000
641.000	1968/69	50.000
585.000	1972/73	66.000
985.000	1974/75	57.000
913.000	1976/77	128.000
750.000	1979/80	151.000
441.000	1980/81	141.000
496.000	1981/82	123.000
1.013.000	1984/85	186.000
1.554.000	1986/87	201.000
1.033.000	1987/88	199.000
1.817.000	1989/90	290.000
2.300.000	1997/98	560.000
1.990.000	2001/02	593.000

Die Statistiken über Erntemengen weichen oft stark von einander ab. Bei Nahrungsmitteln handelt es sich oft um „politische" Werte. Niedrige Zahlen sollten die Hilfebedürftigkeit unterstreichen (siehe hierzu *Anhut* 1990). Bei den Angaben zur Baumwolle ist oft nicht klar, ob die Baumwollkerne herausgerechnet wurden oder nicht.

Neben Niederschlagsmangel begrenzt die hohe Niederschlagsvariabilität Höhe und Sicherheit der Ernten. Je mehr der Ackerbau sich der agronomischen Trockengrenze nähert, desto häufiger sind die Agrarkulturen von Niederschlagsunregelmäßigkeiten betroffen. Das äußert sich in den regionalen Erntemengendifferenzen: Während im Süden die Ernten nur um 13% vom langjährigen Durchschnitt abweichen, beträgt die Abweichung im Norden, im Bereich der Trockengrenze, mehr als 90% (*Tefft u. a.* 2000, S. 18).

b) Hunger und geschichtliche Entwicklung

In der europäischen Geschichtsschreibung wurde Afrika lange Zeit als geschichtslos betrachtet. Die Geschichte begann dort erst mit der Ankunft der Europäer. Der Name „Mali" verweist hingegen bewusst auf eine große Vergangenheit, in der über ein Jahrtausend lang gut organisierte und beständige Königreiche im Bereich des heutigen Staatsgebietes einander ablösten: Ghana (700–1200 n. Chr.), Mali (1200–1500) und Songhai (1350–1600) (Abb. 3.3.2/3). Diese Entwicklung wird von Historikern als durchaus vergleichbar mit der zeitgenössischen europäischen Entwicklung gewertet (ausführliche Darstellung: *Davidson* 1966, *Ki-Zerbo* 1979).

Diese Reiche hatten ihre wirtschaftliche Basis im überaus einträglichen Transsahara-Handel mit Gold gegen Salz und Datteln. Die Gewinne aus Handel und Tributen wurden nicht produktiv angelegt, sondern für den Import von Luxuskonsumgütern und für Pilgerreisen nach Mekka verwendet. Neben den Handelsgewinnen wurden von bäuerlichen Dorfgemeinschaften Tribute in Form von Ernteabgaben erhoben, die sich bei schlechten Ernten merklich verringerten. Drohten Hungersnöte, etwa bei Dürren oder Heuschreckenbefall, standen die Herrscher in der Pflicht, die Menschen aus diesen Vorräten zu unterstützen (*Maquet/Ganslmayer* 1978, S. 188 ff.).

Risikostreuung und -minderung ist das grundlegendste Handlungsprinzip, um das Überleben in Krisenzeiten zu sichern. Gewinnmaximierung hat demgegenüber keine Priorität (vgl. Fuchs 1985). Dabei verließen sich die Menschen nicht auf Hilfen seitens übergeordneter politischer Instanzen. Sie entwickelten selbst, vor allem auf der Ebene der Haushalte, zahlreiche Vorsorge- und Katastrophensicherungsmechanismen (ausführlich *Schmidt-Wulffen* 1985b, S. 25–37, *Elwert* 1984).

Abb. 3.3.2/3:
Frühe westafrikanische
Staatsgründungen
(4.–16. Jahrhundert)
Quelle: *Barth* 1986, S. 13

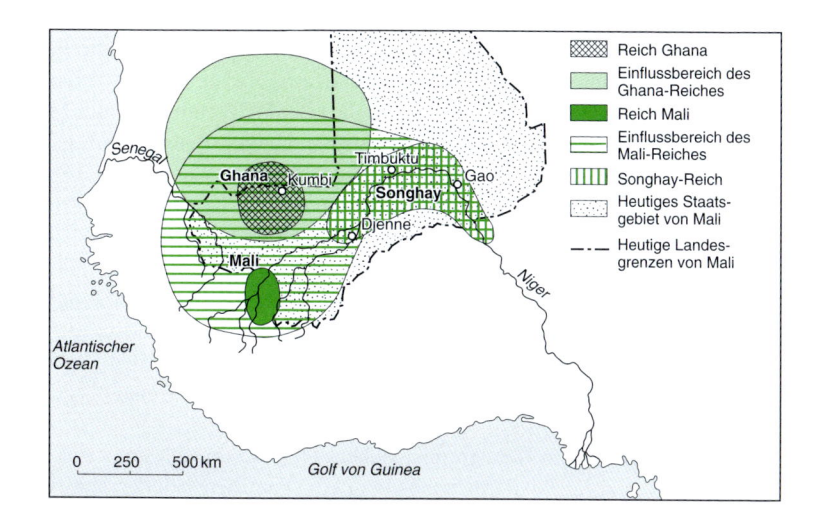

- Auf technischer Ebene gehören dazu die Produktion von Überschüssen und deren Speicherung in Höhe der längsten, mündlich überlieferten Dürre, die Anlage von Mischkulturen (verschiedene Produkte werden miteinander auf einem Feld kombiniert) oder das arbeitsaufwendige Intercropping-Verfahren (Hirsearten mit unterschiedlichen Feuchtigkeitsansprüchen, Aussaatzeitpunkten und Wachstumsdauern werden miteinander kombiniert). Diese Verfahren fangen die durch die Niederschlagsvariabilität entstandenen Risiken weitgehend auf, denn sie sichern in jedem Falle eine minimale Ernte.
- Die technischen Möglichkeiten werden zusätzlich sozial abgesichert: Das kann einmal über die Durchsetzung der Altenautorität geschehen. Diese dient der Konzentration aller Kräfte einer Familie auf die Sicherstellung der stets gefährdeten Nahrungsproduktion. Söhne wurden gehindert, sich durch die frühzeitige Gründung einer eigenen Familie den Verpflichtungen gegenüber den Alten zu entziehen. Diese restriktive Ordnung wurde durch soziale Netzwerke, durch Solidarmechanismen ergänzt: Im Bedarfsfalle halfen reichere Familien bedürftigen aus. Damit wurde Hunger zwar nicht vollständig ausgeschaltet, jedoch zum eher seltenen Ereignis gemacht.
- Die Tuaregnomaden sicherten sich in erster Linie durch jahreszeitlichen Weidewechsel zwischen Regenzeit- und Trockenzeitweiden ab sowie durch eine Kombination verschiedenster Tierarten. Durchmischte Herden schonten die Weiden durch die tierspezifisch unterschiedliche Futterwahl und schützten die Nomaden gegen Totalverluste bei Tierseuchen. Durch Heiraten wurden soziale Verbindungen erweitert, auf die man sich in der Not abstützen konnte, z. B. durch Viehleihe. Zusätzlich wurde die Sicherheit erhöht durch Tributpflichtigkeit unterworfener Ethnien, durch Einkünfte aus dem Karawanenhandel und im äußersten Notfall durch Rezzus, das sind Überfälle auf sesshafte Gruppen (vgl. hierzu auch *Spittler* 1994).

In der Kolonialzeit (ca. 1890–1960) erfolgte die Auflösung einiger dieser Sicherungsmechanismen. Die Kolonialmacht Frankreich nahm die Arbeitskraft der Bevölkerung für ihre Zwecke in Anspruch. Dies zielte einmal darauf, ohne größere Kosten eine moderne Infrastruktur im Lande zu errichten, zum anderen auf die (erzwungene) Einführung von Cash-crop-Produkten (Erdnuss- und Baumwollanbau, Goldbergbau). Ziel war es, den Rohstoffbedarf für die französische Wirtschaft zu decken. Dadurch erfolgten entscheidende Weichenstellungen für die Entstehung der heutigen Ernährungsunsicherheit:

- Die Naturaltribute an die Herrscher, die an die Höhe der Jahresernten angepasst waren, wurden durch eine produktionsunabhängige monetäre Besteuerung abgelöst. Dies hatte die Schwächung der Selbstversorgung der Familien zur Folge. Um das Geld für die Steuern aufzubringen, mussten die familiären

Ressourcen, die bislang vor allem auf die Eigenversorgung und die Vorratshaltung gerichtet waren, in erheblichem Maße auf die Marktproduktion ausgerichtet werden. Eine Alternative stellte die zeitweilige Migration von Familienmitgliedern dar. Beides verminderte die Möglichkeiten, eine ausreichende Vorratshaltung aufrecht zu erhalten. Heute verfügen – eigenen Befragungen zufolge – in Mali nur noch im klimatisch begünstigten Feuchtsavannenbereich (33% der LNF = 8% der Staatsfläche) etwa 50% aller Bauern – und das auch nur in guten Jahren – über Vorräte, die bis zur nächsten Ernte reichen. Reserven, die über ein Jahr hinausreichen, sind auch hier die absolute Ausnahme (*Staatz/Dione/Nango* 1989)
– Die Migration schuf erstmals eine Existenzalternative, wollten vor allem die jungen Männer den Familienzwängen entgehen. Die existenzsichernde Verpflichtung der Jungen zugunsten der Alten ließ sich nicht länger erzwingen. Auch die Solidarmechanismen sind heute nur noch rudimentär vorhanden, etwa in Form der interfamiliären Getreideleihe. In den nördlichen Landesteilen fehlt aber selbst hierfür die materielle Basis: Wo die Vorräte im Normalfall nicht einmal bis zur nächsten Ernte reichen, gibt es nichts zu verleihen.
– Auch die technischen Katastrophensicherungen ließen sich unter der neuen Ordnung nicht mehr aufrechterhalten. Zwar existieren noch überall die Familienspeicher, jedoch fehlt es an der notwendigen Arbeitskraft bzw. -zeit, die aufwendigen Mischkultur- und Intercropping-Systeme aufrechtzuerhalten. Mehr als zwei bis drei Hirsearten werden nicht mehr miteinander kombiniert. Der Trend zur einfacheren Monokultur verstärkt sich in dem Maße, wie der wachsende Geldbedarf eine Konzentration auf Marktfrüchte und deren Flächenausweitung erforderlich macht.
– Im Ergebnis ist die Verwundbarkeit durch die in der Kolonialzeit vorgenommenen Veränderungen gewachsen – im Norden allerdings weit stärker als im dürreresistenteren Süden.

c) Die postkoloniale Wirtschaftsstruktur
Die in der Kolonialzeit per Zwang auf (Binnen-)Selbstversorgung und Außenorientierung (Weltmarkt) hin veränderte Wirtschaftsstruktur wurde nach Gewährung der staatlichen Unabhängigkeit (1960) aufrechterhalten, aber modifiziert: Direkter Zwang wich staatlichen entwicklungspolitischen Direktiven auf der Basis westlicher Entwicklungsstrategien. Diese stellten eine kulturfremde Mischung aus autoritären und preisgesteuerten Maßnahmen mit dem Ziel der Modernisierung von Wirtschaft und Gesellschaft dar. Ergebnis war eine die „modernen" städtischen Eliten begünstigende Entwicklung, verbunden mit Hunger und zunehmender Verwundbarkeit der ärmeren ländlichen Gruppen. Diese Ungleichentwicklung hatte auch eine starke ökologische Komponente im Gepäck: die Desertifikation. Geographischen Publikationen zufolge ist der Mensch selbst Hauptursache der Desertifikation „mit seinen den ökologischen Bedingungen nicht angepassten Landnutzungssystemen (…) durch irrationalen Anbau, übermäßige Abholzung und starke Überweidung. Dies ist nicht zuletzt auf das starke Bevölkerungswachstum zurückzuführen" (*Ibrahim* 1978, S. 104). „Täter" des ökologischen Zerstörungsprozesses sind dieser Auffassung zufolge Nomaden und Bauern, Ursache ihr irrationales Verhalten. Diese Thesen sollen im Folgenden überprüft werden.

d) Der nomadische Lebensraum
Der Raum zwischen Wüste und der landwirtschaftlichen Grenzzone ist seit alters her durch die viehgestützte Landnutzung bestimmt. Das kann nicht verwundern, denn die Niederschläge lassen sichere Ernten für die Bauern nicht mehr zu. Tierhalter können hingegen den Unbilden der Natur weitgehend ausweichen. Im Norden Malis leben zwei Tierhaltergruppen – die Peulh (auch Fulbe oder Fulani genannt) und die Tuareg. Ihre Hauptverbreitungsgebiete sind das Nigerknie und das Seengebiet zwischen Mopti und Timbuktu. Hier dominieren die Tuareg, während die Peulh in der Region um das Niger-Binnendelta leben. Zwischen diesen beiden Gruppen gibt es Gemeinsamkeiten, aber auch bedeutsame Unterschiede:

– Beide Gruppen verfügten über unterworfene Ethnien, die Hirse für ihre Herren anbauten. Nahrungsmitteltribute waren lebenswichtig für die Viehhalter, weil deren Nahrungsbedarf sich nur etwa zur Hälfte durch Herdenprodukte decken lässt (vgl. Abb. 3.3.2/4).

- Die Tuareg sind Vollnomaden, die in einem jahreszeitlich weitgehend festgelegten Wanderrhythmus zwischen den nördlichen Regenzeitweiden und den trockenzeitlichen Uferweiden an Niger und Seen umherziehen. Für die Deckung ihres Getreidebedarfs sind sie von äußerer Versorgung abhängig.
- Die südlicher lebenden Peulh sind vor allem Rinderspezialisten, die in der Regel die Viehhaltung mit einem begrenzten Ackerbau kombinieren. Wie die Tuareg sind sie in der Trockenzeit von den Weidemöglichkeiten der Fluss- und Seeufer abhängig.

Beide Gruppen lebten traditionell in einer symbiotischen Beziehung mit den angrenzenden Bauern. Die Nomaden trieben ihre Tiere nach der Ernte auf die Hirsefelder der Bauern. Als Gegenleistung für die Düngung der Felder mit Tierkot erhielten sie Getreide. So bestand die wirtschaftliche Basis der Nomaden in einer Kombination von Tierhaltung, Tausch tierischer Produkte (Käse, Milch) mit den Bauern, (teilweisem) Zugriff auf die Ernten abhängiger Bauern sowie aus Transporteinnahmen (Kamelkarawanen) bzw. Wegezöllen.

Nach der Dekolonisierung verschlechterte sich die Situation der Nomaden auf ganzer Linie:
- Die Verdrängung der Kamelkarawanen durch den LKW, die bereits in der Kolonialzeit begonnen hatte, setzte sich fort.
- Die von den Kolonialherren verfügte „Sklavenbefreiung", angesichts fehlender Existenzmöglichkeiten bislang unwirksam geblieben, wurde durch die Zuteilung von Bewässerungsland an die bislang von den Nomaden Abhängigen wirksam. Die Nomaden verloren auf diese Weise mit der politischen Macht ihre Bezugsquelle für kostenloses Getreide.
- Die vom Staat betriebene und von der Entwicklungshilfe geförderte Ausweitung der Bewässerungswirtschaft schloss die Nomaden hiervon aus. Schlimmer noch, die bisherigen Trockenzeitweiden, Fluss- und Seeufer, standen durch ihre Umwandlung in Bewässerungsfelder für die Herden nicht mehr als Futterflächen zur Verfügung. Konflikte mit Bauern und Staat nahmen zu (*Krings* 1985). Die Nomaden konnten die Gewässer zwar noch zum Tränken ihrer Rinderherden benutzen, zum Füttern waren sie aber auf die benachbarten Savannen angewiesen. Diese verkrafteten in der Trockenzeit, in der es ohnehin an Biomasse mangelt, die Beweidung nicht. So war deren Verwüstung durch Überweidung zwangsläufig.
- Der Verlust sämtlicher wirtschaftlicher Stützen außerhalb der Tierhaltung wurde nicht durch den Zugang zu neuen Ressourcen, etwa die Zuteilung von Bewässerungsland, ausgeglichen. Voraussetzung hierfür wäre die Eintragung in die Steuerregister gewesen. Nach französischem Vorbild hätten die Nomaden dann fünf Jahre lang, bis zur nächsten Steuererhebung, die ohnehin steigenden Viehsteuern zahlen müssen, und zwar selbst dann noch, wenn der Großteil des Viehs einer zwischenzeitlichen Dürre zum Opfer gefallen wäre. Ohne Bewässerungsland als ergänzende Ressource blieb den Nomaden zur Nahrungsdeckung nur die Aufstockung ihrer Herden (lediglich die Ackerbau treibenden Peulh vermochten die Dürre leichter zu meistern). „Nicht Prestigegewinn, sondern ihre Nahrungsansprüche bilden den wesentlichen Antrieb für das Herdenwachstum" (*Brandt* 1983, S. 64, vgl. auch *Klute* 1992, S. 38 f. und *Lachenmann* 1990, S. 150 ff., *Spittler* 1994).
- Einzige Kompensation und Hilfe durch Staat und ausländische Geber war die Anlage von Tiefbrunnen, um den vergrößerten Herden gerecht zu werden. Für eine entsprechende Verbreiterung der Futterbasis wurde aber nicht gesorgt. Vegetationsvernichtung um die Brunnen war die Folge. Das Brunnenprogramm zielte auf die Wahrnehmung der Exportchancen in die Küstenstädte. Voraussetzung wäre eine Marktintegration der Nomaden gewesen. Diese widersetzten sich aber der Unterordnung unter das Staatsinteresse – des eigenen Überlebens wegen. Aus ihrer Perspektive zielte die Tierhaltung nicht auf den Markt, sondern diente der Risikominderung. Sie war eine wichtige Strategie der Überlebenssicherung: Nur wer viel Vieh hält, kann Bestände durch die Dürre retten, die eine Herdenregeneration binnen weniger Jahre erlauben und verfügt zugleich über die Möglichkeit, geschädigten Verwandten durch die Viehleihe zu helfen. Auf das Weiterbestehen von Solidarleistungen auf der Basis der Reziprozität ist aber jeder Nomade existenziell angewiesen. Die Marktintegration stellt hingegen eine Aufkündigung dieser Reziprozitätsbeziehungen dar. Und die „große Dürre" von 1981 bis 1985 belegt, dass der Markt sich in der Kri-

se gegen die Nomaden wendet: Im Augenblick drohenden Massentiersterbens „bietet alle Welt Vieh an. Die Viehpreise sinken angebotsbedingt und die Getreidepreise steigen bei schwachem Angebot und starker Nachfrage" (*Brandt* 1983, S. 64). Im Norden Malis sank 1984 der Rinderpreis von normal 100 € auf 3,50 € ab, während der Preis für einen 100kg-Sack Hirse sich auf 90 € verdreifachte! (*Müller/Lachenmann/Krings* 1987, S. 11; vgl. zur Preisproblematik auch *Ibrahim* 1988, S. 224). Städtische Händler und Geldanleger ließen die billig aufgekauften Herden mit Weizen aus EG-Nahrungsmittellieferungen wieder aufpäppeln und verkaufen sie nach der Dürre zu den dann wieder gestiegenen Preisen (*Müller/Lachenmann/Krings* 1987, S. 12). Städter wie Bauern legten ihre Geldreserven in Form von Vieh an und machten den Nomaden die Weiden streitig. Die rechtliche Grundlage hierfür bot eine Staatsverordnung, die alles Land zu Staatseigentum erklärt hatte. Die Weiden standen nun jedem offen; nichtnomadische Nutzergruppen halten aber die traditionellen Regeln der Ressourcenschonung nicht ein. Hat nun jeder Zugang zu den früheren „Stammesgebieten", sehen die Nomaden auch keinen Sinn mehr in Schonung und Pflege der Weiden.

Das Verhalten der Nomaden ist also alles andere als „irrational" (vgl. Kap. 4.3). „Tatsächlich ist die Nomadenwirtschaft der Inbegriff einer rationalen Nutzung der Umwelt aufgrund ihrer räumlichen, sozialen und organisatorischen Flexibilität" (*Lachenmann* 1987, S. 394; vgl. auch *Klute* 1992, S. 39). Der Handlungsspielraum der Menschen ist aber so eingeengt worden, dass sie ökologische Gesichtspunkte nicht mehr in Betracht ziehen können. Desertifikation, erklärt als Fehlnutzung „durch den zerstörerischen Menschen" (s.o. Ibrahim), blendet die sozio-ökonomischen Entstehungsbedingungen aus (Ende der achtziger Jahre modifizierte Ibrahim seine frühere, an Mensching angelehnte Position, indem er die sozio-ökonomischen Handlungszwänge der jeweiligen sozialen Gruppen in seine Argumentation aufnahm; z. B. Ibrahim 1988). Infolgedessen erscheinen die Opfer des strukturellen Wandels als verantwortliche Täter. Desertifikation ist als zutiefst „soziales Problem zu begreifen. (…) Sie ist nicht ein einfacher Prozess von Ursache und Wirkung, sondern ein komplexer Zusammenhang, innerhalb dessen die Wechselwirkungen zwischen natürlichen und sozio-ökonomischen Veränderungen die entscheidende Rolle spielen" (*Lachenmann* 1985, S. 2f).

e) Die nördliche Agrarzone (Trockensavanne)

Dürre- und Missernterisiken sind im Norden hoch. Es fehlt hier an profitablen, vermarktbaren Kulturen. Lediglich Erdnüsse, deren Preis und Nachfrage auf dem Weltmarkt niedrig sind, gedeihen im zentralen Teil der Trockensavanne. Die Menschen versuchen, mit trockenheitsresistenten Hirsen – in Mischkultur angebaut – mit Baumkulturen (Karité) und kleinräumiger Trockenzeit-Gemüsebewässerung über die Runden zu kommen. Doch die Ernte reicht selbst in Gunstjahren nicht über die Saison. Das größte Problem ist der ständige Geldmangel. Legal können die Bauern Getreide nur an die staatliche Monopolbehörde OPAM (Office des Produits Agricoles de Mali) verkaufen, zu von der Regierung festgesetzten und zugunsten einer günstigen städtischen Versorgung niedrigen Preisen. Die Verschuldungsspirale ist so für die meisten Bauern unvermeidbar. Eine wichtige Rolle spielt hierbei auch die Übernahme des französischen Verwaltungssystems: Steuern und Abgaben, Schulgeld und Kredite müssen zum 1. Januar entrichtet werden. Die Bauern sind dann häufig, unabhängig von der Höhe ihrer Ernte, gezwungen, Ernteanteile zu verkaufen. Da der Markt aber infolge der gerade abgeschlossenen Ernte gesättigt ist, sind die Preise niedrig. Ein halbes Jahr später müssen die meisten Bauern Nahrungsmittel wieder zurück kaufen – zu dann stark gestiegenen Preisen (vgl. Tab. 3.3.2/2). Die Jahreszeit, in der die Ernährung am stärksten gefährdet ist, ist nicht die Trockenzeit, sondern die Regenzeit, genauer: die „soudure", die Monate vor der Ernte. Da arme Bauern nicht kreditfähig sind, müssen sie sich in dieser Zeit bei lokalen Geldverleihern zu Zinssätzen zwischen 25 und 50% verschulden. Zur Tilgung werden dann Teile der nächsten Ernte bereits vor der Aussaat verpfändet.

Für die nördliche Agrarzone wird häufig das Vordringen des Hirseanbaus über die agronomische Trockengrenze hinaus als Hauptproblem konstatiert. Dafür verantwortlich seien Bevölkerungswachstum bzw. -druck und Landverknappung. Empirische Daten sprechen aber gegen diese These: „Die Fläche für Nahrungsgetreideproduktion (…) stieg zwischen 1970 und 1979 insgesamt nur um 3%, der Hektarertrag ging (durch Bodendegradation) um 0,65% zurück" (*Lachenmann* 1990, S. 68). Die Flächenausweitung blieb

Tab. 3.3.2/2: Jahreszeitliche Preisbewegungen (Beispieljahr 1990)
Quelle: *Schmidt-Wulffen* 1993 a, S. 238

	Erzeugerpreis/kg (Franc CFA)		Konsumentenpreis/kg (Franc CFA)	
	Nachernte	Vorernte	Nachernte	Vorernte
Hirse	25	77	30	86
Sorghum	25	74	30	83
Mais	15	56	20	60

damit weit hinter dem Bevölkerungswachstum zurück. Es gibt plausiblere, gesellschaftliche Ursachen für das Vordringen des Ackerbaus. Sie spiegeln die soziale Destabilisierung der Existenzgrundlagen des Subsistenzanbaus:

– Viele Bauern bezeichneten bei einer eigenen Befragung den Geldmangel als wichtigste Veränderung ihres Lebens während der vergangenen Jahrzehnte. Alles sei teurer geworden, Schulgeld und Gesundheitsdienste seien nicht mehr – wie früher – kostenlos (Folge der IWF Strukturanpassungspolitik). Die Söhne würden auf der Suche nach Arbeit abwandern, nicht zurückkehren und keine oder nur unzureichende Unterstützung leisten. So müssten mehr Hektar als früher bearbeitet werden, doch fehlten dafür die Arbeitskräfte bzw. müssten im Dorf gebliebene Jugendliche dafür bezahlt werden (vgl. Kap. 4.2).
– Ökologisch bedingte steigende Ernteunsicherheit, wachsender Geldmangel, die Notwendigkeit, die Erträge zu steigern und fehlende Arbeitskraft auszugleichen, dazu bedarf es massiver staatlicher Förderungsmassnahmen. Diese fehlen jedoch. Sie sind auf die profitablere Südzone beschränkt. So bleibt den Bauern nur die Flächenausdehnung. Dabei weichen sie auf leicht bearbeitbare, aber stark erosionsgefährdete Böden (fossile Dünen) aus.

f) Die südliche Agrarzone (Feuchtsavanne)
Dürren äußern sich im Süden nur noch in stark abgeschwächter Form. Südlich der 1000mm-Isohyete findet sich die ganze tropische Anbauspektrum: Zu Hirse, Sorghum und Mais treten Jams, Kochbananen, Obstbaumkulturen, Baumwolle, Reis, Zucker und Tabak. Diese Gunstregion macht 33% der im Regenfeldbau genutzten Fläche (=8% der Staatsfläche) Malis aus; in ihr wird aber im Baumwollanbau das Gros der Exporterlöse erzielt, in weitem Abstand gefolgt von Vieh und Erdnüssen in den nördlicheren Agrarzonen. Infolge höherer Hektarerträge wird hier auch überdurchschnittlich viel Getreide erwirtschaftet. Die jeweiligen Anteile schwanken naturgemäß von Jahr zu Jahr; 2002 wurde erstmals trotz enorm gesteigerter Produktion Baumwolle durch Gold vom ersten Platz verdrängt (Munzinger-Archiv: Mali, 2002).
Die wissenschaftliche Diskussion im Kontext des Dürre-Hunger-Syndroms konzentrierte sich zwischen 1970 und 1990 auf die Frage, ob der Baumwollexport nicht zur Verdrängung von Nahrungskulturen geführt habe, oder ob Hunger, der sich besonders in den Dürreperioden gezeigt habe, nicht Folge einer übermäßigen Landnutzung durch die Exportkultur Baumwolle als Folge „der Umfunktionierung lokaler Ökonomien auf die Importbedürfnisse der Metropolen und auf die heute dominanten Nachfragestrukturen des Weltmarktes" gewesen sei (*Senghaas* 1977, S. 191).
Nimmt man die Wirkung der grundsätzlichen kolonialen Weichenstellung, weg von der reinen Subsistenzproduktion hin zur Kombination von Subsistenz- und Exportproduktion, als gegeben hin, lassen sich bezüglich der beiden „großen" Dürrekatastrophen folgende Feststellungen treffen (nach *Schmoch* 1983, *Schmidt-Wulffen* 1985 a, b, c; 1988, 1992a, *Anhut* 1990):

– In der für Baumwolle optimalen Zone mit 900 mm bis 1200 mm Niederschlag bewirtschaften Bauern zwischen 10 und 30% ihrer Nutzfläche mit Baumwolle. Das übrige Land dient vorwiegend dem Getreideanbau. Die Baumwollfläche wird von der CMDT (Compagnie Malienne de Développement des Textiles) den Bauern zugeteilt; sie ist im Allgemeinen geringer als es den Wünschen der Bauern entspricht.

- Betriebswirtschaftlich ist die Kombination von Baumwolle mit Hirse für die Bauern optimal. Die Arbeitsprozesse spreizen sich bei der Kombination beider Produkte so weit, dass weniger Arbeitsspitzenengpässe entstehen als bei ausschließlichem Hirseanbau. Zudem ist der Einsatz von Mineraldünger bei Hirse unrentabel. Wird aber Hirse auf dem Baumwollfeld des Vorjahres angebaut, profitiert diese durch Nachnutzungseffekte der Baumwolldüngung.
- Ihre Not, insbesondere ihr Geldmangel, zwang die Bauern zur Mehrproduktion über Flächenausweitung. Die damit verbundene Arbeit konnten sie nur durch die Ochsenanspannung bewältigen. Allerdings darf man deren Effekte nicht überschätzen: Der Ochsenpflug verhilft zu höheren Einkünften, weil die Anbauvorbereitung rascher erledigt und damit die Regenzeit besser genutzt werden kann. Demgegenüber wird die mögliche Flächenausdehnung durch den Umstand begrenzt, dass Jäten und Ernten weiterhin per Hand bewerkstelligt werden müssen (*Krings* 1986). Erst die Einkünfte aus dem Baumwollanbau ermöglichten die Finanzierung dieser Innovation, die nicht nur dem Baumwoll-, sondern genauso dem Hirse- und Maisanbau zugute kam. Den Bauern der anderen agrarökologischen Zonen fehlen entsprechende cash-crop-Einkünfte für technische Innovationen, was sich dann in einer geringeren Produktivität niederschlägt.

Die Bauern des Südens haben plausible Gründe, sich nach Sicherstellung ihres Subsistenzbedarfs für den Baumwollanbau und gegen zusätzliche Hirseproduktion für den Verkauf zu entscheiden, und das, obgleich Erlöse und Arbeitszeit in keinem tragbaren Verhältnis zueinander stehen: Für 1 ha Hirse sind 50, für 1 ha Baumwolle 113 Arbeitstage erforderlich. Diese unbezahlte Mehrarbeit wird aber in Kauf genommen, denn der Staat gewährt für Baumwolle eine Absatzgarantie und gibt den Bauern damit die erstrebte Sicherheit. Das gilt aber nicht für Getreide. Diese Konstellation stärkt das gewohnte Anbaumuster, Hirse nur für den Eigenbedarf, Baumwolle für den Geldbedarf zu betreiben.

Gesteuert wird der Baumwollanbau durch die staatliche Monopolorganisation CMDT. Sie teilt Flächen und verbilligte Agrarinputs zu, erlässt und kontrolliert Anbauvorschriften, setzt den Aufkaufpreis fest und organisiert die Vermarktung. Der an Devisenmaximierung interessierte Staat begrenzt aber, zum Ärger der Bauern, je nach Absatzlage und Kapazität der Baumwollentkörnungsanlagen, die jedem Bauern zugestandene Baumwollanbaufläche. Dadurch wird die Produktion gebremst und eine weitere Senkung der Nahrungsmittelproduktion verhindert. Nach der Dürre von 1981–1985 propagierte und förderte der Staat über seinen (nur in der CMDT-Zone existierenden und vormals auf die Baumwollförderung fixierten) Beratungsdienst den Anbau von Mais, wenn auch mit wenig Erfolg: Bei gegenüber der Hirse mindestens doppelt so hohen Hektarerträgen ist das Missernterisiko infolge geringer Trockenheitsresistenz ungleich höher. Zudem bevorzugt die städtische Bevölkerung Hirse, solange diese verfügbar ist, denn diese ist leichter und schneller verarbeitbar.

Fazit: „Die allgemein kritisierte Tatsache, dass in der Zeit der Dürre trotz Nahrungsmittelknappheit Baumwolle exportiert wurde, war in Bezug auf die Situation des gesamten Landes eine Katastrophe, nicht aber für die Bauern der Baumwoll-Region" (*Schmoch* 1983, S. 272). Ein Blick auf die Statistik belegt den Siegeszug der Baumwolle gegenüber einer, gemessen am Bevölkerungswachstum stagnierenden Entwicklung des Nahrungsmittelsektors (Tab. 3.3.2/1). Dies ist Ergebnis einer Agrarpolitik, die *Elwert* (1984) als „Anti-Agrarpolitik" geißelt: Der Staat monopolisierte den gesamten Agrarhandel, zog die Vermarktung an sich und setzte jährliche Erzeugerpreise fest. Dabei wurde zugunsten sozialer Ruhe in den Städten und zur Ankurbelung des Exports die Baumwolle preislich bevorzugt bzw. wurden die Hirse-Erzeugerpreise unter die der Baumwolle abgesenkt (vgl. Kap. 4.2.). Es fehlten so Produktionsanreize für die Getreidemehrproduktion über den bäuerlichen Eigenbedarf hinaus. Zwar erfolgten jährlich mäßige Preiserhöhungen; diese belegen jedoch keine Verbesserung der Einkommenssituation, sondern verstehen sich als Inflationsausgleich. Die staatlichen Subventionen für Düngemittel und Pestizide sowie der Agrarberatungsdienst konzentrierten sich auf die Baumwollzone und hier auf die Exportproduktion. Für die Bauern ausschlaggebend war aber die staatliche Abnahmegarantie.

Der Nahrungsmittelbedarf der Städte(r) wurde mit Hilfe von Polizei und Militär durch Zwangsrequirierung zu sichern versucht. Dabei wurde keine Rücksicht auf die Nahrungsansprüche der Bauern genommen, Hauptursache des Hungers auf dem Lande. Künstliche Preisabsenkung und Zwangsrequirierungen entmotivierten zusätzlich, Getreide für den Markt bzw. für die Defizitregionen des Nordens zu produzieren. Im Falle klimatisch bedingter Getreideüberschüsse unterliefen die Bauern das Zwangssystem, indem sie den „Parallelmarkt", den Schwarzmarkt belieferten. Die Händler boten den Bauern mehr als der Staat. Sie verkauften das Getreide dann in die Nachbarländer, wo sie höhere Preise erzielen konnten. Hunger in Mali erklärt sich so auch aus einer „Subventionierung" der Nachbarn.

Von den Baumwollerlösen erhielten die Bauern (nur) zwischen 28% und 33% ausgezahlt. Der hohe, vom Staat einbehaltene Erlösanteil diente der Finanzierung von „Entwicklungsoperationen", vor allem aber der des vorwiegend städtischen Beamten- und Funktionärsapparates (vgl. Kap. 4.2). Die Bauern subventionierten auf diese Weise Staat, Städter und „Entwicklung". Darüber hinaus machte sich der Staat den Umstand zunutze, dass die Bauern ohne die Subsistenzproduktion nicht leben können. Deren Kosten entlasten die Produktion der Baumwolle, weil die Bauern Getreide auch ohne Baumwollproduktion anbauen, um sich zu ernähren. Ferner nehmen die Familien die Alten und Kranken auf, so dass auch hierfür kein Entgelt zu zahlen ist. Solange der Baumwollanbau noch so viel Bargeld bringt, dass der bescheidene Geldbedarf der Familien, z. B. für Schulgeld, Medizin und einfache Konsumgüter, gedeckt wird, bleibt er attraktiv. In den Industrieländern, in denen es keinen Subsistenzsektor mehr gibt, müssen hingegen die Ernährung und die meisten Dienstleistungen und Versicherungen von den Konsumenten aus ihren Arbeitseinkommen bezahlt werden. Diese müssen entsprechend hoch sein.

Die geschilderten Vorteile der Baumwollproduktion für die Bauern und der ökonomische Zwang, zur zeit- und arbeitsintensiven cash-crop-Produktion führten dazu, dass selbst in der begünstigten Südregion sich nur 53% aller Bauern selbst versorgen konnten, während 47% auch in Normaljahren Nahrungsmittel hinzukaufen mussten (*Staatz u. a.* 1989, S. 713). Dies zeigt, dass für die meisten Bauern gar nicht die Möglichkeit bestand, Getreide für die Städte und für die Defizitregionen im Norden zu produzieren. Beim Getreideanbau waren nicht nur die Preise niedriger als beim Baumwollanbau, es gab auch keine Abnahmegarantie. Die von den Bauern verfolgten Bargeldstrategien, vor allem die der Bevorzugung der Baumwolle, sind betriebswirtschaftlich rational und eine Konsequenz der fehlenden Attraktivität des Getreideanbaus für den Markt (vgl. *Gnägi* 1991, S. 64).

3.3.2.2 Nach den Katastrophen: Entwicklungstendenzen seit 1980

Zwischen 1980 und heute lassen sich zwei Etappen politischer Entwicklungen auf der Makro-Ebene mit produktionstechnischen und sozialen Wirkungen auf die Mikro-Ebene ausmachen. Die jeweils ergriffenen politischen Konzepte hatten zum Ziel, die Engpässe in der Ernährungssicherung zu beseitigen. Die erste Phase stand im Zeichen staatlicher „Entwicklungsoperationen", also einer Steigerung staatlichen Einflusses. Hier wurde versucht, ohne grundlegende Strukturveränderungen die Effizienz der Landwirtschaft zu erhöhen. Die zweite Phase brachte eine politische Kehrtwende, eine ordnungspolitische strukturelle Umgestaltung von Staat und Wirtschaft in Richtung Marktliberalisierung, also auf Abbau staatlicher Reglementierungen.

a) Entwicklung durch staatliche „Entwicklungsoperationen"

Der fruchtbare Süden Malis und das Niger-Binnendelta sind mit staatlichen, von internationalen „Gebern" unterstützten Entwicklungsoperationen überzogen (Operation Riz, Operation Arachide usw., ausführlich *Lachenmann* 1990, S. 332–343, *Weidmann* 1990). Dabei werden seit der Dürre zwischen 1981 und 1985 und dem Einbruch des Baumwollweltmarktpreises 1984 auch Nahrungskulturen gefördert. Diese Staatsprojekte sind mit vielen Schwierigkeiten behaftet. Diese treten besonders augenfällig bei Bewässerungsprojekten hervor: Finanzielle Engpässe, technische Inkompetenz, den natürlichen Bedingungen nicht angepasste Bewässerungsmethoden, Selbstblockaden durch unklare administrative Zuständigkeiten, bevorzugte Landzuteilung an städtische Funktionäre, Missmanagement, Selbstprivilegierung der bürokratischen Elite und Korruption. Auf der anderen Seite steht der Landverlust überschuldeter Bauern. Da die Finanzierung auf internationalen Krediten beruhte – 87% aller öffentlichen Investitionen der malischen Wirtschaft waren durch das Ausland, in erster Linie von der EG finanziert – „führte die hohe externe Finanzierungsrate zu einer wachsenden Überschuldung und zur Unterwerfung unter die IWF-Auflagenpolitik" (*Weidmann* 1990, S. 185f). Infolge des autokratischen Ansatzes funktionieren weder Agrarberatung noch Servicedienste wie etwa in der Baumwollzone, wo die Beratungsangebote den bevorzugten Handlungsstrategien der Bauern entsprechen. Die Wiederbelebung des in der Kolonialzeit gescheiterten Office-du-Niger-Projektes ist ein weiteres Beispiel der Verschwendung knapper Mittel. Auch beim Bau des umstrittenen Manantali-Staudammes am unteren Senegal zeigt sich das geringe Interesse an Basisprojekten. „Am Beispiel der Republik Mali konnte nachgezeichnet werden, dass die EG im landwirtschaftlichen Bereich bisher fast ausschließlich staatliche Großprojekte förderte. Was am Ende dabei herauskam, war reine Elitenförderung" (*Weidmann* 1990, S. 194).

b) Ernährungssicherung durch Marktliberalisierung und Basisstabilisierung
Die großräumigen staatlichen Entwicklungsprojekte stellten einen letzten Versuch dar, die seit der Entkolonisierung betriebene, staatlich reglementierte Entwicklungspolitik aufrechtzuerhalten. Durch ihr Scheitern wurde klar, dass die staatliche Steuerung ein untaugliches Mittel war, Ressourcen zu mobilisieren und Kräfte freizusetzen. Wie schon vor den beiden „Jahrhundertdürren", so blockierte auch danach die Staatspolitik sowohl den Ernährungs- wie den Exportsektor. Das sollte sich erst durch einen grundlegenden ordnungspolitischen Wechsel ändern.
Ein Blick auf die Produktionsstatistiken (Tab. 3.3.2/1) zeigt erstaunliche Produktionssteigerungen ab Mitte der 80er Jahre des vergangenen Jahrhunderts, und zwar noch stärker für die Nahrungs- als für die Exportproduktion. Diese sind Ergebnis eines auf Marktliberalisierung zielenden Politikwandels, der sich in Etappen vollzog:

– Ab 1981 wurde die Ernährungssicherungsstrategie entstaatlicht. Hintergrund waren die Unfinanzierbarkeit ständig steigender Nahrungsimporte (ausführlich: *Anhut* 1990, S. 82ff) und die Ineffizienz des aufgeblähten staatlichen Getreidebüros: Nur mehr 10–20% des kommerzialisierten Getreides (= 1,5–3% der Landesproduktion) wurden durch die Zwangsvermarktung erfasst (*Brandt* 1984, S. 449). Die Aufhebung des staatlichen Vermarktungsmonopols für Getreide durch das OPAM, die Legalisierung privaten Handels und die Freigabe der Preise ermutigte private Investitionen und bewirkte einen Produktivitätsschub.
– 1991, nach dem Sturz des Diktators Moussa Traore, wurde den Bauern das Recht auf Selbstorganisation zugestanden. Die Baumwollfarmer bildeten Bauernvereinigungen, die auch auf Entscheidungen der CMDT Einfluss erhielten. Im Ergebnis wurden Anbauschranken beseitigt, die Operationskosten der CMDT gesenkt, die Gewinne in den Ausbau der sozialen Infrastruktur umgeleitet (Schulwesen, Gesundheitsdienst) und durch eine Vereinfachung der Vermarktungswege die Einkommenssituation der Bauern fühlbar verbessert. Eine völlige Privatisierung durch Bildung mehrerer, miteinander konkurrierender Firmen wurde für 2005 vorgesehen.
– 1994 bewirkte die 50%ige Abwertung des Franc CFA einen weiteren Produktivitätsschub. Exporte verbilligten sich. Baumwoll-, Vieh- und Reisexporte erzielten höhere Preise. Die gestiegenen Einnahmen wurden zu einem großen Teil reinvestiert, die Erlöse aus dem hochwertigen Reis wurden in Importe weitaus billigeren thailändischen Bruchreises investiert. So verbesserte sich die Ernährungssituation im Lande schlagartig, zumindest vom Angebot her.
– Makroökonomisch kann Mali seit 1994 mit einer beeindruckenden Bilanz aufwarten (*Tefft u. a.* 2000, S. 14 ff.): Zwischen 1985 und 1994 lagen die jährlichen Wachstumsraten bei Hirse/Sorghum/Mais mit 2,7% nur geringfügig unter der Bevölkerungszuwachsrate von 3%. Das leichte Defizit wurde aber durch einen jährlichen Zuwachs bei Reis von 10,3% mehr als kompensiert. Nach der CFA-Abwertung von 1994 verdoppelten sich die jährlichen Zuwachsraten bei Hirse/Sorghum/Reis auf 5,6%, sodass erstmals eine bis heute anhaltende Überschusssituation zu registrieren ist. Selbst wenn es zu einem starken dürrebedingten Einbruch der Getreideproduktion kommen sollte, womit immer gerechnet werden muss, wäre

es heute leicht, Importe aus den ebenfalls stark gestiegenen Baumwollerlösen zu bezahlen. Denn die Steigerung der Baumwollproduktion betrug vor der Abwertung jährlich 7% und nach dieser 12%! In den letzten 13 Jahren gab es drei Defizitjahre, die problemlos überbrückt wurden.
- Weitere Verbesserungen der nationalen Ernährungssituation sind zu registrieren: So verringerte sich durch die Überschusssituation die saisonale Kluft zwischen den Preisen nach der Ernte und der Soudure beträchtlich. Durch Bürokratieabbau und effizientere Vermarktungsstrukturen stiegen die Einkünfte der Bauern; zugleich fielen die Konsumentenpreise auf den lokalen Märkten.

Auch wenn angesichts solcher Erfolgsmeldungen die Hungerfrage scheinbar gelöst ist, lohnt doch ein Blick auf die regionale und die soziale Situation.

Regionale Aspekte:
- Als erstes fällt auf, dass der Zuwachs bei „traditionellem" Getreide einer Steigerung im Maisanbau zu danken ist, Folge des Einsatzes von düngeintensiven Hochertragssorten. Die Produktion von Hirse/Sorghum stagniert hingegen. Der Maisanbau nimmt aber infolge seiner geringen Trockenheitstoleranz nach Norden hin stark ab.
- Weitere Indikatoren belegen, dass der gewaltige Produktionszuwachs drei südlichen Regionen zuzuschreiben ist, in denen 53% der Bevölkerung leben.

Tab. 3.3.2/3: Indikatoren regionaler Differenzierung
Quelle: Zusammengestellt nach *Tefft u. a.* 2000

Indikator	Region von Süd nach West/Nord						
	1	2	3	4	5	6	7
Anteil an der Bevölkerung in %	17	18	18	15	17	4	9
Anteil an der Agrarproduktion in %	28	15	33	6	12	1	5
Getreideproduktion Kg/Kopf	312	236	303	133	173	12	56
Getreideproduktion Kcal/Kopf (Die FAO beziffert den für tägliche Ernährung notwendigen Getreideanteil auf 1800 kcal.)	2409	1820	2338	1026	1340	68	433
Regendefizit Jahre: Zeitraum 13 Jahre	0	4	0	11	7	11	11
	Sikasso	Bamako	Segou	Kayes	Mopti	Gao	Timbuktu

Soziale Aspekte:
Das reale Einkommen der Bauern Malis stieg zwischen 1994 und 2001 um 400%, eine Zahl ohne Aussagewert, da sie keine Differenzierung enthält. Konkrete, wirklichkeitsnahe Zahlen fehlen. Fest steht nur, dass die Einkommen auf größeren Farmen (des Südens) stärker gewachsen sind, die ihre Produktivität durch Ochsenanspannung steigern konnten. Sie konnten dadurch sowohl bei Baumwolle wie bei Getreide ihre Marktanteile erhöhen. Befragungen nach der CFA-Abwertung von 1994 zufolge gaben zwei Drittel der Haushalte an, dass ihre Ernährung aufwändiger geworden sei, aber für ein Drittel hatte sie sich verschlechtert. Unter Letzteren dominierten die Kleinstbauern, die auch die geringsten Produktivitätszuwächse zu verzeichnen hatten bzw. solche, die unter langfristiger Verschuldung litten (*Tefft* u.a. 2000, S. 22).

3.3.2.3 Untersuchungen zur Verwundbarkeit

Zwei Sachverhalte scheinen gesichert:
- Hungerkatastrophen nach dem Muster der „Jahrhundertdürren" der zweiten Hälfte des 20. Jahrhunderts wird es aller Wahrscheinlichkeit in Mali nicht mehr geben. Ein professionelles Katastrophenmanage-

ment sowie ein effizientes Vorwarnsystem werden dies verhindern. Warnzeichen auf bevorstehende Hungersnöte, die systematisch erfasst werden, sind z. B. plötzliche Preisanstiege bei Nahrungsmitteln auf peripheren lokalen Märkten sowie das Auftreten von Mangelkrankheiten bei Kindern.
– Hungerkrisen gehören, ungeachtet aller Fortschritte durch Marktliberalisierung und Produktivitätsfortschritte, dennoch weiterhin zur Alltagsrealität Malis – auch außerhalb spektakulärer Dürren. Darauf weisen die empirisch erwiesenen regionalen und sozialen Disparitäten hin.

Die aktuelle Hungerkrisenforschung geht davon aus, dass Hunger meist langfristig angelegt und unspektakulär auftritt und im eruptiv-spektakulären Ereignis nur seinen Höhepunkt findet. Diesen Prozess zu erfassen, bedarf es eines besonderen analytischen Blicks, einer anderen Untersuchungsweise. Diese neue Hunger- und Nahrungskrisenforschung als Forschungsfeld einer problemorientierten Wirtschafts- und Agrargeographie wendet sich von einer rein produktions- und standortorientierten Agrargeographie ab und einer gesellschaftswissenschaftlichen „Nahrungsgeographie" zu. „Ausschlaggebend ist die Einsicht, dass Ernährungsengpässe und Hungerkrisen nicht allein durch Naturkatastrophen (Dürren, Überschwemmungen) zu erklären sind, sondern dass eine Reihe von ökonomischen und politischen Faktoren für die Entstehung von Nahrungskrisen mitverantwortlich ist. In den Mittelpunkt des Interesses rücken der Mensch selbst und hierbei Fragen der gesellschaftlichen Anfälligkeit gegenüber Hungerkrisen". Die beiden Hauptthemen sind die Krisenanfälligkeit bzw. Verwundbarkeit und die Absicherung vor dieser Gefährdung bzw. die Krisenbewältigung (*Krings* 1997, S. 26; vgl. auch Kap. 2.1.2). „Verwundbarkeit bedeutet, dass Menschen Eventualitäten und Stress ausgesetzt sind und dass sie Schwierigkeiten haben, diese zu bewältigen. Verwundbarkeit hat insofern zwei Seiten: (…) externe Risiken, denen ein Individuum oder ein Haushalt ausgesetzt sind und eine interne Seite, die Wehrlosigkeit bedeutet, d.h. einen Mangel an Mitteln, ohne Verluste mit den Risiken umzugehen" (*Chambers* in *Bohle* 2001, S. 193).

Um diesem Anspruch gerecht zu werden, müssen zwei Dimensionen fokussiert werden: zum einen müssen die längerfristig am stärksten hungeranfälligen Gruppen („vulnerable groups") ermittelt werden. Zum anderen muss analysiert werden, wie diese in ihrem Handeln von ihrem Umfeld, von ihren „kritischen Regionen" beeinflusst werden (*Krings* 1997, S. 28, *Bohle* 2001, S. 193):

– In welchem Maße sind verwundbare Gruppen Naturrisiken ausgesetzt?
– Über welche Handlungsspielräume zur Krisenbewältigung verfügen diese Gruppen?
– Welche Möglichkeiten stellt die Gesellschaft den verwundbaren Gruppen zur Verfügung, sich von den Folgen und Schäden zu erholen?

Ergebnisse nach *Krings* 1997:
– Erhöhte Verwundbarkeit war evident, wenn eine eigene Familie oder ein männlicher Haushaltsvorstand fehlte bzw. wenn es sich um alleinstehende Frauen oder Männer handelte. In diesen Fällen fehlten interfamiliäre Netzwerke, um die fehlenden Arbeitskräfte aufzufangen oder diese waren zu schwach ausgebildet. Solche Netzwerke sind nötig, um bei Fehlen einer eigenen Subsistenzbasis Geld zum Nahrungskauf zu verdienen.
– Geringer verwundbar waren hingegen Männer infolge ihrer – im Vergleich zu Frauen – günstigeren Möglichkeiten zum Geldverdienen im informellen Sektor.
– Differenzierend wirkten sozio-kulturelle Faktoren: Angehörige der früheren Abhängigenklasse bzw. -ethnie, die harte Arbeit gewohnt sind, haben bessere Job-Chancen als z. B. Angehörige der früheren Tuareg-Herren. Ferner werden bestimmte ethnische Gruppen für spezielle Tätigkeiten bevorzugt, ewa Songhai-Männer zur Ziegelherstellung.
– Stark verwundbare Personen sind auf mildtätige Gaben und auf das Betteln angewiesen. Für sie ist es nur indirekt von Bedeutung, wenn – wie oben geschildert – Produktivitäts- und Einkommenszuwächse als Folge des Politikwandels gesamtgesellschaftlich zu verzeichnen sind.
– Entscheidend für die Bewältigung von Hungerkrisen bei Fehlen einer eigenen Subsistenzbasis sind Verfügungsrechte über Nahrungsmittel. Diese einzufordern gelingt nur Personen, Haushalten und Famili-

en, die Zugang zu Einkommensquellen bzw. zu sozialen Netzwerken haben oder über Kreditbeziehungen verfügen. Fehlen solche Möglichkeiten, muss der Nahrungskonsum drastisch eingeschränkt werden, was besonders bei Kindern irreparable Entwicklungsschäden nach sich ziehen kann (siehe hierzu *Tefft* u.a. 2000).

Gerade vor dem Hintergrund, dass Afrika in unserem Bewusstsein fast ausschließlich durch spektakuläre Krisen (Hunger und andere Katastrophen, Bürgerkriege) zur Kenntnis genommen wird, ist die Aufdeckung latenter, unspektakulärer Prozesse besonders wichtig. „In Verbindung mit einer haushaltsbezogenen Verwundbarkeitsanalyse können die ‚Struktur der Armut' entschlüsselt und wichtige Anregungen für eine verbesserte Hungerprävention gewonnen werden" (*Krings* 1997, S. 35). Der Hilfeprozess kann zielgruppengerecht erfolgen. Nothilfemaßnahmen können dann allmählich in Entwicklungsmaßnahmen übergehen, die neue, katastrophenresistente Strukturen hervorbringen.

Nachtrag: Zur aktuellen Baumwollproblematik im Sahel
Seit 2003 sind Mali und die benachbarten Shelländer unter Druck der Subventionspolitik der USA, der EU und Chinas geraten, die das Verhältnis von Subsistenz- zu Cash-Crop-Produktion von Grund auf verändern könnte: Die Baumwollsubventionierung, die von den USA, der EU und China betrieben wird, verschlechtert schlagartig die Existenzbedingungen von 15 Mio. Sahelbauern. Jährlich unterstützt die US-Regierung ihre Baumwollfarmer mit etwa 3,4 Milliarden US-$; die EU bringt 700 Mio US-$ an Baumwollsubventionen auf. Pro Farmer gibt die EU dabei sogar zweimal so viel aus wie die USA. Die amerikanischen Subventionen, die dem Zweifachen der US-Entwicklungshilfe für ganz Afrika entsprechen, erhalten 25.000 Baumwollfarmen einer Größe von 5.000 acre oder mehr am Leben – zu Lasten von 15 Mio. westafrikanischen Kleinbauern mit weniger als 5 acre Land. Dadurch übernehmen der subventionierende Staat bzw. die EU 90 % der Produktionskosten der von ihnen gestützten Großfarmen. Diese Anreize haben zu einer Ausweitung der Weltbaumwollproduktion geführt, die den Weltmarktpreis von 1,50 €/kg (2000) auf 0,7 €/kg stürzen ließ. Die Erlöse der afrikanischen Bauern sanken um ein Drittel.
Wie können die Baumwollfarmer gegenhalten? Eine Reihe von Ideen sind in der Diskussion, so das Ausschöpfen von Produktivitätsreserven, der Aufbau eines landesweiten Fonds, in den die Bauern bei höheren Preisen, die USA und die EU bei Preisverfall einzahlen. Der Aufbau einer eigenen Verarbeitungsindustrie dürfte an mangelnder Konkurrenzfähigkeit gegenüber dem Billigst-Massentextilanbieter China scheitern. Hingegen setzen viele Fachleute auf den Trend einer Kombination von „Bio-Textilien" und „Fair-Trade". Der weitgehende Verzicht auf Mineraldünger und Pestizide würde die Produktionskosten um 20 % senken.

3.4 Raumbeispiele aus dem islamischen Orient

3.4.1 Islamischer Orient – Einheit und Vielfalten *(Eckart Ehlers)*

3.4.1.1 Thesen von der Einheit des Islamischen Orients

Wesen der Wissenschaften ist es, zu systematisieren und Ordnung in die vielfältigen Erscheinungen des Lebens und seiner Deutungen zu bringen. Das gilt auch für die Geographie und die von ihr praktizierten Gliederungsversuche der Erde und ihrer Erscheinungen.
Zu den von der Geographie immer wieder vorgeschlagenen Gliederungen der Erde zählt das Konzept der Kulturerdteile. Bei diesem keineswegs unumstrittenen Konzept wird unter einem Kulturerdteil verstanden: „… ein Raum subkontinentalen Ausmaßes, dessen Einheit auf dem individuellen Ursprung der Kultur, auf der besonderen einmaligen Verbindung der landschaftsgestaltenden Natur- und Kulturelemente, auf der eigenständigen, geistigen und gesellschaftlichen Ordnung und dem Zusammenhang des historischen Ablaufs

beruht" (*Kolb* 1962, S. 46). Unter den von Kolb identifizierten Kulturerdteilen ist der „Islamische Orient" einer der am häufigsten zitierten. Wie schwierig und umstritten es indes ist, allein Grenzen und Inhalt dieser Region aus geographischer Sicht zu umschreiben, macht Abb. 3.4.1/1 deutlich (vgl. dazu auch *Krause* 1993). Im Folgenden soll der von *F. Scholz* vorgeschlagene Begriff des „Mittleren Ostens" als Abgrenzung dienen. Es hat sich zwischenzeitlich fast eingebürgert, diese Region des Islamischen Orients geographisch mit folgenden Merkmalen zu umschreiben (vgl. dazu *Mensching/Wirth* 1989, S. 15–21):

– Der Orient ist der westliche und mittlere Teil des großen altweltlichen Trockengürtels.
– Der Orient ist die nach heutigem Wissen erdölreichste Großregion der Erde.
– Der Orient ist kulturgeschichtlich das Ursprungszentrum sowohl der Neolithischen Revolution als auch unserer Hochkulturen.
– Der Orient ist derjenige Teil der antiken, hellenistisch-römisch beeinflussten Mittelmeerwelt, der im 7. Jahrhundert n. Chr. von den Arabern erobert wurde und noch heute überwiegend dem Islam zugehört.
– Im Mittelalter und in der frühen Neuzeit haben mächtige Staatensysteme mit ihrer politisch-wirtschaftlichen Organisation und ihrem kulturellen Gestaltungswillen einige Teilregionen des Orients bis heute nachhaltig geprägt.
– Die Länder des Orients sind heute rentenkapitalistisch geprägte Entwicklungsländer alter Kulturtraditionen.

Diese gängige Charakterisierung wird ganz zweifellos einer groben Kennzeichnung des Natur- und Kulturraums „Islamischer Orient", seiner Eigenarten und seiner Besonderheiten im Vergleich zu anderen Teilen der Erde gerecht. Sie verkürzt allerdings auch extrem und entspricht der Vielfalt dieses Raumes in natürlicher wie kultureller Hinsicht keineswegs. Ganz abgesehen davon, dass der Terminus „mächtige Staatensystem" vage ist, wird auch das Konzept des „Rentenkapitalismus" für die Gegenwart zunehmend in Frage gestellt. Für viele Kenner der Region spielt stattdessen der Terminus „Rentierstaat" zur Kennzeichnung der politisch-ökonomischen Befindlichkeit der Staaten des Mittleren Ostens eine Rolle (vgl. dazu *Schmid* 1991, *Pawelka* 1997, *Lindner* 1998). Allerdings nehmen die Realitäten der Gegenwart wie wohl auch die eines auf das Exemplarische verkürzten Geographieunterrichts wenig Rücksicht auf Differenzierungen und Details.

Abb. 3.4.1/1:
Der „Islamische Orient"
Eigener Entwurf

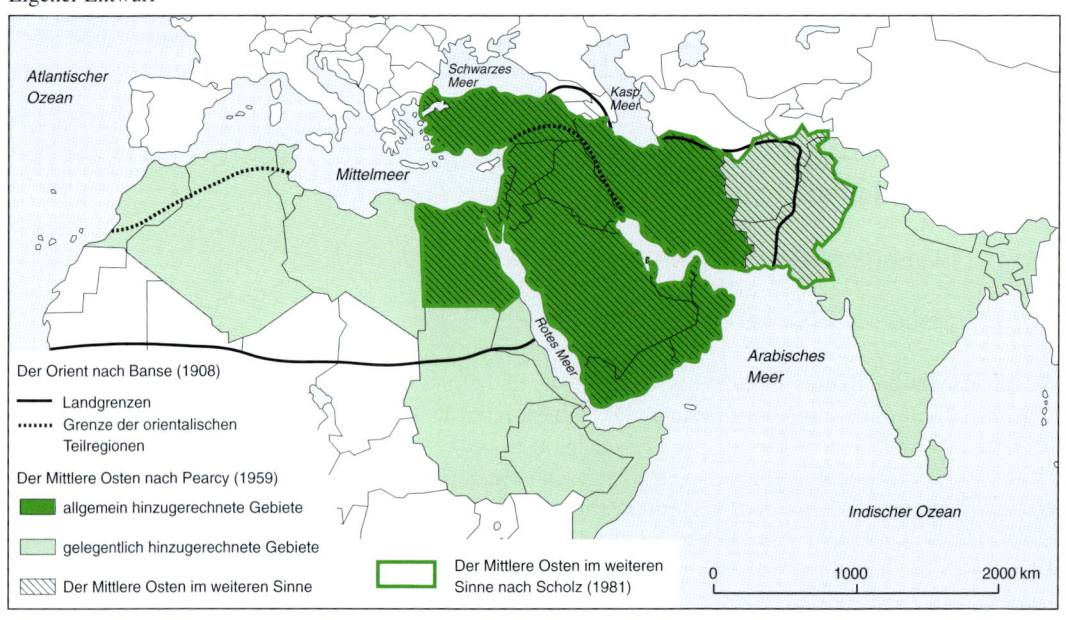

Zu den in den letzten Jahren extrem erfolgreichen plakativen Versuchen, die Erde kurz und bündig nach strategischen Kriterien zu differenzieren, zählt auch die Gliederung der Erde in „Zivilisationen" nach *Huntington* (1993f.). Die Aufteilung der Erde in sieben Zivilisationskreise erinnert in räumlicher Hinsicht an das Schema der insgesamt zehn Kulturerdteile nach Kolb und ist – trotz seines in Intention und Begründung andersartigen Charakters – auch in der Geographie mehrfach vergleichend thematisiert worden (*Ehlers* 1996, *Kreutzmann* 1997, 2002, *Kreutzmann, Stöber* 2000, *Ossenbrügge/Sandner* 1994, *Reuber* 2002 etc.; vgl. auch Kap. 1.1.2). Im Gegensatz zu Kolbs geographischer Interpretation der Kulturerdteile geht Huntington davon aus, dass Zivilisationen sich nach Geschichte, Sprache, Kultur, Tradition und vor allem nach Religion definieren. Die Gegenüberstellung der vergleichbaren Regionen zeigt die große Affinität beider Weltsichten, die aus westlicher Sicht hinreichend sein mögen, die aber den Realitäten der von Kolb oder Huntington identifizierten Räume nur bedingt entsprechen (*Kreutzmann/Stöber* 2000).

Tab. 3.4.1/1: Einteilung der Erde in vergleichbare Kulturerdteile bzw. Civilisations
Quelle: *Kolb* 1962, *Huntington* 1996

Kulturerdteile (nach Kolb)	**Civilizations (nach Huntington)**
1. Sinisch/Ostasiatisch	Confuzian/Japanese
2. Indopazifisch/Südostasiatisch	
3. Indisch	Hindu
4. Orientalisch	Islamic
5. Negrid	(African)
6. Abendländisch	Western
7. Russisch	Slavic-Orthodox

Ungeachtet solcher komplexitätsreduzierenden Verkürzungen verdient festgehalten zu werden, dass insbesondere der Ansatz der Kulturerdteile – vielleicht sogar wegen seiner Reduktionen – durchaus brauchbare Aspekte für eine verallgemeinernde Kennzeichnung und Charakterisierung von Kulturräumen subkontinentalen Ausmaßes enthält (vgl. Kap. 1.1.2). So ist beispielsweise unbestritten, dass die „orientalische Stadt" zwischen Marokko im Westen und Pakistan im Osten in ihrer altstädtischen Bausubstanz und/oder funktionalen Gliederung und Ausrichtung über so viele Gemeinsamkeiten verfügt, dass es gerechtfertigt ist, von ihr als einem eigenständigen Stadttypus zu sprechen (vgl. *Wirth* 2000). Ähnliches gilt für die anderen der zuvor genannten sechs Merkmale. Während jedes einzelne für sich nicht hinreichend gewichtig sein mag, um die These von der historischen und geographischen Einmaligkeit des Islamischen Orients zu belegen, so stellt die Kombination der genannten Charakteristika in Verbindung mit weiteren Sonderheiten der Region (z. B. die in der Vergangenheit beträchtliche, heute nur noch sporadisch auftretende Bedeutung der Nomaden!) ein durchaus respektables Gedankengebäude zur natur- wie kulturgeographischen Kennzeichnung des Großraumes „Islamischer Orient".

Ohne hier über die weitere Problematik dieses oder jenes Gliederungsansatzes und seiner wissenschaftstheoretischen oder geopolitischen Relevanz und Haltbarkeit zu räsonieren, mag genügen darauf hinzuweisen, dass sich unter den zunächst so „glatt" erscheinenden Oberflächen der Kulturerdteile wie der Zivilisationen gravierende Differenzierungen, Gegensätzlichkeiten, Widersprüche und unterschiedliche Selbstverständnisse verbergen. Sie sind so gewichtig, dass es aus wissenschaftlicher Sicht kaum nachvollziehbar ist, den Entwicklungsraum „Islamischer Orient" oder andere Kulturerdteile bzw. Zivilisationen als in sich geschlossene Einheiten zu verstehen. Im Gegenteil: Spannungen und Brüche innerhalb der Regionen sind an der Tagesordnung! Ganz abgesehen davon, dass Bewohner des Islamischen Orients und – mehr noch – deren Wissenschaftler undifferenzierte Gliederungsversuche als eklatante Beispiele eines „Orientalismus" westlicher Prägung (vgl. dazu *Said* 1978) abtun würden, werden sie noch weniger die Charakterisierungen akzeptieren, wenn es sich um die Begründung der vordergründigen Einmaligkeit oder gar Andersartigkeit von Kulturerdteilen oder Zivilisationen handelt. Es drängt sich also auf, statt der vermeintlichen Einheit des Kultur- und Zivilisationsraumes „Islamischer Orient" dessen Vielfalten zu betonen und zu begründen.

3.4.1.2 Die Vielfalten des Islamischen Orients

Im Folgenden sollen die Vielfalten des Islamischen Orients zunächst aus einer emisch-endogenen Perspektive, sodann im Hinblick auf unterschiedliche Differenzierungskritierien geographischer, kultureller und sozioökonomischer Art angedeutet werden.

Im Selbstverständnis der islamischen Welt ist der gesamte Lebensraum der durch den Islam geprägten Bevölkerung unter dem übergeordneten Begriff des *„Dar-al-Islam"* zusammengefasst. Dabei ergibt sich von selbst, dass diese Umschreibung (Haus des Islam) naturgemäß ein extrem dynamischer Begriff ist, der sich mit der Schrumpfung oder auch Ausdehnung der Religion, wie sie vor allem heute in Afrika und Südostasien stattfindet, permanent wandelt. Allein von daher mag die deutsche Bezeichnung „Islamischer Orient" ein sinnvolles Pendant zum *„Dar-al-Islam"* sein, denn auch sie ist nicht geographisch durch Längen- oder Breitengrade oder durch politische Grenzen markiert. Allerdings steht dem *„Dar-al-Islam"* mit dem *„Dar-al-Harb"* für die gesamte nicht-islamische Welt ein Begriffspendant gegenüber, das mit seiner militanten Kontrapunktik (dt.: Haus des Krieges!) aus islamischer Sicht etwas von dem tiefen kulturellen Riss zwischen West und Ost anklingen lässt und zeigt, dass „eurozentrische Weltsichten" durchaus ihre Pendants in anderen Kulturen haben können.

Vor diesem Hintergrund ist es erwähnenswert, dass innerhalb der islamischen Welt die unter dem Begriff „Haus des Islam" zusammengefasste Region klaren inneren Differenzierungen unterliegt. So wird mit dem auch bei uns nicht unüblichen Maghreb-Begriff (*Al-Maghreb*) der arabische Westen, der weitgehend mit den Maghreb-Staaten bis hin nach Libyen identisch ist, identifiziert. Ihm steht der ebenfalls überwiegend arabische Osten *„Al-Mashreq"* gegenüber. Er umfasst als Kernbereiche die historische Landschaft Paläs-tina, die Arabische Halbinsel sowie weite Teile Mesopotamiens, soweit sie dem über viele Jahrhunderte vom Osmanischen Reich beherrschten Territorium zugehörten. Auch für die Golfregion als Konflikt- und Begegnungsraum zwischen verschiedenen Kulturen, insbesondere zwischen Arabern und Persern, gibt es mit dem Ausdruck *„Al-Khalidj"* eine geographische Kennzeichnung, die dieser Region eine auch im Wes-ten anerkannte Sonderstellung innerhalb des Gesamtkontextes zuweist. Dass dabei die Iraner den Ausdruck *„Khalidj-e-Fars"* (Persischer Golf), die Araber demgegenüber *„Khalidj-e-Arab"* (Arabischer Golf) als offizielle Bezeichnung bevorzugen und ihre Verbindlichkeit postulieren, zeugt indes bereits von einem fundamentalen Interessengegensatz zwischen zwei der großen Populationen und Kulturen der Region des Islamischen Orients. Zusätzliche Bedeutung hat in letzter Zeit der mittel- und zentralasiatische Raum in seinen islamisch geprägten Teilen gewonnen. Nach dem Zerfall der Sowjetunion hat das unter dem Namen *„Asia-ye Miyane"* erfasste Gebiet eine islamische Renaissance erfahren, die nicht nur Ausgangspunkt zahlloser regionaler Konflikte ist, sondern die diesen Teil der islamischen Welt heute zu einem Spielball türkischer, saudi-arabischer und persischer Interessen gemacht hat. Auch darin drückt sich nun keineswegs die oft postulierte monolithische Einheitlichkeit der islamischen Welt aus, sondern vielmehr deren gravierende regionale und/oder lokale Gegensätzlichkeit mit massiven politischen und sozioökonomischen Spannungen und Rivalitäten.

Es versteht sich von selbst, dass hinter den genannten Groß- und Grobgliederungen in der Eigensicht dieses Raumes zahlreiche zusätzliche Nomenklaturen existieren, die regionale Spezifika widerspiegeln. In diesem Zusammenhang sei nur an Begrifflichkeiten wie Hedjaz, Asir, Jemen, Anadolu oder Fars erinnert, die ihrerseits zum Teil auch bei uns gebräuchliche Regionalismen und regionale Selbstverständnisse widerspiegeln. Wäre es nicht ein Gebot der Fairness und des Respekts, solche wie auch andere geographischen Terminologien zu übernehmen, um der geographischen Vielfalt im Selbstverständnis der Bewohner des islamischen Orients gerecht zu werden?

Gerade mit den zuletzt genannten Regionalbezeichnungen wird deutlich, dass sowohl aus geographischen als auch aus historischen Gründen eine differenzierte Sicht des „Islamischen Orients" angezeigt ist. Unter den vielen Möglichkeiten seien einige wenige herausgegriffen, um das Mosaik der Vielfalt anzudeuten.

Als Beispiele sollen dienen:
- Geographische Differenzierungen/Naturausstattung
- Historische Differenzierungen
- Ethnisch-sprachliche Differenzierungen
- Religiöse Differenzierungen
- Politische und sozioökonomische Differenzierungen
- Differenzierungen nach Lebensformen: die sog. Orientalische Trilogie.

Im Rahmen dieses Überblicks müssen jeweils nur kurze Andeutungen, zum Teil nur Stichworte genügen.

Geographisch-natürliche Differenzierungen: Ein bloßer Blick auf den Atlas zeigt eine deutliche Zwei- bzw. Dreigliederung der physischen Geographie dieses Raumes zwischen Atlantik und Zentralasien. Ein gewaltiger, im wesentlichen im Tertiär aufgefalteter *Kettengebirgsgürtel,* der vom Atlasgebirge im Westen über Pontus und Taurus, Alborz (Elburs) und Zagros zum Hindukush zieht, trennt überwiegend flach reliefierte *Tafel- und Schollenländer* im Norden (Mittel- und Zentralasien) von ebensolchen Oberflächenformen im Süden (Arabische Halbinsel, Mesopotamien und saharisches Nordafrika). Sie werden durchzogen von einer dritten naturräumlichen Großeinheit: den natürlichen *Stromtiefländern* des Nil, des Euphrat und Tigris (Mesopotamien) sowie – als deren östlicher Begrenzung – des Indus.

Aus ökologischer Sicht haben diese durch Geologie und Geographie vorgezeichneten Naturlandschaften und ihre Lage im planetarischen System gewichtige Konsequenzen. Die Gebirge im Norden Afrikas, der Türkei, Irans und Afghanistans sind – ebenso wie die Bergländer der Arabischen Halbinsel – durchweg durch höhere Niederschläge (Winterregen im Norden; monsunale Regen in Arabien) geprägt als die Plateaus der Tafel – und Schollenländer. Sie ermöglichen weithin flächenhafte Siedlung und Landnutzung in

Abb. 3.4.1/2:
Mittlere jährliche Wasser-/Niederschlagsverfügbarkeit (mm/Jahr)
Quelle: *Ehlers u. a.* 1990 (verändert nach *Thornthwaite* u. a.)

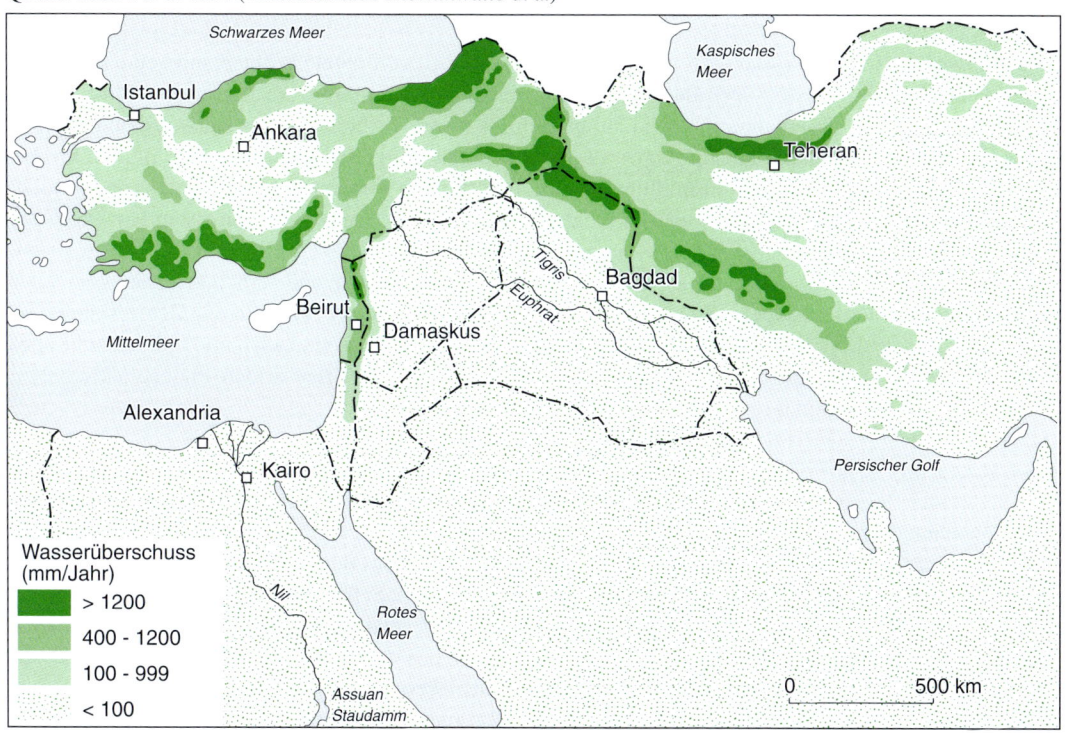

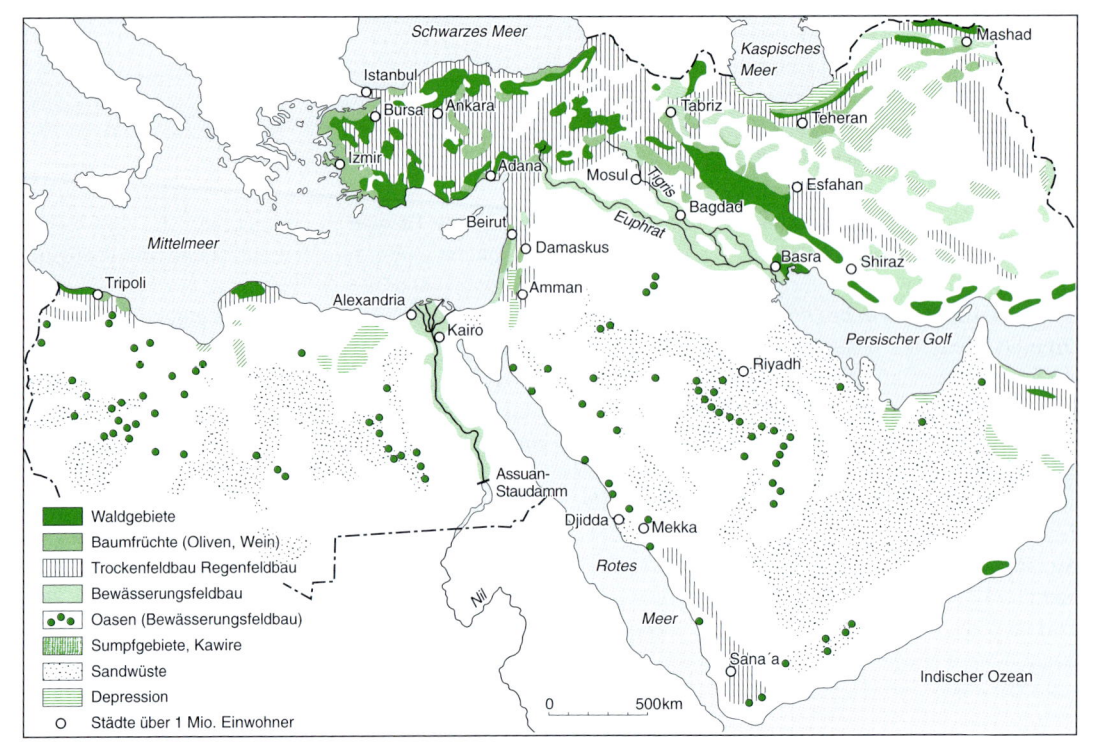

Abb. 3.4.1/3:
Landnutzung im Islamischen Orient
Quelle: *Ehlers u. a.* 1990

den Gebirgen und in ihren Vorländern. Ursprünglich einmal weit verbreitete Wälder sind heute durch den Menschen weitgehend zerstört. Den Bergländern gegenüber sind die weithin ausdruckslosen Plateaulandschaften extrem arid. Oasenkulturen sowie ein ursprünglich weit verbreiteter Nomadismus sind die herausragenden Merkmale menschlicher Anpassung und Nutzung. Eine Sonderstellung kommt den Stromtiefländern zu, die durchweg von Fremdlingsflüssen durchflossen werden. Ihr Wasserreichtum hat nicht nur zur Entstehung blühender Agrarlandschaften, sondern auch zur Entstehung der ersten Hochkulturen der Menschheit beigetragen.

Mehr als viele Worte machen die diesem Text beigegebenen Abb. 3.4.1/2 und Abb. 3.4.1/3 die von Natur aus vorgegebenen Differenzierungen deutlich. Die nördlichen und stärker reliefierten Gebirgsländer erhalten nicht nur signifikant höhere Niederschläge (Abb. 3.4.1/1), sondern sind auch im Hinblick auf Landnutzung, Bevölkerungsdichte und/oder Siedlungsverteilung gegenüber den ariden Plateaulandschaften Zentralasiens oder des Südens bevorzugt (Abb. 3.4.1/2).

Historische Differenzierungen: Wir sollten nicht vergessen, dass trotz aller sozioökonomischen Problematik vieler Länder des Islamischen Orients heute den Menschen, die diese Region bewohnen, bewusst ist, dass ihr Lebensraum die Wiege der Zivilisation ist. Das gilt insbesondere für Ägypten und Mesopotamien/Irak. Zu den weltgeschichtlich bedeutsamen Leistungen gehört, dass sich im Bereich des Fruchtbaren Halbmondes die Neolithische Revolution vollzog. Dieses Phänomen, das die Seßhaftwerdung des Menschen durch Domestikation von wildlebenden Pflanzen und Tieren umschreibt, vollzog sich nach heutigem Wissensstand vor etwa 10 000 bis 12 000 Jahren in den Steppenlandschaften des westlichen Iran, des nördlichen Irak sowie der südlichen Türkei und breitete sich von hier aus nach Westen und Nordwesten aus. Auch die Entwicklung der ersten Hochkulturen der Menschheit in den Stromoasen von Euphrat und Tigris sowie des Nil, gebunden an das Management der Hochwasser dieser Ströme (*hydraulic civilizations*) und verbunden mit der Entwicklung von Astronomie, Mathematik, Schrift sowie der Begründung des frühen Städtewesens mit monumentaler Architektur, fallen in den Bereich des heutigen Islamischen Orients.

Wenn diese universalgeschichtlich bedeutsamen Errungenschaften auch nur vergleichsweise geringe Anteile der heutigen Großregion betreffen und wenn sie für die Gegenwartsprobleme dieses Raums sowie für das Bewusstsein eines Großteils der Bevölkerung dieser Länder unbedeutsam sein mögen, so sollten sie doch bei einer Gesamtbewertung dieses Raumes nicht gering veranschlagt werden. Und es muss betont werden, dass sich überraschend große Teile der Bevölkerungen dieses Raumes ihrer großartigen Vergangenheiten und ihrer Beiträge zur Entwicklung der Menschheitsgeschichte bewusst sind.

Ethnisch-sprachliche Differenzierungen: Ohne in einen geographischen Determinismus zu verfallen gilt, dass die ethnisch-sprachliche Differenzierung des Raumes in ganz entscheidender Weise die physisch-geographische Ausstattung reflektiert. Es sind vor allem drei Populationen, die unter dem Aspekt einer ethnischen und damit auch sprachlichen Differenzierung hier Erwähnung verdienen. Perser, Türken und Araber stellen drei nach geschichtlicher Herkunft, historischem Selbstverständnis und kultureller Tradition vollkommen unterschiedliche Bevölkerungen dar, die sich demgemäss auch in Sprache und teilweise auch in ihrer Religiosität unterscheiden. Dabei haben Perser und Türken die Kernräume ihrer Landnahme und Siedlungen in den Hochländern Irans bzw. Anatoliens, während die arabische Bevölkerung im Wesentlichen auf die südlichen Tafel- und Schollenländer konzentriert ist.

Die *Perser* sind Indoeuropäer, die seit Beginn des ersten vorchristlichen Jahrtausends wohl von Norden her auf das Hochland von Iran eingewandert sind. Bis in jüngste Vergangenheit dokumentieren immer wieder selbst gewählte Hinweise auf diese indoeuropäisch-arische Vergangenheit einen Teil dieser Identität. So nannte sich z. B. der letzte Kaiser Irans, *Reza Shah Pahlavi,* mit seinem Beinamen „Arya Mehr", d. h. Sonne der Arier. Die afghanische nationale Luftverkehrsgesellschaft heißt „Ariana". Die Tatsache, dass unter den Achämeniden die Perser das erste Großreich der Weltgeschichte schufen, das von den Küsten des Mittelmeeres und von Ägypten bis nach Zentralasien und in das Industiefland reichte, ist Teil einer Jahrtausende alten Geschichte Persiens und der Perser. Dazu zählt auch die Tatsache, dass die sassanidischen Herrscher als mächtige Gegenspieler Roms im 2. und 3. nachchristlichen Jahrhundert den Römern empfindliche Niederlagen beibrachten und sie nach Westen zurückdrängten. Die Dynastie der Safaviden, die Isfahan zu ihrer Hauptstadt machten, war ein geachteter Handelspartner der europäischen Großmächte des 16. und 17. Jahrhunderts.

Die *Türken,* bzw. die Bewohner der heutigen Türkei sind, im Gegensatz zu den seit über 2500 Jahren bodenständigen Persern, ursprünglich nomadisierende Einwanderer zentralasiatischen Ursprungs. In ihren Wurzeln wird das heutige Türkentum erst seit etwa dem Jahre 1000 unserer Zeitrechnung auf der anatolischen Halbinsel nachweisbar. Aus den zunächst kleinen Anfängen eines seldjukischen Königreiches um Konya herum geht die Dynastie der Osmanen hervor. Mit der Ausbreitung der Türken über Anatolien erfolgt ab 1299 die Entstehung eines Osmanischen Reiches, benannt nach Osman als dem Begründer der Dynastie. 1453 erfolgt die Eroberung Konstantinopels und setzt damit der Herrschaft des Oströmischen Reiches bzw. eines byzantinischen Christentums ein endgültiges Ende. Mit dem Fall Konstantinopels und der Erhebung Istanbuls zur neuen Hauptstadt des Osmanischen Reiches beginnt eine etwa 200 Jahre andauernde Blütezeit, in der das osmanisch-türkische Reich zur Weltmacht aufsteigt und nicht nur große Teile des Balkans, des südlichen Mittelmeeres, sondern auch Ägypten und den Großteil der arabischen Welt beherrscht. Vor allem seit dem Zweiten Weltkrieg, verstärkt seit der Auflösung der Sowjetunion, entdecken die Türkei und die Türken ihre historische Herkunft wieder und knüpfen verstärkt Beziehungen zu den unabhängig gewordenen Turkvölkern Mittel- und Zentralasiens. Damit entsteht eine neue und über die Grenzen des alten Osmanischen Reiches hinausreichende türkische bzw. turkvölkische Identität, die zugleich ein potenzielles Gegengewicht zu Iran und den arabischen Völkern innerhalb der islamischen Welt darstellt.

Im Gegensatz zu den Persern und Türken vermögen die *Araber* trotz ihrer für die Begründung und Ausbreitung des Islam so bedeutenden Rolle keine zeitlich wie räumlich langfristigen Großreiche mit ver-

Tab. 3.4.1/2: Innere Differenzierungen der Islamischen Welt: Die religiöse Vielfalt überwiegend islamischer Länder
Quelle: Fischer Weltalmanach 2005

Land	Fläche (Tsd. km²)	Einwohner (Tsd.)	Einwohner pro km²	Religion	BSP (US $ pro Kopf)
Senegal	196,7	10.007	51,0	94.5% Sunniten, 5% Christen (kath.), Naturreligionen	470
Mauretanien	1.030,7	2.785	2,7	99,6% Sunniten, christl. Minderheit	280
Mali	1.240,1	11.374	9,2	80% Muslime, ca. 18% Naturreligionen, 1,2% Christen	240
Niger	1.267,0	11.425	9,0	80% Muslime (u.a. Quadriya-, Senussi und Tidjaniya-Sekten, Sunniten), 10-15% Naturreligionen christl. Minderheit	180
Tschad	1.284,0	8.341	6,5	50% Muslime, 30% Christen, Naturreligionen	210
Sudan	2.506,0	32.791	13,1	70% Muslime (Sunniten, bes. im Norden), 5% Katholiken, 5% Protestanten, ca. 20% Naturreligionen	370
Äthiopien	1.133,4	67.218	59,0	45% Muslime (Sunniten), 40% Äthiopisch-Orthodoxe, 1,5 Mio. Äthiop.-Evg. Kirche, 247.000 Katholiken, 10% Naturreligionen, Minderheiten: Hindus, Sikhs	100
Somalia	637,7	9.319	14,6	99,8% Muslime (Sunniten schafiitischer Richtung), christl. Minderheiten	?
Eritrea	121,1	4.297	36	50% eritrëisch-orthodoxe Christen, 50% Muslime, Naturreligionen	190
Ägypten	1.002,0	66.372	66	90% Muslime (fast nur Sunniten), 6 Mio. Kopten Minderheiten von Griechisch-Orthodoxen, Katholiken, Protestanten und Juden	1470
Libyen	1.775,5	5.488	3,1	97% Muslime (u.a. Reformorden der sunnit. Senussi, Ibaditen), 40.000 Katholiken, Kopten und andere Minderheiten	?

gleichbarer Kontinuität zu errichten. Natürlich stellen das Omaijaden-Kalifat in Damaskus, die abbasidische Herrschaft von Bagdad, die Fatimiden in Kairo, die Almohaden oder Meriniden in Andalusien und im Maghreb – um hier nur einige der arabischen Reiche zu nennen – eindrucksvolle Zeugnisse einer unverwechselbaren arabischen Kultur dar (im Westen mit berberischen Elementen durchsetzt). Kennzeichnend bleibt vor allem in der Neuzeit jedoch die Aufsplitterung der einstmals überwiegend beduinisch-nomadisch organisierten Araber in regional differenzierte Stammesstrukturen, die zur Begründung eines dauerhaften arabischen Großreiches keine günstigen Voraussetzungen bieten. Die Tatsache, dass erst seit der Mitte des 18. Jahrhunderts aus der Verbindung von tribalen und religiösen Strömungen heraus auf der

Tab. 3.4.1/2: Innere Differenzierungen der Islamischen Welt: Die religiöse Vielfalt des Islam (Fortsetzung)
Quelle: Fischer Weltalmanach 2005

Land	Fläche (Tsd. km²)	Einwohner (Tsd.)	Einwohner pro km²	Religion	BSP (US $ pro Kopf)
Tunesien	163,6	9.781	60	99% Muslime (meist Sunniten), 18.000 Katholiken, ca. 2.000 Juden und protestant. Minderheit	1990
Algerien	2.381,7	31.200	13,2	fast 100% Muslime (Sunniten) Minderheiten von Katholiken und Protestanten	1720
Marokko	458,7	29.641	65,0	99% Muslime (davon 80% Sunniten malakitischer Richtung), etwa 69.000 Christen (meist Katholiken), 8.000 Juden	1170
Jordanien	89,3	5.171,0	58	80% Sunniten, kleine Gruppen anderer Muslime, christl. Minderheiten	1720
Jemen	536,9	18.601	35	99% Muslime (meist Sunniten, Minderheit von Zaiditen), Minderheiten von Christen und Hindus	490
Saudi-Arabien	2.240,0	21.886	9,8	98% Muslime, überw. Sunniten, im Osten Schiiten, Christen, Hindus	8.530
Ver. Arab. Emirate	77,7	3.218	41	96% Muslime (haupts. Sunniten, 16% Schiiten), 3% Christen	>9300
Irak	438,3	24.174	55,0	95% Muslime, davon 66% Schiiten, v.a. im O und S, 33% Sunniten (v.a. Kurden, Aserbaidschaner, Araber im W und SW), weniger als 5% Christen, ferner Jesiden, Minderheit von Mandäern	?
Iran	1.648,0	65.540	40	99% Muslime (90% Schiiten [v. a. Perser, Aserbaidschaner, Luren, z. T. Kurden, Araber], 8% Sunniten [z. T. Kurden, Turkmenen, Balutschen]), Minderheiten von Christen, Juden, Parsen, Mandäern, Bahai-Religion verboten	1720

Arabischen Halbinsel sich die Konturen eines vom türkisch-osmanischen Reich unabhängigen arabischen Staatswesens entwickeln konnten, spricht für die Heterogenität und komplexe Identitätsfindung der arabischen Bevölkerung im Vergleich zu Persern und Türken.

Neben Persern, Türken und Arabern prägt eine Vielzahl anderer Bevölkerungen diesen Raum. Erinnert sei nur an die Berber in Nordafrika oder an die den Persern nahestehenden Kurden, die innerhalb der zuvor genannten Populationen mächtige geschlossene Siedlungsgebiete haben und die – zumindest im Falle der Kurden – starke Tendenzen zu nationalstaatlicher Eigenständigkeit entwickeln. Rassisch-ethnische Rivalitäten und Konflikte prägen aber auch die unter sowjetischer Herrschaft vordergründig pazifizierten Bevölkerungsgruppen im Kaukasus, in Mittel- und Zentralasien, wobei diese Differenzen sich nicht selten auch mit religiösen Konfliktpotenzialen überlagern.

Religiöse Differenzierungen: Wenn es zutrifft, dass – wie Huntington behauptet – Religion das prägendste Element einer Zivilisation sei, dann ist der Islamische Orient auch unter diesem Aspekt keineswegs jenes

Tab. 3.4.1/3: Übersicht – Innere Differenzierung der Muslime (Quelle: *Falaturi*. Nach *Ehlers* u. a. 1990)

Sunniten	*Glaubenslehre/Kalamschulen* – An der Offenbarung orientierte Theologie (*ahl assunna wal-ǧamāʿ a*) (die ursprüngliche und bis heute eigenständige theologische Richtung) – Die rationalistische theologische Schule, die *muʿtazilistische* (Wāṣil b. ʿAṭā, 699–748, letzte Vertreter 12. Jhd.) – An der Offenbarung orientierte spekulative Theologie: ašʿaritische Schule (Abūl Ḥasan al Ašʿarī, gest. 935/6 und maturidische Schule (al-Māturidī, gest. 938/9) – Heute: Rückbesinnung auf den Ursprung, mit steigender Tendenz zu einem kritischen Rationalismus. *Pflichtenlehre/Rechtsschulen/-systeme* – Im Rahmen eines multikulturellen Prozesses auf dem Weg zu einem systematischen juristischen Schulwesen. – *Hanafitische Schule* (Imam Abū Ḥanīfa, gest. 767): Rechtsschule der Abbasiden und der Osmanen. Heute 1/3 der Sunniten sind Hanafiten in: Türkei, Pakistan, Afghanistan, Turkistan, Indien, China, Zentralasien, Iran (bei den Turkmenen) – *Mālikitische Schule* (Imam Mālik b. Anas, gest. 795: Hauptsächlich nordafrikanische Länder (auch Andalusien). Oberägypten, Sudan, Kuwait, Bahrain, Mauretanien, Nigeria – *Šāfiʿitische Schule* (Imam aš-Šāfiʿī, gest. 820). Unterägypten, Jordanien, Libanon, Südarabien, Indonesien, Malaysia, Ceylon, Philippinen, Daghestan, Tanzania, Bahrain, Indien, Palästina, Iran (bei den Kurden). – *Hanbalitische Schule* (Imam Ibn Ḥanbal, gest. 855; Reformer Imam Ibn Taymiya und Imam Muhammad ʿAbdū `l-Wahhāb). Hauptsächlich die arabische Halbinsel, auch Syrien – *Zahiristische Schule* (Dāwūd al-Isfahānī, gest. 833; Ibn Ḥazm al-Andalūsī, gest. 1064). Juristisch bedeutsam, ohne Volksanhänger. – Heute: zunehmende Tendenz zum Eklektismus, vor allem unter den Muslimen in westlichen Ländern.
Charidjiten	*Azrakiden* Radikale Sekte; Untergang um 700 *Sufriten* Verhältnismäßig gemäßigte Sekte: in Nordafrika und Oman. Ab dem 13. Jhd. nach und nach aufgesogen von den Ibaditen. *Ibaditen* – Wichtigste und gemäßigste Glaubensgemeinschaft, die als einzige alle Charidschiten überlebt hat. – Glaubensrichtung: muʿtazilistisch orientiert. – Rechtslehre: nahe an sunnitischen Rechtsschulen. – Hauptsitz: Oman, dann Nordafrika, Libyen, Maghreb, Tripolitanien, Südalgerien, Insel Djerba, Sansibar.
Schiiten	*Zaiditen* – 9.-12. Jh. Staatsbildung in Tabarestan/Iran: danach ging die Gemeinde in der Zwölferschia auf. – Hauptsitz in Südarabien: Jemen. Staatsbildung (Imamat) gegen Ende des 9. Jhs. bis Ende 10. Jhs. (von den Fatimiden zurückgedrängt). Neugründung des zaidistischen Imamats im 12./13. Jhd. (Verdrängt von Rasuliden, Mamluken u. Osmanen.) Seit Anfang des 17. Jhs. Etablierung der Imamatsführung bis 26. 9. 1962. – Glaubenslehre: durchaus muʿtazilistisch. – Rechtsschulen: den sunnitischen Schulen sehr nahe. Bekannt als Qāsimimīya-hādawīya-Schule (al-Quāsim b. Ibrāhīm, gest. 860; sein Enkel al-Hādī ila `l-Ḥaqq starb 911) – Die Gemeinde zählt heute ca. vier Mio. Mitglieder *Imamiten* – Glaubens- und Pflichtenlehre (bis 9. Jh.) auf der Grundlage von Koran und Sunna, sofern die Sunna direkt von Ahl-al-Bait (hauptsächlich Imamen) überliefert oder deren anderweitige Überlieferung für richtig gehalten wurde oder auch sofern die Überlieferung – durch wen auch immer – mit dem Koran in Einklang stand. Hinzu kamen die Erklärungen von Koran und Sunna seitens der Imame. – Ab 10. Jh. Trennung zwischen Überlieferungsanhängern (*Ahbāriten*) und *Iǧtihād*-Verfechtern (*muǧtahidūn*). In der Glaubens- und Pflichtenlehre richtet sich die Schule der Ahbariten fast kritiklos nach Überlieferungen (*ahbār/aḥādīt*). Die Muǧtahidūn hingegen bewerten diese mit historischen und logischen Prinzipien und machen – z. T. wie die Muʿtaziliten – weitgehend von der Vernunft und deren Prinzipien Gebrauch. – In der Glaubenslehre kommt bei den Imamiten zusätzlich zum sunnitischen Glaubensgut der Glaube an Gottes Gerechtigkeit und das Imamat hinzu. In der Glaubenslehre der Muǧtahidūn ist eine weitgehende Übereinstimmung mit sunnitischen Lehren festzustellen. – Die Zahl der Imamiten wird nahe an 100 Mio. geschätzt. In Iran bildet diese Richtung seit dem 16. Jh. die Staatsreligion, 56% der irakischen, 30% der Bevölkerung des Libanons und der Golfstaaten, 10–15% der afghanischen und der pakistanischen Bevölkerung sind Imamiten. In Indien werden sie auf 8–28 Mio. geschätzt. Von hier aus breiteten sie sich Ende des 19. Jhs. nach Sansibar und andere Länder Ostafrikas aus. Gemeinden in Kenia, Tanzania und Madagaskar.

Tab. 3.4.1/3: Übersicht – Innere Differenzierung der Muslime

Schiiten	*Ismāʿiliten*
	– Ismāʿil (gest. 760) oder sein Sohn Muḥammad ist, so glauben sie, der 7. Imam nach Ǧaʿfar as-Sādiq (gest. 765), dem Vater Ismāʿils.
	– Die Frage, ob dem 7. entrückten Imam noch sieben weitere folgen (so die Fatimiden in Nordafrika) oder nicht (so die Qarmatiden) hatte ein Schisma zur Folge
	– Die Frage, ob der Nachfolger des Fatimiden al-Mustansir (gest. 1094) sein Sohn (gest. 1101) oder Nizār (gest. 1095) sein sollte, führte zu einer weiteren Spaltung.
	– Die Mustaʿli-Ismāʿiliten werden seit 1591 vertreten durch
	a) die Sulaimani-Gemeinschaft (ca. 100.000 Mitglieder), hauptsächlich in Jemen, Minderheiten in Indien; und
	b) die Dāwūdi-Gemeinschaft (ca. 500.000 Mitglieder) in Indien, wo sie sich wie in Jemen (ca. 2500) *Boharas* („Kaufleute") nennen. Seit dem 19. Jh. haben sie sich von Sansibar aus in allen Hafenstädten der ostafrikanischen Küste verbreitet.
	– Die reformorientieren *Nizāri-Ismāʿiliten* werden repräsentiert durch Aga Khanis (*Hodjas*). Sie leben in Nordwest-Indien (ca. 2 Mio.) ferner in Iran, Afghanistan, Turkistan, am Oberen Oxus, in allen Ländern Ost- und Südafrikas, Ceylon, Burma usw. „Aga Khan" ist ein Ehrentitel, den Hasan ʿAli-schah aus der Linie der Qāsim-Schahi in Iran vom Qāǧaren Fath ʿAli-Shah (gest. 1834) bekam.
	– Seit dem Übergewicht des Esoterischen in ihrer Glaubens- und Pflichtenlehre haben sich die Nizāri-Ismāʿiliten bereits in früheren Phasen ihrer Geschichte von sonstigen sunnitischen und schiitischen Schulen in eine extreme Richtung entfernt.
Extreme Schia	*Ahle Ḥaqq/Anhänger der Wahrheit*
	– Es handelt sich hierbei um Überreste bestimmter extremer Schiiten (Guli/Übertreiber) aus der Kalifatszeit ʿAlīs in Kufa (656–661). Von ihren Nachbarn ʿAli-ilālī (ʿAlī-Vergöttlicher) genannt, finden sie sich in größeren und kleineren Gemeinden unter den Kurden und ihren Nachbarstämmen, hauptsächlich im Westiran: in Kermanschah und den umliegenden Orten, sowie in den Dörfern um Qazqin, Haschtgard, Buhaman, Waramīn und im Gebiet von Lūrestān.
	– Ihre Lehre besteht im Grunde aus oberflächlich (schiitisch-)islamisierten Elementen aus den Religionen und Weltanschauungen gnostischer und indo-iranischer Herkunft.
	Nusairier
	– Anhänger von Ibn Nusair, der Offenbarungen von seinem Lehrer, dem 11. schiitischen Imam al-Hasan al-ʿAskari (gest. 874) erhalten haben soll.
	– Inhaltlich geht die Lehre jedoch auf al-Hasībī (gest. 957 oder 969) und seinen Enkelschüler At-Tabaranī (gesiedelt 1932 in Laodikeiea/Al-Lādiqīa) zurück.
	– Gnostische Kosmogonie; Vergöttlichung ʿAlīs, den Muhammad als Propheten entsandt haben soll; doketische Umdeutung von al-Husains Martyrium; Seelenwanderungslehre und die spirituelle Deutung des Koran und der Schia charakterisiert ihre Lehre.
	– Sie haben sich behauptet am mittleren Euphrat (ʿAna), im syrischen Küstengebirge und im heute türkischen Gebiet um Adana und Tarsus.
	– Seit Beginn des 20. Jhs. nennen sie sich ʿAlawiten (anders als die Aleviden) und repräsentieren heute mit 600.000 Anhängern ca. 11% der syrischen Bevölkerung. Seit 1970 verfügen sie dank des nusairischen Staatschefs Hafez Asad über die politische Macht im Lande.
	Drusen
	– Anhänger einer von dem Ismailiten Dāʿī Hamza al-Labbād (Filzmacher) begründeten extremen Lehre, benannt nach seinem in Kairo erfolgreichen Schüler Anūštekīn ad-Darsi (pers.: Schneider, pl. *drūs*)
	– Hamzas Sendschreiben in den Jahren 1017–1020 bilden die Hauptquelle drusischer Theologie: eine Mischung von altismailitischen und extrem schiitischen Vorstellungen und Begriffen: Göttlichkeit der Fatimidenkalifen, Abrogation des Koran, der Offenbarung und ihrer ismailitischen Deutung, somit Aufhebung ihrer kultischen Handlungen, jedoch besonderes Gewicht auf Gottes Einzigkeit (tauhīd) bilden die Grundlage ihrer Lehre.
	– Nur der eingeweihten Minderheit (auch Frauen) genannt ʿUqqāl (Sg. ʿAqil / der Weise) und nicht der Mehrheit der Unwissenden (*Ǧuhhāl*, Sg. *Ǧāhil*) ist die Geheimlehre zugänglich.
	– Die Drusen leben überwiegend in Süd- und Zentrallibanon, im südsyrischen Hauran; die Zahl ihrer Anhänger beträgt heute schätzungsweise über 200.000.
	Aleviden/Ali-Verehrer
	– Sie gelten als Nachfahren der turkmenischen Qizilbaš (Rotköpfe), die Heere der Safawiden bei der Schiitisierung Irans zu Beginn des 16. Jh.s Mangels einer fundierten Theologie – bedingt durch ihre Isolation unter den türkischen Sunniten – galten und gelten sie (überwiegend Bauern) als unorthodoxe Schiiten.
	– Sie praktizieren die Riten des Bektasi-Derwisch-Ordens. Eine große Rolle spielt bei Ihnen das religiöse Festmahl, bekannt als ʾA`in-e Ǧamʿ-Zeremonien der Union, deren Symbole auf die Leiden der Imame verweisen. Dabei geht es dennoch unorthodox zu, was ihnen den Ruf eingebracht hat, religiös leichtsinnig zu sein.
	– Die Aleviden-nicht zu verwechseln mit den ʿAlawi/Nusairiern der Region von Tarsus und Adana-finden sich hauptsächlich in Zentral- und Ostanatolien, aber auch im Hinterland der ägäischen Küste. Die Zahl ihrer Anhänger beträgt grob geschätzt zwischen 7 und 10 Millionen.

homogene Gebilde, das postuliert wird. Natürlich ist der Islam die eindeutig dominierende Religion und umfasst in vielen Regionen zwischen Marokko im Westen und Pakistan im Osten 95% und mehr der gesamten Bevölkerung. Bei einer solchen pauschalisierenden Feststellung ist indes darauf hinzuweisen, dass der Islam selbst nicht nur in Sunna und Shia zerfällt, sondern dass diese Oberbegriffe etliche andere islamische Gruppierungen wie z. B. die Ismailiten, die Drusen oder Alaouiten umfassen (Tab. 3.4.1/3). Sie spielen im Falle der erstgenannten eine bis heute wichtige Rolle in manchen Gebirgsgegenden des Islamischen Orients (z. B. im Jemen oder in Pakistan); die letzteren tragen vor allem zum religiösen Mosaik und zur politischen Differenzierung der Levante-Region bei und sind ihrerseits nicht selten die Ursachen von Konflikten.

Die religiöse Vielfalt des Islam steht dabei durchaus im Gegensatz zu der ursprünglichen Intention des Religionsstifters und seiner frühen Apologeten. Ursprünglich war die Gemeinschaft der Gläubigen zugleich eine Art Staatszugehörigkeit zu dem eingangs erwähnten „*Dar-al-Islam*", dem Haus des Islam. Die einheitliche und vom Ansatz her unteilbare „Gemeinschaft der Gläubigen" zerfiel indes schon sehr bald nach dem Tode des Propheten und seiner direkten Nachkommen in politische wie auch theologische Streitigkeiten und Richtungskämpfe um den rechten Weg von Religion und Staat. So geht die auch in der Gegenwart wesentliche Zweiteilung des Islam in eine sunnitische und shiitische Richtung in ihren Anfängen auf die unmittelbare Zeit der Religionsstiftung zurück. Auslöser des Schismas war der Tod von *Ali*, der Vetter und Schwiegersohn des Propheten *Mohamad* in der Schlacht von Kerbela (heutiges Irak) im Jahre 661. Von den Shiiten als erster direkter Nachkomme des Propheten auf dem Kalifensitz gesehen (de facto ist Ali der 4. Kalif nach Abu Bakr, Umar und Uthman), unterlagen Ali und seine Anhängerschar den Omaijaden bei Kerbela. Damit war die Trennung der islamischen Welt in eine Gruppe derer, die in der direkten Nachfolge des Propheten die einzige legitime und rechtmäßige Vertretung der Gemeinschaft der Gläubigen auf Erden sah (Shia = Si'at Ali/Anhänger Alis), und jene, die in den Kalifen als den weltlich-militärischen Führern der Gläubigen ihre Repräsentanten sahen, vollzogen. Zudem endete die direkte von der Shia als verbindlich angesehene Genealogie der Nachfolger des Propheten mit der „Entrückung" des 12. Imam. Dieser „entrückte" Imam wird heute vor allem in Iran von der vorherrschenden Richtung der sogenannten Zwölfer-Shia als der „verborgene Imam" verehrt, es wird auf seine Rückkehr gewartet. In diesem Zusammenhang ist allerdings zu betonen, dass es innerhalb der shiitischen Glaubensgemeinschaft sehr viele Gruppierungen und voneinander abweichende Glaubensrichtungen gibt, die von Religionshistorikern auf über 70 geschätzt werden. Diese Zersplitterung der shiitischen Welt ist einer der Gründe, warum die Shia insgesamt gegenüber den Sunniten (Sunna = gewohnte Handlungsweise, Brauch, der Weg, den man beschreitet), die insgesamt und in weltweitem Maße etwa 90% der Muslime ausmachen, eindeutig in der Minderheit ist. Es würde an dieser Stelle zu weit führen, auf weitere religiöse Differenzierungen der islamischen Welt näher einzugehen (vgl. dazu Falaturi 1990; Halm 2000; Rotter 1993). Der Überblick über den Anteil der Gläubigen und ihre dominante Zugehörigkeit zu Shia bzw. Sunna wird ansatzweise in Tab. 3.4.1/2 deutlich (vgl. dazu auch Tab. 3.4.1/3). Dabei allerdings ist zu bemerken, dass insbesondere die vielfältigen Untergruppen der Shiiten in dieser verallgemeinernden Übersicht nicht aufgeführt werden.

Es dürfte aus den bisherigen Hinweisen bereits deutlich geworden sein, dass hinter der vermeintlichen Einheit des Kulturerdteils Islamischer Orient und seiner oftmals propagierten Interessenharmonie erhebliche Differenzierungen stehen, die sich auch in vielfältigen religiösen, politischen und sozio-ökonomischen Konflikten und Widersprüchen innerhalb der Region ausdrücken! Angesichts der Größe des Raumes und seiner insgesamt Jahrtausende währenden Geschichte ist dieses auch keineswegs überraschend.

Soziökonomische und politische Differenzierungen: Bezogen auf die gegenwärtigen Strukturen werden die bereits zuvor genannten Vielfalten des Orients noch akzentuiert durch die starken sozioökonomischen Gegensätze zwischen den einzelnen Staatengebilden dieses Raumes. Ganz abgesehen davon, dass sie ihrer rassisch-ethnischen Zugehörigkeit nach unterschiedliche Interessen vertreten, gilt insbesondere die Zugehörigkeit zur Gruppe der Ölreichen oder aber deren armen Nachbarn zu einem für die heutige Zeit charakteristischen Merkmal der Differenzierung des Islamischen Orients. Besonders die erdölfördernden Staa-

Abb. 3.4.1/4:
Förderung und Verbrauch von Erdöl und Erdgas im globalen Maßstab und die Rolle des Nahen/Mittleren Ostens, 1980–2005

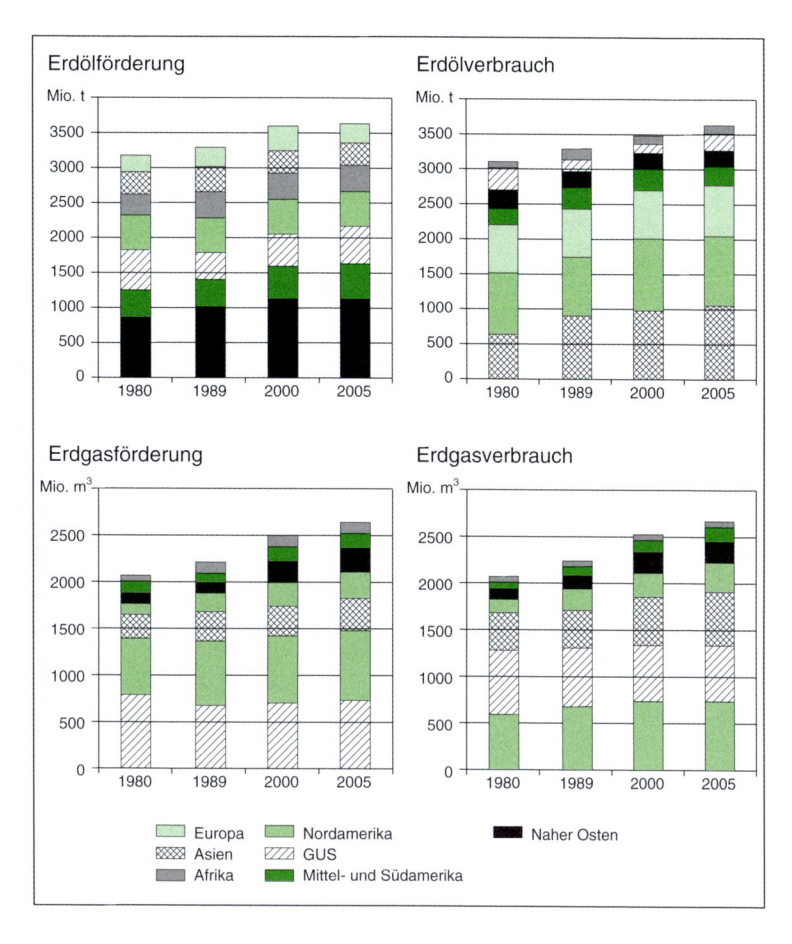

ten unterscheiden sich grundlegend in ihren Wirtschafts- und Sozialstrukturen von den armen Staaten. Dies gilt nicht nur für die erdölreichen Scheichtümer am Golf (Katar, Bahrain, Kuwait, Vereinigte Arabische Emirate/VAE oder Oman), wenngleich sie territorial klein und auch bevölkerungsmäßig unbedeutend sind, sondern auch für die Flächenstaaten wie z. B. Libyen, Saudi-Arabien oder ursprünglich auch einmal für Irak (Abb. 3.4.1/4). Dass und in welchem Umfang Erdöl zu einem differenzierenden Merkmal wird, belegt nicht nur der zwischen Iran und Irak geführte Krieg in den 80er Jahren des 20. Jahrhunderts, in dem es ganz entscheidend um persische Erdölvorkommen in der überwiegend arabischsprachigen Provinz Khusistan ging. Auch der erste Golfkrieg um Kuwait, die Konflikte in und um Afghanistan (*Schetter* 2004) oder der Irakkrieg 2003 (*Fürtig* 2003) sind vor diesem Hintergrund zu sehen. Bedeutung und Ausmaß der Erdöl- und Erdgasvorkommen werden in Tabelle 3 und 4 deutlich, die zugleich anhand der unterschiedlichen durchschnittlichen Prokopfeinkommen des BSP die Unterschiede innerhalb der ölfördernden Staaten deutlich machen. Inzwischen sind nicht nur Erdöl und Erdgas wichtige geopolitische Faustpfänder des Islamischen Orients. Zunehmend spielen Bau und Trassierung von Erdöl- und Erdgas – Pipelines eine wichtige strategische Rolle (vgl. *Scholz* 2002b, *Wagner* 1997). Sie tragen zu einer weiteren Ausdifferenzierung des komplexen Staatengefüges in der Region bei. Jüngste Konfliktpotenziale innerhalb der islamischen Welt zeichnen sich ab mit dem Aufstieg des shiitischen Iran zu einer Atommacht, der insbesondere das sunnitische Saudi-Arabien mit Sorge erfüllt.

Den ölreichen Staaten der Region stehen jene Länder gegenüber, die über keine oder nur geringe Erdölvorkommen verfügen, zum Teil aber sehr bevölkerungsreich sind. Es sind dies vor allem Länder wie der Jemen, Palästina, Jordanien und insbesondere Ägypten. Sie und ihre Wirtschaften sind gekennzeichnet

Tab. 3.4.1/4: Sozioökonomische Strukturdaten zu nordafrikanischen und asiatischen Staaten als Teil des Islamischen Orients 2001
Daten aus: Fischer Weltalmanach 2005

	Landwirtschaft Anteil an den Erwerbstätigen (%)	Landwirtschaft Anteil am BIP (%)	Wirtschaftswachstum/Jahr (Ø 1990-2002)	Bevölkerungswachstum/Jahr Ø 1980-2002)	Anteil der Bevölkerung unter 15 Jahren (%)	Analphabeten m/w	Zugang zu Trinkwasser (%)	Export Hauptprodukt (%)
Senegal	73	15	3,9	2,7	43	53/72	78	Nahrungsmittel 42
Mali	80	34	4,2	2,5	47	64/84	65	Gold 50
Niger	88	40	2,6	3,3	49	76/91	59	Uran 32
Sudan	60	39	5,5	2,4	40	31/54	75	Erdöl 81
Ägypten	33	17	4,5	2,2	34	33/56	97	Erdöl, Erdgas 33
Libyen	18	k.A.	k.A.	2,6	33	9/32	72	Erdöl, Erdgas 90
Algerien	24	10		2,4	35	25/49	89	Erdöl, Erdgas 96
Marokko	44	16	2,6	1,9	33	38/64	80	Konsumgüter 39
Jordanien	4	2	4,7	3,9	38	5/16	96	Bekleidung 29
Jemen	49	15	5,9	3,5	46	32/75	69	Erdöl, -produkte 96
Saudi Arabien	8	5	2,1	3,9	41	17/33	95	Erdöl, -produkte 100
Irak	k.A.	k.A.	k.A.	2,8	40	45/77	85	k.A.
Iran	23	12	3,8	2,3	30	17/31	92	Erdöl, -produkte 82

k.A. = keine Angaben verfügbar

durch große Gastarbeiterwanderungen nach Libyen, Saudi-Arabien und in die Golfregion (*Meyer* 1995). Dabei haben die Remissen der Gastarbeiter einerseits eine enorme volkswirtschaftliche Bedeutung für die Quellgebiete der Arbeiterwanderungen. Andererseits machen diese Transferleistungen (die z. T. auch noch durch direkte Zuwendungen der Ölstaaten an die Regierungen der arabischen Welt gestützt werden/Rentierstaaten; vgl. dazu *Pawelka* 1991, 1997) die Verletzbarkeit dieser Länder deutlich dann, wenn durch die genannten kriegerischen Ereignisse oder aber durch politische Konflikte Gastarbeiter in ihre Heimatländer zurückgesandt werden und damit die finanziellen Transferleistungen ausfallen. Der in der englischsprachigen Literatur verwendete Begriff der „charity states" macht diese Abhängigkeit und Verletzbarkeit der Staaten voneinander sehr deutlich.

Insgesamt sind nicht nur die Sozial- und Wirtschaftsstrukturen innerhalb des Islamischen Orients unterschiedlich ausgeprägt, sondern ebenso auch die politischen Systeme innerhalb dieser Region. Die Interessenlage vor allem der kleinen erdölfördernden Scheichtümer und Emirate ist eine ganz andere als die einer erdölfördernden „Volksdemokratie" vom Zuschnitt Libyens. Relativ westlich-laizistischen Staaten wie der Türkei stehen offensichtlich unvereinbar Staatsgebilde gegenüber, die ihre Legitimität aus dem Islam ableiten, wie z. B. die Islamische Republik Iran.

Differenzierungen nach Lebensformen: die sogenannte „Orientalische Trilogie": Vor den genannten Hintergründen ist es nicht überraschend, dass auch die heutigen Lebensformen sowie die politischen und sozioökonomischen Differenzierungen der Staatenwelt zwischen Atlantik und Indischem Ozean eine ungemeine Vielfalt und zum Teil sogar Widersprüchlichkeit aufweisen. Dies gilt zunächst einmal für das, was man in der Vergangenheit die „Orientalische Trilogie" genannt hat: das Nebeneinander von nomadischen, bäuerlichen und städtischen Kulturen und Lebensformen. Es unterliegt keinem Zweifel, dass bis in die jüngste Vergangenheit hinein dieses Neben- und Miteinander von nomadischen Viehhaltern, bäuerlichen Pächtern und Grundbesitzern sowie Stadtbewohnern mit einem für jegliche Urbanität charakteristischen Spektrum von Berufen und sozialen Stellungen in fast allen Teilen des Islamischen Orients existiert hat. Dass dabei gravierende Unterschiede zwischen Steppenbauerntum und Oasenbauerntum, zwischen Grundbesitzern, Pächtern und Landlosen, zwischen großviehhaltenden Flächennomaden in den Plateau- und Schollenländern und überwiegend auf Schaf- und Ziegenhaltung spezialisierte Bergnomaden in der Region des Kettengebirgsgürtels beachtet werden müssen, sei nur am Rande erwähnt. Wichtiger ist, dass aus dieser traditionellen orientalischen Trilogie heraus der Nomadismus inzwischen weitgehend verschwunden ist (*Scholz* 1999). Umso stärker prägt sich auch im Islamischen Orient der Stadt-Land-Gegensatz als ein wesentliches Merkmal der sozioökonomischen Differenzierungen der Bevölkerung aus. Dabei sollte aber nicht vergessen werden, dass diese Gegensätze heute nicht mehr als ein Spezifikum des Islamischen Orients allein gesehen werden können, sondern dass sie wohl viel mehr Ausdruck der auch in anderen Ländern Afrikas, Asiens und/oder Lateinamerikas üblichen Urbanität sind. So finden sich an den Rändern von Casablanca wie von Kairo, von Ankara wie von Karachi, von Algier wie von Bagdad Slums und Elendsquartiere, ganz zu schweigen von den großen Flüchtlingslagern in allen Teilen des Islamischen Orients, die nun ganz sicherlich nicht als Ausdruck einer brüderlichen Einheitlichkeit in der islamischen Welt, sondern als Ausdruck vielfältiger lokaler und regionaler Konflikte zu werten sind.

3.4.1.3 Islamischer Orient: Einheit und Vielfalten

Dieser kurze Überblick über das, was Geographen als „Kulturerdteil" und Politikwissenschaftler als „Zivilisation" bezeichnen mögen, zeigt die geradezu verwirrende Vielfalt nicht nur der Welten des Islam (*Halm* 2000, *Rotter* 1993), sondern auch der geographischen, historischen und geistesgeschichtlichen Differenzierungen der Region, die wir hier unter dem Namen des „Islamischen Orients" zusammengefasst haben. Diese Vielfalt wird noch verwirrender, wenn wir die eingangs genannten Differenzierungen schablonenartig übereinander legen und miteinander zur Deckung zu bringen versuchen. Es würde sich zeigen, dass aus den hier genannten sechs Differenzierungsmerkmalen sich eine fast unüberschaubare Vielzahl von Kombinationen und damit Vielfalten ergeben wird. Auch die Tatsache, dass seit der Auflösung der Sowjetunion in Mittel- und Zentralasien neue Staatengebilde mit großen Anteilen an muslimischer Bevölkerung entstanden sind, trägt zur „neuen Unübersichtlichkeit" des vermeintlich so homogenen „Islamischen Orients" bei. Dabei sollte indes auch nicht vergessen werden, dass die natur- wie vor allem die kulturraumspezifischen Eigenheiten des Islamischen Orients zunehmend hinter einer kulturellen Vereinheitlichungstendenz zurücktreten, die sich im Rahmen einer globalisierten Weltgesellschaft wie Weltwirtschaft über alle einstmals sehr viel markanter ausgeprägten Kulturräume legt.

Als Fazit dieser Betrachtungen bleibt somit festzuhalten, dass Geographen und auch der geographische Fachunterricht gut beraten sind, gängigen Klischees und Vorurteilen nicht Vorschub zu leisten. Ebenso wenig wie heute noch Qanate die Bewässerungslandwirtschaft Irans oder orientalische Altstädte die Urbanität des Islamischen Orients ausmachen, ebenso wenig sind Ölmilliarden oder islamischer Fundamentalismus die vereinheitlichenden Charakteristika des „Islamischen Orients". Differenziert, profunde und kenntnisreich müssen die Realitäten islamisch-orientalischer Kulturen zur Kenntnis genommen werden. Der Zielsetzung *Peter Schöllers* (1978, S. 296): „(…) Länder und Völker, Kulturen und Gesellschaften in ihrer spezifischen Lebenswirklichkeit zu begreifen und sie aus den Bedingungen ihrer eigenen raumbezogenen Entwicklung verstehen und achten zu lernen" ist auch heute nur Weniges hinzuzufügen.

3.4.2 Saudi-Arabien – Ressourcenorientierte Entwicklung in einem Wüstenstaat
(Konrad Schliephake)

3.4.2.1 Einleitung

Die Förderung von wertvollen Rohstoffen in einer Region, in einem Land, war schon immer für den wirtschaftenden Menschen der Auslöser regionaler Entwicklung und ist seit 200 Jahren eine der historischen Voraussetzungen für die Industrialisierung. Die Rolle der Kohle in der frühindustriellen Entwicklung Europas (England, Deutschland) übernehmen in den Förderländern des Mittleren Ostens Erdöl und Erdgas, wenn sie nicht nur unbearbeitet exportiert, sondern als energetische bzw. mineralische Rohstoffe industriell in Wert gesetzt werden. Die folgende Studie soll am Beispiel des Königreiches Saudi-Arabien verdeutlichen, welche Auswirkungen dieser Prozess auf Wirtschaft und Gesellschaft hat.

Saudi-Arabien als einer der großen arabischen Flächenstaaten und als Hüter von einem Viertel der Welt-Erdölvorräte (7 % der gesamten sicheren Energievorräte der Welt einschließlich Erdgas und Kohle) ist ein eindrucksvolles Beispiel des Wandels von einem ärmlichen Wüstenraum zum – gemessen am gesamten Brutto-Sozialprodukt – reichsten arabischen Land. Als Verwalter der Heiligen Stätten des Islam besitzt es darüber hinaus eine besondere Aufgabe und ein spezifisches Rechts- und Staatssystem (vgl. *Schliephake* 1995). Aufbauend auf *Barth* und *Schliephake* (1998) und *Schliephake* (2001a;b) soll der saudische Entwicklungsweg im Folgenden skizziert werden. Dass für die saudischen Planer auch die Entwicklung der Landwirtschaft ebenso wie die der Baustoff- und Konsumgüterindustrie zu den Aufgaben gehören (Seventh-Socio-Economic Five Year Plan 2000 to 2005 (2001)), kann hier nur gestreift werden.

3.4.2.2 Vom Wüstenstaat zur Industrienation

Seit Beginn der Erdölexporte 1939, der Erschließung von Erdölfeldern wie Ghawar (1948, größtes festländisches Feld der Welt) und Safaniya (1957, größtes untermeerisches Feld der Welt) und vor allem den schnellen Erdölpreissteigerungen 1973 und 1979/80 durchläuft das erst seit 1934 in der heutigen Ausdehnung bestehende Königreich eine märchenhafte Entwicklung. Modernste industrielle Wirtschaftsformen brechen ein in eine zuvor geschlossene Lebenswelt von Nomaden und Oasenbauern. Bescheidene Siedlungen aus Lehmbauten wachsen zu Millionenstädten wie Riyadh (ca. 4,2 Mill. Einwohner), Jiddah (2,9 Mill. Einwohner) und die Drei-Städte-Konurbation am Golf (Alkhobar, Dammam, Dhahran, ca. 1,2 Mill. Einwohner) mit amerikanisierten Lebensformen, die kalifornische Planungskonzepte aufgreifen.
Der schnelle Wandel innerhalb von ein bis zwei Generationen wirft eine Vielzahl von Problemen mit daraus resultierenden sozialen und politischen Unsicherheiten auf. So ist auch eine andere, weniger bekannte Wirklichkeit des Landes mit Überfremdung durch ausländische Arbeitskräfte, Bildungsschwäche und relativer Armut marginaler Bevölkerungsgruppen zu bemerken. Der Kontrast zwischen der Gigantomanie zahlreicher Industrie- und Agrarprojekte, Retortenstädten, verwestlichtem Lebensstil einerseits und den Resten der traditionellen Stammes- und Nomadengesellschaft mit ihren strengen moralisch-religiösen Lebensformen in der Lebensfeindlichkeit des wüstenhaften Naturraumes auf der anderen Seite ist nur schwer zu überbrücken. Der Wandlungsprozess Saudi-Arabiens von einem feudal geführten orientalischen Wüstenstaat zu einer modernen Industrienation mit Führungsanspruch in der Region vollzieht sich vor dem Hintergrund eines lebensfeindlichen Naturraumes am Rande der Ökumene, der immer wieder neue Hindernisse bei der Nutzung und Durchdringung aufbaut. Vier Fünftel des mit 2,15 Mill. km^2 (6 x Deutschland) größten arabischen Staates Vorderasiens sind sterile Wüsten- und Gebirgsräume. Aridität und Lebensfeindlichkeit verlangten von den Bewohnern in der Vergangenheit äußerste Widerstandskraft und die Entwicklung spezifischer Lebensformen. In optimaler Anpassung an den Naturraum nutzten sie die dürftigen Existenzgrundlagen zum knappen Überleben (vgl. *Barth* und *Schliephake* 1998).
In die 2000jährige Abgeschlossenheit bricht nun das Zeitalter der westlichen Moderne und der Industrialisierung ein. Die Ungunstfaktoren der Wüstenräume scheinen unter dem Einsatz modernster Technologien und Kapitalinvestitionen in den Hintergrund gedrängt. Die 24 Mill. Bewohner des Staates (2007, davon 27 % Ausländer) machen zwar nur 8 % aller 300 Mill. Araber aus, aber sie erwirtschaften 29 % des arabischen Bruttosozialprodukts (gesamt: 868 Mrd. Dollar), und sie besetzen zwei Weltpositionen:
– Das Land ist Hüter der Heiligen Stätten für 1,2 Mrd. Muslime auf der ganzen Welt;
– es beherbergt die bedeutendsten Welt-Energievorräte mit 23 % der Erdöl- und 4 % Erdgasreserven.

3.4.2.3 Erdöl und Erdgas als materielle Grundlagen

Es ist sicherlich korrekt, wenn man die Länder des Persischen/Arabischen Golfs als die Hüter der Welt-Erdölreserven, oder noch drastischer, als den „Ölfleck auf dem Globus" (*Gabriel* 2001) bezeichnet.

Nach Tab. 3.4.2/1 liegen beidseits des Golfs (einschließlich Irak) 64 % der sicheren Welt-Erdöl- und 38 % der Erdgasreserven. Bei der aktuellen Förderrate berechnet sich die hypothetische Lebensdauer der Vorräte (Vorräte: Förderung 2000) mit 92 Jahren bei Erdöl und 297 Jahren bei Erdgas, ein angenehmer Unterschied zu den weltweiten Durchschnittswerten von 44 Jahren bzw. 64 Jahren.

Tab. 3.4.2/1: Saudi-Arabien und seine Nachbarn. Position in der Welt-Energiewirtschaft 2005 (Reserven und Lebensdauer)
Zusammenstellung nach: *Schliephake* 2006; Bundesanstalt für Geowissenschaften und Rohstoffe 2000; OPEC Annual Review 2006.

Land	Erdölproduktion in Mill. t[a]	Erdölreserven in Mill. t[a]	Hypothetische Lebensdauer Erdölreserven in Jahren	Erdgasproduktion in Mrd. m³	Erdgasreserven in Mrd. m³	Hypothetische Lebensdauer Erdgasreserven in Mrd. Jahren	Anteil an sicheren Welt-Energiereserven in Mrd. t SKE[b]
Saudi-Arabien[c]	461	35.704	77	71	6.900	97	6,3 %
Übr. GCC Staatenc	323	29.747	92	129	34.486	267	6,7 %
Übr. Golf-Anrainer (Irak, Iran)	296	33.955	115	97	27.580	284	7,6 %
Golfregion gesamt	1.080	99.406	92	297	68.966	232	20,6 %
Welt gesamt	3.540	155.941	44	2.837	180.238	64[d]	965,5 Mrd.t = 100 %

[a] = Umrechnungsfaktor 7,4 Fass = 1 Tonne; [b] = ohne Uran sowie erneuerbare und nicht-konventionelle Reserven; [c] = inklusive je ½ der ehemaligen Neutralen Zone; [d] = z. T. Schätzung.

Weitere Umrechnungsfaktoren:
1 Tonne Erdöl = 1,5 Tonnen Steinkohleneinheiten (SKE);
1 Mrd. m³ Erdgas = 0,6 Mill. Tonnen SKE;
1 Kubikfuß = 0,028317 m³

Manche Beobachter der Energiewirtschaft weisen zu Recht darauf hin, dass Erdöl und Erdgas zwar derzeit (Prognose 2010) 62 % der Welt-Energienachfrage abdecken, dass sich aber in Zukunft die Situation entspanne, denn
– die großen Reserven an Kohlen (Braun- und Steinkohle) seien für die Zukunft zu berücksichtigen;
– neben den sicheren Reserven gebe es nachgewiesene bzw. geologisch indizierte Vorräte, die nur derzeit nicht wirtschaftlich gewinnbar seien (Schweröle, Ölschiefer, Gashydrate) und als „Ressourcen" bezeichnet werden.

Diese Überlegungen sind legitim. Betrachten wir Tab. 3.4.2/2, so scheint es, dass gerade die großen Flächenstaaten gut mit Energiereserven ausgestattet sind. Doch ändert sich das Bild bei Bezug auf die Bevölkerung. Es stehen dann die arabischen Golfstaaten (insbesondere Kuwait und Vereinigte Arabische Emirate), Australien (Kohle!) und Saudi-Arabien an vorderster Stelle.

Die in Tab. 3.4.2/2 vorgestellten Werte bezeichnen die Reserven, d. h. exakt erfasste, technisch und wirtschaftlich ausbeutbare Lagerstätten, die wiederum zu unterscheiden sind nach „konventionellen" und „nicht-konventionellen" Erdöl- und Erdgaslagerstätten. In Ergänzung dazu sind die „Ressourcen" zu sehen, das sind nachgewiesene oder geologisch indizierte Vorräte, die derzeit nicht wirtschaftlich bzw. technisch sinnvoll zu gewinnen sind (vgl. *Schliephake* 2005).

Bezüglich der Ressourcen (alle fossilen Energieträger) berechnet die Bundesanstalt für Geowissenschaften und Rohstoffe einen etwa 10-mal so hohen Wert im Vergleich zu den Reserven. Doch wird deren Abbau erst dann lohnend sein, wenn der Weltmarktpreis für Energie dauerhaft 200 Dollar je Tonne SKE übersteigt. Im Vergleich dazu lag der erzielbare Preis für Kohle und Erdöl auf dem Weltmarkt Ende der 90er-Jahre bei 50–70 Dollar pro Tonne SKE. Das billigste Öl produzierte man am Golf mit Förderkosten von

Tab. 3.4.2/2: Die Welt-Reserven an fossilen Energieträgern (ohne Uran) in Mrd. t Steinkohleeinheiten (SKE)
Zusammenstellung nach: BGR 1999 u.a. Quellen

Staat/Region	Kohle	Braun-kohle	Erdöl	Erdgas	Gesamt	Anteil an Weltvorräten	Pro Einwohner in Tonnen SKE
USA	183,5	16,7	5,9	5,1	211,2	23,7 %	749
Russland	16,0	4,1	15,2	57,0	92,3	10,4 %	632
China	69,1	7,4	5,0	2,4	83,9	9,4 %	67
Arabische Golfstaaten*	0	0	44,1	20,8	64,9	7,3 %	8 113
Australien	44,3	13,6	0,4	2,8	61,1	6,9 %	3 215
Saudi-Arabien	–	–	53,9	6,8	60,7	6,8 %	2 890
Indien	51,6	0,7	0,9	0,8	54,0	6,1 %	53
Iran	0,2	–	19,1	27,2	46,5	5,2 %	727
Deutschland	22,6	12,5	0,1	0,5	35,7	4,0 %	435
Republik Südafrika	33,6	–	0	0,1	33,7	3,8 %	784
Irak	–	–	22,7	4,0	26,7	2,9 %	1 161
Venezuela	0,4	–	15,0	4,7	20,1	2,3 %	838
Mexiko	0,9	0,1	10,1	2,1	13,3	1,5 %	136
Rest der Welt	64,7	15,8	34,6	46,1	161,2	16,7 %	54
Welt gesamt	487	71	227	180	965	100 %	160

* = Bahrain, Kuwait, Oman, Katar, VAE.

10 Dollar pro Tonne SKE. Dies ist zu vergleichen mit den Produktionskosten für deutsche Steinkohle von 140–150 Dollar pro Tonne SKE.

Aber selbst wenn die gesamten Energieressourcen der Erde von schätzungsweise 965 Mrd. Tonnen SKE (davon 58 % Kohle und Braunkohle, 24 % Erdöl, 18 % Erdgas) betrachtet werden, besitzen die arabischen Staaten am Golf mit 20,6 % (Saudi-Arabien allein: 6,3 %) noch einen erklecklichen Anteil daran. Sie beherbergen die billigste und leicht transportierbare Energie.

Erdöl und Erdgas sind weiterhin Exportprodukte Nummer 1 und liefern 90 % der saudischen Ausfuhren (zusätzlich 8 % petrochemische Produkte). Das Auf und Ab der Erdöleinnahmen (siehe Abb. 3.4.2/1) hat einerseits eine konsistente Planung erschwert, andererseits die Notwendigkeit verdeutlicht, eine Erdöl-unabhängige ökonomische Basis aufzubauen.

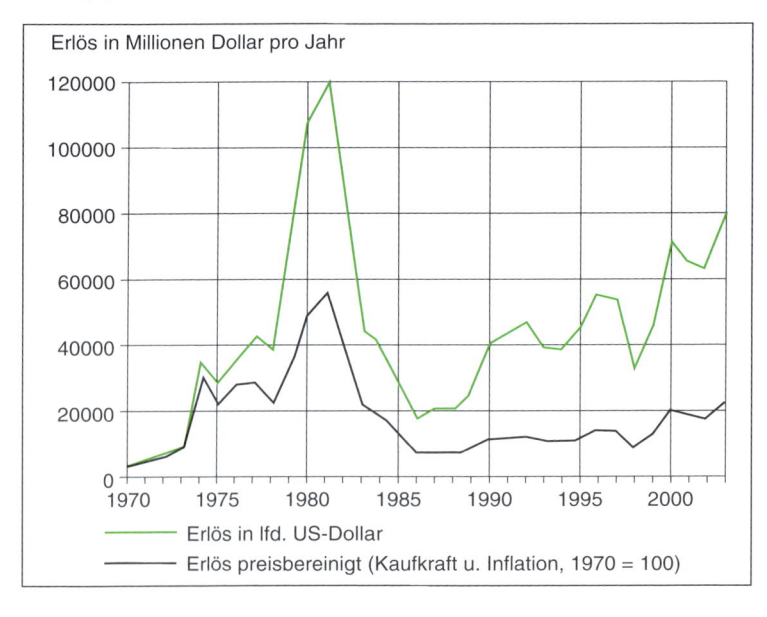

Abb. 3.4.2/1:
Saudi-Arabien. Wert der Erdölexporte in Mio. US-$ pro Jahr (1970–2003)
Daten aus: Seventh Development Plan 2001

Doch neben dem finanziellen Beitrag sind die räumlichen Impulse gering, Erdöl und Erdgas flossen aus dem Förderland, ohne räumliche Spuren zu hinterlassen. Sie sind erst dann unmittelbares Element der Entwicklung, wenn die Industrie sie als chemischen bzw. energetischen Rohstoff in Wert setzt. Das Kapital dafür ist vorhanden, das Problem der Arbeitskräfte wird in Kap. 3.4.2.5 thematisiert.

3.4.2.4 Die petrochemischen Betriebe

Die Verarbeitung von flüssigen und gasförmigen Kohlenwasserstoffen gehört zu den wichtigen Industriebranchen. Im Rahmen petrochemischer Prozesse entstehen durch Aufspalten der Moleküle („cracken", mit Hitze oder Katalysator) bzw. Destillation aus Erdöl oder den Erdgasbestandteilen Methan (50 %), Ethan (18 %), Propan (11 %) und Stickstoff (1 %) so genannte Primärprodukte. Der Wert der Welt-Petrochemieproduktion wird auf 185 Mrd. Dollar geschätzt (= 0,6 % des Welt-Brutto-Sozialprodukts), daran hat die saudische Produktion einen Anteil von 5 % (nach SABIC 2005).
Als Rohstoff verwenden die Erdölförderländer nicht so sehr Rohöl, das sich problemlos exportieren lässt, sondern Erdgas, wobei zu unterscheiden ist nach (siehe *Schliephake* 2001b):
– assoziiertem Erdgas, das dem unter Druck stehenden Erdöl bei Austritt an deren Oberfläche entweicht (in Saudi-Arabien ca. 300 m^3 pro Tonne) und als „Feuchtgas" bis Ende der 1970er-Jahre abgefackelt wurde;
– „Trockengas" aus eigens erschlossenen Lagerstätten mit höherem Stickstoffgehalt, das in der Golfregion zwar exploriert, aber vorerst weitgehend ungenutzt bleibt (Ausnahme: Dubai, Qatar Nordfeld).

Saudi-Arabien besitzt Erdgasreserven von 6.900 Mrd. m^3 (= 4 % der Weltreserven), davon 68 % assoziiertes Gas.
Als wichtigster Schritt zur Verknüpfung und Lokalisation der Produktionsfaktoren geschah in den Jahren 1974/1975 die Ausweisung der mit der Erdöl-/Erdgasleitung „Petroline" verbundenen neuen Industriestandorte Jubail (am Golf) und Yanbu' (am Roten Meer) durch die „Königliche Kommission für Jubail und Yanbu'". Sie entwickelte die Flächennutzungspläne, baute die Siedlungsinfrastruktur auf und wies Flächen für die neuen Industriebetriebe aus (Karte bei *Schliephake* 1999). Seit 1983 hat die damit beauftragte SABIC in Jubail 12 große petrochemische Komplexe in Betrieb gebracht, daneben zwei weitere in Yanbu'. Abb. 3.4.2/2 gibt dazu einen Überblick der arabischen Halbinsel.
Das erste Werk der SABIC in Jubail produzierte seit 1983, die Anlagen in Yanbu' folgten 1985 (siehe *Schliephake* 2006). Heute hat SABIC 17.000 Beschäftigte, und der Tageswert des investierten Kapitals liegt bei 37 Mrd. US-$. Bei dem Umsatz von 21 Mrd. US-$ bedeutet der Nettogewinn von 5,1 Mrd. US-$ (2005) allerdings mit 24 % eine Kapitalrendite, die mehr als den Zinsendienst für die Schulden von 23 Mrd. US-$ gewährleistet (nach SABIC 2006).
Im bewussten Verzicht auf hohe Rentabilität steckt die Erläuterung für den von europäischen Beobachtern geprägten Begriff der „gekauften Industrialisierung" (nach *Hofmann* 1988). Zum einen stellen der saudische Staat bzw. die parastaatlichen Unternehmen das Investitionskapital zur Verfügung, ohne eine angemessene Verzinsung zu erwarten; zum anderen sind auch die Betriebsmittel subventioniert: Das gilt nicht nur für Trink- und Brauchwasser aus den Meerwasserentsalzungsanlagen, das ebenso wie die Elektrizität unter Marktpreisen abgegeben wird. Auch die Betriebsflächen stellt der Staat kostenlos bereit. Am wichtigsten sind jedoch die niedrigen Preise für Gas. SABIC gab 5 % seines Umsatzes für das bereitgestellte Erdgas als Energieträger und Rohstoff aus. Damit ist und bleibt SABIC der weltweit preiswerteste Produzent mit Zugang zu den weltweit größten Kohlenwasserstoffreserven (vgl. SABIC 2006).
Die Absatzstrategen blicken nicht so sehr auf das „Alte Europa", sondern in Richtung Osten. Dort sitzen mit China, Indien, Vietnam und Philippinen die größten Kunstdüngerimporteure der Welt. Auch die USA sind inzwischen Netto-Importeur von Stickstoffdünger.
Die Plastikrohstoffe verkauft SABIC weltweit nach internationalen Spezifikationen über Kontore in USA,

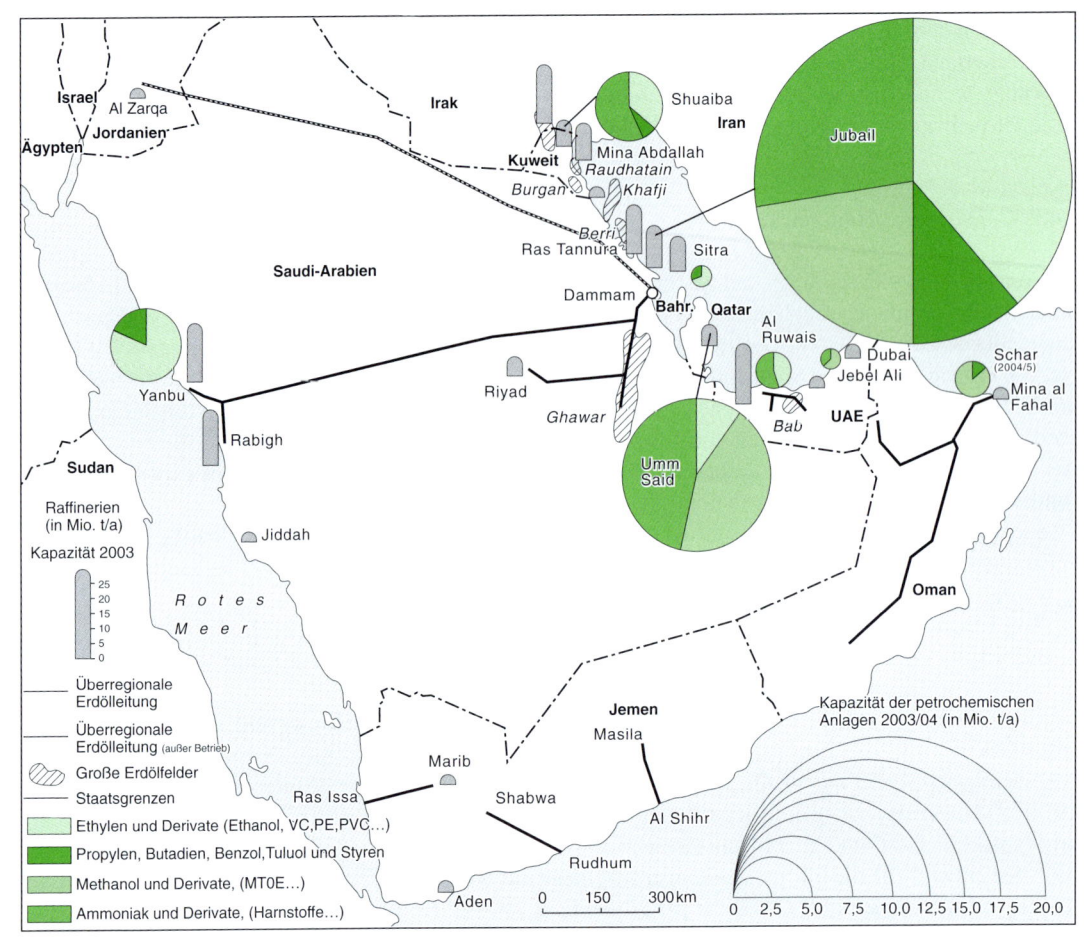

Abb. 3.4.2/2:
Standorte der Erdölwirtschaft auf der Arabischen Halbinsel
Quelle: *Schliephake* 2004, S. 319

Großbritannien, Deutschland, Spanien, Indien, Frankreich, Japan, Italien, Russland, Hongkong, Philippinen, China, Südkorea, Taiwan, den Niederlanden und Singapur.

Ist die „gekaufte Industrialisierung" oder „Industrialisierung auf Einladung" ein Erfolg? Die fast kostenlose Bereitstellung des Erdgases macht Sinn. Zwar hätte bei einer Gegenüberstellung des kalorischen Inhaltes mit dem aktuellen Erdölpreis von 50 US-$ pro Fass Naturgas einen Wert von 0,35 US-$ pro m^3. Aber da – wie im frühindustriellen Ruhrgebiet – der Transport auf die Weltmärkte teuer und riskant ist, sind dies hypothetische Werte: Erdgas muss nahe dem Fundort in Wert gesetzt werden.

3.4.2.5 Die Arbeitskräfte

Charakteristisch für die arabischen Erdölförderländer war das Fehlen des Faktors „Arbeit". In der historischen Selbstversorger-Ökonomie konnten nur so viele Menschen überleben, wie die – dem Menschen prinzipiell feindliche – wüstenhafte Umgebung zu ernähren gestattete. Das waren zu Beginn des 20. Jahrhunderts im heutigen Königreich Saudi-Arabien vielleicht 1,5 Mill. Menschen (2 Einwohner pro km^2), davon 40 % Nomaden. Sesshafte Landwirte lebten in den Gebirgen des Südwestens (Assir), den Küstenoasen des

Ostens (Al Hassa, Qatif) und den Pilgerstädten Makkah (mit Hafen Jiddah; siehe Schliephake 2003) sowie Al-Madinah.

Das änderte sich mit dem Aufbau der Erdölwirtschaft. Bis 1974 wuchs die Bevölkerung auf 6,7 Mill. Menschen (noch 18 % Nomaden), und in beginnendem Wohlstand übernahmen Gastarbeiter all die Aktivitäten, die es historisch nicht gab: Bau- und Industriearbeit, Krankenhaus- und Schulpersonalstellen, Buchhaltung, Hausmädchendienste etc. 1992 waren 26 % der 16,9 Mill. Landesbewohner Ausländer und Ende 2004 (Volkszählung) 27 % von 22,7 Mill..

Die Migranten, überwiegend männlich und aus ärmeren arabischen Ländern (Ägypten) sowie Süd- und Ostasien (Indien, Pakistan, Philippinen, u. a.), halten den privaten Sektor in Schwung. Auf längere Frist sollen junge Menschen aus der schnell wachsenden einheimischen Bevölkerung (+ 3,3 % pro Jahr) die Gastarbeiter ersetzen. Doch ist die Neigung zur Aufnahme von Berufen in der Industrie gering. 55 % der 7,2 Mill. abhängig Beschäftigten waren Ende der 1990er-Jahre Ausländer, und die Saudis streben fast ausschließlich in den öffentlichen Dienst. Wenn man allerdings bedenkt, dass aktuell knapp 205.000 junge, zu 95 % männliche Saudis jährlich zusätzlich auf den Arbeitsmarkt kommen, dann wird die Bedeutung der neuen Industriebetriebe und vor allem der vor- und nachgeschalteten Aktivitäten (Zulieferung, Weiterverarbeitung) auch für die soziale Zukunft Saudi-Arabiens deutlich.

Die saudischen Planer wollen die Integration der lokalen arbeitsfähigen Jugend durch Arbeitskräfte-Perspektivpläne erzwingen, wie sie in Tab. 3.4.2/3 wiedergegeben sind.

Tab. 3.4.2/3: Arbeitskräfte-Perspektivplan Saudi-Arabien 2000–2020 (Arbeitskräfte in Mill.)
Daten aus: Seventh Development Plan 2001

Sektor	Nachfrage 2000	2020	Wachstum p. a.
Staatlicher Sektor (Verwaltung, Bildung, Gesundheit)	0,92	0,98	0,3 %
Erdöl & Erdgas	0,10	0,13	1,2 %
Privater Sektor (Bau, Industrie, Dienstleistungen)	6,22	9,64	2,1 %
Gesamt	**7,24**	**10,74**	**1,9 %**
Angebot			
Saudische Arbeitskräfte	3,32	8,26	+ 4,7 %
Ausländische Arbeitskräfte	3,92	2,48	− 2,3 %
Gesamt	**7,24**	**10,74**	**1,9 %**

Nach Tab. 3.4.2/3 absorbiert künftig ausschließlich der private Sektor die jungen Schul- und Universitäts-Absolventen, die jährlich auf den Arbeitsmarkt drängen. 60 % der benötigten Stellen sollen durch Ablösung von Gastarbeitern frei werden. Besondere Chancen sehen die Planer in den Bereichen Bau, Handel und übrige Dienstleistungen. Auf den Staat und den Energiesektor ist nicht mehr zu hoffen.

Wie soll dieses Umsteuern geschehen? Die Entwicklungspläne sprechen von „Anpassung der Gehälter an die Marktlage", d. h. saudische Beschäftigte sollen geringere Ansprüche stellen. Schließt man die Grenzen und lässt die Gehälter künstlich hoch – insbesondere im Vergleich zu den Arbeitskräften aus Südasien, die vielleicht 200–500 Dollar pro Monat brutto wie netto verdienen –, dann sind saudische Produkte weder im Inland (Freihandel) noch gar in der Region oder auf dem Weltmarkt konkurrenzfähig.

3.4.2.6 Islam und Industrialisierung – Ein Widerspruch?

Der Blick auf das Königreich Saudi-Arabien, dem einzigen Staat der Welt, der nach der Herrscherfamilie benannt ist und wo es keine Verfassung gibt, da das Heilige Buch des Koran die Basis aller Gesetze und

Vorschriften ist, wirft die Frage auf, wie die zuvor skizzierten Elemente der Industrialisierung und der Arbeitsmarktentwicklung mit den Fundamenten des Islams und der Aufgabe als Hüter der Heiligen Stätten zu vereinbaren ist. Immerhin verneigen sich die Frommen unter den 1,2 Mrd. Muslimen auf der Welt fünfmal täglich in Richtung Kaaba in Mekka, dem „deutlichen Zeichen Gottes für den Menschen", und über eine Million ausländische Muslime wollen die jährliche Pilgerfahrt dorthin in authentisch-islamischer Stimmung durchführen (siehe *Schliephake* 2003). Dagegen beziehen sich die in den Entwicklungsplänen definierten Ziele (nach Seventh-Socio-Economic Five Year Plan 2000 to 2005 (2001), vgl. Kapitel 3.4.2.1) zwar in der Einführung auf diese Sonderstellung des Landes, die übrigen könnten aber jedem deutschen Raumordnungsprogramm entnommen sein (siehe Tabelle 3.4.2/4).

Tab. 3.4.2/4: Oberziele der saudischen Entwicklungsplanung
Quelle: Übersetzt aus Seventh Development Plan 2001

1. Erhalt der islamischen Werte, aufbauend auf der Scharia als gottesewigem Gesetz
2. Verteidigung des Glaubens und der Nation mit innerer Sicherheit und sozialer Stabilität
3. Verbesserung des Lebensstandards
4. Entwicklung der menschlichen Ressourcen, Erhöhung der Produktivität und des Anteils der Saudis auf dem Arbeitsmarkt
5. Ausgewogenes Wachstum der Regionen
6. Diversifizierung der ökonomischen Grundlagen
7. Förderung des privaten Sektors
8. Stärkung der internationalen Position des Landes und Integration in den Golf-Kooperationsrat

Die von den saudischen Planern definierten Entwicklungswege waren immer rational bestimmt und abgeleitet von weltweit gültigen ökonomischen und sozialen Gesetzmäßigkeiten. Das überrascht nur den Beobachter, der den Islam bzw. den Orient als fortschrittsfeindlich einstuft und antithetisch der europäischen Aufklärung und dem technischen Fortschritt gegenüberstellt. Der in Deutschland lehrende Politologe *Bassam Tibi* vertrat ursprünglich die These, der Islam sei eine „vorindustrielle Kultur in Defensivhaltung" (*Tibi* 1981, S. 16). Durch das Fehlen eines Geistes der kritischen Nachfrage ergebe sich eine Krise im Erziehungssystem, und der Abstand zu den Industrieländern vergrößere sich. 10 Jahre später sieht er die Dinge differenzierter (z. B. *Tibi* 1992). Danach nehmen die „traditionell" und/oder „fundamentalistisch" orientierten Muslime (al usuliyun) Wissenschaft und Technik selektiv wahr, lehnen jedoch die Logik der (soziologischen) Aufklärung und Moderne ab. Sie wollen sich wertneutral moderne Technologie aneignen, ohne sich von ihrem absoluten Wissen um die Allgültigkeit des Korans zu verabschieden und damit ihre kulturellen Wurzeln (usul) zu verlieren, ein Gedanke, der auch überzeugten christlichen Managern nicht fremd ist. Saudische Planer erkennen die daraus resultierenden Konflikte und zitieren immer wieder die Aussage des 1975 von Traditionalisten ermordeten Königs *Faisal* (bei *Al Farsy* 1999, S. XXI): „Jene, die die Auffassung vertreten, dass der Islam den Fortschritt behindert oder der modernen Entwicklung im Wege steht, haben die wesentlichen Grundsätze des Islams nicht verstanden". Der frühere saudische Planungsminister *Hisham Nazer* beweist anhand des Korans den Muslimen, dass sie gemäß den religiösen Vorschriften ihr Schicksal in die Hand nehmen (Sure 13, 11) und arbeiten müssen (Sure 9, 105). Auch zahlreiche Überlieferungen des Propheten *Muhammad* (hadith) betonen die Bedeutung und den Segen körperlicher Arbeit, die wichtiger als die Einhaltung förmlicher Religionsvorschriften seien (vgl. Diskussion bei *Schliephake* 1995).

Die Probleme der künftigen Entwicklung liegen wohl weniger im spirituellen Rahmen des Islams begründet, als in anderen Engpassfaktoren. Zu ihnen gehören neben der Ernährung und Sicherheit (die heimische Landwirtschaft produziert nur 20 % der im Lande verbrauchten Lebensmittel) die Einseitigkeit in der industriellen Entwicklung und die mangelnde Einbindung in lokale Innovationsprozesse. Bislang ist Saudi-Arabien eher peripheres Anhängsel, sozusagen „verlängerte Werkbank" für die petrochemische Grundproduktion, die Industrialisierung wird „eingekauft". Erst wenn das Land die entsprechenden Technologien weiter entwickelt, werden sie Agens des Wandels, allerdings mit der Gefahr der endgültigen Zerstörung traditioneller Werte.

Die Risse in der saudischen Gesellschaft, entstanden aus schnellem Reichtum mit Ausprägung einer Versorgungsmentalität, aber auch der Einführung industrieller Lebens- und amerikanischer Konsumformen, sind nicht zu übersehen. Sie äußern sich im Rahmen folgender Gruppenbildungen:
– Sozio-religiöse Gruppen zwischen orthodox-fundamentalistisch, indifferent und aufgeklärt.
– Ökonomisch: zwischen arm, Mittelschicht und Reichtum.
– Regional: beduinischer („Söhne des Adnan") und sesshaft/bäuerlicher Herkunft („Söhne des Qahtan"), heute oft in den Städten bunt gemischt (86 % der Saudis sind Stadtbewohner).
– Geschlechtsspezifisch: in der (noch) patriarchalischen Gesellschaft stellen Frauen zwar inzwischen 54 % der Hochschulabsolventen. Sie sind aber weitgehend vom Arbeitsmarkt ausgeschlossen, da sie nicht mit Männern in Kontakt treten dürfen.

In der Kombination dieser Gruppen gibt es alle Möglichkeiten und vielfältige Spannungsfelder. Nicht von ungefähr ist Saudi-Arabien Heimat sowohl von weltweit gesuchten islamischen Terroristen, als auch der Direktorin der UN-Bevölkerungsorganisation in New York.

3.4.2.7 *Offene Fragen*

Saudi-Arabiens spezifische Problematik ergibt sich aus dem energetischen Potenzial, der ungünstigen Ausstattung mit den übrigen natürlichen Ressourcen, dem aufzuholenden Entwicklungsrückstand und der schwierigen geopolitischen Lage gegenüber armen, aber bevölkerungsreichen Nachbarn (Irak, Iran, Pakistan, Indien). Für die Zukunft stehen saudische Planer vor einer Vielzahl von Fragen, für die es nur langfristige Antworten gibt:
– Was geschieht, wenn Saudi-Arabien im Jahre 2025 40 Mill. Einwohner hat? Dann gehen die fossilen Wasserreserven dem Ende zu, und es ist fraglich, ob die Entsalzung von Meerwasser die Lücken schließen kann.
– Was geschieht mit den neuen Industrien, die von ausländischen Managern und Fachkräften mit importierten Technologien betrieben werden und die vor allem wegen niedriger Energiepreise und geringerer Umweltschutzauflagen konkurrenzfähig sind?
– Können arabisch-islamische Kultur und Kenntnisse zur nachhaltigen Nutzung der Umwelt in einem Land überleben, in dem Nomadismus und Oasenwirtschaft verschwunden sind, wo importierte Konzepte der Vollmotorisierung und des ungezügelten Energieverbrauches die Städte US-amerikanischen Vorbildern anpassen wollen?

Die skizzierten Elemente des Entwicklungsweges, der eine Mischung von sektoralen und regionalen Konzepten zur Anwendung bringt, stellen sich diesen Fragen. Sie versuchen eine Lösung auf nationaler Ebene und eine Integration des Landes in die Weltwirtschaft. *Barthel* (2001) hat verdeutlicht, dass die arabischen Golfstaaten den „Circulus vitiosus von Rückständigkeit, Stagnation und Armut durchbrochen, der Entfaltung moderner Produktivkräfte eine Bresche geschlagen und ein dynamisches wirtschaftliches Wachstum erreicht haben". Dafür zeichneten überwiegend externe Antriebskräfte der Ressourcenverwertung (Kapitalströme) und der Petro-Industrialisierung verantwortlich. Natürliche Rohstoffe, ökonomische und soziale Potenziale, politische Anbindung und Traditionen bestimmen somit den Entwicklungsweg.

4 Unterrichtspraktischer Teil

4.0 Einführung (*DieterBöhn* und *Eberhard Rothfuß*)

Den Entwicklungsländern oder wie sie auch immer bezeichnet werden („Dritte Welt" usw.) kommt im Erdkunde-/Geographieunterricht eine herausgehobene Stellung zu. In allen Lehrplänen bilden sie einen thematischen Schwerpunkt, einzelne Curricula weisen der Behandlung der Entwicklungsländer ein ganzes Schuljahr zu, in mehreren Lehrplänen wird die Behandlung dieses Themas in der Sekundarstufe I nochmals in der Sekundarstufe II aufgegriffen.

4.0.1 Zielsetzungen

Unterricht über die „Dritte Welt" kann nach sehr unterschiedlichen Zielsetzungen erfolgen (vgl. die Ausführungen in Kap. 1.3): Im Mittelpunkt steht immer der Mensch, er und nicht der „Raum an sich" ist Gegenstand der Betrachtung im Unterricht. Zunächst werden oftmals die limitierenden, weniger auch fördernden Handlungsmöglichkeiten aufgezeigt, dann das Handeln der Menschen in einem bestimmten Raum dargestellt. Dabei sollte erkannt werden, dass dieses Wirken durch die für den Handelnden relevanten Norm- und Wertvorstellungen erfolgt und damit immer im jeweiligen Lebenskontext zu betrachten ist.
In keinem Bereich der Lehrpläne finden sich so viele affektive Ziele wie beim Thema „Dritte Welt". Doch sollte bei aller emotionalen Zuwendung der kognitive Aspekt im Unterricht dominieren; Schüler lehnen vielfach die Erzeugung von „Betroffenheit" ab, besonders in der Sekundarstufe II. Vielmehr muss es um ein „einfühlendes und kontrolliertes Fremdverstehen" (vgl. *Geertz* 1983) auf Augenhöhe gehen, das versucht, das Handeln der Menschen in ihrer eigenen Lebenswelt zu begreifen. Damit kann einem einseitig wertenden eurozentrischen Paternalismus wirkungsvoll begegnet werden (vgl. auch *Rhode-Jüchtern* 2004). Als methodischer Aufbau wird in der didaktischen Umsetzung und Unterrichtspraxis vielfach folgende Reihung verwendet:
– Analyse der natur- und kulturräumlichen Lebenssituation,
– Herausarbeiten und Verstehen möglicher Ursachen für die konkrete Situation
– Erarbeiten von angepassten Lösungsmöglichkeiten, die von den betroffenen Menschen akzeptiert werden und damit zumindest mittelfristig eine Chance der Realisierung haben.
Aus der kognitiven Erkenntnis lassen sich dann wertorientierte und an den Lebenskontexten der Betroffenen ausgerichteten Zielsetzungen erarbeiten, Werte fließen natürlich bereits bei der Beurteilung der jeweiligen Situation ein. Diese gilt es den Schülern bewusst zu machen und zu reflektieren.
Eine wichtige Ergänzung dieser klassischen überwiegend deduktiven Struktur von Unterrichtseinheiten ist in Kap. 1.3.2 vorgenommen worden.
Alle Unterrichtsbeispiele sind konkretisierte schülerorientierte Umsetzungen von Themen des allgemeingeographischen und des regionalgeographischen Teils dieses Handbuchs, auch wenn nicht immer ausdrücklich darauf Bezug genommen wird.

4.0.2 Methoden

Gerade beim Thema Entwicklungsländer eröffnen sich für den Schüler Möglichkeiten, im Unterricht und darüber hinaus das Reflexionsvermögen zu entwickeln und selbst aktiv zu werden. „Global denken, lokal handeln", dieser Satz aus der Agenda 21-Bewegung lässt sich auch bei einer „Entwicklungszusammenarbeit" durch Schüler fruchtbar verwirklichen.
Bei der Behandlung von Entwicklungsländern bzw. der Entwicklungsproblematik bietet sich Projektun-

terricht an. Schülerinnen und Schüler erarbeiten mit Hilfe der Materialien (die noch durch weitere aktuelle Daten aus Statistiken, Berichten, Bildern ergänzt werden sollten) eigenständig die teils selbst gewünschten, teils durch die Thematik vorgegebenen Bereiche.

Das Thema „Dritte Welt" ist für eine fachübergreifende Zusammenarbeit geradezu prädestiniert. Dies sollte genutzt werden, auch wenn an vielen Schulen wegen des Fachlehrerprinzips organisatorische Hindernisse zu überwinden sind. Die Lernerfolge sowohl im kognitiven, im instrumentalen wie im affektiven Bereich zeigen, dass sich der Aufwand lohnt.

Der Aufbau der einzelnen Unterrichtseinheiten ist weder formal noch strukturell gleichartig, denn es sollen verschiedene methodische Wege ermöglicht werden. Ähnlich ist jedoch die Bereitstellung umfangreichen Materials, mit dem die Schülerinnen und Schüler arbeiten können.

4.0.3   Materialien

Der hohe Stellenwert des Themas „Entwicklungsländer" führt dazu, dass eine Fülle von speziell für den Unterricht konzipierten Materialien zur Verfügung steht. In erster Linie ist hier an das Schulbuch zu denken. Daneben bieten schulische Mediendienste umfangreiche Materialien. Schulpraktische Zeitschriften wie „Praxis Geographie", „Geographie und Schule", „geographie heute" und mit guten Überblicksartikeln die „Geographische Rundschau" sowie „GW im Unterricht" aus Österreich bringen in kurzen Abständen Themenhefte heraus, die sich entweder allgemein mit Fragen der „Dritten Welt" befassen oder einzelne Regionen herausgreifen. Schließlich bieten eigens für den Unterricht konzipierte Themenbände eine Fülle geeigneter Themen, z. B. für die Sekundarstufe I *Theissen/Voigts* 1986, *Börsch/Brameier/Von der Ruhren* 1992; *Schnurer/Ströhlein* 1990 oder zur Abiturvorbereitung (u. a. *Bühn* 1998; *Müller* u. a. 2000, *Wallert* 2001).

Für die Thematik „Dritte Welt" kann der Lehrer überdies auf ein umfangreiches Angebot außerschulischer, doch für den Unterricht konzipierter Materialien zurückgreifen. Sie werden großenteils von den Organisationen und Institutionen angeboten, die sich die Entwicklung dieser so genannten Dritten Welt als Ziel gesetzt haben. Genannt seien hier ohne jeden Anspruch auf Vollständigkeit z.B. die kirchlichen Hilfswerke „Brot für die Welt" und „Misereor", die Deutsche Welthungerhilfe, die Gesellschaft für technische Zusammenarbeit GTZ, das Kinderhilfswerk der Vereinten Nationen UNICEF, Terre des Hommes, Materialien des Bundesministeriums für wirtschaftliche Zusammenarbeit und Entwicklung BMZ bzw. der jeweiligen Ministerien in Österreich und der Schweiz. Unterlagen, die sich meist leicht für den Unterricht aufarbeiten lassen, erhält man von weiteren Organisationen wie der „Gesellschaft für bedrohte Völker", der „Stiftung Menschen für Menschen", „Stiftung Weltbevölkerung" sowie von Einrichtungen wie der Weltbank und dem Internationalen Währungsfonds IWF. Auch die in der Schweiz (z. B. „Brot für Alle", „Helvetas") und in Österreich tätigen Organisationen stellen sehr gute Unterrichtsmittel zur Verfügung.

Die von Organisationen der Entwicklungszusammenarbeit erstellten Materialien sind sehr oft didaktisch ausgezeichnet und methodisch vorbildlich aufbereitet. Allerdings vermitteln sie ein einseitiges Bild der Dritten Welt: Sie wird überwiegend als Welt des Elends gezeichnet. Das liegt darin begründet, dass die Materialien primär dazu dienen, die Ziele der Hilfsorganisationen zu erfüllen, nämlich (materielle) Hilfe für die Entwicklungsländer einzuwerben. Dennoch sollten auch diese Unterlagen im Unterricht eingesetzt werden. An ihnen kann praxisorientierte Medienerziehung erfolgen. Der Schüler lernt, warum die Darstellung einseitig erfolgt und wird dadurch motiviert, selbständig nach weiteren Aspekten zu forschen. Das kann z. B. auch eine positive Bewertung vorhandener Statistiken sein, die ja oftmals einen ökonomischen Fortschritt dokumentieren. Eine kritisch-reflektierte Auseinandersetzung mit der Thematik, differenziert auch durch einen Perspektivenwechsel (vgl. *Rhode-Jüchtern* 1997, 2004) von Außen nach Innen führt zu inhaltlicher Vertiefung und unerwarteter Erkenntnis, die die Position des einfühlenden aber distanzierten Fremdverstehens vertritt und nicht eine durch Gefühle der Betroffenheit über die Armut gestützte Einstellung herausbildet. Eine „Didaktik der Betroffenheit" neigt trotz gegenteiliger Intention wohl viel eher dazu das Fremde letztendlich doch aus einer „Position des Höherwertigen" heraus zu betrachten.

Die äußerst differenzierten Entwicklungspfade in den „Ländern des Südens" verlaufen in weiten Teilen in einer so hohen Dynamik, dass jeder Beitrag nach kurzer Zeit durch aktuelle Daten ergänzt werden sollte. Dieses auf langjährige Relevanz ausgerichtete Handbuch ermöglicht es, sowohl aus dem allgemeinen als auch aus den regionalen Themen weitere Unterrichtseinheiten zu entwickeln, insbesondere für die Sekundarstufe II.

4.1 Exportorientierter Anbau von Tafeltrauben am Beispiel Chiles
(Gerd Bauriegel)

4.1.1 Der Aufschwung des chilenischen Rebbaus und seine Bedeutung für den Unterricht

In den Regalen deutscher Supermärkte liegen immer häufiger Tafeltrauben aus Chile. Dies ist kein Zufall, wie ein Blick in die Statistik zeigt (M 1). Auch wenn der wertmäßige Anteil an der gesamten chilenischen Ausfuhr zunächst nicht überwältigend zu sein scheint, hat das seit 1975 fast ununterbrochen anhaltende Wachstum das Land dennoch zum weltweit führenden Tafeltraubenexporteur von Tafeltrauben der Südhalbkugel werden lassen.

Der Beitrag zeigt auf, wie die Neuausrichtung der nationalen Wirtschaftspolitik seit 1973 dazu beitrug, die naturräumlichen Gunstfaktoren des Landes zu nutzen, um Agrarerzeugnisse für den Export anzubauen, unter denen Tafeltrauben eine besondere Bedeutung zukommt (vgl. die Ausführungen von *W. Mikus* im regionalgeographischen Teil des vorliegenden Bandes). Die mit dieser Entscheidung zwangsläufig einhergehende Einbindung in den Weltmarkt veränderte nicht nur den bis dahin herrschenden Selbstversorgungscharakter der Landwirtschaft von Grund auf, sondern hatte auch Auswirkungen auf die in diesem Wirtschaftszweig tätigen Menschen (*Bauriegel* 2003, S. 93–95).

Die chilenische Wirtschaftspolitik fand ihre Nachahmer vor allem im übrigen Lateinamerika (*Heim/Ratusny* 2003, S. 105–108), aber auch in anderen Staaten der Dritten Welt. Damit gewinnt das vorgestellte Beispiel Bedeutung über den Einzelfall hinaus und erlaubt es, die auf dem Export von Agrarerzeugnissen basierende Entwicklungsstrategie in einem größeren Zusammenhang zu beurteilen.

4.1.2 Die Ursachen für den Aufschwung des exportorientierten Anbaus von Tafeltrauben

Die Grundlage für den Aufschwung des chilenischen Tafeltraubenbaus bildeten drei miteinander verwobene Ursachenkomplexe, unter denen die wirtschaftspolitischen Entscheidungen seit 1973 von besonderer Bedeutung waren.

4.1.2.1 Der Naturraum als Gunstfaktor

Für die exportorientierte Landwirtschaft stellt die Lage Chiles auf der Südhalbkugel den ausschlaggebenden Vorteil dar. Durch die gegenüber der Nordhalbkugel um ein halbes Jahr verschobene Erntesaison gelangen die Produkte im Nordwinter nämlich erntefrisch in die Lebensmittelgeschäfte.

Hinzu kommt die ungewöhnlich große Nord-Süd-Erstreckung des Landes, die das Wachstum zahlreicher verschiedener Früchte mit unterschiedlichen Klimaansprüchen wesentlich begünstigt (*Richter/Bähr* 1998, S. 641). Dabei bildet in den subtropischen Hauptanbaugebieten Mittelchiles das Wasserangebot den limitierenden Faktor für den Obstbau, weil die vorwiegenden Winterniederschläge dort zum großen Teil als Schnee in der Kordillere fallen. Deswegen wird das frühsommerliche Schmelzwasser bereits seit den 1930er Jahren mit Hilfe von Staudämmen gespeichert. Zusammen mit den zahlreichen Bewässerungskanälen reichte das vorhandene Wasser für den Anbau verschiedener Früchte bisher aus.

4.1.2.2 Die wirtschaftspolitischen Entscheidungen

Trotz der vorhandenen Bewässerungseinrichtungen wurden die naturräumlichen Vorteile des Landes über lange Zeit nicht für den Anbau von *cash crops* für den Export genutzt. Vielmehr zielte die seit den 1930er Jahren vorherrschende Politik in erster Linie auf die Selbstversorgung des Landes ab.

a) Die innenpolitische Neuorientierung

Im Gegensatz zu den meisten anderen Staaten Lateinamerikas, die bis weit in die 1980er Jahre an dieser auf den Binnenmarkt orientierten Wirtschaftspolitik (*desarollo adentro*) festhielten, kam es in Chile nach dem Putsch der Militärjunta unter der Führung von General Augusto Pinochet seit 1973 zu einer grundsätzlichen Neuausrichtung auf diesem Feld. Während sich die Situation der Menschenrechte im Gefolge des Putsches teilweise dramatisch verschlechterte, erwiesen sich die rasch ergriffenen Maßnahmen zur Liberalisierung der Volkswirtschaft besonders für den primären Sektor mittel- und langfristig als äußerst erfolgreich.

Für die Landwirtschaft war die Entscheidung, die unter der Vorgängerregierung durchgeführte Kollektivierung nur teilweise rückgängig zu machen, von besonders großer Bedeutung. Auf diese Weise entstanden einerseits wieder zahlreiche Klein- und Kleinstbetriebe. Andererseits gründeten zahlreiche natürliche und juristische Personen Mittel- und Großbetriebe, die stark im exportorientierten Tafeltraubenbau tätig wurden. Im Gegensatz zu den früheren *Latifundisten* betrachteten sie ihr Land nicht mehr als rentenkapitalistische Basis für die Erzielung eines standesgemäßen Einkommens, sondern wollten aus ihrem Eigentum möglichst hohe Einnahmen erzielen (M 2). Zusätzlich standen als Folge der ebenfalls durchgesetzten Lockerung der Arbeitsschutzgesetze ausreichend billige Arbeitskräfte für Tätigkeiten in der Landwirtschaft zur Verfügung (M 2, M 3).

b) Die Einbettung Chiles in den Weltmarkt

Außenpolitisch flankiert wurde der neue Kurs durch die Entscheidung, die Volkswirtschaft den Bedingungen des Weltmarktes auszusetzen, um dadurch ausländische Investitionen zu erleichtern und den Export zu fördern (*desarollo afuera*). Zu diesem Zweck wurden die bis dahin bestehenden 5.125 Arten von Zöllen mit Spitzenbelastungen von mehr als 220 % und einem Durchschnittswert von 94 % im Jahr 1973, innerhalb von drei Jahren auf durchschnittlich 33 % gesenkt. Die bestehenden Einfuhrbeschränkungen und sonstigen nichttarifären Handelshemmnisse wurden aufgehoben, die Wechselkurse freigegeben, die Inflation durch eine strikte Geldmengensteuerung bekämpft und die Finanz- und Gütermärkte liberalisiert. Unterbrochen durch zwei tiefe Rezessionen zu Beginn der Periode haben sich die wirtschaftlichen Rahmendaten (Arbeitslosigkeit und Inflationsrate) seitdem laufend verbessert (*Spielmann* 1992, S. 157, 168, 241). Als Folge der günstigeren Rahmenbedingungen engagierte sich seit Beginn der 1980er Jahre eine Reihe großer nationaler und internationaler Firmen wie *David del Curto Chile, Dole* oder *Chiquita* in der Erzeugung und im Export von Tafeltrauben. Sie brachten nicht nur das erforderliche Kapital, z. B. für den Bau und Betrieb von Kühlhäusern auf, sondern organisierten meist auch den gesamten Produktions- und Exportprozess der Früchte.

Manche Unternehmen verfügen dabei über eigene Rebflächen, die sie selbst bewirtschaften. Andere Firmen arbeiten hingegen größtenteils oder ausschließlich mit Vertragslandwirten zusammen. Dabei findet meistens das so genannte „Konsignationssystem" Anwendung, bei dem sich die Landwirte nicht nur verpflichten, nach genauen Vorgaben der Exporteure zu produzieren, sondern ihre Ernte auch ausschließlich über diese zu verkaufen. Ihr Geld erhalten sie erst, wenn die Früchte vom ausländischen Abnehmer vollständig bezahlt wurden. Sind die Erzeugnisse, z. B. wegen der Überschreitung der Grenzwerte bei Spritzmitteln unverkäuflich, fallen sie in das Eigentum des Erzeugers zurück. Dadurch gewähren die Landwirte den Exporteuren nicht nur einen zinslosen Kredit, sondern tragen auch den größten Teil des Geschäftsrisikos. Trotzdem müssen sie sich auf diese Bedingungen einlassen, weil sie auf ihren vergleichsweise kleinen Betrieben nicht so viele Trauben anbauen können, dass sich eine Ausfuhr für sie lohnen würde (M 2).

Das von den international operierenden Firmen eingesetzte Personal besteht manchmal bis zu 99 % aus Tagelöhnern, höchstens 10 % der Arbeitskräfte, vor allen Dingen Spezialisten wie z. B. Traktorfahrer, werden für die ganze Saison angeheuert oder sind im Einzelfall fest angestellt (*Bee* 2000).

4.1.2.3 Der Einfluss der Globalisierung

Neben dem Engagement internationaler Lebensmittelkonzerne waren auf globaler Ebene weitere Veränderungen erforderlich, ohne die der chilenische Traubenexport niemals den heutigen Umfang hätte erreichen können: So nimmt bereits seit einigen Jahrzehnten die Nachfrage nach Obst und Gemüse in Industrieländern ständig zu. Den Auslöser dieser Entwicklung bildeten die gestiegenen Einkommen, das gewachsene Gesundheitsbewusstsein weiter Teile der Bevölkerung sowie der größere Bekanntheitsgrad „exotischer" Früchte als Folge der wachsenden Zahl von Fernreisen. Aus klimatischen Gründen kann dieses Obstangebot zwischen November und März aber zum großen Teil nur aus Entwicklungs- und Schwellenländern der Südhalbkugel bezogen werden. Durch die, wenn auch eher zaghafte, Liberalisierung des Agrarhandels im Zuge der GATT- bzw. seit 1995 der WTO-Verhandlungen, konnten Länder der Dritten Welt zumindest einen Teil dieser Nachfrage nach frischem Obst aus den Industrieländern befriedigen.

4.1.3 Die Folgen der Exportorientierung des Rebbaus

Die beinahe explosionsartige Flächenzunahme im Rebbau blieb nicht ohne Auswirkungen auf die chilenische Landwirtschaft und die in ihr beschäftigten Menschen.

4.1.3.1 Positive Auswirkungen

Wegen des geringeren Angebots sind die Käufer in den Industriestaaten bereit, im Nordwinter für frische Früchte deutlich höhere Preise zu zahlen als im Nordsommer (M 3). Für ein Land wie Chile ist es dadurch oft günstiger, Exportprodukte anzubauen und die Devisen für den Import von Grundnahrungsmitteln zu verwenden.
Aus der Neuorientierung der Wirtschaftspolitik zog der chilenische Rebbau besonderen Nutzen. Neben dem Weinexport gewann vor allem die Ausfuhr von Tafeltrauben an Bedeutung, wodurch die Abhängigkeit vom bisherigen Hauptausfuhrgut Kupfer verringert werden konnte (M 4).
Nicht zuletzt als Folge des gestiegenen Beitrags der exportorientierten Landwirtschaft stieg das BIP seit Mitte der 1980er Jahre fast ständig an, während die Arbeitslosenquote um einen Wert von ungefähr 5 % schwankte (M 5).

4.1.3.2 Probleme

Andererseits muss festgehalten werden, dass sich die Exportpalette zwar verbreitert hat, die Abhängigkeit von den stark schwankenden Preisen der Primärprodukte aber nur teilweise verringert wurde. Auch die Konzentration auf den bisherigen Haupthandelspartner USA konnte durch die Diversifizierung des Exports nur in geringem Umfang abgebaut werden. (M 4, M 6). Diese Situation ist vor allem deswegen riskant, weil die Zuwachsraten beim Export von Tafeltrauben, der wichtigsten Exportfrucht, nach einem Jahrzehnte lang anhaltenden Aufwärtstrend seit 1996 starke Schwankungen aufwiesen. Mit dem Hinzutreten neuer Konkurrenten, wie Südafrika, Argentinien und Brasilien, genauso wie dem wachsenden Interesse der Verbraucher an noch „exotischeren" Früchten, dürfte der Preisdruck bei Tafeltrauben zunehmen. Hinzu kommt, dass bisher, mehreren Anläufen zum Trotz, international anerkannte Qualitäts- bzw. Ökostandards für chilenische Tafeltrauben fehlen (M 8).

Schließlich blieben die Löhne in der Landwirtschaft, trotz der bisher grundsätzlich positiven gesamtwirtschaftlichen Entwicklung, hinter denjenigen in der Industrie zurück (M 3).

Zwar üben landwirtschaftliche Aktivitäten einen weniger schädlichen Einfluss auf die Umwelt aus als die stark extraktiven Wirtschaftsaktivitäten Bergbau, Fischfang und Holz. Dennoch führt gerade im exportorientierten Anbau von Obst die immer noch starke Verwendung von Spritz- und Düngemitteln zu einer erhöhten Schadstoffbelastung für Mensch und Umwelt (M 8, M 10).

M 1: Exportmengen von Tafeltrauben aus verschiedenen Ländern der Südhalbkugel

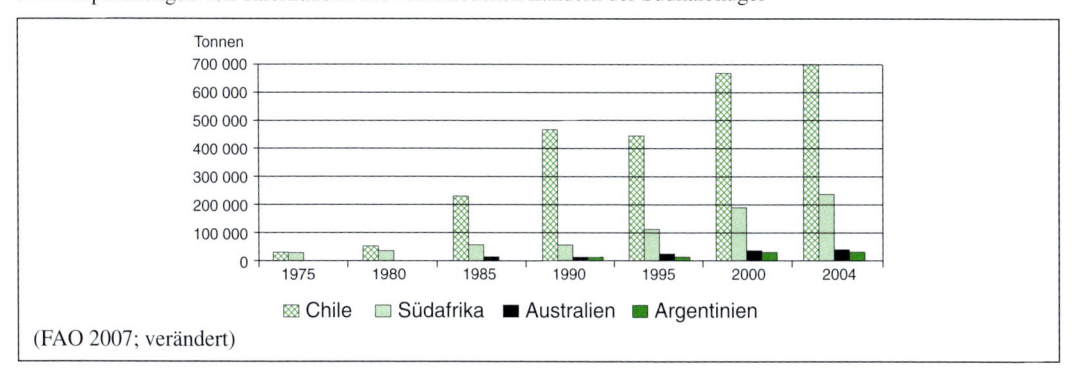

(FAO 2007; verändert)

M 2: Produktions- und Absatzverflechtung im exportorientierten Obstbau Chiles

Der eigentliche Aufschwung der modernisierten Landwirtschaft erfolgte erst seit 1974, nachdem 1973 eine Phase instabiler Verhältnisse mit Agrarreformen und Enteignungen durch einen gewaltsamen Militärputsch beendet worden war. Damit waren Tendenzen zur Spezialisierung der landwirtschaftlichen Betriebe verbunden. So stagnierten Betriebe mit der Produktion für die Selbstversorgung oder gaben auf. Zahlreiche Betriebe, die erst während der Agrarreformen vorausgehender Regierungen gegründet worden waren, verkauften ihr Land an meist größere landwirtschaftliche Betriebe. Immer mehr Flächen wurden der Export orientierten Landwirtschaft zugeführt.

Mit der Modernisierung kamen neue Formen der Vertragslandwirtschaft zur Anwendung, die zu einer Vielfalt von Verflechtungen landwirtschaftlicher Betriebe mit Exporteuren beigetragen haben. Vor allem größere Exportunternehmen stellen eine wichtige Schaltstelle zwischen Produktion und Absatz dar. Sie vermarkten nicht nur ihre eigenen Erzeugnisse, sondern auch diejenigen der mit ihnen verbundenen Vertragslandwirte.

(*Mikus* 1994, S. 162–166; stark verändert)

M 3: Entwicklung der Einkommen in der Landwirtschaft im chilenischen Vergleich (USD) 1990–1997

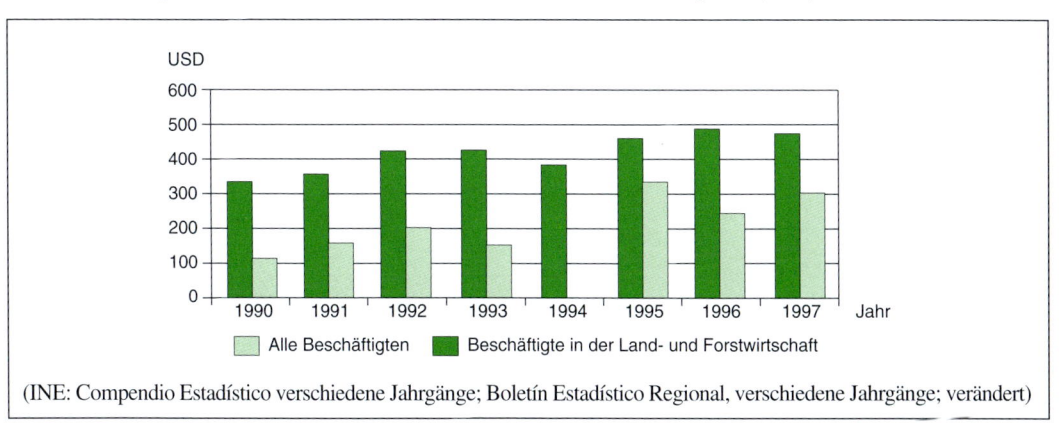

(INE: Compendio Estadístico verschiedene Jahrgänge; Boletín Estadístico Regional, verschiedene Jahrgänge; verändert)

M 4: Preise von Tafeltrauben auf dem Großmarkt von Santiago 2006 im Jahresverlauf (USD)

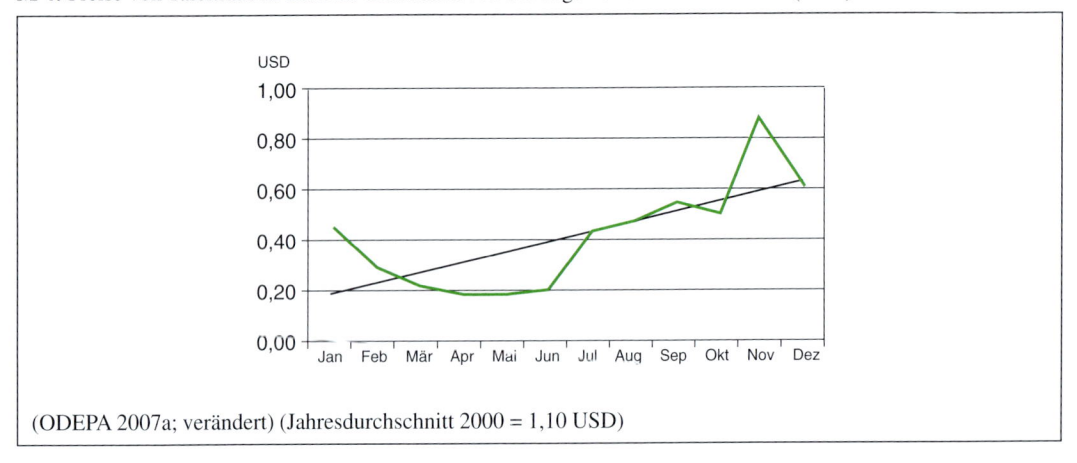

(ODEPA 2007a; verändert) (Jahresdurchschnitt 2000 = 1,10 USD)

M 5: Chilenische Exporte nach Gütergruppen 1977–2005 (Mrd. USD)

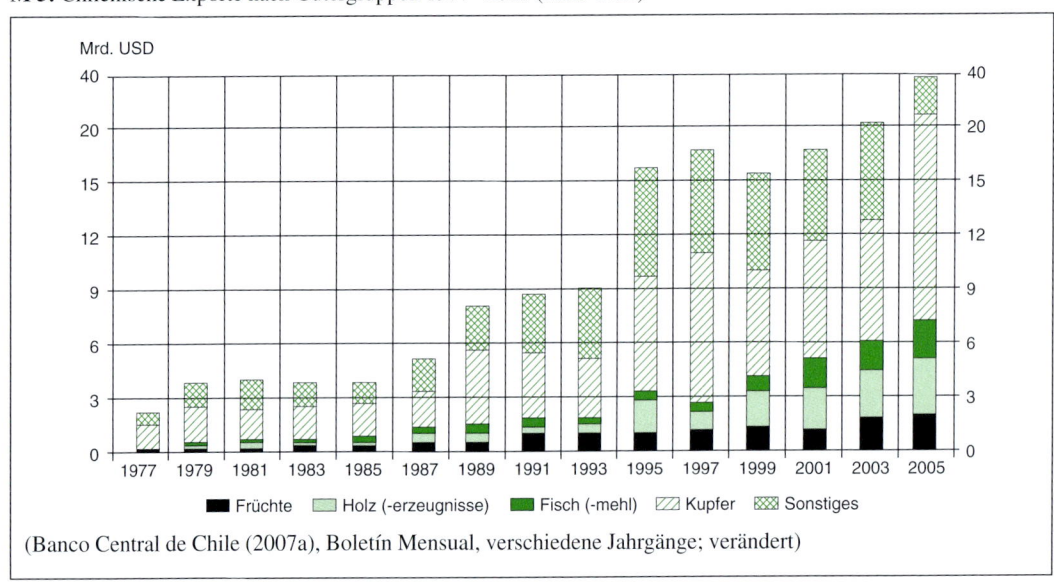

Früchte ▪ Holz (-erzeugnisse) ▪ Fisch (-mehl) ▪ Kupfer ▪ Sonstiges

(Banco Central de Chile (2007a), Boletín Mensual, verschiedene Jahrgänge; verändert)

M 6: Veränderung von Bruttoinlandsprodukt und Arbeitslosenquote in Chile 1975–2005 (%)

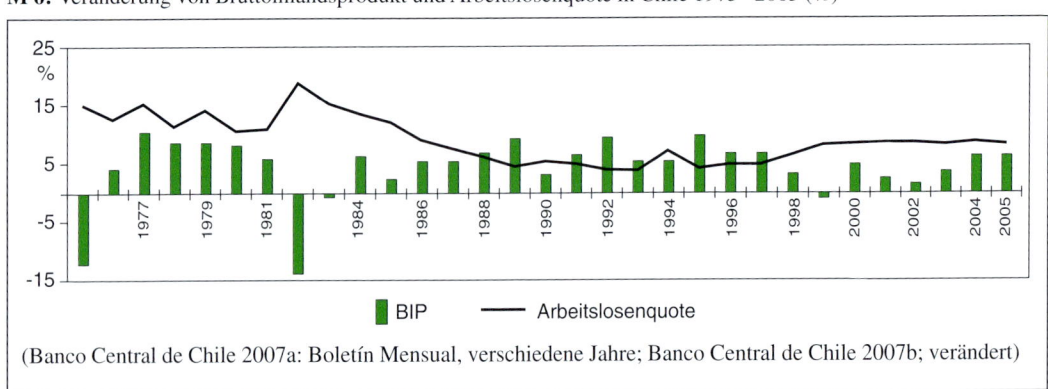

■ BIP — Arbeitslosenquote

(Banco Central de Chile 2007a: Boletín Mensual, verschiedene Jahre; Banco Central de Chile 2007b; verändert)

M 7: Die wichtigsten Zielländer chilenischer Tafeltrauben 2001 und 2006 in Prozent

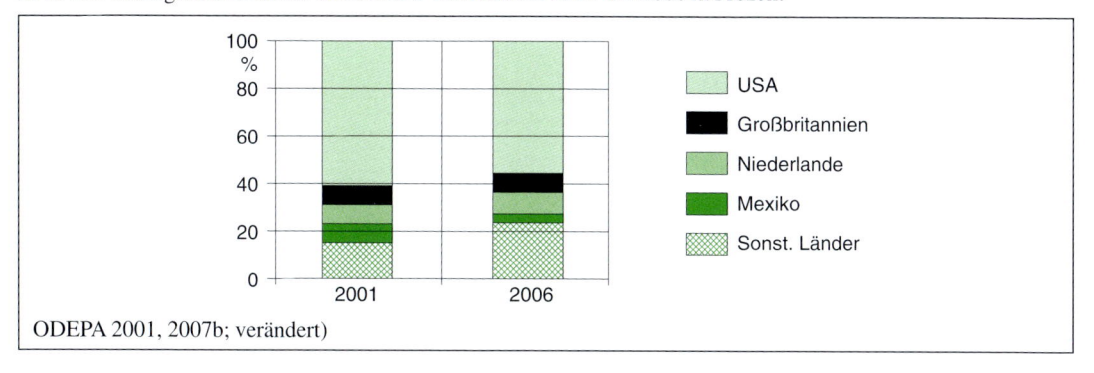

- USA
- Großbritannien
- Niederlande
- Mexiko
- Sonst. Länder

(ODEPA 2001, 2007b; verändert)

M 8: Jährliche Zuwachsrate beim Export chilenischer Tafeltrauben 1991–2004 in Prozent

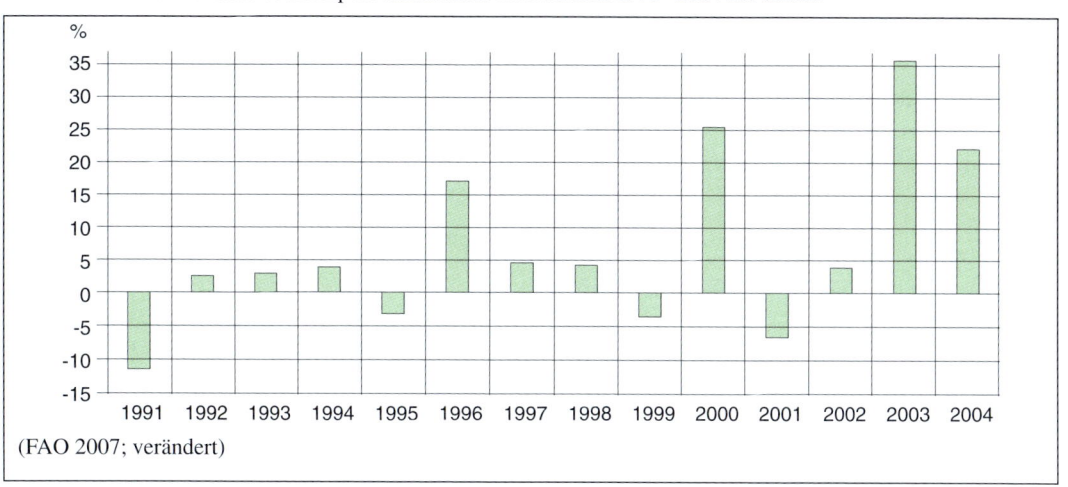

(FAO 2007; verändert)

M 9: Umweltverträgliche Produktion von Tafeltrauben

Ebenso wie Erzeuger in anderen Wirtschaftszweigen, suchen auch die [chilenischen] Obstproduzenten nach Möglichkeiten, um den Wert ihrer Erzeugnisse zu erhöhen und die Wettbewerbsbedingungen im Vergleich zu anderen Ländern zu verbessern. [Deswegen] […] sollen nur noch qualitativ hochwertige und wettbewerbsfähige Früchte auf den Markt kommen. Sie sollen aber auch die Umwelt möglichst wenig belasten und so von vornherein jegliche Beeinträchtigung der Arbeiter und der Verbraucher vermeiden, sei sie chemischer, physikalischer oder biologischer Art.

(El Mercurio, 3.9.2000; verändert)

M 10: Aussagen von Frauen, die beim Verpacken von Tafeltrauben für internationale Obstexporteure tätig sind, über ihre Arbeits- und Lebensbedingungen

„Ich mag meinen Beruf mehr oder weniger gern. In letzter Zeit mag ich ihn allerdings weniger, weil man […] dafür den ganzen Tag auf den Beinen sein muss. Ja, du bist wirklich den ganzen Tag auf den Beinen, denn wenn du dich hinsetzt, wirst du langsamer und du merkst, dass du sehr, sehr müde wirst. Aber du musst die Müdigkeit beiseite schieben, denn wenn du eine Pause machst, verpackst du weniger Schälchen und weniger Schälchen bedeuten weniger Geld."

„Bevor die Trauben verpackt werden, werden sie in abgeschlossenen Räumen begast, um die Schädlinge abzutöten. Nachdem sie fünf Minuten ausgelüftet haben, werden sie verpackt. Aber das reicht nicht. Ich denke, wenn sie den Trauben eine halbe Stunde zum Auslüften gäben, wäre das besser. Das Gas ist gefährlich für uns. Aber für uns gibt es sonst keine so gut bezahlte Arbeit."

(*Bee* 2000; verändert)

4.2 Mali – Ein Land zwischen Dürre und Hunger
(Wulf-Dieter Schmidt-Wulffen)

4.2.1 Leitende Fragestellungen

Das Thema ist ein „historisches" Thema. Es behandelt die Bedingungen zu Zeiten der beiden „Jahrhundertdürren" von 1969–1974 und 1981–1985. Die damals zugrunde liegenden gesellschaftlichen Bedingungen bestehen heute infolge gesellschaftlicher Reformen nicht mehr.
Der Zugriff auf das Thema soll den in Kap. 3.3.2 entwickelten und begründeten Schwerpunkten folgen. Die Problembetrachtung geht von der Mikro-Ebene aus. Sie setzt bei der eigenen gesellschafts- und sozialisationsspezifischen Problemwahrnehmung der Schüler an und konfrontiert diese mit der Sichtweise der Betroffenen.
Der Sahel bzw. Mali treten nur fallweise – stets in Verbindung mit Dürren und synchronen Hungerkatastrophen – in den Wahrnehmungsbereich der Schüler. Die (tele-)visuelle Verbindung von Hunger (ausgemergelte Menschen) und Tod (aufgedunsene Tierkadaver) mit Dürren (vertrocknete und vernichtete Vegetation, Trockenrisse, gelb als dominante Farbe) führt zur kausalen Assoziation von Dürre und Hunger. Hieran anknüpfend und weiterführend im Sinne kritisch-emanzipativer Aufklärung und des pädagogischen Konstruktivismus sollten Fragen wie die folgenden im Unterricht verfolgt und geklärt werden:
– Ist die Dürre, somit das Klima, Ursache des Hungers in Mali?
– Sind die Menschen, die Sahelbewohner, (mit)schuldig?
– Kann Mali „über einen Leisten geschlagen" werden? Das Land reicht doch von der Wüste bis zur Feuchtsavanne. Kann die Dürre überall gleich gewirkt haben? Geht es den Maliern überall gleich schlecht?
– Wer in Mali hat überhaupt unter Hunger zu leiden? Die Städter? Die Bauern? Welche Bauern? Alle Bauern?
– Wenn die Verhältnisse regional so unterschiedlich sind, warum sorgen die Menschen im begünstigten Süden nicht dafür, dass ihre Landsleute im kargen Norden etwas zu essen haben?
– Sind Dürre und Hunger auch mit Umweltzerstörungen verbunden? Handeln die Menschen verantwortungslos? Kennen sie ihre Umwelt nicht? Fehlt es ihnen für ein umweltgerechteres Verhalten an Kenntnissen, an Verantwortungsbewusstsein?
– Wie soll es weitergehen? Was kann getan werden? Wo kann man ansetzen? Wer sollte/könnte etwas zur Verbesserung der Situation tun? Haben wir auch etwas damit zu tun?

4.2.2 Didaktische Strukturierung

Unabhängig von der Lernmethode sollte das Problem entsprechend den Regeln „sozialwissenschaftlicher Denk- und Arbeitsweisen" aufgearbeitet werden:

a. Problementfaltung: Zur Situation.
b. Klärung der Ursachen und Hintergründe.
c. Abschätzung der Auswirkungen und Folgen.
d. Lösungsansätze und Zukunftsperspektiven.

Bei der Konkretisierung dieser Vier-Schritt-Folge gilt es, die folgenden „Eckpunkte" zueinander in Beziehung zu setzen: Schülerperspektive (Erfahrungen), Betroffenenperspektive (Handlungsbedingungen auf der Mikro-Ebene: Binnensicht), Expertenperspektive (wissenschaftliche Deutungen: Außensicht). Daraus könnte der folgende Ablauf entstehen:

a. Welche Gedanken „wir" – die Schülerinnen und Schüler – zum Problem haben.

b. Wie Fachleute das Problem erklären.
c. Wie die Betroffenen handeln – welche Gründe sie für ihr Handeln haben.
d. Welche Folgen dieses Handeln hat.
e. Was getan werden sollte. Können wir etwas tun?

4.2.3 Informationen, Medien und Materialien

Zusätzlich zu den nachfolgend zusammengestellten Materialien bietet die Länderanalyse zu Mali (Kap. 3.3.2) ausreichend Sachinformationen für den Lehrer. Darin finden sich auch einige Materialien, die in den Unterricht mit einbezogen werden können. Nützlich sind auch einige bei den Stadtbildstellen/Landesmedienzentralen vorhandenen Diaserien und Filme, die der Autor in Blick auf die hier vorgestellten Unterrichtsvorschläge in Zusammenarbeit mit dem „Institut für Film und Bild in Wissenschaft und Unterricht" (FWU) erstellt hat:

10 02986 Nomadentum (12 Dias)
10 02987 Landwirtschaft (12 Dias)
10 02988 Stadtleben (12 Dias)
10 02989 Überlebensstrategien (12 Dias)
32 03848 Dürre und Hunger im Sahel – am Beispiel Malis, 16 mm-Film, 19 Minuten
32 03816 Eine Chance für den Sahel? 16mm-Film, 20 Minuten
42 00765 Gegen Hunger und Armut in der Dritten Welt (2) Kleinprojekte, Video VHS, 34 Minuten

4.2.4 Unterrichtsideen

4.2.4.1 Schülerorientierte Problementfaltung: Einstiegsvarianten

– Der Lehrer präsentiert eine selbstgefertigte Collage, bestehend aus Bildern und Karikaturen zum Problem des Hungers in Afrika / in der Sahelzone und fordert die Schüler auf, in fünf Minuten ihre Gedanken und Empfindungen in einem etwa halbseitigen gebundenen Text zu Papier zu bringen.
Oder:
– Der Lehrer präsentiert einige Dias zum Problem, kommentiert nur knapp ihren sachlichen Gehalt, enthält sich aber jeder Deutung oder Bewertung. Die Schüler äußern schriftlich ihre Gedanken und Empfindungen.
Oder:
– Mit Hilfe einer treffenden Zeitungsschlagzeile verfasst der Lehrer eine „Agenturmeldung", die nach wenigen Zeilen abreißt. Die Schüler setzen den imaginären Zeitungsartikel fort...

4.2.4.2 Handlungsorientierte Problembearbeitung: Varianten

Abgesehen vom üblichen Erarbeitungsunterricht, bei dem Sachinformationen (auf Arbeitsblättern) anhand vorgegebener Fragen bearbeitet und im Unterrichtsgespräch ausgewertet werden, wo also der Sachverhalt in kleinen, sachlogisch angeordneten Schritten „abbild-didaktisch" Stück für Stück erarbeitet wird, bieten sich Möglichkeiten eher schüler- und handlungsorientierten, projektartigen Unterrichts an:

– Schüler sichten und bearbeiten das gesamte Material und verfassen in Partnerarbeit einen aufklärenden, die Ursachen analysierenden und Handlungsstrategien vorschlagenden Zeitungsartikel.

Oder:
- Sie verfassen in Kleingruppen ein Drehbuch für einen Film „Dürre und Hunger in Mali" wobei der Lehrer als Strukturierungshilfe ein Grobschema nach dem Film 32 03848 vorgibt (Tafelbild). Einige Drehbuchvorschläge werden komplett diskutiert, die übrigen hinsichtlich inhaltlicher Abweichungen. Anschließend erfolgt ein Vergleich anhand des Films 32 03848: Was haben wir richtig erschlossen, wo haben wir uns geirrt?

Oder:
- Schüler können auch regionsspezifische Materialien bearbeiten – etwa als Gegenüberstellung von Norden-Süden Malis oder von Trockensavanne-Feuchtsavanne: Reporter interviewen Bauern im Norden und im Süden: Aufgabe der Reporter ist es, die „richtigen" Fragen zu stellen, die der Bauern, aus ihrer Perspektive zu antworten, Variante: Herstellung einer Rundfunkreportage oder eines Hörspiels auf dem Kassettenrecorder. Im Anschluss an einige Interviews/Hörspiele/ Reportagen erfolgt eine Sitzkreisdiskussion unter Leitung des Lehrers.

Oder:
- Kleingruppen oder Partner verfassen Lebensgeschichten von Sahelbauern. Die Gruppen bereiten eine Podiumsdiskussion, ein Experten(streit)gespräch, eine Debatte vor. Es sind viele Gruppenvertreter zu berücksichtigen, z. B. Bauer-Süd, Bauer-Nord, jugendlicher Wanderarbeiter, Agrarberater, Entwicklungsexperte, Städter, Regierungsvertreter. Ein gewählter Vertreter jeder Gruppe vertritt die Gruppenposition, die übrigen bilden die Zuhörerschaft, die sich durch Fragen beteiligen darf.

Oder:
- Die gemeinsame Anfertigung einer „sprechenden Landkarte": Mit Hilfe eines OH-Projektors wird auf zusammengeklebten Tapeten eine riesige Landkarte Malis angefertigt, die von der Kontur Afrikas umrandet ist. Es sollte an den Rändern soviel Platz gelassen werden, dass – über Pfeile – Platz für die Aufnahme von Informationen ist, die die Beziehungen mit E (Europa), D (Deutschland) oder IL (Industrieländer) betreffen. Die Landkarte wird „sprechend" durch ihre bildlich-graphische Ausgestaltung: Durch Bilder, Zeichnungen, Schlagzeilen, Pfeile, Piktogramme/Symbole aber auch anzuklebende Gegenstände wie Münzen (für Kapital), Erdnüsse oder Garn (für Exportprodukte) usw. wird gruppenarbeitsteilig, aber letztlich gemeinsam, das Beziehungsgeflecht auf regionaler, nationaler und internationaler Ebene symbolhaft dargestellt.

4.2.5 Materialien

M 1: Mali: Regionale Differenzierung der naturgeographischen Bedingungen und ihre Auswirkungen auf die Hirseernte

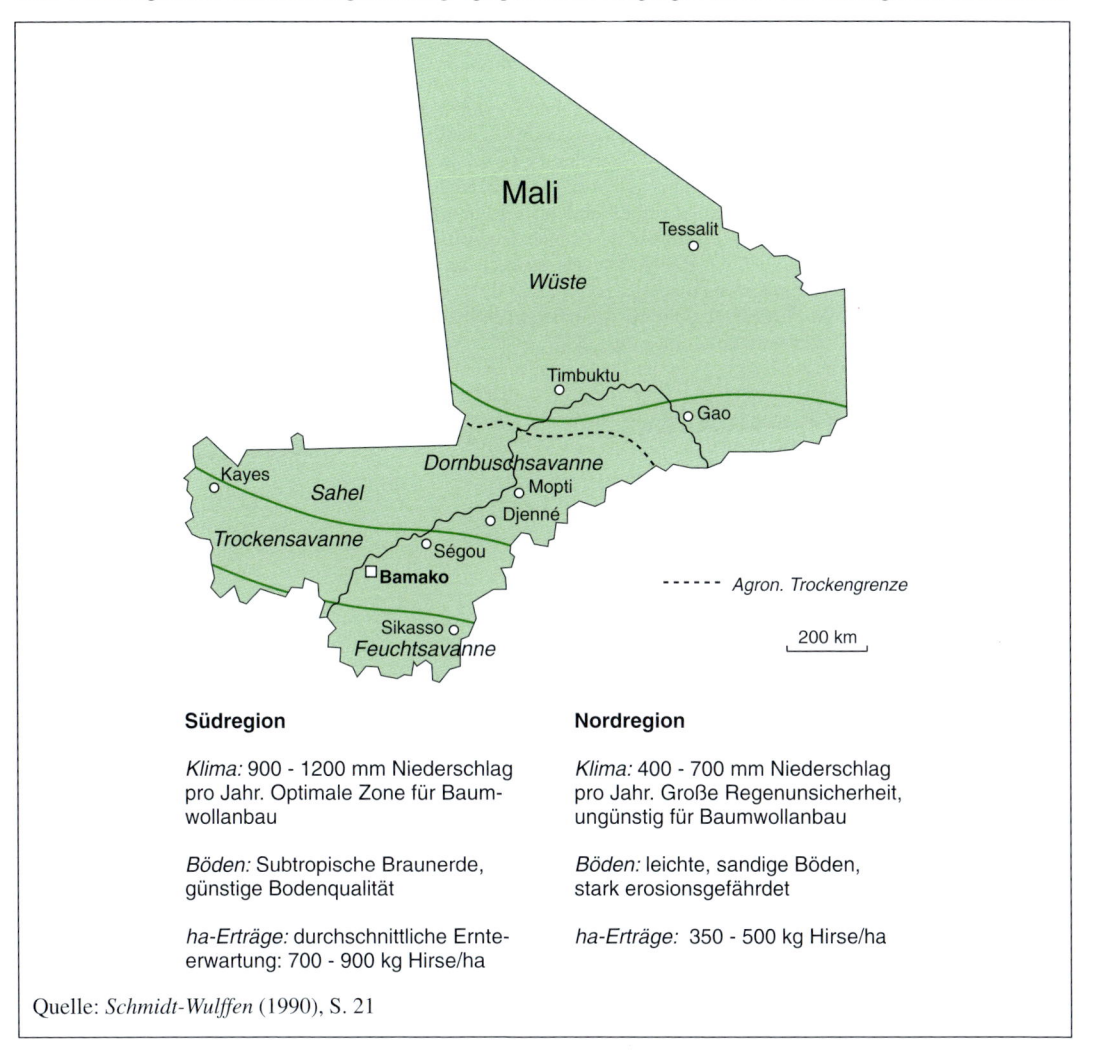

Südregion

Klima: 900 - 1200 mm Niederschlag pro Jahr. Optimale Zone für Baumwollanbau

Böden: Subtropische Braunerde, günstige Bodenqualität

ha-Erträge: durchschnittliche Ernteerwartung: 700 - 900 kg Hirse/ha

Nordregion

Klima: 400 - 700 mm Niederschlag pro Jahr. Große Regenunsicherheit, ungünstig für Baumwollanbau

Böden: leichte, sandige Böden, stark erosionsgefährdet

ha-Erträge: 350 - 500 kg Hirse/ha

Quelle: *Schmidt-Wulffen* (1990), S. 21

M 3: Die Städter

Nur 15% der Bevölkerung Malis lebt in Städten. Doch in der Hauptstadt Bamako, mit 1,2 Mio Einwohnern das überragende Zentrum und siebenmal so groß wie die zweitgrößte Stadt bündelt sich nicht nur die geringe Industrie, der Handel – hier ist auch das politische Zentrum. Die Regierung sucht vor allem die Städter zufrieden zu stellen: „Städte sind unruhig und Bauern revoltieren nicht", lautet ein Sprichwort. Daher legt der Staat niedrige Preise für Agrarprodukte fest um die Lebenshaltungskosten der Städte niedrig zu halten. Gleichzeitig erlaubt er, für Industrieprodukte, staatliche und städtische Dienstleistungen relativ hohe Preise zu verlangen, um die Einkommen der Städter zu erhöhen.

M 2: Die Bauern (*Schmidt-Wulffen* 1992b, S. 11)
80% der Erwerbstätigen arbeiten in der Landwirtschaft, 30% der Einkünfte aus dem Export stammen aus dem Verkauf der Baumwolle. Doch die Bauern erwirtschaften nur ein Drittel des BIP. Ihr Einkommen schwankt.

> Das Interesse der Bauern
> Landbewirtschafter am Existenzminimum müssen ökonomisch wie politisch ‚Risikoverminderer' und nicht ‚Profitmaximierer' sein. Dafür gibt es gute Gründe: Bauern im Sahel sind hohen klimatischen Risiken ausgesetzt, die die Schwächeren von ihnen in den Ruin treiben können. Dazu können Krankheiten die Familie empfindlich schwächen. Die Bauern sind erheblichen gesellschaftlichen Zwängen ausgesetzt: Steuern und Abgaben steigen, für viele Agrarprodukte sind extrem niedrige Preise vorgeschrieben, während Düngemittel oder in den Städten hergestellte bzw. importierte notwendige Gebrauchsgüter ständig teurer werden. Gegen all diese Gefahren entwickelten Bauern seit alters her Strategien einer „angepassten Logik": Technisch reagierten sie durch Speicherung von Getreideüberschüssen, die es ermöglichten, mehrjährige Krisen zu überleben; sozial sicherten sich Familien dadurch ab, dass sie Arbeitskräfte und Ernteüberschüsse in Notfällen Bedürftigen zur Verfügung stellten – auf der Basis der Gegenseitigkeit. Insgesamt streben die Bauern danach, Risiken zu vermindern und zu streuen bzw. dem Sicherungsstreben Vorrang vor dem Gewinnstreben zu geben. Das drückt sich darin aus, dass Bauern zuerst einmal für die Sicherung des familiären Eigenbedarfs (Subsistenzbedarf) arbeiten. In diesem Bereich gelten die alten Prinzipien der Solidarität auf Gegenseitigkeit. Erst wenn die Subsistenz sichergestellt ist, werden verbliebene „Ressourcen" – Land, Arbeitskraft und Kapital – in marktwirtschaftlich orientierte Tätigkeiten gesteckt, also etwa in den Anbau von Verkaufskulturen (cash crops). Hier orientiert man sich am höchsten zu erzielenden Gewinn. Ein möglicher Konflikt zwischen Hirseanbau für die Subsistenz und Baumwollanbau für das notwendige „cash" wird nach den dargestellten Kriterien entschieden.

M 4: Die Bauern, der Staat und die Natur

> Ergebnisse einer Befragung von Bauern
>
> a. Bauern im Norden:
> „Die Preise schaden uns. Sie sind oft höher als sie früher waren. Wir haben nie ausreichend Ernten und müssen immer etwas hinzukaufen. Es ist schwer für uns, das nötige Geld zu verdienen."
>
> b. Bauern am nördlichen Rand der Savanne (Südregion):
> – „Viele von uns kommen nur in guten Regenjahren bis zur nächsten Ernte hin. Von den Marktpreisen haben wir aber selbst dann nichts, wenn wir mal eine gute Ernte haben. Wir müssen nämlich Kredite, Schulden, Steuern, Schulgeld und alle Abgaben zum 1. Januar zahlen. Dann haben wir gerade geerntet und die Preise sind niedrig".
> – "Ich gehöre zu den großen Bauern. Bei mir reicht die Ernte eigentlich in fast allen Jahren. Ich verkaufe Getreide, um die Steuern und Abgaben zu bezahlen. Bis zu dem Zeitpunkt höherer Preise halte ich das Getreide aber nicht zurück. Wenn ich vorher Geld brauche, verkaufe ich auch zu schlechten Preisen – aber nur, wenn ich Geld brauche. Bis zum Zeitpunkt bester Preise halte ich lieber die Erdnüsse zurück. Die bringen dann 150 Franc".
>
> c. Bauern in der zentralen Savanne:
> – „Getreide bauen wir nicht für den Verkauf an. Dafür haben wir Baumwolle. Zwar bringt die Baumwolle heute kaum noch mehr als der Verkauf von Hirse, weil die CMDT keine Zuschüsse mehr für Dünger und Spritzmittel gibt, aber bei Baumwolle gibt es eine Abnahmegarantie".
> – „Hirse verkaufe ich nur, wenn ich Geld brauche und das Geld aus dem Baumwollverkauf alle ist. Sonst speichere ich lieber für 3-4 Jahre. Das gibt Sicherheit. Dann habe ich etwas zum Verkaufen, wenn ein Zugochse stirbt oder meine Frau krank wird oder wenn mein Sohn heiratet."
> – „Hirse verkaufe ich nicht, nur in Notfällen. Hirse speichere ich und verleihe sie an Freunde und Verwandte, die weniger haben als ich. Würde ich sie verkaufen, würde ich meinen Nachbarn schaden. Denn die müssten dann die teuren Preise auf dem Markt bezahlen."
> – „Hirse zum Verkauf anbauen? Nein, das tun wir nicht. Dann können wir ja nicht mehr bedürftigen Freunden, Verwandten und Nachbarn helfen. Wenn wir einen Sack verleihen und man kann nach der nächsten Ernte zwei Sack zurückverlangen, gibt es keinen Frieden mehr, und dann auch keine Getreideleihe."
>
> (Quelle: *Schmidt-Wulffen* 1992b, S. 14)

M 5: Auf der Suche nach Überlebensstrategien

a. Wanderarbeit
Die vorliegenden Zahlen zur Einschätzung der Wanderarbeit beruhen auf Schätzungen. Fest steht nur, dass die meisten Männer, die zwecks Gelderwerb ihre Heimat verlassen und entweder in die Hauptstadt oder in die Küstenstaaten als Erntehelfer saisonal abwandern, aus dem Norden stammen.
Zu Einschätzung dieser Migrantenzahlen sind folgende Sachverhalte zu berücksichtigen:
Herkunft der Wanderarbeiter vorwiegend aus dem dünner besiedelten Norden/
Bei den Wanderarbeitern handelt sich vorwiegend um Männer/
Das Alter der Wanderarbeiter liegt zwischen 15 und 45 Jahren.

Malische Saisonarbeiter im Ausland
1960: 25.000
1970: 428.000
1983: 1,2–2 Mio. (In der Elfenbeinküste wurden 1,2 Mio. Malier registriert. Angaben aus anderen Staaten liegen nicht vor).

b. Regenspekulationsfeldbau auf den Dünen
Die Abwesenheit vieler junger Männer führt zu einem Übergang der Feldarbeiten auf Frauen und Kinder auch in jenen Bereichen, die zuvor nicht von Frauen bewerkstelligt wurden – etwa beim Roden. Die fossilen – aus den Kaltzeiten vor etwa 10.000 Jahren stammenden Dünen werden in Kultur genommen: Bei nur dünner Vegetationsdecke und sandigem Substrat ist eine große Fläche leicht und schnell urbar zu machen. Demgegenüber setzen die in der Trockenzeit steinhart verkrusteten Lehmböden Frauen härtesten Widerstand entgegen. Die sich in die Wurzeltiefe verdichtenden Dünensande halten das spärliche Regenwasser über längere Zeit. Entscheidend für die Bäuerinnen dürfte sein, dass sich große Flächen bestellen lassen, denn: Sollte es ein gutes Niederschlagsjahr geben, kann mit ausreichenden Ernten gerechnet werden.

c. Geldeinkommen – Aber wie?
Selbstversorgung mit Nahrungsmitteln zu erreichen, das wäre schon viel. Aber Nahrung allein reicht nicht. Der Bedarf an Bargeld ist in den letzten Jahrzehnten ständig gestiegen. Die „Gastarbeiterüberweisungen" der Männer und Söhne, die sich auf Wanderarbeit im Ausland befinden, reichen bei weitem nicht aus – häufig vermögen sie nur die durch ihre Abwesenheit entstandenen „Löcher" zu stopfen.

(*Schmidt-Wulffen* 1990, S. 25)

4.3 Der nomadische Blick – Himba und Tourismus im nordwestlichen Namibia *(Eberhard Rothfuß)*

4.3.1 Einführung

Himba – die ‚roten Nomaden' der Halbwüsten und Trockensavannen des nordwestlichen Namibia – geraten seit der Unabhängigkeit im Jahre 1990 mehr und mehr in das Blickfeld des globalen Tourismus. Die Rinderhirten der Kaokoregion bedienen dabei aufgrund ihres exotisch anmutenden Aussehens und ihrer kulturellen Praxis die Sehnsüchte der Reisenden aus Industrieländern nach einem ungestörten, authentischen und im Einklang mit der Natur lebenden „Urvolk". Die Himba reihen sich als Photoobjekte der Ethnotouristen ein in die Riege medial vermarktbarer „edler Wilder" (*Bitterli* 1991), wie z. B. der Masaai der Savannen Ostafrikas oder der ‚blauen Ritter' der Sahara, die Tuareg.

4.3.2 Didaktische Zielsetzung

Das Thema Nomadismus wird in den Lehrplänen der Sekundarstufe I und II in der Regel unter dem Aspekt des sozialen Wandels der Lebensform und der Sesshaftmachung behandelt. Im Zentrum der folgenden Darstellung steht neben dem Mobilitätshandeln der Rinderhirten im Kontext touristischen Einflusses vor allem die Bewusstmachung stereotyper Bilder über so genannte „Urvölker". Ziel ist es dabei den Blickwinkel der Schüler von der eigenen vorgeprägten (eurozentrischen) Sicht zu einer kontextgebundenen Perspektive der Betroffenen selbst zu lenken. Der Terminus „Betroffene" impliziert jedoch nicht eine Didaktik der „Betroffenheit", die das Elend und die nackte Armut der Menschen der „Dritten Welt" ins Zentrum stellt, und über Mitleid die Schüler emotional und affektiv an ihren Unterrichtsgegenstand binden möchte. Ein echter Perspektivenwechsel dagegen, den *Rhode-Jüchtern* (1997, 2004) propagiert, schult das Reflexionsvermögen der Schüler, vermeidet (rassistische) Vorurteile, Überlegenheitsgefühle und leistet einen Beitrag zum Verstehen „indigener" Kulturen, als ein respektvolles Lernen über Menschen in der Peripherie von Entwicklungsländern „auf Augenhöhe".

Abb. 4.3/1: (links)
Verheiratete Himbafrau
Photo: *O. Graefe*

Abb. 4.3/2: (unten)
Unverheirateter Himbamann
Photo: *E. Rothfuß*

Die Ausführungen lassen die Himba selbst „sprechen" und zu Wort kommen: Sie dürfen ihre eigenen Anschauungen und Bedürfnisse kundtun! In den wörtlichen Aussagen der Rinderhirten über den Tourismus wird deutlich, dass die touristisch vermarkteten „edlen Wilden" keine machtlosen Opfer, sondern (selbst-)bewusst Handelnde sind, die die neue Situation pragmatisch und ‚gewinnorientiert' für sich nutzbar machen (müssen), da ihr (Über-)Leben am Rande der Ökumene ein ausgeprägt strategisches Handeln erfordert (vgl. Kap. 1.3.2). Die Zitate lassen sie (wieder) zu Menschen werden und befreien sie von dem Nimbus eines Naturvolkes, das – auf gleiche Stufe mit schwarzen Nashörnern und Wüstenelefanten gestellt – um eine unterstellte Rangfolge in der unwirtlichen afrikanischen Natur der Halbwüsten und Trockensavannen Nordwestnamibias kämpft. Die Aussagen der Einheimischen belegen zudem, dass die Auswirkungen des Entwicklungsländertourismus, der allzu gerne als erstklassiger Faktor soziokulturellen Wandels angesehen wird, je nach den regionalen und kulturellen Bedingungen der Zielregion differenziert zu betrachten sind (vgl. Kap. 2.12).

4.3.3 Didaktische Strukturierung

Eine Einführung zur traditionellen mobilen Wirtschafts- und Lebensweise der Himba leitet zu einer knappen Darstellung der naturräumlichen Restriktionen und Überlebensstrategien über. Danach wird die regionale Dimension der touristischen Entwicklung erläutert; es folgen drei Fallbeispiele von Himba-Haushalten im Kontext der mobilen Viehhaltung. Die Verknüpfung von Tourismus und strategischem Handeln der Hirten innerhalb ihrer traditionellen Wirtschaftsweise zeigt den Schülern zweckrationale Wesenszüge der Rindernomaden auf: Die Schüler würden an Stelle der Himba ähnlich handeln und lernen so das Fremde verstehen. Die Darstellung des „nomadischen Blicks" hinsichtlich Tourismus (Kap. 4.3.4.4 und 4.3.4.5) verdeutlicht eindrücklich „kulturübergreifendes" Wahrnehmen und Handeln des Menschen und steht konträr zu unseren stilisierten und paternalistischen Vorstellungen von den nicht ökonomisch, sondern rein „naturverbunden" handelnden „Wilden", die oftmals als Gegenentwurf zu unserer synthetischen Konsumwelt und als Projektionsfläche für eigene Sehnsüchte dienen.

4.3.4 Themenbereiche und Aufgaben

4.3.4.1 *Traditionelle Wirtschafts- und Lebensweise der Himba*

Nach Schätzungen leben rund 30.000 bis 40.000 Himba beiderseits des Kunene in Südwestangola und Nordwestnamibia. Das Leben als extensive Viehhalter im Bereich der subtropischen Trockengrenze macht eine mobile Lebensform notwendig, da die Ressourcen Wasser und Weide nur in räumlich und zeitlich begrenztem Umfang verfügbar sind. Durch eine zusätzliche Bewirtschaftung von Gärten sind Himba übergangsweise stationär. Aus diesem Grunde sind sie als Halbnomaden anzusehen (*Scholz* 1995; *Scholz/Janzen* 1982, S. 7). In kulturökologischer Perspektive stellt Nomadismus eine sozio-ökologische Kulturweise dar; er ist als eine regionsspezifisch ausgebildete Handlungsweise und Überlebensstrategie des Menschen zu betrachten und nicht nur als reine Nutzungsform zu begreifen (*Scholz* 1995). Nomadismus ist nach *Scholz* (1999, S. 248) vielmehr auch als eine „Seinsweise einer Person" sowie einer gesellschaftlich eigenständigen und „dem sesshaften Bauerntum ebenbürtige und von ihm unabhängige Kulturweise" zu verstehen.
Im Leben der Himba stellt die Viehzucht *die* zentrale ökonomische Grundlage dar. Im Mittelpunkt der geistigen und materiellen Kultur der Himba, steht traditionell der sogenannte *cattle complex* (vgl. *Herskovits* 1926). Das *Sanga*-Rind besitzt bei den Himba als Grundlage der Ökonomie, als Statussymbol und als Träger gesellschaftlicher sowie sakraler Funktionen eine herausragende, identitätsstiftende Sonderstellung. Da das überlieferte kommunale Landrecht Privatbesitz ausschließt, entwickelten sich Reichtum sowie Sozialstatus im traditionellen Wertesystem über andere Güter, v. a. über die Mehrung der Rinderherden. Die

Abb. 4.3/3:
Temporär verlassener Haushalt (*onganda*)
Photo: *E. Rothfuß*

Abb. 4.3/4:
Trockenzeitstandort: Viehposten (*ohambo*)
Photo: *E. Rothfuß*

Größe der Rinderherde kann von Haushalt zu Haushalt stark variieren. 500 Tiere sind für reiche Viehhirten (*ovahona*) keine Seltenheit (*Bollig* 1996, S. 15).
Der Konsum von Maisbrei (*oruhere*) stellt grundsätzlich die ganzjährige Alltagskost dar, der bei Verfügbarkeit mit Sauermilch (*omaere*) vermischt wird (vgl. auch *Crandall* 1991/1992). *Bollig* (2000) beschreibt eine relativ wenig diversifizierte Wirtschaftsweise der pastoralen Himba. Ackerbauliche Tätigkeiten verzeichnen allerdings gegenwärtig eine stetige Zunahme in der Ökonomie und manifestieren sich im Anlegen von Hausgärten überwiegend zum Anbau von Mais (*oviria*).
Die Siedlungsweise ist bedingt durch die mobile Wirtschafts- und Lebensweise der Viehhalter. Sie leben weit zerstreut in relativ kleinen, unabhängigen Gruppen, wobei die kleinste Siedlungseinheit ein *onganda* darstellt. Dieses *onganda* beherbergt eine Großfamilie patrilinearer Verwandtschaft. Im Zentrum befindet sich das Viehgehege, wobei die einzelnen bodenstenen *ondjuwos*, aus Mopaneholz und mit einem Dung-Sand-Gemisch verkleidete konische Kuppelhütten, um den Viehkral angeordnet sind. Das baulich meist etwas größer dimensionierte Anwesen des Gruppenoberhauptes hat seine Wohnungsöffnung in Richtung

Tab. 4.3/1: Mobilitätsmuster eines Haushaltes
Quelle: *Rothfuss* 2004, S. 77

Otjiherero	Jahreszeit	Zeitraum	Haushalt	Nahrung
Okurooro	Große Regenzeit	Januar – März	Haushalt ist vereint (im onganda), Tiere anwesend; gartenbauliche Tätigkeit	Gute Weide, viel Milch verfügbar
Okupepera	Frühe Trockenzeit, Übergangsperiode zwischen Regen- und Trockenzeit, kalt	April – Juni	Haushaltsmitglieder bleiben noch vereint; erste ‚männliche' Migrationen	Gräser trocknen aus, Milch wird weniger
Okuni	Späte, heiße Trockenzeit	Juli – September	Männliche Ziegen und Schafe werden vom Haushalt separiert; Beginn der Haushaltsverlegung in die Viehposten (*ohambo*)	Bäume ohne Blattbewuchs, nahezu keine Milch mehr verfügbar
Oruteni	Übergangsperiode von Trockenzeit zu den ersten Regen; auch kleine Regenzeit genannt	Oktober – Dezember	Viele Haushalte migrieren zu den Viehposten, Beginn des Kalbens	Mopane-Bäume treiben Blätter

Viehkral. Zwischen dieser Kuppelhütte und dem Gehege befindet sich die Stelle des *okoruwo*-Feuers, der „heilige Schrein", an dem das Oberhaupt zu den Ahnen und zu dem Gott *Mukuru* spricht (*Wolputte* 2000, S. 392; *Malan* 1995, S. 90) (vgl. Abb. 4.3/3).

Die extensive Viehhaltung der Himba im semiariden Kaokogebiet basiert grundsätzlich auf saisonaler räumlicher Mobilität und ist durch unabhängige Viehcamps (*ozohambo*) und deren assoziierten Haushalte (*ozonganda*) charakterisiert. Nach den in der Regel im Januar und Februar einsetzenden Niederschlägen (*okurooro*, große Regenzeit) kommen die Mitglieder eines Haushaltes zusammen. In einem durchschnittlichen Jahr bleibt der Haushalt je nach Ressourcenverfügbarkeit vor Ort bis zu vier Monate in den bodensteten Behausungen (*ondjuwo*) vereint, wobei dann meist die Gartenarbeit im Regenfeldbau wahrgenommen wird. Jungtiere, die keine Milch produzieren, werden bei Ressourcenverknappung als erste von den Haupthaushalten separiert und auf die peripheren Weiden gebracht. Zum Höhepunkt der Trockenzeit (*okuni*), zwischen August und Oktober, wandert der überwiegende Teil der Haushalte mit der Viehherde zu den jeweiligen Viehposten (vgl. Abb. 4.3/4). Je nach Ergiebigkeit der Weiden sowie dem Wasserangebot müssen die mobilen Viehhalter in der Trockenzeit den Standort wechseln, manchmal bis zu zehnmal pro Jahr (*Jacobsohn/Pickford/Pickford* 1998, S. 95; *Wolputte* 1998).

Aufgabe:
Beschreiben Sie die mobile Wirtschaftsweise der Himba im Kontext der naturgeographischen Bedingungen (vgl. auch Kap. 4.3.4.2). Wann sind sie sesshaft, wann und warum wandern sie?
Handelt es sich bei dieser mobilen Wirtschaftsform auch um eine Kultur- und Lebensweise (vgl. Scholz 1995)?

4.3.4.2   *Klimatische Restriktionen und Strategien des (Über-)Lebens*

Die Kaokoregion liegt zwischen 17° und 19° südlicher Breite und befindet sich am Übergang der Tropenzone zur warmgemäßigten Subtropenzone. Das Klima- und Witterungsgeschehen ist von der Luftdruckverteilung über dem Südatlantik und dem Subkontinent Südafrika bestimmt. Über dem Südatlantik existiert ein stabiles Subtropenhoch, während über dem Subkontinent meist niedriger Luftdruck herrscht (*Leser* 1982, S. 86ff.). Im Südsommer erreichen Winde aus Nord und Nordost die Kaokoregion, die entlang des sommerlichen Tiefdrucksystems im Landesinneren Namibias vorbeiziehen (*Malan/Owen-Smith* 1974, S. 137) und die periodischen und spärlichen Niederschläge in den Nordwesten bringen.
Sehr hohe Verdunstungsraten, zwischen 2.500 und 3000 mm pro Jahr, weisen dieses Territorium als hochgradig feuchtigkeitsdefizitäres Gebiet aus (MLRR 1999, S. 23). Sowohl in der absoluten Menge als auch in der Intensität und Regelmäßigkeit der Regenfälle nimmt der Niederschlag von Nordost nach Südwest ab. Fallen im nordöstlichen Bereich der Trockensavanne noch zwischen 300 und 400 mm Niederschlag im Jahr an durchschnittlich 40 Tagen, so sind es in den Bereichen der Halbwüste, westlich der Randstufe, lediglich 50 mm bis max. 100 mm, die sich auf wenige Tage verteilen. Darüber hinaus unterliegen die angegebenen mittleren Jahresniederschläge teilweise enormen Abweichungen. Die Variabilität der Niederschläge im Nordwesten Namibias liegt im östlichen Bereich bei 30%, in zentralen bis westlichen Teilen sogar bei 50% (MET 2000, S. 29; *Schneider/Wiese* 1996, S. 18).
In einem Raum mit derart variablen und deshalb kritischen klimatischen Bedingungen entwickeln die mobilen Viehhalter ständig neue Strategien zur Risikominimierung und Überlebenssicherung. Das so genannte „Herdensplitting" (*Bollig* 2000), die Verteilung der Rinderherden an beispielsweise weniger wohlhabende Verwandte, verringert das Risiko u. a. von Seuchenausbreitung, Viehraub und vor allem einen Rinderverlust durch lokal ausbleibende Niederschläge. Jagen und Sammeln sind ergänzende Tätigkeiten, welche in Krisensituationen wie Dürren an Bedeutung gewinnen. Insbesondere die Früchte der Makalani-Palme (*omarunga*) werden in Hungerjahren zu einem ‚Grundnahrungsmittel'. Rinder sind in Trockengebieten eine „risikoreiche Kapitalanlage" (*Reckers* 1992, S. 99). Eine Anhäufung der Herden steigert nicht nur den

sozialen Status eines Hirten, sondern diese Strategie sichert in Dürrezeiten zumindest das Überleben einiger Tiere. Es werden intensive soziale Kontakte zu Verwandten und anderen Hirtenvölkern im südwestlichen Angola gepflegt, um in Krisenzeiten den Aktionsradius der Weidenutzung vergrößern zu können. Grundsätzlich ist die Ressourcennutzung (Weide und Wasser) über einen kollektiven Zugang gewährleistet und dient der nachhaltigen Nutzung und damit der sozialökonomischen Absicherung des Einzelnen in der Himbagesellschaft. Bollig (1996, S. 25) ist der Ansicht, dass die sozialen Netzwerke und Mechanismen einer Risikominimierung gut funktionieren in Abwesenheit von staatlichen Interventionen und in einem Stadium von marginaler Marktintegration (vgl. auch *Krings* 1991).

4.3.4.3 Die regionale Entwicklung des Tourismus

Seit der namibischen Unabhängigkeit 1990 erfährt der Nordwesten einen sprunghaften Anstieg der Touristenbesuche. Ein Jahrzehnt nach der Aufhebung der Einreisebeschränkungen, die während der Kolonialzeit etabliert wurden, kamen im Jahr 2000 rund 10.000 Gäste in den unzugänglichen und peripheren Nordwesten, der knapp so groß ist wie das Bundesland Bayern. Schätzungsweise 50.000 Übernachtungen erfolgen um 2000 jährlich in den rund 20 privaten, öffentlichen und kommunalen Übernachtungsanlagen (v. a. Camping), aber auch in freier Natur (*Rothfuß* 2002).

Der Kunene-Fluß, die Lebensader der Kaokoländer, ist innerhalb der Region die herausragende touristische Destination. Die landschaftlich sehr reizvolle Gunstlage und ein ganzjähriger Wasserzugang in einer Trockenregion zeigen sich an der relativen Vielzahl von Beherbergungseinrichtungen entlang des Flusses. Fernab jeglicher ‚Zivilisation' und ‚touristischer Horden' [!] versprechen Reiseveranstalter Exklusivität, Exotik und Einzigartigkeit in ihren Privatcamps. Dort ist die Gesamtattraktivität perfekt, zusammengesetzt aus einer Kulturbegegnung mit ‚echten' Himba, Beobachtung von Wildtieren (Wüstenelefanten, Giraffen, Oryx-Antilopen u. a.) und landschaftlicher Schönheit.

Der Anteil der Touristen aus Übersee, vorwiegend aus Europa hat in den letzten Jahren stark an Bedeutung gewonnen und verbucht mittlerweile Zweidrittel des Gesamtaufkommens (*Rothfuß* 2004, S. 80). Rund ein Viertel der Besucher kommen aus Deutschland. Diese Entwicklung ist historisch begründet: Namibia war von 1884 bis 1915 deutsche Kolonie (Deutsch-Südwestafrika). Darüber hinaus ist die intensive Vermarktung der ‚ockerfarbenen Nomaden' in den letzten Jahren für den starken europäischen Anstieg mitverantwortlich.

Die (visuelle) Kulturdifferenz der ‚roten Hirten' ist die Existenzgrundlage des so genannten *Ethnotourismus*. Das völkerkundliche – zumeist jedoch oberflächliche – Interesse der Reisenden an der exotischen Lebenspraxis der Himba steht im Zentrum der Interaktion. Die Hauptmotivation der Ethnotouristen ist der direkte und authentische Kontakt zu den Himba: Insbesondere um das „vom Aussterben bedrohte Naturvolk" per *snapshot* ewiglich zu konservieren (vgl. *Rothfuß* 2000; Abb. 4.3/5). Der interkulturelle Kontakt beschränkt sich aufgrund des Sprachproblems in der Regel auf den pragmatischen Austausch Photos für die Touristen, ‚Gastgeschenke' für die Himba (Maismehl, Zucker, Tabak, Geld u. a.).

Abb. 4.3/5:
Photographische Konservierung der Himba durch „Ethnotouristen"
Photo: S. Niemann

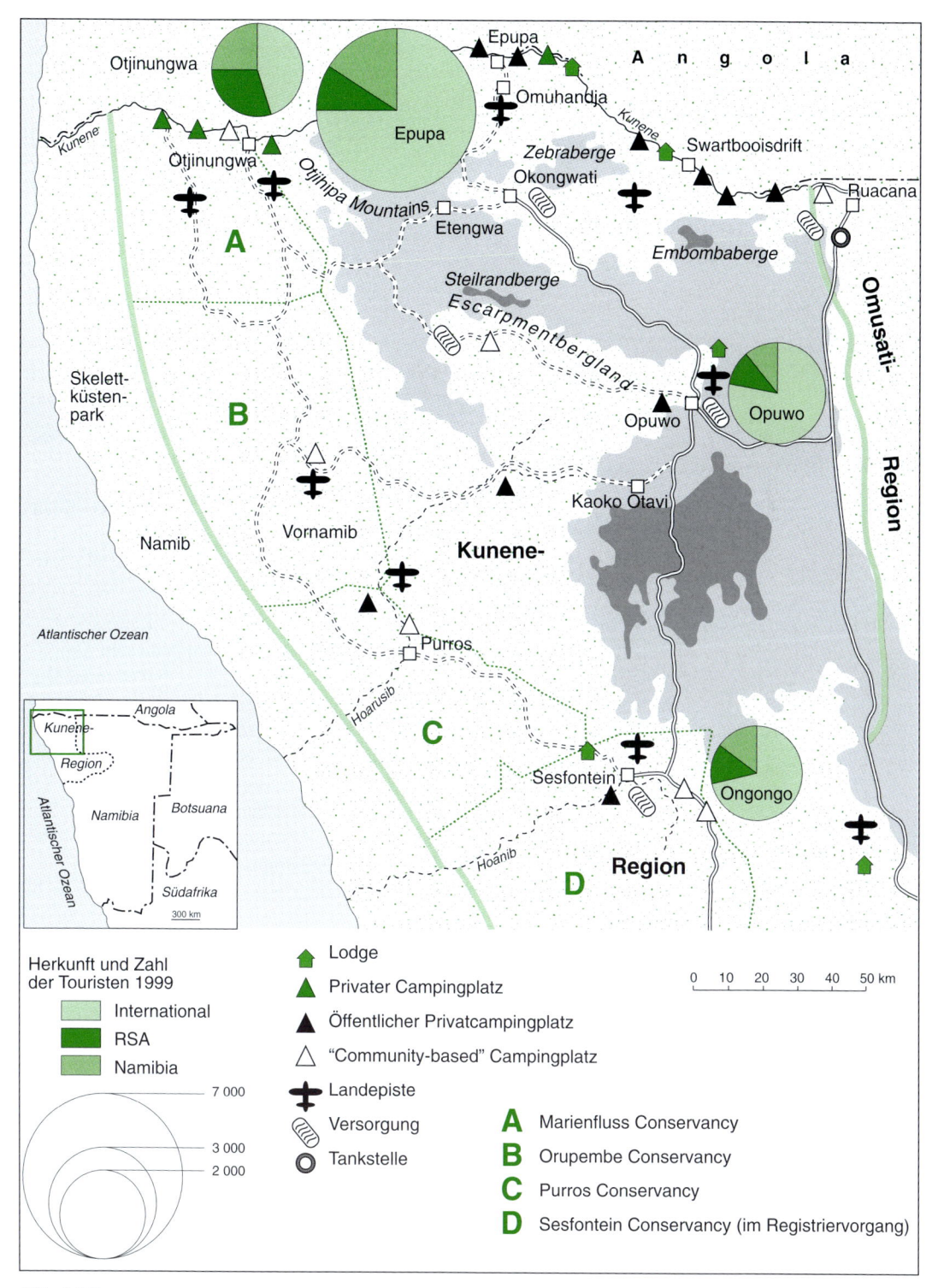

Abb. 4.3/6:
Tourismusstrukturen in Nordwestnamibia; Quelle: *Rothfuß* 2004, S. 82, verändert

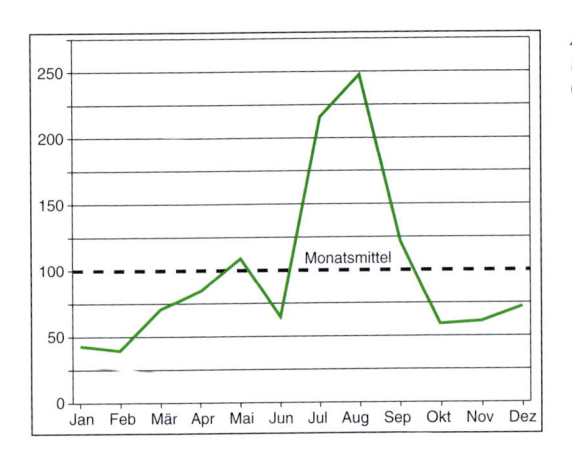

Abb. 4.3/7:
Saisonalität der Touristenankünfte 1999 in NW-Namibia
Quelle: Rothfuß 2004, S. 81

Aufgabe:
Untersuchen Sie die Tourismusstrukturen in NW-Namibia in ihrer räumlichen, zeitlichen und quantitativen Dimension. Um welche Form des Fremdenverkehrs handelt es sich?

4.3.4.4 Mobile Viehhaltung und Tourismus

a. *Der Ondendu-Haushalt – Leben in einer peripheren Gebirgsregion ohne touristischen Einfluss*
Dieser Haushalt befindet sich außerhalb direkter touristischer Einflusssphären, da sich in diesem Aktionsraum keinerlei Beherbergungseinrichtungen befinden, das Gebiet zwischen den *Baynes-* und *Otjihipa*-Bergen sehr unzugänglich ist und auch ökonomische und sozio-politische Einflüsse gering ausgeprägt sind (vgl. Abb. 4.3/8). Der Haupthaushalt liegt rund 60 km nordwestlich der Siedlung *Okanguati* und wird von dem Haushaltsoberhaupt, seinen zwei Frauen und acht Kindern bewohnt. Die Gärten sind in direkter Nähe des Haushaltes lokalisiert. Der Anbau von Mais und anderen Agrarprodukten erfolgt zu Beginn der Regenzeit (*okurooro*). Die Haushaltsmitglieder halten sich geschlossen dort zwischen Januar und Mai auf. Zur Zeit der Impfkampagne etwa Anfang Mai, wenn die Trockenzeit (*okuni*) beginnt, migriert der Haushalt mit den Tieren zuerst in südliche Richtung nach *Etengwa*, um das Vieh der Jahresimpfung zu unterziehen. Einige Tage später erfolgt eine nordwestwärts gerichtete Wanderung über eine Distanz von knapp 30 km in die Gegend um *Otjipemba*, wo kurzzeitig verweilt wird, um dann weitere 30 Kilometer an den Kunene zu migrieren, wo in *Otjimborombonga* der Viehposten eröffnet wird. Einige Kilometer östlich (*Okapupa*) beginnen die Frauen mit der Aussaat von Mais in den Gärten, die in direkter Ufernähe lokalisiert sind. Während der gesamten Trockenperiode hält sich der Haushalt am Kunene auf. Von September an, wenn der Mais geerntet ist, spätestens aber Mitte Oktober, wandert der Haushalt südostwärts nach *Otjipemba* zurück, wo sie sich an verschiedenen Viehposten, je nach Verfügbarkeit von Weide aufhalten, bis die sehnlichst erwarteten ersten Niederschläge variabel Ende des Jahres niedergehen. Lediglich die Ziegenherde verbleibt unter Aufsicht eines Hirten am Kunene zurück. Zur großen Regenzeit (*okurooro*) vereinen sich die Mitglieder des Haushaltes wieder in *Ondendu*.
Der *Ondendu*-Haushalt zeigt einen halbnomadischen Aktionsraum und weist aufgrund seiner entfernten Lage vom Kunene und naturräumlicher Ungunst in *Ondendu* (insuffizientes Wasserangebot) ein außergewöhnlich großes saisonales Mobilitätsmuster auf. Die Marktferne ist eine Mitursache für den großen Aktionsraum sowie den doppelten Anbaukalender (Regenfeldbau in Ondendu, Bewässerungsfeldbau am Kunene). In einem normalen Regenjahr muss der Haushalt trotz Anbau mehre Säcke Mais gegen Tiere eintauschen, um eine ausreichende Ernährung der Familie sicherzustellen. Dies ‚motiviert' die Haushaltsmitglieder zu (zweifacher) gartenbaulichen Tätigkeit.

Grundsätzlich wird an dieser Fallstudie in einem peripheren Gebiet ein überwiegend raumabhängiges Mobilitätsmuster deutlich, da andere Nischen schlichtweg fehlen. Hier müssen sich die Menschen in ihren aktionsräumlichen Handlungen zwangsläufig stärker an die vorgegebenen naturräumlichen Bedingungen halten, als Haushalte mit besserem Markt- und Ressourcenzugang, wie folgende Äußerungen unterstreichen werden.

"Wir wandern mit unseren Tieren, da wir ihnen genug Nahrung geben wollen."
"Wir müssen in der Trockenzeit unseren Haushalt in Ondendu verlassen um an den Kunene-Fluss zu gelangen. Erst wenn die Regen zu Hause fallen können wir zurückkehren."
"Aber es ist nicht so, dass wir es lieben zu wandern: die Trockenzeit zwingt uns dazu. Unsere Väter haben uns beigebracht mit unseren Rindern unterwegs zu sein."
(Rothfuß 2004, S. 147)

Diese Aussagen der Himba von *Ondendu* zeigen die handlungsleitenden Zwänge, denen sie ausgesetzt sind. Räumliche Mobilität ist niemals Selbstzweck, sondern in einem semiariden Raum als Grundbedingung anzusehen, in der die Existenz auf der Grundlage von Tieren basiert.

"Mit unseren Rindern zu wandern ist eine schwierige Sache! Wenn wir Menschen wären wie die Weißen, wäre alles viel einfacher: Sie bohren Bohrlöcher an Orten wo kein offenes Wasser ist. Sieh, Opuwo war vor langer Zeit ein Ort ohne Wasser bis die Weißen kamen. Heute leben dort viele viele Menschen. Selbst an einem Ort wie Ondendu: Wenn die Weißen hier einen Brunnen errichten würden, müssten wir in der Trockenzeit nicht mehr an den Fluss wandern. Wir würden das ganze Jahr hier bleiben können."
(Rothfuß 2004, S. 147)

AbB. 4.3/8:
Räumliche Mobilität des *Ondendu*-Haushaltes im Jahresverlauf; Quelle: *E. Rothfuß* 2004, S. 147, verändert

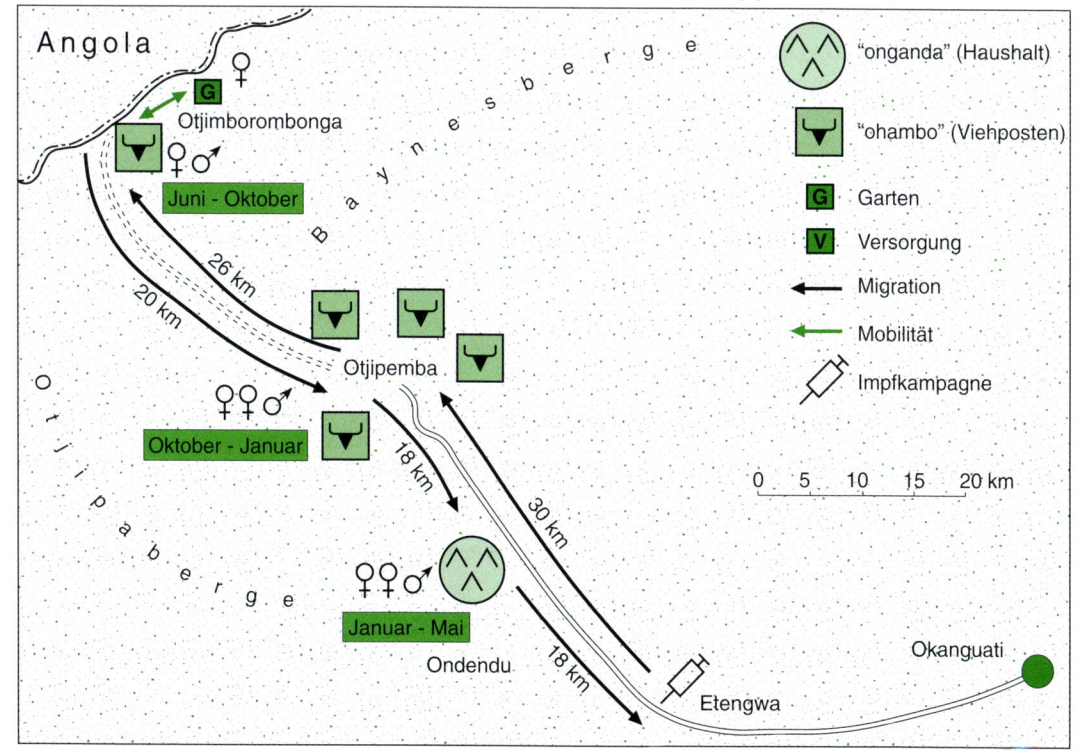

Beachtenswert ist in diesem Zusammenhang, dass ein Verlegen des Haupthaushaltes an einen Standort mit günstigerer naturräumlicher Ausstattung aufgrund des erb- und gewohnheitsrechtlichen Zugangs zu Land- und Wasserressourcen nicht ohne weiteres möglich ist. Die sozialen Netzwerke verwandtschaftlicher Beziehungen in ihrem Lebensumfeld binden sie an ihr Herkunftsgebiet.

Generell verdeutlichen die Ansichten, dass die Betroffenen ihre Handlungen aufgrund mangelnder Alternativen exklusiv auf die agropastorale Wirtschaftsweise ausrichten (müssen); Veränderungen der konstitutiven Rahmenbedingungen (z. B. durch Bohrlöcher, verbesserter Marktzugang, Tourismus, u.a.) würde das Handeln entscheidend beeinflussen, wie obiges Statement implizit vorwegnimmt und wie die folgenden beiden Fallstudien darlegen werden.

b. *Der Ombivango-Haushalt im Marienflusstal – Leben in der Halbwüste unter touristischem Einfluss*
Die Auswahl dieses Haushaltes in *Ombivango* erfolgte auf dem Hintergrund seiner peripheren Lage im äußersten Nordwesten der Kaokoregion, der dabei jedoch unter touristischem Einfluss steht (vgl. Abb. 4.3/9). Die Entfernung zum Kunene und den zwei Campanlagen beträgt 27 km. Das Marienflußtal verzeichnet etwa 2500 Touristen jährlich. Der Auswahlhaushalt liegt 5 km abseits der Piste und wird regelmäßig von einem in *Otjinungwa* lokalisierten Campbesitzer mit Touristen aufgesucht.

Grundsätzlich zeigt sich für diesen Haushalt ein komplexes und relativ weiträumiges Aktionsraummuster, das durch die naturräumlichen Strukturen der Lage und des Klimas der Halbwüste bestimmt ist. Als gesamte Einheit migriert der Haushalt lediglich von November bis Januar in südöstliche Richtung rund 30 km an den Fuß der Randschwelle bei *Eworandara/Omaze*, wenn dort in der kleinen Regenzeit die ersten Niederschläge auftreten. Die Viehherde wird von dort aus bis nach *Otjihende* ins Randstufenbergland zur Weide getrieben. Bei einsetzendem Regen in den westlicheren Halbwüstenbereichen zieht der Haushalt über *Ombaravera* zurück nach *Ombivango*. Zur Zeit der Trockenperiode verbleiben die Frauen und Kinder in Ondendu, während das Oberhaupt normalerweise zwischen zwei Posten und dem Haupthaushalt mobil ist. Sieben km südwestlich von *Ombivango*, werden die weiblichen Ziegen, Schafe und einige Milchkühe von einem jungen Hirten beaufsichtigt. 20 km nordwestlich von *Ombivango* werden Ochsen, männliche Ziegen und einige Milchkühe von einem Jugendlichen sowie dem Sohn einer Schwester des Haushaltsvorstandes gehütet. Rund 30 Kühe und Kälber verbleiben in der Trockenzeit in *Ombivango* zur Versorgung des Haushaltes mit Milch. Gärten werden am Kunene während der Regenzeit bewirtschaftet. Es wird Mais, Kürbis, Melone und Tabak angebaut. Die Kultivierung erfolgt optional und richtet sich in erster Linie nach der Quantität der erfolgten Niederschläge. Neben diesem Haushalt sind noch drei andere Himba Familien in *Ombivango* in Sichtweite ansässig, die aber alle zum Höhepunkt der Trockenperiode geschlossen zu ihren assoziierten Viehposten migrieren.

„Wenn unsere Nachbarn ihre Wanderung beginnen, tun sie dies, weil sie sehen, dass nicht genug Gras für alle Tiere zur Verfügung steht. Sie machen sich auf zu ihren angestammten Weidegründen während der Trockenzeit. Wir sagen, dass wir hier bleiben, um das wenige vorhandene Gras abweiden zu lassen."
(*Rothfuß* 2004, S. 148)

Worin liegt der Grund, dass der Untersuchungshaushalt im Vergleich zu den anderen stärker sesshaft ist? Das Oberhaupt hat diesbezüglich eine klare und pragmatische Antwort:

„(…) So sieh her: wenn diese Besucher hier her kommen, um uns und unsere Häuser zu sehen, haben wir eine Entscheidung getroffen, dass wir nicht mit dem ganzen Haushalt wandern, solange uns Gäste besuchen. Die Gäste, die herkommen um zu photographieren, müssen doch jemanden vorfinden, damit sie uns ein wenig Geld oder Maismehl geben können."
(*Rothfuß* 2004, S. 148)

Der Haushalt steht in Kooperation mit einem Campbesitzer in *Otjinungwa*, der Besuche mit seinen Touristen zu diesem Haushalt durchführt. Für die Bedürfnisse des Kaoko-Tourismus, wenn als Attraktion Himba-

Abb. 4.3/9:
Räumliche Mobilität des *Ombivango*-Haushaltes im Jahresverlauf
Quelle: *Rothfuß* 2004, S. 149, verändert

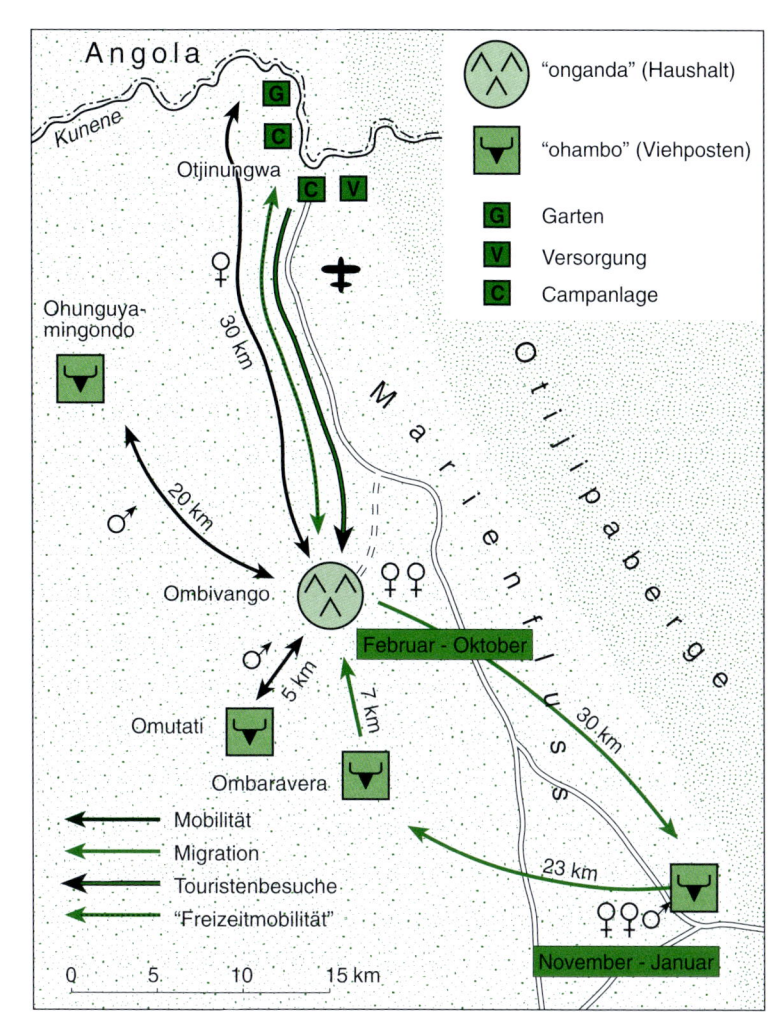

besuche vermarktet werden, sind Zuverlässigkeit und Standorttreue der ‚Bereisten' für die interkulturellen Kurzkontakte von großer Wichtigkeit. Die Hinwendung zu touristisch orientierten Aktivitäten hat hier bereits zu einer Verringerung des aktionsräumlichen Handelns beigetragen. Dass die Motivation der Himba von *Ombivango* groß ist, vom Fremdenverkehr profitieren zu wollen, zeigt der ökonomische Gewinn durch Touristenbesuche. Im gegenwärtigen Stadium ist das quantitative Ausmaß jedoch (noch) nicht ausreichend um den gesamten Maisverbrauch des *Ombivango*-Haushaltes über das Jahr abzudecken.

„*Den Mais, den wir von den Touristen bei ihren Besuchen bekommen können, beträgt manchmal fast zehn kleine Säcke [12 kg] in einer Saison*" (…). „*Normalerweise müssen wir einen jungen Ochsen gegen acht bis 10 große Säcke Maismehl [50 kg] eintauschen. Diese Menge reicht für uns das ganze Jahr über.*" „*Die Besucher sind niemals genug, um von Ihren Geschenken leben zu können; wir müssen noch anderen Arbeiten nachgehen um überleben zu können.*"
(*Rothfuß* 2004, S. 148)

c. *Der Omuhandja-Haushalt – Leben in der Nähe des touristischen Zentrums Epupa*
Dieser Haushalt liegt etwa 5 km südlich der Epupa-Wasserfälle, direkt an der Piste und dem Flugfeld auf der *Omuhandja*-Hochfläche (vgl. Abb. 4.3/10). Er ist einer der am meisten besuchten Haushalte im gesam-

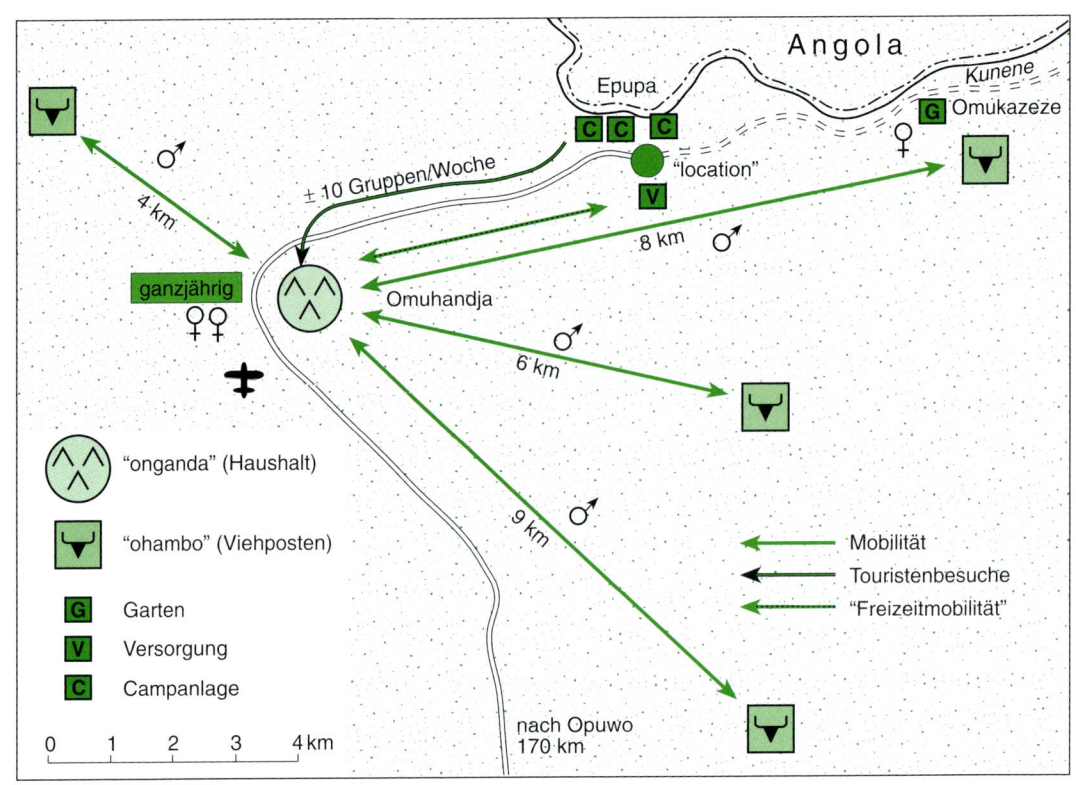

Abb. 4.3/10:
Räumliche Mobilität des *Omuhandja*-Haushaltes im Jahresverlauf
Quelle: *Rothfuß* 2004, S. 151, verändert

ten Kaokogebiet, da *Epupa* die herausragende regionale touristische Attraktion darstellt. Das *Epupa*- gebiet, als touristischer Kernraum, kann daher gut als ‚Brennglas' zukünftiger Entwicklungen in anderen Gebieten Kaokos betrachtet werden. In diesem *onganda* leben der Haushaltsvorstand, seine Frau, seine geschiedene Schwester und sechs Kinder. Mitte der 1990er Jahre übersiedelten sie von *Omukazeze* nach *Omuhandja*, allerdings nicht aus touristisch motivierten Gründen. Während der Hauptreisezeit zwischen Juli und September wird der Haushalt von durchschnittlich zehn Touristengruppen in einer Woche besucht. Vornehmlich sind es die lokalen Führer der Campanlagen von *Epupa*, die Touristen nach *Omuhandja* bringen. Der Anteil an ungeführten Besuchen ist nicht zu vernachlässigen, da sich jener Haushalt in Sichtweite von der Strasse befindet und in seiner Anordnung von vielen Touristen als ‚photogen' eingestuft wird. Die zwei Frauen des Haushaltes sind die Hauptakteure im touristischen Geschäft. Nach den meist nicht länger als eine halbe Stunde dauernden Besuchen, bieten sie den Touristen selbst hergestellte Armreifen und Halsketten zum Verkauf (5–20 N$). Dadurch sind sie in der Lage neben den üblichen Gastgeschenken (Mais, Zucker, Tabak) ein monetäres Einkommen zu erzielen, das den beiden Frauen bislang ungeahnte Möglichkeiten bietet:

„Vor einigen Jahren merkte ich, dass es gut ist von Touristen Geld zu bekommen, wenn ich Ihnen selbst gemachte Halsketten verkaufe (…). Anfangs kaufte ich von dem Geld Essen und trank tombo [Maisbier] in der Siedlung von Epupa. Nun versuche ich das Geld zu sparen um meine eigenen Tiere, Rinder und Ziegen davon zu kaufen."

„Von diesem Geld der Touristen habe ich bereits zwei Kühe und vier Ziegen gekauft. Meine Schwägerin hat zwei Kühe und fünf Ziegen davon gekauft. Zusammen haben wir zwei Kühe vom Mann meiner

Schwägerin gekauft. Er wollte die beiden Kühe in Epupa verkaufen, aber wir gaben ihm das Geld und haben nun zwei Rinder mehr."
(*Rothfuß* 2004, S. 149)

Auch das Leben der Frauen ist untrennbar mit dem Wohl und der Größe der Rinderherde verbunden. Das tiefe Bedürfnis einer Allokation von Tieren durch touristische Einnahmen wird hier evident. Wenn beachtet wird, dass eine Ziege rund 200 N$ (etwa 30 €/ Kurs 2006) und eine Kuh grob 800 N$ (etwa 100 €) einbringt wird der ökonomische Gewinn durch Tourismus deutlich. Die Touristenbesuche haben dazu geführt, dass mittlerweile kein Mais mehr über das Jahr getauscht oder zugekauft werden muss um eine ausreichende Ernährung zu gewährleisten. Außerdem existiert aufgrund von verwandtschaftlichen Beziehungen ein soziales Netzwerk mit zwei von vier lokalen Touristenführern, die dementsprechend jene Himba bevorzugt aufsuchen. Die familiäre Konstellation, eine geschiedene also ‚unabhängige' Schwester, und die Gunstlage sowohl in ökonomischer wie auch in ökologischer Sicht (der Haushalt liegt innerhalb des Aktionsradius der Touristen von Epupa sowie in Fluss – und Siedlungsnähe) ermöglicht trotz der geringen Personenanzahl eine duale Strategie: einerseits mobiles Weidemanagement der Tiere durch den Haushaltsvorstand in den relativ nahe gelegenen Posten und andererseits die ganzjährige Sesshaftigkeit der Frauen und Kinder zur kontinuierlichen Interaktion mit den Besuchern. Durch ihr stationäres, verlässliches und cleveres Handeln werden die existierenden Ressourcen des Tourismus von den Frauen ‚voll' ausgeschöpft. Es ist eine Transformation des Haushaltes zu einer ‚Dienstleistungsstätte' erfolgt, da gerade in der beschwerlichen Trockenzeit ein erhöhtes Touristenaufkommen Einnahmen in Form von Mais verspricht, und der mühsame Eigenanbau vernachlässigt wird. Auf dieser Grundlage stellt sich demnach ein vergleichsweise eingeschränktes saisonales Aktionsraummuster dar. Nach Auskunft des Haushaltsvorstandes, hat sich das Mobilitätshandeln dahingehend gewandelt, dass der Gesamthaushalt keine Migration mehr in die einzelnen Posten vornimmt.

Die ‚Freizeitmobilität' zwischen Haushalt und der *Epupa-location* ist stark prägend für das Aktionsraummuster. Die geringe Distanz ermöglicht ein spontanes Entscheiden, die Siedlung von *Epupa* aufzusuchen. Die Himba halten sich dabei aber ausschließlich in der *location* (der Siedlung der Einheimischen) und nicht in den vier Campanlagen von *Epupa* auf. Das Trinken von *tombo* oder *okandjembo* (Maisbier und selbstgebrannter Schnapps) das Amüsieren, Palavern, der Verkauf von Tieren, der Kauf von Nahrungsmitteln und der Besuch der mobilen Klinik sind die Hauptgründe für einen Aufenthalt in *Epupa*.

Aufgaben:
1. Lokalisieren Sie die Standorte der drei Haushalte in der Abbildung 4.3/6 (*Tourismusstrukturen in NW-Namibia*)
2. Vergleichen Sie die Mobilitätsmuster der Haushalte sowie die Einzelaussagen der Haushaltsmitglieder miteinander und diskutieren Sie diese im Kontext unterschiedlichen touristischen Einflusses in der Region.
3. Sind Ihrer Ansicht nach die Interaktionen der Himba mit dem Tourismus als eine Überlebensstrategie zu betrachten (vgl. Kap. 4.3.4.2)?
4. Welches Zukunftsszenario (halb-)nomadischer Lebensweise könnte bei weiter steigenden Touristenzahlen entworfen werden? Denken Sie dabei auch an die naturräumlichen Bedingungen und Konsequenzen.

4.3.4.5 Der nomadische Blick auf den Tourismus – Selbstbild und Fremdbild der Himba

Die didaktische Idee besteht darin, die Schüler in Gedanken in die Lebenswelt der Himba versetzen zu lassen, indem ihre wörtlichen Aussagen ‚verinnerlicht' werden. Der eigene Lebenskontext soll zurückgestellt und durch den dortigen ‚ersetzt' werden. Diese Art „Horizontverschmelzung" (*Gadamer* 1960) lässt Fremdverstehen erst möglich werden.

Die Zitate werden bewusst unstrukturiert aufgeführt (Tab. 4.3/2). Die Schüler sollen diese in Gruppenarbeit sortieren und diese frei, aber mit dem Wissen über die mobile Lebensform und die lokal-regionalen Lebensbedingungen, kontextgebunden interpretieren.

Tab. 4.3/2: Zitate der Himba über sich und Touristen (*Rothfuß* 2000, S. 143/144; *Rothfuß* 2004, S. 48–145)

„Meine Eltern sagten, während ich die Ziegen und Schafe an der Wasserpumpe in Omunjandi tränke, könnte ich vorbeifahrende Autos anhalten, um die Reisenden nach Zucker oder anderen Dingen zu fragen. Manche halten an, andere fahren vorbei. Wenn sie anhalten sage ich einfach ‚Oschugar'. Die meisten der Touristen verstehen was ich meine. Manchmal bekomme ich dann Zucker, oder etwas anderes wie Maismehl, Süßigkeiten oder Brot. Und oft machen sie dann ein Photo von mir! Ich freue mich wenn mehr Touristen kommen und uns etwas mitbringen, da wir diese Dinge sehr brauchen können." (2000, S. 143)

Touristen sind:
„Menschen die helfen; Menschen mit Kameras, Menschen mit großem Wissen, reiche Menschen, Menschen mit Kraft, Menschen, die unsere Sprache nicht sprechen, Menschen die unsere Kultur einsammeln und sie sind Menschen des Friedens und mit einem guten Herz." (2004, S. 99-104)

Wie Touristen handeln:
„Touristen sind immer unterwegs", „Touristen reisen wie der Wind", „Sie steigen aus dem Flugzeug aus, kaufen ein Auto, fahren durch das Land, kaufen Benzin, bauen am Fluss ihre kleinen Häuser [Zelte] auf, zahlen für die Übernachtung innerhalb des Zaunes, fahren weiter und fliegen wieder zurück." (2004, S. 105)

„Wir sind stolz, dass die Touristen an unserer Kultur interessiert sind." (2004, S. 127)

„Es muss einen Austausch geben! Die Besucher nehmen meine Farbe und meinen Körper in ihren Photoapparaten mit nach Hause. Sie müssen mich mit etwas zurücklassen." (2004, S. 132)

„Sie ist in traditioneller Kleidung. Sie kann mehr verkaufen als ich, da die Besucher kommen um die Menschen in ihrer Kultur zu sehen." (2004, S. 134)

„Die Touristen leben gut. Sie haben viel mehr Möglichkeiten als wir. Wir, die „Schwarzen" sind in Armut geboren; die Weißen sind auf der Seite der Macht. Es ist Reichtum; sieh her: sie haben Dinge aus Metall [Auto] die uns transportieren können. Wir haben solche Dinge nicht; also sind wir nur Affen, die unter ihnen stehen. Sie sind sehr reich und uns weit voraus. (…). Sie reisen in der Luft, sie sind sehr clever. Sie bauen Flugzeuge und steigen lebendig aus! Wir werden nie dort zu ihnen reisen können; wir sind nur kleine Dinge, wie Ameisen; die Weißen sind auf der Seite des Lichts (…)." (2004, S. 48)

„Vor einigen Jahren hatten wir Angst und fühlten uns unsicher als die Touristen kamen. Heute sehen wir die Touristen, kennen ihr Verhalten und ihre Art zu reisen. Wir haben eigentlich keinen Kontakt zu ihnen. Wir sehen sie nicht als unsere Feinde. Sie sind freundlich und manchmal hilfsbereit. Wir haben sie akzeptiert, sehen sie als etwas Neues in unserem Leben, aber unser Leben hat sich durch sie nicht verändert." (Rothfuss 2000, S. 145)

„Die Besucher - diese Menschen haben wir in unser Herz geschlossen, wie unsere Tiere." (2004, S. 106)

„Die Touristen sehen uns als Menschen, als Menschen." (2004, S. 106)

„Das einzige Problem ist, dass die Reisenden ohne Übersetzer kommen. Sie können nicht mit uns sprechen und wir nicht mit Ihnen. Wir können nicht auf unsere Probleme aufmerksam machen. Wenn sie uns photographieren und wir sagen nein, machen sie es trotzdem, da sie uns nicht verstehen." (2004, S. 107)

„Wo bekommen diese Besucher Erlaubnis, dass sie durch unsere Häuser rennen und hindurchfahren ohne zu fragen? (....) Ist dies die Art wie Sie sich im eigenen Land auch verhalten? Kinder machen so etwas, aber doch nicht Erwachsene!" (...) In unserer Kultur begrüßt man sich ausgiebig und erkundigt sich über das Wohl der Rinder und die Gesundheit der Familien. (...). Rastlose Menschen verweilen nicht am Feuer. Für uns ist das Palaver wichtig - als Hirten sind wir mit unseren Tieren oft einsam." (2004, S. 108)

„Eine Person kann nicht mit einem großen Flugzeug hier her fliegen, das viel viel Geld kostet und sagen, dass er/sie nur hier ist zu Besuch! Diese Person hat irgendeinen Grund, warum er/sie hier her kommt, etwas was er mit in seine Heimat nimmt um damit Geld zu verdienen." (2004, S. 111)

Die Intention dieser wörtlichen Aussagen – die Sichtweise der Bereisten – wollen Zusammenhänge offen legen und zur Diskussion stellen. Die Zitate von Einzelpersonen sollen zeigen, dass die betroffenen Menschen eine durchaus differenzierte Meinung über das Phänomen Tourismus in ihrer Region kundtun. Sie haben in ihrer Wahrnehmung teilweise sehr klare Vorstellungen und Ansichten; sie stellen sogar Bedingungen an den interkulturellen Kontakt. Die durchweg optimistischen Äußerungen zeigen, dass sich Himba im gegenwärtigen Stadium der touristischen Entwicklung, dem Fremdenverkehr nicht hilflos ausgeliefert sehen und dieser nicht als bedrohlich wahrgenommen wird. Negative Perzeptionen werden nur dann geäußert, wenn sich der erhoffte Nutzen nicht einstellt. Die Himba versuchen diese neue Situation pragmatisch, d. h. vor allem als materiellen Gewinn, nach ihren Möglichkeiten zu nutzen.

Aufgaben:
1. *Strukturieren Sie die Aussagen der Himba nach ihrem Selbstbild und ihrem Fremdbild sowie nach ihren positiven und negativen Wahrnehmungen*
2. *Welche Schlüsse können aus den Zitaten gezogen werden?*

4.4 Die Bedeutung des Kastensystems in der Entwicklung Indiens
(Ulrich Bichsel, Rudolf Kunz)

Was verstehen die Inder unter dem Kastensystem? Welche Rolle spielt es im täglichen Leben, bei Heirat, Berufswahl und Wohnungssuche? Wie beeinflusst dieses Gesellschaftssystem die Entwicklung Indiens? Schwindet sein Einfluss unter den gegenwärtigen politischen und wirtschaftlichen Verhältnissen? In dieser Unterrichtseinheit sollen unter anderem diese Fragen erörtert und eine vorurteilslose Auseinandersetzung mit diesem Gesellschaftssystem angestrebt werden.

4.4.1 Grundlegende Merkmale des Kastensystems *(Ulrich Bichsel)*

Die Kaste ist die wichtigste soziale Gruppe in Indien. Sie bestimmt im wesentlichen den gesellschaftlichen Status, legt Rechte und Pflichten des Einzelnen fest und ist wichtig für das wirtschaftliche und politische Leben Indiens. Das Kastensystem kommt mehr oder weniger in allen sprachlichen und religiösen Gruppen Indiens vor. Bei den Hindus ist es nicht wegzudenken, um so mehr, als es seinen Ursprung im Hinduismus hat.
Der Begriff Kaste ist spanischen und portugiesischen Ursprungs: *Casta*, bedeutet etwas nicht Vermischtes. Das Wort scheint von den Portugiesen in der Mitte des 15. Jahrhunderts auf Indien angewendet worden zu sein (*Dumont* 1976, S. 39). Seit dem 17. Jahrhundert verwendeten die Engländer den Begriff *caste* im gleichen Sinne. Diese Gruppen nennt man auch *Jatis*. Dieser Begriff stammt aus dem Sanskrit *jata*, welches geboren bedeutet.
Das Kastensystem weist folgende Merkmale auf:
a. Das Kastensystem unterteilt die Gesellschaft in verschiedene Gruppen, die Kasten, welche durch eine Reihe von Vorschriften voneinander getrennt sind. So gibt es beispielsweise im Zusammenhang mit der Nahrung verschiedene Regeln, welche beachtet werden müssen. Darunter fallen Vorschriften über die Zubereitung der Speisen oder über das Geschirr, aus dem gegessen werden darf. Weiter regeln gewisse Bestimmungen, mit wem ein bestimmtes Essen eingenommen werden darf oder von wem Trinkwasser entgegengenommen werden kann.
b. Ehen dürfen grundsätzlich nur innerhalb der gleichen Kaste geschlossen werden. Diese Endogamie ist beispielsweise eine von vielen Vorschriften, durch die sich die Kasten voneinander absondern.

c. Die Zugehörigkeit zu einer Kaste, und damit zum Kastensystem, wird durch die Geburt festgelegt. Damit wird auch der Name *Jati* verständlich. Selbstverständlich erhält ein Kind die Kaste der Eltern. Weisen ausnahmsweise die Eltern verschiedene Kasten auf, so erhält das Kind die Kaste des Vaters.
d. Es existiert eine Arbeitsteilung, welche jeder Kaste einen traditionellen Beruf zuweist. Die Beziehung zwischen Kaste und Beruf ist so stark, dass viele Kastennamen auch als Berufsbezeichnungen verwendet werden. So ist es üblich, in der Umgangssprache den Wäscher durchwegs als *Dhobi* zu bezeichnen. Dies bedeutet aber nicht, dass alle Mitglieder der betreffenden Kaste den der Kaste zugewiesenen Beruf ausüben müssen. Heute können vor allem die Angehörigen der höheren Kasten die verschiedensten Berufe ergreifen, doch vermindern sich die Berufswahlmöglichkeiten in niederen Kasten und in ländlichen Verhältnissen. Schließlich muss noch betont werden, dass die Angehörigen der so genannten unberührbaren Kasten selten den ihrer Kaste zugewiesenen Beruf ausüben konnten, da sie viel zu zahlreich waren. Deshalb mussten sie vor allem Landarbeiter sein. Der traditionell mit der Kaste verbundene Beruf ist eine wesentliche Ursache der hierarchischen Gliederung der Kasten. So sind alle einen vom religiösen Standpunkt aus als unrein betrachteten Beruf ausübenden Kasten am unteren Ende der Hierarchie zu finden, wie beispielsweise Lederarbeiter, Straßenwischer oder Wäscher.
e. Das Kastensystem ist eine hierarchische Ordnung. Diese Hierarchie ist jeweils nur für eine Region gültig. Die Hierarchie ist nicht vorgeschrieben oder in heiligen Texten festgelegt, sondern ergibt sich als gegenseitig anerkannte Ordnung. Zur Festlegung der Hierarchie werden viele Kriterien angewendet. Durch ein solches reiht sich eine Kaste oberhalb oder unterhalb von anderen ein. Ein Beispiel möge das erläutern: Wenn die Mitglieder einer Kaste Vegetarier sind, so stehen sie in der Hierarchie über denjenigen Kasten, welche Fleisch essen. Die Schwierigkeit der Einreihung der Kasten und damit der Entstehung der Hierarchie besteht in der Vielzahl der Kriterien und vor allem in ihrer gegenseitigen Bewertung, kann doch durch zwei verschiedene Kriterien eine Kaste einmal unterhalb, einmal oberhalb einer anderen eingereiht werden. Eine weitere Schwierigkeit besteht noch darin, dass die verschiedenen Kriterien nicht von allen Kasten gleich bewertet werden und auch von Region zu Region verschieden sind. Deshalb kann es nie eine Hierarchie geben, welche für ganz Indien gültig ist. Sie ist wie gesagt nur in einer bestimmten Region, manchmal nur in einem Dorf gültig.

Separation, Arbeitsteilung und Hierarchie sind auf ein einziges Prinzip zurückzuführen, nämlich auf die Gegenüberstellung von Rein und Unrein. Diese Gegenüberstellung schließt die Hierarchie mit ein, weil das Reine höher ist als das Unreine, sie schließt die Separation mit ein, weil das Reine und Unreine getrennt werden sollen und sie schließt auch die Arbeitsteilung mit ein, weil die reinen und unreinen Beschäftigungen getrennt werden müssen (*Dumont* 1976, S. 63).

Angehörige der Kaste der Brahmanen müssen darauf achten, in rituellem Sinne möglichst rein zu sein. Sie führen dazu jeden Morgen eine Zeremonie aus, welche ein Bad und ein Gebet umfasst, sie trinken keinen Alkohol, sind Vegetarier und lassen sich ihre Speisen eventuell sogar im reinsten Geschirr, auf Metallplatten, servieren.

Es sei noch der Hinweis gestattet, dass der Gegensatz von Rein und Unrein zeitweise auch einzelne Menschen betreffen kann. Frauen während der Menstruation oder nach einer Geburt und der Tod bestimmen eine zeitweise Unreinheit, welche zu einer Absonderung der betreffenden Person führen kann.

Aus dem Gesagten wird klar, dass es in Indien nicht nur vier Kasten gibt, obwohl dies in der Literatur immer wieder so erscheint. Es gibt etwa 3000 Kasten. Die genaue Zahl ist nicht bekannt. Die Kastenzugehörigkeit wurde zum letzten Mal bei der Volkszählung von 1931 erhoben.

4.4.1.1 Das Jajmani System

Der bereits erwähnte Zusammenhang zwischen Kaste und Beruf schließt nicht nur eine Arbeitsteilung, sondern auch eine gegenseitige Abhängigkeit der Kasten ein. Diese wird als das *Jajmani* System bezeichnet, welches auch die wirtschaftliche Überlegenheit der dominanten Kaste erklärt. Das System wird nach demjenigen benannt, welcher eine Dienstleistung entgegennimmt (der *Jajman*), während die Person, welche eine Leistung erbringt, als *Kamin* bezeichnet wird. Das System ist am besten in einem Dorfe zu erklären. Jede Familie übt den ihrer Kaste entsprechenden Beruf aus, sei es als Priester, Landbesitzer, Töpfer, Weber oder Landarbeiter. Ein und dieselbe Familie kann sowohl als Arbeitgeber wie auch als Diener auftreten. Eine Familie aus der Kaste der Weber kann einer Familie aus der Kaste der Töpfer sowohl Aufträge für Töpferwaren erteilen, als auch für diese Familie Webarbeiten ausführen. Ein Wäscher wird einem Brahmanen die Wäsche besorgen, ihn aber auch für einzelne Zeremonien beschäftigen.

Das dadurch entstandene Netz von Beziehungen zwischen einzelnen Familien wird über Generationen vererbt und als Recht der einzelnen Familien aufgefasst. Die Leistungen werden generell in Naturalien entschädigt, und zwar nicht bei jeder einzelnen Arbeit, sondern über das ganze Jahr verteilt, da ja die Arbeitsverhältnisse dauernder Natur sind. Das *Jajmani* System schließt grundsätzlich die Bevölkerung eines Dorfes ein, umfasst aber auch Nachbardörfer, wenn gewisse Berufe nur dort anzutreffen sind.

Das *Jajmani* System regelte die Arbeitsteilung im traditionellen Indien unter Berücksichtigung der Bedürfnisse jeder Kaste. Klar verfügten diejenigen Kasten, welche das wichtige Produktionsmittel Land besaßen, über den größten Einfluss. Doch schaffte gerade der rituelle Aspekt für die unteren Kasten die Möglichkeit, gewisse Arbeiten – die eben ihrer Kaste vorbehalten waren – für die höheren Kasten auszuführen. In abgelegenen ländlichen Gebieten ist das *Jajmani* System nach wie vor vorhanden. Auch scheinen die sozialen Komponenten weniger stark zu verschwinden als die wirtschaftlichen.

4.4.1.2 Sanskritisierung

Es steht außer Zweifel, dass das Kastensystem mit einer Hierarchie verbunden ist. Hingegen kann sich die Stellung einer Kaste gegenüber einer anderen verändern, was in der Fachsprache mit Sanskritisierung bezeichnet wird. Möglich ist dies einer Kaste durch Übernahme von Sitten und Benehmen einer höher stehenden Kaste. Dies kann so weit gehen, dass man die Brahmanen als oberste Kaste nachahmt. Durch den Gewinn von politischem Einfluss auf lokaler Ebene ist die angestrebte Rangveränderung auch möglich. Weiter konnte in früherer Zeit eine Kaste durch eine Versetzung in der Hierarchie von Herrschern belohnt oder bestraft werden. Eine weitere Möglichkeit der Positionsveränderung ergab sich durch die bewusste Betonung der Abstammung der Kaste von einem Heiligen oder einem Helden.

4.4.1.3 Das System der Stände

Es gibt in Indien neben der Hierarchie der Kasten noch diejenige der Stände oder *Varnas*. Dieser Begriff stammt auch aus dem Sanskrit und bedeutet Farbe. Das System der *Varnas* unterscheidet vier Kategorien: Die Brahmanen (Priester) stehen an der Spitze, ihnen folgen die *Kshatriyas* (Krieger, Könige), *Vaishyas* (Kaufleute, Bauern) und *Sudras* (Handwerker).

Die wahrscheinlich im südlichen Zentralasien beheimateten Indoeuropäer zogen über das iranische Hochland nach Nordindien und siedelten sich um 1500 v. Chr. am Indus und Ganges an. Im Industal stießen sie auf eine bereits seit 2200 v. Chr. existierende, weit entwickelte Kultur, deren Zentrum die Städte Mohenjo Daro und Harappa bildeten. Im Laufe von einigen hundert Jahren wurden die Eroberer, die sich selbst *Aryas*, die Edlen, nannten, sesshaft. Sie grenzten sich gegen die unterworfene, angeblich dunkelhäutige Bevölkerung ab. Diese Nicht-*Aryas* wurden im Varna der *Sudras* zusammengefasst, ganz gleich ob sie zu Dschungelstämmen oder Nachfahren der Induskultur gehörten (Schneider 1989, S. 52).

Es wird nun klar, dass das System der *varnas* nicht nur als Hierarchie, sondern auch als Ordnung aus Segmenten betrachtet werden kann. Die *Sudras* als Nicht-*Aryas* stehen der Gesamtheit der anderen *Varnas* gegenüber, die als „Zweimalgeborene" gelten. Diese unterteilen sich wieder in die *Vaishyas*, welche ursprünglich die Bevölkerung umfasste, welche nicht zum Priester- oder Kriegeradel gehörte und die Brahmanen und *Kshatriyas*.

Die in Sanskrit abgefasste und um 1000 v. Chr. abgeschlossene Sammlung der Veden enthält das Wissen der *Aryas* über die kosmische Ordnung, von der die Götter einen Teil darstellen und über den Menschen. In diesen Veden genießen die Brahmanen eine Vorrangstellung, da nur sie die Verse kennen, die kosmische Ordnung erhalten und Opferhandlungen leiten können. *Schneider* (1989, S. 51f) hält fest, dass die Einteilung der Gesellschaft in vier Stände mit dem brahmanischen als höchstem Stand bereits im Rig-Veda erscheint und damit als ewig, als heilig gilt. Die Brahmanen wollten mit der Ordnung der *Varnas* ihren Führungsanspruch für alle Zeiten legitimieren. So ist es bezeichnend, dass es nur vier *Varnas* mit den Brahmanen an der Spitze gibt. Der Vergleich mit den vier Himmelsrichtungen sollte die unanfechtbare Position der Brahmanen betonen, aber trotzdem das Gefühl der Einheit vermitteln.

4.4.1.4 Die Unberührbaren

Bis ins fünfte Jahrhundert vor Christus wurden die *Sudras* als eine einzige Kategorie betrachtet. Mit der Zeit mehrten sich jedoch in den religiösen Texten Hinweise auf eine spezielle Bezeichnung gewisser *Sudras*. Es erschienen Bezeichnungen wie die Ausgeschlossenen, die Letzten und zum Teil die Unberührbaren. Einzelne Forscher betrachten die so speziell hervorgehobenen Gruppen von Menschen noch heute als *Sudras*, andere hingegen sind der Ansicht, dass diese besonders erwähnten *Sudras* eine eigene Kategorie bilden. In jedem Fall werden auch diese Menschen in Kasten unterteilt.
Der Kontakt mit diesen Menschen verunreinigt die Mitglieder der übrigen *Varnas*. Den Mitgliedern dieser Kasten war das Betreten der Tempel nicht gestattet, ja sie hätten sogar darauf achten müssen, dass ihr Schatten nicht auf ein Mitglied der oberen (reinen!) Kasten fiel. Die Angehörigen dieser Kasten durften kein Wasser aus den Brunnen der übrigen Kasten entnehmen.
Mahatma Gandhi (1869–1948) bemühte sich, die Situation der Unberührbaren zu verbessern. Er gab ihnen auch einen neuen Namen: Harijans. *Hari* ist einer der vielen Beinamen des Gottes Vishnu. Die indische Verfassung verbietet jede Diskriminierung auf Grund der Kastenzugehörigkeit, insbesondere jede Diskriminierung der Mitglieder der unberührbaren Kasten.

4.4.1.5 Zusammenhänge zwischen dem System der Stände und dem Kastensystem

Das für ganz Indien gültige und gleiche System der Stände (*Varnas*) und das nur im lokalen oder regionalen Rahmen gültige der Kasten (*Jatis*) sind verschieden. Es bestehen jedoch vielfältige Beziehungen zwischen ihnen. Beide weisen eine hierarchische Struktur auf, in beiden stehen die Brahmanen an der Spitze, sei es als *Varna* oder *Jati* und in beiden bilden die Harijans das untere Ende. Der Inder trennt die beiden Systeme im allgemeinen nicht konsequent und ordnet bewusst oder unbewusst jede Kaste einem *Varna* zu. Im täglichen Leben spielt das System der Kasten die größere Rolle.

4.4.1.6 Die scheduled castes

Mit dem Verbot der Diskriminierung konnte die jahrhundertealte Benachteiligung der unberührbaren Kasten nicht genügend korrigiert werden. Ein Dekret des indischen Präsidenten aus dem Jahre 1950 sah deshalb ein System der Reservation für die Unberührbaren und die Urstämme vor. Dieses umfasst Studienplätze, Stellen in der Verwaltung und in den Staatsbetrieben. Ursprünglich wollte man den ihrem Anteil an der Bevölkerung entsprechenden Prozentsatz an Plätzen reservieren. Deshalb mussten die Angehörigen der unberührbaren Kasten ihre Kaste in den alle 10 Jahre stattfindenden Volkszählungen angeben. So entstand einer neuer Name für diese Kasten: Die *Scheduled Castes*.
Die indische Verfassung schränkte den Begriff der Kaste und damit das Verbot der Diskriminierung der

Unberührbaren auf die Hindus ein. Dementsprechend war auch das Dekret von 1950 nur für die unberührbaren Kasten der Hindus anwendbar. Seit 1956 profitieren auch die Unberührbaren der Sikhs und seit 1990 die Unberührbaren der Buddhisten vom vielfältigen Reservationssystem. Bis heute sind die Unberührbaren der Christen nicht in das präsidiale Dekret von 1950 eingeschlossen worden. Es mag erstaunen, dass es auch unter den Christen Unberührbare geben soll, ja sogar 75% der Christen Indiens unberührbaren Kasten angehören. Es gilt aber zu bedenken, dass sich vor allem Angehörige der Unberührbaren zum Christentum (oder zum Buddhismus oder Islam) bekehren ließen in der Hoffnung, das Stigma der Unberührbarkeit zu verlieren. Dies war leider nur sehr bedingt der Fall.

Schon seit langer Zeit ist der Prozentsatz an reservierten Plätzen höher als der Bevölkerungsanteil der *Scheduled Castes* (und *Scheduled Tribes*). Dieser Prozentsatz ist längst zu einem äußerst brisanten Politikum geworden. An indischen Universitäten besteht ein Numerus Clausus . So versteht man, dass sich höherkastige Studenten gegen diese Reservation von Studienplätzen zur Wehr setzen. Da jede ausgeschriebene Stelle in der Verwaltung oder in staatlichen Betrieben mehrfach mit sehr gut qualifizierten (oft überqualifizierten) Bewerbern besetzt werden könnte, ist jede Reservation von Arbeitsplätzen für die Angehörigen der oberen Kasten eine Benachteiligung.

Die Harijans erhalten aber auch eine minimale Anzahl Sitze in den verschiedensten politischen Behörden, z. B. im *Gram Panchayat*, dem Gemeinderat oder im *Panchayat Samiti*, der Exekutive im Rahmen eines Blocks des früheren Dorfentwicklungsprogrammes. Die indische Verfassung sah in Artikel 334 eine vorerst auf 10 Jahre beschränkte minimale Anzahl Sitze für die *Scheduled Castes* und *Scheduled Tribes* in der Lok Sabha, dem Unterhaus des Bundesparlamentes und in den Staatsparlamenten vor. Diese Bestimmung wurde seither regelmäßig um weiter 10 Jahre verlängert, zum letzten Mal im Jahre 1999 durch die 79. Verfassungsänderung (India 2002, S. 825).

4.4.1.7 Die Dalits

Mahatma Gandhi setzte sich für die indische Unabhängigkeit und die Befreiung der Unberührbaren vom Stigma der Unberührbarkeit ein. Nun wurde gerade Mahatma Gandhi von Unberührbaren oft beschuldigt, das Kastenwesen als solches nicht bekämpft zu haben. Mit dem Namen Harijan sei die Benachteiligung dieser Bevölkerungsschicht sogar zementiert worden.

Vor mehreren Jahren haben sich die politisch aktiven Harijans einen neuen Namen gegeben: Dalits. Das Wort kommt aus dem Hindi und bedeutet die Niedergetrampelten. Die neue Bezeichnung, die in den sechziger Jahren in Mumbai (Bombay) geprägt wurde, dokumentiert auch eine neue Stossrichtung. Das Reservationssystem wird nach wie vor in Anspruch genommen und auch verteidigt. Parallel dazu streben die Dalits aber auch nach politischer Macht. In Uttar Pradesh, dem größten Bundesstaat Indiens, ist 1995 eine Unberührbare zur Premierministerin gewählt, und im Frühjahr 207 wiedergewählt worden.

4.4.1.8 Siedlungsgeographische Auswirkungen im Dorf: Segregation der Harijans

Die räumliche Trennung der Harijans ist wohl die deutlichste Auswirkung des Kastenwesens auf die formale Struktur eines indischen Dorfes. Wegen ihrer rituellen Unreinheit leben diese Menschen in einem speziellen Quartier. Am Beispiel von Khuda Ali Sher (vgl. Abb. 4.4/1) sollen diese Verhältnisse näher erläutert werden.

1991 wies dieses Dorf 2781 Einwohner auf, davon waren 1061 Harijans. In diesem Dorf leben die Harijans, welche den Kasten der *Ramdasias, Balmikis, Partis* und *Chamars* angehören, im südöstlichen Teil des Dorfes. Die Lage dieses Viertels ist nicht zufällig. Dieses Dorf befindet sich im Vorland der Siwalik Hills. Es besteht damit ein deutliches Gefälle von Nordosten gegen Südwesten und ein leichtes Gefälle von Nordwesten gegen Südosten. Somit gibt es sicher keine Rinnsale – und solche kommen während der Mon-

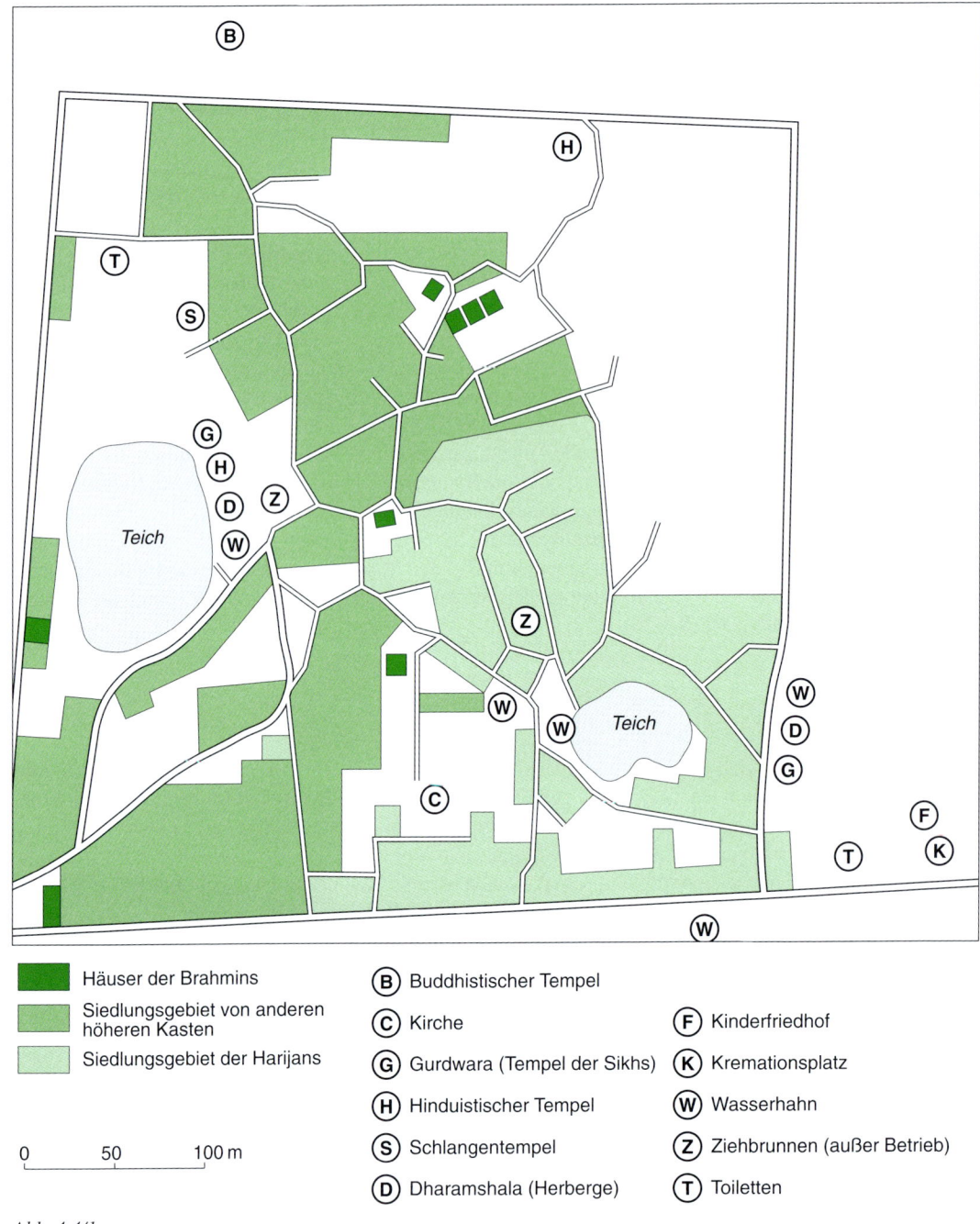

■ Häuser der Brahmins	Ⓑ Buddhistischer Tempel		
▨ Siedlungsgebiet von anderen höheren Kasten	Ⓒ Kirche	Ⓕ	Kinderfriedhof
▨ Siedlungsgebiet der Harijans	Ⓖ Gurdwara (Tempel der Sikhs)	Ⓚ	Kremationsplatz
	Ⓗ Hinduistischer Tempel	Ⓦ	Wasserhahn
0 50 100 m	Ⓢ Schlangentempel	Ⓩ	Ziehbrunnen (außer Betrieb)
	Ⓓ Dharamshala (Herberge)	Ⓣ	Toiletten

Abb. 4.4/1:
Segregation der Harijans in Khuda Ali Sher (Chandigarh UT); Quelle: *Bichsel* 1986, S. 49, nachgeführt 1996

sunzeit in vielen Dorfstrassen vor – welche vom Viertel der Harijans ins Viertel der anderen Kasten fließen. Eine rituelle Verunreinigung der oberen Kasten ist so unmöglich. In den Augen von älteren Dorfbewohnern sollen sogar die meisten Winde aus Norden und Westen kommen und damit zuletzt über das Viertel der Harijans streichen. Das Viertel der Harijans befindet sich am Rand des Dorfes. Oft ist dieses Viertel

Abb. 4.4/2:
Dorfkern von Dadu Majra (Chandigarh UT); Quelle: *Bichsel* 1986, S. 52, nachgeführt 1996

durch eine Strasse oder einen offenen Platz vom übrigen Dorf getrennt. In einigen Fällen leben die Harijans in eigenen Weilern in einigen Hundert Metern Entfernung. Diese Trennung ist keineswegs nur auf alte Dörfer beschränkt. In *Bichsel* (1986, S. 50) sind Beispiele aufgeführt, wo die räumliche Trennung auch in Neugründungen beobachtet werden kann.

Die räumliche Trennung der Harijans beschränkt sich nicht auf die Behausung, sondern erfasst Aspekte ihres täglichen Lebens. Gewisse Bauten und Infrastrukturanlagen sind doppelt vorhanden! So brauchte man in Khuda Ali Sher zwei Ziehbrunnen, sind zwei Teiche vorhanden oder gibt es zwei *Gurdwaras* (Tempel der Sikhs) und zwei *Dharamshalas* (unentgeltliche Herbergen). Bis zu Beginn der achtziger Jahre gab es sogar zwei Kremationsplätze. Die moderne Wasserversorgung, welche teilweise von Haus zu Haus führt, weist öffentlich zugängliche Wasserhahnen im Dorfteil der oberen Kasten und im Dorfteil der Harijans auf. An diesem Beispiel wird noch einmal deutlich, dass auch moderne Infrastrukturbauten nicht an den Gegebenheiten des Kastensystems vorbei erbaut werden können.

4.4.1.9 Siedlungsgeographische Auswirkungen im Dorf: Kastenviertel

Es ist gezeigt worden, dass die Kasten durch eine Reihe von Vorschriften voneinander getrennt werden. Kastenviertel sind somit eine logische Konsequenz und stellen wohl die bekannteste Form der räumlichen Trennung der Kasten dar. Am Beispiel von Dadu Majra (vgl. Abb. 4.4/2) soll dies erläutert werden.
Im Zentrum des Dorfes leben die *Rajputs*, welche das Dorf im Jahre 1816 gegründet haben. Sie bewohnen die besten Plätze des Dorfes. Der südwestliche Teil wurde bis Mitte der siebziger Jahre während der Regenzeit immer wieder überschwemmt; der nördliche Teil, welcher an einen *Choe*, ein nur zeitweise fließendes Gewässer angrenzt, wurde von den Gründern des Dorfes ebenfalls als schlechte Lage eingestuft. Weiter sieht man mehrere Quartiere der *Sainis*, welche als Landbesitzer ebenfalls sehr zahlreich vertreten sind. Die anderen höheren Kasten sind nur mit wenigen Familien, wie den *Lohar* oder *Nai* vertreten. Diese leben aber beieinander. Die *Nai*, welche in den meisten Gebieten Indiens als Unberührbare betrachtet werden, leben erstaunlicherweise in unmittelbarer Nähe der *Rajputs*. *Nai* gelten auch als Heiratsvermittler und erhielten wohl deshalb schon in früher Zeit Land in unmittelbarer Nähe der Gründer des Dorfes.
Auch in diesem Dorf leben die Harijans am Rande. Das auch bei den Harijans vorhandene Kastenbewusstsein wird durch die Tatsache dokumentiert, dass das Gebiet, in dem Harijans leben, in zwei Kastenviertel unterteilt ist. Die *Ramdasia* leben getrennt von den tiefer eingestuften *Balmiki*, welche am äußersten Rand des Dorfes leben.
In Tabb. 4.4/4 sind noch verschiedene Größen aufgeführt, welche die Wohnsituation beleuchten. Die Zahlen gestatten einerseits eine gewisse Vorstellung eines indischen Haufendorfes, andererseits zeigen sie auch die wirtschaftlichen Unterschiede zwischen den einzelnen Kasten auf. Es besteht ein außerordentlich großer Gegensatz zwischen dem Viertel der *Rajput* und dem Viertel der *Ramdasia* und *Balmiki*. Mehr als jedes dritte Haus im Viertel der *Rajput* ist doppelstöckig, die meisten Häuser weisen mehrere Zimmer und einen Innenhof auf. Diese Merkmale führen zu einer relativ geringen Bevölkerungsdichte. Im Gebiet der Harijans hingegen sind die Häuser eng aneinander gebaut, sehr klein, bestehen meistens nur aus einem Raum und weisen praktisch nie einen Innenhof auf.

4.4.1.10 Siedlungsgeographische Auswirkungen im Dorf: Auflösungs- und Ablösungstendenzen durch die Zuwanderung

Eine zahlenmäßig ins Gewicht fallende Zuwanderung in Dörfer in der Umgebung einer Großstadt verändert die formale Struktur eines Dorfes sehr stark. Einerseits bleiben die bisherigen Kastenviertel erhalten, andererseits entstehen zum Teil in Zwischenräumen oder am Rand neue Viertel, die ganz anderen Gesetzmäßigkeiten gehorchen. In *Bichsel* (1986 S. 158–167) ist dieses Phänomen am Beispiel von Hallo Majra (Chandigarh UT) detailliert dargestellt worden. Hier sollen nur einige Ergebnisse erwähnt werden.
Zuwanderer werden von der einheimischen Bevölkerung als Außenseiter betrachtet, ungeachtet ihrer Herkunft und damit ihrer Sprache, ungeachtet ihrer Religion und Kastenzugehörigkeit. Diese Zuwanderer werden nicht in die bestehenden Kastenviertel integriert. Die nur regional gültigen Hierarchien vertragen sich nicht miteinander. Die Herkunft, welche sich in einer ganz anderen Sprache äußern kann, ist für die Wahl der Behausung wichtiger als die Kaste. So findet man in Hallo Majra neue Ansammlungen, neue Quartiere von Migranten, welche von Zuwanderern aus dem gleichen Teil Indiens bewohnt werden. Eine kastenbedingte Absonderung ist nur noch bei *Brahmins* und *Rajputs* zu beobachten, Mitgliedern hoher Kasten, welche bei einer Auflösung des Kastensystems auch ihre Vorteile verlieren.

4.4.1.11 Die indische Stadt und ihre soziale Gliederung (Rudolf Kunz)

a) Die altindische Stadt
Die Stadtplanung in Indien hat eine lange Tradition, die bis in die vorchristliche Zeit zurückreicht. Besonders wichtig war den Stadtplanern die räumliche Trennung (Segregation) der einzelnen Kasten; sie erklärt sich einerseits aus den Bedürfnissen der religiösen Überzeugungen von Rein und Unrein, andererseits aus dem auch im mittelalterlichen Europa bekannten System der Gilden (Zünfte), die für sich je eine eigene Strasse oder ein ganzes Viertel reklamierten. Ein Gang durch indische Bazare zeigt, wie einzelne Branchen noch heute an bestimmten Strassen oder Gassen konzentriert sind, wenn auch die einzelnen Händler oder Handwerker nicht mehr hier wohnen. Dies gilt insbesondere für Händler und Handwerker, die Waren für den nicht alltäglichen Gebrauch verkaufen oder herstellen. Beispielhaft dafür sind etwa die Juweliere und Goldschmiede. Da sie in der Regel der *Saraf*- bzw. *Sunar*-Kaste angehören, ergibt sich auch eine nach dem Kastensystem gegliederte Struktur des Bazars. In vielen Städten regelten Bauvorschriften die Gliederung, Ausstattung und Größe der Häuser. Das Ausmaß der Häuser war abhängig von der Kastenzugehörigkeit des Besitzers. Brahmanengebäude waren deshalb besonders groß, während die unteren Kasten sich mit einfacheren Häusern zufrieden geben mussten. Die Häuser befanden sich in der Regel im Besitz von Großfamilien. In der Mitte des Stadthauses war jeweils ein großer Innenhof ausgespart, auf den sich das Leben dieser Großfamilie ausrichtete. Da sich die indische Familie (*Joint Family*) in städtischen Arealen mehr und mehr auflöst, sind diese Häuser heute meist von mehreren Kleinfamilien unterschiedlicher Kasten bewohnt. Doch bei der Wahl und Auswahl der Altstadtwohnungen spielt die Kastenzugehörigkeit sowohl auf der Seite der Mieter als auch der Vermieter immer noch eine Rolle. Angehörige tiefer Kasten haben kaum eine Chance, in den Altstadthäusern eine Wohnung zu mieten, und sei sie noch so einfach und wenig komfortabel.

b) Die soziale Gliederung der indischen Altstadt
Die Stadtmitte besaß bis in die erste Hälfte des 20. Jahrhunderts ein besonders hohes Prestige, so dass die oberen Kasten sich zentrumsnah ansiedelten. In der Regel befand sich hier auch der Palast des Herrschers. Niedrigere Kasten wohnten weiter vom Zentrum entfernt in den Randzonen der Stadt, jedoch noch innerhalb der Stadtmauern, während die Unberührbaren außerhalb der Stadtmauer im Umland angesiedelt waren. Bis ins 19. Jahrhundert waren die Kastenviertel häufig mit Mauern abgegrenzt und mit Toren abschließbar. Als Beispiel seien die *Pols* genannten Kastenviertel in Ahmadabad (Gujarat) erwähnt. Von den Hauptgassen mit dem Bazar führten Erschließungsgassen in die nach Berufszweigen bzw. Kasten abgesonderten Viertel. In Jaipur (Rajasthan) lässt sich besonders schön nachweisen, dass die Stadt in einzelne Kastenviertel gegliedert war. Es handelt sich hier um eine voll entwickelte Stadtplanung, in der das Kriterium „Kaste" ganz bewusst eingeschlossen war. Aber auch in den gewachsenen indischen Altstädten lassen sich die Kastenviertel nachweisen oder, wenn sie sich teilweise aufgelöst haben, rekonstruieren.

c) Das Konzept der *Mohalla*
Die indische Stadt war somit räumlich gegliedert in verschiedene soziale Einheiten mit gemeinsamen Merkmalen des Berufs, der Sprache, der Religionszugehörigkeit, der Herkunftsregion und der Kaste. Ein solches räumlich abgrenzbares Gebiet wurde *Mohalla* (Nachbarschaft) genannt. Man kann die *Mohallas* noch immer, wenn auch in abgeschwächter Form, in den heutigen indischen Altstädten erkennen. Noch heute leben im Zentrum der Altstadt vorwiegend traditionsverbundene höhere Kasten, während untere Kasten mehr an der Peripherie wohnen. So haben zum Beispiel die 1947 aus Pakistan geflohenen Höherkastigen in den zentralen Bereichen der Städte im Punjab ihre Wohnungen gesucht und gefunden, während die später zugezogenen Angehörigen niedriger Kasten aus anderen Teilen Indiens (z. B. aus Uttar Pradesh) sich vor allem um Wohnraum an der Peripherie bemüht haben. Sie sind besonders stark segregiert.

d) Die *Civil Lines*

Als die Briten Indien unter ihre Verwaltung stellten, mussten sie für ihre Beamten, Kaufleute etc. ein eigenes Quartier aufbauen, das man *Civil Lines* nannte und das sich, oft getrennt durch Parkanlagen, an die Altstädte anlehnte. Nach der Unabhängigkeit zogen hier vor allem höhere Beamte, Rechtsanwälte, Industrielle und Geschäftsleute indischer Abstammung ein, so dass diese Zone ihren gehobenen Charakter beibehielt. Da die Bewohner zumeist einer höheren Kaste angehören, ist auch hier die Kastendurchmischung nur gering.

e) Die neuen Quartiere

Nach der Unabhängigkeit Indiens wurden eine Reihe von *Colonies* gebaut, die strikt nach Einkommensgruppen getrennt waren. Die Zuteilung von Wohnungen zu diesen *Colonies* ist zwar nicht von Kasten- und Religionszugehörigkeit bestimmt, aber da die Einkommen zu einem großen Teil auch von der Höhe der Kaste abhängig sind, ergab sich auch hier eine Trennung – nicht nach einzelnen Kasten zwar, aber nach Kastengruppen (Höhere Kasten (Zweimalgeborene), *Sudras* und Unberührbare). Doch die Auflösung dieses Musters ist in vollem Gang, da nun auch untere Kasten sich durch ihre Arbeit sozial verbessern und sich deshalb Wohnungen in den früher oberen Kasten reservierten Quartieren leisten können. In den Slums ist die Durchmischung größer, wenngleich der größte Teil der dort ansässigen Bevölkerung aus untersten Kasten stammt. Da in den Volkszählungen seit der Unabhängigkeit nur noch die Unberührbaren getrennt gezählt werden, ist eine flächendeckende Untersuchung kaum mehr möglich. Aber einzelne Detailstudien, die mit Fragebogen gearbeitet haben, zeigen auf, dass die Zuwanderer unabhängiger von Kastenbindungen sind, dass die Zugehörigkeit zu einer bestimmten sozialen Schicht, die sich durch die Arbeit in modernen Berufen ergibt, wichtiger wird. Arbeitsgemeinschaft und soziale Stellung in einer Klassengesellschaft werden zunehmend wichtiger und lösen die alten Kastenstrukturen allmählich auf. So existieren für die Oberschicht, aber auch für den oberen Mittelstand Wohnareale, die den Vergleich mit westlichem Standard nicht zu scheuen brauchen und in denen die Kastenzugehörigkeit keine dominante Rolle mehr spielt.

4.4.2 Didaktisches Konzept

Tab. 4.4/1: Unterrichtsablauf

Unterrichtsphasen	S1	S2	Materialien, Medien, Aufgaben	Unterrichtsformen, Sozialformen	Bedeutung und Ziele der Unterrichtsphasen
Beschreibung	X	X	–	Lehrervortrag	Vermittlung von Grundlagenwissen
Übertragung	X	X	M1–M7	Gruppenarbeit Präsentationen in der Klasse	Erkennen, dass das Kastensystem im täglichen Leben und in der Politik eine bedeutende Rolle spielt
Beurteilung		X	M 8	Diskussion in der Klasse	Sich eine eigene Meinung zum Kastensystem bilden
Transfer		X	–	Diskussion in Gruppen	Das eigene Verhalten am Wohnort gegenüber fremden Kulturen hinterfragen

4.4.3 Materialien

M 1: (Heiratsregeln)

Aufgabe:
Führen Sie die Kriterien auf, welche bei der Verheiratung einer Inderin oder eines Inders eine Rolle spielen.

Tab. 4.4/2: Heiratsinserate
Quelle: Times of India, 3. Februar 2002

FOR THE BETTER HALF OF YOUR LIFE		
B R A H M I N	**K H A T R I**	**T E L U G U**
BHARGAVA brahmin girl 32/ 5'2" fair slim beautiful MSc DCA prefer Engr./ Doctor/ MBA/ MCA Govt. Officer. Early decent marriage caste no bar mail BHP to L.K. Chaturvedi 63 Hospital Road Vidisha MP Phone 07592-34597 Email to lkchaturvedi@hotmail.com	**MANGLIK KHATRI** Reputed and well established Khatri Industrialist seeks alliance for his Manglik daughter 22/152, very fair, slim convent educated, Commerce Graduate Pursuing Interior Designing. Looking for a cultured well educated/established match from a similar status family. Early and very decent marriage. Write in Confidence with full details including horoscope WRITE BOX NO. KAG268C TIMES OF INDIA KANPUR-208004	**ALLIANCE** for Telugu Brahmin Haritasa boy 26/ 5'9", working in USA as Software Engineer, needs a girl studied MBA/ MCA/ BE, age between 23-24. Write with B/H/P to Box No. J209Y Times of India, Mumbai-400001
BRAHMIN girl 30/5'4" 50 kg convent educated Bcom CA Inter pursuing Final. Send BHP Write Box No. BHE874R Times of India, New Delhi-110002		**PARENTS** of Telugu Brahmin boy, Bombay family, 28 5'9" MBA from reputed business school abroad invite proposals from South Indian Brahmin girls. Send biodata, horoscope & photos by email to cksrinivas@vsnl.net or Box No. BBB854Y Times of India, Mumbai 400001
MATCH for simple fair smart beautiful 27/167 Middle Class Brahmin girl Conference Coordinator 10000. Write Box DEE474C Times of India, New Delhi-110002	**S C H E D U L E D C A S T E** **S C H E D U L E D T R I B E** **ALLIANCE** for Chamar permanent Lecturer DU 25/153 2lac pa Write Box No. WDN480C Times of India, New Delhi-110002	**R A J P U T** **WANTED** Graduate girl for Rajput boy employed UP Power Corpn drawing 1 lakh pa (Total income 2 lakhs pa) 26/5'7" Only son, own house Varanasi. Send BHP. Singh 11/40 Indira Nagar Lucknow.
R A J P U T **ALLIANCE** invited for Mumbai based Rajput girl, 25/ 5'3", good looking, wheatish, slim, sober, homely, Computer educated, E-Com, DISM, B.Com., Father Chief Engineer. Brother software Engr in USA. Seeks well educated, well settled, non smoker, teetotaller Rajput boy with Professional background. Reply with B/H/P (Photo must) to Box No. H667Y Times of India, Mumbai-400001.	**CHAMAR** girl 33/ 162/ 12000 fair MA. B.Ed. TGT in Delhi Govt. from educated family requires Delhi based Govt servant Ph: 5814673. Write Box No. DBF498C Times of India, New Delhi-110002.	**FOR** fair handsome Rajput boy 28,5'6" BE MBA SW Engr. in MNC from very fair beautiful girl. Photo must. Send BHP to Box No. BBN-912Z Times of India, Mumbai-1.
		S A I N I **WANTED** homely employed girl. Saini boy 27/167cm wheatish complexion MBA working Top Ten Advertising Agency Mumbai Two Lacs perannum Caste no bar Write Suraj Pal Sub Postmaster Rajaka Sahaspur Moradabad

M 2: (Das Konzept von Rein und Unrein und die Hierarchie der Kasten)

Aufgaben:
1. Erläutern Sie die Auswirkungen des Konzeptes von Rein und Unrein.
2. Begründen Sie die Hierarchie der Kasten in Dadu Majra in Bezug auf Rein und Unrein.

Tab. 4.4/3: Kasten in Dadu Majra
Quelle: *Bichsel* 1986, S. 52, nachgeführt 1996

Vor 1981 ansässig Kaste	**Traditioneller Beruf**
Brahmin	Priester
Rajput	Landlord, Landwirt
Khatri	Händler
Saini	Landwirt
Lohar	Schmied
Tarkhan	Zimmermann
Nai	Friseur
Backward Rajput	
Ramdasia	Gerber
Balmiki	Raumpfleger
Muslim	
Seit 1981 zugezogen	
Jat	Landwirt
Ahir	Hirt
Julaha	Weber
Kumhar	Töpfer
Dhobi	Wäscher
Christ	

„Kontakte finden in alltäglichen Situationen wie dem gemeinsamen Essen, gemeinsamen Wohnen und den alltäglichen Kontakten auf der Strasse oder im Beruf statt. Dies erfordert natürlich pragmatische Lösungen, um von sich von Kontaminationen zu reinigen, denn nicht immer kann man den Kontakt zu niederrangigen Menschen vermeiden. Das tägliche Bad und das tägliche Gebet (puja) stellen beispielsweise solche Lösungen dar. Gekochte Speisen oder Wasser von Personen niedrigeren Ranges anzunehmen oder Wasser vom selben Brunnen zu schöpfen, wird man vermeiden, es sei denn, man befindet sich beispielsweise auf Reisen. Es sei noch bemerkt, dass der Beruf des Kochs traditionell von Brahmanen ausgeübt wurde, so dass man meist gekochte Speisen bedenkenlos geniessen konnte." (*Rothermund* 1995, S. 116)

M 3: (Ländlicher und städtischer Raum)

Aufgaben:
1. Wie prägt das Kastensystem ein indisches Dorf?
2. Wie prägen die Harijans und das ihnen anhaftende Stigma der Unberührbarkeit ein indisches Dorf?
3. Beschaffen Sie sich den Plan eines europäischen Bauerndorfes und vergleichen Sie es mit Dadu Majra in Bezug auf Größe, Bevölkerungsdichte und Anordnung der Häuser.
4. Wie prägen Herkunftsregion, Religion und Kaste die Berufswahl?

Abb. 4.4/1 (vgl. Kapitel 4.4.1.8):
Segregation der Harijans in Khuda Ali Sher (Chandigarh UT)
Quelle: *Bichsel* 1986, S. 49, nachgeführt 1996

Abb. 4.4/2 (vgl. Kapitel 4.4.1.9):
Dorfkern von Dadu Majra (Chandigarh UT)
Quelle: *Bichsel* 1986, S. 52, nachgeführt 1996

Tab. 4.4/4: Kastenviertel in Dadu Majra 1996
Quelle: *Bichsel* 1986, S. 54, nachgeführt 1996

Viertel	Fläche	Bevölkerungsanzahl	Wohnhäuser	Zweistöckige Wohnhäuser
Rajput	21.6 a	189	22	6
Ramdasia	6.9 a	69	14	1
Balmiki	13.6 a	151	27	0

„Sehr häufig besteht ein enger Zusammenhang zwischen der Herkunft und der in Calcutta ausgeübten Tätigkeit, weil die Zuwanderer die Unterstützung derjenigen suchten, die ihre Sprache sprechen, ihrer Religion oder ihrer Kaste angehören, aus ihrem Dorf oder zumindest aus der weiteren Umgebung ihres Dorfes kommen. In den Fabriken überwiegen daher meist bestimmte Gruppen in bestimmten Tätigkeiten. So stellen Muslime aus Bihar den größten Teil der Arbeiter in den Jutefabriken und im Hafen. Im Druckereigewerbe dominieren eindeutig die Bengalis, aber auch an der Metallverarbeitung sind sie zu fast zwei Dritteln beteiligt. Andere Berufe sind von der Religion oder der Kaste bestimmt. Eine von den Hindus als rituell verunreinigend betrachtete Tätigkeit wie die Verarbeitung von Leder ist daher eine Domäne der Muslims, die Abfallbeseitigung ist Sache der Unberührbaren." *Stang* 2002 S. 346.

M 4: (Beharrungsvermögen)

Aufgaben:
1. In welchen Bereichen weist das Kastensystem das größte Beharrungsvermögen auf? Versuchen Sie Ihre Beobachtungen zu begründen?
2. Nehmen Sie Stellung zur Aussage, dass Verhaltensunterschiede zwischen Stadt und Land und zwischen familiärem und öffentlichem Bereich bestehen.

„Chandigarh: Marrying to an upper caste person is not the thing for Dalits living in the city. On the contrary, they are averse to such short-cuts and believe these mixed marriages only dilute the uniqueness of their own caste practices and traditions. These are part of findings of a research study done by (...) the department of political science, Panjab University." (Times of India, 4.2.2002).

„Eigentlich gehört zum Kastensystem das Dorf, denn nur wo jeder jeden kennt, lässt es sich rigoros durchsetzen. In der Stadt kann es in seiner extremen Form nicht aufrecht erhalten werden, obwohl auch hier die meisten die Kastenzugehörigkeit erkennen: Am Namen, an der Sprache, an Erscheinung und Bewegungen und natürlich an der bei höheren Kasten sehr ausgeprägten Selbsteinschätzung gegenüber anderen. Aber zahlreiche Gebote können hier nicht aufrecht erhalten werden. Die Reinigungsrituale würden den größeren Teil des Tages in Anspruch nehmen. Berührungen lassen sich in öffentlichen Verkehrsmitteln und am Arbeitsplatz nicht vermeiden (...) In den wichtigen Beziehungen, besonders bei der Heirat, kommt jedoch der Kastenzugehörigkeit immer noch die entscheidende Bedeutung zu. Für die unteren Kasten, deren Anteil in der Stadt geringer ist als in den Dörfern, lockern sich zwar die Einschränkungen, denen sie im Dorf ausgesetzt sind, doch ihr Mangel an Ausbildung, Vermögen und Beziehungen lässt sie gewöhnlich die unterste Stufe in der Sozialskala einnehmen und zwingt sie zu den schlecht bezahlten Arbeiten. Da sich aber in der Stadt neue Berufsfelder öffnen, verlieren viele Kastenregeln an Bedeutung." (*Stang* 2002 S. 363).

„Der Arzt in seiner Praxis, der Anwalt in seiner Kanzlei, der Beamte oder Angestellte in seinem Büro ist nicht länger gebunden an die moralische Autorität seiner Kaste …, wenn man es mit dem Brahmanen, dem *Rajputen*, dem *Nai* (Frisör) oder dem *Dhobi* (Wäscher) im traditionellen Dorf vergleicht. Die Emanzipation des Individuums von den Forderungen der Kaste … ist komplex und ein weit reichender Prozess, der bei weitem nicht abgeschlossen ist. … Es wird jedoch deutlich, dass eine steigende Anzahl Professioneller, Beamter, Manager und anderer sich frei fühlt, die moralischen Forderungen zurückzuweisen, die im Rahmen der Kaste, zu der sie zufällig gehören, möglicherweise an sie gestellt werden könnten. … In diesem Sinne ist die Orientierung von Indern der Mittelschicht an der Kaste und an der Familie ziemlich unterschiedlich. Er kann zwar seine Verpflichtungen gegenüber seiner Familie nicht zurückweisen, selbst wenn er sie lästig findet; nichts aber ist leichter für ihn, als die Forderungen seiner Kaste zurückzuweisen, wenn er sie unangemessen findet. Es gibt in der städtischen Mittelschicht natürlich auch Vorstellungen bezüglich der Kastenidentität, die sich unterhalb der Oberfläche des Bewusstseins befinden und damit der bewussten Auseinandersetzung und möglichen Zurückweisung weniger zugänglich sind. Heutzutage den Beruf abzulehnen, den eine Kaste traditionell für jemanden vorschreibt, ist noch am einfachsten; Mittelklassefamilien legen grossen Wert auf die Zulassung ihrer Kinder zu Schulen, Fachhochschulen und Universitäten, die als Tore zu erfolgreichen Karrieren in der modernen Ökonomie angesehen werden. Kaste spielt in der Mittelschicht nur noch eine geringfügige Rolle in Freundschaften. Auch Heiraten über die Kastengrenzen hinaus – obwohl noch immer selten – beginnen das Denken der Inder zu verändern. Das hierarchische Prinzip aber, das mit Kaste assoziiert wird, bleibt ein einflussreicher Faktor in der Psyche des Mittelklasse-Inders…" (*Kakar* 2006, S. 44f).

M 5: (Gesellschaftliche und politische Aspekte)

Aufgaben:
1. Christen, Buddhisten, Sikhs und Muslims lehnen das Kastensystem prinzipiell ab. Wie sieht es in der Realität aus? Vergleichen Sie auch mit M1.
2. Erörtern Sie politische Aspekte.

„Wiederholt traten in der Geschichte Indiens religiöse Bewegungen auf, die sich gegen die dem Kastensystem zugrunde liegende Ideologie der Ungleichheit und Trennung richteten. Der Buddhismus wird im allgemeinen als eine der frühesten dieser Gegenbewegungen angesehen. Seit dem sechsten Jahrhundert spielte er jedoch in Indien kaum eine Rolle mehr, und erst heute findet er vor allem unter den Dalits wieder neue Anhänger. Es war vor allem B.R. Ambedkar, selbst aus der jati der Mahar, welcher der wichtigste Führer der Dalits war, der den Buddhismus unter ihnen propagierte." (*Rothermund* 1995 S. 128).

„Während Jahrzehnten hing auch der Klerus der offiziellen Ideologie an, wonach es im Christentum keine soziale Diskriminierung gebe. Die Aussicht auf ein Entrinnen aus der konstanten Ächtung war oft das entscheidende Motiv zum Glaubenswechsel. ... Lange nach der Christianisierung sind die Dalits immer noch die Ärmsten in der christlichen Gemeinschaft, und die wirtschaftliche Diskriminierung ist vor allem in Südindien auch von sozialer Segregation begleitet. In Kerala gibt es immer noch getrennte Kirchen (oder Kirchenabteile) für höherkastige und kastenlose Christen, es gibt separate Friedhöfe und Leichenwagen. ..." (Neue Zürcher Zeitung 22. Dezember 1995).

„Wie ist nun das Kastensystem mit der zweiten großen Religion des südasiatischen Subkontinents, dem Islam, (...) zu vereinbaren? Wird als Hauptprinzip des Hinduismus eine natürliche Hierarchie der Menschheit angenommen, so dominiert im Islam im Gegensatz dazu das Prinzip der Gleichheit. Die meisten Arbeiten über die südasiatischen Muslime zeigen jedoch, daß ihr Sozialsystem mit der hinduistischen Kastenstratifikation weitgehend vergleichbar ist: Endogamie, spezialisierte Berufsgruppen und eine soziale Hierarchie sind genauso vorhanden. Drei wesentliche Merkmale für die gesellschaftliche Schichtung bei südasiatischen Muslimen sind Abstammungs-, berufliche und politische Kriterien, die gemeinsam für das Verteilen von Status und Macht ausschlaggebend sind. Auch das Konzept der Reinheit – Unreinheit spielt eine Rolle, könnte aber auf Faktoren wie Abstammung und Beruf zurückgeführt werden." (*Rothermund* 1995 S. 121).

„Despite the intra-Dalits rivalries, they have a strong sense as a community with common interest. Which means the politics of Dalit identity is very much active, particularly when it comes to taking on the upper-caste parties like the Bharatiya Janata Party." (Times of India 4. Februar 2002).

„Die Politik war bisher unfähig, die gefährliche Mischung von sozialer und wirtschaftlicher Polarisierung zu entschärfen – im Gegenteil, sie wird paradoxerweise vom demokratischen System noch verstärkt. In einem Klima von Misstrauen und dem Kampf um knappe Güter werden Politiker zu Interessenvertretern ihrer Kastengenossen. Parteien bilden sich entlang der Kastenlinien, und der Stimmenblock der eigenen Kaste wird zur wichtigsten Trumpfkarte bei Koalitionen. (Neue Zürcher Zeitung 21. Juni 2000).

„50 Jahre (nach der Unabhängigkeit) (...) ist die politische Landschaft übersät mit Kastenparteien. Die Bharatiya Janata Party gibt sich in dieser Wahl als Brahmanenpartei, die Bahujan Samaj Party als jene der Kastenlosen, die Samajwadi Party vertritt die Interessen der „Backwards", der unteren Bauernkasten. Selbst die Kongresspartei, früher auf ihre Integration von Hindus und Muslimen, von Dalits und Brahmanen stolz, schaut bei der Auswahl ihrer Kandidaten streng auf die Kastenarithmetik in jedem Wahlbezirk." (Neue Zürcher Zeitung 25. Februar 2002).

„The growing political power and independence of the scheduled castes (...) is being felt across the country. They are voting in greater proportion than ever before, greater than even upper castes(...) Democracy is leading to greater social equality for people who had been excluded from political power for the first three or four decades of Indian independence. The party's leaders believe that only by gaining power will Dalits be treated with dignity and win their share of patronage and development resources." (International Herald Tribune 24. September 1999).

M 6: (Die *Scheduled Castes*)

Aufgabe:
Welche Argumente sprechen für, welche gegen das indische Quotensystem in Beruf und Studium?

> „Immer zahlreicher werden die Ansprüche mehr oder weniger bedürftiger Gruppen, Vorrechte eingeräumt zu erhalten, auch wenn sie das Verfassungsprinzip der Nichtdiskriminierung auf Grund von „Kaste, Rasse und Religion" immer mehr verletzen. Gleichzeitig wächst der Widerstand städtischer Mittelschichten, die sich dagegen wehren, dass nicht Leistung, sondern Kastenzugehörigkeit über den Zugang zu Bildung und Wohlstand entscheiden soll. Wie wenig akademisch diese Frage ist, zeigt etwa der Umstand, dass sich für einen Studienplatz an einem der fünf reputierten Technologie-Institute bis zu 40.000 Kandidaten bewerben."
> (Neue Zürcher Zeitung 20. September 1994).
>
> „Quotenregelungen im Erziehungswesen, bei Staatstellen und vor allem in politischen Ämtern haben dafür gesorgt, dass Dalits heute mit 85 Abgeordneten im Parlament vertreten sind, dass sie einen obersten Richter stellen ...... Präsident Narayan (ein Dalit) sagte aber in seiner Rede zum 50-Jahr Jubiläum der Verfassung (...) dass die „Schatten der Unberührbarkeit weiterhin im Kastensystem verwurzelt" seien und dass der Verfassungsschutz für die Dalits unerfüllt geblieben sei.(...) Spuren der Diskriminierung von Kasten sind überall anzutreffen."
> (Neue Zürcher Zeitung 20. August 2001).

M 7: Auflösungstendenzen durch die wirtschaftliche Entwicklung

Aufgabe:
Stellen Sie die durch die wirtschaftliche Entwicklung bedingten Auflösungstendenzen des Kastensystems dar und erklären Sie das offenbar immer noch vorhandene Festhalten an Kastenvorschriften.

Tab. 4.4/5: Stelleninserate
Quelle: The Sunday Tribune Chandigarh 12. Oktober 2003

SITUATION VACANT		
SAMSUNG Requires for its Digital Home at Panchkula **Sales Officers (3)** for in shop demo **Receptionist cum Sales Girl** Contact Between 10am and 2 pm today and tomorrow at SAMSUNG DIGITALHOME SCO 21, Sector 11, Panchkula Requires for Maruti Dealership at Amritsar **Sales Executive** (rural and city) **Service Advisor:** Shop floor experience of 4–5 years **Senior Mechanics:** Minimum experience 8–10 years. JAYCEE MOTORS 274, East Mohan Nagar, G.T. Road, Amritsar	**No 1 company in India wanted civil engg./** diploma for Panjab Sites. Minimum 8 years experience. Salary no bar. Age not more than 40 years. Contact J&R Company SCF-59, Basement, Phase-3B2, Mohali. ING VYSYA Life Insurance **Resident Business Dev. Officer (10)** Persons should have large social contacts. Salary is not constraint for the deserving candidates. Contact Ms Priyanka SUKMANI CHAMBERS SCO 68-70, 1st level, Sector 17-A, Chandigarh, Tel. 0172 898181, 3133110	**Wanted fresher/experienced electrical ITI/diploma holder,** based at Chandigarh. Contact 9417012217, 2544876, 699445 **Required Marketing Executives** for Cybersoft & Software Solutions Pvt. Ltd., a leading IT solutions company. Fresh/experienced IT graduates eligible. Walk in interview on Monday (13.10.03) from 11am to 6pm. Phone: 873656, 662591. **Required Supervisor & Textile Designer** for a Textile Export Firm near Ambala. Box 7534C, Tribune, Chandigarh

„India's rapidly expanding economy has provided the basis for a fundamental change: the emergence of a new vanguard increasingly dictating India's political and economic direction. This group is India's new middle class – mobile, driven, consumer-oriented and, to some extent, forward-looking … . It encompasses prosperous farmers, white-collar workers, business people, military personal and myriad others, all working toward a prosperous life. Owner-ship of cars, televisions and other consumer goods, reasonable earnings, substantial savings and educated children (often fluent in English) typify this … group. Many have ties to kinsmen living abroad who have done well" (www.countrystudies.us/india).

„*Scheduled castes* in lower positions were found that their own colleagues and subordinates did not treat them as members of other castes in the same positions were treated. Most scheduled castes are seen to exercise caution in their interaction with other caste colleagues … . They also avoid offering food and beverages to their upper-caste colleagues out of fear that the guests may be offended. They no longer accept lower status based on their caste identity … . The reasons they gave … were: that they were as well or better educated as others; that they did work as well as the others …" (*Pais* 1999 S. 336, 339).

„Social mobility was assessed also by analysing the type of locality in which scheduled castes lived. Those in higher positions of employment reside in mixed caste localities, whereas those in lower positions are found to be living in areas known to be scheduled caste localities" (*Pais* 1999 S. 338f.).

M 8: (Einzelne Stimmen zum Kastensystem in Vergangenheit und Gegenwart)

Aufgabe:
Das Kastensystem ist Teil der indischen Kultur. Bilden Sie sich eine eigene Meinung zu diesem Gesellschaftsmodell.

„Ich glaube nicht, dass alle Klassenunterschiede vernichtet werden können. Ich glaube an die Lehre der Gleichheit, wie sie von Krishna dem Herrn in der Gita verkündet wird. Die Gita lehrt uns, dass die Mitglieder aller vier varnas auf gleichem Fusse behandelt werden sollen. Sie schreibt für den Brahmanen und den Bhangi (Strassenkehrer) nicht das selbe Dharma vor. Doch sie besteht darauf, dass dieser auf das gleiche Mass von Achtung Anspruch hat wie jener bei all seiner höheren Gelehrtheit. Es ist also unsere Pflicht, dafür zu sorgen, dass die Unberührbaren nicht das Gefühl haben, man verachte sie und sehe auf sie herunter." (*Mahatma Gandhi*).

„Alte, Kranke und Arbeitslose sind im Kasten- und Familienverband aufgehoben. Die hierarchische Strukturierung des Systems ist dem westlichen, egalitären Denken ungewohnt und erscheint ihm als religiös sanktionierte Unterdrückung. Aber von der Intention der Kastenordnung her gesehen erhält jedes Mitglied, was ihm zusteht. An Stelle von Angebot und Nachfrage regeln persönliche Interdependenzen und Kastenpflichten die ökonomischen Verhältnisse. Davon profitiert der Brahmane nicht zwangsläufig am meisten. Es ist nichts Ungewöhnliches, dass Angehörige nachgeordneter Kasten reiche Grundbesitzer oder Händler sind und Brahmanen in Armut leben."
(*Schwer* 1994 S. 59).

„Die Abwesenheit einer auch nur minimalen Vorstellung von der Gleichheit aller Menschen, verbunden mit dem Glauben an das Karma, steht hinter dem Wahn der Unberührbarkeit. Dieses ist das schlimmste aller kastenbezogenen Verbrechen, und die indische Zivilisation ist dafür schwer bestraft worden. Der moderne indische Staat sucht mit einer Reihe von bis in die Verfassung reichenden Maßnahmen das Kastenwesen zu überwinden, doch ist man, vor allem in ländlichen Regionen, noch weit von seiner Ausrottung entfernt."
(Neue Zürcher Zeitung 9./10. März 2002).

„Die indische Gesellschaft als statisches, unwandelbares System zu betrachten, das soziale Mobilität und Entwicklung verhindert, ist sicher nicht gerechtfertigt. Im Gegenteil: Das Kastensystem hat ausgeprägte assimilierende Kräfte. Integration und Assimilation funktionieren allerdings nur unter der Voraussetzung der Hierarchisierung. Zwar ist das System in sich flexibel, aber seine wesentlichen Konzepte und Mechanismen sind erstaunlich beharrend und setzen sich heute in nur wenig modifizierter Form fort. Im Zuge des Wandels der wirtschaftlichen Struktur Indiens verweben sich allerdings immer mehr Kastenstrukturen mit Klassenstrukturen. Es bleibt spannend zu beobachten, wie sich in diesem zunehmend konsumorientierten Land diese beiden Phänomene weiter entwickeln."
(*Rothermund* 1995 S. 131).

4.5 Usbekistan – Früher Sowjetrepublik, heute Entwicklungsland
(Karin Horn)

4.5.1 Didaktische Zielsetzung

Nach allgemeiner Ansicht befinden sich Entwicklungsländer im „Aufstieg" zu Schwellen- und dann Industrieländern. Dass auch ein „Abstieg" erfolgen kann, zeigen Beispiele aus den so genannten „Transformationsstaaten". Der Zusammenbruch des „sozialistischen Lagers", der parallel mit dem Zerfall der Sowjetunion erfolgte, führte zu schweren wirtschaftlichen und sozialen Verwerfungen. Das entspricht nicht dem Klischee, die Ablösung der Planwirtschaft durch die Marktwirtschaft, verbunden mit der Möglichkeit demokratischer Entfaltung, führe zu Freiheit und Wohlstand.
Am Beispiel Usbekistan sollen die Schülerinnen und Schüler die Problematik eines Landes zwischen Orient und Okzident erkennen, welches nach Jahrzehnten der Fremdbestimmung, aber auch Subventionierung, eine nationale wie sozioökonomische Individualität aufbaut. Orientierung bei dem Prozess der Selbstfindung gibt dabei die Reaktivierung alter Traditionen, zunehmend auch die Religion. Die Menschen werden von den Wandlungen existentiell betroffen. Dabei unterscheiden sich offizielle Darstellungen, Bewertungen z. B. ausländischer Wissenschaftler und das subjektive Empfinden der Betroffenen teilweise erheblich. Das Material bietet Auswahlmöglichkeiten. Teilweise können Statistiken und Texte bereits in der S I eingesetzt werden, eine vertiefende Fragestellung (z. B. Vergleiche der offiziellen Angaben und der Stellungnahmen von ausländischen Beobachtern und einheimischen Betroffenen) wird der S II vorbehalten sein. Didaktisches Ziel ist es, Ursachen und vor allem Folgen der Veränderung zu erfassen. Dabei sollen schwerpunktmäßig die Auswirkungen für die Menschen im Alltag aufgezeigt werden. Ziel einer Unterrichtsreihe über Usbekistan ist, bei den Schülerinnen und Schülern einerseits Interesse für die sozialen und wirtschaftlichen Probleme und die Entwicklungsperspektiven eines Nachfolgestaates der Sowjetunion zu wecken, andererseits sie für einen Raum zu sensibilisieren, der über seine Individualität und Geschichte hinaus wegen seiner militärischen Kooperation mit westlichen Staaten gegen die afghanischen Taliban und fundamentalistische Strömungen in das Interesse der Weltöffentlichkeit gerückt ist.

4.5.2 Fachlicher Rahmen (vgl. auch Kap. 3.2.5)

Der Zusammenbruch der Sowjetunion 1991 bedeutete auch für die Usbekische Sozialistische Sowjetrepublik das Ende als Unionsrepublik. Das Land erklärte 1991 seine Unabhängigkeit. Es trat zwar in die „Gemeinschaft Unabhängiger Staaten" (GUS) ein, doch sind die politischen und wirtschaftlichen Verflechtungen der Mitgliedsstaaten untereinander im Vergleich zu denen innerhalb der früheren Sowjetunion gering (*Stadelbauer* 1996).
Außenwirtschaftlich brach der bis dahin sichere Absatzmarkt in den anderen Unionsrepubliken zusammen. Das Land musste eine nationale Wirtschaft aufbauen, die Regierung förderte einen usbekischen Nationalismus als ideologische Grundlage. Dabei wurden personell alte Strukturen beibehalten, Usbekistan war 2005 nach wie vor eine Diktatur. Die als Reaktion auf die Renationalisierung erfolgte Abwanderung russischer Fachkräfte und eine seitens der Regierung erschwerte Privatisierung hatten große Verluste im makroökonomischen Bereich zur Folge. Erschwerend kam die einseitige Ausrichtung Usbekistans als Baumwolllieferant für die ehemalige Sowjetunion hinzu, denn dadurch wurde eine umfassende Erschließung der mineralischen Ressourcen vernachlässigt und die Entfaltung des Humankapitals verhindert.
Usbekistan internationalisiert seine Handelsbeziehungen mit Nachdruck: Schon 2002 betrug der Anteil der GUS-Staaten am Außenhandel nicht mehr wie früher 85%, sondern nur noch weniger als 40%, während die EU schon einen Anteil von fast 20% erreicht hatte (Der Fischer Weltalmanach 2005, S. 445).

4.5.3 Materialien

4.5.3.1 Die Sowjetzeit

M 1: Die Geschichte

> Dieser Teil Mittelasiens kam erst um 1870 unter russische Herrschaft. Zu dieser Zeit war der Raum weit von der Blüte früherer Jahrhunderte entfernt, stagnierte in wirtschaftlicher, sozialer und politischer Sicht. Durch die russische Eroberung erfolgte eine Überprägung der eigenen Kultur; Usbekistan bildete nicht mehr wie im 14. und 15. Jahrhundert ein Kulturzentrum mit Zentren wie Buchara und Samarkand, sondern lag nun an der Peripherie der russischen kulturellen Überprägung. Nach der Oktoberrevolution in Russland 1917 errangen Kommunisten auch im heutigen Usbekistan die Macht und schlossen dieses Gebiet der Sowjetunion an. In der Sowjetzeit wurde die alte Kultur noch mehr überformt, die Idee des Kommunismus sollte die nationalen Grundlagen der Gesellschaft überprägen und die religiösen ablösen. Die „Usbekische Sozialistische Sowjetrepublik" war ideologisch gleichgeschaltet, wenngleich die alten Clanstrukturen auch innerhalb der kommunistischen „Nomenklatura" (politischen Elite) teilweise weiter bestanden. Wirtschaftlich wurde Usbekistan in die Staatsplanung der Sowjetunion integriert und zum Baumwollgebiet für die gesamte UdSSR ausgebaut. Während der Destabilisierung der Sowjetunion unter Gorbatschow 1990 erkläre Usbekistan seine Souveränität, 1991 seine Unabhängigkeit. Doch trat das neu gegründete Land im gleichen Jahr der GUS bei, dem lockeren Staatenbund als Nachfolgegebilde der Sowjetunion (vgl. *Hoffmann* 2002b).

M 2: Die Wirtschaftsstruktur zur Sowjetzeit

> In der Usbekischen Sozialistischen Sowjetrepublik wurde durch die zentrale Planwirtschaft die agrarische Produktion erheblich ausgeweitet. Hier wurden 60% der sowjetischen Baumwollproduktion erzeugt, die Republik lieferte 67% der Naturseide der UdSSR. Auch die Industrie war auf die Landwirtschaft ausgerichtet, es wurden Düngemittel und Landmaschinen hergestellt. 85% der Erzeugnisse wurden in andere Teile der Sowjetunion geliefert, das zeigt die umfassende Einbindung in den gesamtsowjetischen Wirtschaftsraum. Doch hatte die sowjetische Planwirtschaft der Usbekischen Sowjetrepublik vorwiegend die Rolle eines Rohstofflieferanten zugewiesen, die Verarbeitung erfolgte vor allem in den zentral- und westrussischen Industriegebieten. Aus den übrigen Gebieten erhielt die Usbekische Sowjetrepublik unter anderem Getreide, denn man hatte die Anbaufläche vor allem auf den Baumwollanbau ausgerichtet (Der Fischer Weltalmanach 1993; *Karger* 1978).

M 3: Sozioökonomischer Status zur Sowjetzeit: offizielle Sicht um 2003

> Während der Zeit als Unionsrepublik der Sowjetunion blieb die Industrie unterentwickelt. Zum einen wurde die Wirtschaft sehr stark auf die Produktion von Rohstoffen ausgerichtet, zum anderen waren die Industrieanlagen völlig veraltet und abgenutzt. Usbekistan war im Grunde genommen ein billiger Lieferant von hochwertigen mineralischen und landwirtschaftlichen Rohstoffen.
> Die Ankaufspreise für die wichtigsten Exportwaren Usbekistans – Baumwolle und Buntmetalle – wurden in den 1980er Jahren durch die staatliche Planung so niedrig festgesetzt, dass sie kaum die Produktionskosten deckten. Ein etwaiger Erlös aus dem Verkauf usbekischer Waren kam nicht der Republik, sondern dem zentralen Haushalt der Sowjetunion zugute. Gleichzeitig war Usbekistan auch ein riesiger Absatzmarkt für wettbewerbsunfähige Fertigwaren aus den anderen Republiken der frühen Sowjetunion. Der Staatsplan der Sowjetunion zwang die Usbekische Unionsrepublik, nicht nur Maschinen, Technologien und viele Rohstoffe, sondern auch lebenswichtige Nahrungsmittel wie Getreide, Fleisch, Zucker, Salz sowie zahlreiche Konsumgüter einzuführen, die Usbekistan selbst hätte produzieren können, aber nicht durfte (Botschaft der Republik Usbekistan: www.uzbekistan.de).

M 4: Sozioökonomischer Status zur Sowjetzeit: Sicht eines westlichen Wissenschaftlers (2005)

> Die zentralasiatischen Republiken Usbekistan, Kirgisistan und Tadschikistan galten zu Sowjetzeiten als rückständig. Dennoch hatten sie dank staatlicher Förderung nach dem Zweiten Weltkrieg einen enormen wirtschaftlichen und sozialen Aufstieg erlebt. Insbesondere im Vergleich mit den Nachbarn wie Afghanistan, Pakistan oder der chinesischen Sinkiang-Provinz erschien die ärmste sowjetische Teilrepublik Tadschikistan mit Stromversorgung bis in das abgelegenste Dorf und weitgehender Vollbeschäftigung vor 1991 den Menschen wie ein Paradies.
> Die Einschulungsquote erreichte Werte von über 99%, 50% aller Schüler waren Mädchen. In den achtziger Jahren besaß fast jeder dritte Haushalt ein eigenes Auto. Angesichts gesicherter Einkommen selbst im Rentenalter klagte kaum jemand über fehlende bürgerliche Freiheiten oder das starre Wirtschaftssystem (*Bliss* 2005, S. 72).

4.5.3.2 Transformation

M 5: Wirtschaft, westliche Sicht

> Der Zusammenbruch der Sowjetunion traf 1991 die zentralasiatischen Länder als hochgradig subventionierte, fremdbestimmte Glieder einer zentral geplanten Ökonomie besonders hart. Fast alle Absatzmärkte waren nun Ausland und brachen von einem Tag auf den andern weg, unter anderem, weil auch die Wirtschaft verfiel. Beinahe die gesamte Wirtschaft kam zum Stillstand. Überall in Zentralasien wurden die Zahlung von staatlichen Löhnen nahezu eingestellt und die Renten auf wenig mehr als symbolische Werte zusammengestrichen. Selbst Mitglieder der alten Bildungseliten und sogar Teile der vormaligen kommunistischen Nomenklatura standen nach 1991 vor dem wirtschaftlichen Nichts (*Bliss* 2005, S. 72; leicht verändert).

M 6: Politik, westliche Sicht

> Mit dem Untergang der Sowjetunion 1991 entstanden in Mittelasien fünf neue eigenständige Staaten: Usbekistan, Kasachstan, Kirgisistan, Turkmenistan und Tadschikistan. Da keiner dieser Staaten auf einen historischen Vorgänger zurückblicken konnte, suchte man im Rahmen des „nation building" vor allem Antworten auf folgende Fragen: Was sind unsere Wurzeln? Auf welche Traditionen und Werte gründen wir unser Gemeinwesen?
> Allen Staaten gemeinsam ist der Versuch, sich in die Ahnenreihe historischer Großreiche und Herrscher einzugliedern. So sieht sich Usbekistans Machthaber Islam Karimow in der Tradition Timur Lenks, der Samarkand einst zu seiner Hauptstadt auserkoren hatte (*Hoffmann* 2002b, S. 5).

M 7: Offizielle usbekische Sicht (um 2003)

> Usbekistan hat nach Ansicht der Macht habenden politischen Elite sein eigenes Wirtschaftsmodell entwickelt. Das Hauptziel ist die Sicherung der Unabhängigkeit des Landes und ein schmerzloser Übergang zur Marktwirtschaft. Die gewählte Strategie der Wirtschaftsreform ermöglichte die Härten der Übergangszeit abzulindern und den Rückgang des Bruttoinlandsprodukts, der industriellen und landwirtschaftlichen Produktion zu bremsen. Bereits 1996 wurde der Umfang der Industrieproduktion praktisch auf dem Niveau von 1990 (98,4%) wiederhergestellt (Botschaft der Republik Usbekistan: www.uzbekistan.de).

4.5.3.3 Die Situation um 2005

M 8: Offizielle usbekische Sicht (um 2003)

Usbekistan legt positive Wirtschaftskenndaten vor: Wachstumsraten in allen Branchen und insbesondere im noch immer dominierenden Landwirtschaftssektor, eine niedrige Inflationsrate, Steigerung der Realeinkommen, ein niedriges Haushaltsdefizit und ein stabiler Außenhandelsüberschuss. Große Anstrengungen sind weiterhin vonnöten, um von einer überwiegend landwirtschaftlich ausgerichteten Wirtschaft zu einer von einer modernen verarbeitenden Industrie geprägten Wirtschaft überzugehen. Erfolge sind beispielsweise bereits in der Baumwollindustrie zu verzeichnen. War Usbekistan zur Sowjetzeit ein fast reiner Exporteur von Baumwolle, so wird der Rohstoff mittlerweile zu 24% im eigenen Land verarbeitet. Auch die Privatisierung der Landwirtschaft ist zu einem Großteil bereits abgeschlossen (www.uzbekistan.de).

In den letzten Jahren hat es Usbekistan geschafft, sich von Getreideeinfuhren unabhängig zu machen. Die Ernteerträge stiegen kontinuierlich. Das Jahr 2002 war bislang mit etwa 4,7 Millionen eingebrachter Tonnen Getreide das Beste überhaupt. Im Durchschnitt konnten auf den bewässerten Anbauflächen 41,5 Zentner Getreide pro Hektar [d.h. rund 21 dt/ha] eingefahren werden.

Was die Energieversorgung betrifft, so ist die Republik Usbekistan mittlerweile völlig unabhängig. Insgesamt erhöhte sich die Energieerzeugung um 40%. Seit 1995 musste Usbekistan kein Erdöl mehr importieren, und seit dieser Zeit konnte der Export von Erdölprodukten verdoppelt werden.

Usbekistans Goldvorräte sind vorwiegend in der zentralen Kysyl-Kum-Region konzentriert. Bei den Vorräten an Gold nimmt das Land international den 4. Platz, bei der Förderung (2001) den 8. Platz ein. Weitere bedeutende Ressourcen Usbekistans sind Uran (weltweit 5. Platz bei der Förderung; 2001), Silber, Kupfer (weltweit der 10. Platz; 2001), Molybdän, Blei, Zink, Wolfram, Lithium und Erdgas. Auf Usbekistan entfallen 40% der Erdgasvorkommen in Zentralasien; bei der Förderung von Erdgas steht Usbekistan weltweit (2001) an 9. Stelle. Usbekistan ist international der viertgrößte Produzent von Baumwolle (2001) und wichtiger Exporteur von Seide (www.uzbekistan.de). Diese Darstellung aus Sicht der Regierung lassen Usbekistan keinesfalls als Entwicklungsland erscheinen. Die folgenden Strukturdaten sprechen dagegen eine andere Sprache.

4.5.3.4 Strukturdaten

M 9: Strukturdaten
Quelle: Der Fischer Weltalmanach 2002, 2004, 2007

	Usbekistan			Deutschland	
	1994	2001	2004	2001	2004
Fläche in 1.000 qkm	447			357	
Einw. in Mio	22,3	25,0	26,2	82,3	82,5
Einw. / qkm	50	56	59	231	231
Lebenserwartung / a	69	67	67	78	79
Säuglingssterblichkeit in %	5,2	5,2	5,8	0,4	0,4
Bevölkerungswachstum in %	2,3	2,2	1,5	0,5	0,0
Städtische Bevölkerung in %	41	37	36	88	88
Erwerbstätigkeit in %					
Landwirtschaft	43,0	34,0	33,0	1,0	2,2
Industrie	21,0	23,0	12,0	31,0	25,8
Dienstleistung	36,0	43,0	55,0	68,0	71,9
BIP in Mrd US $	21,1	13,8	11.9	1.846,1	2.740,5
BSP / Einw. in US %	950	550	450	23.560	30.690
Import in Mrd US %	1,4	2,7	4,1	522,0	625,6
Export in Mrd US $	1,6	2,9	5,3	648,3	786,2
Inflation in %	1742,0	20,2	7,8	1,6	2,0

M 10: Arbeitslosigkeit
Quelle: Der Fischer Weltalmanach 2005, 2007

> Die Arbeitslosigkeit in den Städten ist hoch, nicht zuletzt, weil die in der Sowjetzeit weit verbreitete Beschäftigung überflüssiger Arbeitskräfte durch die Betriebe eingestellt wurde. Die offizielle Statistik nannte für 2003 5% Arbeitslose, man schätzt, dass es in Wirklichkeit über 30% waren. Viele Arbeitslose versuchen, sich als Händler durchzuschlagen. 37% der Bevölkerung sind unter 14 Jahren, für sie müssen in den nächsten Jahrzehnten zusätzliche Arbeitsplätze geschaffen werden.

M 11: Bevölkerungsentwicklung Usbekistans (Millionen Ew.)
Quelle: Der Fischer Weltalmanach 1972, 1982, 1992, 2005, 2007; World Factbook 2006

1970	1980	1990	2000	2004	2005
11,5	15,4	20,3	25,0	26,2	26,6

M 12: Ethnische Zusammensetzung der Bevölkerung
Quelle: Der Fischer Weltalmanach 1993, 2004. Für 2000: World Factbook nach *Dieterle*, 2002, S. 31

	1989	1993	2000
Usbeken	68,7	73,7	80,0
Russen	10,8	5,5	6,5
Tadschiken	3,9	5,1	5,0
Kasachen	4,0	4,2	3,0
Krimtartaren	4,2	2,0	?
Karakalpaken	1,9	2,0	?
Koreaner	1,1	1,1	?
andere	5,4	6,4	6,5

4.5.3.5 Die Wahrnehmung der Wirklichkeit durch die Betroffenen

M 13: Die heutige Situation der Frauen in Usbekistan

> Die durch den Transformationsprozess erfolgte Rückbesinnung auf nationale und religiöse Traditionen und Werte hat auf die gesellschaftliche Stellung der Frauen in Usbekistan große Auswirkungen. Die Rolle der Frau wird in immer stärkerem Maße auf die Pflichten in der Familie reduziert, so dass besonders die junge Generation kaum Möglichkeiten hat, ihre beruflichen Qualifikationen zu realisieren. Besonders auf dem Lande, wo 62% der Gesamtbevölkerung leben, liegt die Durchschnittsgröße einer Familie bei 6 Personen. Beinahe jede Familie hält Haustiere und Geflügel, eine zusätzliche Arbeitsbelastung für die Frauen. Gleichzeitig tragen sie durch den Verkauf der Erträge aus ihren Gärten nicht unerheblich zu den Einkünften der Familienhaushalte bei.
> Auch zeigt sich eine Benachteiligung der Frauen u.a. darin, eine Arbeitsstelle zu finden, reales Einkommen für geleistete Arbeit zu erhalten, Sozialleistungen in Anspruch zu nehmen und Vermögenswerte zu besitzen. Daraus ergibt sich eine rückläufige Entwicklung der berufstätigen Frauen, auch in den Städten. Zudem arbeiten die Frauen mehrheitlich in medizinischen und sozialen Einrichtungen, die vom Staatshaushalt finanziert werden und deren Gehälter weit unter den Durchschnittsverdiensten liegen. Eine zunehmende Verarmung ist die Folge.
> Die Wahrnehmung von Frauen sowie die Rolle und Bedeutung, die man ihnen in Zukunft beimessen will, scheinen in Usbekistan auseinander zu driften. Einerseits haben die Frauen die Hauptlast aller sozialen und wirtschaftlichen Wandlungen der vergangenen Jahre zu tragen, andererseits geht ihr Anteil im beruflichen und öffentlichen Leben zurück.
> Um die soziale Situation der Frauen zu verbessern und ihre Rechte zu sichern, haben sich seit einigen Jahren mit Billigung der Regierung verschiedene nationale gesellschaftliche Organisationen und NGOs gebildet. Auch die UNO und die WHO sowie der internationale Fond „Ekosan" und weitere internationale Einrichtungen engagieren sich, die Frauen mit Programmen u.a. zur Gesundheitsfürsorge, zur Einbeziehung in die Führung kleinerer und mittlerer Unternehmen und zur Förderung begabter Kinder zu unterstützen. Der Erfolg des Transformationsprozesses, und damit die wirtschaftliche Entwicklung und die Demokratisierung in Usbekistan, hängen auch von der Mitwirkung der Frauen ab. Anderseits können sie von den wirtschaftlichen und sozialen Wandlungen im Lande profitieren.
> (Quelle: *Matluba Chakimowa* (2002), Leiterin des Lehrstuhls für Makroökonomie und soziale Entwicklung der Hochschule für Finanzwesen. Taschkent)

Abb. 4.5/1:
Usbekische Frauen
Foto: *K. Horn*

M 14: Die gute alte Zeit

> Der alte Bajadir glaubt nicht an Allah. Wie jeden Tag sitzt er zusammen mit vielen anderen alten Männern an seinem Lieblingsplatz in Buchara. Auf bettähnlichen Sitzgestellen hocken sie, trinken grünen Tee und spielen Domino. Bajadir hat schlechte Laune: „Früher haben wir hier lustig unter den Maulbeerbäumen gesessen und über alles mögliche geredet. Heute sprechen wir nur noch über Geldprobleme. Und überall auf den Ämtern spricht man jetzt Usbekisch, was soll denn das? Ich kann besser Russisch als Usbekisch!" Er winkt mir zum Abschied. „Komm in ein paar Jahren wieder, dann herrscht hier hoffentlich wieder der Kommunismus."

Abb. 4.5/2:
Männer beim Domino-Spiel
Foto: *K. Horn*

M 15: Das fromme Buchara

> Seit dem Ende der Sowjetzeit sieht man besonders in Buchara, das schon immer die frömmste Stadt in Usbekistan war, wieder einige Frauen mit Kopftuch und weiten Gewändern. Doch es ruft kein Muezzin, ein Relikt aus der Sowjetzeit. In einem Haus feiern Pilger ihre Rückkehr aus Mekka. Sie haben die Nachbarn zum „Plow", dem usbekischen Nationalgericht, eingeladen. Dazu gibt es Wodka; auch für die Frommen. Er wird aus denselben Schalen getrunken wie der grüne Tee.
> In Buchara gibt es die erste Koranschule für Mädchen in Usbekistan. An der Pforte ist zu lesen: „Streben nach Wissen ist Pflicht jedes Mannes und jeder Frau". Nebenan sitzen Mädchen und sticken den Satz „Allah ist ewig" auf lilafarbene Samttücher.
> Schachodat ist eine einfache Frau. Sie trägt einen langen Mantel und hat müde Augen. Von ihren Schuhen lösen sich die Sohlen. Sie hat eine kleine Tochter. In den drei Jahren Babypause hat sie die Koranschule besucht und jeden Abend gepaukt, bis sie Arabisch konnte. Ihr Mann hat die teuren Einzelstunden bezahlt, denn er sah, wie wichtig ihr der Unterricht war. Dafür hat sie an den Schuhen gespart.
> Mansura hat die vierjährige Koranschule schon beendet und beginnt ein Theologiestudium an der Islamischen Universität in Taschkent. Ihre Hände sind mit Henna gefärbt, sie trägt bewusst weite Gewänder und ein Kopftuch, denn, so sagt sie, dieses sei das Zeichen einer gebildeten Frau, die den Willen Allahs kenne.

M 16: Gravierende Gesundheitsprobleme der usbekischen Bevölkerung

Die medizinische Versorgung in Usbekistan funktioniert kaum noch. Dies zeigt sich auch in einer auf 64 Jahre gesunkenen durchschnittlichen Lebenserwartung (2003), noch 1989 lag sie fünf Jahre höher. Die Kindersterblichkeit liegt bei 7,2% (z. Vgl.: BRD: 0,5%). Haupterkrankungen sind Tuberkulose, Hepatitis, Diphtherie und Malaria. Die Austrocknung des Aralsees (die Sedimente des ausgetrockneten Seebodens werden bis zu 400 km weit ins Land geweht), mangelhafte Trinkwasserqualität, große Luftverschmutzung durch Industrieemissionen und übermäßiger Einsatz von Düngemitteln und Pestiziden in der Landwirtschaft haben zur Verschlechterung des Gesundheitszustandes der Bevölkerung beigetragen.

Während der Zugehörigkeit zur Sowjetunion gehörte der Impfschutz zur medizinischen Grundversorgung. Doch seit der Unabhängigkeit gibt es keinen geregelten Impfschutz mehr. Private Impfungen in Polikliniken sind möglich, kosten aber 10.000 Sum. Auf dem Lande ist diese Versorgung nicht vorhanden. In schwierigen Krankheitsfällen bleiben die Patienten nur noch tagsüber in der Klinik und müssen, wenn eben möglich, abends nach Hause gehen.

M 17: Kosten der Lebenshaltung (Stand: 2003) (Umrechnungskurs 2003: 1US$ = 1.000 sum) (Quelle: *Horn*, 2003), (Eigene Erhebung, Exkursion Usbekistan 2003)

Preise:	
1 Brot	300 sum
1 l Milch	100 sum
1 Schulheft	100 sum
1 Paar Herrenschuhe	15.000 sum
1 Kühlschrank	250.000 sum
1 l Benzin	250 sum
1 Fl. Wasser	500 sum
1 Fl. Wodka	1.200 sum
Löhne	
Arzt (Dorf)	15.000 sum
Arzt in der Stadt	50.000 sum
Lehrer	zwischen 15.000 und 30.000 sum
Fabrikarbeiter	zwischen 30.000 und 50.000 sum
Rentner	20.000 sum

4.6 China – ein Entwicklungsland auf dem Weg zur globalen Wirtschaftsmacht *(Dieter Böhn)*

4.6.1 Didaktische Zielsetzung

China ist für Gegenwart und Zukunft des Schülers relevant. Immer mehr chinesische Produkte prägen seinen Alltag mit, zahlreiche Arbeitsplätze werden nach China verlagert und der Rohstoffhunger des Landes führt zu Preissteigerungen.

China ist ein Beispiel dafür, dass ein Land in weiten Teilen durchaus ein relativ rückständiges Entwicklungsland sein kann und dennoch bereits zum ernsthaften Konkurrenten hochentwickelter Industrieländer wird. Dabei soll deutlich werden, dass die Entwicklung in China zum einen die Konkurrenz auf dem Weltmarkt verstärkt, mittel- und langfristig aber die Exportchancen in einen wachsenden kaufkräftigen Markt steigen. Der Schüler erkennt, dass die Fortschritte in den Entwicklungsländern zu verstärkten Anstrengungen in Industrieländern führen müssen, dass aber den wachsenden Herausforderungen auch steigende Chancen entsprechen.

Didaktisches Ziel sind nicht die Fakten an sich, die sich wegen der Dynamik sowieso ständig ändern, es ist die Kompetenz, Werte zu erkennen, welche die Handlungen der Menschen bestimmen. Gerade in den Entwicklungsländern haben wir es mit einer Vielzahl konkurrierender Wertsysteme zu tun, denn traditionelle Werte werden von neuen aus den Industriestaaten überformt, ohne völlig ihre Gültigkeit zu verlieren. Sodann gilt es zu erkennen, wie sich die Wertvorstellungen der Mächtigen, in China die Leitung der Kommunistischen Partei, auf die Handlungen unterschiedlicher Akteure auswirken, die ihrerseits von eigenen Werten geleitet werden. Ein weiteres wichtiges didaktisches Ziel ist die Kompetenz, aus sich teilweise widersprechenden Aussagen und Bewertungen über ein Entwicklungsland zukunftsorientierte Schlussfolgerungen zu ziehen.

Die Unterrichtseinheit setzt beim Lehrer die Kenntnis des regionalen Beitrags „China – ein Entwicklungsland wächst zur Wirtschaftsmacht" in diesem Band als Hintergrundwissen voraus (Kap. 3.2.1), dieser kann – etwa in der Sekundarstufe II – durchaus auch im Unterricht eingesetzt werden, z. B. als vorbereitender Text.

4.6.2 Didaktische Strukturierung

Das Thema wird in drei räumlichen Maßstabsebenen entfaltet: am ländlichen Raum, am städtischen Raum und abschließend im globalen Maßstab. Zunächst werden jeweils die Wertvorstellungen der Regierung als Besitzerin der Macht, sodann die Auswirkungen aufgezeigt – zum einen im Raum, zum anderen auf die sozioökonomischen Verhältnisse. Dabei soll vor allem die Dynamik deutlich werden, die sich im Entwicklungsland China auf seinem Weg zur industriellen Großmacht abspielt.

Der Unterrichtsablauf wird hier nur knapp vorgegeben, weil er in der Praxis durch die jeweilige Klassensituation stark geprägt wird.

Als Einstieg kann das Vorwissen der Schüler über China zusammengestellt werden. Daten belegen die scheinbar widersprüchliche Aussage: China – Entwicklungsland und Wirtschaftsmacht (M 1 und M 17).

Die Phase der Erarbeitung gliedert sich in drei Maßstabsebenen, bei denen jeweils Werte, Ziele und Aktionen der Agierenden verdeutlicht werden sollen. Die unterschiedlichen Perspektiven werden aufgezeigt, ohne dass eine abschließende Bewertung erfolgt. Sie kann vom Schüler selbst geleistet werden, wobei seine eigenen Wertvorstellungen diese sicherlich beeinflussen.

4.6.3 Materialien und Aufgaben

Bei den Materialien sind die Quellen dann nicht angegeben, wenn die Aussagen eine prononcierte Zusammenfassung wissenschaftlicher Untersuchungen darstellen. Dieses Vorgehen wurde bewusst eingesetzt, um auf knappem Raum eine in beschränkter Zeit durchführbare Analyse von Situation und Entwicklungstendenzen zu ermöglichen. Die im Literaturverzeichnis aufgeführte Zusammenstellung ermöglicht eine stärker quellengestützte Arbeit.

4.6.3.1 Die wirtschaftliche Situation Chinas

Im Unterricht sollten die jeweils neuesten verfügbaren Daten verwendet werden. Leider sind Angaben auf Provinzebene nicht leicht greifbar. Eine Quelle ist das Institut für Asienkunde, das in der Zeitschrift „China aktuell" (wenn auch teilweise bereits veraltete) Daten veröffentlicht. Die von der Botschaft Chinas (http://www.china-botschaft.de) publizierten Daten erfassen meist nur den Gesamtstaat. Die in diesem Beitrag genannten Daten lassen sich längere Zeit verwenden, da nicht die absoluten Werte, sondern der innerchinesische Vergleich bzw. die Entwicklung das Unterrichtsziel sind.

Materialien

M 1:

Tab. 4.6/1: Pro-Kopf-Einkommen verschiedener Provinzen im Vergleich zu ausgewählten Ländern (Stand 2002)
Quelle: China aktuell Data supplement 1/2005, S. 38; eigene Umrechnung. Daten der Länder nach Fischer Weltalmanach 2005

VR China Administrative Einheit	BIP/Kopf in US-$	Länder mit vergleichbarem BIP/Kopf
China Gesamtstaat	988	Marokko (1170), Philippinen (1030), Syrien (1130)
Peking	3.435	Lettland (3480), Malaysia (3540)
Shanghai	4.908	Ungarn (5290), Polen (4570)
Zhejiang	2.033	Peru (2020), Thailand (2000)
Guangdong	1.815	Jordanien (1760), Tunesien (1990)
Sichuan	696	Angola (710), Aserbaidschan (710), Indonesien (710)
Guizhou	380	Haiti (440), Kenia (360), Sudan (370)
Shaanxi	667	Georgien (650)
Yünnan	625	Elfenbeinküste (620)

M 2:

Abb. 4.6/1:
China. Karte der Provinzen (Provinzen, Autonome Regionen, Regierungsunmittelbare Städte)
Quelle: Praxis Geographie, Heft 1/2005, S. 36, verändert

M 3:

Tab. 4.6/2: Strukturwandel der chinesischen Wirtschaft
Quelle: China Statistical Yearbook 1999, für 2000 eigene Berechnungen durch Fortschreibung

	1960	1980	2000
Beschäftigte Landwirtschaft absolut (Mio)	200 Mio	290 Mio	340 Mio
Beschäftigte Landwirtschaft Anteil in %	82%	69%	48%
Beschäftigte Industrie absolut (Mio)	20 Mio	77 Mio	170 Mio
Beschäftigte Industrie Anteil in %	8%	18%	24%
Beschäftigte tertiärer Sektor absolut (Mio)	25 Mio	55 Mio	195 Mio
Beschäftigte tertiärer Sektor Anteil in %	10%	13%	28%

Aufgaben
1. Lokalisieren Sie die regionale Verteilung der wohlhabenden und der armen Regionen (Provinzen, Autonome Gebiete usw.). Wo liegen die rückständigen Gebiete, wo ballt sich der Wohlstand Chinas?
2. Vergleichen Sie den Einkommensunterschied zwischen einer reichen Provinz wie Zhejiang und einer armen. Welche Möglichkeiten der Entwicklung schlagen Sie vor? Vergleichen Sie Ihre Vorstellungen mit tatsächlichen Entwicklungen (z. B. M 6, M 7).
3. Analysieren Sie den Wandel der Wirtschaftsstruktur. Vergleichen Sie dabei die Entwicklung der Zusammensetzung der drei Wirtschaftssektoren mit der absoluten Zahl der Beschäftigten.

4.6.3.2 Wandlungen der politischen Wertvorstellungen in ihren sozioökonomischen Auswirkungen

M 4: Die Wandlungen der Kommunistischen Partei Chinas

Seit Gründung der Volksrepublik China 1949 herrscht die Kommunistische Partei unumschränkt. Die Partei behauptet, als Endziel eine kommunistische Gesellschaft anzustreben, doch in der Praxis hat sie ihre Wertvorstellungen, ihre Ziele und vor allem ihre Politik in weiten Bereichen immer wieder geändert. Dabei lassen sich zwei Zeitabschnitte ausweisen, in denen die Wertvorstellungen der Partei zu völlig gegensätzlichen Methoden führten:
a) Von 1949 bis 1978 waren die marxistisch-leninistischen Wertvorstellungen wegweisend, vor allem in ihrer Abwandlung durch Mao Tse-tung (andere Schreibweise: Mao Zedong), den „Mao Zedong-Ideen". *Innenpolitisch* hatten diese Wertvorstellungen das Ziel, eine neue egalitäre Gesellschaft aufzubauen, in der die Menschen aus revolutionärem Enthusiasmus auch in der Wirtschaft Großes leisteten. Dies sollte durch revolutionäre Kampagnen, vor allem durch den „Großen Sprung nach vorn" (1958–1961) und die „Große Proletarische Kulturrevolution" (1966-1976) geschehen. Dabei wurden alte gesellschaftliche Strukturen mit Ausnahme der Familie weitgehend zerschlagen. Wirtschaftlich gelang ein Anstieg der Produktion, aber keine Beseitigung der Armut. Besonders die Bauern, die 70% aller Beschäftigten ausmachten, waren wegen hoher Abgaben zu niedrigen Preisen unzufrieden.
Außenpolitisch vollzog China nach dem Bruch mit der Sowjetunion (1960) eine Politik der Isolation.
b) 1978 änderte die Kommunistische Partei Chinas ihre Politik radikal (3. Plenartagung des XI. Zentralkomitees der KPCh). Offiziell wird als Wert das Endziel einer kommunistischen Gesellschaft beibehalten, doch sei für einen langen Zeitraum eine andere Gesellschaft möglich, in der z. B. zumindest zum Teil eine kapitalistische Wirtschaftsordnung erlaubt sei. *Innenpolitisch* ließ daher die neue Führung unter Deng Xiaoping in erheblichem Umfang wirtschaftliche Eigenverantwortung zu, auch ein privater Freiraum wurde erweitert. Jedes auch nur indirekte in Frage stellen der Macht der Kommunistischen Partei wird jedoch radikal unterbunden (z. B. Studentenproteste auf dem Platz des Himmlischen Friedens in Peking 1989, Kampf gegen die Falungong-Sekte, Verfolgung christlicher Kirchen). Als wirtschaftliches Wertsystem wird eine „sozialistische Marktwirtschaft chinesischer Prägung" genannt, in der Praxis herrscht kaum begrenzter Liberalismus. Das führte einerseits zu einer weitgehenden Beseitigung der Armut und in einzelnen Regionen auch bereits zur Entstehung eines Mittelstandes, andererseits zu einer zunehmenden sozialen Differenzierung.
Außenpolitisch öffnete sich China. Ausländische Unternehmen konnten in China Produktionsstätten eröffnen, der Handel mit dem Ausland nahm sprunghaft zu. Millionen ausländischer Touristen besuchen das Land.

M 5: Räumliche Auswirkungen der Ziele der Kommunistischen Partei in China

Ihre aus den unterschiedlichen Wertvorstellungen abgeleiteten Ziele verwirklichte die Kommunistische Partei über die staatliche Raumplanung.
– Von 1950 bis etwa 1980 sollte das Staatsgebiet in seiner Gesamtheit einen in etwa gleichmäßigen Entwicklungsstand erreichen. Daher wurden alle Gebiete gefördert, ein Schwergewicht lag auf der Erschließung neuer Gebiete im Binnenland
– Von 1980 bis 2000 förderte die Partei die rasche Entwicklung in den Küstengebieten, das heißt dort, wo schon Ansatzpunkte für eine Industrialisierung bestanden. Hier sollten auch ausländische Investoren in eigenen Sonderzonen investieren. Die Politik der Förderung Ostchinas war sehr erfolgreich, Industrialisierungsgrad und Wohlstand nahmen in den Küstenregionen rasch zu, während das übrige Land trotz eines Wirtschaftswachstums im Vergleich dazu immer weiter zurückblieb.
– Seit 2000 wurde die Raumordnungspolitik wieder geändert. Die Bevorzugung der Küstengebiete soll beendet werden, staatliche Investitionen werden auf Westchina konzentriert.

Aufgaben:
1. Welche Wertvorstellungen verfolgte die Kommunistische Partei Chinas von 1950 bis etwa 1980, welche danach? Worin liegen die wichtigsten Unterschiede?
2. Wie wirkten sich die politischen Zielsetzungen in der räumlichen Planung aus?

4.6.3.3 Die Situation im ländlichen Raum

M 6: Wertvorstellungen und Ziele der staatlichen Planung

Seit etwa 1980 wurden die ursprünglichen sozialistischen Ziele der Vergesellschaftung der Produktionsmittel aufgegeben. Ein Pragmatismus, der dem wirtschaftlichen Aufschwung Priorität einräumte und die früher betonte ideologische Zielsetzung des Aufbaus einer neuen Gesellschaft ablöste. Die Bauern erhielten Land zur freien Verfügung, auch wenn es nominal im Kollektivbesitz blieb. Der ländliche Raum soll zum einen die Versorgung des städtischen Raums mit Nahrungsmitteln sicherstellen, zum anderen soll die durch Mechanisierung und Rationalisierung ausgelöste Abwanderung aus der Landwirtschaft durch neue Arbeitsplätze im sekundären und tertiären Sektor aufgefangen werden. „Aus der Landwirtschaft abwandern, in der Heimat bleiben", lautete ein Slogan. Im Gegensatz zu früher ist es jedoch erlaubt, seine Heimat zu verlassen, um in wirtschaftlich entwickelteren Gebieten eine Beschäftigung zu finden. Dadurch wird der ländliche Raum auch Lieferant billiger Arbeitskräfte.

M 7: Strukturwandel der Wirtschaft im ländlichen Raum

Im ländlichen Raum vollzieht sich ein rascher Strukturwandel. Die Zahl der Beschäftigten in der Landwirtschaft nimmt prozentual ab, immer mehr finden außerhalb des primären Sektors Beschäftigung (vgl. M 3). Die Leistungsfähigkeit der Landwirtschaft ist dagegen ständig gestiegen. Die Produktion hat sich sowohl quantitativ wie vor allem qualitativ wesentlich verbessert, teilweise werden bereits Überschüsse produziert.
Außerhalb der Landwirtschaft waren in Unternehmen im ländlichen Raum bereits 2002 über 130 Millionen Menschen beschäftigt. Solche Unternehmen liefern teilweise Produkte, die in China abgesetzt werden, teilweise sind sie auch Zulieferer für international tätige Unternehmen. Statistisch nicht erfasst ist ein hoher Grad an Unterbeschäftigung, besonders saisonal in der Landwirtschaft (z. B. außerhalb der Saat- und Erntezeiten).
Ein wesentliches Element des Strukturwandels ist die Abwanderung jugendlicher Arbeitskräfte aus dem ländlichen Raum besonders in die Ballungsgebiete an der Küste. Man schätzt, dass zwischen 100- und 150-Millionen Menschen den ländlichen Raum verlassen haben (Stand 2007). Damit fehlen der Wirtschaft in den infrastrukturell wie naturgeographisch bereits benachteiligten peripheren ländlichen Regionen tatkräftige, innovative Kräfte, andererseits tragen die Wanderarbeiter zur Linderung der Arbeitslosigkeit bei. Außerdem mindern die Geldüberweisungen der Migranten in die Heimat die dortige Armut.

M 8: Sozialer Wandel im ländlichen Raum

In stadtnahen Gebieten, besonders in den Küstenregionen, wurden Bauern dadurch reich, dass sie die ihnen zugewiesenen landwirtschaftlichen Nutzflächen (die offiziell noch immer Kollektivbesitz sind) Industrie- und Handelsunternehmen zur Verfügung stellten. Räumlich wirkt sich dies durch großzügige Bauten aus (vgl. M 7), sozioökonomisch, dass hier vielfach die Arbeiten durch Migranten aus anderen Provinzen erledigt werden, d. h. von Gastarbeitern im eigenen Land.

M 9:

Abb. 4.6/2:
Traditionelle eingeschossige Bauernhäuser im
zentralen China (Provinz Sichuan)
Photo: *D. Böhn*

Abb. 4.6/3:
Häuser wohlhabender Bauern
Photo: *D. Böhn*

Die beiden Fotos verdeutlichen den Wandel im ländlichen Raum. Das obere Foto zeigt einen Bauernhof in Sichuan. Die alte Bausubstanz ist teilweise bereits erneuert, auch eine Satellitenschüssel zeigt an, dass man „visuellen" Kontakt zur Welt hat. Dennoch ist das traditionelle Haus noch deutlich erkennbar. In der Nähe der Ballungsräume haben die Bauern ihre alten Häuser durch großzügige Neubauten ersetzt. Das Foto zeigt Häuser von Bauern in der Nähe von Hangzhou, die Bauern produzieren Tee, der sich gut verkaufen lässt. Die eigentliche Arbeit wird durch Arbeiter aus anderen Provinzen erledigt, die Häuser mit ihrem Stilmix verdeutlichen die Innovation: chinesische und westliche Elemente werden gemischt, um Wohlstand und Modernität anzuzeigen.

Wo keine Verdienstmöglichkeiten außerhalb der Landwirtschaft bestehen, stagnieren die Gebiete. Aus ihnen wandern viele ab, was die Rückständigkeit verstärkt. Dadurch verschärfen sich die regionalen Disparitäten.

M 10: Die Situation im ländlichen Raum aus den unterschiedlichen Perspektiven der dort Handelnden

Bewertungen
Bewertung durch die Kommunistische Partei Chinas
Die Maßnahmen der Partei waren erfolgreich. Die Zahl der Armen, und die leben hauptsächlich auf dem Lande, hat zwischen 1978 und 2004 von 250 Millionen auf 26 Millionen abgenommen. Und das, obwohl die Bevölkerung im gleichen Zeitraum um 340 Millionen Menschen zunahm. Die landwirtschaftliche Produktion ist quantitativ gestiegen, Hungersnöte gehören der Vergangenheit an. Die Qualität der Agrarerzeugnisse hat sich unwahrscheinlich erhöht, dafür sorgt schon der sorgfältig wählende Verbraucher in der Stadt. Der Kommunistischen Partei ist etwas gelungen, wovon in der chinesischen Geschichte über Jahrhunderte nur geträumt wurde: den Menschen auf dem Lande geht es gut. Sie blicken voller Zuversicht in die Zukunft.

Bewertung durch Bauern in stadtfernen Gebieten
Die Lage hat sich insgesamt verbessert. Die Menschen können sich zahlreiche Erzeugnisse leisten, die vorher Städtern vorbehalten waren. Doch der Abstand zwischen den Bewohnern stadtferner Gebiete und dem Rest des Landes vergrößert sich ständig. Aus den abgelegenen Gebieten können lediglich landwirtschaftliche Massenprodukte wie Getreide geliefert werden, für die sich nur niedrige Preise erzielen lassen. Eine Industrialisierung erfolgte bisher allenfalls in Ansätzen, unter anderem wegen der fehlenden Infrastruktur. Durch die Abwanderung besonders der ökonomisch aktiven jungen Menschen fehlen auch Kräfte und Ideen, die Situation umfassend zu verändern.

Bewertung durch Bauern in stadtnahen Gebieten
Durch die Produktion landwirtschaftlicher Spezialkulturen wie Obst, Geflügel oder Blumen werden hohe Einnahmen erzielt. Viele ehemalige Bauern sind heute Teilhaber von Industrie- und Serviceunternehmen, ihr Einkommen übersteigt den Durchschnittswert der Stadtbewohner. Vielfach entstanden Gewerbeparks, in denen Wanderarbeiter beschäftigt werden, wiederum eine Geldquelle für die Einheimischen, die z. B. Wohnheime zur Verfügung stellen. Den Wohlstand der Bauern in stadtnahen Gebieten kann man auch an den zahlreichen aufwändigen Neubauten erkennen, die in vielen Gegenden Ostchinas errichtet wurden.

Bewertung durch Unternehmer im ländlichen Raum
Erst seit der Wirtschaftsreform besteht die Möglichkeit, in großem Maßstab die Industrialisierung des ländlichen Raums voran zu treiben. Bereits vor 2000 war das Einkommen aus ländlichen Industrieunternehmen größer als das aus der Landwirtschaft, obwohl in der Landwirtschaft noch mehr als doppelt so viele Menschen beschäftigt sind. Zwar ist der Konkurrenzkampf hart und zahlreiche Betriebe scheitern (wobei das Kapital der bäuerlichen Investoren verloren ist), dennoch überwiegen die Gewinne.

Bewertung durch Wanderarbeiter
Ursprünglich war es alleine die Not, welche die bäuerliche Bevölkerung aus den Dörfern in die Ballungsgebiete der Städte trieb. Heute ist die Wanderbewegung meist unverheirateter Jugendlicher mit geringer Ausbildung ein Trend. Zielgebiete sind Bergwerke und Fabrikstädte in den eigenen oder benachbarten Provinzen, vor allem aber die Ballungsgebiete Ostchinas. Wanderarbeiter verrichten niedrig bezahlte, doch harte Arbeiten. Der Gesundheitsschutz ist gering, die Zahl der Arbeitsunfälle hoch. Selbst offizielle Kreise geben zu, dass die Wanderarbeiter vielfach ausgebeutet werden. Dennoch ist es ihnen möglich, Geld zu sparen – unter anderem, weil sie in Massenquartieren leben. Dieses Geld mindert in den Dörfern der Heimat die Armut und trägt damit zur politischen Stabilität bei.
Viele Wanderarbeiter wollen später wieder in ihre Heimat zurück. Da sie in der Stadt zahlreiche Qualifikationen erworben haben, könnte dann eine Innovation einsetzen, die auch die abgelegenen Gebiete wirtschaftlich wie sozial zum übrigen Land aufschließen lässt.

Aufgaben:
1. Vergleichen Sie die prozentuale und die absolute Zahl der Beschäftigten in der Landwirtschaft. Wo liegen Probleme?
2. Welche Strategien verfolgt die chinesische Regierung (in Ausführung der Ziele der Kommunistischen Partei Chinas), um die Situation im ländlichen Raum zu verändern?
3. Zeigen Sie auf, wie die Politik räumlich unterschiedlich wirkte. Wie will man die Wertvorstellung der Egalität wieder stärker verwirklichen?
4. Verdeutlichen Sie die Ergebnisse der Politik für den ländlichen Raum in ihren Auswirkungen auf den Raum selbst und auf den städtischen Raum.

4.6.3.4 Die Situation im städtischen Raum

M 11: Wertvorstellungen und Ziele der staatlichen Planung

Wichtigste Wertvorstellung ist, durch eine marktwirtschaftliche Ordnung den individuellen Produktivkräften in der Bevölkerung eine ungehinderte Entfaltung zu ermöglichen. Ziel ist dabei auch, durch einen Anstieg des Wohlstands die politische Stabilität und damit die Herrschaft der Partei zu sichern.
a) Die Besitzstruktur der Unternehmen ist im Umbruch. Die Alleinherrschaft der staatlichen und kollektiven Betriebe soll durch eine Vorherrschaft marktwirtschaftlich ausgerichteter Unternehmen abgelöst wird.
b) Die Privatbetriebe sind vielfach die Garanten der wirtschaftlichen Dynamik, insofern ist die staatliche Planung erfolgreich. Außerdem arbeiten Staatsbetriebe und Privatbetriebe in vielen Bereichen sehr eng zusammen, hier überwiegt wieder die marktwirtschaftliche Wertvorstellung.
c) Der Staat leistet durch den umfassenden Ausbau der Infrastruktur entscheidende Hilfe. Die Kosten für großzügig angelegte Autobahnen werden durch Mautgebühren wieder eingenommen.
d) Der Staat erlaubt ausländischen Unternehmen, Produktionsstätten zu errichten. Vielfach eröffnen Gemeinden Gewerbeparks, um Firmen zur Ansiedlung zu bewegen.

M 12: Strukturwandel der Wirtschaft im städtischen Raum

Die wirtschaftliche Dynamik Chinas konzentriert sich auf die Küstengebiete, von dort aus wird das restliche Land umgestaltet. Die Öffnungspolitik gegenüber dem Ausland, die zusammen mit der Wirtschaftsreform 1978 eingeleitet wurde, führt zu einer Konzentration ausländischer Unternehmen in den Ballungsräumen Shanghai und (Hongkong)-Shenzhen – Kanton (Guangdong).
Der Strukturwandel von Staatsbetrieben zu Privatunternehmen erweist sich als viel schwieriger als die äußerst rasche und erfolgreiche Umgestaltung der Eigentumsverhältnisse auf dem Lande. Noch immer erfolgte 2005 die Hälfte der industriellen Wertschöpfung in staatlichen Betrieben, erst knapp 40% in Privatbetrieben (www.china-botschaft.de). Zudem zwang der Staat die Banken, den vielfach unwirtschaftlichen Staatsunternehmen großzügige Kredite zu gewähren, die als verloren gelten müssen – damit sind auch die Banken gefährdet.
Insgesamt war der Strukturwandel dennoch sehr erfolgreich. Denn vor allem in den neu gegründeten Betrieben gelang es, oftmals mit ausländischer Unterstützung, die Industrieproduktion nicht nur quantitativ zu erhöhen. Sehr rasch wurden technische Innovationen aufgenommen und umgesetzt. China stellt heute fast alle Industrieprodukte her, die auch in Industrieländern erzeugt werden, im Konsumgüterbereich reicht das von Farbfernsehern über Handys zu Computern.

M 13: Sozialer Wandel im städtischen Raum

Wie im ländlichen Raum, so wurde auch im städtischen Raum das soziale Ziel einer egalitären Gesellschaft durch das wirtschaftliche Ziel eines raschen Aufschwungs abgelöst, dies führte zu einer starken Zunahme der sozialen Unterschiede. Diese sind viel stärker als im ländlichen Raum. So steht dem Heer von 100-150 Millionen Wanderarbeitern, die gering entlohnt werden, ein ständig wachsender Mittelstand mit zunehmender Kaufkraft gegenüber. Das zeigt sich etwa an der steigenden Zahl hochwertiger Konsumgüter (vgl. Tabelle).

M 14:

Tab. 4.6/3: Besitz an langlebigen Konsumgütern pro 100 städtische Haushalte
Quelle: www.china.org.cn/german/ger.shuzi2003/rm/biao/10-25.htm; China Statistical Yearbook 2006, S. 364–367

Posten	1985	1990	1995	2000	2005
Fahrrad	152,27	188,59	194,26	162,72	120,04
Nähmaschine	70,82	70,14	63,67	51,46	48,12
Ventilator	73,91	135,50	167,35	167,91	172,18
Waschmaschine	48,29	78,41	88,97	90,52	95,51
Kühlschrank	6,58	42,33	66,22	80,13	90,72
Farbfernsehapparat	17,21	59,04	89,79	116,56	134,80
VCD-Gerät				37,53	68,07
Kassettenrecorder	41,16	69,75	72,83	47,93	39,26
Kamera	8,52	19,22	30,56	38,44	46,94

M 15: Die Situation im städtischen Raum aus den unterschiedlichen Perspektiven der dort Handelnden

Bewertungen
Bewertung durch die Kommunistische Partei Chinas
Die Maßnahmen der Partei waren erfolgreich. In den Städten stieg der Wohlstand noch rascher an als auf dem Land. In sehr kurzer Zeit wurden wirtschaftliche Rückstände aufgeholt, in vielen Bereichen hat China zu hochentwickelten Industriestaaten aufgeschlossen, unter anderem in der Weltraumtechnologie – China transportiert mit selbst entwickelten Raketen Satelliten ins Weltall, hat 2003 als dritte Nation der Welt einen Astronauten in einer selbst entwickelten Raumstation die Erde umrunden lassen. Die Industrie wächst so rasch, dass Einrichtungen und Rohstoffe aus der ganzen Welt aufgekauft werden. In den Städten macht der Aufbau sozialer Sicherungssysteme, wie sie in Industriestaaten vorhanden sind, rasche Fortschritte. Zwar ist der wirtschaftliche Strukturwandel mit Schwierigkeiten verbunden, vor allem beim Umbau der staatlichen Konzerne müssen viele Millionen Arbeitskräfte entlassen werden, aber die wachsende Wirtschaft wird in immer stärkerem Maß Arbeitskräfte brauchen. Schon jetzt sind ja im städtischen Raum über die Stadtbevölkerung von 400 Millionen (Stand 2000) mindestens weitere 100 Millionen Menschen als Wanderarbeiter tätig.

Bewertung durch Stadtbewohner, Mittelschicht
Das Leben ist besser und bunter geworden. Heute kann man sich viele Konsumgüter leisten, an die früher nicht einmal zu denken war, etwa Handys oder Farbfernseher und DVD-Player. Auch die Wohnungssituation hat sich wesentlich verbessert, allerdings muss man für die größeren und besser ausgestatteten Wohnungen erheblich mehr Miete als früher bezahlen. Der Wohlstand muss auch mit größeren psychischen Belastungen bezahlt werden: der Arbeitsplatz ist nicht mehr sicher, der soziale Status wird zunehmend vor allem durch das Einkommen bestimmt. Doch herrscht das Gefühl vor, dass der wirtschaftliche Aufschwung trotz einiger Rückschläge anhält.

Bewertung durch Stadtbewohner, Unterschicht
Früher waren die Arbeiter der Staatsbetriebe die „Avantgarde des Proletariats", Mitglieder der gefeierten herrschenden Klasse. Seit Mitte der 1980er Jahre wurden immer mehr Staatsbetriebe privatisiert, zahlreiche Werktätige „freigestellt". Viele mussten schlecht bezahlte, schmutzige Arbeiten annehmen, manchen gelang der Aufstieg zu gut dotierten Berufen in der Privatwirtschaft. Was für alle wegfiel, war die soziale Absicherung, waren die umfassenden sozialen Leistungen wie billiger Wohnraum und subventionierte Grundnahrungsmittel. Jetzt gibt es einige Millionäre, die sich kostspielige Haustiere halten und ausländische Luxusautos fahren und in großer Zahl Verlierer der Wirtschaftsreform. Nach offiziellen Angaben leiden 120 Millionen Menschen an Hunger (Fischer Weltalmanach 2005, S. 97), ein Fakt, dass die Erfolge eines jahrzehntelangen Wirtschaftswachstums von über 9% jährlich nicht allen zugute kommen.

Aufgaben
1. Wodurch lassen sich Erfolge für die Bewohner des städtischen Raumes belegen?
2. Welche sozialen Probleme bedrohen die politische Stabilität?
3. Welche Funktion haben Bewohner des ländlichen Raumes für den städtischen?

4.6.3.5   Die Öffnungspolitik

Die Volksrepublik China hatte sich seit dem Bruch mit der Sowjetunion 1960 außenpolitisch weitgehend isoliert. Die wirtschaftliche Entwicklung sollte möglichst autark erfolgen, politische Gesinnung war wertvoller als ökonomische Effizienz. Auch hier erfolgte mit der Wirtschaftsreform 1978 ein radikaler Wandel. China öffnete sich, um möglichst rasch wirtschaftliches Wachstum durch Kapital, Technologie und Management aus dem Ausland zu erreichen. Kapital kam zu einem großen Teil von Auslandschinesen über Hongkong nach China. Ab 1980 wurden zunächst vier „Sonderwirtschaftszonen" für Ausländer zur Produktion geöffnet, später konnten ausländische Unternehmen fast überall produzieren. Ohne die Öffnung gegenüber dem Ausland wäre das chinesische Wirtschaftswunder nicht möglich gewesen.

M 16: Die Situation im Außenhandel aus den unterschiedlichen Perspektiven der dort Handelnden

---

Bewertungen
Bewertung durch die Kommunistische Partei Chinas
Die Maßnahmen der Partei waren erfolgreich. War der Außenhandel Chinas noch 1980 völlig unbedeutend, so lag China bereits 2004 sowohl beim Import wie beim Export auf Rang 3 im Weltmaßstab. China ist nicht mehr nur „Werkbank" für ausländische Unternehmen, sondern wird selbst zum aktiven Einkäufer in westlichen Industrieländern. So wurde 2004 vom US-Unternehmen IBM, das durch seine Computer Weltruhm errungen hatte, die PC-Sparte gekauft, wodurch die im Ausland kaum bekannte Lenovo-Gruppe zum drittgrößten Computerbauer der Welt aufstieg.

Bewertung durch ausländische Unternehmer
Die Produktion in China kann preisgünstig erfolgen, es stehen qualifizierte Arbeitskräfte in wachsender Zahl zur Verfügung. Die chinesische Regierung wünscht zwar einen möglichst hohen Exportanteil, um Devisen für den weiteren Aufbau zu erwirtschaften. Für die ausländischen Unternehmen ist jedoch der chinesische Binnenmarkt mit seiner ständig wachsenden Kaufkraft das eigentliche Ziel. Allerdings ist die Produktion in China nicht risikofrei. Neben der Rechtsunsicherheit, die etwa die Korruption begünstigt, ist es vor allem die Produktpiraterie, die hohe Verluste verursachen kann. Da für viele ausländischen Konzerne und mittelständischen Betriebe die Vorteile überwiegen, ist China eines der Länder, das die meisten ausländischen Investitionen an sich zieht.

Bewertung durch chinesische Beschäftigte in ausländischen Firmen
Ausländische Unternehmen zahlen in der Regel erheblich bessere Löhne als chinesische und sind daher beliebte Arbeitgeber. Allerdings ist es für viele Chinesen schwierig, sich auf die andere ausländische Kultur einzustellen. Oftmals nutzt man die Beschäftigung bei ausländischen Firmen, um sich Kenntnisse über Technologie und Management anzueignen und dann zu einem chinesischen Unternehmen zu wechseln oder sich selbständig zu machen.

4.6.3.6 Die Stellung Chinas im globalen Kontext

M 17: Anteil Chinas an der Weltproduktion

DVD-Player	80%		
Spielwaren	70%		
Fernsehgeräte	(2000)		(2002)
1. China	45 Mio	1. China	58 Mio
2. Korea	17 Mio	2. Türkei	12 Mio
3. Malaysia	10 Mio	3. Malaysia	9 Mio
Kühlschränke	(2000)		
1. China	12,7 Mio		
2. USA	12,5 Mio		
3. Italien	6,9 Mio		
Stahlproduktion	(2000)		(2004)
1. China	127 Mio t	1. China	271 Mio t
2. Japan	106 Mio t	2. Japan	112 Mio t
3. USA	101 Mio t	3. USA	99 Mio t

Bewertungen
Die chinesische Sicht
China ist das bisher erfolgreichste Entwicklungsland, dem es gelang, aus eigener Kraft in immer mehr Bereichen die Industriestaaten einzuholen. In einzelnen Technologien wie der Weltraumtechnologie (Trägerraketen, Satelliten) hat China zu den wenigen führenden Industriestaaten aufgeschlossen. Vielfach müssen die westlichen Industriestaaten den freien Handel beschränken, um ihre Industrie vor der qualitativ gleichwertigen, preislich jedoch wesentlich günstigeren chinesischen Konkurrenz zu schützen. In der Zukunft wird China eine der führenden Wirtschaftsmächte der Welt sein.

Eine Sicht der westlichen Industriestaaten
Der Aufstieg Chinas ist bewundernswert. Grundlage sind Werte wie Fleiß, Einordnung und ein hoher Zukunftsoptimismus. Bei aller Bewunderung ist jedoch festzuhalten: der Aufstieg Chinas wäre ohne die enge Zusammenarbeit mit den westlichen Industriestaaten nicht möglich gewesen. Zwar kommt viel Kapital von ethnischen Chinesen aus Ost- und Südostasien, doch weiteres Kapital sowie fast die gesamte Technologie und das Managementwissen stammen von westlichen Industriefirmen, die es über Joint Ventures und eigene Unternehmen für China kostenlos ins Land brachten. China könnte außerdem die hohen Devisengewinne nicht erwirtschaften, die zum weiteren Wachstum dringend erforderlich sind, wenn nicht die westlichen Industriestaaten ihren Markt weit für chinesische Produkte öffnen.

Aufgaben:
1. Stellen Sie aktuelle Produktionsziffern Chinas zusammen (z. B. aus dem Fischer Weltalmanach), verdeutlichen Sie daraus die Bedeutung der Wirtschaftsmacht China im Weltmaßstab. Vergleichen Sie die aktuellen Werte mit den hier aufgelisteten. Welche Entwicklung lässt sich erkennen?
2. Welche Folgen hat die wirtschaftliche Entwicklung in China auf die Wirtschaftsentwicklung in Deutschland? Entwerfen Sie positive und negative Szenarien.

4.7 Kinder in Entwicklungsländern *(Berta Hamann)*

4.7.1 Einführung

Im Jahr 2006 waren von 6,6 Mrd. Menschen auf der Welt 1,9 Mrd. Kinder unter 15 Jahren, davon rund 1,7 Mrd. in Entwicklungsländern. Dort stellen sie ein Drittel der Bevölkerung (vgl. Tab. 4.7/1). Ihre Situation bestimmt nicht nur ihren eigenen Lebensweg, sondern prägt auch das Schicksal ihres Landes. Denn aus den Kindern von heute rekrutieren sich die Entscheidungsträger von morgen.

Darüber hinaus spricht dieses Thema in besonders affektivem Maße die Schüler an, weil ihre Generation im Fokus steht und die Lebenssituation dieser anderen Kinder vielfältige Rückbezüge auf das eigene Erfahrungsfeld geradezu generiert.

Tab. 4.7/1: Kinder unter 15 Jahren machen in den Entwicklungsländern einen hohen Anteil an der Bevölkerung aus. Er wird weiter wachsen, weil die Kinder bald in ein Alter kommen, wo sie selbst Kinder haben werden. Quelle: DSW-Datenreport (2006), 6.

	Bevölkerung in Mio. (2006)	Kinder unter 15 Jahren (in Prozent)
Welt	6.555	29
Industrieländer	1.216	17
Entwicklungsländer	5.339	32

Land	unter 15 Jahre (%)	15–65 Jahre (%)	über 65 Jahre (%)
Bolivien	39	57	4
Kongo (D.R.)	48	49	3
Pakistan	41	55	4
Deutschland	14	67	19

4.7.2 Didaktische Zielsetzung

Bei der Erarbeitung der Situation der Kinder in den Entwicklungsländern stehen für den Unterricht umfassende Materialien einer Vielzahl von nationalen und internationalen Hilfsorganisationen und Initiativen zur Verfügung. Sie wurden hier eingesetzt, denn die Lehrkraft kann über diese Adressen stets aktuelle Unterlagen erhalten. Allerdings sind diese kritisch zu bewerten, denn um Spendengelder zu akquirieren, vermitteln diese Organisationen ein stark negativ akzentuiertes Bild der Lebensbedingungen. Daher ist es wichtig, im Unterricht auch positive Lebensumstände und Entwicklungen als Kontrapunkt zu betonen.
Aus Platzgründen wurden aus der Vielzahl möglicher Themen solche ausgewählt, die von hoher Zukunftsrelevanz sind.

4.7.3 Didaktische Strukturierung

Die Materialien sind in ihrem Aufbau wie auch im Anspruchsniveau sowohl in der Sekundarstufe I als auch in der Sekundarstufe II einsetzbar. Sie sind in ihrer Darstellung so angelegt, dass sie nicht nur Fakten anführen, sondern gleichermaßen auch zu engagierten Diskussionen auffordern.

Für eine in sich logische und abgerundete Unterrichtssequenz werden pro Thema erst die negativen Aspekte behandelt, um dann mit Materialien zu Gegenmaßnahmen und zur Bekämpfung der bestehenden Situation einen hoffnungsvolleren Ausblick auf die Zukunft dieser Kinder vorzustellen. Hoffnungsvoller deshalb, weil den Schülerinnen und Schülern immer bewusst sein soll, dass die bisherigen Maßnahmen für eine Verbesserung der Lebensbedingungen nicht alle betroffenen Kinder erfassen können. Damit wird (in)direkt auch an die Schülerinnen und Schüler als künftige mündige Staatsbürger appelliert, das Los der gleichaltrigen Kinder und Jugendlichen in Entwicklungsländern effektiv zum Besseren mitzugestalten. Die Tatsache, dass in einer zunehmend globalisierten Welt mehr und mehr auch die Industrieländer von Problemen erfasst werden, wie sie sich real in den weniger entwickelten Ländern darstellen (z. B. verstärkte Armut), sollte Ansporn sein, engagiert für eine nachhaltige sozioökonomische Entwicklung dieser Einen Welt einzutreten.

Da die Themen keiner stringenten Anordnung unterworfen sind, bieten sich für die Verwendung der Materialien folgende Möglichkeiten an:

a) die gesamten Materialien in Form einer arbeitsteiligen Gruppenarbeit zu untersuchen und zu besprechen,
b) einzelne Materialien oder Materialblöcke als Bausteine in thematisch besonders akzentuierte Unterrichtseinheiten zu integrieren,
c) die Materialien im Rahmen eines Lernzirkels oder eines Projekts einzusetzen.

4.7.4 Materialien

M 1: Die Situation – Kinderarbeit

> Kinderarbeit ist nicht gleich Kinderarbeit. In den Entwicklungsländern ist ein Kind von Anfang an Teil der Lebens- und Arbeitsgemeinschaft. Schon ein kleines Kind kann einfache Arbeiten wie Viehhüten verrichten. Im Englischen wird daher zwischen „child labour" als Begriff für ausbeuterische, sozial [und seelisch] schädigende Kinderarbeit und dem primär als nicht ökonomisch definierten Begriff „child work" unterschieden. „Child work" wird als Teil kindlicher Sozialisation und der gemeinschaftlichen Einbindung des Individuums nicht grundsätzlich in Frage gestellt (1).
>
> „Kinderarbeit [in Entwicklungsländern] entfällt [...] sektoral vor allem auf die Landwirtschaft, den hauswirtschaftlichen Bereich und den Straßenverkauf, nur zu rund zehn Prozent auf die binnenmarkt- und exportorientierten Industriesektoren. Im verarbeitenden Gewerbe konzentriert sich Kinderarbeit [...] auf den informellen, kleinbetrieblichen Sektor, der staatlicher Inspektion nicht oder weniger zugänglich ist." (2)
>
> Als Hauptgrund für ausbeuterische Kinderarbeit werden die in der Regel niedrigeren Kosten genannt. Darüber hinaus werden Kinder wegen ökonomischer Faktoren im weiteren Sinne eingestellt: „Für den Arbeitgeber ist [Kinderarbeit] meist ein gutes Geschäft: Kinder lassen sich viel leichter ausbeuten. Da sie keine Sicherheiten haben, können sie nach Gutdünken des Unternehmers eingestellt und entlassen werden. Sie führen Aufgaben bereitwilliger aus als Erwachsene. Sie widersetzen sich weniger, und sie sind fast nie gewerkschaftlich organisiert." (3)
>
> 2002 arbeiteten weltweit über 210 Millionen Kinder unter 15 Jahren, davon rund 190 Millionen unter ausbeuterischen Bedingungen. Kinderarbeit ist im sub-saharischen Afrika am weitesten verbreitet, fast jedes dritte Kind arbeitet. In Asien arbeitet jedes fünfte, in Lateinamerika jedes 6. Kind. Zum Vergleich: in Industrieländern arbeitet jedes 50. Kind (4).
>
> Quellen: (1) nach KinderKulturKarawane (o. J.) [a], (2) Betz, J., (3) UNICEF Kinderhilfswerk der Vereinten Nationen (Hrsg.) (04/02), (4); Conein, S. (2001). - In: geographie heute 22, H. 196, S. 16 (4)

M 2: Kindheit im Steinbruch   Kindheit unter Tage

Kinderarbeit in Sambia: Die fünfjährige Anna (rechts) zerkleinert Tag für Tag in einem Schotterbetrieb Steine.

Foto : © dpa-bildfunk
Bildtext [gekürzt]: Nürnberger Nachrichten, 19.9.2003

Conrado schleppt einen 65 kg schweren Kohlensack in einem kolumbianischen Bergwerk. In diesen Stollen sinkt selbst nachts die Temperatur kaum unter 30 Grad. Zehn Stunden Arbeit sind üblich. Pro Woche verdienen die Kinder rund fünf Euro, manchmal zahlen die Minenbesitzer keinen Lohn, sondern geben den Kindern nur das Rauschgift Basuco.

Foto: © dpa-Fotoreport
Bildtext: WOCHENSCHAU I (2000), 23

M 3: Schuldknechtschaft und Sklaverei

Viele Formen von Kinderarbeit sind erzwungen. In Südasien ist die Schuldknechtschaft weit verbreitet: Um zu überleben, müssen sich arme Familien Geld bei betrügerischen Geldverleihern borgen. Deren Wucherzinsen lassen ihnen aber kaum eine Chance, die Schulden jemals abzuzahlen. Nicht selten müssen dann Eltern ihre Kinder für die Arbeit beispielsweise in Fabriken verpfänden. Mädchen und Jungen schuften dort unter sklavenähnlichen Bedingungen für geringen oder gar keinen Lohn, bis sie die Schulden getilgt haben. Oft dauert dies ein Leben lang, mitunter werden die Schulden gar an die nächste Generation vererbt. [...]
In Mauretanien werden immer noch Tausende Kinder in ein sklavenähnliches Leben hineingeboren. Obwohl seit über 20 Jahren verboten, arbeiten dort bis heute 400.000 Menschen aus Schwarzafrika wie Sklaven für ihre Berberherren. Ihre Kinder bleiben in lebenslanger Abhängigkeit von ihren Dienstherren und sind recht- und schutzlos deren Willkür ausgeliefert.

Quelle: UNICEF Kinderhilfswerk der Vereinten Nationen (Hrsg.) (04/02), 7

M 4: Kinderhandel – ein lukrativer Markt

„Kinderhandel ist ein riesiges Problem in Afrika", sagt Charles Kwenji von der Internationalen Organisation für Migration in Nairobi. Vor allem im Westen des Kontinents gebe es geradezu Handelsrouten, die meist von den ärmeren in die reicheren Länder führten (1). „Der Handel blüht", sagt dort eine westliche Diplomatin, „und er schlägt bereits das Geschäft mit Drogen." In armen Ländern wie Benin oder Mali etwa kaufen Händler bedürftigen Eltern ein Kind für umgerechnet rund 16 Euro ab. Für etwa 330 Euro verkaufen sie es in Gabun weiter. Dort wird es mit geändertem Namen eine unbezahlte Arbeitskraft. (2)

Das UN-Kinderhilfswerk schätzt die Zahl der betroffenen Kinder auf etwa 200 000 im Jahr. „Der Hauptgrund für Kinderhandel ist die Armut", sagt Kwenji. Häufig sei den Eltern nicht bewusst, was ihren Kindern in der Fremde passiert. Die meisten Kinder werden mit großzügigen Versprechungen gelockt, etwa die Aussicht auf Schulbildung, vor allem aber auf einen guten Job. „Menschen, denen es schlecht geht, sind leicht zu verführen", sagt Kwenji. Jungen werden häufig auf Baumwoll- oder Kakaoplantagen eingesetzt. Wenn sie überhaupt bezahlt werden, dann meist deutlich schlechter als erwachsene Arbeiter, heißt es in einem Bericht von Human Rights Watch. Sie schlafen in Sammelunterkünften und werden oft körperlich misshandelt. Mädchen hingegen arbeiten häufig bei reicheren Familien im Haushalt. Viele von ihnen enden als Prostituierte (3).

Quellen: (1; 3) nach *Koltermann, U.* (2003). – In: Nürnberger Nachrichten, 19.9.2003
(2) *Passenheim, A.* (2002). – In: Nürnberger Nachrichten, 30.7.2002

M 5: Maßnahmen gegen Kinderarbeit

Initiativen in Entwicklungsländern

MANTHOC ist eine Basisbewegung von arbeitenden Kindern und Jugendlichen, die in zehn peruanischen Provinzen agiert. In dieser Bewegung, die 1976 unter Mithilfe der Christlichen Arbeiterjugend gegründet wurde, schließen sich arbeitende Kinder zusammen, um sich organisiert besser für die eigenen Rechte einsetzen zu können – würdige Arbeitsbedingungen und die Anerkennung einer vertretbaren Kinderarbeit (1). Wegen der strukturellen Probleme des Landes – etwa die Hälfte der Bevölkerung lebt unterhalb der Armutsgrenze (2) – müssen Kinder mitverdienen. Neben der finanziellen Notwendigkeit gibt es aber auch einen kulturellen Aspekt. Eltern erachten es als ihre Pflicht, Kinder arbeiten zu lehren. Und für die Kinder ist das Mitarbeiten eine Alltäglichkeit. Sie selbst beurteilen ihr Arbeiten als positiv: Wenn man arbeitet, hängt man nicht herum, man ist weniger der Gefahr von Drogen ausgesetzt, man hat einen gewissen Verdienst ... (3)

MANTHOC ist in Nachbarschaftsgruppen organisiert, die auf Selbsthilfe und gegenseitigem Zusammenhalt basieren. Wenn eines der arbeitenden Kinder krank wird, sehen sich die anderen Kinder dieser Gruppe in der Verantwortung, für dessen Familie mit aufzukommen. Sie lernen marktwirtschaftliches Denken und Handeln: Als Zusammenschluss von Straßenverkäufern können sie beispielsweise vom Grossisten bessere Preise heraushandeln, dadurch ihre Gewinne steigern und damit ihre Arbeitsstunden reduzieren (4). Auf politischer Ebene setzt sich MANTHOC für eine Sozialversicherung für arbeitende Kinder ein und engagiert sich darin, dass jede Stadt gemäß offiziellem peruanischem Kodex eine Kinderrechtsverteidigungsstelle einrichtet (5).

Aber auch Schulbildung ist ein großes Anliegen von MANTHOC. Der Lehrplan wurde in großen Teilen von den Kindern selbst erstellt und ist auf den Alltag der arbeitenden Kinder abgestimmt. Anstelle in Klassen gehen die Kinder in „Kreise", je nach Bildungsgrad und unabhängig vom Alter. Erst wenn das Lernpensum eines Kreises erfolgreich abgeschlossen wurde, wechselt man zum nächsten.

Die Bewegung MANTHOC sieht sich in ihrem Engagement bestätigt: Ihre Mitglieder haben sicherere Arbeitsstellen und finden für ihre Arbeit Anerkennung. Die schulischen Leistungen fast aller beteiligten Kinder verbesserten sich. Viele Kinder tragen durch ihre verbesserten Einkünfte zur Steigerung des Lebensstandards ihrer Familien bei. In den Slums von Lima gelten Mitglieder von MANTHOC als Vorbild und Ansporn, es ihnen gleich zu tun (6).

Quellen: (1; 4; 6) Shine-a-light. Internationales Netzwerk für Straßenkinder (o. J.), [deutsche Übersetzung durch die Autorin]
(2) Der Fischer Weltalmanach 2007 (2006), S. 386
(3) Katholische Kirche Schweiz, Katholischer Mediendienst (3.6.2002)

Presseerklärung der arbeitenden Kinder und Jugendlichen von Bolivien, März 1998 [gekürzt]

„Die soziale, politische und wirtschaftliche Lage unseres Landes hat in den letzten Jahren dazu geführt, dass wir Kinder zusammen mit unseren Familien viele Situationen und Herausforderungen erleben. Es ist heute nicht möglich so zu leben, wie wir gerne leben würden und wie andere Kinder leben. […] Unsere Familien haben mit verschiedenen Formen von Armut und Ausgrenzung zu kämpfen. […]

Wir klagen an, dass die Regierung und die Gesellschaft nichts tun, um uns zu helfen, diese Situationen zu überwinden. Sie machen sie nur noch schlimmer. Die Ärmsten bleiben arm oder werden noch ärmer. Deshalb fühlen wir Kinder uns verpflichtet, nach Lösungen zu suchen, nach Möglichkeiten, zu überleben, unseren Eltern zu helfen, unseren Geschwistern und uns selbst, indem wir lernen, zu arbeiten […].

Wir arbeitenden Jungen, Mädchen und Heranwachsenden klagen an, dass viele Erwachsene diese Situation ausnutzen. Die Leute sehen uns als unnormale Kinder an und manchmal haben wir den Eindruck, wir sind ihnen lästig. Sie lassen uns arbeiten und zahlen dann manchmal nicht. Sie behandeln uns schlecht und versuchen uns zu übervorteilen. Oft sind wir von den Arbeitgebern physisch und moralisch misshandelt worden: Zu niedrige, ungerechte Löhne. Wir mussten über die gewöhnlichen Zeiten hinaus arbeiten, sind misshandelt und missbraucht worden, haben gefährliche Arbeiten ausführen und Angriffe auf unsere persönliche Würde erfahren müssen.

Deshalb erbitten wir arbeitenden Mädchen, Jungen und Heranwachsenden:
– Respekt gegenüber unserer Arbeit. Wir müssen arbeiten, aber ohne Risiken für unser Wohlergehen einzugehen. Wir lehnen die ausbeuterischen und erniedrigenden Arbeiten ab. […] Wir wollen uns selbst und unseren Familien in dieser schwierigen Situation helfen.
– Wir brauchen Unterstützung durch Gesetze, die Gesellschaft, die Autoritäten, die Institutionen, von unserer Familie, damit keiner unsere Situation ausnutzt und wir Formen finden, ohne das Risiko zu leben, bei der Arbeit ausgebeutet zu werden. […]

Wir erbitten von den Autoritäten und von Ihnen allen, dass Sie nicht weiter glauben, wir seien die Zukunft des Landes, sondern dass wir die Gegenwart sind, und dass Sie uns nicht mit Mitleid und Resignation begegnen, sondern uns als Personen mit eigenen Vorstellungen und Würde sehen. Deshalb sind wir die Kinder und Jugendlichen, die heute Veränderungen und Lösungen einfordern und nicht erst morgen. Und wir sagen Ihnen auch, dass wir weiter von unserem Arbeitsplatz aus für das kämpfen werden, was wir für alle bolivianischen Kinder und die der Welt für gerecht und angemessen halten.

„Ja zur Arbeit. Nein zur Ausbeutung von Kindern!"

Arbeitende Mädchen, Jungen und Heranwachsende von Cochabamba, März 1998

Quelle: KinderKulturKarawane (o. J.) [b]

Internationale Abkommen gegen Kinderarbeit

2000 trat die Konvention 182 der International Labour Organisation (ILO) über das Verbot und die Beseitigung der schlimmsten Formen der Kinderarbeit in Kraft, wobei die Bezeichnung „Kind" alle Personen unter 18 Jahren erfasst (Artikel 2) (1).
Im Folgenden werden einige besonders markante Regelungen vorgestellt.

Das Abkommen untersagt
1) alle Formen von Sklaverei oder sklavenähnliche Praktiken wie Kinderverkauf, Kinderhandel, Schuldknechtschaft, Leibeigenschaft, Zwangsarbeit einschließlich der Zwangsrekrutierung von Kindern zum Einsatz bei bewaffneten Konflikten.
2) Heranziehung, Vermittlung oder Anbieten eines Kindes zur Prostitution, zur Herstellung von Pornographie oder für pornographische Darstellungen.
3) Heranziehung, Vermittlung oder Anbieten eines Kindes zu ungesetzlichen Tätigkeiten, insbesondere für die Herstellung von oder den Handel mit Drogen [...].
4) Arbeit, die ihrer Natur nach oder auf Grund der Umstände, unter denen sie verrichtet wird, für die Gesundheit, die Sicherheit oder die Sittlichkeit von Kindern schädlich ist (Artikel 3).

Jeder Mitgliedsstaat verpflichtet sich
1) Zugang zu [...] kostenloser Grundbildung und wenn möglich und angebracht, zu beruflicher Weiterbildung für all die Kinder zu gewährleisten, die aus ausbeuterischen Arbeitsverhältnissen herausgeholt wurden.
2) die besondere Situation von Mädchen zu berücksichtigen (Artikel 7).

Quelle: International Labour Organisation (1999), [dtsch. Übersetzung durch die Autorin]

M 6: Thema Straßenkinder

Straßenkinder sind ein weltweites Phänomen. Verlässliche Angaben über ihre Zahl gibt es nicht, doch sind es viele Millionen.
Die wenigsten Kinder, die dauerhaft auf der Straße leben, sind solche, deren Eltern gestorben oder in Kriegswirren verschollen sind oder einfach nicht mehr in der Lage waren, für sie zu sorgen und sie deshalb aussetzten. Viel häufiger sind es die Kinder selbst, die den Kontakt zu den Familien abgebrochen haben, meist als Reaktion auf Gewalt oder Missbrauch. Etwa ein Drittel der Straßenkinder sind Mädchen, zwei Drittel Jungen.

Quelle: nach terre des hommes

Leben auf der Straße
Pedro lebt auf den Straßen der Hauptstadt von Guatemala. Er trägt fast seinen gesamten Besitz am Leib. Einige wenige Habseligkeiten hat er in einem Abwasserkanal versteckt: ein Kartenspiel, ein Paar Socken, ein zweites Hemd. So wie Pedro leben viele Straßenkinder. Um irgendwie zu überleben, verkaufen sie Bonbons oder Zeitungen, waschen Autoscheiben, sammeln Lumpen, tragen Lasten, betteln, stehlen oder suchen im Müll nach Essbarem. Viele Straßenkinder schließen sich zu Banden zusammen. Die Gruppe dient nicht nur als Familienersatz, sie hat auch einen Schutzfunktion gegen Gefahren von außen.
Auf der einen Seite erleben die Kinder ein Gefühl von Freiheit, erlernen Durchsetzungsvermögen und Selbstbewusstsein. Auf der anderen Seite verursacht die täglich erlebte Gewalt bei den Kindern Misstrauen, Scheu, Unsicherheit, Hass und Gewalt.
Wer sich nur schlecht ernähren kann, wird schneller krank. Zudem haben viele Straßenkinder keinen regelmäßigen Zugang zu sauberem Wasser. Die Folge: erhöhte Anfälligkeit für Krankheiten wie Tuberkulose, chronische Erkältungen, Durchfall und Hautkrankheiten. Viele Straßenkinder konsumieren regelmäßig Drogen, das Klebstoffschnüffeln ist verbreitet. Hunger, Schmerzen, selbst Angstzustände und Depressionen werden betäubt. Der Drogenkonsum ist auch ein Grund für die zahlreichen Unfälle, bei denen Straßenkinder oft schwere Verletzungen erleiden.
Abends versammeln sich Straßenkinder oft in kleinen Gruppen, um auf dem Bürgersteig, in Baustellen, Grünanlagen und Geschäftseingängen, vor Lagerhallen, Fabriken oder Kirchen ihr Lage aufzuschlagen. Häufig sind sie nachts davon bedroht, von Banden oder durch die Polizei überfallen, beraubt, verprügelt oder verjagt zu werden.

Maßnahmen zur Reintegration von Straßenkindern: Private Initiativen
In vielen Ländern gibt es private, sehr oft kirchliche, Organisationen, die sich um Straßenkinder kümmern. Sie versuchen, diesen Kindern nicht nur ein ökonomisch wie sozial und psychisch gesichertes Zuhause zu geben, sondern sie auch für die Zukunft zu rüsten. Die meisten Organisationen arbeiten in einem überschaubaren Maßstab, erreichen damit aber nur eine verhältnismäßig kleine Zahl von Kindern.

Ein Beispiel aus Südostasien:
40 bis 50 Straßenkinder haben durch die Organisation Krousar Thmey („Neue Familie") nicht nur ein Dach über dem Kopf gefunden. Hier können sie Lesen, Schreiben und Rechnen lernen. Und sie werden medizinisch betreut. Jeden Morgen beginnt der Unterricht mit einer Gesprächsrunde, in der Sorgen und Probleme der Kinder aufgegriffen werden. Das ist wichtig, um Erfahrungen und Ängste der Kinder in Worte zu fassen und so zu verarbeiten.
Etwa 300 Kinder wurden bisher im Zentrum aufgenommen. Ein Drittel davon konnte wieder in die eigene Familie integriert werden. Wichtig ist allerdings, dass sie auch dort weiter betreut werden, damit der Kreislauf von Armut, Gewalt und Flucht auf die Straße nicht von Neuem beginnt.

Quelle: nach terre des hommes. Wandzeitung «Straßenkinder der Welt» (6/2004)

M 7: Thema Kindersoldaten

Geraubte Kindheit

Rund 300.000 Kinder werden derzeit in über 30 Konflikten weltweit als Soldaten missbraucht, allein 120.000 kämpfen in Afrika.

Für die Kommandeure sind diese Kinder eine ideale Verstärkung, und – je länger ein Konflikt dauert – manchmal auch die letzte Reserve. Sie bekommen kaum Sold, sind gehorsam und begreifen oft die Gefahr noch nicht, in die sie sich begeben. Deshalb werden sie auch an vorderster Front eingesetzt: Die Kinder werden gezwungen, Dörfer zu überfallen, um Lebensmittel zu beschaffen. Sie müssen sich an Straßensperren als Erste verdächtigen Autos nähern oder werden als Vorhut über vermintes Gelände geschickt. Auch als Leibwache sind Kinder beliebt. Die Kommandanten wissen, dass sie oft bis zum Letzten kämpfen. Kinder werden aber auch als Träger, Boten oder Köche eingesetzt. UNICEF schätzt, dass in West- und Zentralafrika bis zu 40 Prozent der Kindersoldaten Mädchen sind. Sie müssen ständig sexuelle Übergriffe fürchten. Vergewaltigungen oder Zwangsehen mit einem der Anführer sind in den Truppen die Regel.

Viele Kindersoldaten werden zwangsrekrutiert und oft mit brutaler Gewalt zum Kämpfen gebracht. Rekrutierungstrupps kommen in die Dörfer und nehmen Kinder mit in ihre Camps – oder sie greifen Straßenkinder auf. Um sie gefügig zu machen, werden die Kinder systematisch unter Drogen gesetzt. Manche Milizenchefs zwingen sie dazu, Angehörige und Nachbarn umzubringen, um ihre Hemmschwelle zu zerstören und die Kinder an die Truppe zu fesseln.

Doch nicht immer ist Zwang nötig: Für manche Kriegswaisen reicht schon die Aussicht auf regelmäßiges Essen und einen gewissen Schutz, um sich den Truppen anzuschließen (1). Kinder sind auch leicht verführbar: Kleinwaffen sind die Massenvernichtungswaffen der heutigen Kriege. Sie sind billig, unverwüstlich, leicht zu transportieren und zu bedienen – kinderleicht. Schon Zehnjährige können mit einem Gewehr wie der Kalaschnikow AK-47 das Töten lernen (2). In den Händen dieser Heranwachsenden ist die Kalaschnikow nicht nur eine Überlebensgarantie, sondern auch ein Werkzeug, um Macht auszuüben.

Ein Neuanfang nach der Entlassung oder einer Flucht ist für ehemalige Kindersoldaten schwer. Sie leiden unter ihren seelischen Wunden – und unter denen, die sie anderen zugefügt haben. Viele Kinder sind apathisch oder aggressiv, teilweise ein Leben lang traumatisiert (3).

Die Zeugenaussage eines 14-jährigen Mädchens, das von der Rebellenbewegung RUF in Sierra Leone im Januar 1999 verschleppt wurde: „Ich habe gesehen, wie Menschen die Hände abgeschnitten wurden, wie ein 10-jähriges Mädchen vergewaltigt wurde und dann starb, und wie so viele Männer und Frauen lebendig verbrannt wurden ... So oft habe ich in mein Herz still geweint, weil ich nicht laut zu weinen wagte (4)." – „Manchmal hatte ich das Gefühl, das bin gar nicht ich, der alle diese furchtbaren Dinge tut. Ich fühlte mich wie von Dämonen beherrscht", sagt James aus Liberia, der mit sechs Jahren von einer Rebellentruppe rekrutiert wurde. „Aber ich weiß: Ich war es selbst, und ich erinnere mich daran mit Entsetzen."

Oft haben die Mädchen und Jungen jede Bindung an ein normales Familienleben verloren. Es fällt ihnen schwer, die relative Sicherheit der Truppe gegen eine ungewisse Zukunft ohne eine wirkliche Aufgabe und ohne Hoffnung auf ein regelmäßiges Einkommen zu tauschen. Denn die meisten haben viele Jahre des Schulbesuchs verpasst und besitzen keinerlei Berufsausbildung außerhalb des Militärs (5).

Quellen: (1;3;5) nach UNICEF Kinderhilfswerk der Vereinten Nationen (Hrsg.) (12/03), 7
(2) nach UNICEF Kinderhilfswerk der Vereinten Nationen (Hrsg.) (02/00), 1
(4) Coalition to Stop the Use of Child Soldiers (2001), [dtsch. Übersetzung durch die Autorin]

Maßnahmen zur Integration der Kindersoldaten: Demobilisierung und Reintegration von Kindersoldaten

Um Kinder aus den kämpfenden Truppen zu befreien, verhandelt UNICEF häufig intensiv mit den Kriegsparteien. Die Kinder finden dann zunächst in Übergangsheimen Aufnahme. Hier werden sie betreut, können etwas lernen oder eine Berufsausbildung beginnen. Um die Mädchen und Jungen wieder zu integrieren, arbeitet UNICEF eng mit den Dorfgemeinschaften zusammen. Besonders wichtig ist es [...], ehemalige Kindersoldaten nicht zu bevorzugen und sie dadurch erneut zu stigmatisieren. Stattdessen werden durch die Unterstützung von Dorfzentren oder durch zusätzliches Unterrichts- und Sportmaterial die Lebensbedingungen aller Kinder im Dorf verbessert.

In Sierra Leone führten 2002 von UNICEF unterstützte Verhandlungen zwischen Regierung und Rebellen zur Demobilisierung von 6.800 Kindersoldaten. Fast alle konnten [...] wieder mit ihren Familien zusammengeführt werden. Im Februar 2001 entließ die Sudanesische Volksbefreiungsarmee (SPLA) fast 5.000 Kindersoldaten. UNICEF unterstützte auch hier die Heimkehr der Kinder und half ihnen, ein neues Leben aufzubauen. Im Kongo wurden bereits mehrere Hundert Ex-Kindersoldaten aus Regierungstruppen und Rebellenorganisationen freigelassen. UNICEF unterstützt Übergangszentren für diese Kinder sowie Kinderschutz-Netzwerke in den Dörfern. Sie setzen sich für die Wiedereingliederung der Mädchen und Jungen ein und kümmern sich um Kinder, die von einer erneuten Rekrutierung bedroht sind.

Quelle: UNICEF Kinderhilfswerk der Vereinten Nationen (Hrsg.) (12/03), 11

M 8: Thema AIDS und Kinder

AIDS: – eine soziale Katastrophe
Während es in den meisten Industrieländern durch massive Aufklärung gelungen ist, die Ausbreitung von AIDS einzudämmen und teilweise auch zurückzudrängen, hat sich AIDS insbesondere in Afrika zu einer der größten sozialen Katastrophen in der Geschichte des Kontinents entwickelt. Über 70 Prozent der HIV-Infizierten weltweit leben in den Ländern südlich der Sahara. Dort droht die Immunschwächekrankheit ganze Gemeinden zu zerstören und mühsam errungene Entwicklungserfolge zunichte zu machen. Rund 90 Prozent der weltweit infizierten Kinder leben auf dem afrikanischen Kontinent. Auch in Asien fordert die Krankheit immer mehr Opfer.

– Kinder und Jugendliche sind besonders betroffen. Fast fünf Millionen Kinder unter 15 Jahren sind bereits an der Krankheit gestorben. Die Hälfte der Infektionen entfällt auf die Altersgruppe der 15- bis 24-Jährigen.
– AIDS macht eine immer größere Zahl von Kindern zu Waisen. Bis 2003 haben bereits 14 Millionen Kinder und Jugendliche unter 15 Jahren die Mutter, Vater oder beide Elternteile durch die Immunschwächekrankheit verloren. Jedes Jahr werden über 1,6 Millionen Kinder zu Waisen.
– Der wirksamste Schutz sind Aufklärung und Information. Aber gerade in vielen der besonders betroffenen Länder wird die AIDS-Epidemie immer noch tabuisiert.

Folgen von AIDS für Kinder
Kindersterblichkeit: In Botswana erreichten 2001 von 1000 Kindern 110 nicht das fünfte Lebensjahr, 1995 waren es noch 52. Schätzungen gehen davon aus, dass in Botswana zwei Drittel der heute 15-Jährigen an AIDS sterben werden.

Kinder ohne Lehrer: In Teilen Afrikas ist jeder fünfte Lehrer infiziert. Manche Länder mussten bereits ihre Bildungsausgaben kürzen, da die knappen Mittel für den Kampf gegen AIDS gebraucht werden. Dadurch werden die Bildungsfortschritte der vergangenen Jahrzehnte zunichte gemacht. Die wichtige Rolle, die die Schulen bei der AIDS-Aufklärung übernehmen müssten, wird weiter geschwächt.

AIDS-Waisen: Wenn die Eltern erkranken, sind es meist die Kinder, die die Kranken pflegen und nun zusätzlich für ihre Geschwister sorgen müssen. In den afrikanischen Ländern werden Kinder, die ihre Eltern verloren haben, traditionell von Verwandten oder anderen Familien im Dorf aufgenommen. Angesichts des Ausmaßes der Katastrophe sind Angehörige oder die Dorfgemeinschaft zunehmend überfordert. Sie nehmen die Waisen zwar auf, doch diese werden unter dem Druck der Armut immer schlechter versorgt. Untersuchungen belegen, dass AIDS-Waisen häufiger mangelernährt und schlechter medizinisch betreut werden. Außerdem ist der Prozentsatz der Kinder, die nicht zur Schule gehen, bei Waisen wesentlich höher als bei Kindern, deren Eltern noch leben.

Wenn die betroffenen Kinder weder bei Angehörigen noch bei Nachbarn unterkommen können, müssen sie sich alleine durchschlagen. Ihnen bleibt nichts anderes übrig, als ihre Schulbildung abzubrechen und zu arbeiten, um sich und ihre Geschwister zu ernähren (1).

Mit dem Verlust der Elterngeneration gehen zudem nicht nur deren tradiertes Wissen, sondern auch kulturelle und soziale Werte verloren.

Quelle: (1) UNICEF Kinderhilfswerk der Vereinten Nationen (Hrsg.) (01/03), 1-6 [gekürzt]

Maßnahmen gegen AIDS
Aufklärung: Nur rückhaltlose Aufklärung vor allem für die junge Generation durchbricht das Tabu um AIDS und die Ansteckungswege. Nur wenn es gelingt, ihr Sexualverhalten zu ändern, kann die AIDS-Ausbreitung gestoppt werden. Für viele Heranwachsende ist es schwierig, über Sexualität und Partnerschaft zu sprechen. Wenn diese Diskussion von Gleichaltrigen angestoßen wird, fällt es den Jugendlichen oft leichter, darüber zu reden. In zahlreichen Ländern gibt es Programme zur so genannten „Peer to Peer Education". Jugendliche organisieren dabei Diskussionen und Aufklärungsveranstaltungen für ihre Altersgenossen, beispielsweise in Jugendclubs. Die Aufklärungsprogramme sollen insbesondere die Mädchen ansprechen und ihr Selbstbewusstsein stärken. In Rollenspielen wird „richtiges" Verhalten geübt, d.h. die Kunst, „Nein" zu sagen. Uganda erzielte mit breit angelegten Informationskampagnen einen deutlichen Rückgang der HIV-Verbreitung.

Überlebenshilfe für AIDS-Waisen: UNICEF stärkt in vielen Ländern die Gemeinden, damit sie sich trotz der bereits extremen Belastung durch die AIDS-Epidemie selbst um Waisen und kranke Kinder kümmern können. Mit Kleinkrediten können Gemeindemitglieder zusätzliches Land bebauen, um die Nahrungsmittelversorgung der Waisen zu sichern. Oder sie bauen kleine Betriebe auf, mit deren Gewinn zum Beispiel dringend benötigte Medikamente gekauft werden. Lokale Organisationen in den Dörfern lernen, wie sie zum Beispiel einfache Tagesstätten für Waisen und andere Kinder aufbauen können. In den Kindertagesstätten werden Kinder zwischen zwei und fünf Jahren den ganzen Tag über betreut, so dass die älteren Geschwister zur Schule gehen können. Die Kinder erhalten in den Tagesstätten regelmäßige Mahlzeiten und werden medizinisch versorgt. UNICEF fördert außerdem Alternativen zur Unterbringung von Waisen in Heimen. Pflegeeltern, die ein Kind oder eine Gruppe von Kindern aufnehmen, erhalten Hilfe durch Sozialarbeiter sowie finanzielle Unterstützung.

Quelle: UNICEF Kinderhilfswerk der Vereinten Nationen (Hrsg.) (01/03), 8-11 [gekürzt]

M 9: Thema: Mädchen – der diskriminierte Teil der Kinder

Mädchen – das benachteiligte Geschlecht

Vor der Geburt
In manchen Ländern (z.B. Indien, China) wird verbotenerweise das Geschlecht des Kindes im Mutterleib bestimmt. Falls der Fötus ein Mädchen ist, wird er nicht selten abgetrieben - man wünscht sich einen Jungen. (Das führt dazu, dass in einigen Gegenden ein starker Männerüberschuss herrscht).

Bei der Geburt
In manchen Ländern Asiens lässt man das Mädchen nach der Geburt sterben oder tötet es sogar – eine neue Chance, einen Sohn zu bekommen.

Erste Lebensjahre
Um Mädchen wird sich viel weniger gekümmert - das verschlechtert ihre Überlebenschancen bei Krankheiten. Selbst wenn sie überleben, sind sie körperlich anfälliger als Jungen.

Schulzeit
In fast allen Ländern besteht Schulpflicht. Aber viele Eltern schicken ihre Töchter nur kurz zur Schule. Dafür müssen sie im Haushalt helfen, unter anderem auf die Geschwister aufpassen. Vielfach findet man Mädchen sogar auf Arbeitsstellen. Weil Mädchen weniger gebildet sind, haben sie im harten Wettbewerb um qualifizierte Arbeitsplätze viel geringere Chancen.

Frühe Heirat
„Ein Mädchen groß ziehen bedeutet, fremder Leute Gärten bewässern" sagt ein chinesisches Sprichwort. In fast allen Ländern verlassen Mädchen bei der Heirat die Familie - sie gehören dann zur Familie des Mannes. Oft versucht man die Kosten für Mädchen dadurch gering zu halten, dass man sie früh verheiratet. (Das ist meist verboten, geschieht aber auf den Dörfern trotzdem).

Frühe Mutterschaft
Wenig gebildet, früh verheiratet, bekommen die Mädchen zu bald Kinder. Dadurch haben sie fast keine Möglichkeiten mehr, voran zu kommen.

Mädchen – ihre Situation bessert sich

Schulzeit
Indien und China sind zwei Länder mit zusammen 2,5 Mrd. Menschen, in denen die traditionelle Kultur Frauen benachteiligte. Aber in beiden Staaten hat sich die Lage wesentlich verbessert. Mädchen erhalten in zunehmender Zahl eine qualifizierte Ausbildung, dadurch stehen ihnen auch gut bezahlte Stellen offen. Das gilt nicht nur für die Absolventinnen der Universitäten, sondern auch für die Mädchen, die eine handwerkliche Ausbildung absolvierten. Im Iran, um nur ein weiteres Land zu nennen, machen Mädchen heute gut die Hälfte aller Studierenden aus.

Frauen als Erwerbstätige
Zunehmend sind Frauen als erfolgreiche Geschäftsleute tätig. Banken geben Frauen gerne Kredite, weil sie als zuverlässig gelten. In vielen Firmen finden immer mehr Mädchen eine Beschäftigung, die ihnen ein eigenes Einkommen sichert – sie sind nicht mehr allein vom Ehemann abhängig. Auch im Iran führte ein wirtschaftlicher Aufstieg dazu, dass verstärkt weibliche Arbeitskräfte eingestellt werden.

Frauen sorgen für Mädchen
Hat eine Frau erst einmal eine bezahlte Tätigkeit außerhalb des Haushalts aufgenommen, wird sie auch in ihrer Ehe viel selbständiger. Oftmals setzen nun Frauen durch, dass Mädchen zur Schule gehen können - die entscheidende Voraussetzung zur Verbesserung ihrer Zukunft.

	1998		2004	
	männlich	weiblich	männlich	weiblich
China	9	25	5	13
Indien	33	57	27	52
Iran	18	33	16	30
Niger	78	93	47	85
Elfenbeinküste	47	64	39	61
Mexiko	7	11	8	10
Brasilien	16	16	12	11
Peru	6	16	7	18

Anzahl der Analphabeten in Prozent
(Quelle: Der Fischer Weltalmanach 2001, 2007)

Bildung für Mädchen – noch immer in weiter Ferne

83 Prozent aller Mädchen, die keine Schule besuchen, leben in Afrika südlich der Sahara, Südasien, Ostasien oder in der Pazifikregion.
Für die fortdauernde Benachteiligung der Mädchen gibt es viele Gründe, darunter regionale und kulturelle Widerstände, wie z. B.:
– Die Armut der Familie diktiert eine Kosten-Nutzen-Abwägung. Zum Überleben ist die Familie oft auf die Mitarbeit der Tochter auf dem Feld, im Haus oder auch in fremden Haushalten angewiesen. Besonders gilt dies in Gesellschaften, in denen bis heute die Vorstellung vorherrscht, Frauen hätten nicht das Recht auf bezahlte, qualifizierte Arbeit. Wenn nicht alle Kinder zur Schule gehen können, werden in aller Regel Jungen bevorzugt.
– Vielfach ist Schulbesuch mit Schulgebühren gekoppelt – die Entscheidung für den Schulbesuch fällt meist zu Ungunsten der Mädchen aus.
– Im kulturellen Selbstverständnis vieler Länder spielt die Heirat eine Schlüsselrolle im gesellschaftlichen Ansehen: So verhindert oftmals die Befürchtung der Eltern, dass Bildung womöglich die Heiratschancen der Töchter vermindern könnte, den Schulbesuch.
– Häufig ist es auch der Mangel an sauberen Toiletten in den Schulen, der Mädchen vom Unterricht abhält. Dies gilt insbesondere für ältere Mädchen nach ihrer ersten Menstruation.
– Auch die Sorge, dass die Mädchen auf dem Weg oder in der Schule sexuell belästigt werden oder anderen Formen der Gewalt ausgesetzt sind, trägt dazu bei, dass Mädchen zu Hause bleiben.
Ein gewichtiges Hindernis für die Mädchenbildung liegt des Weiteren im oft eher mangelnden Engagement der Regierungen und Politiker, ausreichend in die Grundbildung zu investieren:
– Bildung wird bis heute zu oft als Luxus oder als „etwas Gutes" betrachtet, aber nicht als Recht, das jedem Kind zusteht.
– Angesichts des Kampfes um knappe Ressourcen in den Staatshaushalten bleibt die Bildung häufig auf der Strecke.
– Entwicklungsprogramme zielen nach wie vor verstärkt nur auf wirtschaftliche Erfolge ab. Wie sehr gut ausgebildete Frauen zur Entwicklung eines Landes beitragen, wird zu oft ignoriert: Die Kindersterblichkeit sinkt, je länger die Mütter zur Schule gehen. Frauen mit Schulbildung heiraten meist später, bekommen weniger Kinder und können diese besser versorgen. Bildung schützt Mädchen vor Diskriminierung, Ausbeutung und Gefahren wie AIDS.

Quelle: nach UNICEF Kinderhilfswerk der Vereinten Nationen (Hrsg.) (11/03), 1–5

Maßnahmen zur Beseitigung der Diskriminierung von Mädchen
Programme für Mädchenbildung

Der Schlüssel zum Erfolg vieler Programme ist, dass Verbesserungen der Unterrichtsangebote und innovative Ansätze stets den Bedürfnissen der Kinder und ihrer Familien in den Ländern angepasst sein müssen. Einige Beispiele:
– Afrikanische Initiative für Mädchenbildung – ein Zusammenschluss verschiedener afrikanischer Staaten, Geberländer und UN-Organisationen 1997: Zwischen 1997 und 2001 stiegen die Einschulungsraten für Mädchen am deutlichsten in Guinea (um 15%), Senegal (12%) und Benin (9%).
– Bangladesch: Die Bildungskurse von BRAC (Bangladesh Rural Advance Committee) sprechen gezielt Mädchen an, die arbeiten müssen. Der Stundenplan ist flexibel. Er umfasst an sechs Tagen pro Woche je zwei Stunden Unterricht. Die Zeit dafür bestimmen die Eltern – z. B. abhängig von den Erntezeiten. Das erfolgreiche Konzept hat sich so schnell ausgebreitet, dass es heute über 1 Mio. Schülern zugute kommt. Fast 97 Prozent der Lehrer in den BRAC-Schulen sind Frauen.
– Guatemala: Das Programm der „Neuen Interkulturellen Zweisprachigen Schule" (NEUBI) gründet sich auf die aktive Einbeziehung der Kinder – überwiegend Mädchen und Jungen aus den unter Diskriminierung und sozialer Benachteiligung leidenden Maya-Familien. Die Lehrer unterrichten auch Sprache und Kultur der Maya, die in der Schule bisher ignoriert wurden. Wenn sich die Unterrichtssprache von der Muttersprache unterscheidet, ist dies für Mädchen besonders schwerwiegend, denn oft haben sie über die Familie hinaus kaum Außenkontakte und können so dem Unterricht kaum folgen. Ergebnis von NEUBI sind unter anderem eine Abschlussrate, die über dem nationalen Durchschnitt liegt, und eine hohe Einschulungsrate bei den Mädchen.

Quelle: nach UNICEF Kinderhilfswerk der Vereinten Nationen (Hrsg.) (11/03), 8–11

Sonderfall: Genitale Verstümmelung von Mädchen
Jedes Jahr werden rund zwei Millionen Mädchen an ihren Geschlechtsorganen beschnitten. Das sind fast 6.000 am Tag. Insgesamt betroffen sind schätzungsweise 130 Millionen Mädchen und Frauen in 28 Ländern Afrikas sowie in einigen Ländern Asiens (z. B. Indonesien, Malaysia und Indien) und des Mittleren Ostens (z. B. Jemen, Oman). [Zum Zeitpunkt der Beschneidung sind] die meisten von ihnen [...] zwischen vier und acht Jahre alt. Die Eingriffe reichen von der Abtrennung der Vorhaut bis hin zur Entfernung der Klitoris und der kleinen Schamlippen. Bei der extremsten Form der Verstümmelung – Infibulation genannt – werden auch die großen Schamlippen beschnitten und anschließend bis auf eine maiskorngroße Öffnung mit Dornen, Nadeln oder Fäden verschlossen. Die Prozedur wird in der Regel ohne Betäubungsmittel mit Rasierklingen, Messern oder Glasscherben und fast ausschließlich durch traditionelle Geburtshelferinnen oder Beschneiderinnen vorgenommen (1). Sie genießen in ihren Heimatdörfern hohes Ansehen. Aber auch in Krankenhäusern werden Mädchen beschnitten: Untersuchungen in Ägypten ergaben, dass dort 60 Prozent der Beschneidungen mittlerweile von Ärzten durchgeführt werden – obwohl die Mädchenbeschneidung in Ägypten verboten ist und der Eingriff eindeutig dem ärztlichen Ethos widerspricht (2).
Die Qualen, die Mädchen während des Eingriffs ertragen müssen, sind nur der Anfang lebenslangen Leids. Viele Mädchen sterben bei dem Eingriff durch Verbluten oder an einer Blutvergiftung, andere leiden unter schweren Blutungen und Infektionen. Chronische Entzündungen und lebensgefährliche Komplikationen bei Geburten sind oft die Folge. Hinzu kommt der Verlust der sexuellen Empfindungsfähigkeit (3).
Die Begründungen für das Beschneidungsritual sind unterschiedlich [...], abhängig von der geographischen Region und ethnischen Zugehörigkeit. Sie beruhen meist auf traditionellen Überzeugungen, sozialen Normen und überlieferten Mythen. Beschneidung hängt zudem eng mit den insgesamt niedrigeren sozialen Status von Frauen in den betroffenen Ländern zusammen, der sich auch in geringeren Bildungschancen für Mädchen oder Zwangsverheiratung widerspiegelt. Nach Jahrhunderte alter Überlieferung steht die Beschneidung der weiblichen Genitalien für Sauberkeit, Treue und Ehre.
In vielen Ländern ist das Beschneidungsritual unabdingbarer Schritt für die Aufnahme in die Gemeinschaft. Oft wird das Beschneidungsritual von festlichen Zeremonien begleitet. Unbeschnittene Mädchen haben dort kaum eine Chance zu heiraten (4).

Quellen: (1; 3) nach UNICEF Kinderhilfswerk der Vereinten Nationen (Hrsg.) (03/00), 4
(2; 4) *Kuhn, H.* (2003) [in Auszügen]

Wissen ist der Schlüssel für Veränderung
Bis 2003 hatten 14 afrikanische Staaten Gesetze gegen Mädchenbeschneidung erlassen. Dabei reicht das Strafmaß von Geldstrafen bis zu Haftstrafen zwischen sechs Monaten und lebenslänglich. Offizielle Verbote allein sind aber nicht ausreichend, da in vielen Ländern die Praxis der Genitalverstümmelung tief in gesellschaftlichen und religiösen Traditionen verwurzelt ist. UNICEF führt deshalb in den betroffenen Ländern Aufklärungs- und Informationskampagnen durch. UNICEF mobilisiert dazu Persönlichkeiten des öffentlichen Lebens aus Politik, Religion und Gesellschaft.
Im Artikel 24 der UN-Kinderrechtskonvention verpflichten sich die Vertragsstaaten darauf, wirksame Maßnahmen zu treffen, um überlieferte Bräuche wie Beschneidung, die der Gesundheit der Kinder schaden, abzuschaffen. Im Abschlussdokument des Weltkindergipfels [von 2002] haben die Teilnehmerstaaten sich zum Ziel gesetzt, Mädchenbeschneidung bis zum Jahr 2010 weltweit zu beenden.

Beispielland Senegal
Gemeinsam mit der Nichtregierungsorganisation TOSTAN führt UNICEF im Senegal ein breit angelegtes Bildungsprogramm für Mädchen und Frauen durch – mit großem Erfolg: In den letzten Jahren haben rund 1400 Dorfgemeinschaften, die an dem Programm beteiligt waren, offiziell die Abschaffung des traditionellen Ritus deklariert. In den Regionen mit den niedrigsten Einschulungsraten von Mädchen ist der Beschneidungsritus am weitesten verbreitet. Hier sollen mit Unterstützung durch UNICEF den Mädchen in neu aufgebauten oder „wiederbelebten" Dorfschulen neben Lesen und Schreiben lebensnahe Inhalte wie Gesundheit und Hygiene, Menschenrechte und berufliche Fertigkeiten vermittelt werden. Die Lehrerinnen der Kurse kommen in der Regel aus den Dörfern, in denen sie die Grundbildungskurse abhalten. Sie wurden von den Bewohnern gewählt, an den Schulungen teilzunehmen und geben ihr erworbenes Wissen als Multiplikatorinnen an die Frauen in ihren Dörfern weiter.
UNICEF bestärkt die Familien darin, ihre Kinder in die Schule zu schicken. Hierfür stellt UNICEF auch Schulstipendien zur Verfügung. Darüber hinaus soll eine Informationskampagne zum Thema „Menschenrechte" in den öffentlichen Medien dazu beitragen, die Stellung nicht beschnittener Frauen in der Gesellschaft zu verbessern. In die Initiative werden die religiösen Führer und Entscheidungsträger des Dorfes eingebunden.

Quelle: *Kuhn*, 2003

Literatur zu Kapitel 3 und 4

Abraham Maria (2006): This isn't Africa. - In: Sunday Hindustan Times, 16. April, S. 5.
Ackerman, Holly (1996): The Balsero Phenomenon, 1991-1994. - In: Cuban Studies/Estudios Cubanos, 26. Miami. S. 169–200.
Ajyar, Shankkar (2005): The National Rural Employment Guarantee Scheme. - In: India Today, 12. September, S. 46–48.
Al Farsy, Fouad (1999): Modernity and Tradition - the Saudi Equation. St. Peter Port/Cambridge.
Ammerl, Thomas (1997): Untersuchungen zu Bodenerosion in einem landwirtschaftlich intensiv-genutzten Gebiet in der Provinz Ciudad de La Habana/Cuba. Würzburg.
Ammerl, Thomas / Delgado, Javier / Valdivia, Isabell (2003): Report on the development of the intensity of land use in the province Ciudad de La Habana. - In: CAESAR – First scientific annual report for the European Commission. München.
Ammerl, Thomas / Hasdenteufel, Peter / Mateo, José / Del Risco, Yoel (2004): Ökonomische Landschaftsbewertung durch Potentialbestimmung und aktuelle Immobilienpreise als Basis einer nachhaltigen Umweltpolitik in der Provinz Ciudad de La Habana/Kuba. München. S. 1–22 (Mitteilungen der Geographischen Gesellschaft in München Band 87).
Ammerl, Thomas (2006): Aktuelle Stadt- und landschaftsökologische Probleme in Havanna und Lösungsansätze durch staatliche Raumordnung, Umeltpolitik bzw. kommunale partizipation. München (Münchener Geographische Abhandlungen A 57).
Anhut, Reimund (1990): Grenzen entwicklungspolitischer Intervention. Der Politikdialog in den Ernährungsstrategien. Wiesbaden.
Alianza Social Continental (Hrsg.): Lessons from NAFTA: The High Cost of „Free" Trade. Ottawa.
Ayubi, Nazih (2002): Politischer Islam. Religion und Politik in der arabischen Welt. Freiburg/Br. – Basel – Wien.
Badrinath, K. (1994): Berstendes Bombay. (Südasien 8).
Bähr, Jürgen / Mertins, Günter. (1995): Die lateinamerikanische Groß-Stadt. Verstädterungsprozesse und Stadtstrukturen. Darmstadt. (Erträge der Forschung 288)
Banco Central de Chilc (1990): Cuentas Nacionales de Chile 1974–1985. Santiago.
Banco Central de Chile (1994): Cuentas Nacionales de Chile 1985–1992. Santiago.
Banco Central de Chile (1997): Compendio Mercosur. Santiago.
Banco Central de Chile (2000): Indicadores de Comercio Exterior. Octubre 1999. Santiago.
Banco Central de Chile (2007a): Producto interno bruto por clase de actividad ecconómica, a precios constantes.
Banco Central de Chile (2007b): Producto interno bruto, precios constantes.
Barth, Hans Karl (1986): Mali. Eine geographische Landeskunde. Darmstadt.
Barth, Hans Karl / Schliephake, Konrad (1998): Saudi Arabien. Gotha.
Barthel, Günter (2001): Die kleinen arabischen Golfländer – Ökonomisches Wachstum kontra Abhängigkeit? - In: Petermanns Geographische Mitteilungen 145, H. 2, S. 22–27.
Baume, Otfried / Ammerl, Thomas / Hasdenteufel, Peter / Mateo, José (2005): Aktuelle landschaftsökologische Untersuchungen in der Provinz Ciudad de La Habana/Kuba. - In: GEOÖKO XXVI. S. 95–111.
Bauriegel, Gerd (2003): Tafeltrauben für den Weltmarkt: Ein Fallbeispiel aus dem Kleinen Norden Chiles. - In: *Struck, Ernst* (Hrsg.): Ökologische und sozioökonomische Probleme in Lateinamerika, Passau. S. 87–96 (Passauer Kontaktstudium Erdkunde 7).
Bee, Anna (2000): Globalization, grapes and gender: Women's work in traditional and agro-export production in northern Chile. - In: The Geographical Journal 166, H. 3, S. 255–265.
Beier, Christoph (1991): Neuere Regionalplanungsansätze in der VR China – untersucht am Beispiel der Region Jinhua, Provinz Zhejiang. Bremen. (Bremer Beiträge zur Geographie und Raumplanung 21).
Berndt, Christian (2007): Frontera/Borderlands – Labor einer Welt in Bewegung. In: Geographische Rundschau 59, 1, S. 20–27.
Betz, Joachim (2000): Kinderarbeit in Entwicklungsländern. -In: Politik und Zeitgeschichte 17/18, S. 21–29.
Bhattachariya, Satarupa (2006): Children of a Lesser God.- In: India Today, 27. November.
Bichsel, Ulrich / Kunz, Rudolf (1982): Indien, Entwicklungsland zwischen Tradition und Fortschritt. Frankfurt a. M./Aarau.
Bichsel, Ulrich / Kunz, Rudolf (1985): Segregation as a Structural Feature of North Indian Settlements.- In: India: Culture, Society and Economy. New Delhi.
Bichsel, Ulrich (1986): Periphery and Flux: Changing Chandigarh Villages. Bern. (Geographica Bernensia G26).
Bitterli, Urs (1991): Die 'Wilden' und die 'Zivilisierten'. Grundzüge einer Geistes- und Kulturgeschichte der europäisch-überseeischen Begegnung. München.

Bliss, Frank (2005): Tadschikistan braucht einen Kurswechsel – In: E+Z Entwicklung und Zusammenarbeit, Nr. 2/2005, S. 72–74.
Blumenschein, Markus (2001): Landnutzungsveränderungen in der modernisierten Landwirtschaft in Mato Grosso, Brasilien. Tübingen. (Tübinger Geographische Studien 133).
Bohle, Hans-Georg (1999): Grenzen der Grünen Revolution in Indien. - In: Geographische Rundschau 51, S. 111–117.
Bohle, Hans Georg (2001): Neue Ansätze der geographischen Risikoforschung. Ein Analyserahmen zur Bestimmung nachhaltiger Lebensabsicherung von Armutsgruppen. - In: DIE ERDE 2, S. 119–140.
Bohle, Hans Georg / Krüger, Fred (1992): Perspektiven geographischer Nahrungskrisenforschung. - In: Die Erde 4, S. 257–266.
Böhn, Dieter (1987): China. Volksrepublik China, Taiwan, Hongkong und Macao. Stuttgart.
Böhn, Dieter (1988): Wertwandel und Raumwirksamkeit in der Volksrepublik China - In: Praxis Geographie 18, H. 6, S. 6–10.
Böhn, Dieter (2001): Die Volksrepublik China. - In: Der asiatisch pazifische Raum. Berlin.
Böhn, Dieter (2003a): Aufbruch der Bauern. Chinas ländlicher Raum zwischen agrarischer Rückständigkeit und industrieller Zukunftsorientierung. - In: geographie heute 211/212, S. 52–56.
Böhn, Dieter (2003b): Natürliche Ressourcen - In: *Staiger, Brunhild / Friedrich, Stefan / Schütte, Hans-Wilm* (Hrsg.): Das große China-Lexikon. Darmstadt. S. 534–536.
Böhn, Dieter (2004): „China, die kommende Weltmacht". China im Selbst- und Fremdbild - In: geographie heute 223, S. 35–39.
Böhn, Dieter (2005): China zwischen Wachstumsdynamik und sozialen Verwerfungen - In: Praxis Geographie, H. 1/2005, S. 4–9.
Böhn, Dieter / Müller, Johannes (1997): Volksrepublik China. Gotha.
Böhn, Dieter / Müller, Johannes (1998): Volksrepublik China. Gotha. (Folienband mit umfangreichen Erläuterungen).
Bollig, Michael (1996): Resource Management and Pastoral Production in the Epupa Project Area (The Kunene drainage system from Swartbooisdrift to Otjinungwa). - In: PJTC, 1996. Windhoek.
Bollig, Michael (2000): Production and exchange among the Himba of Northwestern Namibia. In: *Bollig, Michael / Gewald, Jan-Bart* (Hrsg.): People, cattle and land, transformations of a pastoral society in Southwestern Africa. Köln. S. 271–298.
Börsch, Dieter / Brameier, Ulrich / Von der Ruhren, Norbert (1992): Entwicklungsländer. Köln.
Borsdorf, Axel / Bähr, Jürgen / Janoschka, Michael (2002): Die Dynamik stadtstrukturellen Wandels in Lateinamerika im Modell der lateinamerikanischen Stadt. - In: Geographica Helvetica 57, H. 4, S. 300–310.
Borsdorf, Axel (2004): Landflucht als Teil der Mobilitätstransformation. Das Beispiel Lateinamerika. - In: Praxis Geographie 34, H. 7-8, S. 9–14.
Brandt, Hartmut (1983): Ernährungsprogramme in den Ländern des Sudan-Sahel-Raumes. Berlin. (DIE Berlin 62).
Brandt, Hartmut (1984): Ernährungssicherungsprogramme in den Ländern des Sudan-Sahel-Raums. - In: Berichte über Landwirtschaft, Zeitschrift für Agrarpolitik und Landwirtschaft 62, H. 3, S. 447–461.
Brassel, Frank (1994): Gandhis Erben: Indien in der Krise. Bonn.
Brauns, Thorsten / Scholz, Ulrich (1997): Shifting cultivation – Krebsschaden aller Tropenländer? -In: Geographische Rundschau 49, H. 1, S. 4–10.
Bronger, Dirk (1995): Die Siedlungsformen: Dörfer, Städte, Metropolen. - In: Rothermund, Dietmar: Indien. Kultur, Geschichte, Politik, Wirtschaft, Umwelt. München.
Bronger, Dirk. (1996a): Megastädte. - In: Geographische Rundschau 48, H. 2, S. 74–81.
Bronger, Dirk (1996b): Indien: Grösste Demokratie der Welt zwischen Kastenwesen und Armut. Gotha.
Bronger, Dirk (1997): Megastädte – Global Cities. -In: *Feldbauer, Peter / Husa, Karl / Pilz, Erich / Stacher, Irene* (Hrsg.): Mega-Cities. Die Metropolen des Südens zwischen Globalisierung und Fragmentierung, Wien, S. 12–21 (Historische Sozialkunde 12). Frankfurt a. M.
Bühn, Klaus (1998): Entwicklungsländer. Köln. (Klausur- und Abiturtraining Geographie 2).
Burchardt, Hans-Jürgen (1996): Kuba – Der lange Abschied von einem Mythos. Stuttgart.
Carranza Valdés, Julio / Urdaneta Gutierrez, Luis L./ Monreal González, Pedro (1995): Cuba – La reestructuración de la economía – una propuesta para el debate. La Habana.
Carriazo Moreno, G. (1994): Cambios estructurales en la agricultura cubana: la cooperativización. - In: Economía Cubana. Boletín Informatívo 3, H. 18, S. 14–29.
Castro Ruz, Fidel (1991): Presente y futuro de Cuba. Entrevista concedida a la revista Siempre! La Habana.
Census of India 1991, Table C-6, Part IV.
Census of India 1991, Fertility Tables.
Census of India 2001.1, A Series: General Population Tables.
Census of India 2001.2, B Series: General Economic Tables.
Census of India 2001.3, C Series: Social and Cultural Tables.

Census of India 2001.4, F Series: Fertility Tables.
Census of India 2001.5 (2006): Population Projections for India and States 2001–2026.
Census of India (2006): Sample Registration System (SRS) Bulletins, Vol. 41, No 1.
CEPAL (1999): Anuario estadístico 1998. Santiago.
Chen, Guidi / Wu, Chungtao (2006): Zur Lage der Chinesischen Bauern. Frankfurt a. M.
Child Labor India (2000). (www.indianchild.com/child_labor_india.htm).
China aktuell (Zeitschrift des Instituts für Asienkunde), verschiedene Jahrgänge.
China Statistical Yeabook (verschiedene Jahrgänge): Peking.
Coalition to Stop the Use of Child Soldiers (2001): Global Report. Child Soldiers: An Overview.
Conein, Stephanie (2001): Kinderarbeit. Wie und warum Kinder weltweit arbeiten. - In: geographie heute 22, H. 196, S. 16–19.
Coricelli, Fabrizio (Hrsg.) (1998): New theories in growth and development. Hampshire.
Coy, Martin (1988): Regionalentwicklung und regionale Entwicklungsplanung an der Peripherie in Amazonien. Probleme und Interessenkonflikte bei der Erschließung einer jungen Pionierfront am Beispiel des brasilianischen Bundesstaates Rondônia. Tübingen. (Tübinger Geographische Studien 97).
Coy, Martin / Lücker, Reinhold (1993): Der brasilianische Mittelwesten. Wirtschafts- und sozialgeographischer Wandel eines peripheren Agrarraumes.Tübingen (Tübinger Geographische Studien 108).
Coy, Martin (1998): Sozialgeographische Analyse raumbezogener nachhaltiger Zukunftsplanung. - In: *Heinritz, Günter / Wiessner, Reinhard / Winiger, Matthias* (Hrsg.): Nachhaltigkeit als Leitbild der Umwelt- und Regionalentwicklung in Europa. Stuttgart. S. 56–66. (51. Deutscher Geographentag Bonn 1997. Tagungsbericht und wissenschaftliche Abhandlungen 2).
Coy, Martin (1999): Städtischer Strukturwandel und Planung an der brasilianischen Peripherie. Das Beispiel Cuiabá. - In: Trialog – Zeitschrift für das Planen und Bauen in der Dritten Welt 61, H. 2, S. 37–43.
Coy, Martin / Krings, Thomas (2000): Umweltveränderungen und Politische Ökologie in Entwicklungsländern. Einleitung. - In: *Blotevogel, Hans Heinrich /Ossenbrügge, Jürgen / Wood, Gerald* (Hrsg.): Lokal verankert – weltweit vernetzt. Stuttgart. S. 396–399. (52. Deutscher Geographentag Hamburg 1999. Tagungsbericht und wissenschaftliche Abhandlungen).
Coy, Martin (2001): São Paulo. Entwicklungstrends einer brasilianischen Megastadt. - In: Geographica Helvetica, 56, H. 4, S. 274–288.
Coy, Martin / Zirkl, Frank (2001): Handlungsfelder und Lösungsansätze nachhaltiger Stadtentwicklung in der Dritten Welt. Beispiele aus Brasilien. - In: Petermanns Geographische Mitteilungen, 145, H. 5, S. 74–83.
Coy, Martin / Neuburger, Martina (2002a): Aktuelle Tendenzen im ländlichen Raum Brasiliens. - In: Petermanns Geographische Mitteilungen, 146, H. 5, S. 74–83.
Coy, Martin / Neuburger, Martina (2002b): Brasilianisches Amazonien. Chancen und Grenzen nachhaltiger Regionalentwicklung. - In: Geographische Rundschau 54, H. 11, S. 12–20.
Coy, Martin / Pöhler, Martin (2002a): Gated communities in Latin American megacities: case studies in Brazil and Argentina. - In: Environment and Planning B: Planning and Design 29, S. 355–370.
Coy, Martin / Pöhler, Martin (2002b): Condomínios fechados und die Fragmentierung der brasilianischen Stadt. Typen – Akteure – Folgewirkungen. - In: Geographica Helvetica 57, H. 4, S. 264–277.
Coyula Cowley, Mario (1997): Medio ambiente urbano y participación popular (MAU/PP) en Cuba: contexto nacional. -In: *Camacho, L. E.* (Hrsg.): Quienes hacen ciudad? Ambiente urbano y participación popular. Cenca: Ediciones SIAP, S. 123–150.
Coyula Cowley, Mario (2002): The Havana of January. - In: *Scarpaci, Joseph L. / Segre, Roberto / Mario Coyula*: Havana. Two faces of the Antillean Metropolis. S. 89–130. Chapel Hill.
Crandall, David (1991/1992): The Importance of Maize among the OvaHimba. -In: Namibia Scientific Society Windhoek 43, S. 7–17.
Davidson, Basil (1966): Afrika. Geschichte eines Erdteils. Frankfurt.
Der Fischer Weltalmanach. Verschiedene Jahrgänge. Frankfurt am Main.
DER SPIEGEL (11.10.2004): Geburt einer Weltmacht (Serie Teil 1), H. 42, S. 110–127.
Deutsche Stiftung Weltbevölkerung (2006): DSW-Datenreport 2006. Soziale und demographische Daten zur Weltbevölkerung. Hannover.
DICELPA (Directorio de la Industria Celulosa, Forestal, Madera y Papel) 1997, Santiago de Chile.
Dieterle, Gisela (2002): Die zentralasiatischen Republiken innerhalb der GUS. - In: Praxis Geographie 32, H. 1, S. 30–33.
Diez, Javier Revilla (1997): NAFTA. Regionalökonomische Auswirkungen der nordamerikanischen Freihandelszone. - In: Geographische Rundschau 49, H. 12, S. 688-697.
DIHK (Deutsch-Indische Handelskammer) (1996): Erfolgsstrategien für den indischen Markt. Düsseldorf.
Dittrich, Christoph (2000): Mythos Bangalore. Eine indische Metropole in der Globalisierungsfalle.- In: ded-Brief 2/3, S. 15–17.

Dittrich, Christoph (2003): Bangalore: Polarisierung und Fragmentierung in Indiens Hightech-Kapitale. - In: Geographische Rundschau 55, H. 10, S. 40–45.
Dittrich, Christoph (2004):Widerstand gegen das Narmada-Staudammprojekt in Indien. - In: Geographische Rundschau 12, S. 10–15.
Dittrich, Christoph (2005): Bangalore: Devided City under the Impact of Globalization. - In: Asian Journal of Water, Environment and Pollution, Vol. 2, No. 2, S. 23–30.
Domrös, Manfred (2004): Bevölkerungsexplosion versus Kindersegen - Indiens gesellschaftliches Dilemma. - In: Geographie heute, 221/222, S. 34–39.
Dreze, Jean/Amartya, Sen (1989): Hunger and public action. Oxford.
Dumont, Louis M. (1976): Gesellschaft in Indien: Die Soziologie des Kastenwesens. Wien.
Economic Survey 2005–2006 (2006): Government of India, Ministry of Finance: New Delhi.
Ehlers, Eckart. u. a. (Hrsg.) (1990): Der Islamische Orient. Grundlagen zur Länderkunde eines Kulturraumes. Köln.
Ehlers, Eckart (1996): Kulturkreise – Kulturerdteile – Clashes of Civilizations. Plädoyer für eine gegenwartsbezogene Kulturgeographie. - In: Geographische Rundschau 48, S. 338–345.
Elwert, Georg (1984): Hunger in der Dritten Welt – Krise der Subsistenzproduktion und Anti-Agrarpolitik. - In: *Fiege, Karin / Ramalho, Luiz* (Hrsg): Landwirtschaft = Hungerwirtschaft? Umbrüche und Krisen in den Agrarsystemen der Dritten Welt. Saarbrücken. S. 37–49. (ASA-Studien Bd. 1).
Endres, Alexandra / Fuchs, Martina (2007): Wissenserwerb durch Nähe? Das Beispiel der Volkswagenzulieferer in Mexiko. In: Geographische Rundschau 59, 1, S. 14–19.
Erling, Johnny (2002): China – der große Sprung ins Ungewisse. Freiburg.
Esser, Klaus et al. (1984): Weltwirtschaftliche Veränderungen – Implikationen für Lateinamerika. Deutsches Institut für Entwicklungspolitik. Berlin.
Facts and Statistics (1996): CubaNews (Miami Herald Publishing Co.), March: 4.
Falaturi, Abdoldjavad (1990): Der Islam und die Gemeinschaft der Muslime. - In: *Ehlers, Eckart* u.a. (Hrsg): Der Islamische Orient. Grundlagen zur Länderkunde eines Kulturraumes. Köln. S. 70–113.
FAO (2000): The State of Food and Agriculture. (www.fao.org/documents/show_cdr.asp?url_file=/docrep/008/a0050e/a0050e00.htm).
FAO (2005): State of the World's forests. (www.fao.org/forestry/fo/country).
FAO (2007): FAOSTAT/Trade. (www.faostat.org/site/535).
Faranda, Francesco et al. (Hrsg.) (1994): Application of the EULA Model in Chile on the Bíobío River Basin-Gulf of Arauco-San Vicente Bay System. Paris.
Fatheuer, Thomas (1997): Die Wiederkehr des Verdrängten. Agrarreform und soziale Bewegungen in Brasilien. - In: Lateinamerika. Analysen und Berichte 21: Land und Freiheit. Bad Honnef. S. 66–80.
Fernández Soriano, Armando (1997): Movimientos comunitarios, participación y medio ambiente. - In: Temas No.9/1997, S. 26–32.
Figueroa, Enrique Juan (1995): Cuba – La historia como condicionante del territorio. El caso de Cuba. Madrid.
Friedrich, Martin (1995): Hidrovia Paraná – Paraguai. Wirtschaftliche, soziale und ökologische Konsequenzen für das Pantanal und den Einzugsbereich des Oberen Rio Paraguai. - In: *Kohlhepp, Gerd* (Hrsg.): Mensch-Umwelt-Beziehungen in der Pantanal-Region von Mato Grosso/Brasilien. Beiträge zur angewandten geographischen Umweltforschung. Tübingen. S. 125–156. (Tübinger Geographische Studien 114).
Fromhold-Eisebith, Martina / Eisebith, Günter (1999): Technologieregion Bangalore. Neues Modell für innovationsorientierte Regionalentwicklung?- In: Geographische Rundschau 51, H. 3, S. 96–102.
Fuchs, Martina (2001): Ciudad Juárez - „Hauptstadt der Maquiladora". -In: Praxis Geographie 31, H. 9, S. 24–28.
Fuchs, Martina (2003): Globalisierung, Dependenzen und Abkoppelungen: Zur Verursachung von Armut in Mexiko. - In: Geographische Rundschau 55, H. 10, S. 20–25.
Fuchs, Peter (1985): Agrarsoziale Situation im Sahel. -In: DIE ERDE, H. 2–3, S. 169–175.
Fürtig, Henner (2003): Kleine Geschichte des Irak. München.
Gabriel, Erhard (2001): Der Ölfleck auf dem Globus. - In: Petermanns Geographische Mitteilungen, 145, H. 2, S. 6–11.
Gadamer, Hans-Georg (1960): Wahrheit und Methode. Grundzüge einer philosophischen Hermeneutik. Tübingen.
Gaebe, Wolf (2004): Urbane Räume. Stuttgart.
Gänßbauer, Monika (2004): „Die Lage der Bauern ist heute unser größtes gesellschaftliches Problem" - In: Das neue China 31, H. 3, S. 22–24.
Geertz, Clifford (1983): Dichte Beschreibung. Beiträge zum Verstehen kultureller Systeme. Frankfurt.
Gertel, Jörg (2002): Globalisierung und Metropolisierung. Kairos neue Unsicherheiten. - In: Geographische Rundschau 54, H. 10, S. 32–39.
Giese, Ernst (1997): Die ökologische Krise der Aralseeregion. Ursachen, Folgen, Lösungsansätze. - In: Geographische Rundschau 49, H. 5, S. 293–299.
Giese, Ernst / Bahro, Gundula / Betke, Dirk (1998): Umweltzerstörungen in Trockengebieten Zentralasiens (West- und Ost-Turkestan). Ursachen, Auswirkungen, Maßnahmen. Stuttgart. (Erdkundliches Wissen 125).

Giese, Karsten (2002): Mobilität und Migration in China - In: China aktuell, 04/02, S. 400–409, 05/02, S. 519–531.
Gnägi, Adrian (1991): Nous avons perdu le respect, mais la piti, n'est pas venue dans nos cœurs. Bern.
Gödde, Heinz (1994): Verstädterung in Indien.- In: Praxis Geographie, H. 7–8, S. 65–67.
Gomez Cruz, Manuel Àngel / Schwentesius-Rindermann, Rita (2003): NAFTA's Impact on Mexica Agriculture: An Overview. - In: Alianza Social Continental (Hrsg.): Lessons from NAFTA: The High Cost of „Free" Trade. S. 23–34
Goodman, Jordan Elliot (2003): Mittelschichten - In: *Staiger, Brunhild / Friedrich, Stefan / Schütte, Hans-Wilm* (Hrsg.): Das große China-Lexikon. Darmstadt. S. 505–506.
Gormsen, Erdmann (1995): Mexiko. Land der Gegensätze und Hoffnungen. Gotha.
Gormsen, Erdmann (1997): México-Stadt, faszinierende Monstruopolis. - In: Geographie und Schule 110, S. 20–29.
Grabowski, Richard (1999): Pathways to economic development. Cheltenham.
Gratius, Susanne (2002): Acht Jahre NAFTA: Vom Freihandelsabkommen zur Nordamerikanischen Gemeinschaft? - In: Brennpunkt Lateinamerika 15–02, S. 153–160.
Gwynne, Robert N. (1990): New horizons? Third world industrialization in an international framework. London, New York.
Hachette de la Fresnaye, Dominique / Morales, Gustavo (1996): Impactos regionales de Nafta y Mercosur. Santiago. (Serie Documentos de Trabajo Nr. 254. Centro de Estudios Públicos.).
Halbach, Uwe (1993): Weltpolitik und Eigenentwicklung im ehemals sowjetischen Zentralasien. - In: Draguhn, Werner (Hrsg.): Asien nach dem Ende der Sowjetunion. Die Auswirkungen des Zerfalls der sowjetischen Großmacht auf Politik, Gesellschaft und Wirtschaft der asiatischen Staaten. Hamburg. S. 45–60. (Mitteilungen des Instituts für Asienkunde Hamburg, 221).
Halm, Heinz (2000): Der Islam. Geschichte und Gegenwart. München.
Harms, Hans (2001): Probleme der Stadterneuerung in Kuba. - In: Kuba heute, S. 101–150.
Heberer, Thomas / Taubmann, Wolfgang (1998): Chinas ländliche Gesellschaft im Umbruch. Urbanisierung und sozio-ökonomischer Wandel auf dem Lande. Opladen/Wiesbaden.
Heim, Ute / Ratusny, Armin (2003): Edle Tropfen und Kartonwein: Historische Wurzeln und moderne Entwicklungstendenzen des Weinbaus in Chile und Argentinien. - In: *Struck, Ernst* (Hrsg.): Ökologische und sozioökonomische Probleme in Lateinamerika. Passau. S. 97–110. (Passauer Kontaktstudium Erdkunde Band 7).
Heine, Peter (2002): Schauplatz Irak. Hintergründe eines Weltkonflikts. Freiburg/Br.
Henkel, Knut (1996): Kuba zwischen Plan und Markt. Die Transformation zur „dualen Wirtschaft" seit 1985. Hamburg.
Henkel, Knut (2001): Hightech made in Cuba – ein Hoffnungsschimmer für die krisengeplagte Wirtschaft. - In: Kuba heute. S. 349–370.
Hermann-Pillath, Carsten / Lackner, Michael (Hrsg.) (1998): Länderbericht China. Bonn. (Bundeszentrale für politische Bildung 351).
Hersekovits, Melville J. (1926): The cattle complex in East Africa, - In: American Anthropology 28, S. 1–4, 230–272, 361–388, 494–528, 633–664.
Hindustan Times 16./17. April 2006.
Hoffmann, Bert (1996): Kubanische Comebacks. Bad Honnef. (Lateinamerika. Analysen und Berichte 20).
Hoffmann, Bert (2001): Außenpolitik, internationale Beziehungen und das Verhältnis zu den USA. Veränderungen und Kontinuitäten seit 1989. - In: Kuba heute, S. 153–191.
Hofmann, Michael (1988): Saudi-Arabien. Gekaufte Industrialisierung. Berlin. (Schriften, Deutsches Institut für Entwicklungspolitik 95).
Hoffmann, Rainer (2000): Geschichte - In: *Staiger, Brunhild* (Hrsg.): Länderbericht China. Darmstadt, S. 1–66.
Hoffmann, Thomas (2002a): Koran statt Kommunismus? - In: Geographie heute 23, H. 204, S. 35–37.
Hoffmann, Thomas (2002b): Mittelasien im Umbruch. - In: Geographie heute 23, H. 204, S. 30–33.
Horn, Karin (2005): Wohnen im stadtnahen ländlichen Raum Chinas - In: Praxis Geographie, H. 1, S. 28–31.
Human Development Report (2005). (www.undp.org/hdro.htm).
Huntington, Samuel P. (1993): The Clash of Civilizations? Foreign Affairs 72, H. 3, S. 22–49.
Huntington, Samuel P. (1996): Kampf der Kulturen. Die Neugestaltung der Weltpolitik im 21. Jahrhundert. München, Wien.
Hutton, John Henry (1980): Caste in India – Its Nature, Function and Origin. Mumbai.
Ibrahim, Fouad (1978): Desertification, ein weltweites Problem. - In: Geographische Rundschau, H. 3, S. 104–106.
Ibrahim, Fouad (1982): Die Rolle des Nomadismus im Desertifikationsprozess im Westsudan. In: *Scholz, Fred / Janzen, Jörg* (Hrsg): Nomadismus, ein Entwicklungsproblem? Berlin. S. 49–58. (Abhandlungen des Geogr. Inst. für Anthropogeographie 33).
Ibrahim, Fouad (1988): Viehhaltung bei den Hirsebauern der Sahelzone des Sudan – eine Überlebensstrategie. - In: DIE ERDE, Heft 4, S. 219–225.
Ibrahim, Fouad (1990): 35 Jahre Kontroverse: Sadd el-Ali – der Hochstaudamm von Assuan. - In: Praxis Geographie 9/90 S. 48–50 und 10/90, S. 54–56.
Ibrahim, Fouad (1992): Hunger am Nil. Die Überlebensstrategien der Fellachen von Beni Khalil, - In: Geographische Rundschau 44, H. 2, S. 12–16.

Ibrahim, Fouad (1996): Ägypten. Eine geographische Landeskunde. Darmstadt.
Ibrahim, Fouad / Ibrahim, Barbara (2003): Egypt. An Economic Geography. London.
IMBAS (1988): Indonesien – Irrweg Transmigrasi. Umsiedlung und Regionalplanung am Beispiel Ost-Kalimantan. Frankfurt/M.
Imhasly, Bernhard (2006): Abschied von Gandhi? Eine Reise durch das neue Indien. Freiburg im Breisgau.
India 1993 (1994): A Reference Annual. Government of India, Ministry of Information and Broadcasting: New Delhi.
India 2002 (2002): A Reference Annual. Government of India, Ministry of Information and Broadcasting: New Delhi.
India 2004 (2004): A Reference Annual. Government of India, Ministry of Information and Broadcasting. New Delhi.
INE (Instituto de Estadísticas) (verschiedene Jahrgänge): Compendio Estadístico; Boletín Estadístico Regional.
INE (Instituto Nacional de Estadísticas) (1998): VI Censo Nacional Agropecuario. Santiago.
INEGI (2002): Estados Unidos Mexicanos 2002.
INEGI (2003): Estados Unidos Mexicanos 2003.
INEGI (2003): Indicadores Sociodemográficos de México. 1930–2000. (www.inegi.gob.mx/est/contenidos/espanol/tematicos/mediano/)
INEGI (2005): Estadística de la Industria Maquiladora de Exportación. (www.dgcnesyp.inegi.gob.mx/cgi-win/bdieintsi.exe/Consultar).
INEGI (2005): Sector externo. (www.dgcnesyp.inegi.gob.mx/cgi-win/bdieintsi.exe/Consultar).
INEGI (2005): Inversión extranjera directa. (www.dgcnesyp.inegi.gob.mx/cgi-win/bdieintsi.exe/Consultar).
INEGI (2006): Instituto de Estadistica, Geografica e Informatica (2006): Verschiedene Datenbankabfragen unter www.inegi.gob.mx.
International Herald Tribune (1999): 24. September.
International Labour Organisation (1999): ILOLEX, the ILO's Database on International Labour Standards. (www.ilo.org/public/english/standards/ipec/ratification/convention/text.htm).
Iyer, Ramaswamy R. (2001): Water: Charting a Course for the Future.- In: Economic and Political Weekly March 31, S. 1115–1122
Jacobsohn, Margaret / Pickford, Beverly / Pickford, Peter (1998): Himba- Die Nomaden Namibias. Aktualisierte Ausgabe. Göttingen, Windhoek.
Jeffries, Ian (1990): A Guide to the Socialist Economies. London.
Johanson, Peter (2003): Konsum - In: *Staiger, Brundhild / Friedrich, Stefan / Schütte, Hans-Wilm* (Hrsg.): Das große China-Lexikon. Darmstadt, S. 391–392.
Kapila, Uma (2001): Understanding the Problems of Indian Economy. Ghaziabad.
Karger, Adolf (1978)(Hsg.): Sowjetunion. Fischer Länderkunde, Bd 9. Frankfurt.
Karger, Adolf (1979): Die Sowjetunion als Wirtschaftsmacht. Frankfurt a. M.
Katholische Kirche Schweiz, Katholischer Mediendienst (2002): Manthoc. Kampf für würdige Arbeitsbedingungen. (www.kath.ch/aktuell_detail.php?meid=8024).
KinderKulturKarawane (o. J.) [a]: Kinderarbeit. Definition, Daten, Diskussionsstand. (www.kinderkulturkarawane.de/Kinderarbeit/ka-basis.htm).
KinderKulturKarawane (o. J.) [b]: Presseerklärung der arbeitenden Kinder und Jugendlichen von Bolivien. (www.kinderkulturkarawane.de/Kinderarbeit/cochabam.html).
Kirsch, Julia (2002): Vergleichende Untersuchung des rechtlichen Rahmenwerks für eine nachhaltige Stadtentwicklung im Sinne der Habitat Agenda 1996 in den Metropolen Berlin und México D. F. Frankfurt a. M.
Ki-Zerbo, Joseph (1979): Die Geschichte Schwarzafrikas. Wuppertal.
Klenner, Wolfgang (2003): Industrialisierung - In: *Staiger, Brunhild /Friedrich, Stefan /Schütte, Hans-Wilm* (Hrsg.): Das große China-Lexikon. Darmstadt, S. 326–328.
Klute, Georg (1992): Die schwerste Arbeit der Welt. Alltag von Tuareg-Nomaden. München.
Kohlhepp, Gerd (1994): Raum und Bevölkerung. - In: *Briesemeister, Dietrich* et al. (Hrsg.): Brasilien heute. Politik – Wirtschaft – Kultur. Frankfurt am Main. S. 9–107.
Kohlhepp, Gerd (1998): Das internationale Pilotprogramm zum Schutz der tropischen Regenwälder Brasiliens. Globale, nationale, regionale und lokale Akteure auf dem Weg zu einer Strategie der nachhaltigen Entwicklung? - In: *Kohlhepp, Gerd / Coy, Martin* (Hrsg.): Mensch-Umwelt-Beziehungen und nachhaltige Entwicklung in der Dritten Welt. Tübingen. S. 51–86. (Tübinger Geographische Studien 119).
Kohlhepp, Gerd (2003): Brasilien – Schwellenland und wirtschaftliche Führungsmacht in Lateinamerika. Entwicklung – Strukturprobleme – Perspektiven. - In: *Kohlhepp, Gerd* (Hrsg.): Brasilien. Entwicklungsland oder tropische Großmacht des 21. Jahrhunderts? Tübingen. S. 13–55.
Kolb, Albert (1962): Die Geographie und die Kulturerdteile. - In: *Leidlmaier, Adolf* (Hrsg.): Hermann von Wissmann-Festschrift. Tübingen, S. 42–50.
Koltermann, Ulrike (2003): Wunsch nach einem Fahrrad führte in die Hölle. - In: Nürnberger Nachrichten, 19.9.2003, S. 3.
Krause, Richard Friedrich (1993): Orient, Naher und Mittlerer Osten. Die Begriffe im Wandel der Zeit. - In: Geographische Rundschau 45, S. 4–9.

Kreutzmann, Hermann / Stöber, Georg (2000): Fragmentierte Weltsichten. Kolbs Kulturerdteile und Huntingtons „Civilizations" in einer Globalgesellschaft. - In: *Blotevogel, Hans Heinrich / Ossenbrügge, Jürgen / Wood, Gerald* (Hrsg.): Lokal verankert – weltweit vernetzt. Stuttgart. S. 563–569. (52. Deutscher Geographentag Hamburg 1999, Tagungsbericht und Wiss. Abhandlungen).

Kreutzmann, Hermann (1997): Kulturelle Plattentektonik im globalen Dickicht. Zum Erklärungswert alter und neuer Kulturraumkonzepte. S. 413–423. (Internationale Schulbuchforschung 4).

Kreutzmann, Hermann (2002): Von der Modernisierungstheorie zum „clash of civilizations": Gemeinsamkeiten und Widersprüche strategischer Entwicklungsvorstellungen. -In: *Diekmann, Irene / Krüger, Peter / Schoeps, Julius H.* (Hrsg.): Geopolitik-Grenzgänge im Zeitgeist 1.2. Potsdam. S. 453–477.

Krings, Thomas (1985): Viehhalter contra Ackerbauern. Eine Fallstudie aus dem Nigerbinnendelta (Republik Mali). - In: DIE ERDE, Heft 2–3, S. 197–206.

Krings, Thomas (1986): Die Vorteile und Risiken von Pflugbau und Monokultur in den zentralen und südlichen Savannen der Republik Mali. - In: DIE ERDE, S. 201–216.

Krings, Thomas (1991): Nomaden und Staat in der Republik Mali. - In: *Scholz, Fred* (Hrsg.): Nomaden, Mobile Tierhaltung, Zur gegenwärtigen Lage von Nomaden und zu den Problemen und Chancen mobiler Tierhaltung. Berlin, S. 55–72.

Krings, Thomas (1997): Hunger und Nahrungskrisen – ein neues Feld der wirtschaftsgeographischen Entwicklungsländerforschung – mit einer Fallstudie aus Mali/Westafrika. - In: *Aufhauser, Elisabeth / Wohlschlägl, Helmut* (Hrsg): Aktuelle Strömungen in der Wirtschaftsgeographie, Beiträge zur Bevölkerungs- und Sozialgeographie 6. S. 26–36.

Kuhn, Helga (2003): Der Beschneidung ein Ende – Zur Arbeit von UNICEF. Aktuelle Informationen 2003, Heft 2 [on-line]. (www.djb.de/content.php/ai_2003-2f6.html).

Kundu, Amitabh (1993): In the Name of the Urban Poor. New Delhi.

Lachenmann, Gudrun (1985): Ökologie und Sozialstruktur im Sahel. - In: Afrika Spectrum Nr. 3. S. 201–229.

Lachenmann, Gudrun (1987): Ökologische Entwicklung zur Krise und Strategien angepasster Entwicklung im Sahel. - In: *Lutz, Burkart* (Hrsg): Technik und sozialer Wandel. Frankfurt. S. 390–405.

Lachenmann, Gudrun (1990): Ökologische Krise und sozialer Wandel in afrikanischen Ländern. Saarbrücken. (Spektrum Bd. 24).

Landy Frédéric (2002): L'Union Indienne. Nantes.

Lauth, Hans-Joachim (1993): Das Nordamerikanische Freihandelsabkommen NAFTA: Eine Kooperation ungleicher Partner. Konsequenzen und Perspektiven für Mexiko. - In: *Lauth, Hans-Joachim / Mols, Manfred* (Hrsg.): Integration und Kooperation auf dem amerikanischen Kontinent. Mainz. S. 173–202.

Leisinger, Klaus M. (1993): Hoffnung als Prinzip; Bevölkerungswachstum: Einblicke und Ausblicke. Basel, Boston, Berlin.

Leisinger Klaus M. (1999): Die sechste Milliarde: Weltbevölkerung und nachhaltige Entwicklung. München.

Leser, Hartmut (1982): Namibia. Stuttgart.

Lindner, Peter (1998): Innovator oder Rentier? Anmerkungen zu einem entwicklungstheoretischen Paradigma aus empirischer Perspektive: Das Beispiel Palästina. Erdkunde 52, S. 201–218.

Machetzki, Rüdiger (2002): Indonesien: das Ende der Dynamik? – Eine Gesellschaft auf der Suche nach Reformen. - In: Südostasien aktuell. Nov. 2002, S. 586–596.

Maddison, Angus (1997): Chinese Economic Performance in the Long Run. Genf (OECD Development Centre Studies).

Malan, Johan S. / Owen-Smith, Garth (1974): The Ethnobotany of Kaokoland. Cimbebasia, Ser. B, Vol. 2, S. 131–178.

Malan, Johan S. (1995): Peoples of Namibia. Pretoria.

Malik, Jan et al. (2001): Mexico City. Von dynamischer Suburbanisierung zur Stagnation? - In: Geographie und Schule 129, S. 15–19.

Maquet, Jacques / Ganslmayer, Herbert (1978): Die Afrikaner. München.

Marquetti Nodarse, Hiram (1997): La economía del dólar: balance y perspectivas. - In: Temas No.11/1997, S. 51–62.

Meissner, Bernd / Müller-Mahn, Detlef (2002): Die Megastadt Kairo im Satellitenbild. - In: Geographische Rundschau 54, H. 10, S. 52–53.

Mensching, Horst (1979): Desertifikation, ein geographisches Forschungsproblem. - In: Geographische Rundschau, S. 350–355.

Mensching, Horst (1986): Die Sahelzone. Köln. (Problemräume der Welt 6).

Mensching, Horst / Wirth, Eugen (1989) (Hrsg.): Nordafrika und Vorderasien. Frankfurt a. M.

Mertins, Günter (2003): Jüngere sozialräumlich-strukturelle Transformation in den Metropolen und Megastädten Lateinamerikas. - In: Petermanns Geographische Mitteilungen 147, H. 4, S. 46–55.

Messner, Dirk et al. (1991): Weltmarktorientierung und Aufbau von Wettbewerbsvorteilen in Chile. Das Beispiel der Holzwirtschaft. Berlin.

Meyer Murguía, Raúl (2003): Die jüngere Entwicklung der Automobil- und Atutomobilzulieferindustrie seit dem Bestehen der NAFTA. München.

Meyer, Günter (1988): Sozioökonomische Strukturen und Verflechtungen der Kleinindustrie in Kairo. - In: Würzburger Geographische Arbeiten, Nr. 70, S. 213–225.
Meyer, Günter (1989): Kairo. Entwicklungsprobleme einer Metropole der Dritten Welt. Köln. (Problemräume der Welt 11).
Meyer, Günter (1995): Arbeiterwanderungen in die Golfstaaten. - In: Geographische Rundschau 47, S. 423–428.
Meyer, Günter (1999): Gated Communities in Egypt. (www.geo.uni-mainz.de/gated-communities).
Mikus, Werner (1984): Die Industrie als Entwicklungsfaktor – zur Kontroverse von Entwicklungsstrategien mit Beispielen aus Peru. - In: Zeitschrift für Wirtschaftsgeographie 28, H. 3/4, S. 199–217.
Mikus, Werner (1990): Direkte Auslandsinvestitionen in Lateinamerika unter besonderer Berücksichtigung ostasiatischer Länder. - In: Zeitschrift für Wirtschaftsgeographie 34, H. 2, S. 86–100.
Mikus, Werner (1994): Wirtschaftsgeographie der Entwicklungsländer. Stuttgart, Jena.
Ministry of Environment and Tourism (MET) (2000) (Hrsg.): Namibia, North-West Region Tourism Master Plan, Volume 1, 2. Windhoek.
Ministry of Land, Resettlement and Rehabilitation (MLRR) (1999) (Hrsg.): Kunene Integrated Regional Land Use Plan 1999, Part 1, Prescription and Preliminary Zoning Proposal. Windhoek.
Mistelbacher, Jochen (2005): Urbanisierungsdynamik in Indien. Das Beispiel Delhi. - In: Geographische Rundschau 57, H. 10, S. 20ff.
Moreno-Brid, Juan Carlos / Rivas, Valdivia Juan Carlos / Santamaria, Jesús (2005): Mexico: Economic growth exports and industrial performance after NAFTA. Cepal Serie estudios y perspectivas 42. México D.F.
Müller, Hans Georg u. a. (2000): Entwicklungsländer. Abitur-Wissen. Freising.
Müller, Johannes (1997): Kulturlandschaft China. Gotha.
Müller, Volker / Lachenmann, Gudrun/ Krings, Thomas (1987): Fallbeispiel Republik Mali. SID Berlin, Arbeitskreis „Desertifikation/Pastoralismus".
Müller-Mahn, Detlef (2001): Ägyptens ländlicher Raum im Umbruch. - In: Geographische Rundschau, 54, H. 6, S. 4–10.
Neue Zürcher Zeitung: 20. September 1994; 22. Dezember 1995; 21. Juni 2000; 20. August 2001; 25. Februar 2002; 9./10. März 2002; 17. November 206; 15. Dezember 2006.
Nissel, Heinz (1999): Megastadtentwicklung, Globalisierung und Migration - Fallstudie Bombay. - In: *Husa, Karl / Wohlschlägl, Heinz* (Hrsg.): Megastädte der Dritten Welt im Globalisierungsprozeß. Mexico City, Jakarta, Bombay - Vergleichende Fallstudien in ausgewählten Kulturkreisen. Wien. S. 347–432. (Abhandlungen zur Geographie und Regionalforschung Bd. 6).
Nissel, Heinz (2004): Mumbai: Megacity im Spannungsfeld globaler, nationaler und lokaler Interessen. - In: Geographische Rundschau 56, H. 4, S. 55ff.
Nolte, Detlef (1998): Politischer, wirtschaftlicher und sozialer Wandel in Chile. -In: Geographische Rundschau 50, H. 11, S. 636–640.
Nuhn, Helmut (2007): Remesas – Geldsendungen von US-Migranten nach Mittelamerika. Überlebenshilfe oder Entwicklungsimpuls. In: Geographische Rundschau 59, H. 1, S. 36–43.
Núñez Moreno, Lilia (1997): Más allá del cuentapropismo en Cuba. - In: Temas No.11/1997, S. 41–50.
Nuscheler, Franz (1997): Das Nord-Süd-Problem. - In: Grundwissen Politik. Bonn, S. 435–514. (Schriftenreihe der Bundeszentrale für politische Bildung 345).
ODEPA (2002): (www.odepa.cl/base-dotos).
ODEPA (2007a): Precios mensuales de Ura en el mercado Central lo Valledor. (www.odepa.gob.cl/odepaweb/servlet/sitemap).
Olcott, Martha Brill (1997): Kazakhstan: pushing for Eurasia. - In: *Bremer, Ian / Taras, Ray* (Hrsg.): New States, New Politics: Building the Post-Soviet Nations. Cambridge. S. 547–570.
Olimova, Saodat (2000): Political Islam and Conflict in Tajikistan. - In: *Jonson, Lena/ Esenov, Murad* (Hrsg.): Political Islam and conflicts an Russia and Central Asia.
ONE – Oficina Nacional de Estadísticas (1998): Cuba en Cifras. La Habana.
OPEC Annual Review 2002 (2003). Wien.
Ossenbrügge, Jürgen / Sandner, Georg (1994): Zum Status der Politischen Geographie in einer unübersichtlichen Welt. - In: Geographische Rundschau 46, S. 676–684.
Pais, Richard (1999): Scheduled Castes, Employment and Social Mobilty. - In: *Michael, Sebastian Marian:* Dalits in Modern India. New Delhi.
Parnreiter, Christof (1999): Megastadtentwicklung, Globalisierung und Migration – Fallstudie Mexico City. - In: *Husa, Karl / Wohlschlägl, Helmut* (Hrsg.): Megastädte der Dritten Welt im Globalisierungsprozeß. Wien. S. 59–198. (Abhandlungen zur Geographie und Regionalforschung 6).
Parnreiter, Christof (2002): Ciudad de México: el camino hacia una ciudad global. - In: EURE 28, H. 85, S. 89–109.
Parnreiter, Christof (2004): Zwischen hoher Verstädterung und neuer ländlicher Entwicklung. Migration in Lateinamerika. - In: Praxis Geographie 34, H. 7–8, S. 9–14.

Pasca, Dan (2002): Indigene Völker in Brasilien – von der Bevormundung zur Selbstbestimmung. - In: Petermanns Geographische Mitteilungen 146, H. 1, S. 22–33.

Passenheim, Antje (2002): Der Traum von Schulbildung endet häufig in der Prostitution. - In: Nürnberger Nachrichten, 30.7.2002, 3.

Pawelka, Peter (1991). Der Irak als „Rentierstaat". Zur Politischen Ökonomie des Vorderen Orients. - In: Der Bürger im Staat 41, H. 1, S. 39–50.

Pawelka, Peter (1997): Stadt, Bürgertum und Rente im arabischen Vorderen Orient. - In: Politik und Zeitgeschichte 37/97, S. 3–11.

Pérez-Lopez, Jorge F. (1991): Swimming against the Tide: Implications for Cuba of Soviet and Eastern European Reforms in Foreign Economic Relations. - In: Journal of Interamerican Studies and World Affairs 33, H. 2, S. 81–140

Pita, F. (1995): Las propiedades confiscadas hay que reclamarlas aquí. Granma, Abril 29, p. 4. La Habana.

Planhol, Xavier de (1993): Les Nations du Prophète. Manuel géographique de politique musulmane. Paris.

Pradhan, Basanta K. et al. (2000): Rural – Urban Disparities: Income Distribution, Expenditure Pattern and Social Sector.- In: Economic and Political Weekly July 15.

Premi, Mahendra K. (2001): The Missing Girl Child.- In: Economic and Political Weekly May 26, S. 1875–1880.

Pries, Ludger (1999): Mexikanische Arbeitswanderung in die USA. -In: Geographische Rundschau 51, H. 7–8, S. 382–387.

Rajaram, Kalpana (Hrsg.) (2001): Geography of India. New Delhi.

Rakesh, Mohan (1992): Housing and Urban Development, Policy Issues for 1990's. - In: Economic and Political Weekly September 5.

Rao, C.H. Hanumantha / Gulati, Ashok (1994): Indian Agriculture: Emerging Perspectives and Policy Issues. - In: Economic and Political Weekly, December 31, S. 158–169.

Rao, V. M. (1992): Land Reform Experiences. - In: Economic and Political Weekly June 27, S. 50–64.

Reckers, Ute (1992): Nomadische Viehhalter in Kenya, die Ost-Pokot aus human-ökologischer Sicht. Hamburg.

Reserven, Ressourcen und Verfügbarkeit von Energierohstoffen 2002 (2003) (= Dokumentation BGR Nr. 219). Berlin.

Reuber, Paul / Wolkersdorfer, Günther (2002): Clash of Civilization aus der Sicht der Kritischen Geopolitik. - In: Geographische Rundschau 54, H. 7–8, S. 24–28.

Reuber, Paul (2002): Die Politische Geographie nach dem Ende des Kalten Krieges. - In: Geographische Rundschau 54, H. 7–8, S. 4–9.

Rhode-Jüchtern, Tilman (1997): Den Raum lesen lernen. Perspektivenwechsel als geographisches Konzept. München.

Rhode-Jüchtern, Tilman (2004): Derselbe Himmel, verschiedene Horizonte. Zehn Werkstücke zu einer Geographiedidaktik der Unterscheidung. Wien.

Ribbeck, Eckhart (2002): Die informelle Moderne. Spontanes Bauen in Mexiko-Stadt. Heidelberg.

Richter, Michael / Bähr, Jürgen (1998): Risiken und Erfordernisse einer umweltverträglichen Ressourcennutzung in Chile. - In: Geographische Rundschau 50, H. 11, S. 641–648.

Rieger, Gerhard (1994): Die Karibik zwischen Souveränität und Abhängigkeit. Freiburg.

Roberts, Bryan R. (2003): The Ambiguities of Globalization and Latin American Cities. - In: ISF-Forschungsberichte H. 29, S. 43–64.

Rothermund, Dietmar (Hrsg.) (1995): Indien, Kultur, Geschichte, Politik, Wirtschaft, Umwelt. München.

Rothfuß, Eberhard (2000): Ethnic-tourism in Kaoko, expectations, frustrations and trends in a post-colonial business. - In: *Miescher, Giorgio / Henrichsen, Dag* (Hrsg.): New notes on Kaoko, The northern Kunene Region (Namibia) in texts and photographs. Kapstadt. S. 133–158.

Rothfuß, Eberhard (2002): Touristen, Rinder und Nomaden, Fallstudien zum Einfluß des Tourismus auf die saisonalen Aktionsräume der Himba im Nordwesten Namibias. - In: *Sponholz, Barbara* (Hrsg.): Geowissenschaftliche Untersuchungen in Afrika – IV. Würzburg. (Würzburger Geographische Arbeiten 97).

Rothfuß, Eberhard (2004): Ethnotourismus – Wahrnehmungen und Handlungsstrategien der pastoralnomadischen Himba (Namibia). Ein hermeneutischer, handlungstheoretischer und methodischer Beitrag aus sozialgeographischer Perspektive. Passau. (Passauer Schriften zur Geographie 20).

Rotter, Gernot (1993) (Hrsg.): Die Welten des Islam. Frankfurt a. M.

SABIC (2006): Annual Report 2005. Riyadh. (www.sabic.com).

Said, Edward (1978): Orientalism. Western Concepts of the Orient. London u. a. (Dt. Ausgabe: Orientalismus. Frankfurt a. M.-Berlin-Wien. 1981).

Sánchez Muñoz, Alfredo (1999): Los recursos naturales, las estrategias de crecimiento y el desarrollo económico de Chile. -In: Estudios Geográficos LX, H. 234, S. 61–100.

Sander, Hans-Jörg (1990): Umweltprobleme im Hochtal von Mexiko. - In: Geographische Rundschau 42, H. 6, S. 328–333.

Scharping, Thomas (2003a): Bevölkerungspolitik - In: *Staiger, Brunhild / Friedrich, Stefan / Schütte, Hans-Wilm* (Hrsg.): Das große China-Lexikon. Darmstadt, S. 85–88.

Scharping, Thomas (2003b): Wanderungen - In: *Staiger, Brunhild / Friedrich, Stefan /Schütte, Hans-Wilm* (Hrsg.): Das große China-Lexikon. Darmstadt, S. 840–842.

Schetter, Conrad (2004): Kleine Geschichte Afghanistans. München.

Schliephake, K. (1995): Industrialisation in Saudi Arabia. Success story in the heartland of Islam.- In: GeoJournal 1, S. 139–144.

Schliephake, Konrad (1999): Industrialisierung in Saudi-Arabien.- In: Geographische Rundschau 11, S. 618–623.

Schliephake, Konrad (2001a): Saudi-Arabien – Bevölkerung, wirtschaftliche Entwicklung und Industrialisierung. - In: *Shanneik, Ghazi / Schliephake, Konrad* (Hrsg.): Die Beziehungen zwischen der BRD und dem Königreich Saudi-Arabien, Berlin. S. 27–43. (Würzburger Geographische Manuskripte, Sonderheft 3).

Schliephake, Konrad (2001b): Ein Ruhrgebiet ohne Wasser? Industrieräume am Golf. - In: Petermanns Geographische Mitteilungen 2, S. 70–77.

Schliephake, Konrad (2004): Petro-Industrialisierung in Saudi-Arabien. - In: *Meyer, Günther* (Hrsg.): Die Arabische Welt im Spiegel der Kulturgeographie, Mainz, S. 316–321.

Schliephake, Konrad (2005): Internationale Energiewirtschaft, in: *Schenk, Wolfgang/Schliephake, Konrad* (Hrsg.): Allgemeine Anthropogeographie. Gotha & Stuttgart, S. 438–444.

Schliephake, Konrad (2006): Ruhrgebiet ohne Wasser? Ein UNterrichtsvorschlag zur erdölinduzierten Siedlungsentwicklung in den arabischen Wüsten. - In: Geographie heute, H. 237, Seelze, S. 43–46.

Schlotthauer, Nicolas (2005): Chinas Integration in die Weltwirtschaft - In: Praxis Geographie 35, H. 1, S. 10–13.

Schmid, Claudia (1991): Das Konzept des Rentier-Staates. Ein sozialwissenschaftliches Paradigma zur Analyse von Entwicklungsgesellschaften und seine Bedeutung für den Vorderen Orient. Münster, Hamburg.

Schmidt-Wulffen, Wulf-Dieter (1985a): Dürre- und Hungerkatastrophen in Schwarzafrika. Das Fallbeispiel Mali. - In: Geographische Zeitschrift Nr. 1, S. 46–58.

Schmidt-Wulffen, Wulf-Dieter (1985b): Dürre- und Hungerkatastrophen im Sahel: Gesellschaft und Natur. (URBS ET REGIO Bd. 37).

Schmidt-Wulffen, Wulf-Dieter (1985c): Mali – Subsistenz- und Weltmarktproduktion in ihrer Bedeutung für die Entstehung der Dürre-Katastrophe 1969–1973. Eine Fallstudie auf der Basis des Verflechtungsansatzes. - In: Zeitschrift für Wirtschaftsgeographie 2, S. 97–106.

Schmidt-Wulffen, Wulf-Dieter (1988): Ernährungssicherung durch Marktwirtschaft? Das Beispiel Mali. - In: Geographische Zeitschrift 1, S. 21–35.

Schmidt-Wulffen, Wulf-Dieter (1990): Hunger und Umweltzerstörung von Bauern in Mali. - In: Geographie und Schule 64, H. 4, S. 20–25.

Schmidt-Wulffen, Wulf-Dieter (1992a): Hunger und Umweltzerstörung auf dem Lande in Mali. - In: *Engelhardt, Kurt:* Entwicklungspolitik im Unterricht. Lehrerband, S. 10–14.

Schmidt-Wulffen, Wulf-Dieter (1992b): Zum Entwicklungsproblem: Ernährung für Milliarden. Fallbeispiel zum Thema: Hunger und Umweltzerstörung auf dem Lande (Mali). - In: *Engelhard, Karl:* Anhang zum Lehrerband Entwicklungspolitik im Unterricht .Köln.

Schmidt-Wulffen, Wulf-Dieter (1993): Fachdidaktische Annäherung an die Alltagswirklichkeit in der Dritten Welt – aus indigener Sicht. - In: *Scheunpflug, Annette* (Hrsg): Entwicklungspolitische Bildung. Bilanz und Perspektiven in Forschung und Lehre. Tübingen/Hamburg, S. 235–243.

Schmoch, Ulrich (1983): Handwerker, Bauern, Staatsdiener. Saarbrücken. (Bielefelder Studien zur Entwicklungssoziologie 21).

Schneider, Karl-Günther / Wiese, Bernd (1996): Namibia und Botswana. Kultur und Landschaft im südlichen Afrika. Köln.

Schneider, Ulrich (1989): Einführung in den Hinduismus. Darmstadt.

Schnurer, Jos / Ströhlein, Gerhard (1990): Entwicklungsländer. Köln. (Unterricht Geographie 6 Sekundarstufe I).

Schoenhals, Michael: (2003): Kulturrevolution - In: *Staiger, Brunhild / Friedrich, Stefan / Schütte, Hans-Wilm* (Hrsg.): Das große China-Lexikon. Darmstadt, S. 410–414.

Schöller, Peter (1978): Aufgaben heutiger Länderkunde. Geographische Rundschau 30, S. 296–297.

Scholz, Fred (1995): Nomadismus, Theorie und Wandel einer sozio-ökologischen Kulturweise. Stuttgart.

Scholz, Fred (1999): Nomadismus ist tot. - In: Geographische Rundschau 51, H. 5, S. 248–255.

Scholz, Fred (2002a): Die Theorie der „fragmentierenden Entwicklung". - In: Geographische Rundschau 54, H. 10, S. 6–11.

Scholz, Fred (2002b): Energiesicherung oder neue politisch-globale Strategie. Vorder- und Mittelasien im Brennpunkt der US-Interessen. - In:Geographische Rundschau 54, H. 12, S. 53–58.

Scholz, Fred / Janzen, Jörg (Hrsg.) (1982): Nomadismus. Ein Entwicklungsproblem. Berlin. (Abhandlungen des Geographischen Instituts Anthropogeographie 33).

Scholz, Imme (1995): Umweltverträglicher Außenhandel: Empirische Erfahrungen aus drei chilenischen Exportbranchen. - In: Nord-Süd aktuell 9, H.1, S. 110–126.

Scholz, Ulrich (1988): Agrargeographie von Sumatra.Giessen. (Giessener Geogr. Schriften 63).

Scholz, Ulrich (1992): Transmigrasi – ein Desaster? Probleme und Chancen des indonesischen Umsiedlungsprogramms. - In: Geographische Rundschau 44, H. 1.S. 33 – 39.
Scholz, Ulrich (1998): Grüne Revolution im Reisbau Südostasiens – eine Bilanz der letzten 35 Jahre. - In: Geographische Rundschau 50, H. 9, S. 531 – 536.
Scholz, Ulrich (2000): Wege aus der Armut im ländlichen Indonesien – wirtschaftlicher und sozialer Wandel in einem javanischen Reisbauerndorf. -In: Geographische Rundschau 52, H. 4, S. 13 – 20.
Scholz, Ulrich (2003): Die feuchten Tropen. Braunschweig.
Scholz, Ulrich (2004): Ölpest im Regenwald? Der Ölpalmboom in Malaysia und Indonesien. - In: Geographische Rundschau 56, H. 11, S. 10 – 17.
Schöttli, Urs (1987): Indien – Profil einer alten Zivilisation an der Schwelle zum 21. Jahrhundert. Zürich.
Schucher, Günter (2005): China hat 1,3 Milliarden Einwohner - In: China aktuell, 1, S. 24 – 26.
Schüller, Margot (2000): Wirtschaft - In: *Staiger, Brunhild* (Hrsg.): Länderbericht China. Darmstadt, S. 135 – 177.
Schüller, Margot (2000): Ziele und Instrumente der Wirtschaftspolitik - In: *Staiger, Brunhild* (Hrsg.): Länderbericht China. Darmstadt, S. 145 – 158.
Schüller, Margot (2003): Dienstleistungssektor - In: *Staiger, Brundhild / Friedrich, Stefan / Schütte, Hans-Wilm* (Hrsg.): Das große China-Lexikon. Darmstadt, S. 162 – 163.
Schumann, Peter B. (2001): Dissident in Kuba – Formen politischer und kultureller Opposition - In: Kuba heute, S. 291 – 309.
Schweer, Thomas (1994): Stichwort Hinduismus. München.
Seghal, Rashma (2002): Grooms Go Begging in Haryana.- In: Sunday Times of India November 10, S. 1.
Segre, R. (2002): The first half century. The Rise of an Antillean Metropolis. - In: *Scarpaci, Joseph L. / Segre, Roberto / Coyula, Mario:* Havana. Two faces of the Antillean Metropolis. Chapel Hill. S. 51 – 88.
Senghaas, Dieter (1977): Weltwirtschaftsordnung und Entwicklungspolitik. Frankfurt.
Seventh Socio-Economic Five Year Plan 2000 to 2005 (2001). Riyadh.
SFF (Sociedad de Fomento Fabril) (Hrsg.) (1997): Chilean Economic Outlook. Santiago.
Shine-a-light. Internationales Netzwerk für Straßenkinder (o. J.): MANTHOC. (www.odrnews.com/kurt/MANTHOC.html).
Singh, Surender (1991): Some Aspects of Ground Water Balance in Punjab. - In: Economic and Political Weekly December 28, S. 146 – 155.
Sommerhoff, Gerhard / Weber, Christian (1999): Mexiko. Darmstadt.
Spielmann, Ludwig (1992): Staatsinterventionismus oder ökonomischer Liberalismus? Wirtschaftliche Entwicklungsstrategien in Chile – von der Weltwirtschaftskrise bis Pinochet. Hamburg. (Schriftenreihe des Instituts für Iberoamerikakunde Hamburg 35).
Spittler, Gerd (1994): Hungerkrisen im Sahel. Wie handeln die Betroffenen? - In: Geographische Rundschau, 7/8, S. 408 – 413.
Staatz, John / Dione, Josue / Dembele, Nango (1989): Cereals Market Liberalization in Mali. - In: World Development 17, H. 5, S. 703 – 721.
Stacher, Irene (Hrsg.), Mega-Cities, Die Metropolen des Südens zwischen Globalisierung und Fragmentierung. Frankfurt a. M. (Historische Sozialkunde 12).
Stadelbauer, Jörg, (1996): Die Nachfolgstaaten der Sowjetunion. Darmstadt. (Wiss. Länderkunden 41).
Stadelbauer, Jörg (2000): Räumliche Transformationsprozesse und Aufgaben geographischer Transformationsforschung. - In: Europa regional 8 H. 3/4, S. 60 – 71.
Stahl, Karin (1995): Kuba. - In: *Nohlen, Dieter / Nuscheler, Franz* (1995): Handbuch der Dritten Welt 3. Bonn. S. 498 – 504.
Staiger, Brunhild (Hrsg.) (2000): Länderbericht China. Geschichte, Politik, Wirtschaft, Gesellschaft, Kultur. Darmstadt.
Staiger, Brunhild /Friedrich, Stefan /Schütte, Hans-Wilm (Hrsg.) (2003): Das große China-Lexikon. Darmstadt.
Stang, Friedrich (2002): Indien. Darmstadt.
Statistik Indonesia. Jakarta (2006).
Statistique de Base (1990, 1991), Bamako.
Stein, Claudia (1997): Zum Stand der Transformation des Agrarsektors in Usbekistan. - In: Zeitschrift für Wirtschaftsgeographie 41, H. 2-3, S. 162 – 173.
Stöber, Georg / Kreutzmann, Herrmann (2001): Zum Gebrauchwert von „Kulturräumen. Wien. S. 214 – 230. (Kritische Geographie 14: Geopolitik – zur Ideologiekritik politischer Raumkonzepte).
Stukenberg, Thomas (1994). Indiens Städte: Interessengegensätze und Konflikte. - In: Südasien 1 – 2.
Sud, Surinder (1993): Die indische Landwirtschaft.- In: Perspektiven Indien 2, H. 1, S. 24 – 27.
Taimni, Brij (2001): Food Security in 21st Century. Delhi.
Taubmann, Wolfgang (1998): Naturräumliche Gliederung und wirtschaftsgeographische Grundlagen - In: *Herrmann-Pillath, Carsten / Lackner, Michael* (Hrsg.): Länderbericht China. Bonn. S. 31 – 57. (Bundeszentrale für politische Bildung 351).

Taubmann, Wolfgang (2003a): China. Wirtschaftliche Dynamik und räumliche Disparitäten - In: geographie heute 211/212, S. 2–7.
Taubmann, Wolfgang (2003b): Raum- und Stadtplanung - In: *Staiger, Brunhild / Friedrich, Stefan / Schütte, Hans-Wilm* (Hrsg.). Das große China-Lexikon. Darmstadt, S. 603–605, S. 863–866.
Teiwes, Frederick C. (2003): Großer Sprung nach vorn - In: *Staiger, Brunhild / Friedrich, Stefan / Schütte, Hans-Wilm* (Hrsg.) Das große China-Lexikon. Darmstadt, S. 274–276.
The Statesman´s Yearbook, 1982–83 (1982) New York. S. 52.
Theissen, Ulrich / Voigts, Hartmut (1986): Entwicklungsländer – Entwicklungshilfe. Köln. (Schulgeographie in der Praxis).
Tibi, Bassam (1981):Die Krise des modernen Islam. München.
Tibi, Bassam (1992): Islamischer Fundamentalismus, moderne Wissenschaft und Technologie. Frankfurt.
Times of India (2002): 3. Februar; 4. Februar; 19. April.
Times of India (2003): 4. Oktober; 4. Dezember.
Times of India (2005): 12. April.
Torrez, C. / Pérez, N. (1994): Mercado agropecuario cubano: Proceso de constitución. - In: Economía cubana. La Habana. Boletín Informativo 3, H. 18, S. 29–42.
Uhlig, Harald (1988): Südostasien. Frankfurt/M. (Fischer Länderkunde).
UN (United Nations) (2001): Statistical Yearbook 1998. New York.
UNDP (United Nations Development Program) (2006).
UNICEF (Kinderhilfswerk der Vereinten Nationen) (Hrsg.) (02/00): Die weltweite Flut der Kleinwaffen. Tödliche Geschäfte.
UNICEF (Kinderhilfswerk der Vereinten Nationen) (Hrsg.) (04/02): Kinderarbeit. Grenzenlose Ausbeutung.
UNICEF (Kinderhilfswerk der Vereinten Nationen) (Hrsg.) (10/02): Im Krieg und auf der Flucht. Kinder als Zielscheibe.
UNICEF (Kinderhilfswerk der Vereinten Nationen) (Hrsg.) (01/03): AIDS: Das Schweigen brechen.
UNICEF (Kinderhilfswerk der Vereinten Nationen) (Hrsg.) (11/03): Zur Situation der Kinder in der Welt 2004. Bildung für Mädchen.
UNICEF (Kinderhilfswerk der Vereinten Nationen) (Hrsg.) (12/03): Kinder im Krieg und auf der Flucht. Kinder als Zielscheibe.
Uzbekistan Economy. Statistical and Analitical Review. Annual Issue, 2002.
Velis, Velis-Meza / Marchant R. S. (1999): Visión de la agricultura Chilena de Exportación. - In: Serie Documetos de Trabajo. Centro de Estudios Publicos Nr. 296, S. 1–40.
Voppel, Götz (1999): Wirtschaftsgeographie. Räumliche Ordnung der Weltwirtschaft unter marktwirtschaftlichen Bedingungen. Stuttgart, Leipzig.
Wagner, Günther (1997): Erdöl und Erdgas in der Kauskasus-Kaspi-Region. - In:Geographische Rundschau 49, S. 355–361.
Wallert, Werner (2001): Entwicklungsländer. Abiturwissen. Gotha.
Wang, Min (1997): China – Das Reich der Mitte - In: *Böhn, Dieter / Wang, Min:* Die Volksrepublik China und die Bundesrepublik Deutschland. Braunschweig. S. 21–134. (Studien zur internationalen Schulbuchforschung 90).
Warning, Claudia (1994): Wer darf hier wohnen? Die Tücken der Wohnungsversorgung in Bombay. (Südasien 8).
Weggel, Oskar (2002): China. München.
Wei, Yehuya Dennis (2000): Regional Development in China. States, Globalization and Inequality. London/ New York. (Routledge Studies on China in Transition 9).
Weidmann, Klaus (1990): EG-Entwicklungshilfe in Afrika. Der Fall Mali. Zum Zusammenhang von Ernährungskrise, Eliten und Entwicklungspolitik. - In: Afrika Spectrum 2, S. 179–195.
Weigelin-Schwiedrzik, Susanne (2003): Ländliche Unternehmen - In: *Staiger, Brunhild / Friedrich, Stefan / Schütte, Hans-Wilm* (Hrsg.): Das große China-Lexikon. Darmstadt, S. 417–419.
Wehrhahn, Rainer (2004): Global Cities in Lateinamerika? - In: Geographische Rundschau 56, H. 4, S. 40–46.
Weltbank: Weltentwicklungsberichte, Washington, versch. Jahrgänge.
Weltwoche (1993): 13. Mai.
Widderich, Sönke (1997): Möglichkeiten und Grenzen der Sanierung des Historischen Zentrums von Havanna, Cuba. Kiel.
Wilber, Charles K. (1969): The Soviet Model and Underdeveloped Countries. Chapel Hill.
Wirth, Eugen (2000): Die orientalische Stadt im islamischen Vorderasien und Nordafrika. Städtische Bausubstanz und räumliche Ordnung. Wirtschaftsleben und soziale Organisation. Mainz.
Wolputte, Stephen T. Van (1998): Of bones and flesh and milk. Moving bodies and self among the Ovahimba. Leuven.
Wolputte, Stephen T. Van (2000): In between house and cattle Pan, moving spaces in Himbaland. - In: *Bollig, Michael/ Gewald, Jan-Bart* (Hrsg.): People, cattle and land, transformations of a pastoral society in Southwestern Africa. Köln. S. 369–400.

World Bank (Hrsg.) (1997): China 2020. New York.
World Bank (2007): Verschiedene Datenbankabfrage unter www.worldbank.org.
World Commission on Dams (2000): Dams and Development – A New Framework for Decision-Making. London.
Zhao, Songquiao (1994): Geography of China. New York.
Zimbalist, Andrew (1993): Teetering on the Brink: Cuba´s Economic and Political Crisis. - In: Journal of Latin American Studies 24, H. 2/1992, S. 407–418.

Glossar

Dieses Glossar ergänzt das in Band I (Kapitel 1 und 2 des Gesamtwerks) und enthält daher neben allgemeingültigen Begriffen schwerpunktmäßig regionale Besonderheiten, die jedoch über den jeweiligen Raum hinaus für die Thematik „Entwicklungsländer" bedeutsam sind.

Um die Benutzerfreundlichkeit zu erhöhen, erfolgen teilweise Verweise auf die Kapitel des Bandes, in denen die Stichwörter ausführlicher besprochen werden, vgl. hierzu auch das Register. Bei mehrfacher Erwähnung ist nur die erste verzeichnet.

ADI (Ausländische Direktinvestitionen): Kapital aus dem Ausland (in Entwicklungsländern meist aus Industrieländern), das eingesetzt wird, um Immobilien und/oder Firmen bzw. Anteile daran zu erwerben. Damit wird dem Entwicklungsland Kapital und technisches Know-how zugeführt und zumeist auch die internationale Verflechtung intensiviert (engl: Foreign Direct Investment, FDI) (vgl. 3.2.5).

Agrarkolonisation: Erschließung von bisher nicht genutztem Naturgebiet (z. B. Urwald, Sumpf, Steppe) durch die Landwirtschaft. Mit der Agrarkolonisation ist meist auch eine Siedlungskolonisation verbunden. Die dadurch kultivierten Gebiete nennt man auch (→) Pionierregionen (vgl. 3.1.1).

Agrarquote: Anteil der Beschäftigten in der Landwirtschaft an der Gesamtzahl der Erwerbstätigen. Der Begriff wird auch für den Anteil der Landwirtschaft an der Gesamtwirtschaftsleistung eines Raumes verwendet (vgl. 3.1.2).

Agrarsozialstruktur: Die sozialen Verhältnisse entweder der in der Landwirtschaft beschäftigten Bevölkerung (Erwerbstätige und ihre Angehörigen) oder in einem durch die Landwirtschaft geprägten Gebiet (vgl. 3.1.1).

Agricultural involution: Verschlechterung der sozialen Situation durch die Verknappung des zur landwirtschaftlichen Nutzung verfügbaren Territoriums (vgl. 3.2.4).

Agrobusiness: (Agribusiness) System, das alle Prozesse der Erzeugung und (industriellen) Weiterverarbeitung landwirtschaftlicher Produkte umfasst. Agrobusiness ist Kennzeichen einer arbeitsteiligen Wirtschaft, bei der zunehmend multinationale Konzerne in den Industrieländern durch Standardisierung der Produkte und den Aufbau von Handels- und Wertschöpfungsketten die Produktion steuern (vgl. 3.1.1).

Agrochemikalien: Chemische Produkte, die in der Landwirtschaft eingesetzt werden. Dazu gehören Düngemittel (Natur- und Kunstdünger), Pflanzenschutzmittel, Hormone, Erzeugnisse, welche die Vorräte frisch halten und solche, die Tiere schützen. Wegen möglicher Rückstände in Agrarprodukten und Boden ist ihr Einsatz teilweise umstritten. Agrochemikalien ermöglichen eine ungeheure Ertragssteigerung, welche auch beitragen, die Ernährung der Menschheit sicherzustellen (vgl. 3.1.1).

Agroindustrie: Anlagen, welche landwirtschaftliche Produkte in großen Mengen industriell weiterverarbeiten (vgl. 3.1.1).

Auffangstädte: Mittelgroße Städte, welche die aus den Dörfern Abwandernden (Migranten) hindern sollen, in die Großstädte zu ziehen. Auffangstädte sollen die Lücke zwischen dem ländlichen Raum und den Metropolen schließen (vgl. 3.2.2).

Autozentrierte Entwicklung: Entwicklung aus „eigener Kraft" des Entwicklungslandes ohne Einbindung in internationale Beziehungen, v.a. mit Industriestaaten. Die autozentrierte Entwicklung als dependenztheoretisches Gegenprogramm zur weltmarktorientierten „Entwicklung nach außen" wurde von zahlreichen Entwicklungsländern zeitweilig propagiert (z. B. China); heute praktizieren sie nur noch wenige Staaten zumindest offiziell (z. B. Nord-Korea, Myanmar).

Barriada: In Peru und Kolumbien üblicher Begriff für Siedlung am Rand der Großstädte, die vor allem durch Zuwanderer vom Land oft illegal errichtet werden (vgl. → bidonville, favela).

Bidonville: (frz. bidon Benzinkanister) Meist von Zuwanderern erbaute „wilde" Siedlung am Rande der Großstädte Nordafrikas (→ barriada, favela, Squattersiedlung).

Binnenmigration: Wanderungsbewegung innerhalb des eigenen Landes, in Entwicklungsländern meist aus den Dörfern in die städtischen Zentren (vgl. 3.1.3).

Biotechnologie: Die Umsetzung von Erkenntnissen aus Biologie und Biochemie in technische oder technisch nutzbare Elemente. Die ersten Anwendungen der Biotechnologie durch den Menschen war die Herstellung und Veredlung von Nahrungsmitteln, beispielsweise Brot, Wein und Bier (alkoholische Gärung) mit Hilfe von Hefe vor etwa 5000 Jahren. Die heutige Biotechnologie beschäftigt sich vor allem mit der Herstellung von Enzymen, Wirkstoffen etc. die mit Hilfe von Mikroorganismen in einem Bioreaktor hergestellt werden (vgl. 3.1.1).

Blaue Revolution: Seit Mitte der 1990er Jahre einsetzende Umstrukturierung der herkömmlichen landwirtschaftlichen Produktion hin zu maritimen Erzeugnissen der Fisch- und Garnelenzucht (Aquakultur). Durch den höheren Ertrag an Fischen, Krebsen, Weichtieren und Algenanbau erhoffen sich viele durch hohe Kredite belastete Kleinbauern eine Alternative zur konventionellen Landwirtschaft. Die ökologischen Folgen (z. B. Bestandsrückgänge, Antibiotikabelastung) sind bedenklich. Der Begriff wurde analog zur (→) Grünen Revolution geprägt (vgl. 3.1.2).

Charity states: Staaten, die sehr stark auf finanzielle Zuwendungen von außen angewiesen sind. Beispiele sind Länder wie Ägypten und Jemen, deren Wohlstand zum großen Teil auf den Überweisungen der Gastarbeiter beruht, die in den reichen Ölstaaten tätig sind (vgl. auch (→) Rentierstaat (vgl. 3.4.1).

Deagrarisierung: Bedeutungsverlust der Landwirtschaft sowohl in wirtschaftlicher wie in sozialer Hinsicht. Er kann u.a. dadurch ausgelöst werden, dass im ländlichen Raum nicht mehr genug Beschäftigungsmöglichkeiten im Agrarbereich bestehen und daher Arbeitskräfte auf Tätigkeiten außerhalb der Landwirtschaft ausweichen müssen (vgl. 3.3.1). Er kann aber auch (wie in den meisten Industrieländern) darauf beruhen, dass Erwerbstätige wegen der besseren Bezahlung aus der Landwirtschaft abwandern.

Doubly-landlocked state: Staat, dessen Außenhandel durch (mindestens) zwei Staaten transportiert werden muss, bevor er über einen Ozean das Empfängerland erreicht. Beispiel: Usbekistan (vgl. (→) landlocked state) (vgl. 3.2.5).

Empresa mixta: In Lateinamerika verwendeter Ausdruck für (→) joint venture (vgl. 3.1.4).

Enklavenwirtschaft: Produktion, die primär für den Export bestimmt ist, deren Produktionsort also wirtschaftlich gleichsam zu einem fremden Staat gehört. In Entwicklungsländern sind das oft Plantagen oder Wirtschaftssonderzonen (vgl. 3.1.3).

Ethnische Entmischung: In vielen Ländern leben zahlreiche Ethnien miteinander. Nach Erlangung der staatlichen Unabhängigkeit verdrängt die nun staatsprägende Bevölkerung andere Ethnien (Beispiele: Nachfolgestaaten Jugoslawiens, Nachfolgestaaten der Sowjetunion). Geschieht die ethnische Entmischung gewaltsam, spricht man von „ethnischer Säuberung" (vgl. 3.2.5).

Exportförderzonen: Gewerbegebiete, die juristisch zollfreies Gebiet sind. Das (Entwicklungs-)Land stellt Gewerbeflächen, eine Infrastruktur und Arbeitskräfte. Ausländische Unternehmen können in diese Zone Materialien zollfrei einführen und die dort hergestellten Waren zollfrei ausführen. Die Unternehmen aus den Industrieländern sollen durch niedrige Löhne zur Verlagerung der Produktion in diese Zonen angeregt werden. Das Entwicklungsland verspricht sich durch Exportförderungszonen nicht nur Arbeitsplätze, sondern im Laufe der Zeit einen Transfer von Kapital und technischem Wissen in das eigene Land. Diese Zonen werden in den einzelnen Ländern unterschiedlich bezeichnet, in China z. B. als Sonderwirtschaftszonen oder (→) Wirtschaftssonderzonen (Special Economic Zones), auf Taiwan Export Processing Zones.

Exportkorridor: Verkehrsweg, der nicht primär zur Erschließung des Binnenlandes dient, sondern zum Export von Waren (vgl. (→) Enklavenwirtschaft) (vgl. 3.1.1).

Exportorientierung: Die Produktion eines (Entwicklungs-)Landes ist in hohem Maße auf den Export aufgebaut. Damit sollen Arbeitsplätze geschaffen, der Anschluss an moderne Technologien und Managementstrukturen erreicht und dadurch ein allgemeiner Wohlstand erreicht werden. Die Politik der Exportorientierung hat das Ziel einer Integration des Landes in den globalen Markt. Dabei wird vielfach vor der E. zunächst eine (→) Importsubstitution durchgeführt. Erfolgreich wurde sie u.a. in Süd-Korea, Hongkong, Taiwan, Malaysia und Singapur durchgeführt, wohingegen in vielen Ländern Afrikas die Exportorientierung von wenig veredelten Waren nicht zu einer nachholenden Weltmarktintegration geführt haben. Das Gegenteil einer Politik der Exportorientierung ist eine der (→) autozentrierten Entwicklung.

Favela: Stigmatisierte Armuts- und Marginalviertel in brasilianischen Städten. Kennzeichen sind eine meist prekäre Infrastruktur bei hoher Bevölkerungsdichte, ausgeprägte Arbeitslosigkeit und Perspektivlosigkeit und damit oft einhergehende hohe Kriminalität. Innerstädtische favelas sind vielfach in ihrer Bausubstanz und Infrastruktur bereits konsolidiert. Die jüngeren randstädtischen favelas gleichen dagegen „Spontan-" und „Squattersiedlungen"; regional werden solche „wilden Siedlungen" auch als shantytowns, (→) bidonvilles und (→) barriadas bezeichnet (vgl. 3.1.1).

Fragmentierte Stadt: Die Stadt ist sowohl räumlich wie wirtschaftlich und vor allem sozial in zahlreiche kleine Räume (Fragmente) unterteilt, die sich teilweise auf engem Raum scharf voneinander unterscheiden. Dennoch gibt es einen Zusammenhang der Gesamtstadt, da die (fragmentierten) Stadtteile den gleichen politisch-ökonomischen Bedingungen unterliegen und sich, wenn auch teilweise gering, beeinflussen (vgl. 3.3.1).

Funktionale Primacy: Zusätzlich zur Bevölkerungskonzentration (demographische (→) Primacy) ausgeprägte Dominanz der Metropolen in sämtlichen Lebensbereichen (politisch-administrativ, wirtschaftlich, kulturell). Es ist in Entwicklungsländern in erster Linie die f. P., die Sogwirkung ((→) Pull-Faktor) der Metropole mit ihrer Attraktivität einschließlich der Arbeitsplatzmöglichkeiten bewirkt, die wiederum die metropolitan gerichtete (→) Binnenmigration auslöst (vgl. 3.3.1).

Gated Community: Geschlossene Wohnanlage zumeist wohlhabender Bürger, welche durch Sicherheitseinrichtungen und Absperrungen (Alarmanlagen, Mauern, Zäune, Kameraüberwachung, privates Sicherheitspersonal) von der übrigen Gesellschaft separiert ist. Die Segregation basiert in erster Linie auf Basis des sozialen Status und zur sozialen Abgrenzung. Diese Sonderform eines Ghettos ist jedoch nur selten historisch gewachsen, sondern wird fast ausschließlich außerhalb bereits bestehender Städte durch developer neu errichtet. Gated Communities sind meist in Ländern mit einer ausgeprägten sozialen Ungleichheit vorzufinden (z. B. Brasilien, Argentinien, Südafrika). Aber auch in den USA, Südostasien und Europa sind solche privaten Räume abgeschotteter und speziell gesicherter Wohnanlagen zu finden (vgl. 3.3.1).

Global Player: Große, international agierende und verflochtene Konzerne mit großer Wirtschaftsmacht und großem Einfluss auch auf politische Entscheidungen. Produktion und Vertrieb der Ware organisiert der „Weltkonzern" unter dem Gesichtspunkt des kostengünstigsten Standortes global und verfügt dazu über genügend Risikokapital und ein dichtes Informationsnetz. Ein früher für Global Player oft verwendeter Begriff war „Multi" (für multinationales Unternehmen) (vgl. 3.1.3).

Grüne Revolution: Beträchtliche Steigerung der landwirtschaftlichen Produktion in Entwicklungsländern, hervorgerufen durch neues Saatgut, verbesserte Düngung und effiziente Schädlingsbekämpfung. Die G.R. ermöglichte vielen Entwicklungsländern (z. B. Indien, Indonesien), ihre Bevölkerung vom Hunger zu befreien. Sie löste aber auch soziale Prozesse aus, da sie die Kleinbetriebe benachteiligt: Sie können sich die Aufwendungen für die Innovationen nicht leisten. Nachteilig sind auch die durch die Grüne Revolution verstärkten sozialen Disparitäten im ländlichen Raum, denn sie kam vor allem den marktorientierten Bauern mit größerem Besitz zugute. Eindeutig positiv sind die Auswirkungen auf die Ernährungslage von über 2 Milliarden Menschen, die sonst hungern müssten (vgl. 3.1.2).

Habitat-Agenda: Teil der Agenda 21, auf der „UN-Konferenz über Umwelt und Entwicklung" in Rio 1992 beschlossen. Ziele sind eine nachhaltige Entwicklung sowohl beim Flächenverbrauch wie vor allem bei der sozialen Struktur und der wirtschaftlichen Dynamik der Siedlungen, insbesondere der (→) Megastädte (vgl. 3.1.3).

Humankapital: (engl: human resources) Das Produktionsmittel (Ressource) Mensch, ist ein moderner Begriff der Wirtschaftswissenschaft für Arbeitskräfte und Personal. In der modernen Auffassung der Ökonomie gilt der (qualifizierte) Mensch als „wertvollstes Kapital" durch seine technologisch-innovativen Fähigkeiten, Know how und seine sozialen Kompetenzen. Da der Mensch als Arbeitskraft auch kostet (Lohnkosten), ist es ein zentrales Anliegen der Wirtschaft, die Produktivität des Menschen ständig zu steigern (z. B. durch Automatisation und Reorganisation) (vgl. 3.1.3).

Hydraulic civilization: Eine Kultur, die auf einer umfassenden Wasserregulierung beruht. Dazu gehören die Bewässerung, evtl. Landvermessungen nach Überschwemmungen, aber auch Schutzmaßnahmen (z. B. durch Dammbauten). Die Herrschaft wird in einer hydraulic civilization durch eine absolutistische Zentralgewalt ausgeübt, die auch die Wirtschaftsweise bestimmt. Der deutsch-amerikanische Historiker Karl A. Witfogel prägte den Begriff in seinem Werk „Oriental Despotism" (1957). Auf dem Wassermanagement beruhende zentrale Gewalten entstanden in Gebieten, in denen ein Strom sowohl für die Bewässerung sorgt, aber auch das Land bedroht (z. B. Ägypten: Nil; Mesopotamien: Euphrat, Tigris; Vorderindien: Indus; China: Gelber Fluss /Huang He) (vgl. 3.4.1).

Hyperurbanisierung: Überstürzte Urbanisierung die zur Konzentration der Bevölkerung sowie der politischen, kulturellen, sozialen und wirtschaftlichen Entwicklung eines Landes auf eine oder wenige (→) Metropolen und (→) Megastädte führt, ohne gleichzeitiges begleitendes Wachstum der ökonomischen Basis. Die Entwicklung im übrigen Staatsgebiet, vor allem in den ländlichen Regionen, hinkt weit zurück. Hauptcharakteristikum der Urbanisierung in Entwicklungsländern. Andere Begriffe: over-urbanization, überhöhter Verstädterungsgrad, (→) urban bias (vgl. 3.1.3).

Importsubstitution: Entwicklungsstrategie, die Importe durch Erzeugnisse des eigenen Landes ersetzt. Sie kann ein Mittel zur (→) autozentrierten Entwicklung sein, wird aber auch von Staaten als ein Schritt auf dem Weg zur Integration in die Weltwirtschaft verwendet (z. B. Süd-Korea). In Schwellenländern war die Importsubstitution der erste von mehreren Schritten der Integration in den Weltmarkt. Nachdem eine leistungsfähige, v.a. preisgünstig produzierende Industrie aufgebaut war, wurde die Importsubstitution zugunsten einer (→) Exportorientierung abgebaut (vgl. 3.1.3).

Industriekulturen: Landwirtschaftliche Produkte, die industriell weiterverarbeitet werden (z. B. Raps, Zuckerrüben, Tabak) (vgl. 3.1.2).

Inter-cropping-Verfahren: Auf einer Fläche werden zur gleichen Zeit verschiedene Pflanzen angebaut (Polykultur). Ziel ist entweder eine Minimierung natürlicher Risiken, etwa durch den Anbau von Pflanzen, die unterschiedlich hohe Niederschläge benötigen oder die Abwehr von Schädlingen durch gleichzeitigen Anbau von Pflanzen, von denen einige z. B. Schmetterlinge vertreiben, die anderen schaden würden. Auch liegt bei einer unterschiedlichen Erntezeit der Boden niemals völlig brach, was die Erosion mindert. Vielfach spenden auch z. B. die größeren Pflanzen Schatten (z. B. Kokospalmen für Bananen). Das Inter-cropping-Verfahren wird besonders in den Tropen angewendet (vgl. 3.3.2).

Inward orientation: Konzentration auf den eigenen Binnenmarkt, der Gegensatz ist (→) outward orientation, (→) Exportorientierung) (vgl. 3.1.2).

Joint venture: Gemeinschaftsunternehmen, das von mehreren Partnern betrieben wird. In Entwicklungsländern oft eine Firma, in der ein Unternehmen des eigenen Landes eine Partnerschaft mit einem Unternehmen aus einem Industrieland eingeht. Das Unternehmen aus dem Industrieland bringt Kapital, technisches Know how und Management ein, sichert auch oft den Absatz in Industrieländern. Das Unternehmen aus dem Entwicklungsland stellt die Arbeitskräfte, ermöglicht auch vielfach den Absatz im eigenen Land, der sonst durch Importrestriktionen behindert würde (s. a. (→) empresa mixta) (vgl. 3.1.4).

Komparative Kostenvorteile: Die Theorie des englischen Nationalökonomen Ricardo (1806) besagt, dass die Vorteilhaftigkeit des Handels zwischen zwei Ländern nicht von den absoluten Produktionskosten abhängt, sondern von den relativen Kosten der produzierten Güter zueinander. Grundsätzlich ist demnach der Handel zwischen zwei Ländern immer vorteilhaft, wenn bei beiden Handelspartnern unterschiedliche Produktionskostenstrukturen existieren. In diesem Fall sollte jedes Land sich auf das Gut spezialisieren, das es relativ (komparativ) günstiger herstellen kann. Theorie vor allem anwendbar auf Handelsbeziehungen zwischen Industrie- und Entwicklungsländern. Die Theorie Ricardos beinhaltet generell eine Forderung nach einem weltweit freien Handel, der bei Spezialisierung der Staaten auf ihre komparativen Kostenvorteile zum Vorteil aller ist (vgl. 3.1.2).

Landlocked state: (Binnenland) Staat, der keinen direkten Zugang zum Meer hat (z. B. Schweiz, Kasachstan, Mongolei). Damit müssen Exporte in andere Länder durch dritte Staaten geleitet werden. Durch die Zunahme des Handels im Zuge der Globalisierung bestehen kaum noch Nachteile, das ändert sich allerdings bei Konflikten.

Latifundium: (Plural Latifundien) Landwirtschaftlicher Großbetrieb, v.a. in Lateinamerika, aber auch in Mittelmeerländern. Der Grundeigentümer eines solchen landwirtschaftlichen Großbetriebes verteilt seinen Besitz auf mehrere Kleinpächter und lebt von den Pachtzinsen ((→) Rentenkapitalismus). Diese sind unabhängig vom Ertrag der Pächter. Der Kleinpächter trägt also das gesamte Risiko. Zusätzlich fehlt dem Pächter meist das Kapital für Investitionen, welche wegen fehlendem Interesse des Grundbesitzers nicht von diesem gefördert werden. In Lateinamerika verfügen die Landarbeiter ihrerseits über einen kleinen Besitz, das (→) Minifundium. Erst teilweise wurde begonnen, die Latifundien in leistungsfähige Agrarbetriebe umzugestalten. Durch Agrarreformen wurden in mehreren Staaten die Latifundien aufgeteilt oder zumindest verkleinert.

Local content: Anteil der Wertschöpfung, der von einem Produkt im eigenen Land gefertigt wird. Entwicklungsländer verlangen vielfach von den in ihrem Land tätigen ausländischen Unternehmen, dass der local content laufend ansteigen muss und sich die Produktion nicht nur auf technisch einfache Prozesse beschränken darf. Mit einem hohen local content sichern sich die Entwicklungsländer den Transfer von Kapital und vor allem von moderner Technologie in ihre Industrie (vgl. 3.1.3).

Maquiladora-Industrie: Produktionsstätten im Norden Mexikos und in Mittelamerika, die importierte Einzelteile oder Halbfertigwaren zu Dreiviertel- oder Fertigwaren für den Export zusammensetzen. Sie sind das Ziel zahlreicher Migranten und ein stark wachsender Wirtschaftszweig in Niedriglohn-Gebieten. Die Betriebe arbeiten in zollfreien Produktionszonen (Zona Franca; vgl. auch (→) Wirtschaftssonderzonen), die seit etwa 1970 etabliert wurden und in Mexiko durch die NAFTA-Freihandelszone (1994) besonders stark wuchsen. Sie sollten die örtliche Wirtschaft anregen und Arbeitsplätze in unterentwickelten Regionen schaffen, werden aber inzwischen wegen schlechter Arbeitsbedingungen und einseitiger Exportabhängigkeit von den USA zunehmend kritisch gesehen (vgl. 3.1.3).

Marginalisierung: Prozess der sozialen Desintegration und Stigmatisierung, in der einzelne Personen oder Gruppen an den gesellschaftlichen Rand gedrängt werden. Das geschieht insbesondere durch geringe Bezahlung (z. B. der Wanderarbeiter, landwirtschaftlichen Arbeiter und Pächter) und als Folge der Arbeitslosigkeit (vgl. 3.1.1).

Marginalisierte Bevölkerung: Anteil der Bevölkerung, die nur in geringem Maße am kulturellen, wirtschaftlichen, sozialen und politischen Leben eines Staates teilnimmt (vgl. 3.1.2).

Marginalviertel: Stadtteil, in dem die marginalisierte Bevölkerung lebt. Andere allgemeine Bezeichnungen dafür sind (→) Slum, (→) Squattersiedlung und shantytown; regionale Bezeichnungen sind (→) favela, (→) bidonville und (→) barriada. (vgl. 3.1.1).

Megacity: (→) Megastadt (vgl. 3.3.1).

Megastadt: Metropolitane Agglomeration mit mindestens 8 Mio. Einwohnern (gemäß UN Definition), die zumeist politisches und vor allem wirtschaftliches Zentrum des jeweiligen Landes sind, darüber hinaus oft Knotenpunkte des internationalen Handels. Megastädte liegen fast ausschließlich in Entwicklungsländern, wohingegen Global Cities als Kommandozentralen fast ausschließlich auf der Nordhemisphäre lokalisiert sind. Megastädte sind in Entwicklungsländern in sehr raschem Wachstum begriffen, so dass der Ausbau der Infrastruktur nachhinkt. So prägen vielfach (→) Squatter-Siedlungen weite Teile der städtischen Peripherie, außerdem arbeiten sehr viele Menschen im informellen Sektor (vgl. 3.1.3).

Metropole: Demographisch-strukturell ein Raum mit mindestens 1 Mio. Einwohner und einer Dichte von mehr als 2000 Ew./km^2 mit einer monozentrischen Struktur. Funktional mit einer Über-Konzentration der politischen, wirtschaftlichen und sozial-kulturellen Einrichtungen und Aktivitäten des gesamten Landes in der Metropole oder Metropolitanregion. Ähnliche Begriffe sind (→) primacy, primate city, Megastadt.

Metropolisierung/Megapolisierung: Konzentrationsprozess der demographischen und funktionalen Primacy in zumeist einer, bei Subkontinentalstaaten (USA, Brasilien, Indien, China) mehreren Megastädten (vgl. 3.3.1 und 3.2.2).

Minifindium: (Plural: Minifunidien) Landwirtschaftlicher Kleinbetrieb v.a. in Lateinamerika. Mit ihnen werden oft die Erträge zur Eigenversorgung erwirtschaftet und vielfach sind Kleinbauern noch als Lohnarbeiter auf (→) Latifundien beschäftigt (vgl. 3.1.2).

Modernisierungsenklaven: Gebiete in Entwicklungsländern, die z. B. in der Agrarwirtschaft wesentlich moderner als die angrenzenden („peripheren") Räume arbeiten. Manchmal gab der Staat z. B. durch den Ausbau der Infrastruktur (Straßen, Energie) die Initialzündung, oft wird einheimisches und sehr stark auch ausländisches Kapital und technisches Know-how eingesetzt. So ist der technologische Stand etwa beim Saatgut oder bei der Biotechnologie der gleiche wie in hoch entwickelten Industrieländern (vgl. 3.1.1).

NAFTA (North American Free Trade Agreement): Freihandelszone zwischen den USA, Kanada und Mexiko, die 1994 eingerichtet wurde und bis 2015 durch den Abbau von Zöllen und Handelshemmnissen ausgebaut werden soll. Im Gegensatz zur EU ist die NAFTA auf wirtschaftliche Zusammenarbeit beschränkt. Sie trug aber z. B. in Mexiko durch wirtschaftlichen Aufschwung im Norden des Staates zur politischen Stabilisierung bei (vgl. 3.1.3).

NGO (Non Governmental Organization): Alle Nichtregierungsorganisationen (NRO), die sich in Bezug auf die Entwicklungsländer besonders mit den Bereichen Entwicklung, Umwelt und sozialen Fragen befassen. Bekannte NGOs (als Auswahl unter sehr vielen) sind Oxfam, Greenpeace und die Hilfsorganisationen der Kirchen (Misereor, Brot für die Welt, Caritas International).

Nichttarifäre Handelshemmnisse: Sammelbegriff, der alle Hindernisse umfasst, die außerhalb der Zölle und offizieller Abgaben (engl.: tariff) den internationalen Handel behindern. Sie sind oft eine Maßnahme, mit denen Staaten den offiziell durch Zollsenkungen propagierten freien Handel unterlaufen, um Erzeugnisse ihrer Länder zu schützen. Beispiele sind Normen, die nur für das eigene Land gelten, „freiwillige" Mengenbeschränkungen der Exportländer oder administrative Hindernisse für den Import. Als Handelspartner, die zahlreiche gleichsam versteckte Hindernisse gegen Konkurrenz aus dem Ausland aufbauen, gelten z. B. Japan und die EU (vgl. 3.1.3).

Non-place-based actors: „Nicht ortsansässige Akteure" z. B. national: Behörden der Zentralregierung, etwa Wirtschafts- oder Planungsministerien; international: staatliche und suprastaatliche Organisationen (z. B. Weltbank, IWF), transnationale Konzerne und Nicht-Regierungsorganisationen (NRO, NGO). Die i.d.R. ungleichen Machtbeziehungen und -strukturen zwischen den großen Akteursgruppen non-place-based actors und den (→) place-based actors führen zu einem differenzierten Handlungsgefüge im sozialen Raum der einzelnen Regionen (vgl. 3.1.1).

Ökologischer Fußabdruck: Die Menge an Rohstoffen („Ressourcen"), die ein Mensch in einem bestimmten Raum verbraucht. Ausgedrückt wird der ö. F. durch die Fläche, die bei landwirtschaftlicher Nutzung notwendig wäre, um die Ressourcen wie z. B. Nahrung, Kleidung, Energieversorgung, Abfallbeseitigung hervorzubringen. So bedeckt z. B. der ökologische Fußabdruck Berlins weite Teile Norddeutschlands. Die Idee wurde von Wackernagel und Rees (1994) entwickelt. Mit dem ökologischen Fußabdruck wird nachgewiesen, dass ein Städter mehr Ressourcen als ein Mensch auf dem Land verbraucht und dass Menschen in Industrieländern im Vergleich zu solchen aus Entwicklungsländern einen riesigen ökologischen Fußabdruck haben. Rein rechnerisch wurde bereits um 2000 die für die Befriedigung der menschlichen Bedürfnisse weltweit verfügbare Fläche um 25% überschritten (vgl. (→) ökologischer Rucksack, der sich nicht auf den Menschen, sondern das Produkt bezieht).

Ökologischer Rucksack: Die Menge an Rohstoffen („Ressourcen"), die bei Herstellung, Gebrauch und Entsorgung eines Produktes aufgewendet werden müssen und nicht weiter verarbeitet werden. Anders ausgedrückt: Welche Menge „Natur" steckt in dem Produkt? Ziel der Überlegung ist, den Gesamtverbrauch an Ressourcen für ein Produkt zu erfassen und damit einen Vergleichsmaßstab für den endgültigen Verbrauch an Ressourcen zu gewinnen (vgl. (→) ökologischer Fußabdruck) (vgl. 3.1.2).

Orientalische Trilogie: Im Orient bis in die jüngere Vergangenheit bestehendes Nebeneinander von nomadischen, bäuerlichen und städtischen Lebensformen. Dabei wurde die bäuerliche Welt nochmals in Pächter und Grundbesitzer differenziert. Inzwischen ist der Nomadismus als eine prägende Kraft weitgehend verschwunden (vgl. 3.4.1).

Outward orientation: Konzentration der Wirtschaft auf den Export (s.a. (→) Exportorientierung) (vgl. 3.1.2).

Pionierfront: Grenze, bis zu der die Erschließung eines Landes in den Naturraum vorgedrungen ist. Eine bekannte Pionierfront war die „frontier" in den USA und ist heute die Pionierfront bei der Erschließung des Regenwaldes in Brasilien (vgl. 3.1.1).

Place-based actors: „Ortsansässige Akteure" z. B. Bauern, Fischer, örtliche Vertreter wie Bürgermeister. Die place-based actors sind von den jeweiligen Entwicklungsmaßnahmen am stärksten betroffen. Doch sind der Einfluss und die Machtressourcen der (→) non place-based actors oft stärker, die ihre überregionalen Interessen durchsetzen möchten (vgl. 3.1.1).

Plantagewälder: Wälder, die eigens zur flächenhaften Nutzung angelegt werden (nur dass ein Nutzungszeitraum länger dauert) (vgl. 3.1.2).

Primacy: Die Existenz eines überragenden städtischen Zentrums gegenüber der nächstgrößeren Stadt. In Entwicklungsländern ist die Primatstellung der Hauptstädte sehr häufig der Fall (vgl. 3.3.1).

Primatstadt: (engl. primate city), (→) primacy.

Pull-Faktoren: Positiv bewertete Verhältnisse eines Gebietes, die zur Zuwanderung führen.

Push-Faktoren: Negativ bewertete Verhältnisse eines Gebietes, die zur Abwanderung führen (vgl. 3.1.2).

Rentenkapitalismus: Wirtschaftssystem, in dem ein Großgrundbesitzer das Land verpachtet und von dieser Pacht, der „Rente", in der Stadt lebt. Aber auch im Handwerk kommt der Rentenkapitalismus vor. Er gilt als Kennzeichen des Orients, ist aber auch im europäischen Mittelmeerraum noch vorhanden. Mit dem vom Sozialgeographen Hans Bobek seit 1948 geprägten Begriff wird auch eine Ursache der Rückständigkeit des Orients erklärt: der Besitzer sei nur an einer, wenn auch geringen Rente interessiert und investiere nicht. Eigentlich ist der Begriff ein Widerspruch in sich, denn ein Kennzeichen des Kapitalismus ist es, dass investiert wird, um die Gewinne zu erhöhen. Im R. werden aber nur Besitzrechte gehandelt. Vgl. (→) Rentierstaat (vgl. 3.4.1).

Rentierstaat: In der Volkswirtschaftslehre bezeichneter Staat, dessen Einkommen zu einem erheblichen Teil auf „Renten" beruht. Hierunter fallen solche Einkommen, für die keine produktiven Leistungen erbracht werden müssen. Ölfördernde Länder des Nahen Ostens und viele rohstoffreiche Staaten in Afrika gelten als typische Rentierstaaten, da sie sich stark über diese Rohstoffe bzw. über Erträge aus Kapital, welches über die Rohstoffe erwirtschaftet wurde, finanzieren. Zudem lassen sich in diesen Länder eine oft autoritäre Staatsstruktur beobachten. Der Staat finanziert sich nur zu einem geringen Teil durch Steuern und Abgaben der Bevölkerung. Die Folge ist eine nur lose Bindung zwischen Gesellschaft und Staat (vgl. 3.4.1).

Schwellenland: Staat, der an der „Schwelle" zum Industrieland steht. Andere Bezeichnungen: Newly Industrialized Countries, Newly Industrializing Countries (NIC), emerging markets. Die Festlegung erfolgt durch unterschiedliche Kriterien, u.a. durch das Pro-Kopf-Einkommen das über 699 US-$ liegt. Die meisten Schwellenländer sind in der Realität sowohl Industrieländer (wegen der Herstellung technisch komplexer Produkte wie LKW, Flugzeuge, Waffen) als auch Entwicklungsländer (v.a. im Bereich Landwirtschaft). Die sozialen Entwicklungsindikatoren (z. B. Alphabetisierungsrate, Lebenserwartung und Entwicklung einer Zivilgesellschaft), sowie der Schutz der Umwelt hinken den wirtschaftlichen Fortschritten oft hinterher. Bekannte Schwellenländer sind Brasilien, Indien und China (vgl. 3.1.2).

Selective logging: Selektiver Holzeinschlag. Er erfolgt eigentlich überall, wo nicht Wald flächenmäßig wie ein Getreidefeld geerntet wird (z. B. teilweise in den USA, Brasilien, Indonesien). Im tropischen Regenwald ist selective logging problematisch, da aufgrund des Artenreichtums nur wenige Bäume für eine Nutzung in Frage kommen, bei deren Fällen und Transport jedoch zahlreiche weitere beschädigt oder gar zerstört werden (vgl. 3.2.4).

Sex ratio: Geschlechterverhältnis; das zahlenmäßige Verhältnis von männlicher und weiblicher Bevölkerung. Ohne menschliche Eingriffe besteht bei Kleinkindern ein Überschuss an männlicher Bevölkerung, später gleicht sich das aus und im Alter besteht ein Übergewicht an weiblicher Bevölkerung, denn Frauen leben in der Regel länger. Durch Schwangerschaftsabbrüche weiblicher Föten, aufgrund der Bevorzugung männlicher Nachkommen, kommt es zu einem überproportionalen Anteil von Männern in jungen und mittleren Jahren (z. B. in China und Indien) (vgl. 3.2.2).

Shifting cultivation: Wanderhackfeldbau mit verschiedenen Formen der Landnutzung in tropischen und subtropischen Waldgebieten. Die Felder werden für einen Zeitraum von 3 bis 5 Jahren intensiv genutzt und anschließend aufgegeben, so dass die vorherige Rodungsfläche in den folgenden Jahren durch Sekundärwald überwuchert werden kann. Eng mit dem Wanderfeldbau verknüpft steht die Brandrodung. Bei der Brandrodung bleiben die in den Pflanzen enthaltenen Nährstoffe in der Asche auf der zukünftigen Anbaufläche zurück und sorgen so für Fruchtbarkeit. Die Übergänge vom Wanderfeldbau zu räumlich enger begrenzten und stationäreren Wirtschaftsformen mit dem Wechsel zwischen Anbau und Brache sind fließend. Der Wanderhackfeldbau ist eine der ältesten landwirtschaftlichen Nutzungsformen der Erde. Nach Schätzungen der FAO leben und wirtschaften heute noch etwa 250 Millionen Menschen in diesem Agrarsystem (vgl. 3.2.4).

Site and Service-Scheme: Maßnahme der Weltbank, die einer Bevölkerung mit niedrigem Einkommen einen für sie finanziell möglichen Rahmen bietet, in ihrem Wohngebiet öffentliche Einrichtungen zum Schutz und zur wirtschaftlichen Nutzung zu erhalten. Die Verantwortung liegt dabei bei den öffentlichen Stellen, doch ist eine Partizipation der Betroffenen gesichert. Die Bewohner errichten ihre Häuser selbst, werden aber durch das Site and Service-Scheme rechtlich abgesichert. Öffentliche Einrichtungen sind z. B. Wasserver- und -entsorgung, Elektrizität, Schulen, Sanitätseinrichtungen und Polizeistationen (vgl. 3.2.2).

Slum: Überwiegend in den Großagglomerationen der „Dritten Welt" vorfindbare Elendsviertel, die durch Verfall und Verwahrlosung ehemaliger Arbeiter- und Mittelstandsviertel entstanden sind. Kennzeichen sind degradierte Bausubstanz, hohe Wohndichte, geringe Einkommen der Bewohner sowie oft ein hohes Maß an sozialem Verfall (Kriminalität, Drogenhandel).

Slum-Upgrading Scheme: Maßnahmen, die u.a. durch die Weltbank und (→) NGOs gefördert werden und die eine Verbesserung der Verhältnisse in den Slums durch die Kombination einer Hilfe von außen mit Eigenaktivitäten der Bewohner selbst anstrebt. Dabei sollen u.a. Frauen mitwirken (vgl. 3.2.2).

Sonderwirtschaftszonen: (engl.: Special Economic Areas) In China Bezeichnung für (→) Exportförderzonen.

Spill-over-Effekt: Ausstrahlungseffekt, Übertragungseffekt. Übergreifen einer Maßnahme für einen Bereich auf andere. So können z. B. Maßnahmen für einen Sektor, z. B. Investitionen mittels Kapital und Technologie, auf andere Sektoren übergreifen und dadurch umfassende wirtschaftliche Verbesserungen auslösen (vgl. 3.1.3).

Squattersiedlungen: Im Gegensatz zu den (→) Slums spontan und ohne rechtliche Erlaubnis der Behörden oder des Landeseigentümers von zumeist Zuwanderern errichtete „wilde Siedlungen". Sie sind fast ausschließlich auf Entwicklungsländer beschränkt. Sie finden sich am Stadtrand, oft aber auch in zentrumsnahen, gleichwohl peripheren Bereichen (entlang von Bahndämmen, Flussufern, Hängen, versumpften Gebieten usw.). Teilweise lebt ein größerer Teil der Bevölkerung in solchen Gebieten. Regional bestehen für solche Siedlungen unterschiedliche Namen (→ barriada, bidonville, favela).

Tarifäre Handelshemmnisse: Handelshemmnisse, die auf Zöllen und Abgaben beruhen. Das Ziel der Welthandelsorganisation WTO ist es, tarifäre Hindernisse weitgehend abzubauen. Um die eigene Wirtschaft zu schützen, richten viele Staaten sogenannte (→) nichttarifäre Handelshemmnisse ein, die gleichsam verdeckt die Einfuhr behindern (vgl. 3.1.3).

Tiersmondisierung: (→) Verdrittweltung (vgl. 3.2.5).

Transmigrasi: Staatlich gelenktes Umsiedlungsprogramm in Indonesien. Ziel ist es, Bauern aus dem überbevölkerten Java auf anderen Inseln, besonders auf Sumatra, anzusiedeln. Mit 5 Millionen Umsiedlern war es nach Scholz die größte staatliche Umsiedlungsaktion der Welt in Friedenszeiten. Sie wurde weitgehend eingestellt (vgl. 3.2.4).

Trickle-down-Effekt: Verbreitung der wirtschaftlichen, kulturellen und sozialen Entwicklung durch eine Übernahme und „Durchsickerung" (trickle down) der Wertvorstellungen und Handlungsweisen bereits weiter entwickelter Gebiete, z. B. der Wachstumspole (vgl. 3.1.3).

Überverstädterung: (→) Metropolisierung, Megapolisierung, over urbanization (vgl. 3.2.2).

Urban bias: These, dass die entscheidende Ursache für den Entwicklungsrückstand im krassen Gegensatz von Stadt und Land liege (Michael Lipton 1977). Die Stadt und mit ihr die Industrie würden einseitig bevorzugt, während der ländliche Raum in Armut verharre und damit auch die Agrarwirtschaft zu wenig die Produktion steigern könne. Dies führe zu einer Landflucht. In Lateinamerika leben derzeit 80% der Bevölkerung in Städten, in China erfolgt mit der Abwanderung von 200 Millionen Menschen vom Land in städtische Ballungsräume die größte Wanderungsbewegung der Geschichte (vgl. 3.1.1).

Verdrittweltung: Abstieg eines Staates zu einem Entwicklungsland. Der Begriff wird vor allem für die ehemaligen Sowjetrepubliken in Zentralasien angewendet, die zur Zeit der UdSSR zur „zweiten Welt" der sozialistischen Staaten und hier zur Weltmacht Sowjetunion gehörten (vgl. 3.2.5).

Verelendungswachstum: Zuwanderung armer Menschen in die Städte, auch in die Städte an der (→) Pionierfront. Es verstärkt die (→) Fragmentierung im urbanen Raum (vgl. 3.1.1).

Verlängerte Werkbank: Der metaphorische Ausdruck v. W. wird für industrielle Fertigungsbetriebe (oder auch ganze Volkswirtschaften) verwendet, die keine eigene Forschung und Entwicklung betreiben, sondern nur Lohnfertigung von Produkten anbieten, die von anderen Unternehmen (oder in anderen Volkswirtschaften) entwickelt wurden. Dieser Trend setzte in den 1970er Jahren ein, als die ASEAN-Staaten und auch Lateinamerika begannen sich in Richtung Westen zu öffnen und ausländische Investoren anzulocken. Mit der einsetzenden Globalisierung, der Öffnung Osteuropas und dem Ende der gelenkten Wirtschaft in Indien ab Ende der 1990er Jahren breitet sich dieser Trend weiter aus (vgl. 3.1.3).

Verwundbarkeit: (engl. vulnerability) Vulnerabilität reicht weit über Armut hinaus. Sie stellt nach Robert Chambers nicht nur Mangel und ungedeckte Bedürfnisse dar, sondern einen gesellschaftlichen Zustand, der durch Anfälligkeit, Unsicherheit und Schutzlosigkeit geprägt ist. Verwundbare Individuen und Kollektive sind Schocks und Stressfaktoren ausgesetzt und haben Schwierigkeiten, diese zu bewältigen. Diese Schwierigkeiten resultieren nicht nur aus Mangel an materiellen Ressourcen, sondern weil den Betroffenen die gleichberechtigte Teilhabe und Teilnahme an Wohlstand und sozialer Anerkennung verwehrt wird, weil ihnen Unterstützung vorenthalten wird oder weil sie nicht ausreichend in soziale Netzwerke eingebunden sind. Vulnerabilität besitzt daher nicht nur eine ökonomische bzw. materielle Dimension (Armut), sondern auch eine politische und soziale (vgl. 3.3.2).

Wirtschaftssonderzonen: Gebiete, in denen Unternehmen durch Behörden besonders günstige Bedingungen gewährt werden. Wirtschaftssonderzonen werden von Entwicklungsländern vielfach eingerichtet, um aus Industrieländern Kapital, technisches Know-how und Managementqualifikationen anzuwerben. Vielfach erhofft man sich dabei einen (→) spill-over-Effekt bzw. (→) trickle-down-Effekt in weitere Räume. s.a. (→) Exportförderzonen.

Register

Die mit „I" gekennzeichneten Seitenzahlen beziehen sich auf Teilband I, die mit „II" gekennzeichneten Seitenzahlen beziehen sich auf Teilband II.

Adivasi II/76, II/78
Agglomerationen I/206
Agrarkolonisation II/103
Agrarquote I/185, I/187
Agrarreform II/117
Agrarsektor I/184, I/146, II/16
Agribusiness I/199
Agroforstwirtschaft I/194, I/200
Agroindustrie II/22
agronomische Trockengrenze II/139
agropastorale Wirtschaftsweise II/196
AIDS I/122, I/150, II/244
Al-Khalidj II/154
Allokative Ressourcen I/83
Alltagshandeln I/73
Alluvialböden I/193
Al-Maghreb II/154
Al-Mashreq II/154
Alphabetisierung II/110
Alphaville II/12
Altersaufbau I/117, II/70
Altersstruktur I/119
Amazonien II/6
Amniozentese II/85
Analphabetenquote II/71
Anbausysteme I/200
Anreizsysteme I/94
Aquakulturen II/21
Araber II/157
Arabische Halbinsel II/170
Arbeitslosenquote II/111
Arbeitslosigkeit I/183, II/18
Arbeitsmarkt I/205
Arbeitsmärkte II/17
Arbeitsmarktentwicklung I/189
Arbeitsmarktgliederung II/16
Arbeitsmarktsegmentation I/183
Arbeitsmarktsegmente I/189
Arbeitsmigration I/189, II/118
Arbeitsproduktivität I/184
Arbeitsverfassung I/201
Arbeitswelt I/174
Archipelisierung I/92
Armenviertel I/209
Arm-Reich-Polarisierung I/24
Armut I/138
Armutsbekämpfung I/139
Armutsgrenze I/189, II/15
Artenvielfalt I/194
Aryas II/203, II/204
Asian Development II/114

asiatische Wirtschafts- und Finanzkrise II/97
Asia-ye-Miyane II/154
Asienkrise II/100
Auslandsinvestitionen I/206, II/17
Automatisierung I/91
Autozentrierte Entwicklungstheorien I/54

Ballungsräume II/79
barrios cerradas II/38
Baumwolle II/114, II/145
Baumwollmonokultur II/107
Baumwollzone II/148
Bausektor I/186
Bazar II/209
Belastungsintensität I/223
Bergbau I/206
Bevölkerungsanstieg I/128
Bevölkerungsdruck II/80
Bevölkerungsentwicklung I/117
Bevölkerungspolitik II/65
Bevölkerungsschere I/121
Bevölkerungswachstum I/117, I/119, I/128, I/257, II/74, II/76, II/115, II/118
Bevölkerungszuwachs I/192
Bewältigungsstrategien I/73
Bewässerung I/231, II/75, II/76
Bewässerungsmethoden II/19
Bewässerungswirtschaft I/195, I/198, II/123
Bielefelder Verflechtungsansatz I/54, I/58
bildungsgeographisch I/166
Bildungsgrad II/18
Bildungsindex I/170, I/171
Bildungssituation II/99
Bildungstransfer I/166
Binnenmarktentwicklung I/91
Binnenmigration II/36
Binnenwanderung I/129
Biodiversität I/224
Biomasseproduktion I/191
Biotechnologie I/198
Blaue Revolution II/22
Bodenbesitzreformen I/201
Bodenbewirtschaftungsreformen I/202
Bodendegeneration I/250, I/262
Bodenerosion I/250
Bodennutzungsentwicklung II/19
Bodennutzungsysteme I/200
Bottom Up-Ansätze I/56
Brahmanen II/202, II/204
brain drain II/47

269

Brandrodung I/193, I/222
Brasilien II/1
Brennholzgewinnung I/192, I/195
Bruttoinlandsprodukt I/184 I/189, II/15
Bruttosozialprodukt I/185

Cattle complex II/189
charity states II/164
Chile II/15
chinesisches Dorf II/59, II/60
Civil Lines II/210
Colónias Populares II/39
Colonies II/210
COMECON II/43
community-based I/220
community based tourism II/114
Cuidad de Mexico II/37
Cultural Studies I/63
Cultural Turn I/62
Curitiba II/13

Dalits II/205
Dar-al-Hrab II/154
Dar-al-Islam II/154
Dauerkulturen I/190
Deagrarisierung II/123
Dechan-Betrieb II/108
Degradierung I/98, I/158
Deindustriealisierung I/91
Demographischer Übergang I/118, I/119, I/120, I/128
Dependenztheorie I/53, I/56, I/58
Deregulierung II/119
Deregulierungspolitik II/80
Desertifikation I/140, I/254, II/137, II/142
Desorganisation I/157
Determinismus I/50
Deviseneinnahmen I/220
Dezentralisierung I/94, I/207
Dhobi II/202, II/212
Didaktische Reduktion I/41
Dienstleistungen I/208
Dienstleistungssektor I/186
Direktinvestitionen I/155
Diskriminierung II/246
Diskurs I/63
Diskursanalyse I/63
Diskursiver Raum I/52
Disparitäten I/157, I/160, I/162
Diversifizierung I/96
doubly land-locked state II/113
dowry II/69, II/85
Dritte Welt I/53
Dualismus I/185
Dualismuskonzepte I/57
Düngemittel I/198
Dürre I/255

Echo-Effekt I/128
Eco-Park I/222
Eine-Welt-Ansatz I/34, I/37
einkommenschaffende Maßnahmen I/221
Einkommenseffekte I/220
Einschulungsquoten I/170
empowerment I/101
endogenes Wachstum I/183
Enklavenwirtschaft II/33
Entwaldungsrate I/190, I/191
Entwicklungsdiskurse I/63, I/64
Entwicklungshindernis I/169, I/170
Entwicklungskontinente I/189
Entwicklungsländer I/53
Entwicklungspfad II/18
Entwicklungsplanung I/205
Entwicklungsschere I/22
Entwicklungsstand I/170
Entwicklungsstrategien I/206
Entwicklungstheorien I/65, I/182
Entwicklungszusammenarbeit I/247, I/252
Erdgas II/163
Erdgipfel I/244, I/248
Erdöl II/163
Erklärungsreichweite I/52
Erosion I/247
Erwerbspersonenpotenzial I/183
Ethnotourismus II/192
eurozentrische Perspektive I/54
Evolution I/196
Existenzsicherung I/76
Exportdiversifizierung I/204
exportorientierte Landwirtschaft II/176
Exportorientierung II/17
Exportproduktionszonen II/32
extensive Viehhalter II/189

Familienplanung I/127, II/84, II/85, II/100
Familienplanungspolitik II/100
FAO I/143
Favelas II/11
Fehlernährung I/139
female crops I/147
Fertilität I/128
Fertilitätsrate I/118, I/125, I/126
Fertilitätstransformation I/127
Feuchtsavanne II/145
Fischereiwirtschaft II/22
FIVIMS I/143
Flächennutzungsplanung I/157
Flusseinzugsgebiete I/246
food for work I/247
Forstwirtschaft I/193, II/19
fragmentierende Entwicklung I/160
fragmentierte Entwicklung I/92, II/131
fragmentierte Stadt II/38
Fragmentierung I/157, I/161, I/162, II/93
Frauenbeschäftigung I/189

Frauenquote I/205
Freihandelszonen I/210, II/17
Fruchtbarer Halbmond II/156
Fruchtbarkeitsrate I/128
Fruchtbarkeitsrückgang I/127
Fruchtwechsel I/194
Fundamentalismus I/96
funktionale Primacy II/127

Gastarbeiter II/171
Gastarbeiterwanderung II/164
gated communities I/161, II/84
GATS I/227
GDI I/177
Geburtenrate I/117, I/118, I/120
Gemeinschaftsunternehmen I/210
Gender Development Index (GDI) I/177
Gender Equality Index I/179
generatives Verhalten II/66
genitale Verstümmelung II/247
Genossenschaften I/201, I/202
Geographiedidaktik I/33
geopolitischer Diskurs II/105
Geschlechterrolle I/176
Gewinnmaximierung I/59
Gilden II/209
Global City II/41
Global Village I/92
globale Ökobilanz I/24
Globale Orte I/103
globale Strukturpolitik I/101
globale Umweltveränderungen I/79
globale Ungleichheit I/22
globale Vernetzung I/183
globaler Aufwärmungsprozess I/26
globaler Wettbewerb I/229
Globales Lernen I/35, I/51
Globalisierung I/38, I/55, I/67, I/88, I/155, I/159,
  I/160, I/199, I/209, II/87, II/115
Good Governance I/39
Grabstockkulturen I/195
Gram Panchayat II/78, II/205
Großgrundbesitz II/16
Großstaudämme II/76
Grün-Düngung I/200
Grundwasserneubildung I/250
Grüne Revolution I/145, I/191, I/199, II/21, II/77,
  II/78, II/95
GTZ I/241
GUAM II/113
Gurdwares II/207

Halbnomaden II/189
Handelsbilanzdefizit II/30
Handlungsebene I/49
Handlungspotenzial I/68
Handlungsspielräume I/88

Handlungsstrategien I/88
Harijans II/80, II/205, II/213
Hausarbeiterinnen I/181
Havanna II/47
HDI I/170, II/110
Hindus II/205
Hirtenwirtschaft I/191
Historische Stadtviertel I/159
HIV-Infektionen I/151
Hofland II/108
Holzwirtschaft II/23
Horizontverschmelzung II/199
Human Development Index (HDI) I/170, (HDI) II/110
Humanökologie I/80
Hungerkatastrophen I/142
Hybridpflanzen I/198

Identitäten I/68
Importsubstitution II/17
Importsubstitutionen I/204
Indien II/87
indigenes Wissen I/245
Industriealisierung I/185
Industriebeschäftigtenquote I/185
Industrie-Freihandels-Parks II/17
Industriegründungen I/206
industrielle Enklaven I/206
industrielle Entwicklungspole I/207
Industrieparks I/207, II/17
Industriepolitik I/185
Infektionskrankheiten I/123
Informalität I/157, I/218
Informationstechnologie I/90
Informeller Sektor I/74, I/155, I/159, I/184, I/186,
  I/207, I/208, I/210, I/223, II/16, II/119
informeller Wohnungsbau II/129
Infrastruktur I/209
Initiationen I/164
Innovationsprozess I/196
Intensivierung I/98
Intercropping II/14
Internationale Arbeitsteilung I/65
Internationale Migration I/129
Internationaler Währungsfonds I/90
Internationales Jahr des Ökotourismus I/221
Islam II/166
islamische Bildung I/173
IYE I/221

Jahrhundertkatastrophe II/137
Jajmani System II/202, II/203
Jatis II/201, II/204
Joint Family II/209
joint ventures II/45
Jugendbeschäftigung I/189

271

Kapitalflucht I/207
kapitalistisches Weltsystem I/90
Kapitalmarkt I/91
Karibik II/15
Kaste II/201, II/204, II/209, II/212, II/213
Kastenviertel II/208, II/213
Katastrophenmanagement II/150
Kettengebirgsgürtel II/155
Khalidj-e-Arab II/154
Khalidj-e-Fars II/154
Kikhs II/215
Kinderarbeit II/238
Kinderhandel II/240
Kindersoldaten II/243
Kindersterblichkeit I/120
Kleinbauern II/19
Kleptokratie I/36
Kollektivierung II/57
Kolonialerbe I/166, I/167
Kolonialländer I/209
Kolonialregierungen I/165
Kolonialschulen I/166
Kolonisationsprojekte I/193
Kommunikationstechnologie I/90
Komperative Standortvorteile I/91
Komponentenmethode I/128
Konzept der Kulturerdteile I/13, I/14, I/15
Korallenriffe I/225
Krankheitsmuster I/150
Kshatriyas II/203
Kulturerdteile I/12, I/15, I/20, II/151
Kulturerdteilkonzept I/15, I/16, I/17, I/
Kulturimperialismus I/166, I/174
Kupferbergbau II/20

Landflucht I/184, I/186, II/115
ländlicher Raum II/232
Landlosenbewegung II/5
Land-Stadt-Gegensatz I/151
Landwechselwirtschaft I/193
Lateinamerika II/16
Latifundien I/202, II/20
Latifundiensysteme I/201
Lebenserwartung I/117, I/119, I/125, I/128, II/73
Lebensqualität I/162
Lehrpläne II/174
Liberation Ecology I/80
Livelihood Ansatz I/54, I/56, I/60, I/61, I/76
livelihood security I/223
Low income economies II/106
Lower-middle income economies II/106
Luftverschmutzung II/81

Mahatma Gandhi II/204, II/205
Makrostrukturreform I/101
Mangelernährung I/139
Maquiladora II/32

Maquiladora-Industrie II/31
Marginalisierung I/157
Marginalsiedlung II/92, II/112
Marginalsiedlungen I/161
Marginalviertel I/160, II/81
Marktorientierung I/202
Mato Grosso II/4
Mechanisierung I/184, I/205, II/16
Medianalter I/120
Megacity II/115
Megastädte I/155, I/163
Mehr-Ebenen-Interventionsansatz I/101
Mehrparteiensystem I/93
Menschenrecht I/168
Mensch-Umwelt-Theorem I/25
MERCOSUR II/27
Metropolen I/206
Metropolisierung II/79
Mexiko II/18
Migranten II/208
Migrantinnen I/181
Migration II/67, II/78
Migration, internationale I/132
Migrationsforschung I/180
Migrationsketten I/181
Migrationsnetzwerk I/192
Mikro-Ebene II/182
Militärstützpunkt II/113
Millenium Development Goals I/172
Millenniums-Entwicklungsziele I/34
Millenniumsziele I/34
Miniaturisierung I/91
Minifundien II/16
Mischkulturen I/200
Missionsgesellschaften I/163, I/165
Missionsschulen I/166
Missionsschulwesen I/165
Mobilität, räumliche I/130
Mobilität, soziale I/130
Modediskurse I/65
Modernisierung I/196, I/202, II/3, II/16
Modernisierungstheorien I/56, I/183
Mohalla II/209
Momentum-Effekt I/128
Monokulturen I/196, I/200
Mortilität I/119
Mortilitätsübergang I/121, I/123
Mulchwirtschaft I/200
Multiplikatoreneffekte I/206

Nachernteverluste I/149
nachhaltige Entwicklung I/183, I/194, II/12
nachhaltige Landnutzung II/114
nachhaltige Nutzung I/247
Nachhaltigkeit I/28, I/65
nachholende Entwicklung I/53
NAFTA II/27, II/28
Nährstoffkreislauf I/191

Nahrungsenergie I/139
Nahrungsmittelproduktion I/190
Nahrungssicherheit I/139
Narmada II/76
nation-building I/169
Naturdüngung I/198
Naturkapital I/80
Naturkatastrophen I/170
natürliche Ressourcen I/245, I/248, II/173
Naturschutzakzeptanz I/222
NDVI I/143
Neoliberalismus II/20
NIC I/203
Nicht-Regierungs-Organisationen (NRO) I/93
Niederschlagsvariabilität II/140
Niño-Katastrophe II/26
Nomaden II/143
Nomadentum I/195
Nomadismus I/195, II/188
non-place-based actors I/82
Normenpluralismus I/96
Nutzungskonkurrenz I/98

Oberflächenabfluss I/247, I/250
Obstanbau II/19
öffentliche Güter I/224
ökologische Effizienz II/25
ökologische Tragfähigkeit I/226
Ökosysteme I/97
Ökotourismus I/221
Ökumene I/193
OPEC-Länder I/188
orientalische Stadt II/153
Orientalische Trilogie II/164
Orientalismus I/63, I/64, II/153

Pachtverhältnisse I/201
Partizipation I/251, I/252, II/51
Patronage I/95
Pazifischer Krieg II/20
Pendelwanderungen II/112
Perser II/157
Perspektivenwechsel I/36, I/43, II/175, II/188
Peso-Krise II/29
Petro-Industriealisierung II/173
Peuth II/142
Pflenzenschutz I/198
Pflichtschulsysteme I/167, I/168
Pionierfrontentwicklung II/6
place-based actors I/82
Plantagen I/190, I/194
Plantagenwirtschaft II/104
Polarisierung II/93
Politische Ökologie I/79
Porto Alegre II/14
Postkoloniale Länder I/54, I/63
Post-Watershed I/245

Primacy II/127
primärer Sektor I/185
Primärwälder I/191
Primatstädte I/162
Privatisierung II/107
Produktionsindex I/191
Produktzyklus I/204
Pro-Kopf-Bruttoinlandsprodukt I/23
Pro-Kopf-Produktion I/190
Promiskuität I/151
Protektion II/17
public-private-partnership I/161, II/81
Pull-Faktoren II/18, II/80
Push-Faktoren I/184, II/17, II/80

quartärer Sektor I/208

rational choice-Ansätze I/61
Regenfeldbau I/195, I/195
Regenwaldgebiete I/191
regionale Disparitäten I/183
Reisanbau I/191
Reisproduktion I/146
religiöse Differenzierungen II/159
Rentenkapitalismus I/94, II/152
Rentierstaat II/152
Rent-seeking I/94
Reproduktive Gesundheit II/86
Ressourcen I/253, II/167
Ressourcenkonflikte I/83
Ressourcennutzung I/98, I/223
Revitalisierung I/158
Rindviehwirtschaft I/191
Risikoanalyse I/72
Rodung I/254
Rohstoffe I/204, I/207

Saatgutentwicklung II/114
Sahel I/258, II/137
Sahelbauern II/184
saisonale Schwankungen I/183
Salpeterproduktion II/20
Sambia I/140
Sanierung I/158
Sanskritisierung II/203
São Paulo II/10
Säuglingssterblichkeit I/120, I/127
Schädlingsbekämpfung I/200
Scheduled Castes II/80, II/204
Scheduled Tribes II/205
Schicht der Ungesicherten I/59, I/61
Schriftkulturen I/164
schriftlose Gesellschaften I/163, I/164
Schuldenerlass I/172
Schuldenkrise I/55
Schuldenpolitik I/227

273

Schulpflicht I/167, I/173
Schwellenland I/150
Schwellenländer I/169, I/183, I/203, I/207, I/209, II/42, II/97
Scientific Knowledge I/252
Segregation II/205, II/209, II/213
Sekundärdaten I/253
Sekundärwald I/193
Selbstpriviligierung I/81
Selbstsegregation I/161
selective logging II/102
sex ratio II/71
Sexualproportion I/120
Shia II/162
shifting cultivation I/193, II/102
Shiiten II/162
Sikhs II/205
Site and Service Scheme II/82
Sklaverei II/239
Slum II/80, II/210
Slum Improvement Programme II/82
Slum Upgrading Scheme II/83
Slumsanierung II/82
social turn I/28
Sojaboom II/4
soziale Landschaft I/68
soziale Netzwerke I/223
Special Economic Zones (SEZ) II/81
Squattersiedlungen I/161
Stadt- und Regionalplanung II/83
Städtewachstum I/156
städtischer Raum II/233
Stadt-Land-Disparitäten I/210
Stadtumbau I/157
Standortfaktoren I/204
Sterberate I/117, I/118
Steuerungskapazitäten I/162
Stockwerksbau I/191
Straßenkinder II/242
Stromtiefländer II/155
Strukturanpassung I/81, II/119
Strukturanpassungsprogramm (SAP) I/55, II/119
Strukturationstheorie I/82
Strukturelle Heterogenität I/57, I/58
Strukturwandel II/16
Subsistenzproduktion I/59, I/96, I/184
Subsistenzwirtschaft I/74, I/196, I/202, II/16
Suburbanisierung II/125
Sudras II/203, II/204, II/210
Sunna II/162
Sunniten II/162

Tafel-Schollenland II/155
Tamilen II/79
Teilhabe-Management I/251
temporäre Arbeitsmigration II/125
terrains of resistance I/86
Terrassen I/253, I/254

tertiärer Sektor I/208
Tertiärisierung II/18
TFR I/127
Tigerstaaten I/169, I/183
Top Down-Ansätze I/56
Tourismus I/185, I/186
Tourismusförderung I/221, I/226
traditional knowledge I/245, I/252
Tragfähigkeit I/195
Transferzahlungen II/105
Transformation II/42
Transformationsstaaten II/218
Transmigrasi II/95
Transportkosten I/90
Transportwesen I/209
Treibhauseffekt I/97
Trinkwasser I/248
TRIPs-Abkommen I/146
Trockengebiete I/254
Trockensavanne II/144
Tropenholzexporte I/192
Tröpfchenbewässerung II/19
Tsunami I/225
Tsunami-Katastrophe II/95
Türken II/157

Überbevölkerung I/116, I/117
Überlebensökonomie I/59
Überweidung I/254
Umwelterziehung I/35
Umweltflüchtlinge I/258
Umweltgerechtigkeit I/223
Umweltschäden I/196
Umweltschutz I/208
Unberührbare II/204
UNESCO I/173, I/174
Unterbeschäftigung I/183, II/16
Unterernährung I/138
urbane Landwirtschaft II/44
Urbanisierung I/186, I/203, I/203, I/209, II/17, II/79, II/115
Urbanisierungsrate I/155

Vaishyas II/203
Varna II/203
Veden II/204
Verflechtungsanalysen I/59
Verflechtungskonzepte I/56
Verfügungsrechte I/219, I/230
Verfügungsrechtliche Ansätze I/60
Verhaltensmuster I/95
Verkehrsinfrastruktur II/112
verlorene Dekade II/15
Verstädterung I/155, II/79
Verstädterungsgrad I/213
Verstädterungsrate I/186
Verwertungsbedingungen I/97

Verwundbarkeit I/75, I/163, I/223, II/150
Verwundbarkeitsansatz II/137
Viehhaltung I/193, I/195
Viehwirtschaft I/195
Vulkane II/95
Vulnerabilität I/75, I/157
Wachstumspole I/57
Wachstumstheorien I/193
Waldbrandwirtschaft I/193
Wanderfeldbau II/102
Warlords I/94
Wasserressourcen I/230, II/107
Wassersektor I/241
Watershed I/244
Watershed-Plus I/245
Watershed-Treatment-Programm I/245
Weidewirtschaft I/195
Weinbau II/19
Welfare Geography I/74
Weltbank I/90, I/172, I/173, I/174
Weltbildungskonferenz I/171
Welt-Energiewirtschaft II/167
Welt-Erdölreserven II/166
Welternährungsgipfel I/138

Welternährungsprogramm I/143
Weltgesellschaft I/92
Welthandelsorganisation I/90
Weltmarkt II/17
Weltsystem I/168, I/169
Weltsystemtheorie I/53
WEP I/143
Wertschöpfung I/208
Wertvorstellung I/36
wirtschaftliche Liberalisierung II/115
Wirtschaftsförderung I/207
Wirtschaftskatastrophen I/140
Wirtschaftssektoren II/15, II/16
Wirtschaftssonderzonen I/186
Wirtschaftsstufen I/203
Wohlstandsenklaven I/160

Zamindari II/75
zivilgesellschaftliche Organisationen I/162, I/163
Zivilisation II/153
Zuckerfabrik II/107
Zugangsrechte I/223, I/230
Zweimalgeborene II/210